1992년 3월 1일 열린 시카고 불스와 포틀랜드 트레일 블레이저스의 경기에서 자유투를 넣고 있는 마이클 조던의 모습. 이 경기는 조던과 드렉슬러, 두 스타플레이어의 맞대결로 이목을 끌었다. 조던은 31득점 9리바운드 7어시스트를 기록하며 팀을 승리로 이끌었다. [편집부]

1995년 5월 2일 열린 시카고 불스와 샬롯 호넷츠의 동부 컨퍼런스 플레이오프 1라운드 3차전 경기에서 마이클 조던과 스카티 피펜이 소통하는 모습. 조던은 이 경기에서 26득점 6리바운드, 피펜은 14득점 9어시스트로 활약했다. 토니 쿠코치까지 22득점 5어시스트로 활약하며 팀은 23점 차의 대승을 거뒀다. [편집부]

2003년 2월 9일 애틀랜타 필립스 아레나에서 열린 NBA 올스타전에 나선 마이클 조던의 모습. 조던의 통산 14번째이자 마지막 올스타전이었던 이 경기에서 그는 20득점에 5리바운드로 활약했다. 가수 머라이어 캐리가 하프타임 공연 때 조던의 마지막 올스타전을 축하하며 'Hero'라는 노래를 부른 것으로도 유명한 경기였다. [편집부]

997년 11월 8일 열린 시카고 불스와 애틀랜타 호크스의 경기에서 검은색 유니폼을 입고 드리블을 하고 있는 조던의 모습. 조던은 이 경기에서
7득점 9리바운드 6어시스트로 활약했으나 팀의 패배를 막지는 못했다. [편집부]

1997년 6월 13일 열린 시카고 불스와 유타 재즈의 1996-97시즌 파
이널 6차전 경기에서 마이클 조던과 필 잭슨 감독의 모습. 조던은
이 경기에서 39득점 11리바운드 4어시스트로 활약하며 팀의 승리
와 시즌 우승을 이끌었다. 경기 종료 5.2초 전에 터진 역전골 장면이
유명하다. [편집부]

1998년 5월 3일 열린 시카고 불스와 샬럿 호넷츠의 동부 컨퍼런스 세미파이널 1차전 경기에서 마이클 조던의 리버스 덩크슛 모습. 조던은 이 경기에서 35득점 11리바운드 4어시스트로 활약하며 팀의 시리즈 첫 승을 이끌었다. [편집부]

마이클 조던 레전드 25

그를 농구황제로 만든 위대한 승부 25경기

그를 농구황제로 만든 위대한 승부 25경기

MICHAEL
JORDAN
25 GAMES

BULLS
23

마이클 조던
레전드 25

손대범 지음

bs
브레인스토어

CONTENTS

사고뭉치, 최고의 유망주로 거듭나기까지

"코치님, 저는 당신이 실수했다는 것을 알게 해주고 싶었어요."

2009년 9월 11일, 미국 메사추세츠주 스프링필드에서 열린 2009 명예의 전당 헌액식에서 마이클 조던이 남긴 한마디. 당시 조던이 남긴 명예의 전당 입성 소감은 자신을 이 자리까지 오게 해준 사람들에 대한 '감사'보다는, 평생을 '승부사'로 살아온 자신의 경쟁 의식과 편파로 인식돼 화제가 됐다.

이 책은 조던이 언급한 '코치의 실수'부터 시작된다. 조던의 시각에서 봤을 때 '실수'로 인식된 그 에피소드가 없었다면, 오늘날 우리는 '농구황제'라 불렸던 마이클 조던과, 그가 이룬 명장면들을 만나볼 수 없었을 것이며, 미국프로농구(NBA)와 나이키(NIKE) 역시 지금의 위상을 차지하지 못했을 테니 말이다.

조던의 농구 인생은 도전과 경쟁, 증명의 연속이었다. 큰 벽에 맞설 때면, 이를 넘고자 부단한 노력을 기울였고, '과연 될까?'라는 세간의 의문을 잠재워왔다. 그렇다면 '농구선수' 마이클 조던이 맞았던 첫 난관은 무엇이었을까?

시간은 고등학생 시절로 거슬러 올라간다. 혀를 길게 내밀고 상대편 위로 덩크를 꽂던 23번도, 농구 좀 한다는 학생들이면 누구나 신어봤을 '에어조던' 시리즈도 없던 그 시절, 조던이 레이니 고등학교 2학년 재학 중일 때의 일이다.

주 토너먼트 대회에 나갈 학교 대표팀이 발표되던 날이었다. 떨리는 마음으로 라커룸 알림판으로 향한 조던은 대표팀 명단을 훑어봤다. A…B…C…D… 알파벳 순서

대로 정렬된 명단에 'J'는 없었다. 탈락. 조던이 태어나서 맛본 첫 좌절이었다.

실망이 이만저만이 아니었다. 키는 작았지만, 평소 열심히 준비했기에 내심 기회가 오리라 기대했던 터였다. 조던을 더 화나게 한 건 동고동락해온 친구, 리로이 스미스 (Leroy Smith)가 선발됐다는 사실이었다. 좌절감과 질투심에 한동안 연습에 나가지 않았다. 코치와도 말하지 않았다. 한 인터뷰에서는 "집에 가자마자 통곡을 했다"고도 말했다.

이 사건이 큰 자극이 됐다. 스스로 '실패'를 마음으로 받아들이고, 더 열심히 해야겠다는 결심을 하게 된 계기가 됐던 것. 코치에게 그 선택이 틀렸다는 걸 보여주고 싶었다.

훗날 그가 유명해진 뒤, 이 일은 더 화제가 되어 부모님들이 실패한 아이를 위로할 때 가장 자주 쓰이는 일화가 됐다. "마이클 조던도 팀에서 탈락한 시절이 있었어"라고 말이다. 기자들도 당시 조던을 탈락시킨 코치에게 묻곤 했다.

조던을 지도했던 프레드 린치(Fred Lynch) 코치는 "선택의 여지가 없었습니다. 팀에 키 큰 선수가 한 명이라도 더 필요했습니다. 마이클이 받아들이기 힘들었을 것이란 걸 알았습니다. 하지만 그땐 그가 얼마나 좋은 모습을 보여줄지 모르는 시점이었습니다"라고 답변했다. 사실, 조던의 탈락을 결정한 인물은 따로 있었다. 팀을 총괄하던 클리프튼 허링이었는데, 조던이 유명해진 뒤 이 질문을 하도 많이 들어 아예 입을 닫았다고 전해진다. 그러나 당시 분위기로는 조던의 탈락이 어쩔 수 없는 '중론'이었다는 후문이다.

실제로 리로이 스미스는 198cm(6피트 6인치)로 고등학생치고는 꽤 키가 컸던 반면, 조던은 180cm(5피트 10인치)도 되지 않는 작은 선수였다. 여러 스카우팅 리포트와 캠프 관계자들의 의견을 종합해봤을 때 조던이 두각을 나타냈던 부분은 민첩함과 개인기였다. 하지만 코칭스태프는 토너먼트와 같은 단기전에는 신장이 더 큰 선수를 데려가는 것이 유리할 것이라 판단했다. 게다가 팀에 가드가 8명이나 더 있었다.

조던은 프로선수가 된 뒤에도 그 시절을 잊지 않았다. 가장 힘들었던 순간을 떠올리며 동기부여에 활용했다. '다시는 그런 일이 없어야 한다'고 굳게 다짐한 것이다.

올랜도 매직의 부사장(Vice President) 팻 윌리엄스(Pat Williams)는 이 일화를 통해 마이클 조던의 집념과 야망을 볼 수 있었다고 한다. 저서 「마이클 조던처럼 되기

(How to be like Mike)」에서는 "빌 러셀(Bill Russell)도 고등학교 3학년 때 2진으로 내려간 경험이 있었다. 조던과 러셀 모두 최초의 좌절로 인해 맹렬한 야망을 갖게 됐다"라고 서술했다.

조던은 타고난 농구 천재는 아니었다. 소질은 있었지만, 농구를 하기에는 키가 너무 작았던 아이였다. 조던은 1963년 2월 17일, 아버지 제임스, 어머니 들로리스 사이에서 5남매 중 넷째로 태어났다. 부모님에 대한 지인 및 기자들의 평가에서 한결같이 빠지지 않는 부분이 있는데, 바로 '근면함'과 '겸손함'이었다.

이들 부부는 조던이 5살이 되던 1968년, 뉴욕 브루클린에서 노스캐롤라이나 윌밍턴(Wilmington)으로 이주했는데, 조던의 성공 덕분에 누린 엄청난 '부'를 논하지 않아도 어려움 없이 지낼 수 있을 만큼의 재산을 모은 자수성가형 가정이었다. 퇴역공군이었던 제임스 조던은 제조업체 제너럴 일렉트릭(General Electric)에서 수리공으로 입사해 부장까지 승진했고, 들로리스는 유나이티드 캐롤라이나은행(United Carolina Bank)에 금전 출납계 직원으로 입사해 고객상담 책임자까지 승진한 뒤 은퇴했다. 부모님의 영향 덕분에 교육에 있어 자녀들은 큰 어려움 없이 성장할 수 있었다.

이러한 부모님과는 달리, 10대 중반까지 조던의 이미지는 '말썽꾸러기'였다. 형들과 누나가 일찌감치 아르바이트로 생활비를 보태는 등 성실했던 반면(심지어 여동생도 고등학교 4년 과정을 3년 만에 마치고 오빠와 같은 해에 대학에 입학했다), 조던은 공부는 멀리한 채 노는 데만 집중했다. '땡땡이'를 쳤다가 3일 근신 처분을 받은 기록도 있다. 아버지가 "저 녀석은 차라리 운동선수가 된 게 다행이라 느껴질 정도"라고 말하기도 했다. 어머니 역시 "공장 같은 곳에 취업했다면 굶어 죽었을지도 모른다"라고 거들었다.

조던이 처음 재미를 느낀 운동은 야구였다. 로베르토 클레멘테(Roberto Clemente)를 좋아했던 아버지의 영향 덕분이었다. 투수였던 조던은 여러 차례 완봉승을 따내며 1975년 남부소년야구연맹 올해의 선수상을 수상했고, 윌밍턴 리틀리그 MVP가 됐을 정도로 실력이 출중했다. 고등학생 때까지도 학교 야구 선수를 병행했고, 그를 야구특기자로 스카우트하려는 대학교도 있었을 정도였다. 미식축구에서는 쿼터백을 맡았다. 저명한 농구해설자이자, 시카고 불스와 워싱턴 위저즈에서 조던과 호흡을 맞췄던 덕 콜린스(Doug Collins) 감독은 "처음 봤을 때부터 조던은 몸이 제법 좋은 편이었다. 풋볼 선수의 몸(football body)을 갖고 있었다"라고 회고했다.

그렇지만 조던이 열정을 가장 불태웠던 종목은 역시 농구였다. 조던은 12살 때 어머니의 권유로 농구를 시작했다. 어머니 들로리스가 농구공을 준 이유는 따로 있었다. 야구 리그가 쉬는 동안 밖에서 행여 말썽을 피우진 않을까 걱정됐기 때문이다. 그래서 어머니는 아들을 동네에서 운영하던 유소년 농구교실에 보냈다. 조던은 농구도 곧잘 했다. 학교 대표팀 탈락 사건 외에도 조던이 더 열심히 하고, 실력을 향상시킨 계기는 따로 있었다. 바로 형, 래리 조던과의 1대1 대결이었다. 5살 많았던 래리 조던은 어린 시절 '넘지 못할 벽'처럼 여겨졌다. 키는 175cm(5피트 8인치) 정도로 작았지만, 탄력이 어마어마해 높은 난이도의 슬램덩크도 곧잘 성공시켰다. 래리의 덩크슛 장면은 훗날 CBS의 시카고 불스 경기 중계방송 중에도 소개되기도 했다. 둘은 늘 집 뒷마당에 설치된 간이 코트에서 1대1을 하곤 했는데, 승자는 늘 형이었다.

키가 작아 늘 형에게 지고, 심지어는 팀에서도 탈락해야 했던 마이클 조던. 그랬던 그에게 하늘에서 큰 선물이 내려온다. 조금씩 키가 자라더니 3학년 때는 190cm를 넘기게 된 것이다. 아버지가 "마치 결심했던 것처럼 쑥쑥 자랐다"고 말했을 정도.

키가 자란 조던의 자신감은 두 배가 됐다. 시야도 넓어졌고, 점프력은 더 좋아져 득점도 수월해졌다. 고교 시절 감독 클리프턴 허링은 "내 기억에 2학년 때는 연습 중에 딱 한 번 덩크를 했던 것 같습니다. 그런데, 3~4학년 때는 경기 중에도 쉽게 덩크를 성공시키더군요. 점프슛을 던질 때는 너무 높이 뛰어 마치 앞에 수비자가 없는 것 같았습니다"라고 회고했다. 조던은 그 순간을 기다렸다는 듯 실력 발휘를 시작했다. 넘지 못할 것만 같았던 형을 꺾었고, 3학년이 되면서 팀에서도 당당히 주전 자리를 차지했다. 이때부터는 농구에만 집중했다.

조던에게서 아버지 성격이 나타나기 시작한 것도 이 무렵이었다. 포기하지 않는 근성과 좋아하는 것을 위해서라면 물불 가리지 않는 열정을 보였다. 농구에 관한 한 결코 '게으름'을 찾아볼 수 없었다. 오후 5시 30분부터 팀훈련을 소화한 뒤에도 체육관에 남아 밤 9시까지 개인훈련에 임했다. 아침에도 수업 전에 체육관으로 향했다. ESPN은 "레이니 고등학교에서 제일 일찍 출근했던 사람이 바로 조던이었다"라고 보도하기도 했다.

그 근성을 높이 산 허링 감독은 조던을 스타로 키우기로 결심했다. 그가 등번호

'23'을 갖게 된 것도 그 무렵이었다. 허링 감독은 자신의 사무실에 그를 불러 졸업한 선배의 등번호 2개를 내밀었다. 23번과 33번이었다. 23번은 학교 대표팀 주전 포인트 가드 제임스 비티(James Beatty)가 쓰던 것이었고, 33번은 슈팅가드 데이브 맥기(Dave McGhee)가 쓰던 것이었는데, 이때 조던이 선택한 등번호는 세계에서 가장 유명한 등번호가 됐다.

3학년 때 조던은 라이벌 뉴 하노버 고교를 맞아 마지막 15점을 혼자 득점하며 팀을 승리로 이끌었다. 이 경기는 하나의 도화선과도 같았다. 우연히 그 경기를 본 노스캐롤라이나 대학 출신 동문이 노스캐롤라이나 대학의 코칭스태프에게 전화를 걸어 "기가 막힌 녀석이 있다"고 제보한 것이다. 연락을 받은 딘 스미스 감독은 당시 코치였던 빌 거스리지(Bill Guthridge)를 시켜 "마이클 조던이 어떤 선수인지 알아보라"고 지시한 것으로 알려졌다. 스포츠 저널리스트 빌 거트먼(Bill Gutman)은 저서 「MICHAEL JORDAN」에서 당시 마이클 조던을 스카우트했던 거스리지 코치의 평가를 인용했다.

"첫인상은 OK. 그렇지만 그때까지만 해도 조던은 'GOOD'이었지, 'GREAT'는 아니었습니다. ACC(애틀랜틱 코스트 컨퍼런스)에서 뛸 재능은 충분했지만, 노스캐롤라이나 기준에서는 매우 훌륭하다고는 말할 수 없는 실력이었습니다." [1]

조던 역시 같은 생각이었던 것 같다. 팀을 13승 10패로 이끌면서 지역 최고 선수만 선발하는 올 컨퍼런스 팀에도 이름을 올렸지만, 그때까지도 자신이 디비전 II 정도의 대학에 진학할 것이라는 생각을 했던 것으로 알려졌다. 실제로 레이니 고등학교 출신 중 디비전 I 대학에 진학한 운동선수는 아무도 없었다. 학교 역사를 바꿔놓은 셈이다.

4학년이자 고등학생으로서의 마지막 시즌이었던 1980-1981시즌, 마침내 그는 전국에서 손꼽히는 기량의 소유자가 됐다. 방학 동안 허링 감독은 마이클에게 드리블과 패스 기술을 집중적으로 연마하도록 지시했다. 이중삼중으로 에워쌀 상대의 집중 견제에 대비하기 위해서였다. 덕분에 그는 평균 32분을 뛰면서 27.8득점 12.0리바운드를 올렸다. 45득점, 47득점씩을 올린 날도 있었고, 팀은 19승 4패라는 좋은 성적을 거두었다. 플레이오프에서 우승하진 못했지만 조던이 얼마나 가능성 있는 재목인지 알리기에는 충분했다(당시 시즌 MVP 타이틀은 라이벌 뉴하노버 고교의 케니 게티슨이 가져갔다. 케니 게티슨도 1986년에 NBA에 진출했지만, 프로에서는 두각을 나타내지 못했다).

조던의 이러한 급성장 뒤에는 두 가지 요인이 작용했다. 하나는 부단한 연습. 지독한 연습벌레였지만, 서두르진 않았다. 코치의 지도에 따라 하나하나, 차근차근 단점을 개선하고 기술을 습득했다. 집중력도 엄청났다. 그는 우쭐대지 않고 연습에 매진했다. 재능을 알아본 코치들이 '언젠가는 NBA에도 갈 수 있을 거야'라고 말해줘도 흔들리지 않았다. 나쁜 것은 철저히 멀리했다. 두 번째는 바로 자신감이다. 조던은 4학년이 되기 전까지 전국에 자신의 이름을 알릴 기회가 없었다. 대개 명문대학의 스카우트 대상자들은 고교 졸업 전에 최소 1~2번 이상 전국적인 농구 캠프에 초청을 받는다.

오늘날 나이키 후프 서미트(Hoop Summit)나 아디다스 캠프(Adidas Camp), 국경 없는 농구 글로벌 캠프(Basketball without Borders Global Camp) 같은 캠프에는 전국의 내로라 하는 유망주들이 모두 모인다. 올 어메리칸(All-American)에 선발된 선수, 명문 컨퍼런스의 명문대학 진학이 예정된 선수, 아직은 어리지만 특급 대우를 받을 선수 등… 그 나이 또래에서 최고로 여겨지는 선수들만 '가문의 영광'을 누릴 수 있다. 당연히 캠프 주변은 명문대 감독 및 코치, 기자, 에이전트 등으로 북적인다. 그러나 조던에게는 이러한 기회가 오지 않았다. 그가 학교를 대표해 뛴 건 겨우 한 시즌 남짓했기 때문이다.

조던이 참가한 캠프는 겨우 2개. 첫 번째는 딘 스미스가 개최한 농구 캠프였고, 두 번째는 피츠버그에서 열린 '파이브 스타 캠프(Five-Star Camp)'였다. 하지만 이 단 2번의 캠프만으로도 그는 '마이클 조던'이 어떤 선수인지 소문을 퍼트리는 데 성공했고, 동시에 자신감도 끌어올렸다. 조던도 아마도 이 2번의 캠프를 치르면서 묘한 쾌감을 느꼈던 것 같다. 무명의 선수가 단 2주 만에 명문대 감독의 마음을 사로잡고, 동년배 선수들 사이에서도 우상으로 떠올랐으니 말이다.

먼저, 딘 스미스 캠프부터 이야기해보자. 노스캐롤라이나 대학의 명장, 딘 스미스 전 감독이 운영하는 농구캠프 역시 아무나 올 수 있는 무대는 아니었다. 조던은 리로이 스미스와 함께 캠프에 참가했는데, 단 며칠 만에 로이 윌리엄스 코치, 빌 거스리지 코치는 마이클의 팬이 됐다. 더그 모(Doug Moe) 코치도 그중 하나였다. 노스캐롤라이나 대학 동문이었던 더그 모는 당시 NBA 덴버 너게츠 팀의 어시스턴트 코치였다. 더그 모는 팀 감독이던 도니 월시(Donnie Walsh)의 지시로 제임스 워디(James Worthy)의 기량을 점검하기 위해 노스캐롤라이나에 출장을 왔다가 팬이 되어버렸다. 그는 도니 월시에게 마이클 예찬론을 펼쳤다고 한다.

"워디는 어떻던가?"
"감독님, 워디는 잊으세요. 그보다 더 대단한 녀석이 있습니다."
"누군데?"
"마이클 조던이라 하더군요."
"잘하던가?"
"감독님, 그냥 잘하는 게 아니라 너무 훌륭해요. 제리 웨스트(Jerry West), 오스카 로버트슨(Oscar Robertson)급입니다." (2)

조던의 기량은 심지어 선수들 사이에서도 소문이 퍼졌다. "어떤 높이, 어느 위치에서든 패스를 띄워줘도 곧장 앨리웁 덩크로 연결시키더라", "인사이드에서의 개인기가 기가 막힌 선수더라" 등이다. 게다가 기량이 좋음에도 불구하고 개인플레이 대신 감독의 지시대로 경기를 풀어가고, 일과가 끝난 뒤에도 묵묵히 개인 연습을 하는 모습에 코치들은 반할 수밖에 없었다. 딘 스미스 감독이 마이클 조던의 스카우트를 결심한 이유도 이 때문이었다. (3)

그 무렵, 허링 감독은 제자가 전국적으로 이름을 알리길 바라는 마음에서 하워드 가핑클(Howard Garfinkel)이 주최하는 파이브 스타 캠프에도 조던을 내보내기로 결심한다. 조던은 이때까지도 무명에 가까웠지만, 로이 윌리엄스 코치의 추천서 덕분에 그해 7월, 전국의 유망주들과 어깨를 나란히 했다. 조던은 펄펄 날았다. 적수가 없었다. 상이란 상은 모두 휩쓸었다. 캠프에서 챙긴 트로피는 10개였고, 경기 MVP상은 2번이나 받았다.

20년 넘게 아마농구 무대를 취재해온 데이브 크리더(Dave Krider) 기자의 2004년

「스트리트 & 스미스(Street & Smith)」 기고문을 보면 당시 상황이 잘 나타나 있다. (4)

"나는 매년 봄마다 각 주의 정보원들로부터 그 주 최고의 유망주 20명에 대한 정보를 받아왔는데, 1980-1981시즌 노스캐롤라이나주 리스트에는 조던의 이름이 없었다. 그런데 7월 중순 무렵, 파이브 스타 캠프를 운영하던 하워드 가핑클이 내게 전화를 걸어 무척이나 흥분된 어조로 말했다. 캠프 MVP를 수상한 조던이 전국 최고의 선수로 올라설 것이라며 말이다. 그는 내게 반드시 조던의 이름을 잡지에 넣어야 할 것이라 말했지만, 이미 페이지 편집이 끝나서 내용을 수정하기에는 너무 늦은 시점이었다. 우리 편집장 역시 조던이 누구인지 모르고 있었다."

당시 가핑클은 마이클 조던을 소개하며 흥분을 감추지 못했다고 한다.

"내 말을 믿게나, 그 녀석은 전국에서도 손꼽히는 재능을 갖고 있어. 만약 올 아메리칸 후보 섹션에 마이클의 이름이 없다면, 자네는 두고두고 놀림받게 될 거야."

하지만 「Street & Smith」가 발행한 전국 유망주 리스트에 마이클 조던의 이름은 끝내 오르지 못했다. 크리더는 노스캐롤라이나 정보원을 교체했다고 한다. 조던은 이런 상황들을 즐겼다. 이 무렵에 만나 오랜 친구가 된 버즈 패터슨(Buzz Peterson)은 "조던은 다른 캠프에 초대받지 못한 것을 개인적인 자극제로 사용했던 것 같다"라고 회고했다.

조던의 경쟁심에 대한 일화를 하나 소개할까 한다. 1981년 맥도널드 올 아메리칸 게임에서 있었던 일이다. 맥도널드 올 아메리칸 게임은 '고교농구 올스타전'과 다름없는 대형 이벤트다. 조던은 이 경기에서 종료 11초를 남기고 중요한 자유투를 모두 성공시키며 승리(96-95)를 이끌었다. 19개의 슈팅을 시도해 13개를 넣으며 30득점을 기록했다. 하지만 MVP는 엉뚱하게도 에드리언 브랜치(Adrian Branch)와 어브리 쉐로드(Aubrey Shorrod)에게 돌아갔다. 모두가 의아했던 결과였다.

이때의 굴욕을 기억했던 것일까? 조던은 3년 뒤 브랜치가 몸담고 있던 메릴랜드 대학과의 경기에서 브랜치에게 굴욕을 선사했다. 시원하게 경기를 이겨버린 뒤 종료 버저와 동시에 슬램덩크를 꽂은 것이다. 일반적으로 승패가 거의 확정된 상황에서 앞서고 있는 팀이 무리하게 득점을 노리는 것은 매너에 어긋난 행동으로 여겨진다. 게다가 딘 스미스 감독은 매너를 중요시했던 감독이었다. 점수가 앞서고 있을 때 화려한 플레이를 하는 것은 상대에게 예의가 아니라고 강조해왔다.

그런데 조던은 마치 보란 듯 화려한 덩크를 성공시켰고, 이 때문에 「워싱턴 포스트(Washington Post)」를 비롯한 몇몇 기자들로부터 비난을 받아야 했다. 조던이 이러한 행동을 한 이유는 바로 브랜치 때문이었다. 브랜치에 대한 경쟁심을 3년여가 지난 시점까지도 가슴에 담고 있었던 것이다.

두 차례 캠프를 통해 강한 임팩트를 남긴 조던은 많은 대학이 노리는 유망주가 됐다. 그러나 실질적으로 제안을 던진 곳은 대부분 캐롤라이나 지역의 학교였다. 딘 스미스 감독이 그에게 관심을 갖고 있다는 사실을 알고 있었기 때문이다.

스미스 감독은 "누구보다도 나은 재능을 갖고 있는 유망주"라며 조던의 부모를 강력히 설득했다. 동시에 선수가 아닌 '대학생' 마이클을 위해 어떻게 노력할 것인지에 대해서도 비전을 제시했다. 평소 운동선수를 위한 교육프로그램을 중요하게 생각했던 조던 부부는 스미스 감독, 윌리엄스 코치의 성의와 배려에 감탄해 결국 그 제안을 받아들였다.

그렇다면 조던의 마음은 어땠을까? 조던의 마음속에는 여러 학교가 자리하고 있었다. 가장 먼저 떠오른 학교는 노스캐롤라이나 주립대학이었다. 어렸을 때 'Skywalker' 데이비드 탐슨(David Thompson)을 너무나도 존경했기 때문이다. 탐슨은 1974년 노스캐롤라이나 주립대를 NCAA 우승으로 이끈 주역으로, 조던이 나타나기 이전에 공중을 지배했던 농구 스타였다. (5)

사우스캐롤라이나, 클램슨, 미시시피 주립대학도 시선을 끌었다. 야구부와 농구부에서 동시에 활동할 수 있었기 때문이다. 조던은 "보 잭슨(Bo Jackson)으로부터 영감을 받았습니다. 그도 대학 시절에 그랬으니까, 저 역시 농구와 야구를 병행하는 것을 진지하게 생각했죠. 노스캐롤라이나 대학을 방문하기 전까지는…."라고 회고한 바 있다.

그렇다. 체육부 초청으로 노스캐롤라이나 교정을 돌아본 뒤 마음을 굳혔다. 우상과 꿈보다는 농구선수로서의 미래를 택한 것이다. 그는 속으로 외쳤다. "여기서 스타가 되겠어!"라고.

그리고 1980년 11월 1일, 노스캐롤라이나 대학의 제안을 받아들였음을 공식적으로 발표했다. 조던의 노스캐롤라이나 대학 진학이 결정된 뒤, 레이니 고등학교 경기를 보러오는 관중이 폭발적으로 늘었다. 안전을 위해 사람들을 돌려보냈을 정도였다. 조던의 고교 시절 자료를 수집하면서 놀랐던 점은 대학 진학이 일찌감치 결정됐음에도 불구, 조던이 훈련에 투자한 시간은 더 늘었다는 것이다.

대개 그 나이 또래의 스타라면 주변의 유혹에 휩쓸리거나 우쭐해질 법도 한데 말이다. 조던을 지켜본 지도자들은 그 원동력을 부친으로부터 물려받은 경쟁심에서 찾았다. 최고가 되기 위해 끊임없이 자신을 의심하고, 경쟁의 상태로 몰아놓은 채 채찍질해온 것이다. 심지어 딘 스미스 감독은 그가 노스캐롤라이나를 택한 이유도 '무언가를 증명하기 위해서'였을지도 모른다고 말하기도 했다.

학교 대표팀 탈락으로부터 받은 충격은 그렇게 조던을 '운동을 좋아하는 사고뭉치'에서 '경쟁을 즐기는 승부사'로 탈바꿈시켜놓았다. 그렇기에 명예의 전당에 이름을 올리는 영예로운 순간에 고교 시절의 이야기부터 꺼냈는지도 모르겠다.

마이클 조던은 1981년 6월에 레이니 고등학교를 졸업하고, 같은 해 가을에 노스캐롤라이나 대학에 합류했다. 훗날 그를 지도했던 허링 감독은 이렇게 회고했다.

"우리 같은 작은 동네에서 마이클과 같은 아이를 직접 가르쳐 볼 기회가 있었다는 것은 큰 행운이었습니다."

⚾ 주석

(1) ACC - Atlantic Coast Conference. 미국대학스포츠(NCAA)에 가입되어 있는 리그 중 하나로, 듀크, 노스캐롤라이나, 노스캐롤라이나 주립대학 등 12개 학교로 구성되어 있다. 농구와 풋볼 등 다방면에서 강세를 발휘해 NCAA에서 가장 강력하고 수준이 높은 컨퍼런스 중 하나로 꼽힌다.

(2) 제리 웨스트(Jerry West)와 오스카 로버트슨(Oscar Robertson)은 1960~1970년대 NBA를 풍미한 가드로 유명하다. 웨스트는 1960년 올림픽 금메달리스트였고, LA 레이커스에서 1972년 우승을 거머쥐었다. 공식적으로 인정되진 않았지만, NBA 로고의 실루엣 주인공으로도 알려져 있다. 로버트슨은 1971년 밀워키 벅스에서 카림 압둘자바와 함께 NBA 우승을 차지했고, 시즌 평균 기록을 트리플 더블로 작성한 역사상 최초의 선수였다.

(3) 앨리웁(Alley Oop)은 패서(Passer)가 높게 띄워준 볼을 공중에서 잡아 그대로 득점으로 연결시키는 플레이를 의미한다. 주로 덩크로 연결되나, 패스를 잡아 레이업이나 슈팅으로 연결시켜도 '앨리웁'으로 표현할 수 있다.

(4) 참고로 크리더 기자는 이 잡지에 '역대 최고의 고교농구선수'를 평가하는 기사를 싣기도 했는데, 그가 1위에 랭크 시킨 선수가 바로 마이클 조던이었다. TOP 10까지의 순위는 다음과 같다. 1위 마이클 조던, 2위 샤킬 오닐, 3위 패트릭 유잉, 4위 아이재아 토마스, 5위 제임스 워디, 6위 코비 브라이언트, 7위 도미니크 윌킨스, 8위 알론조 모닝, 9위 케빈 가넷, 10위 트레이시 맥그레이디.

(5) 데이비드 탐슨(David Thompson)은 1954년생, 193cm의 가드 겸 포워드로, 1970년대 NBA를 주름잡은 스타 중 한 명이었다. 1974년 노스캐롤라이나 주립대를 NCAA 토너먼트에서 우승시켰고, 프로선수로서는 덴버와 시애틀에서 활약하며 4차례 NBA 올스타에 선발됐다. 마이클 조던의 어린 시절 롤-모델로, 2009년 명예의 전당 헌액식에서 조던을 직접 소개했다.

GAME INFO

날짜	1982년 3월 29일
장소	루이지애나주 뉴올리언스 슈퍼돔
시즌	1982년 NCAA
경기의 중요성	★★★★★
착용 농구화	컨버스 프로 레더(Converse Pro Leather MID)

SCORE

팀	전반	후반	최종
노스캐롤라이나	31	32	63
조지타운	32	30	62

MJ's STATS

출전시간	득점	야투	자유투	리바운드	어시스트	스틸	블록	실책	파울
34'00"	16	7-13	2-2	9	2	2	0	3	2

1. 새로운 세상이 열리다

1982년 NCAA 토너먼트 챔피언십

 VS

노스캐롤라이나 대학   조지타운 대학

1982년 3월 29일. 마이클 조던에게 새로운 세상이 열린 날이다. 하나의 슈팅과 함께. 평범한 점프슛이었지만, 어지간히 간이 커서는 결코 던질 수 없는 슛이었다.

62,000명이 운집한 슈퍼돔. 소속팀 노스캐롤라이나는 17초를 남겨두고 62-61로 리드를 당하고 있었다. 절체절명의 순간, 포인트가드 지미 블랙(Jimmy Black)의 공은 조던에게 갔다. 사람들은 놀랐다. 경기의 마지막은 당연히 제임스 워디(James Worthy)나 샘 퍼킨스(Sam Perkins)에게 갈 것이라 생각했기 때문이다. 둘은 팀의 대스타이자, 가장 확실한 득점원이었다. 그러나 딘 스미스 감독은 생각을 뒤집었다. 상대 허점을 파고들었다.

그가 선택한 NCAA 토너먼트 결승전의 주인공은 1학년이었던 조던이었다. 조던은 조금의 망설임 없이 그는 공중으로 떠올라 부드럽게 슛을 성공시켰다. 이때까지만 해도 점프슈팅이 약점으로 꼽혔던 선수라고는 믿기지 않을 정도로 확신에 찬 동작이었다. 스미스 감독의 그 선택은 그의 커리어를 빛내줄 생애 첫 NCAA 우승으로 이어졌고, '그 슛'은 앞으로 20년간 그가 써 내려갈 역사의 시작이 됐다. 훗날 스미스 감독은 "조지타운의 수비를 예상했기에 이미 수를 써두었다"라고 말했다.

스미스 감독이 말한 그 '수'가 바로 조던이었던 것일까? 시즌에 걸쳐 마이클에게 보여준 그 신뢰감을 돌이켜본다면, 스미스 감독은 정말로 마이클이 그 슛을 성공시킬 것이라 예상했을지도 모르겠다. 그는 훈련 첫날부터 노스캐롤라이나 대학 코칭스태프를 놀라게 했으니 말이다.

딘 스미스 감동시킨 연습벌레

사실, 조던이 대학교에 입학할 무렵만 해도, 이 정도로 단기간에 스미스 감독의 마음을 사로잡을 수 있을 것이라는 예상은 별로 없었다. '타힐스(Tar Heels)'라는 애칭으로도 유명한 이 학교의 하늘색 유니폼은 아무나 입지 못하는 것이었다. 노스캐롤라이나 대학에 입학하는 선수들은 모두 학창 시절 날고 기던 선수들로, 스미스 감독의 마음을 얻는데 성공한 이들이었다. 조던도 입학 당시에는 그중 하나였을 뿐이다. 하지만 시간이 흐를수록 스미스 감독은 그의 영리함과 근면함에 감탄하기 시작했다. 혹독한 훈련도 잘 견뎌냈고, 지적 사항도 빠르게 고쳤다. 다음은 2001년 팻 윌리엄스(Pat Williams)가 저서 「How To Be Like Mike」에서 소개한 딘 스미스 감독의 일화다.

"조던이 대학에 입학해 연습을 시작한 지 이틀째 되던 날부터 그가 보통내기가 아니라는 것을 알았습니다. 그 시기 저는 압박 수비를 가르치고 있었는데 조던이 그것을 계속 틀리는 것을 보았죠. 저는 그와 함께 그 점을 검토해보았고, 그것을 배우는 데 최소 2주는 걸릴 거라 생각했습니다. 그런데 조던은 다음날에 그것을 완벽하게 해내더군요. '대체 어떻게 한 거야?' 그러자 조던은 이렇게 답했습니다. '감독님, 저는 말귀를 알아듣는 사람입니다. 제가 하기로 되어 있는 것은 반드시 합니다.'"

조던은 찜찜한 것은 참지 못하는 성격이었다. 안 되면 될 때까지 시도해 자기 것으로 만들었다. 그 이면에는 자신에 대한 의심을 확실히 떨쳐내지 못한 부분도 있었다. 입학 후 첫 연습경기가 있기 전까지도 조던은 자신의 농구가 NCAA 디비전 I 레벨에서 통할지에 대한 확신을 갖지 못했던 걸로 알려졌다. 하지만, 막상 연습경기가 시작되자 펄펄 날았다. 동료 머리 위로 덩크를 꽂았고, 때로는 워디와 퍼킨스조차도 감탄할 만한 기술을 선보였다.

조던은 그 당시의 연습경기에 대해 "처음에는 너무 긴장해서 손에 땀이 흥건했을 정도였다"고 회고하기도 했다.

대학 생활은 행복했다. 하루하루 실력이 늘어가는 것이 느껴졌기 때문이다. 명장 스미스 감독과 코칭스태프(빌 거스리지, 로이 윌리엄스)로부터 지도받는 것도 즐거웠다. 스미스 감독 말이라면 철석같이 들었다. 그래서 "마이클 조던을 20점 아래로 묶을 수 있는 유일한 사람은 바로 딘 스미스다"라는 말도 나왔다.

개인 능력보다는 조직력을 중요시했던 스미스 감독의 게임 플랜(Game Plan)은 노스캐롤라이나의 오랜 전통과도 같았다. 스미스 감독은 조급증과는 거리가 먼 인물이었다. 상대가 지역방어를 서면, 이를 깨기 위해 찬스가 날 때까지 몇 번이고 패스하고, 움직였다. 곧 소개한 1982년 NCAA 토너먼트 결승전이 대표적인데, 스미스 감독의 철학이 잘 주입된 선수들은 누구 하나 흥분하지 않고 끈기 있게 패스를 돌리며 상대를 반응시켰다.

스미스 감독 특유의 포코너 오펜스(Four-Corner Offense)도 비슷한 성격의 작전이었다. 주로 점수차나 분위기를 지켜야 할 때 사용했던 이 작전은 보는 사람은 지루하게 만들었지만, 승리하는 데 있어서는 가장 중요한 작전 중 하나였다. 성난 야생마처럼 코트를 휘젓던 조던 입장에서는 답답하기 이를 데 없는 작전이었지만, 그럼에도 불구하고 그 모든 작전과 스미스 감독의 전통을 따랐다. 진심으로 그를 존경하고 인정했기 때문이다.

훗날 한 기자가 부시 대통령을 처음 만났던 조던에게 "대통령을 눈앞에서 본 기분이 어떠냐"라고 물었다. 그러자 그는 이렇게 대답했다. "별로 떨리진 않았어요. 제가 누군가와 인사하면서 떨었던 사람은 딘 스미스 감독님뿐이었습니다."

조던은 스미스 사단 아래서 배운 3년이 자신의 기량 향상에 가장 큰 도움이 됐다고 회고했다.

"갓 고등학교를 졸업한 선수들은 대개 자신의 운동능력에 의존하곤 합니다. 저도 그랬습니다. 대학에 입학한 뒤에야 운동능력만으로 경기를 이기긴 어렵다는 걸 알았죠. 사실, 고교생 때는 '농구 경기'를 제대로 배우고 이해하기가 어렵습니다. 저는 대학에서 제 기술과 운동능력을 게임에 적용시키고 발전시킬 수 있었습니다. 덕분에 대학을 떠날 때는 좀 더 완성도 높은 선수가 되어 있었죠. 고등학교 졸업 후 곧바로 프로에 진출하는 선수들은 대부분 경기를 이해하기보다는 운동능력에 의존해요. 하지만 그래서는 오래가지 못합니다. 프로에서는 경기를 배우기가 쉽지 않거든요. 코치들이 가르쳐줄 시간도 없고요. 한 시즌에 82경기나 뛰어야 하는 걸요."

자서전 「rare AIR」에서도 은사에 대한 존경심을 드러냈다.

"많은 사람들은 딘 스미스 감독님만이 나를 20점 이하로 묶을 수 있다고 하지만, 사람들이 모르는 일이 있다. 내가 어떻게 해야 37득점을 쉽게 올릴 수 있는지 알려주신 분이 바로 감독님이셨다는 사실을 말이다. 감독님은 내가 어떻게 스피드를 이용하고, 퍼스트스텝을 어떻게 이용해야 하는지, 그리고 어떤 상황에서 어떤 개인기를 이용해야 하는지를 알려주셨다. 덕분에 프로에서는 배운 대로 하면 됐다."

하지만 훈훈한 평가와는 달리, 데뷔 시즌을 준비하던 조던에게는 이겨내야 할 것들이 많았다. 노스캐롤라이나 대학의 전통 탓이었다. 농구 실력 연마만큼이나 해야 할 '잔업'이 많았다. 지켜야 할 '약속'도 많았다. 1학년들은 하루하루가 고단했다. 선배들 짐을 들어주고, 농구공과 영사기 등 장비를 나르는 것, 라인을 넘어간 공을 주워오고 바닥을 닦는 일은 팀의 오랜 전통이자 약속이었다.

조던도 예외는 아니었다. 조던은 비행기에서부터 영사기를 나르는 역할이었다. 스미스 감독은 결코 지각을 허용하지 않았고, 의상과 언행도 조심시켰다. 경기 중 테크니컬 파울을 받는 일도, 수업을 빼먹는 일에도 관대함을 베풀지 않았다. 학년간 위계질서도 엄했다. 스미스만큼이나 거스리지 코치도 정해진 스케줄에 따라 선수단을 빡빡하게 끌어갔다. 그토록 정신없이 바쁜 가운데서도 조던은 코칭스태프의 요구사항을 충실히 따라갔다.

스미스 감독은 그가 그렇게 예뻐 보일 수가 없었지만, 결코 애정을 쉽게 드러내지 않았다. 오히려 냉정하게 대했다. 제자를 보호하기 위한 방법이었다. 지나친 관심이 아직 십대에 불과한 그를 흔들어놓을지도 모른다고 생각한 것이다. 스타 의식 때문에 중요한 순간에 경기를 그르칠지도 모른다며 말이다.

언젠가 인디애나 대학의 바비 나이트 감독이 "자네, 이번 시즌에 대단한 녀석 데려왔다며? 이름이 뭐였더라…?"라고 묻자, 스미스 감독은 "글쎄, 지켜봐야 알 것 같다네"라고 시큰둥하게 받아쳤다는 일화도 있다.

「스포츠 일러스트레이티드」지가 팀 주전 라인업을 표지 사진으로 쓰게 해달라고 부탁했을 때도 "슈팅가드 자리는 안 정해졌다"라고 잘라 말했다. 조던을 노출시키지 않기 위해서였다. 당시 스미스 감독은 조던에게 "선배들은 표지모델이 될 자격이 있지만, 너는 아직 때가 안 됐다"라고 단호하게 말했다.

저널리스트 데이비드 할버스탐이 1999년에 펴낸 전기 「Playing for Keeps」에 소개된 빌리 커닝햄과의 일화도 흥미롭다. 커닝햄은 스미스 감독의 제자로, 조던이 신입생일 당시 NBA 필라델피아 세븐티식서스의 감독을 맡고 있었다. 커닝햄은 노스캐롤라이나 대학의 훈련을 보며 스승에게 이렇게 말했다.

"저 친구, 크게 될 놈 같아요. 정말 훌륭하네요."

하지만 스승의 대답은 차가웠다.

"마이클이 훌륭하다고? 저 친구는 그저 훌륭한 팀의 일원일 뿐이라네."

시즌 준비를 하던 조던의 열의와는 달리, 당시까지만 해도 팬들이 '노스캐롤라이나 대학'하면 가장 먼저 떠올렸던 선수는 제임스 워디나 샘 퍼킨스였다. 둘은 당대 최고의 대학선수였다. 1년 전에도 팀을 결승전까지 올려놨다.

워디는 평균 14.2득점 8.4리바운드 2.8어시스트로 팀의 중추적인 역할을 해냈다. 206cm의 큰 키에 내·외곽에서 득점이 모두 가능해 수비수를 힘들게 했다. 탄력이 좋은데다 공격 기술도 많았고, 결코 무리하지 않았다. 그가 로우포스트에서 공을 잡고 솟구쳐오르면 쉽게 저지하지 못했다. 216cm의 장신들이 손을 뻗어 컨테스트 (contest)해봐도 의미가 없었다. 게다가 시야가 넓고 패스 능력까지 갖추고 있어 상대 지역방어 때문에 팀이 곤경에 빠질 때면 적극적으로 나서서 수비를 무너뜨리고 동료에게 공격 찬스를 만들어주기도 했다. 덕분에 일찌감치 그를 보려는 NBA 스카우트들도 많았고, 예상대로 1982년 NBA 드래프트에서 전체 1순위로 LA 레이커스에 지명되었다.

NBA 커리어도 빛났다. 매직 존슨(Magic Johnson), 카림 압둘자바(Kareem Abdul-Jabbar)와 함께 LA 레이커스를 3번이나 정상에 올려놨다. 1997년에 〈NBA를 빛낸 위대한 50인〉에 이름을 올렸고, 2021년 NBA가 창설 75주년을 기념해 선정한 〈75주년 팀〉에도 뽑혔다. 은퇴 후 그가 쓰던 등번호 42번은 레이커스의 영구결번이 됐다. 당연히 '농구 명예의 전당'에도 입성했다.

주전 센터를 맡아보던 퍼킨스(206cm)는 뉴욕이 낳은 최고의 농구선수 중 한 명이었다. 마이클 입학 당시 2학년이었던 그는 인사이드와 중거리에서의 뛰어난 득점력으로 노스캐롤라이나 대학을 이끌었다. 프로에서는 '외곽슛 던지는 센터'로 기록을 많이 남겼지만, 대학 시절에는 인사이드에서의 듬직한 플레이도 돋보였던 선수였다. 퍼킨스는 조던과 같은 해인 1984년 드래프트에서 전체 4순위로 댈러스 매버릭스 (Dallas Mavericks)에 지명됐으며, 1990년에는 선배 워디와 한솥밥을 먹기도 했다. 핵심 멤버 알 우드(Al Wood)가 졸업했음에도 불구 전문가들이 노스캐롤라이나 대학을 프리시즌 랭킹 1위에 올려놓은 이유는 바로 워디와 퍼킨스, 그리고 스미스 감독이 다져놓은 견고한 시스템 덕분이었다고 해도 과언이 아니었다.

또, 결승 무대를 함께 밟았던 맷 도허티(2학년, 포워드), 지미 블랙(4학년, 가드) 등도 돌아왔기에 노스캐롤라이나 대학에 거는 기대가 컸던 것도 당연했다.

그러니 당시 기준에서만 보면, 조던은 그 틈에서 조금씩 입지를 키워가던 '애송이'였던 셈이다. 이름값만 본다면 일찍이 최고 유망주로 불렸던 버즈 패터슨(Buzz Peterson)이 더 나았다. 마이클도 이 부분이 자신의 성장에 큰 영향을 주었다고 인정했다. 1995년, 한 기자가 시카고 불스를 이끄는 것과, 노스캐롤라이나 대학을 이끄는 것에는 어떤 차이가 있었냐고 묻자 "두 팀의 상황은 많이 달랐습니다. 제가 1학년이었을 때 노스캐롤라이나 대학의 모든 부담은 워디와 퍼킨스가 짊어지고 있었습니다. 두 선수는 팀을 결승으로 이끌었던 선수였으니까요. 시카고에서는 제가 처음부터 많은 부분을 해야 했지만, 노스캐롤라이나에서는 두 선배 밑에서 많은 것을 배웠습니다. 부담 없이 보고 배울 수 있었죠"라고 대답하기도 했다.

모두를 놀라게 한 스미스의 선택

불철주야 준비에 매달리던 가운데, 마침내 시즌 개막이 다가왔다. 과연 전미 랭킹 1위팀에 오른 노스캐롤라이나 대학의 주전 가드는 누가 될 것인가? 많은 이들의 관심이 스미스 감독이 비워놓은 한 자리에 쏠리기 시작했다. 그러나 마이클 조던은 아니었다. 시즌 개막을 앞두고 발목 혈관에 문제가 생겨 2주나 쉬어야 했다. 게다가 스미스 감독은 절대로 1학년에게 주전자리를 맡기지 않는다는 말도 있었다. 1961년, 스미스가 처음으로 노스캐롤라이나 대학 감독을 맡은 이래 1981-1982시즌까지 그의 밑에서 주전으로 뛴 1학년은 단 3명에 불과했다. 20년 동안 3명뿐이었다는 의미다. 그 셋은 필 포드(Phil Ford), 제임스 워디, 마이크 오커런(Mike O'koren)이었다.

1981년 12월 28일. 운명의 시간이 다가왔다. 1981-1982시즌 개막전은 샬럿 콜로지엄(Charlotte Coloseum)에서 열렸다. 상대팀은 캔자스 대학. 스미스 감독은 경기를 앞두고 주전을 발표했다. 예상대로 워디와 퍼킨스, 도허티, 블랙은 각자의 포지션에서 선발 출전이 확정됐다. 그리고…. 슈팅가드 자리 낙점자는 모두를 놀라게 했다. 바로 마이클 조던이었다.

스미스 감독 밑에서 주전으로 뛴 역대 4번째 신입생이 배출되는 순간이었다. 그가 주전이 됐다는 사실에 놀라지 않은 사람은 빌 거스리지와 로이 윌리엄스 코치뿐이었다. 둘은 마이클이 얼마나 열심히 그 순간을 준비했고, 그 의지가 투철했는지 알았던 것이다.

스미스 감독은 수비에 있어 조던이 비슷한 신장, 같은 포지션의 선배들에 비해 월등히 낫다고 판단했다. 언젠가 스미스의 제자들은 "1학년을 주전으로 내세우길 꺼린다는 것은 편견"이라고 스승을 변호했는데, 로이 윌리엄스는 "비슷한 수준의 선수라면 승부처를 대비해 고학년들을 더 중용했을 뿐"이라고 설명하기도 했다.

스미스 감독이 시즌 개막전이라는 상징적인 무대에 신입생인 조던을 투입했다는 것은, 바로 그 포지션에서는 굳이 수준을 비교하지 않아도 될 기량을 갖고 있었다는 의미로도 볼 수 있을 것이다. 조던이 동료들과 하이파이브를 하며 코트 중앙으로 나서자 캐스터가 놀란 듯 말했다.

"아무리 재능이 뛰어나다 해도 1학년은 주전으로 잘 쓰지 않는 딘 스미스였는데요, 놀랍군요. 이제 18살인 선수인데 그만큼 재능이 있다는 의미로 봐도 되겠죠?"

캔자스 대학의 주목적은 조던이 아닌 워디와 퍼킨스를 막는 것이었다. 인사이드로의 볼 투입을 막기 위해 초반부터 2-1-2 지역방어를 시도했다. 지역방어는 외곽슛에 약한 법. 하지만, 블랙이나 마이클 모두 슈팅이 불안정했기에 캔자스 지역방어에는 큰 위협이 되지 못했다. 조던이 노스캐롤라이나 대학 23번으로서 박스스코어에 남긴 첫 기록은 득점이 아닌 리바운드였다. 캔자스가 실패한 슈팅을 리바운드한 다음, 좌측에서 달려오던 워디에게 재빨리 건넸다.

만약 워디가 여기서 득점에 성공했다면 어시스트까지 기록했을지도 모른다. 그러나 워디의 속공 플레이는 상대에 의해 차단당했고, 다음 공격은 엔드라인에서 재개됐다. 노스캐롤라이나가 지역방어에 막혀 이렇다 할 공격을 하지 못하는 가운데, 마침내 조던도 첫 슈팅을 시도했다. 하지만 실패. 그는 마치 혼돈에 빠진 아이 같았다. 무엇을 어찌해야 할지 전혀 모르는 공황 상태였다고나 할까. 실제로 조던은 그날 경기의 첫 슈팅을 두고 "짧은 시간 동안 던져야 할지 말아야 할지 고민이 많았다"라고 고백했다.

그러나 다시 돌아온 기회는 놓치지 않았다. 수비가 워디와 퍼킨스에게 쏠린 틈을 타서 재빨리 돌파를 시도, 러닝슛으로 첫 골을 따냈다. 분명 노스캐롤라이나가 원했던 방식은 아니지만, 골 가뭄을 끊고 활기를 더해준 슈팅임은 분명했다. 이어 노스캐롤라이나는 도허티의 득점으로 6-4로 역전에 성공, 흐름을 탔다. 노스캐롤라이나는 차근차근 점수를 쌓아갔다. 그게 스미스 감독의 방식이었다. 팀 구성원이 누구든, 스미스 감독은 항상 '참을성을 갖고 존을 공격하기로 마음먹는 것이 중요하다'고 강조해왔다. 블랙이 침착하게 공격을 진두지휘하는 가운데, 워디와 퍼킨스가 기가 막힌 마무리 능력을 발휘해 캔자스 수비에 반격했다.

특히 워디는 올 어메리칸 다운 기량을 보였다. 어떤 고공 패스도 잘 캐치했고, 착지 후 이어지는 연결 동작도 탁월했다. 수비가 모일 때면 무리하지 않고 측면의 퍼킨스에게 어시스트 패스를 찔러주며 공격을 유도했다.

조던의 두 번째 골도 같은 패턴에 의해 만들어졌다. 워디의 패스를 받아 골로 연결시키면서 4점째를 올렸다. 노스캐롤라이나도 35-33으로 경기를 다시 뒤집었다. 탄력을 받은 마이클은 좌중간 돌파 후 점프슛으로 37-34로 점수차를 벌렸다. 그러나 전체적으로 봤을 때 그가 경기에서 차지하는 비중은 미미했다. 전반에만 3개의 파울을 범했다. 상대 훼이크에 자주 속으면서 손이 먼저 나갔다. 전반은 37-37, 동점으로 마쳤다. 워디와 퍼킨스가 21점을 합작했고 마이클은 6점을 올리고 있었다.

노스캐롤라이나가 흐름을 잡은 것은 후반 무렵부터였다. 골밑 제공권을 확보한 다음부터는 흔들림이 없었다. 전반전이 끝났을 때 리바운드는 캔자스보다 겨우 2개 많았지만(13-11), 경기가 끝날 무렵에는 10개 이상으로 벌어져 있었다. 조던도 리바운드에 보다 적극적으로 가담했고, 공을 잡은 후 머뭇거림도 줄어들었다. 막판에는 3학년 토니 가이(Tony Guy)를 제치고 득점을 성공시키면서 10점을 채웠고, 막판 자유투 2개를 더해 12점째를 기록했다. 노스캐롤라이나는 이 경기를 74-67로 승리했다. 시즌 첫 경기치고는 나쁜 내용이 아니었다.

승리의 주역은 단연 워디와 퍼킨스였다. 워디는 23득점 9리바운드 4어시스트로 상대 수비를 무너뜨렸고, 퍼킨스도 16득점 9리바운드로 이를 거들었다. 블랙은 36분간 어시스트만 7개를 기록했다. 신입생 중 유일하게 출전 시간을 얻은 조던은 31분간 12득점 2리바운드 1스틸 1어시스트의 기록을 남겼다. 전반에는 파울을 3개 기록했지만 후반에는 파울이 없었다. 오늘날 조던의 기준에서 보면 12점은 극히 미미한 수치다.

그러나 개인에게는 큰 수확이 있었던 경기였다. 이 경기를 통해 마침내 '내 실력이 대학무대에서 충분히 통하겠구나'라고 확신했기 때문이었다.

경기 후 인터뷰에서 조던은 "시간이 흐를수록 편안해졌습니다. 패스 미스도 좀 있었지만 슈팅도 괜찮았고, 수비에서 더 도움을 주려고 노력했는데 잘 된 것 같습니다"라고 소감을 전했다.

두 거인과의 역사적 만남…그리고 그 숏

노스캐롤라이나는 거침이 없었다. 시즌 첫 경기 패배까지 14경기가 걸렸다. 1월 21일, 웨이크 포레스트와의 홈 경기에서 48-55로 패한 노스캐롤라이나는 2월 3일 장신센터 랄프 샘슨(Ralph Sampson)이 버틴 버지니아에 58-74로 대패했지만 큰 흔들림은 없었다. ACC 컨퍼런스 최고 라이벌인 듀크에 84-66으로 화통하게 이기면서 8연승으로 시즌을 마쳤고, 토너먼트에서도 연전연승을 거두었다. 특히 버지니아를 맞아서는 극도의 저득점 경기를 펼친 끝에 47-45로 진땀승을 거두었는데, 이는 우승을 위한 팔부능선을 넘은 셈이나 다름없었다.

조던은 시즌 동안 토너먼트를 포함해 13.5득점을 기록하며 팀의 질주를 도왔다. 겨우 시즌 3번째 경기(털사 전)에서 22득점을 올리면서 팀 최다득점자가 됐고, 12월 29일 산타클라라를 맞아서는 21득점 10리바운드로 입학 후 첫 더블-더블을 작성했다. 이 경기에서는 퍼킨스가 출전하지 않았음에도 불구하고 76-57로 여유 있게 이겼다.

늘 20점을 올리진 못했지만 아니, 심지어는 한 자리 득점에 그칠 때도 있었지만 조던의 가세는 노스캐롤라이나에 큰 힘이 됐다. 워디는 기자들과의 인터뷰에서 "마침내 우리에게도 외곽에서 도와줄 선수가 생겼다"고 자랑을 하기도.

30점은 우습게 넘기던 붉은 유니폼의 마이클 조던을 생각하면 가소로운 활약일지 모른다. 그러나 팀에 이미 절대적인 득점원 두 명이 있고, 완벽히 통제된 시스템을 추구하는 감독 밑에서 뛰는 신입생이 올린 기록이라는 점을 감안하면 분명 대단한 성과였다. 노스캐롤라이나가 소속된 ACC 컨퍼런스에서 신인상을 수상한 것도 이러한 이유 덕분이었다. 토너먼트가 막바지에 이를수록 노스캐롤라이나는 정규시즌 이상의 집중력을 발휘했다. 스미스 감독 역시 목표에 다가갈수록 더 신중해졌다. 이때까지 1968년, 1977년, 1981년에 파이널 포에 올랐지만 우승은 한 번도 못 해봤던 그였다. 노스캐롤라이나 대학도 1957년에 월트 채임벌린의 캔자스 대학을 꺾고 이겨본 게 처음이자 마지막 우승이었다.

1957년 결승 경기는 원로 기자들 사이에서 '클래식'으로 꼽힌다. 1957년 3월 22일, 30승 무패의 노스캐롤라이나는 4강에서 미시건 주립을 74-70으로 꺾었다. 무려 3차 연장까지 가는 접전이었다. 그런데 이들은 불과 24시간 만에 또다시 3차 연장까지 가는 피 말리는 접전을 치러야 했다. '고대 괴수'라 불리던 월트 채임벌린이 버티던 캔자스 대학의 저력이 그만큼 막강했다. 최종 스코어는 54-53. 2일 동안 연장전 6번을 치른 노스캐롤라이나의 믿을 수 없는 승리였다

과연 노스캐롤라이나 대학이 그때의 극적인 우승을 재현할 수 있을지 관심이 모아진 가운데, 딘 스미스 감독은 2년 연속 파이널 포 무대에 올랐다.

4강 상대는 '런 앤 건(Run-And-Gun)'으로 유명한 휴스턴 대학이었다. 가이 루이스 감독이 이끌던 휴스턴 대학은 클라이드 드렉슬러, 마이클 영, 하킴 올라주원 등을 중심으로 기회만 되면 속공과 덩크로 몰아치던 인기 절정의 팀이었다. 그래서 붙은 별명도 '피 슬라마 자마(Phi Slamma Jamma)'였다. 휴스턴의 질주는 전국을 강타했다. TV 중계도 휴스턴만큼은 외면하지 않았을 정도다. NBA에 편향되어 있던 농구팬들의 관심도 대학농구 쪽으로 쏠리기 시작했다. [1]

전국적으로 뜨거운 관심을 받던 두 팀의 맞대결이었던 만큼, 이날의 열기는 이루 말할 수 없을 정도로 뜨거웠다. 시간이 많이 흘렀기에 할 수 있는 말이지만, 이 경기는 1990년대 NBA를 지배한 조던과 올라주원의 첫 대면이었다는 점에서도 의미가 있었다. 1984년 NBA 드래프트에서 올라주원은 1순위로, 마이클은 3순위로 프로구단에 지명되었다.

조던은 커리어를 마칠 시점에 이미 슈팅가드 부문에서는 경쟁자를 찾을 수 없는 위치에 있었고, 올라주원 역시 거의 모든 부문에서 완벽에 가까운 기량을 갖춘 센터의 자리에 있었다(조던 역시 은퇴 후 여러 매체로부터 '당신이 생각하는 역대 BEST 5를 뽑아달라'는 질문에 대해 센터 부문에서는 늘 올라주원을 빼먹지 않았다. 하지만 아이러니하게도 조던은 이 경기 이후 단 한번도 올라주원과 한 팀을 이루거나 플레이오프 같은 중요한 대회에서 만난 적이 없었다).

드렉슬러도 조던과는 떼려야 뗄 수 없는 관계가 된다. 사실, 둘은 결코 가까운 사

이가 아니었다. 1992년 NBA 파이널에서 자존심 대결을 펼치기 이전에도 '누가 최고냐?'라는 질문에 극심한 경쟁심을 갖고 지내왔다.

하지만 이 모든 것은 한참이 지난 일일뿐이다. 1981년 3월 27일, 두 팀이 맞붙을 시점만 해도 올라주원은 흔히 말하는 '구력'이 떨어지는 선수였다. 나이지리아에서 스카우트되어 농구공을 잡은 지 2년도 지나지 않은 시점. 2번 연속 우승할 당시 보였던 화려한 풋워크도, 슈팅 기술도 없었다. 동년배 패트릭 유잉이 깔끔한 숏코너 점퍼를 구사했던 반면 올라주원의 기술은 투박했다. 무리하게 점프만 하다 보니 근육이 손상되어 트레이너를 애먹이기도 했다. 그럼에도 불구하고 루이스 감독은 올라주원을 애지중지했다. 블록슛과 리바운드에서만큼은 큰 재능을 보였기 때문. 휴스턴 대학이 추구하던 속공 농구 역시 올라주원의 수비가 시발점이었다.

그러나 휴스턴의 열기도 노스캐롤라이나 앞에서는 풍전등화였다. 노스캐롤라이나는 초반 조던의 활약을 앞세워 14-0까지 앞서갔고, 휴스턴은 처음 7개의 슈팅을 놓치면서 기선을 뺏겼다. 2-3 지역방어도 무참히 깨졌다. 휴스턴은 분명 빨랐지만, 노스캐롤라이나도 만만치 않게 기민했다. 수비 로테이션, 공수 전환, 그 가운데 나오는 최상의 조직력과 마무리까지. 나무랄 데 없는 경기력이었다. 이 경기서 휴스턴의 주득점원 롭 윌리엄스(Rob Williams)는 35분간 8개의 슈팅을 시도해 하나도 넣지 못하는 굴욕을 맛봐야 했다. 조던과 블랙, 그리고 팀 디펜스의 수훈이었다.

포를 잃은 휴스턴이었지만 그래도 승부를 뒤집을 기회는 있었다. 전반 중반에 투입한 올라주원은 흐름을 바꾼 열쇠였다. 공격에서는 존재감이 없었지만 지역방어의 중추적인 역할을 해냈다. 퍼킨스와 워디의 인사이드 움직임을 둔화시키는 데는 효과적이었던 것. 휴스턴은 볼을 빼앗기가 무섭게 역습을 시도했고 급기야 전반 종료를 앞두고 29-29로 동점을 만들었다. 전반전 실책은 9-6으로 휴스턴이 3개 많았지만, 중반 이후부터는 노스캐롤라이나의 실수가 더 많았기에 숫자는 큰 의미가 없었다.

하지만 후반전은 원점으로 돌아왔다. 올라주원의 파울트러블이 휴스턴의 발목을 잡았다. 파울이 누적될수록 수비가 둔화됐고, 결국 벤치로 물러나야 했다. 드렉슬러가 북 치고 장구 치고 랩까지 하며 팀을 이끌었지만, 올라주원이 빠진 골밑은 더 이상 두려움의 존재가 아니었다. 조던은 후반전, 노스캐롤라이나가 점수 차를 벌리는 데 주도적인 역할을 했다. 후반 중반, 뱅크슛을 실패하자 잽싸게 공격 리바운드를 잡아 마무리하며 38-35로 점수 차를 벌렸다. 이후 그는 우중간 점프슛, 속공 마무리로 내리 4점을 뽑아냈고 팀은 44-37로 달아났다. 가이 루이스 감독은 정말 안 풀린다는 듯한 표정으로 고개를 절레절레 흔들었다. 경기 마무리는 '에이스'가 맡았다. 워디의 독무대가 연출되면서 점수 차는 10점 차가 넘게 벌어졌다. 남은 시간은 2분여. 3점슛이 없던 시절이라 뒤집기란 더 힘든 상황이었다. (2)

엎친 데 덮친 격으로 노스캐롤라이나가 특유의 포 코너 오펜스로 공격을 지연시키면서 휴스턴 선수들은 아무런 힘도 쓰지 못했다. 4학년생 가드 라이든 로즈(Lyden Rose)가 이리 뛰고, 저리 뛰었으나 마음만 급할 뿐이었다. 조던은 결정적인 공격 리바운드를 잡아내며 시간을 지연시켰다. 마침내 경기 종료. 노스캐롤라이나의 승리(68-63)가 확정됐다. 조던은 시즌 중 가장 중요했던 경기에서 18득점 5리바운드로 힘을 보탰다. 경기 MVP는 퍼킨스가 됐다. 25득점 10리바운드로 올라주원의 골밑을 극복한 것이 큰 힘이 됐다. 종횡무진 코트를 휘저은 워디는 14득점을 기록했다.

3월 29일에 처러진 대망의 결승전은 무려 62,000명이 넘는 관중이 찾았다. 당시 기준으로는 미 대학농구 한 경기 최다 관중 기록이었다. 뉴올리언스 슈퍼돔은 새로운 챔피언을 보기 위한 팬들로 인산인해를 이루었다. 발목 염증이 있었던 조던이었지만 의외로 큰 경기에서 더 담담한 모습이었다. 이는 토너먼트 내내 느낄 수 있었던 부분으로, 마치 시즌 첫 달의 움직임은 작년, 재작년의 것처럼 느껴질 정도로 조던은 달라져 있었다.

결승 파트너는 존 톰슨(John Thompson) 감독이 이끄는 조지타운 대학. 213cm의 자메이카 출신 유망주 패트릭 유잉이 버티고 있었다. 늘 저지 아래 티셔츠를 겹쳐 입었던 유잉은 213cm의 큰 키에, 올라주원보다 더 나은 기술의 소유자였다. 올라주원이 토너먼트를 치를 때만해도 나이지리아에서 건너온 지 얼마 안 되어 미국 적응에 고달파 했던 반면, 유잉은 11살 때 가족과 함께 이주해온 덕분에 동료들과의 소통은 물론, 토너먼트가 갖는 의미와 중압감도 충분히 잘 이해하고 있었다.

당시 유잉은 올라주원에 비해 더 호전적이었다. 서러움의 시절이 길었던 탓이다. 독특한 외모 때문에 킹콩이니 문맹이니 하는 놀림도 받았고, 달라진 환경에 적응하지 못해 외로운 유년기를 보내야 했다. 게다가 키 큰 농구선수에게는 늘 따라붙는 부담감도 힘들어했다. 농구공을 잡은 지 얼마 되지 않았는데도 사람들은 장신이란 이유 때문에 유잉에게 큰 기대를 걸었다가 이내 실망하여 상처가 될 말들을 하곤 했다. 내성적인 유잉에게는 큰 상처로 남은 것은 어찌 보면 당연한 일이었다.

이러한 유년기 영향 탓인지 유잉은 대학 시절부터 인터뷰하기 제일 힘든 선수로 여겨졌다. NBA 진출 후 이런 경향은 더 심해졌는데, 때문에 유잉의 단독 인터뷰는 여느 올스타들에 비해 더 찾아보기 힘들었다. 심지어 NBA 공식 인터뷰마저 대놓고 거절해 여러 차례 벌금을 물기도 했다. 사석에서도 유잉은 친구가 많지 않았는데, 그나마 가장 자주 어울린 선수가 바로 조던이었다. 필자는 2015년에 유잉과 잠시 1대1로 대면할 기회가 있었는데 이때는 이미 현역에서 은퇴한 지 한참 지난 덕분인지 현지 기자들의 회고와 다르게 많이 부드러워져 있었다. 물론 인터뷰가 아니었기에 그랬을지도 모른다.

고등학교 시절 은사였던 마이크 자비스(Mike Jarvis)는 유잉을 어둠에서 건진 인물이었다. 유잉과 함께 고교 시절 내내 우승을 휩쓸면서 자신감을 심어주었다. 유잉에게 자신을 가장 잘 각인시킬 수 있는 방법도 알려줬다. 바로 높이를 활용한 수비였다. 유잉은 상대 슈팅을 무자비하게 방해했다. 설령 골텐딩 판정이 나온다 한들, 그는 위축되지 않았다. 이러한 능력 덕분에 유잉 역시 대학 신입생 때부터 어렵지 않게 주전 센터 자리를 꿰찼다. 대학에서의 첫 시즌 성적은 30승 7패. 마침내 결승서 올라온 유잉은 평생 자신의 앞길을 가로막을 인물과 첫 대면을 하게 된다. 바로 조던이었다.

훗날 이야기이지만, 조던과 유잉은 올스타와 국가대표 등에서 숱한 스포트라이트를 함께 누렸지만, 정작 챔피언십을 두고서는 늘 행보가 엇갈렸다. 유잉이 소속된 뉴욕 닉스가 시카고 불스를 플레이오프에서 꺾은 적은 한 번도 없었다. 닉스가 불스를 탈락시킨 적이 딱 한 번 있긴 했지만, 그때는 조던이 일시적으로 코트를 떠나 있었던 상황이었다(조던은 1992-1993시즌을 마치고 은퇴를 선언했다. 1993-1994시즌 불스는 조던없이 스카티 피펜 체제로 운영됐으며, 55승 27패로 플레이오프에 진출했지만 컨퍼런스 준결승전에서 뉴욕에 의해 탈락했다).

이처럼 이날 뉴올리언스 슈퍼돔을 찾은 팬들은 미국 농구를 이끌며 강산을 두 번이나 바꾼 두 위대한 신입생의 맞대결을 보는 진귀한 경험을 할 수 있었다. 물론, 이때만 해도 그들이 그토록 거물이 되리라고는 상상도 못했겠지만 말이다. 점프볼로 경기가 시작되고, 먼저 스포트라이트를 받은 신입생은 바로 유잉이었다.

초반부터 무서운 기세로 노스캐롤라이나를 견제했다. 몇 차례 골텐딩 콜이 불렸다. 그런데도 유잉은 괜찮다는 듯 상대 슈팅을 무자비하게 찍어눌렀다. 낙하하는 상태에 있는 슈팅을 쳐내면 골텐딩 바이얼레이션으로, 상대에게 2점이 부과된다. 긴장감 탓일까. 초반 수차례 골텐딩이 선언됐다.

팀 입장에서는 입맛을 다실 수밖에 없는 상황이지만, 존 톰슨 감독은 크게 반응하지 않았다. 오히려 유잉을 독려했다. 마치 "너의 무서움을 저 녀석들에게 보여줘!"라고 말하듯 말이다.

조던도 돌파로 인사이드에 침투했지만, 유잉에게 당했다. 이날 경기에서 '기록'으로 인정받은 유잉의 블록슛은 2개뿐이었지만, 유잉이 기록한 골텐딩 다섯 개는 초반 노스캐롤라이나의 기를 죽이기에는 충분했다.

초반부터 경기는 흥미로운 분위기로 이끌려갔다. 결승전답게 경기 내용도 좋았다. 두 팀 모두 야투성공률이 52%가 넘었으며, 어느 한 팀도 쉽게 흐름을 내주지 않았다. 경기 내내 5점 차로 벌어진 적이 한 번도 없었으니 말이다. 주로 좌측에 위치해 베이스라인을 공략했던 조던은 자신의 슈팅이 빗나가도 위축됨이 없었다. 적극적으로 공격 리바운드에 가담해 쉬운 세컨드 찬스(Second Chance) 득점을 노렸다. 중계진은 조던의 리바운드 실력에 대해 '위협적인 공격 리바운드 실력을 자랑한다'고 표현했다.

역사가 남긴 결승전의 가장 위대한 순간은 마지막 17초 동안 일어났다. 좌측에서 블랙으로부터 패스를 받은 조던은 경기를 62-61로 뒤집는 결정타를 날렸다. 모두들 조던이 돌파를 할 거라고 생각했지만, 그 결정타는 점프슛에 의해 이루어졌다. 모두가 놀랐다. 심지어 가장 친한 친구, 버즈 패터슨조차 '말도 안 돼'라고 속으로 되뇌었을 정도였다. 아버지 제임스 조던은 아예 두 눈을 질끈 감았다는 후문이다.

하지만 조던의 슈팅은 이미 계산된 것이었다. 경기 종료 32초를 남기고 타임아웃을 요청한 스미스 감독은 조던에게 많이 움직이지 말고, 윙에서 기다리라고 지시했다. 상대가 워디와 퍼킨스만 바라볼 것으로 읽었던 것이다.

스미스 감독은 자서전에서 이렇게 돌아봤다. "존 탐슨 감독은 워디의 팬이었기에 누구보다 그를 잘 알고 있었다. 아마도 워디가 쉽게 슛을 던지게끔 놔두지 않을 것이라 생각했다. 그래서 호야스(Hoyas: 조지타운 대학의 애칭) 수비에 맞춰서 마이클 조던에게 슛을 던지게끔 했다."

조던은 스미스 감독의 선택에 놀랐지만 이내 평정을 되찾았다.

"감독님이 제 이름을 불렀을 때 정말 놀랐지요. 그래도 긴장하지 않으려고 했어요. 그 슛을 넣고 싶었거든요. 슛을 던질 때에는 '안 들어가면 어쩌지'하는 생각조차 할 겨를이 없었습니다."

슈팅을 성공시킨 뒤 기뻐할 틈도 없었다. 곧바로 조지타운이 마지막 기회를 향해 달렸다. 그러나 프레드 브라운(Fred Brown)이 우물쭈물하다 엉뚱한 곳에 패스하고 말았다. 조던이 패스길을 막자, 브라운은 공을 뒤로 돌렸는데 마침 그곳에는 조지타운 대학 선수가 아닌 워디가 있었던 것이다! 워디는 그 틈을 놓치지 않고 승부에 쐐기를 박았다.

상대가 파울로 끊어봤지만 이미 승기는 크게 기운 상황. 모두가 얼싸안는 그 순간에도 스미스 감독은 선수들에게 진정할 것을 요구했다. 스미스 감독은 그렇게 21년 만에 처음으로 NCAA 타이틀을 품에 안았다. 57초 전, 슬리피 플로이드(Sleepy Floyd)의 슛으로 62-61로 리드를 잡으며 김칫국을 마셨던 조지타운은 결국, 아무것도 하지 못한 채 승리를 떠나보냈다.

스미스 감독은 브라운의 마지막 실책 상황에 대해 "조지타운 대학은 토너먼트 대부분 경기에서 흰색 유니폼을 입고 뛰었습니다. 그런데 결승에서는 파란색 유니폼을 입게 됐죠. 흰색 유니폼을 입은 건 우리(노스캐롤라이나 대학)였습니다. 아마도 그 친구도 긴박한 순간에 헷갈렸을지도 모릅니다"라고 돌아봤다.

농구 인생에서 가장 큰 슛을 성공시킨 조던은 16득점을 기록했다. 상대팀의 또 다른 1학년생, 유잉(23득점 11리바운드 2블록 3스틸)에 비하면 저조한 기록이었지만, 쫓고 쫓기던 접전을 종결시킨 주역이 되면서 역사에 이름을 남겼다.

"그 플레이는 원래 조던이 슈팅을 던지는 플레이였습니다. 그들이 1-3-1 형태의 지역방어를 서리라 생각했고, 그래서 우리는 그가 중거리에서 슈팅을 날리는 걸로 계획을 세웠죠." 지미 블랙의 말이다.

마이클 조던에게 그 슛은 어떤 의미가 있었을까? 훗날 인터뷰에서 조던은 '물어볼 필요도 없다. 모든 것을 시작하게 해준 슛이었다'라고 회고했다. 넷플릭스(Netflix)에서 방영된 '더 라스트 댄스(The Last Dance)'를 비롯, 여러 매체 인터뷰에서 그는 "어린 아이가 단단한 껍질을 깨고 세상에 나온 것과 같았습니다. 그때까지 사람들은 저를 '마이크(Mike)'라 불러왔습니다. 제 이름은 '마이크 조던'이었죠. 그렇지만 그 슛 이후 저는 '마이클 조던'이 되었습니다"라고 말했다.

또 하나 얻은 것이 있다면 바로 자신감이었다. 대학 입학 시기부터 조던은 스스로를 채찍질하며 자신에게 충분한 능력이 있다는 것을 확인해갔다. 이는 그가 자신감을 쌓는 방식이었다. 입학 초기의 활약이 마이클에게 NCAA 디비전 I, 특히 명문 노스캐롤라이나의 일원이 될 자격이 있다는 자신감을 심어줬다면, 1982년 결승전에서의 위닝샷은 승부처에서 해결사로 나설 수 있다는 자신감을 안겨주었다고 해석할 수 있겠다.

"단 하나의 슈팅이 필요한 상황에서 저는 언제든 자신감을 가질 수 있게 됐습니다. 사람들의 기대감을 어떻게 조절하고, 많은 외침 속에서도 어떻게 집중력을 유지해야 하는지도 알게 됐습니다."

그 슛은 그런 슛이었다.

(1) 노스캐롤라이나는 결승에서 인디애나 대학에게 50-63으로 졌다. 당시 인디애나를 이끌던 감독은 스미스 감독의 경쟁자이자 친구였던 바비 나이트였고, 주전 가드는 2학년이었던 아이재아 토마스였다. 반면 스미스 감독은 4번째 우승 도전이었지만, 또 한 번 우승 문턱에서 좌절을 맛봐야 했다.

(2) 3점슛은 대학 농구보다 프로농구에서 먼저 적용됐다. NBA는 1979-80시즌에 공식적으로 3점슛을 인정했으며, 국제농구연맹(FIBA)도 1984년에 국제경기에 3점슛을 도입했다. NCAA에서는 1980년부터 3점슛을 인정한 컨퍼런스가 있었지만, 전국적으로 3점슛이 공격의 일부가 된 것은 1986년이었다.

GAME INFO

날짜	1984년 8월 10일
장소	캘리포니아 주 더 포럼(The Forum) 경기장
대회	1984년 LA올림픽
경기의 중요성	★★★★★
착용 농구화	컨버스 패스트 브레이크(Converse Fast Break)

SCORE

팀	전반	후반	최종
미국	52	44	96
스페인	29	36	65

MJ's STATS

출전시간	득점	야투	자유투	리바운드	어시스트	스틸	블록	실책	파울
28'00"	20	9-15	2-5	1	2		3	1	3

2. LA 코트를
금빛으로 수놓다

1984년 로스엔젤레스 올림픽
남자농구 결승전

 VS

미국   스페인

중국 학생들이 20세기에 가장 위대한 인물로 저우언라이(周恩來)와 마이클 조던을 꼽게 된 이유는 무엇일까? 1994년 「USA 투데이(USA Today)」가 '미국에서 가장 잘 알려진 스포츠선수'를 조사했을 때도 조던은 1위로 꼽혔다. 그 이유는 또 무엇일까? 조던이 농구를 잘하고, 매사에 모범적이고 완벽하기 때문에? 그보다 근본적인 이유는 아마도 '마이클 조던을 볼 수 있어서'가 아닐까?

이 글을 읽고 있는 'Z세대'에게는 이상하게 보일지 모르겠지만, '글로벌화(globalization)'는 마이클이 세계적인 '록 스타'가 될 수 있었던 결정적인 계기가 되었다. TV가 등장하고 케이블 TV가 각 가정에 침투했으며, 우리가 '비디오'라 부르는 VHS가 등장하면서, 더 나아가 '냉전 시대'가 종식되어 '미국의 제품'들이 세계 곳곳으로 퍼져나가면서 'NBA 농구'라는 상품도 널리 알려지기 시작했다. 같은 시기 '팝의 황제' 마이클 잭슨(Michael Jackson)이 그랬던 것처럼, '농구 황제' 마이클 조던은 전세계 청년들의 마음을 흔들었다.

조던과 같은 해 NBA의 4대 총재로 취임한 데이비드 스턴(David Stern)의 미디어 프랜들리(media-friendly) 정책은 조던의 이미지를 세계로 수출한 원동력이었다. 이전에도 한국을 비롯해 세계 각국에 NBA 농구가 중계되긴 했지만, 1990년대만큼 폭발적이진 않았다. (1)

위성을 통해 NBA가 생중계 방송되는 국가들이 기하급수적으로 늘었고, 그 파급효과는 엄청났다. NBA 농구는 순식간에 세계에서 가장 인기있는 상품이 됐고, 농구에 관심이 없었던 유럽 국가에서도 마이클은 농구를 대변하는 상징적인 인물처럼 여겨졌다. 그 과정은 에어 조던(나이키)과 드림팀(1992년 바르셀로나 올림픽) 덕분에 급물살을 타게 됐고, 야구와 풋볼에 밀려 찬밥신세였던 불스 농구단은 시카고의 또 다른 상징이 됐다.

조던의 프로 첫 시즌 이야기를 하기도 전에 굳이 먼 훗날의 이야기를 정리한 이유는 바로 1984년 LA올림픽 이야기를 짚고 넘어가야 했기 때문이다. 1984년 올림픽은 조던을 미국뿐 아니라 세계에 알린 첫 국제대회였다.

조직위원장이었던 피터 유베로스(Peter Ueberroth)는 시민의 83%가 반대하고, 시의회로부터도 한 푼도 지원받지 못했던 올림픽을 성사시키기 위해 다양한 아이디어를 내놓았다. TV 중계권료, 공식 스폰서와 공식 로고 등의 도입이 그것이다. 그는 "문제는 경기장에 몇 대의 TV 카메라를 설치할 수 있는가?"라는 말을 했다. 오늘날 보면 지극히 기본적이고 상식적인 이슈이지만 1984년에 유베로스가 던진 이 화두는 큰 화제가 되었다. 덕분에 당시 올림픽은 2억 2,500만 달러의 순이익을 만들어냈고, 이후 올림픽 마케팅과 '유베로스 매직(Ueberroth Magic)'은 마이클과 23번의 관계처럼 되어버렸다. 사실, 유베로스 위원장의 이야기도 독자에 따라서는 뜬금없어 보일지도 모르겠다. 왜 마이클 조던의 책에 이 사람의 이야기가 이처럼 비중 있게 다뤄지는가?

이야기의 시작은 이제부터다. 유베로스의 자녀들은 다양한 분야에서 아버지에게 물려받은 DNA를 잘 활용해왔다. 그 중 차녀, 헤이디(Heidi, 전 NBA 국제사업부 회장)는 그 DNA를 농구에 투자했다. 1994년, 28살의 나이에 NBA 국제 영상 사업부에 입사해 오늘날 NBA가 그 영역을 아프리카뿐 아니라 인도까지 확장시키는 데 큰 힘을 보탰다. 중남미에 그쳤던 NBA 시범경기가 일본과 중국에서까지 성공적으로 개최할 수 있었던 것도 헤이디의 수완이 컸다는 분석이다.

2008년 「비즈니스 위크(Business Week)」가 선정한 '세계 스포츠계 가장 영향력 있는 인사 TOP 100'에도 이름을 올렸는데, 'NBA 부의 여신(The NBA's goddess of wealth)'이라는 별명을 얻었으니 그 영향력을 짐작할 수 있을 것이다. 한때 스턴 총재의 대를 이을 인사로도 평가됐던 그는 현재 농구를 떠나 스포츠의 다양한 영역에서 그 능력을 뽐내고 있다. 이러한 유베로스 매직과 유베로스 부녀의 활약이 없었다면, 마이클 조던이 누려온 세계적 위상은 어떻게 변했을까?

물론, 데이비드 스턴 총재의 총명함과, 조던이 농구 코트 안팎에서 보여온 활약을 생각한다면 여전히 그는 NBA의 가장 위대한 선수 중 하나로 남았겠지만 그 전파 속도가 조금은 더디지 않았을까 하는 생각도 든다. 올림픽을 통해 미국 전역에 공유된 하이 플라이어의 면모는 조던을 더 유명하게 만들어줬기 때문이다. 로드 쏜은 넷플릭스에서 방영된 '더 라스트 댄스(The Last Dance)'에서 "드래프트가 올림픽 전에 열려서 다행"이라는 말까지 남겼으니 말이다.

미국 코넬 대학교 역사학 교수 월터 레이퍼버(Walter Lafeber)는 저서 「마이클 조던 앤드 더 뉴 글로벌 캐피털리즘(Michael Jordan and The New Global Capitalism)」에서 "1984년 올림픽 결승전에서 마이클이 어머니 들로리스의 목에 금메달을 걸어주는 장면은 TV로 생중계됐고, 이는 시청자들을 매료시켰다"라고 표현했다.

호랑이 감독을 매료시킨 MJ

자, 그렇다면 도대체 조던은 올림픽에서 어떤 활약을 보여준 것일까? 결론부터 말하자면 조던이 평균 17.1득점으로 이끈 미국 대표팀은 8전 전승을 거두면서 여유 있게 금메달을 차지했다. 비록 이념적 대립으로 불편한 관계에 있던 구소련(USSR)이 보이콧하면서 상대적으로 쉬워졌다는 평가도 있지만, "지금 미국농구의 수준은 세계보다 50년가량 앞서 있다"던 안토니오 디아즈-미구엘(Antonio Diaz-Miguel) 스페인 대표팀 감독의 자조 섞인 말처럼 대표팀은 완벽한 경기력을 선사하며 세계를 놀라게 했다.

혹자는 NBA 선수들이 출전한 오리지널 드림팀(Original Dream Team)에 더 의미를 부여하기도 하지만, 농구의 '기본'이라 할 수 있는 팀워크만 놓고 본다면 지난 40년 동안 올림픽에 출전했던 미국 대표팀 중 가장 완벽한 팀이었다고도 할 수 있다. 1992년 올림픽이 마이클과 매직 존슨, 찰스 바클리, 칼 말론(Karl Malone) 같은 대스타들이 기술 시범을 보이는 자리였다면, 1984년은 마이클과 패트릭 유잉, 크리스 멀린(Chris Mullin) 같은 당대 최고의 대학농구 선수들이 '팀'으로서 최고의 경기력을 보여준 자리였다고 보면 되겠다.

1980년 올림픽을 보이콧했던 미국농구협회는 자국에서 열리는 대회인 만큼, 최고의 전력으로 임하길 원했다. 대표팀 감독에는 인디애나의 바비 나이트가 선정됐고, 대표선수 선발은 1984년 4월 17일부터 5일간 인디애나주에서 대학선수 72명을 대상으로 진행됐다. 선발전은 연습경기처럼 공개적으로 진행됐는데, 4월 21일에는 단 30명만이 남았고 선발전을 통해 최종 선택된 16명 중 4명이 올림픽을 앞두고 짐을 쌌다. 마지막 남은 12명은 나이트 감독의 색깔에 가장 잘 맞는 '팀원'들이었다. 미국 대학농구 최고의 12인은 아니었다는 이야기다. 최종 탈락자 중에는 찰스 바클리와 존 스탁턴, 조 두마스(Joe Dumars) 같은 미래의 스타들도 있었다.

바클리의 경우 '리바운드하는 둥근 산'이라는 별명을 얻을 정도로 골밑에서의 전투력으로 명성이 자자한 선수였다. 그러나 나이트 감독의 눈에는 들지 못했는데, 현장을 취재한 「USA 투데이」와 「뉴욕 타임스」 기자들은 130kg에 육박하는 체중과 톡톡 튀는 성격이 문제가 됐을 것이라 분석했다. 또 「워싱턴 포스트」는 바클리의 투덜거리는 스타일이 '팀'을 강조하는 나이트 감독의 보수적인 성격과 맞지 않았을 것이라 기사를 쓰기도 했다.

스타턴은 다소 의외였다. 나이트 감독이 가장 강조했던 포지션이 바로 가드 포지션이었기 때문이다. 가드진을 좀 더 보강해 최종 후보를 20명으로 하자고 말했을 정도였다. 하지만 그런 나이트 감독도 미국 프로농구 역사상 가장 많은 어시스트를 기록한 '포인트가드의 정석'을 과소평가했던 것은 아니었나 싶다. 오히려 스타턴보다 리온 우드(Leon Wood)를 높이 샀다. 칼 스테이트 풀러튼(Cal State Fullerton) 대학 출신의 그는 오늘날 기준에서 보면 포인트가드로 보기에는 애매한 '키 작은' 슈팅가드 타입의 선수였다.

조던은 스타턴의 탈락에 대해 "스타턴이 그때는 무명이었기 때문"이라고 돌아봤다. "아이러니한 것은 리온 우드는 NBA에서 심판이 됐고, 스타턴은 아직도 최고의 포인트가드로 뛰고 있다는 사실입니다. 하지만 그때는 리온의 인지도가 더 높았고, 심지어 그는 테스트조차 거치지 않고 대표팀에 이름을 올렸죠. 반면 스타턴은 이름도 기억하기 힘든 작은 동네 출신이었습니다. 그래서 사람들이 주목하지 않은 것 같습니다." 1997-1998시즌 NBA 파이널 시리즈 당시 「워싱턴 포스트」와 가진 인터뷰에서 조던이 남긴 말이었다.

조던 역시 리온 우드만큼이나 쉽게 대표팀에 선발됐다. 나이트 감독은 예전부터 조던의 열렬한 팬이었다. 1984년 드래프트 당시 포틀랜드 스카우트 책임자 스튜 이안(Stu Ian)과의 전화통화는 그가 조던을 어느 정도로 인정하고 있었는지 잘 알 수 있는 일화다. 나이트 감독은 이안에게 다짜고짜 마이클 조던을 꼭 뽑으라고 강조했다.

"그 녀석은 물건이야. 무조건 뽑아야 해."
"이봐, 지금 우리 팀이 필요한 건 센터야."
"그럼 조던을 뽑아서 센터를 시키면 되겠네. 조던이라면 센터를 시켜도 본전은 뽑을 거야."

이제 마이클과 함께 선발된 최종 12명은 누구였는지 살펴보자.

1984년 미국대표팀 명단

- 가드

스티브 알포드 | 185cm | 인디애나 | 87년 댈러스 (2라운드 3순위)

번 플레밍 | 195cm | 조지아 | 84년 인디애나 (1라운드 18순위)

마이클 조던 | 195cm | 노스캐롤라이나 | 84년 시카고 (1라운드 3순위)

앨빈 로벌슨 | 193cm | 아칸사 | 84년 샌안토니오 (1라운드 7순위)

리온 우드 | 191cm | 칼 ST. 플러튼 | 84년 필라델피아 (1라운드 10순위)

- 포워드

크리스 멀린 | 198cm | 세인트 존스 | 85년 골든스테이트 (1라운드 7순위)

샘 퍼킨스 | 206cm | 노스캐롤라이나 | 84년 댈러스 (1라운드 4순위)

웨이먼 티스데일 | 206cm | 오클라호마 | 85년 인디애나 (1라운드 2순위)

제프 터너 | 206cm | 밴더빌트 | 84년 뉴저지 (1라운드 17순위)

- 센터

패트릭 유잉 | 213cm | 조지타운 | 85년 뉴욕 (1라운드 1위)

존 콘책 | 213cm | S.메소디스트 | 85년 애틀랜타 (1라운드 5위)

조 클레인 | 211cm | 아칸사 | 85년 새크라멘토 (1라운드 6순위)

감독: 바비 나이트(인디애나 대학) / 코치: 조지 레블링(아이오와 대학), 돈 도노허(데이튼 대학)

이 중 조던과 유잉, 퍼킨스, 웨이먼 티스데일(Wayman Tisdale), 멀린, 알포드는 「스트리트 & 스미스」가 선정한 '역대 최고의 대학생 TOP 100'에는 선정됐을 만큼 기량이 출중한 인재들이었고, 알포드를 제외하면 모두 NBA 드래프트에서도 상위에 지명됐다. 유잉은 1980년 올림픽 당시에도 고교생으로는 사상 최초로 미국대표팀 예비명단에 올라 화제가 되기도 했다.

나이트 감독은 이들에게 인디애나식 모션 오펜스(Motion Offense)를 전수했다. 누군가가 볼을 갖고 공격을 진두지휘하는 방식이 아니라, 농구의 기본이라 할 수 있는 스크린(Screen)과 패스(Pass), 컷(Cut) 등을 이용해 유기적으로 움직이며 득점 찬스를 잡는 방식이었다. 겉보기에는 단순해도 많은 약속과 정확한 타이밍이 요구되는 오펜스였기에 고도의 집중력이 필요했다(올림픽에서 나이트 감독이 추구했던 스타일이 정통 포인트가드 1명에게 운영을 맡기는 스타일이 아니었기에 고정된 하나의 포지션만 소화가능한 선수는 탈락했을 것이라는 의견도 있다. 그렇게 본다면 스탁턴의 탈락도 이해가 가는 대목이다).

가드진은 나이트 감독의 기대대로 빨리 적응했다. 알포드와 조던, 멀린은 단연 진도가 빨랐다. 조던은 이미 딘 스미스 감독 시스템에서 욕심을 버리는 법을 배운 터였다. 그러면서도 보여줘야 할 때는 확실히 보여줬다. 알포드는 "마이클이 공을 잡으면 꼭 뭔가가 일어났습니다. 가끔은 대표팀 선수들도 넋 놓고 바라볼 때가 있었죠. 정말이지 눈을 떼고 싶지 않은 플레이의 연속이었습니다"라고 회고했다.

대표팀, 사고를 치다

1984년 8월 12일 개막을 앞두고 미국대표팀은 본격적인 연습경기에 돌입했다. 1984년 7월의 일이었다. 대표팀의 연습 상대는 다름 아닌 NBA 올스타. 나이트 감독은 선수들이 최고 수준의 팀들을 상대하길 원했고, NBA의 주선으로 각 지역을 대표하는 NBA 올스타팀과 7차례의 연습경기가 마련됐다. 나이트 감독은 심판들에게 국제농구연맹(FIBA) 룰로 가되, 판정은 NBA 올스타에게 더 유리하게 불어 달라고 부탁했다. 또 웬만한 신체접촉은 불지 말고, 파울아웃도 없앴다. 아직 학생 선수 신분인 만큼, 여러 외부요인에 흔들리지 않게 하기 위한 비책이었다. 마치 낭떠러지에서 자기 새끼를 떨어뜨리는 어미 사자처럼, 그는 냉혹했다.

그런데 놀랍게도 미국대표팀은 7경기를 모두 이겨버렸다. 그들이 꺾은 팀에는 매직 존슨, 아이재아 토마스(Isiah Thomas), 래리 낸스(Larry Nance), 알렉스 잉글리시(Alex English) 같은 슈퍼스타들도 있었다. 비록 시즌 중이 아니라 컨디션이 100%가 아니고 팀워크도 안 맞았지만, 프로에서 날고기는 선수들을 이긴 것은 하나의 사건과도 같았다.

특히 피닉스에서 열린 연습경기에서는 조던이 26득점을 올리며 매직 존슨과 토마스의 백코트를 농락했다. 7번의 평가전 동안 출전 시간이나 주전 보직이 바뀌지 않은 선수는 조던뿐이었다. 67,000명이 넘게 운집한 인디애나폴리스 연습경기는 선수들의 담력을 시험할 좋은 기회였는데 역시나 선수들은 주눅들지 않고 제 기량을 보였다. 특히 조던이 그랬다.

자신감이 생긴 대표팀에게 올림픽 상대들은 오히려 NBA 올스타를 상대하는 것보다도 쉽게 느껴졌다. 사실, 나이트 감독과 대표팀 관계자들은 자만심보다는 부담감과 산만함을 우려했다. 스페인 대표팀 감독은 NBA 올스타와의 연습경기를 본 뒤 일찌감치 "미국의 우승은 확정이나 다름이 없다"라고 단언했고 다른 농구전문가들 역시 미국의 압도적 우세를 점쳤다. 게다가 홈 팬들 앞에서 열리는 대회였다. 누가 봐도 우승이 유력했지만, 오히려 이런 사실이 평균 연령 21살의 선수들에게는 심적 부담으로 돌아올 수 있다고 본 것 같다.

하지만 조던과 앨빈 로벌슨, 알포드 등은 오히려 상황을 즐겼다. 104-68로 승리한 우루과이 전에서 있었던 일이다. 나이트 감독은 조던에게 "이봐, 이 경기는 5분 안에 끝내자. 그리고 나머지 35분은 다같이 즐기는 거야. 할 수 있겠나?"라고 지시했다. 그리고 4분이 흘렀다. 우루과이는 타임아웃을 요청했지만, 승부는 이미 결정된 뒤였다. 조던은 나이트 감독의 어깨에 손을 얹으며 말했다. "감독님, 전광판 확인하셨죠? 저희가 1분 단축시켰어요."

두 번째는 산만함이다. 올림픽 대표선수 소집 기간은 드래프트 준비 기간이기도 했다. 오늘날 NBA 드래프트는 고도의 세밀함을 요구하는 대형 이벤트로 발전했다. 신인 1명을 뽑는데 들이는 시간과 비용은 날로 늘고 있다. NBA는 체력 및 신체 능력을 측정하고 기능적인 면을 두루 점검하는 드래프트 컴바인(Draft Combine)을 신청한다. 구단들은 이 데이터를 토대로 워크아웃(workout)을 개최한다. 선수에 따라 다르지만, 프로 진출을 간절히 희망하는 '예비 신인'들은 10~13개 구단을 돌면서 강도 높은 워크아웃을 치른다. 일종의 압박 면접과도 같다. 여기서 행실이 안 좋으면 바로 입소문이 퍼져 주가가 떨어지는 경우도 있다.

1980년대만 해도 이런 행사가 없었지만, 그래도 사전 인터뷰와 같은 여러 중요한 행사가 있었다. 올림픽 출전 선수들은 자신들을 프로모션할 절호의 기회를 포기했다. 아니, 그럴 기회를 갖지 못했다. 나이트 감독은 "올림픽에만 집중했으면 좋겠어! 지금 너희들의 목표는 금메달이야!"라고 말하며 선수들이 함부로 선수촌을 드나들지 못하도록 통제했다. 프로까지 신경 쓰다 보면 훈련 분위기가 산만해질 수 있기 때문이다. 게다가 드래프트가 진행되는 시기까지도 대표팀은 최종 엔트리가 안 나온 상태였으니 그럴 만했다. 이 과정에서 에이전트사는 고객과 연락을 취하지 못해 발을 동동 구르는 일도 있었다(당연한 얘기지만, 1984년에는 SNS는 물론이고 휴대전화와 이메일도 없었다).

1984년 NBA 드래프트 사진을 검색했을 때 하킴 올라주원이 검정 수트를 입고 1순위를 자축하는 사진은 있어도 조던의 사진이 없는 이유도 이 때문이다. 조던을 포함한 올림픽 대표팀에 뽑혔던 모든 드래프티들은 선수촌에서 자신의 첫 직장이 결정되는 상황을 지켜봤다. 다행히 드래프트로 인한 충격이나 분위기 악화는 없었다는 후문이다. 제프 터너(Jeff Turner)는 스포츠 전문매체「디 어슬레틱(The Athletic)」과의 인터뷰에서 "우리 모두 TV 앞에 앉아서 지명을 기다렸어요. 모두가 본인의 순서까지 숨죽여 지켜봤지요. 뽑힌 선수들은 위성 인터뷰 연결을 위해 자리를 떠났습니다. 마이클이 예상대로 가장 먼저 지명(3순위)되었고, 저와 번 플레밍(Vern Fleming)이 17, 18순위로 마지막에 선발되었습니다"라고 돌아봤다.

올림픽이 한창 열기가 달아오를 무렵에는 이미 모두가 진로가 결정된 상태였기에 오히려 선수들은 속시원하게 경기에 집중할 수 있었다. 미국은 중국(97-49), 캐나다(89-68), 프랑스(120-62), 스페인(101-68) 등을 차례로 꺾고 조 1위를 확정했다. 8강서 만난 서독에게 다소 고전했지만 78-67로 이겼으며, 4강전에서는 캐나다를 다시 만나 78-59로 이겼다.

조던이 이겼는데도 눈물 흘린 이유

8월 6일 서독과의 8강전은 짚고 넘어갈 필요가 있다. 11점 차는 이 대회에서 가장 적은 점수차였다. 서독과의 경기에서 조던은 14점을 올렸지만, 야투 14개 중 10개를 실패했고 실책도 6개나 범했다. 대회 기간 중 나이트 감독이 조던에게 바란 움직임은 이랬다.

- 개인기를 이용해 원투 드리블
- 수비가 조던에게 집중되면 안쪽의 빅맨에게 패스

- 혹은 커트인하는 선수에게 패스
- 공간이 열리면 본인이 마무리

그런데 이날은 슈팅이 전반적으로 저조했고 부주의한 패스로 속공 기회를 내주는 등의 실수가 있었다. 단연 올림픽에서 가장 부진했던 날이었고, 대다수 매체도 조던의 부진을 기사에 담았다.

서독이 잘한 부분도 있었다. 무엇보다 12년 뒤 1996년 NBA 파이널에서 조던과 마주하게 될 원조 '독일 병정' 데틀리프 슈렘프(Detlef Schrempf)가 활약했다. 슈렘프는 워싱턴 대학을 거쳐 NBA에 진출한 케이스로, 훗날 리그 정상급 식스맨으로 평가받게 된다. 그에 대한 이야기는 한참 뒤에 나올 챕터로 미루도록 하자. 만일 슈렘프가 파울 트러블에 걸리지 않았다면 미국은 더 힘겹게 경기를 마무리했을지도 모른다. 서독의 랄프 클레인(Ralph Klein) 감독은 "미국 같은 강팀이 굳이 심판의 도움이 필요했을까 싶습니다"라며 씁쓸하게 불만을 표했다.

나이트 감독은 경기 후 기자회견에 수훈선수를 데려오지 않았다. 잘한 선수가 1명도 없었다는 이유에서였다. 인터뷰에서도 "누구도 영리하게 플레이하지 못했어요. 아무도 우리 플레이를 하지 않았습니다. 기록지도 볼 필요가 없습니다"라고 정색했다. 라커룸에서는 조던을 질책했다. 동료들이 보는 앞에서, 그것도 아주 호되게.

"자네는 동료들에게 사과해야 할 거야."

라커룸에 함께 있었던 샘 퍼킨스는 훗날 팟캐스트를 비롯한 여러 인터뷰에서 당시 상황을 이렇게 돌아봤다. "그 경기는 마이클이 보인 최악의 경기였습니다. 그래서일까요? 감독님한테 질책을 당하자 눈물을 흘리더군요."

사실 퍼킨스를 비롯한 대다수 동료들은 전체적으로 부조화가 있었던 날이었다고 입을 모았다. 딱히 조던만 잘못한 것은 아니었다는 것. 그런데 조던이 말하지 않은 사연이 있었다. 2020년 4월, 인디애나 대학의 공식 홈페이지에 실린 트레이너 팀 갈(Tim Garl)의 인터뷰에서 그 사연을 알 수 있었다.

팀 갈은 1984년 당시 대표팀의 트레이너였다. "경기 당일, 마이클은 치통이 심했습니다. 그래서 부랴부랴 치과에 데려가 치료를 받았지만 여전히 통증이 사라지지 않았죠. 결국 경기 직전에 발치를 결정했습니다. 마이클은 경기 내내 컨디션이 좋지 않았습니다."

커리어 동안 발목을 다쳐도, 발가락이 퉁퉁 부어도, 고열에 시달려도 끝까지 경기를 소화했던 조던이었지만 치통만큼은 견디기 힘들었던 것 같다. 그렇지만 그는 나이트 감독의 호통에도 끝까지 치통 이야기를 변명으로 삼지 않은 것으로 알려졌다. 다만, 동료들 앞에서 사과한 것은 엄청난 동기가 되었다.

그런데 결승전을 앞두고 조던은 대형 사고를 친다. 잘못된 색상의 유니폼을 갖고 온 것이다. 이날 미국국가대표팀이 입어야 할 유니폼은 흰색이었다. 그런데 조던은 흰색 유니폼을 선수촌에 두고 왔다. 스태프가 발칵 뒤집혔다. 팀 갈이 미친 듯 선수촌으로 향했다. 선수촌 숙소에 전화해 미리 문을 열어달라고 양해를 구했다.

그런데 여기서 또 사건이 발생한다. 상황의 심각성을 인지한 담당 직원이 조던의 방에 들어가 미리 유니폼을 챙겨 1층에 내려가 있었던 것. 휴대폰도, SNS도 없었기에 팀 갈이 이 연락을 받았을 리가 없다. 팀 갈은 부랴부랴 조던의 방으로 향했다. 1층에 직원이 기다리고 있는 것도 모른 채 말이다. 아무리 뒤져도 흰색 유니폼이 안 보이자 망연자실하던 그때 극적으로 직원을 발견해 비로소 경기장으로 향할 수 있었다. 아뿔싸. 그런데 이번에는 LA의 악몽 높은 '교통 대란'으로 오도 가도 못하는 신세가 되고 말았다. 결국, 유니폼은 경기 전에 잘 전달됐고, 비로소 조던도 멘탈을 바로잡을 수 있었다는 후문이다.

우리는 준비됐다!

나이트 감독은 대회 내내 라커룸 칠판에 공, 수 전략과 함께 본인이 전달하고픈 메시지를 적어왔다. 사람들은 이것을 '나이트만의 의식'이라고 일컬었다. 그런데 조던이 훼방을 놓았다.

"감독님, 우리는 아무것도 필요하지 않아요. 우리는 준비됐습니다.(Coach, We don't need anything. We're ready)"

사실, 퍼킨스가 기억하는 이 발언은 사람마다 조금씩 다르다. 팀 갈은 "감독님 신경 쓰지 마세요. 우리는 준비됐으니까요.(Coach, Never mind this. We're ready to play)"라고 기억하고 있었다. 중요한 건 조던과 동료들은 경기에서 패하지 않을 것이란 확신이 있었다는 사실이다.

결승 상대는 스페인. 예선에서 이미 33점 차 대승을 거뒀기에 승패는 일찌감치 결정된 셈이나 다름없었다. 미국은 예선에 비해 얼마나 더 쉽게 이기느냐가 관건이었고, 스페인은 얼마나 더, 그리고 잘 버티느냐가 숙제였던 경기였다.

1983년 유럽선수권대회 준우승팀인 스페인은 예선 당시 전반전을 41-46으로 겨우 5점 뒤진 채 마친 바 있는 저력 있는 팀이었다. 외곽 슈팅이 좋고, 볼을 주고받으며 찬스를 만드는 콤비 플레이도 간결하면서도 위력적이었다. 하지만 미국은 예선전에서의 긴장감을 다시 느끼고 싶지 않았던 듯, 단 10분 만에 승패를 갈라놓았다. 전반이 끝났을 때 스코어는 52-29.

스페인은 지역방어로 대처해봤지만, 올림픽을 치르면서 선수들은 지역방어에 면역이 된 상태였다. 게다가 프로가 아닌 대학 선수들이었기에 NCAA에서도 지겹도록 지역방어를 쓰고, 이에 대항하는 공격을 해왔던 터였다. 지역방어 파훼에는 조던이 나섰다.

스크린을 타고 나와 용수철처럼 솟구쳐오르는 조던을 당해내지 못했다. 조던은 결승 경기에서 20득점을 올렸다. 조던에게 2명이 붙으면 기다렸다는 듯 멀린과 알포드가 중장거리에서 깨끗한 슈팅을 날렸다. 포스트에서는 퍼킨스와 티스데일이 26점을 합작했다.

스페인 감독은 ESPN과의 인터뷰에서 "10분이 지난 뒤, 우리는 아무것도 할 수 없었습니다"라고 털어놨다. "(조던은) 비행기처럼 날아다니더군요. 그를 막으려고 점프한 선수가 내려오는 동안에도 조던은 공중에 떠 있었습니다"라는 말도 덧붙였다. 스페인 소속 선수였던 페르난도 마틴(Fernando Martin)은 짧은 영어로 찬사를 쏟아냈다. "마이클 조던? 점프, 점프 점프! 정말 빠르고 민첩했어요. 너무 대단했죠!"

미국 대표팀은 평균 55.7%의 야투성공률을 기록했고, 상대를 평균 32점차로 압도했다. 야투성공률 55.7%는 역대 미국대표팀 사상 최고 기록이었는데, 이 기록은 1992년 바르셀로나올림픽에서 뒤집혔다. '드림팀'이라 불렸던 1992년 대표팀은 57.8%를 기록했는데 이때도 마이클 조던이 팀을 리드했다. 수비에서는 상대를 평균 38.9%로 막았고, 1936년 이래 76승 1패의 기록을 이어갔다(미국은 1988년 서울올림픽에서 통한의 패배를 당했다).

조던은 이 대회를 통해 자신의 가능성을 프로농구 관계자들에게 재확인시켰다. 곧 조던을 마주하게 될 불스 팀의 케빈 로거리 감독은 "마이클이라면 NBA에서 확실히 통할 것이다"라는 확신을 갖게 됐고, 깊은 인연을 맺게 될 나이키(NIKE)도 쾌재를 불렀다. 마이클을 선발하고도 행복회로를 가동하지 않았던 로드 쏜 단장이 웃음꽃을 피운 것은 당연한 일이었다. NCAA 우승에 이어 올림픽 금메달까지. 이제 마이클 조던에게 남은 것은 '프로농구선수'가 되어 NBA를 정복하는 일뿐이었다.

🏀 1984년 LA 올림픽 남자농구 최종순위

1위(금메달)	미국	8승 0패
2위(은메달)	스페인	6승 2패
3위(동메달)	유고슬라비아	7승 1패

🏀 1984년 LA 올림픽 미국대표팀 전적

미국	97 - 49	중국
미국	89 - 68	캐나다
미국	104 - 68	우루과이
미국	120 - 62	프랑스
미국	101 - 68	스페인
미국	78 - 67	서독(8강전)
미국	78 - 59	캐나다(4강전)
미국	96 - 65	스페인(결승전)

(1) 한국에서 NBA가 처음 우리말로 중계된 것은 1970년대였다. 이전까지 미군 부대의 AKFN 방송이 유일한 루트였으나, KBS와 MBC가 중계를 시작하며 주말마다 NBA 농구가 전파됐다. 최초의 해설위원은 1960년대 스타 플레이어였던 김영기였다. 1997년 한국농구연맹(KBL)이 출범하는 데 큰 역할을 했고, 두 차례 총재를 역임했던 김영기는 "그때는 생중계가 아니라 시간이 지난 영상을 구해와 방영했습니다. 자료 입수가 굉장히 힘들었지만 NBA 농구는 국내 농구인들에게도 큰 충격이었고, 우리 농구에도 큰 영향을 주었습니다"라고 회고했다.

2. LA 코트를 금빛으로 수놓다

GAME INFO

날짜	1984년 10월 26일
장소	일리노이주 시카고 스타디움
시즌	1984-1985시즌 NBA
경기의 중요성	★★★★★
착용 농구화	나이키 에어 쉽(Nike Air Ship)

SCORE

팀	1Q	2Q	3Q	4Q	최종
불스	34	23	21	31	109
불레츠	19	26	29	19	93

MJ's STATS

출전시간	득점	야투	자유투	리바운드	어시스트	스틸	블록	실책	파울
40'00"	16	5-16	6-7	6	7	2	4	5	2

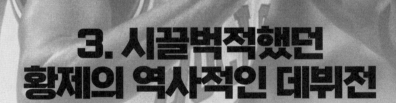

3. 시끌벅적했던
황제의 역사적인 데뷔전

1984-1985시즌 정규리그

VS

시카고 불스   워싱턴 불레츠

시카고는 미국 일리노이주 북동부에 위치해 있다. 애칭은 '윈디 시티(Windy City)'
다. 강한 바람이 자주 불어서 생긴 별명이다. 늦가을부터 겨울 사이에 시카고를 다녀
온 사람들은 '칼바람'이 분다고까지 말할 정도다. 미시간호를 통해 고층빌딩 사이를
파고드는 바람은 보행자의 옷깃을 여미게 만든다. 그러나 시카고를 찾은 이들은 칼
바람, 그 이상의 것을 경험하게 된다. 시카고 강변을 지키고 있는 현대건축물들은 시
카고의 자랑거리 중 하나다. 예술적 색채가 짙은 빌딩들은 하나의 작품으로 봐도 무
방하다. 그 빌딩 사이에서 훌륭한 음악과 쇼가 많이 연출되기도 했다.

미국인들의 영원한 여가라 할 수 있는 프로스포츠에 있어서도 시카고는 자랑할
것이 많다. 미국프로야구(MLB)의 컵스(Cubs)와 화이트삭스(White Sox)는 물론이
고, 풋볼팀 베어스(Bears)도 팬들로부터 한결같은 사랑을 받아왔다. 반면 프로농구
(NBA) 구단은 굴곡이 심했다. 증오보다 무서운 것이 무관심이라 했다. 1966년에 창
단한 불스(Bulls)에 대한 사람들의 반응은 '무관심'에 가까웠다. 1984년 10월까지는.

무관심의 구단, 불스

불스 구단의 역사를 다룬 책자나 사이트를 보면 대다수가 조던 시대 전·후로 구
분하고 있다. 1966년부터 1984년까지를 'PRE-JORDAN'시대로 압축해버린 것이다.
1960~70년대에 조니 '레드' 커(Johnny 'Red' Kerr) 감독과 제리 슬로언(Jerry Sloan),
밥 러브(Bob Love) 등 전설적인 스타를 앞세워 NBA 파이널 직전까지 올랐던 팀이었
지만, 사람들은 지난 역사에 큰 관심이 없어 보였다. 팬들의 사랑을 먹고 사는 프로팀
에게 무관심은 곧 흥행 실패와 같았다. 불스가 홈구장으로 사용하던 시카고 스타디
움에도 칼바람이 불었다. 28승 54패를 기록한 1982-1983시즌에는 경기당 8,000명도
입장하지 않아 23팀 중 19위에 그쳤다.

1983-1984시즌에는 상황이 더 악화됐다. 27승 55패로 부진하자 홈 평균관중은
6,000명대로 떨어졌다. 23팀 중 21위. 시즌 티켓은 2,000장도 채 팔리지 않았다. 안 되
는 팀에게는 이유가 있는 법. 1차적으로는 패배가 일상이 된 구단에 대한 실망이었겠
지만, 단순히 성적 부진만이 전부는 아니었을 것이다. 1980~90년대 새크라멘토 킹스
처럼 성적이 안 나도 지속적으로 성원을 받은 구단도 있었기 때문이다. (1)

궁극적으로 팬들이 불스에 관심을 갖지 않은 이유는 방만한 운영과 선수들의 실패

자 이미지가 크게 작용했다. 구단 마케팅부서는 라디오 중계권조차 제대로 팔지 못했다. 광고 영업도 안 됐다. 일각에서는 대학생 인턴사원이라도 고용하라는 말이 나왔을 정도다. 팀을 대표할 얼굴도 변변치 않아 마케팅 포인트도 잡지 못했다. 1981년에 데뷔한 올랜도 울릿지(Orlando Woolridge)는 팀의 주득점원이었지만 스타가 되기에는 리더십이나 카리스마가 부족했고, 퀸틴 데일리(Quintin Dailey)는 거칠고 고집이 센 선수였다. 데일리는 약물 및 마약으로 물의를 일으키기도 했다. 데일리는 샌프란시스코 대학 시절 여학생 폭행 혐의도 있었는데, 이 때문에 불스의 홈 경기를 앞두고 여성들이 항의 시위를 벌이기도 했다.

불스는 1980-1981시즌에 45승 37패로 동부 컨퍼런스 플레이오프에 진출한 이래 추락을 거듭하고 있었다. 올라갈 기회가 있었지만 운이 안 따라줬고, '선택'도 제대로 하지 못했다. 1979년 NBA 드래프트가 대표적인 사례다. 1979년에 불스는 전체 1순위 지명권을 가질 절호의 기회를 맞았다. 1978-1979시즌 성적이 31승 51패로 서부 컨퍼런스 최하위였기 때문이다. 당시만 해도 드래프트 지명순위는 성적이 나쁠수록 절대적으로 유리했고, 1순위는 최하위 두 팀의 동전 던지기로 결정됐다. 불스와 '운명의 장난'을 공유할 구단은 LA 레이커스였다. 1976년 7월에 핵심 멤버 게일 굿리치(Gail Goodrich)를 뉴올리언스 재즈(현 유타 재즈)에 트레이드하면서 1977, 1978, 1979년 1라운드 지명권을 받았는데, 마침 재즈가 1978-1979시즌에 26승 56패로 NBA 전체 꼴찌가 되면서 최소 2순위라는 행운을 잡은 것이다.

당시 유력한 1순위로 물망에 오른 선수는 매직 존슨(Magic Johnson). 1980년대 NBA 황금기를 이끈 주역이었다. 운명의 여신은 레이커스 쪽으로 고개를 틀었다. 동전 던지기로 1순위를 잡은 레이커스는 주저하지 않고 매직을 선발해 이후 5번이나 NBA 우승을 차지했다. 2순위로 밀려난 시카고는 206cm의 포워드, 데이비드 그린우드(David Greenwood)를 지명했다. 대학시절 PAC-10 컨퍼런스에서 올해의 선수상을 두 번이나 받은 선수였지만, 프로 무대에서 보여준 가치는 매직과 비교할 수 없을 정도로 낮았다.

1980년에는 드래프트 지명권을 포틀랜드 트레일블레이저스에 넘기고 후순위 지명권과 차기 시즌 지명권을 받았지만, 누구도 기억하지 못할 선수(로니 레스터)를 선발하고선 제자리걸음을 계속했다. 이처럼 실패와 좌절이 따르면서 성적도 나오지 않자 팬들은 발길을 끊고야 말았다. 비슷한 시기에 레이커스와 켈틱스는 상승세를 타고 있어 불스가 스포츠팬들 마음을 파고들기란 불가능해 보였다. 1984년 9월, 부동산 재벌 제리 라인스도프(Jerry Reinsdorf)가 새 구단주로 취임할 때도 그 분위기는 별로 바뀌지 않을 것 같았다.

84년 6월 19일, 구세주가 등장하다

1984년에 자산가치 1,600만 달러로 타 구단에 비해 월등히 적었던 불스 구단은 단 1년 만에 인기구단으로 발돋움한다. 시즌 티켓 2,000장 채우기도 힘들었던 구단이었지만 1시즌을 치르면서 구매 대기자만 수천 명에 이르는 팀이 됐다. 1984-1985시즌 관중은 전 시즌 대비 87%가 증가했고, 전 시즌 수익이 180만 달러였던 팀의 수익이 380만 달러로 껑충 뛰었다. 플레이오프도 1라운드 만에 탈락했음에도 불구하고 30만 달러의 수익을 거두었다.

"이전까지만 해도 우리 팀은 실내축구팀만도 못한 대접을 받았지만, 마이클 조던이라는 최고의 마케팅 도구를 갖게 됐습니다." 라인스도프 회장의 말이다.

그러나 1984년 6월 19일에 열린 NBA 드래프트에서 3순위로 지명될 때만 해도 조던은 '잘하는 선수'로만 인식됐을 뿐, 프랜차이즈의 운명을 바꿀 선수로까지는 평가받진 못했다.

드래프트 1순위 주인공은 따로 있었다. 하킴 올라주원. 조던이 1982년 NCAA 토너먼트 4강전에서 탈락시킨 휴스턴 대학의 그 풋내기 센터였다. 하지만 3년간 올라주원의 평가와 위상은 많이 달라져 있었다. 기량이 몰라보게 좋아진 것이다. 명예의 전당에 이름을 올린 전설적인 센터, 모지스 말론(Moses Malone)과 함께 한 훈련은 그가 좀 더 높은 레벨에서 경기를 준비하는데 도움이 됐다. 덕분에 1983-1984시즌에는 37경기에서 16.8득점 13.5리바운드 5.6블록이라는 가공할 만한 성적을 기록했고, 휴스턴 대학도 NCAA 토너먼트 준우승에 올랐다.

예나 지금이나 농구인들은 키가 큰 선수에게 집착한다. 키가 큰데 잘 달리면 더 좋다. 여기에 득점력도 좋고, 농구까지 잘 알고 있다면 금상첨화다. 올라주원은 분명 그런 선수가 될 자질이 충분했다. 따라서 어느 팀이 1순위 지명권을 갖게 됐든 올라주원의 위치는 바뀌지 않았을 것이다. 그리고 그 영광의 1순위는 휴스턴 로케츠가 차지했다.

그런데, 2순위부터가 문제였다. 휴스턴과의 동전 던지기에서 2순위로 밀려난 블레이저스 역시 211cm의 센터를 지명했다. 켄터키 대학 출신의 샘 부이(Sam Bowie)였다. 부이의 지명은 논란을 낳았다. 2학년까지는 펄펄 날아다녀 슈퍼스타감으로 분류됐지만, 3~4학년 때는 다리 부상 때문에 거의 명함도 못 내밀었기 때문. 프로에서도 부상에 시달리다 은퇴했다. 데뷔시즌이었던 1984-1985시즌에는 76경기에서 12.3득점 10.78리바운드 3.3블록으로 그럭저럭 해주는가 싶었지만, 이후 5년간 평균 28경기를 뛰는 데 그쳤다. 다시 70경기 이상을 소화할 수 있게 됐을 때, 부이는 블레이저스 소속이 아니었다.

시간이 흐를수록 사람들은 의아해했다. 왜 조던을 두고 부이를 선택했는가? 이에 대해 블레이저스는 두 가지 이유를 내놓았다. 첫째는 센터 보강이 시급했던 시기였다는 것, 두 번째는 이미 클라이드 드렉슬러(Clyde Drexler)라는 비슷한 스타일의 득점원이 있었다는 것이었다. 모든 게 결과론이긴 하지만, 부이는 이후 '대표적 실패작'으로 이름을 남기게 됐다. 언젠가 부이는 자신의 끔찍한 부상과 커리어를 돌아보며 이런 말을 남겼다.

"그땐 누구도 몰랐죠. 마이클이 그렇게 훌륭한 선수가 되리라 예상한 사람은 없었습니다. 블레이저스에는 클라이드(드렉슬러)가 있었습니다. 그래서 팀은 빅맨을 뽑길 원했고, 저는 우승을 위한 마지막 퍼즐로 여겨졌습니다. 만약 마이클이 지금과 같은 위상을 가질 거라는 확신이 있었다면 아마도 저 대신 마이클을 먼저 뽑지 않았을까요? 어쨌든 저는 포틀랜드 팬들에게 평생을 미안한 마음을 갖고 살게 됐습니다. 제가 의도한 것은 아니었지만 말이죠."

3순위 불스는 선택의 여지가 없었다. 불스는 1983-1984시즌 중 '그나마' 시카고 시민들로부터 사랑을 받아오던 레지 씨어스(Reggie Theus)마저 트레이드하며 열심히 패배했다. 씨어스는 1983-1984시즌에 23.8득점을 올리며 올스타까지 선정됐던 선수였는데, 불스는 의도적으로 그를 벤치에 앉혀두다가 급기야 트레이드했다. 요즘 용어로 '탱킹(tanking)'을 위해서였다. (2) 더 많이 져서 1984년 드래프트에서 좋은 순번의 지명권을 얻고자 했던 것이다. 그렇게 기다렸지만, 로케츠라는 '복병'이 등장하면서 3순위로 밀려난 터였다.

당시 단장(General Manager)으로서, 선수선발에 책임권을 쥐고 있던 로드 쏜(Rod Thorn)은 조던을 택했다. 남아있는 선수 중 가장 성장 가능성이 큰 선수라 평가했다. 물론 앞서 언급했던 것처럼 큰 기대를 했던 것은 아니었다. "처음 그를 선발했을 때 우리 직원들에게 말했죠. '그래, 괜찮은 녀석을 건졌군'이라고요. 분명 팀에 큰 도움이 될 것이라고 생각했어요. 하지만 그가 프랜차이즈의 운명을 바꿀 거라고는 보지 않았어요. 꿈에서도 생각 못 했죠."

사실, 로드 쏜은 선발에 앞서 딘 스미스 감독의 제자이자 필라델피아 감독을 맡고 있던 빌리 커닝햄에게 자문을 구하는 등 신중에 신중을 기했다. 조던의 불안정한 점프 슈팅이 아쉬웠지만, 발전 의지가 강하고 신체 능력이 우수하다는 점이 마음에 들었다고 회고했다.

말은 이렇게 했지만, 로드 쏜은 조던으로 방향을 정하기전까지만 해도 올라주원이라는 거물을 잡지 못한 것에 대해서는 무척 아쉬워했다. 「시카고 트리뷴」과의 인터뷰에서도 "마이클 조던의 키가 213cm면 좋겠습니다만 그럴 수가 없잖습니까"라고 멘트를 했다. 명 해설가로 명성을 떨치기 전, 인디애나 페이서스(Indiana Pacers)의 감독을 맡고 있었던 잭 램지(Jack Ramsay)는 "딘 스미스 감독의 팀 시스템에 가려진 인재 같다"라고 평가하면서도 얼마나 성장할 것인가에 대해서는 확신이 없었다. 다만 댈러스 매버릭스(Dallas Mavericks)의 릭 선드(Rick Sund) 단장은 조던의 가치를 확신하며 마크 어과이어(Mark Aguirre)와의 트레이드를 제안했지만 불스는 거절했다. 이때 만약 이 트레이드를 받아들였다면? 농구 역사는 크게 달라졌을지도 모른다.

반면 로드 쏜에게 부이는 애초부터 논외의 대상이었다. 부상 병력이 마음에 걸려서였다. 쏜 단장은 만일 조던을 못 잡는다면 샘 퍼킨스(Sam Perkins)나 존 스탁턴(John Stockton) 중에서 한 명을 고를 생각이었다. 오번대(Auburn) 출신의 찰스 바클리(Charles Barkley)도 추천을 받았다. 하지만 상대 지역방어에 묶여 부진을 거듭하자 바클리에 대한 기대도 접었다. 그는 2미터도 안 되는 키에 파워포워드를 맡는 것이 말이 안 된다고 생각했기에 차라리 퍼킨스가 낫다고 말했다(훗날 로드 쏜은 바클리에 대한 자신의 평가가 잘못되었음을 인정했다).

그렇다면 조던 당사자의 생각은 어땠을까? 사실 그는 드래프트 참가를 발표할 때만 해도 자신이 필라델피아 세븐티식서스에 지명될 것이라고 생각했다. 커닝햄 감독과 노스캐롤라이나 대학의 인연 때문이었다. 그는 대학 신입생 시절부터 자신을 지켜본 커닝햄 감독이라면 자신을 뽑아줄 것이라 확신하고 있었다.

마침 세븐티식서스에게는 1978년 10월에 월드 B. 프리(World B. Free)를 샌디에고 클리퍼스(현 LA 클리퍼스)로 트레이드하면서 받은 1984년 1라운드 지명권이 있었다. 세븐티식서스는 클리퍼스가 1983-1984시즌에 부진함에 따라 자연스럽게 그 지명권이 상위권으로 올라가리라 봤고, 커닝햄은 이를 이용해 조던을 선발할 생각이었다. 하지만 시즌 막판에 변수가 생겼다. 불스가 클리퍼스보다 더 부진한 행보를 보이면서 순위가 바뀌고 말았다. 불스가 27승으로 클리퍼스(30승 52패)보다 3번을 더 졌던 것.

결국 세븐티식서스는 5순위로 밀려나 바클리를 선발했고, 조던의 행선지는 시카고로 정해졌다. 당시 세븐티식서스의 선수 선발에 의사 결정권을 갖고 있었던 팻 윌리엄스(Pat Williams)는 "우리에겐 클리퍼스에게 받은 픽이 있었어요. 클리퍼스가 클리퍼스처럼 농구를 해준 덕분에 좋은 순위를 얻게 됐죠. 그런데 로케츠가 마지막 10경기에서 1승 9패를 기록하며 지형이 바뀌었죠. 우리는 올라주원 대신 조던을 생각했습니다. 사람들은 묻더군요. '어빙의 백업을 맡겨야 해? 아니면 앤드류 토니(Andrew Toney)의 백업을 맡겨야 해?' 저는 '뭐든지 할 선수야'라고 답했습니다. 물론, 얼마 지나지 않아 조던은 우리가 생각했던 것보다 훨씬 더 뛰어난 존재라는 것을 깨달았지만 말입니다."라고 말했다. 조던에 매료된 윌리엄스는 2001년, 그의 성공 요인을 분석한 책 'How to Be Like Mike'라는 책을 펴내기도 했다. 국내에서는 '성공 프로젝트, 마이클 조던 되기(해냄출판사, 2002년)'라는 번역본으로 출간됐다. (3)

조던은 세븐티식서스가 아닌 불스에 지명된 것에 대해 별다른 불만을 갖지 않았다. 애초 "어느 팀이든 신경 쓰지 않는다"는 입장이었다. 프로에 데뷔할 수 있다는 것만으로도 기뻐했다. 조던은 불스에 지명되던 그때를 '가장 잊을 수 없는 순간'이라 말한다. 마침내 더 높은 레벨로부터 자신을 인정받았다는 기쁨 때문이었다. "내가 NBA

에서 뛰게 됐다는 것이 너무 행복했습니다. 팬들 앞에서 제 재능을 보여줄 수 있다는 사실도 큰 영감과 동기부여가 됐죠." (4)

비록 불스는 만년 적자 구단이었지만 대접은 확실하게 해줬다. 계약 기간 7년에 총 연봉 615만 달러. 사이닝 보너스는 따로 없었지만, 당시만 해도 신인 중에서는 하킴 올라주원, 랄프 샘슨(Ralph Sampson)에 이어 역대 3위 규모에 해당하는 금액이었다. (5) 첫 시즌 연봉은 55만 달러였다. 에이전트 데이비드 포크(David Falk)는 불스에 평균 관중에 대한 인센티브도 요구했지만, 이는 받아들여지지 않았다. (6)

나중 이야기이지만, 조던의 연봉은 1993년에 1차 은퇴 후 복귀까지 상당히 낮은 수준이었다. 바로 1년 뒤 신인으로 입단한 패트릭 유잉(Patrick Ewing)의 초봉은 무려 125만 달러였다. 또, 1987-1988시즌에는 84만 5천 달러를 받았는데 이는 신인이었던 스카티 피펜(Scottie Pippen)보다 겨우 12만 달러 많을 뿐이었다.

하지만 조던은 낮은 연봉에 대해 공식적으로 불만을 토로하거나 인상을 요구하지 않았다. 농구화 판매에 대한 인센티브와 각종 후원 계약 등 농구 외 활동으로 벌어들이는 수입이 어마어마했기 때문이며, 자신이 반발할 경우 구단의 입장이 난처해질 수 있다는 사실을 잘 알았기 때문이다. 조던은 1989년에 나이키, 맥도널드, 쉐보레, 코카콜라, 위티스 등과 후원 계약을 맺고 있었고, 시중에 그의 초상권을 활용한 제품과 광고가 넘쳐났다.

"어쨌든 계약은 계약이었으니까요. 전 제가 농구를 통해 그 돈을 받을 수 있다는 사실이 영광스러웠습니다. 패트릭 유잉이 많은 돈을 받는 것은 저와 상관없습니다. 사실, 제가 계약을 맺을 때만 해도 NBA 선수들의 연봉이 천정부지로 솟을 거라 예상하지 못했으니까요. 어쩌면 저도 새 계약을 요구해 돈을 더 받을 수 있을지도 몰라요. 기자회견을 통해 난 더 받을 자격이 있다고 주장할 수도 있겠죠. 하지만 전 투덜거리기 싫었어요. 계약은 계약이니까요. 제가 할 일은 팀의 일원으로서 최선을 다해 팀을 우승으로 이끄는 것뿐이라 생각해왔습니다."

군계일학

조던은 군계일학이었다. 1984년 올림픽에서의 성공은 조던을 한 단계 더 올려줬으며, 그 기량은 트레이닝캠프에서부터 빛났다. 연습 첫날부터 종횡무진 코트를 누비며 케빈 로거리 감독과 코칭스태프를 놀라게 했다. 1985년 1월에 발행된 농구잡지 「HOOP」은 로거리 감독이 이미 트레이닝캠프 때부터 조던 위주의 전술을 고안했을 정도라고 그 분위기를 전했다.

야구단 시카고 컵스의 플레이오프 진출 때문에 한동안 불스 코트에는 발길을 끊었던 기자들도 소문을 듣고선 훈련장을 찾기 시작했다. 기자들은 조던을 '제2의 줄리어스 어빙'이라고 표현했다. 어빙은 조던의 어릴 적 우상인 데이비드 탐슨처럼 우아하게 하늘을 날며 자유자재로 기술을 펼칠 수 있었던 선수였다. 또한 흑인 선수들이 존경받지 못하던 그 시절, 롤모델로서도 입지를 굳힌 몇 안 되는 스타이기도 했다. 로거리 감독은 이러한 비교가 조던에게 부담이 될까 걱정도 했다는 후문이다. 그는 언론 인터뷰에서 "이런 비교는 조던에게 적당하지 않은 것 같다"라며 그러한 관심을 견제했다. (7)

그러나 조던에 대한 관심도는 시간이 흐를수록 인위적으로는 통제하기 어려운 수준에 이르렀다. 「스포팅뉴스(Sporting News)」는 얼마 지나지 않아 조던에게 의사 가운을 입힌 채 'NEXT DRJ'라는 문구를 박아 내보냈다(조던은 이 컨셉을 썩 좋아하지 않았다는 후문이다). (8)

로드 쏜 단장은 "나 스스로도 자꾸 조던에게 그런 것을 주문하게 되는 것 같습니다. 그래도 잘 소화할 것 같다고 생각이 들었습니다. 사람들은 DRJ, 제리 웨스트(Jerry West) 같은 스타를 보고 싶어했던 것이죠"라고 돌아봤다.

비교 대상부터가 쟁쟁한 레전드 덕분이었을까. 트레이닝 캠프부터 현장은 북적거렸다. 로거리 감독은 트레이닝 현장을 찾은 기자들에게 "지금 여기 온 사람 전부 마이클이 얼마나 잘하는지 궁금해서 온 거라니까요"라며 취재 열기에 혀를 내둘렀다. 이런 말도 했다. "계속 요구사항이 늘어날 거 같지만 또 잘 해낼 거 같아 기대됩니다."

조던은 세간의 평가에 우쭐해지지 않았다. 첫날부터 그는 기량 연마에 집중했는데, 특히 자신의 약점인 슈팅을 개선하기 위해 따로 훈련하기도 했다. 로거리 감독은 보조를 자원해 차기 에이스의 기량 향상을 도왔다. 이때 함께 한 시간 덕분일까? 조던은 훗날 가장 기억에 남는 지도자로 로거리를 꼽았다.

이 인터뷰는 1992년 「플레이보이(Playboy)」와 나눈 것으로, 질문자도 딘 스미스나 필 잭슨, 덕 콜린스 등을 예상했는지 의외의 답변이 돌아오자 "WHY?"라고 되물었다.

"로거리 감독님은 제가 NBA에서도 뛸 수 있다는 자신감을 심어주신 분입니다. 제가 신인이었을 때 그 분은 볼을 주면서 이렇게 말씀하셨어요. '이봐 애송이, 난 네가 잘 할 거라고 생각해. 어디 한번 실력을 보여줘.' 감독님은 언제나 그런 식이었죠. 선수들로 하여금 스스로 아이덴티티(identity)를 만들어갈 기회를 주셨고, 이를 통해 자신감을 쌓아 가길 바라셨습니다. 다른 감독들과는 달랐던 점입니다. 대개는 자신의 시스템에 맞추길 바라기 때문이죠. 지금은 로거리 감독님이 친구 같다는 생각이 들 정도입니다."

신인 입장에서 감독의 전폭적 지지만큼 든든한 게 또 있을까? 하지만 첫 시즌은 조던이 생각했던 것처럼 순탄하게 흘러가진 않았다. 선배들은 조던을 탐탁지 않아 했기 때문이다.

일부에서는 '시즌이 시작되면 금방 연습을 그만둘 것'이라며 내기까지 했었다. 분명 시즌 중반쯤 되면 지쳐서 그만둘 것이라며 말이다. 시카고에는 올랜도 울릿지나 퀀틴 데일리 같은 재능 있는 선수가 많았지만, 그들은 자존심만 강했을 뿐이었다. 데일리는 감독의 지시에도 불응하기로 악명이 높았다. 한번은 구단 관계자가 팀 규정을 따를 것을 요구하자, "난 길거리에서 내 방식대로 살아왔지만 그래도 여기(NBA)까지 온 선수다. 날 막지 말라"고 으름장을 놓기도 했다. 그는 조던을 도전자이자 경쟁자로 받아들였다.

1984년 당시 불스의 핵심 멤버였던 데이브 코진(Dave Cozine)의 인터뷰는 둘의 관계를 상상하게 해준다. "초창기 조던에게 가장 큰 경쟁 상대가 아니었나 싶습니다. 퀀틴도 꽤 좋은 선수였습니다. 다만 자기관리가 안 되다 보니 농구로 성공을 하지 못했던 것 같습니다."

실제로 데일리도 능력 있는 선수였다. 조던의 공식 데뷔전이었던 워싱턴 불레츠(Washington Bullets) 전에서 가장 많은 득점을 넣은 선수는 바로 데일리였다. 4쿼터 12득점을 포함해 25득점을 기록했다.

다만 앞서 언급했듯이 패배에 물들고 사생활이 문란하다는 점이 문제였는데, 불행히도 이는 불스 팀 라커룸에 만연한 하나의 풍조처럼 느껴졌다고 한다. 1985년에 취임한 제리 크라우스 (Jerry Krause) 단장도 "단장으로 취임했을 때 불스 멤버 중 지키고 싶었던 선수는 조던을 포함해 겨우 셋뿐이었습니다(다른 둘은 코진과 로드 히긴스였다). 나머지는 다 내보내고 싶었는데 그마저도 쉽지 않았을 정도였습니다"라고 회고했다.

그러나 조던은 물들지 않았다. 은퇴할 때까지도 농구를 대하는 자세가 바뀌지 않았다. 팀 동료 시드니 그린(Sydney Green)은 첫 시즌을 넘길 무렵에 'MJ가 진리(truth)다'라며 혀를 내둘렀다. 자신들의 내기가 무의미하다는 것을 깨달았던 것이다. 조던은 선배들의 텃세를 가볍게 넘겼다. 아예 어울리려 하지 않았다. 한번은 원정 연전 중 선배들로부터 파티에 초대를 받았는데, 코카인과 마리화나를 흡연하는 모습을 보고선 바로 자리를 박차고 나갔다는 후문이다. 그는 넷플릭스에서 방영된 다큐멘터리 '라스트 댄스(Last Dance)'에서도 이 일화를 공개하기도 했다.

조던도 선배들이 자신을 좋아하지 않는다는 것을 알고 있었다. 현역에서 완전히 물러난 뒤 나온 전기 〈Driven From Within〉에서는 "난 올랜도 울릿지나 퀸틴 데일리와 절대 친구가 될 수 없을 것이라 생각했다. 어찌 보면 난 그들의 스포트라이트를 빼앗아온 입장이기 때문이다. 내가 할 수 있는 일이라곤 최선을 다해 노력하는 것뿐이었다. 누구에게 무엇도 요구하지 않았다"라고 밝히기도 했다.

조던의 이러한 묵묵함은 당시에는 미움을 샀지만, 훗날에는 당사자들로부터도 좋은 평가를 받았다. 올랜도 울릿지는 "이제야 말하지만, 그때 우리는 마이클 잭슨의 투어를 다니는 것 같았습니다. 팬들의 열기가 대단했고, 경찰의 에스코트도 끊이지 않았죠. 물론 마이클 조던 때문이었습니다. 그는 마이클이었고, 우린 그저 잭슨스(Jacksons) 같이 느껴졌거든요"라고 회고했다.

지독한 경쟁자

조던은 지독한 경쟁자였다. 지는 걸 용납하지 않았다. 한번은 당할지 몰라도 언젠가는 갚아주었다. 많은 이들이 조던을 자극했다가 망신을 당했다. 케빈 로거리 감독이 공개한 일화도 있다. 자체 청백전 중 조던의 팀이 8-0으로 앞서가자, 로거리 감독은 경기를 중단시키고 조던을 지고 있던 팀으로 재배치했다. 조던은 불같이 화를 냈지만 로거리 감독은 뜻을 굽히지 않았다.

그러자 조던이 새로 배치된 팀은 10-8로 앞선 채 경기를 마쳤다. 이처럼 조던이 경쟁을 즐길 수 있었던 원동력 중 하나는 바로 자신에 대한 믿음과 이기고 싶다는 열정이 있었기 때문이었다. 또, 포기를 몰랐다. 동료들이 자신의 뜻을 함께 해주길 바랐다. 하지만 불필요한 말은 하지 않았다.

NBA 은퇴선수협회(NBRPA)의 도움을 받아 스티브 커(Steve Kerr)와 이 부분에 대해 이메일 서신을 주고받은 적이 있다. 현역시절 조던과 3번이나 우승을 함께 했던 커는 "조던은 하루하루를 최선을 다해 살아가는 선수였습니다. 지지 않겠다는 마음가짐이 대단히 강했죠. 몸소 리더십을 보여줬던 선수였습니다. 하지만 동료들에게는 모질게 대할 때가 많았던 리더였습니다"라고 회고했다.

서툴렀던, 그러나 충분히 대단했던 데뷔전

조던이 NBA 선수가 되어 치른 첫 공식전은 10월 26일 워싱턴 불레츠 전이었다. (9) 돌이켜보면 워싱턴은 조던과 인연이 대단히 깊은 듯하다. 훗날 그는 워싱턴 위저즈의 경영진에도 참가했고, 워싱턴 선수로서도 복귀해 시카고 유나이티드 센터의 연속 매진 기록을 중단시켰으니 말이다. (10)

그러나 이는 20여 년 뒤의 일이다. '신인 선수' 조던은 다소 급해 보였다. 점프슛은 대부분 터프샷이었고, 그 결과 16개의 슛 중 11개가 림을 빗나갔다. 이때만 해도 조던에게 먼저 볼이 가는 일은 많지 않았다. 뭔가 다급한 듯 무리하게 돌파하다가 실수를 범하는 모습이 자주 목격됐기 때문이다. 만화 〈슬램덩크〉에서 산왕공고를 상대하던 서태웅의 모습을 떠올리면 된다. 돌파는 열심히 하지만 더블팀 함정에 걸리고 마는 그런 장면도 연출됐다.

하지만 공격 리바운드에 적극적으로 가담하는 등 신인다운 활발한 모습도 보여줬다. 덕분에 이날 그는 6개의 리바운드를 잡아냈고 어시스트도 7개나 기록했다. 불스는 조던 외에도 울릿지와 2년차 포인트가드 에니스 와틀리(Ennis Whatley)가 2대 2 콤비 플레이를 만들거나, 울릿지가 개인기로 득점을 따내면서 경기를 풀어갔다. 또 빅맨 스티브 존슨(Steve Johnson)의 허슬 플레이로 슛 찬스를 만들어갔다.

그러나, 불스는 경기 내내 불레츠의 공격 리바운드와 패싱 레인을 차단하는 맹수비에 고전했다. 당시 불레츠는 제프 럴랜드(Jeff Ruland)와 릭 마혼(Rick Mahorn)이 포스트에서 대단히 터프한 모습을 보여줬던 팀이었다. 두 선수는 당시 프로레슬링 태그팀처럼 엮였는데 별명이 'The Beef Brothers'였다. 두 선수 모두 산전수전 다 겪으며 기회를 노렸던 선수들이었기에 매사에 전투적이었다.

럴랜드는 데뷔 후 바로 NBA에 가지 못하고 스페인 리그를 거쳤다 온 선수였고, 마혼은 디비전 II 대학을 나왔기에 눈에 띄는 화려함보다는, 감독과 선수들이 원하는 궂은일에 집중하겠다는 마인드를 갖고 있었다. 두 선수는 플레이 자체가 워낙 거칠었기에 상대 팀에게 악몽과도 같았다.

그래서 셀틱스의 라디오 전담 캐스터 조니 모스트(Johnny Most)는 두 선수를 각각 'McFilthy', 'McNasty'라 불렀다. 'Filthy McNasty'라는 단어에서 파생된 별명으로 이는 '몹시 불쾌한 사람'을 지칭한다. 훗날 마혼은 디트로이트 피스톤스로 이적해 '배드 보이스(Bad Boys)' 결성에 일조했다(마혼은 훗날 조던의 데뷔전에 대한 질문을 듣자 "25년 전의 어느 한 게임일 뿐이라 기억이 잘 나지 않네요. 하지만 한 젊은 친구가 리그에서 자리잡기 위해 아등바등하고 있었다는 것 정도는 기억이 납니다"라고 다소 퉁명스럽게 답했다).

불스는 수비에서도 2대2 플레이를 자주 놓치면서 점수를 내줬다. 그러나 불레츠도 잘한 경기는 아니었다. 1983-1984시즌에 35승 47패를 기록했던 그들 역시 높은 수준의 팀은 아니었다. 3쿼터 들어 상대가 주춤하자 불스의 움직임은 더 활발해졌다. 조던도 마찬가지였다. 3쿼터 첫 공격에서 럴랜드에게 블록을 당했던 그는 자신의 다음 공격에서 복수에 성공했다. 매섭게 파고 들어 파울을 얻어낸 것이다. 또 특유의 체공력을 한껏 살린 핑거롤도 선보여 관중들을 놀라게 했다.

훗날 조던의 데뷔전에 대해 로드 히긴스(Rod Higgins)는 이렇게 회상했다. "처음에는 마이클도 의기소침한 모습이었습니다. 그래도 금방 딛고 일어나 돌진하더군요."

불스는 이 경기를 109-93으로 이겼다. 조던은 자유투 7개를 얻어내 6개를 성공시키며 16득점을 보탰다. 완전하지는 않았지만, 가드 포지션으로는 NBA 역사상 가장 빨리 15,000득점과 20,000득점, 25,000득점 고지에 올라선 전설적인 선수의 위대한 출발이었다.

팀 문화를 바꾸고 싶었던 루키

신인 시절 조던은 비록 앞장설 수 없는 처지였지만, 팀이 그대로 패하도록 놔두지 않겠다는 마음가짐은 그때도 같았다. 2006년 「시가 어피셔나도(Cigar Aficionado)」 잡지와 가진 1대1 인터뷰에서의 코멘트가 상당히 인상적이었다.

"데뷔 후 3번째 경기였습니다. 상대는 밀워키 벅스였고, 우린 16점을 지고 있었죠. 그러자 팬들이 경기가 끝나지도 않았는데 집에 가더군요. 무척 당황했습니다. 모두들 경기가 끝났다고 생각한 것 같았거든요. 그런데 선수들 대부분 그것에 익숙해져 있었어요. 노스캐롤라이나 대학에서는 상상도 할 수 없었던 분위기였죠. 저는 그런 분위기를 바꾸고 싶었습니다. 스코어보드의 시계가 0:00이 되기 전까지는 어떤 일이든 일어날 수 있다는 것을 시카고 사람들에게 보여주고 싶었습니다. 우리가 이기든 지든 포기란 없다는 것을 말이죠. 제 첫 시즌은 그랬어요. 그런 노력 끝에 플레이오프 진출도 달성해 너무나도 기뻤습니다."

조던의 말처럼, 불스는 패배에 익숙한 '도어메트 팀(doormat team)'이었다. 영어 사전을 찾아보면 도어메트는 '다른 사람에게 당하고도 가만히 있는 사람'이라고 설명되어 있다. 스포츠에서는 '매번 무기력하게 져서 다른 팀 승수 쌓기의 발판이 되는 팀' 정도로 볼 수 있겠다. 조던이 데뷔하기 바로 이전인 1983-1984시즌에 불스는 27승 55패에 그치면서 세 시즌 연속으로 플레이오프 진출에 실패했다. 평균 득점은 102.4점이었는데, 실점은 무려 107.5점이었다. 한 시즌에 55번이나 지다 보니 의욕이 생길 리가 없었다. 조금만 점수가 벌어져도 선수들은 포기했다.

그러나 조던의 데뷔 후 이 분위기는 조금씩 달라지기 시작했다. 앞서 조던이 말했던 자신의 3번째 경기(1984년 10월 29일, 밀워키 전)에서 불스는 4쿼터 16점 차를 극복하고 116-110으로 이겼다. 이 경기에서 그는 무려 37득점을 올렸다. 탄력을 받은 불스는 다음 6경기에서 5승을 챙겼고, 시즌을 7승 2패로 시작할 수 있었다. 원정 5연전이라는 고된 일정이었다는 점을 감안하면 놀라운 분투였다.

데뷔전을 비롯한 시즌 초반 경기들은 조던에게 몇 가지 숙제를 남겼다. 가장 중요한 숙제는 바로 조화였다. 그 조화는 선배들로부터 실력을 인정받아 정상적인 공격 옵션으로 자리잡아야 가능한 것이었다. 흥미롭게도 그 숙제는 동료들이 도와줬다. 마치 조던의 해결사 능력을 육감적으로 느낀 듯, 승부처가 되면 자연스럽게 조던에게 볼이 가기 시작했다.

11월 13일, 홈에서 열린 샌안토니오 스퍼스전이 대표적이었다. 여전히 올랜도, 퀸틴과의 공조는 잘 이뤄지지 않았지만 승부처가 되자 번갈아 '빅 샷'을 터트리며 분위기를 바꿔왔다. 조던 역시 NBA 프로농구에 완전히 적응한 듯, 볼 유무와 관계없이 코트를 휘젓고 다녔다.

당시 조던을 이용한 대표 전술은 코트 반대쪽에서 기습적으로 스크린을 받고 나와 공을 잡는 것이었다. 조던은 몇 차례 속임 동작으로 수비를 떨군 뒤 코진의 스크린을 타고선 수비의 방해 없이 자신의 공격 찬스를 잡는 데 성공했다. 전반 내내 슈팅감각이 살아나지 않아 애먹긴 했지만, 절체절명의 순간이 되자 언제 그랬냐는 듯 족족 슈팅을 성공시켰다.

이 경기 4쿼터에서 그가 올린 점수는 16점이었다. 특히 좌측 중장거리(5.5~6.5m)에서 세 차례 점프슛을 성공시켰는데, 평소 점프슛이 약점으로 꼽혔던 조던이기에 모두가 놀랄 수밖에 없었다. 조던은 마치 '이게 내 약점이라고?'라며 항변하는 듯했고, 그 사이 시소를 타듯 아슬아슬하게 주고받던 경기 흐름은 완전히 불스 쪽으로 넘어왔다. 벅스 전에서 기록했던 개인 최다 37점도 넘어섰다. 39점째를 올리자, 시카고 스타디움의 관중들은 기립박수로 슈퍼 루키의 새 기록 달성을 축하했다. 조던은 결정적인 리바운드를 잡아 단독 속공까지 성공시켰고, 이로써 불스는 120-117로 승부를 결정지을 수 있었다.

이날 그는 3쿼터까지 올린 29점을 더해 데뷔 후 최다득점인 45점을 기록했다. 경기 후 올림픽 대표팀 동료이자, 샌안토니오 소속으로 뛰었던 앨빈 로벌슨(Alvin Robertson)은 경기 후 감탄을 금치 못했다. "조던은 마치 놀이터에서 뛰노는 아이 같았습니다. 정말로 즐거워 보였죠."

12월 7일 뉴욕 닉스전에서는 5초를 남기고 위닝샷을 터트려 95-93의 짜릿한 승리를 선사하는 등 1984-1985시즌에만 4번의 위닝샷을 터트렸다. 찬사는 계속됐다. LA 레이커스의 명수비수, 마이클 쿠퍼(Michael Cooper)는 "막을 방법이 없는 선수"라 말했고, 피닉스 선즈의 마케팅 이사 하비 생크(Harvey Sank)는 "피닉스 팬들이 원정팀 선수를 보려고 기다린 건 줄리어스 어빙 이후 처음입니다"라며 놀라워했다.

1978년부터 1984년 2월까지. 그러니까 조던이 데뷔하기 직전까지 불스의 간판 역할을 했던 레지 씨어스는 자신이 몸담았던 엉터리 구단이 어떻게 바뀌어 가는지를 생생히 목격했다.

"조던은 당신이 실수라도 하면 철저하게 대가를 치르게 합니다. 그것도 아주 당황스럽게. 조던은 풀업 점퍼 대신 덩크를 꽂을 것입니다. 여기서 끝나지 않을 거예요. 그 덩크 하나로 관중들도 열광할 것이고 팀도 함께 사기가 올라갑니다. 그게 기존 NBA 스타들과 다른 점이었어요. 매직 존슨, 래리 버드와 다른 점이기도 했습니다."

하지만 이러한 찬사에도 불구하고 소속팀은 연승과 연패를 되풀이했다. 11월을 9승 9패로 마쳤던 불스는 1월 마지막 날까지도 24승 22패로 5할 승률을 유지했지만, 이후 10경기에서 2승 8패로 무너지면서 처지기 시작했다. 불스는 조던, 울릿지, 데일리라는 좋은 득점원을 보유한 반면 인사이드와 수비 조직력은 엉망이었다. 센터 포지션의 코진이나 칼드웰 존스(Caldwell Jones)는 인사이드 경쟁력은 많이 부족해 강팀을 만날 때면 어김없이 리바운드와 수비 문제가 대두됐다. [11]

그렇다고 조던에게 문제가 없었던 것도 아니다. 그의 슈팅은 상대가 전략적으로 파고들 가치가 있는 약점이었다. 몇몇 팀들은 조던이 영점 조준을 제대로 맞춘 것도 모르고 계속 거리를 두다가 호되게 당하기도 했지만, 영리한 팀들은 적절히 그를 떼어놓으며 돌파를 유도하기도 했다.

데니스 존슨(Dennis Johnson)이 매치업 상대로 나섰던 보스턴 셀틱스는 의도적으로 거리를 벌려뒀다. 어차피 먼 거리 슈팅은 성공률이 떨어지니 던지도록 하고, 대신 리바운드를 강화한 것이다. 행여 조던이 돌파를 시도하면 케빈 맥헤일(Kevin McHale)과 로버트 패리시(Roberts Parish)가 몸으로 막아냈다. 래리 버드(Larry Bird)와 대니 에인지(Danny Ainge)도 조던에서 파생되는 공격을 둔화시켰다.

훗날 로드 쏜 단장은 조던의 약점에 대해 언급했다. "그때 조던은 돌파가 주무기였습니다. 슛은 약했어요. 하지만 조던은 영리한 청년이었습니다. 스스로 약점을 알고 슛 연습에 매진했죠. 언젠가 제게 그런 말을 하더군요. '곧 점프슛도 익힐 겁니다'라고…. 그러더니 결국 해냈습니다. 하지만 드래프트 때만 해도 그에게는 슛이 약점이었습니다. 우리도 반문했으니까요. '과연 저 친구가 슛을 던질 수 있을까?'라고."

(1) 이러한 성원 덕분에 새크라멘토는 등번호 6번을 영구결번으로 지정했다. 팬들이야말로 최고의 식스맨이라는 의미에서다.

(2) 드래프트 지명권을 노리고 고의적으로 경기를 놓는 행위는 오래 전부터 있었다. 리빌딩 팀들은 아예 이를 시즌 전략 중 하나로 여기곤 했는데, 이를 탱킹(tanking)이라 불렀다.

(3) 1940년생 팻 윌리엄스는 본래 야구가 전공이었지만 농구에서도 빛나는 커리어를 보냈다. 필라델피아 세븐티식서스 비즈니스 매니저를 거쳐 올랜도 매직 단장직까지 올랐으며, 그가 맡았던 팀은 5번이나 NBA 파이널에 올랐다. 많은 자녀를 입양했는데, 2002년 필자와의 인터뷰에서 한국인 자녀도 있다고 밝혔다.

(4) 드래프트가 끝난 직후, 조던은 대표팀 동기들과 맥도널드에 갔다. 주변에서 "너 방금 엄청난 부자가 되었어!"라고 하자, 조던은 "내가 돈을 얼마나 벌든 상관 안 해요. 난 그냥 맥도널드가 좋은 걸요"라고 답했다는 후문이다.

(5) 샘슨은 올라주원, 마이클보다 1년 빠른 1983년 드래프트에서 전체 1순위로 지명된 224cm의 장신 센터다. 버지니아 대학 출신으로, 대학시절에도 마이클의 노스캐롤라이나에 뼈아픈 패배를 안겼다. 휴스턴에 지명된 그는 올라주원과 트윈 타워(Twin Tower)라 불리며 장신의 위력을 떨쳤다.

(6) 조던은 대신 계약 조항에 'love of the game clause'를 포함시켰다. 오프시즌 중 자신이 원하는 곳에서 언제든 농구를 할 수 있다는 조항이다. 전례가 없는 조항이었기에 크라우스 단장은 계약서를 살펴보고 깜짝 놀랐다는 후문이다. 이전까지 NBA 팀들은 선수들이 허락되지 않는 곳에서 픽업 경기를 하다가 다칠 것을 우려했으나, 조던은 더 많은 곳에서 다양한 사람들과 농구를 하길 원했다.

(7) 로거리 감독은 이런 인터뷰도 했다. "사람들은 그를 줄리어스 어빙에 비교해왔다. 하지만 아직은 옳지 않다. 내가 봤을 때 어빙보다는 제리 웨스트에 가깝다."

(8) 「스포팅뉴스」뿐 아니라 「뉴욕타임스」 1984년 10월 21일 기사에서 'NEW DRJ'라는 표현을 사용했다. 제인 그로스(Jane Gross) 기자였다.

⑼ 워싱턴 불레츠는 1961년 시카고에서 처음 창단되었고, 당시의 구단명은 시카고 패커스였다. 시카고를 시작으로 볼티모어(1963~1973년)를 거쳐 워싱턴에 정착했다. 불레츠라는 명칭은 1997년 공모를 통해 위저즈(Wizards)로 바뀌었다.

⑽ 불스는 1987년 11월 20일부터 2000년 11월 3일까지 610경기 연속 매진을 기록했다. 역대 기록은 댈러스 매버릭스(Dallas Mavericks)가 보유 중이다. 2001년 12월 15일부터 지금(2025년 4월 25일)까지 998경기 연속 매진 중이다. 루카 돈치치가 없는 2025-2026시즌에도 매진이 계속될지가 관건이다. 역대 2위는 포틀랜드 트레일 블레이저스의 814경기로 1977년부터 1995년까지 이어졌다.

⑾ 불스의 리바운드는 42.0개로 23개 팀 중 20위였다.

GAME INFO

날짜	1985년 2월 13일
장소	일리노이주 시카고 스타디움
시즌	1984-1985시즌 NBA
경기의 중요성	★★★☆☆
착용 농구화	나이키 에어 조던 1

SCORE

팀	1Q	2Q	3Q	4Q	최종
불스	41	26	28	16	139
피스톤스	31	30	25	3	126

MJ's STATS

출전 시간	득점	야투	자유투	리바운드	어시스트	스틸	블록	실책	파울
45'00"	49	19-31	11-13	15	5	4	0	6	5

4. 실수와 복수 사이

1984-1985시즌 정규리그

시카고 불스

VS

디트로이트 피스톤스

1985년 2월 10일, 인디애나폴리스의 후지어 돔(Hoosier Dome)에서 열린 NBA 올스타전은 마이클 조던에게 많은 사건을 만들어준 이벤트였다. 조던은 신인임에도 불구, NBA 올스타전에 주전으로 출전했다. 1980년대는 훌륭한 선수들이 많이 배출된 시기였던 만큼 신인들의 진입장벽이 높았다. 1980년 보스턴 돌풍을 일으킨 래리 버드는 첫해 올스타 투표에서 동부 포워드 중 4위에 그쳤고, 주전으로 발탁되기까지 2년을 더 기다려야 했다. 1983년 슈퍼루키 제임스 워디도 포워드 중에서는 5위권 밖이었다. 워디의 첫 올스타 출전은 1986년에야 이뤄졌다.

그나마 매직 존슨(Magic Johnson)과 아이재아 토마스(Isiah Thomas) 정도가 신인 때부터 팬들의 전폭적인 지지를 받은 스타들이었다. 매직은 1980년에 185,754표로 서부 컨퍼런스 팬 투표 선두(NBA 전체 2위)를 달리며 서부 올스타 주전선수로 나섰고, 토마스는 신인이었던 1982년에 래리 버드에 이어 전체 3위(367,969표)에 오르는 기염을 토했다. 조던도 두 선수의 길을 따라갔다. 팬 투표에서 606,193표를 획득하며 당당히 동부 컨퍼런스 주전선수로 떠올랐다. 줄리어스 어빙, 래리 버드보다도 많은 표였다(1985년 팬 투표 1위는 매직 존슨으로 957,447표를 얻었다). 그 뒤 NBA에서 신인선수가 올스타전에 주전으로 나서기까지는 8년이 더 걸렸다. (1)

잊지 못할 실수

신인으로서 기념비적인 기록을 세운 조던은 자신이 성공한 신인이라 여긴 듯했다. 그는 올스타전 현장에 나이키 웜업 슈트를 입고 등장했다. 목에는 금색 체인을 걸친 채 말이다. 모두가 NBA 공식 의상을 입은 가운데, 조던만 튀었다.

선배들은 그를 외면했다. 아니, '외면'이란 단어는 약하다. 매직 존슨, 조지 거빈 같은 서부 올스타들은 조던이 공을 잡으면 견제를 했고, 같은 팀 선배들은 그에게 패스를 주지 않았다. 조던은 22분간 겨우 9개의 슈팅을 던지는 데 그쳤다. 동부 올스타 중에서는 가장 적은 시도였다. 득점도 7점에 불과했다.

조던은 이때를 농구 인생에서 가장 지우고 싶은 순간이라 고백했다. 나이키 웜업 슈트를 입는 것은 나이키와 에이전트 데이비드 포크의 아이디어였다. 조던은 "정규 경기가 아니기에 그래도 되는 줄 알았다"라고 해명했지만, 이미 '건방진 신인'으로 낙인 찍힌 뒤였다. 이 일화에 대해 그는 여러 차례 해명했는데, 1994년에 출간된 시카고 지역 기자 밥 그린(Bob Greene)의 '행 타임「Hang Time」'이 가장 진솔하고 자세한 이야기를 담고 있다.

"저에게 '성공'은 좋은 자동차와 보석에 모피 코트를 의미했습니다. 저는 첫 시즌부터 돈도 잘 벌었고, 경기도 잘했습니다. 그래서 잘될 때 누구나 생각하는 것을 저도 떠올렸죠. 러시아 산 너구리 털코트를 샀고 목걸이와 팔찌를 걸쳤습니다. 물론, 그러면서도 '이게 내 진짜 모습은 아닌데'라는 인식도 하고 있었죠. 하지만 그게 흔히 성공한 프로선수의 외관과 복장이라 생각했고, 그것이 세상 사람들에게 '나는 성공한 NBA 신인'이라 과시하는 것이라 여겼습니다. 흉내를 내고 있었던 것이죠. 몰랐기 때문에 흉내를 낸 것입니다."

그러자 밥 그린이 물었다.

"언제 잘못됐다고 생각했나요?"
"신인으로서 올스타에 출전했을 때였습니다. 등 뒤에서 나이 든 선수들이 속닥거리는 소리를 들었어요. 제가 건방지고 태도가 안 좋다는 것입니다. 사실은 제가 해온 행동은 그들을 따라한 것뿐이었는데 말입니다. 그래서 그들은 경기 중에 저에게 공을 주지도 않았고 그런 얘기만 들려주었습니다. 마음이 아팠습니다. 아무것도 몰랐으니까요. 고등학교에서 상급생 흉내를 내려는 하급생과 다를 바 없었어요. 그런 일을 겪고 난 뒤, 저도 그것이 제 모습은 아니라는 걸 알았기에 흉내를 그만두었습니다. 사실은 모피코트나 보석류를 바라지 않았기 때문입니다."

조던은 그래도 영리했다. 이후 어디서든 예의를 갖추었다. 한여름에도 양복을 입은 채 품위를 지켰다. 혹자는 그를 '패션 테러리스트'라 하지만, 나름대로 재단사와 디자이너까지 갖춰 기호에 맞는 정장만 맞춰 입었다. 다소 보수적이면서도 우아해 보이는 디자인을 선호했는데, 이러한 코트 밖 스타일은 그랜트 힐이나 코비 브라이언트 같은 후배들에게 많은 영감을 주었다는 후문이다.
여기서 잠시 조던의 '돈 관념'에 대해 이야기하자. NBA 구단주가 되기까지 했던 조던이지만 신인 무렵의 조던은 경제 관념과 거리가 멀었다. 사치스러웠다기보다는 욕심이 극히 적었다. 드래프트 일화가 대표적이다. 드래프트 직후 올림픽 동료들이 "너는 이제 백만장자가 됐어! 저녁 뭐 먹을까?"라고 묻자, 그는 "맥도널드나 갈까?"라고 답했다. 자나 깨나 맥도널드가 좋다며 말이다.

에어 조던 계약 당시에도 마찬가지였다. 조던은 나이키에서 제시한 금액에 대해 감을 잡지 못했다. 확신도 갖지 못했다. 그는 다른 것 다 필요 없이 그냥 자동차만 뽑아달라고 말해 에이전트를 놀라게 했다. 만일 에이전트가 '고객'이었던 조던의 요구를 그대로 수용했다면 나이키만 웃었을 것이다. 후문에 따르면 조던은 아디다스를 더 좋아했고, 나이키 본사가 있는 오레곤 주에서 가진 첫 계약 관련 회의에서는 퉁명스러운 자세를 취했다고 한다(소니 바카로는 "마이클은 대학을 나왔다 뿐이지 여전히 어린애 같았습니다. 계약 이야기에 아예 관심을 안 보였습니다"라고 회고했다).

혹자는 '어디서나 게임 할 권리(Love of the Game clause)'를 계약 조항에 넣은 것도 흥미롭게 바라보는 시각도 있다. 자신의 가치를 주장하며 더 많은 인센티브를 기대할 수도 있을 법한데 말이다. 결국, 돈을 어디에 써야 할지 몰랐던 조던은 '어른 흉내'를 내다가 호되게 당했고, 그 뒤로는 본래 모습대로 지냈다고 한다. 코트와 집만 오가고, 어쩌다 쉬는 날에는 골프를 가는 단조로운 일상을 즐기며 말이다.

사건 많은 올스타전은 여기서 끝난 것이 아니다. 이 올스타전은 훗날 이어질 라이벌 관계의 신호탄 역할을 했다.

'배드보이' 수장과의 갈등

조던은 올스타 따돌림의 주동자로 아이재아 토마스를 지목했다. 비단 올스타전 경기 중에 일어난 '노 패스' 사건 때문은 아니었다. 엘리베이터에서 토마스에게 인사를 건넸지만, 토마스가 이를 무시했다고 고백했다. 기분이 상한 마이클은 감독에게 이 일을 전하며 자신의 기분을 설명했다.

반대로 토마스는 조던이 인사는커녕 아무 말도 하지 않아서 건방지다고 생각했던 것 같다. 토마스는 그 일에 대해 "기사를 읽고 매우 화가 났다. 아마도 앞으로 마이클과는 가깝게 지내기 어려울 것 같다"라고 불쾌해하기도 했다. 토마스는 덧붙여 "만약 조던이 제 앞을 지나가는데 아무런 인사도 하지 않았다면, 저는 돌아서서 그에게 펀치를 날렸을지도 모릅니다"라고도 말했다.

한마디로 토마스는 조던을 호텔에서 본 적이 없다고 말했던 것이다. 그렇다면 과연 그 일은 조던의 오해였을까? 진실 여부를 떠나, 이 일로 인해 실제로 이 둘은 은퇴할 때까지 결코 가까워지지 못했다.

NBA 플레이오프에서는 디트로이트 피스톤스가 계속해서 시카고 불스를 괴롭혔고, 1992년 드림팀 선발 당시에는 조던의 입김으로 토마스가 제외됐다는 소문이 들렸을 정도다. 그 음모론은 드림팀 선발 이면에 가려진 가장 큰 논란거리였다. 조던과 엘리베이터 사건은 사실 누구도 진실을 알지 못한다. 하지만 확실한 것은 조던이 올스타전 경기에서는 선배들로부터 동료로서 받지 못했다는 것이다.

조던의 복수

당시만 해도 조던의 마음에는 복수심이 불타오르고 있었다. 수모를 당하고 그냥 넘어갈 인물은 아니었다. 흥미롭게도 2월 10일 올스타전이 끝나고 3일 뒤 바로 조던과 토마스의 매치업이 성사됐다. 시카고의 올스타 휴식기 이후 첫 경기 상대가 디트로이트 피스톤스였던 것.

조던은 그 어느 때보다 진지했다. 팀이 5할 성적을 유지하느냐 마느냐가 달린 경기였기에 더 진지했을지도 모른다. 그러나 조던의 포커스는 단 하나, 토마스를 비롯해 자신을 비웃던 이들에게 뭔가를 보여주는 것이었다.

결국, NBA 데뷔 후 최다득점인 49점을 이날 폭발시켰다. 연장전에서는 6득점을 추가하면서 139-126의 승리를 끌어냈다. 이 승리로 시카고는 4연패에서 탈출했다. 조던은 화난 사람처럼 보였다. 상대의 거친 수비가 그를 가로막았지만, 누구도 봐주지 않았다.

마침 시드니 그린과 퀸틴 데일리가 조던을 지원사격 해주면서 그는 더 펄펄 날았다. 마치 올스타전에서 보여주지 못한 한을 풀기라도 하듯이 언제, 어디서든 볼을 잡으면 자신 있게 치고 들어갔다. 이날 그가 성공시킨 야투는 31개 중 19개. 리바운드는 무려 15개였고, 어시스트 5개와 스틸 4개도 곁들였다.

마침 토마스의 컨디션이 매우 안 좋았다. 장딴지 쪽에 통증이 심했던 것. 이 사실을 간파한 조던은 토마스와 매치업될 때마다 더 공격적으로 1대1을 시도했다. 경기 초반, 토마스의 패스를 가로챈 조던은 토마스가 쫓아오는 걸 보고 의도적으로 덩크를 꽂았다.

가드부터 센터까지, 수비 4명을 뚫고 올려놓은 레이업은 이날 경기 최고의 하이라이트. 게다가 파울까지 얻어내면서 분위기를 불스 쪽으로 끌어왔다. 중계진은 'great leaper'라며 조던의 점프력에 혀를 내둘렀다. (2) 종종 비춰주는 객석의 관중들은 환호를 멈추지 않고 있었다.

4쿼터에 피스톤스는 리드를 다시 잡았지만, 승부처에서 픽앤롤을 시도하다 토마스가 실책을 범한 탓에 연장까지 가서 승부를 봐야 했다. 토마스는 이 경기에서 19점에 그치며 자존심을 구겼다. 반면 조던은 자신의 49점 중 30점을 후반과 연장전에 쏟아부었다. 조던이 승리를 결정짓고 벤치로 들어갈 때 관중들은 기립박수를 보내주었다.

이날 경기는 조던도 조던이지만, 1984-1985시즌 중 불스의 인사이드 선수들이 보여준 최고의 경기로도 손꼽힌다. 「시카고 트리뷴」은 이 경기에서 보여준 데이브 코진과 그린의 수비에 대해 '플레이오프 레벨의 수비'라고 평가하기도 했다.

오랜 시간이 흐른 뒤, 조던은 이날 경기에 대해 다시 이야기할 기회를 맞았다. 조던은 이 경기에 대해 "내 능력을 보여주고 싶었던 경기"라고 회고한다. 그만큼 자존심이 상했던 것. 그러나 그날의 복수전은 아이재아 토마스, 디트로이트 피스톤스와의 긴 악연의 시작과도 같았다. (3)

조던은 자신이 패한 경기는 잘 보지 않는다고 한다. 63득점을 올린 1986년 보스턴 셀틱스와의 플레이오프 1라운드 2차전도 주요 장면 외에는 다시 본 적이 없다고 했을 정도. 그 와중에 조던이 동기부여를 위해 꼭 빼먹지 않았던 경기가 있다. 바로 디트로이트와의 일전이다. 조던은 "디트로이트를 이길 때마다 기분이 좋아진다"고 말했다. 그만큼 디트로이트와 '배드보이'를 넘고 싶었던 것이다.

조던도 혀 내두른 안티-조던 디펜스

조던의 첫 시즌은 38승 44패로 막을 내렸다. 최종순위는 동부 컨퍼런스 7위. 마무리가 좋았다면 순위는 더 좋아졌을지도 모른다. 6위팀 워싱턴 불레츠(40승 42패)와는 겨우 2게임밖에 차이가 나지 않았으니 말이다. 하지만 순위가 바뀌었다고 해서 불스의 운명이 달라지진 않았을 것이다.

1984년 NBA 사무국은 플레이오프 진출팀을 기존 12팀에서 16팀(동부 8팀, 서부 8

팀)으로 바꾸면서 대진표도 손질을 가했다. 1라운드를 5전 3선승제로 바꾸었고, 각 컨퍼런스 1위와 8위, 2위와 7위, 3위와 6위, 4위와 5위가 맞붙게 했다. 이에 따라 7위 였던 불스는 2위팀과 맞붙게 됐다. (4)

만약 불스가 6위가 됐다면 3위와 경기를 했겠지만, 6위든 7위든 그들이 1라운드에 서 상대할 팀은 모두 만만치 않은 전력이었기에 최종결과에는 변화가 없었을 것이 다. 동부 2위 밀워키 벅스(59승 23패)나 3위 필라델피아 세븐티식서스(58승 24패)도 한 끗 차이로 순위가 바뀐 처지였으니 말이다.

벅스는 시카고에서 그리 멀지 않은 위스콘신 주 밀워키에 연고를 두고 있는 팀으 로, 공수 양면에서 상대하기가 꽤 까다로운 팀이었다. 혹자는 두 도시의 관계를 '라이 벌'로 표현하지만, 불스 입장에서 봤을 때는 '숙적'이라 표현하는 편이 나을지도 모르 겠다. 조던조차 훗날 밀워키를 회고할 때 "밀워키 벅스는 너무나 강한 팀이었습니다. 항상 우리에게 이겼죠. 플레이오프에서조차도 그들을 넘지 못했습니다"라고 말했으 니 말이다.

돈 넬슨(Don Nelson) 감독이 이끌던 벅스는 1983년과 1984년에 연이어 동부 결승 에 올랐으며, 꾸준히 6할 이상의 성적을 거둬오던 강호였다. 그 원동력은 전체 1위에 빛나는 강력한 수비에 있었다. NBA에서 수비를 제일 잘하는 선수만 이름을 올릴 수 있는 올 디펜시브 퍼스트(All-Defensive First Team)팀에만 두 명이 올랐다. 시드니 몽 크리프(Sidney Moncrief)와 폴 프레시(Paul Pressey)가 바로 그들이다.

공격에서는 테리 커밍스(Terry Cummings)가 위용을 뽐냈다. 1985년 플레이오프 당 시 NBA 데뷔 3년차였던 커밍스는 23.6득점 9.1리바운드를 기록하며 밀워키의 핵심 이 된 선수였다. 인사이드 전력에서도 차이가 많이 났다. 전설적인 빅맨 지도자 피트 뉴웰(Pete Newell)은 플레이오프 TV 중계에 앞서 벅스의 센터진에 대해 이렇게 평가 했다.

"밀워키 센터들은 안정적이고 노련합니다. 알톤 리스터(Alton Lister)는 점프슛과 리바운드, 블록이 장기입니다. 랜디 브루워(Randy Breuer)는 장신인데도 리바운드 가 담이 좋지요. 폴 모케스키(Paul Mokeski)도 다른 색깔을 보태줄 수 있습니다. 중거리 슛도 뛰어납니다. 무엇보다 넬슨 감독이 이들 셋의 장점을 정말 잘 활용합니다."

4. 실수와 복수 사이

모케스키는 초창기 조던, 불스와의 대결을 이렇게 기억한다.

"제가 항상 마이클 조던을 이겼습니다(웃음). 밀워키 벅스에서 제 커리어가 정점에 있을 때 조던이 신인으로 데뷔했죠. 그 당시 벅스는 강한 팀이었고, 조던과 대결에서는 대부분 이겼던 걸로 기억합니다. 조던은 신인 때도 훌륭했지만 동료와 같이하는 농구에 눈을 뜨기 시작하면서 더 큰 선수로 성장했다고 생각합니다."(5)

불스의 첫 과제는 밀워키에서 열리는 1, 2차전 중 하나를 잡는 것이었다. 정규시즌 전적이 3승 3패로 대등했기에 불가능해 보이지도 않았다. 하지만 한 팀과 집중적으로 연전을 치르는 플레이오프가 주는 무게와 부담감은 정규시즌과는 많이 달랐다. 불스는 원정경기 성적이 12승 29패로 최악의 수준이었고, 조던에 대한 집중 수비가 이뤄줬던 터라 이 역시도 쉽지가 않았다. 선수들의 기량이나 플레이오프 경험이 부족한 것도 문제였다.

결국 노련미와 수비에서 앞선 벅스가 1, 2차전에서 109-100, 122-115로 이겼다. 벅스의 승리 뒤에는 '안티-조던 수비(Anti-Jordan Defense)'가 숨어 있었다. 겹겹이 에워싸는 집중 수비로 인해 조던은 후반에 갈수록 힘이 떨어졌다. 1차전에서 그는 후반에 4점에 그쳤고, 2차전에서도 후반전에는 9점에 묶였다. 1~2차전 평균 득점은 26.5득점. 신인치고는 여전히 훌륭한 기록이었지만 결정적일 때는 신인 티가 팍팍 났다. 최고의 수비팀을 상대로 혼자 드라이브인을 시도하다 볼을 놓치거나, 트래블링 바이얼레이션에 걸려 공격권을 넘겨주기도 했다.

"매 경기 조던에 대한 수비를 바꿔가고 있습니다. 앞으로도 그럴 거고요. 우린 다른 선수들로 더블팀을 붙이고 있고, 더블팀이 들어가는 방향도 바꾸고 있습니다."

넬슨 감독이 당시 경기 후 기자회견에서 남긴 말이다. 반대로 생각해보면 조던의 실력이 그만큼 대단했다고도 볼 수 있다. 넬슨 감독을 그렇게 연구하게 만들었으니 말이다. 넬슨 감독은 "마이클은 수비수 2명만으로 막을 수 없는 선수입니다. 1대1뿐 아니라 운동능력도 갖추고 있는 선수이니 말입니다"라며 경계심을 드러내기도 했다.

3~4차전은 4월 24일 시카고로 장소를 옮겨져 치러졌다. 불스가 1승을 따낼 수 있는 절호의 기회였다. 그러나 이 역시도 쉽지 않은 도전이었다. 1985년 플레이오프 당시 기준으로, 0승 2패로 리드를 당하고 있다가 시리즈를 뒤집은 팀은 1955-1956시즌의 포트웨인 피스톤스 밖에 없었다.

불스가 이기기 위해서는 '팀'으로 뭉쳐야 했다. 조던 혼자 볼을 잡고 움직이기보다는 동료들이 적극적으로 움직이면서 조던에게 집중되는 수비를 분산시켜야 했다. 또 수비에서 집중력을 살려 반전을 노려야 했다. 다행히 3차전에서는 이것이 잘 됐다. 경기 내내 들쭉날쭉하긴 했지만, 올랜도와 시드니 그린, 웨스 매튜스(Wes Matthews) 등이 큰 힘이 됐다.

전반에 16점을 기록했던 조던도 후반까지 그 기세를 유지하는 데 성공했다. 마침 그를 막던 몽크리프가 파울트러블에 걸린 상태였다. 3쿼터에 그는 몽크리프와의 1대 1 대치 상황에서 볼을 가로채고 올랜도에게 기가 막힌 패스를 전달하며 경기 흐름을 뒤집었다. 당대 최고 수비수로 꼽히던 몽크리프 코를 납작하게 만드는 순간이었다. 난타전은 4쿼터까지도 계속됐다.

그러나 시간이 흐를수록 벅스가 불리해졌다. 파울트러블 때문이다. 폴 프레시가 5개, 몽크리프와 센터 알톤 리스터, 리키 피어스(Ricky Pierce) 등 핵심 멤버들이 모두 파울이 4개였다. 아무리 수비가 좋은 벅스라도 적극적인 인사이드 공략에 소극적으로 대처할 수밖에 없었다. 조던도 물 만난 고기처럼 인사이드를 공략했다. 특히 2~4점 차로 지속되던 마지막 상황에서 점수차를 벌리는데 힘을 줬다. 경기 내내 감이 안 좋았던 자유투도 4쿼터 막판이 되자 정확도를 찾았다. 그의 26점째 득점으로 불스는 95-91로 앞서갔다.

4쿼터 막판은 커밍스와 조던이 마치 해결사 능력 경연을 벌이는 듯했다. 커밍스가 자유투로 점수차를 2점 차로 좁히자, 이번에는 조던이 기습적인 돌파와 리버스 레이업으로 반격한다. 마치 홈 팬들 앞에서는 지지 않겠다는 듯, 조던은 필사적으로 버텼고 덕분에 4쿼터 마지막 7분 동안에만 13점을 쏟아부으며 승리를 주도했다. 최종 점수는 109-107. 1981년 이후 불스가 거둔 첫 플레이오프 승리였다. 조던은 35득점 7어시스트 8리바운드라는 우수한 기록을 남겼다.

불스는 이틀 뒤 열린 4차전에서도 여세를 몰아가고자 했다. 선수들도 독기를 품고 출사표를 던졌다.

"브래들리 센터(밀워키 벅스 홈구장)에서는 우리가 열세였지만, 시카고에서는 정규시즌 내내 강세를 보여왔습니다. 4차전에서도 갚아 주겠습니다." - 마이클 조던

"물러설 곳은 없습니다! 5차전이라 생각하고 승부하겠습니다" - 올랜도 울릿지

하지만 시리즈는 더 이어지지 않았다. 4차전에서 조던은 29점을 올렸지만 동료들의 지원 부족으로 97-105로 패했다. 한때 17점 차까지 리드를 당했던 불스는 96-98까지 따라붙었지만, 남은 시간이 너무 부족했다. 조던 못지않게 '몰아넣기' 고수였던 커밍스를 당해내지 못한 탓이다.

그렇게 조던의 생애 첫 플레이오프 시리즈는 1승 3패로 종결됐다.

신인왕이 되다

비록 기록지에는 'LOSE(패배)'를 뜻하는 'L'이 새겨진 채 시즌을 마쳤지만, 조던과 시카고 프랜차이즈에게는 큰 의미가 있는 시즌이었다. 일단 다음 시즌을 기약할 수 있게 됐다. 시즌이 끝날 때마다 불스의 선수들은 모두 정리대상에 올랐다. 누가 팀의 얼굴이 될지도 말하기 민망할 정도로 로스터가 취약했기 때문이다. 하지만 이제 그들은 말할 수 있게 됐다. 바로 "마이클 조던이 우리 팀의 미래다!"라고 말이다.

한 시즌만에 시카고는 원정경기에서 4번째로 많은 관중을 몰고 다니는 팀이 됐다. 1984년 11월, 한 달 만에 1985년 3월 경기 티켓이 다 판매됐다니 말 다했다. 그 실력과 파급효과는 조던을 신인상으로 이끌었다.

1985년 신인상을 두고는 조던과 전체 1순위 지명선수 하킴 올라주원이 경쟁을 펼쳤다. 시즌 중 마이클은 월간 신인상을 3번이나 수상했는데, 그중 한 번은 올라주원과의 공동 수상이었다. 휴스턴 로케츠는 왜 올라주원이 신인상을 타야 하는지 설명하며 PR 공세를 펼쳤다. 그들은 1984년 랄프 샘슨(Ralph Sampson)에 이어 2년 연속 신인상을 배출하는 것에 사활을 걸고 있는 듯했다.

1985년 3월 19일, 시카고와 휴스턴이 만났을 때의 일이다. 당시 휴스턴의 빌 횟치

(Bill Fitch) 감독은 "아마 마이클의 어머니라고 해도 신인상 투표는 고민 좀 하셔야 할 것입니다"라며 자신만만한 모습을 보였다. 올라주원의 휴스턴 역시 이전 시즌보다 19승이나 많은 48승을 올리며 2년 만에 플레이오프에 진출했고, 또 그 역시 20.6득점 11.9리바운드 2.7블록으로 선전했다.

그러나 조던의 임팩트에는 미치지 못했다. 미디어도 올라주원이 아닌 조던을 택했다. 1985년 5월 17일 발표된 신인상 투표 결과에 따르면 기자단 유효표 총 78표 중 57표가 마이클 조던에게 돌아갔다.

조던은 전 경기에 출전해 28.2득점 6.5리바운드 5.9어시스트 2.4스틸로 활약했다. 3,144분은 시카고 구단 역사상 최다 출전시간이었고, NBA 전체로 따지면 3위였다. 시즌 동안 기록한 2,313득점 역시 불스 구단 역사상 최고 기록이었다. 리그 전체에서도 총득점은 전체 1위였지만, 득점상은 평균으로 따겼기에 버나드 킹(Bernard King)에게 양보해야 했다. 버나드 킹은 무릎 부상 때문에 겨우 55경기에 출전해 1,809점에 그쳤지만 평균 득점은 32.9점으로 전체 1위였다(조던은 3위).

조던의 기록 행진은 여기서 그치지 않는다. 비록 1위는 놓쳤지만 평균 득점은 1969-1970시즌 카림 압둘자바(Kareem-Abdul-Jabbar) 이래 최고 기록이었고, 1973년 이래 득점과 리바운드, 어시스트, 스틸 부문에서 팀 내 1위를 기록한 선수는 조던이 역대 3번째였다. 또, 33경기에서 30득점 이상을 기록했고, 74경기에서 20득점을 넘겼다. 트리플 더블은 3번 기록했고, 20득점-10어시스트 기록도 8번이나 남겼다. 모두 불스 구단 신인 사상 최다 기록이다.

하지만 조던의 임팩트는 단순히 기록만으로 정리할 수가 없다. 그 놀라운 움직임은 동료뿐 아니라 기자와 관계자까지도 감탄시켰고, '암흑기'에 빠졌던 불스 구단 역시 돌파구를 찾을 수 있었다. 광고 협찬이 붙기 시작했고, 새 시즌 시즌티켓 문의도 쇄도했다. 농구 통계 전문 사이트인 '바스켓볼 레퍼런스(basketball-reference)'에 따르면 1983-1984시즌에 26만 명(전체 21위)을 동원하는 데 그쳤던 불스 구단은 관중 동원에서도 10위로 훌쩍 뛰어올랐다. 무려 87%나 관중이 늘어난 것이었다. 또 원정경기에도 13,596명이 입장했다.

그러나 조던은 별로 기뻐하지 않았다. 그는 이미 새로운 시즌을 머릿속에 그리고 있었다.

"기분 좋은 상입니다. 하지만 선수들이 모두 힘을 합해 팀을 이끄는 것이 중요하다고 생각해요. 다음 시즌에는 더 나은 모습을 보여주고 싶습니다."

시카고 지역방송들은 조던의 신인상 수상 소식을 전하면서 줄리어스 어빙의 대를 잇는 하이 플라이어(high flyer)라고 표현했다. 레전드들의 평가도 소개했다. 그 시즌 해설위원이었던 빌 러셀(Bill Russell)은 WTBS와의 인터뷰에서 '돈을 주고 볼 가치가 있는 선수'라고 평가했고, 팻 라일리(Pat Riley) 감독은 "지금껏 이렇게 다방면으로 잘하면서 팀과 리그에 영향을 준 선수가 몇이나 됩니까?"라고 말했다. 시즌 중 시카고는 라일리 감독이 이끄는 LA 레이커스와 1승 1패를 기록했다.

필자는 래리 버드의 이야기가 가장 마음에 와닿았다. 버드는 저널리스트 데이비드 할버스탐과의 인터뷰에서 마이클 조던에 대해 이렇게 평가했다.

"지금 시점만 놓고 봤을 때, 조던은 그 당시의 저보다 훨씬 많은 일을 해냈습니다. 전 신인일 때 저 정도까진 못했어요. 조던이 돌파를 시도할 때였어요. 오른손에 볼을 들고 떴는데, 잠깐 팔을 내리더니 다시 올려 득점을 시도하더군요. 전 손만 들고 서 있다가 반칙을 하고 말았습니다. 그 와중에도 그 친구는 득점을 성공했고요. 이 모든 과정이 다 조던이 공중에 있는 동안에 이뤄진 일이었죠. 조만간 시카고 스타디움은 조던을 보려는 팬들로 가득 차게 될 것입니다."

래리 버드가 사람 보는 눈은 확실했던 것 같다.

🏀 주석

(1) 1993년 올스타 팬 투표에서는 신인 샤킬 오닐(Shaquille O'Neal)이 826,767표로 패트릭 유잉을 제치고 동부 컨퍼런스 주전 센터로 출전했다. 첫 올스타전에서 그는 선배들의 집중견제를 받으며 호된 신고식을 치렀다. 1995년에는 그랜트 힐(Grant Hill)이 신인으로서는 최초로 팬 투표 전체 1위(1,289,585표)에 올랐다.

(2) leaper: 뛰다, 도약(leap) 등에서 파생된 말로 농구에서는 점프력이 출중한 선수를 의미한다. 글에 소개된 '하이 플라이어'와도 같은 의미로 통한다.

(3) 디트로이트와의 시즌 전적은 3승 3패였다. 1985년 3월 12일, 홈에서 가진 시즌 마지막 맞대결에서도 조던은 4쿼터 14점 활약을 포함해 32득점을 올리며 승리(111-110)를 주도했다. 특히 4쿼터 막판 중요한 자유투를 모두 넣으며 팀을 구했다.

(4) 플레이오프 포멧 변화는 7년 만에 이뤄졌다. 1977년, NBA는 플레이오프 진출팀을 10팀에서 12팀으로 늘렸고 1라운드(3전 2선승제), 컨퍼런스 준결승(7전 4선승제), 컨퍼런스 결승(7전 4선승제), NBA 결승(7전 4선승제)로 포멧을 정했다. 1984년에 정해진 포맷은 지금까지도 이어지고 있는데, 다만 2003년에 1라운드 시리즈가 7전 4선승제로 확장됐다.

(5) 폴 모케스키는 2013년, 한국프로농구 서울 삼성 썬더스 구단의 요청으로 방한, 선수들의 개인 지도를 맡았다. 1957년생으로 KBL에 올 무렵에는 댈러스 매버릭스, 샬럿 밥캐츠(현 호네츠) 등에서 어시스턴트 코치를 맡고 있었다.

GAME INFO

날짜	1986년 4월 20일
장소	메사추세츠주 보스턴 가든
시즌	1985-1986시즌 NBA 플레이오프
경기의 중요성	★★★★★
착용 농구화	나이키 에어 조던 1

SCORE

팀	1Q	2Q	3Q	4Q	OT	2OT	최종
불스	33	25	33	25	9	6	131
셀틱스	25	26	37	28	9	10	135

MJ's STATS

출전시간	득점	야투	자유투	리바운드	어시스트	스틸	블록	실책	파울
53'00"	63	22-41	19-21	5	6	3	2	4	4

5. '농구의 신'을 영접하다

1985-1986시즌 동부 플레이오프
1라운드 2차전

시카고 불스   **VS**   보스턴 셀틱스

1985-1986시즌을 앞두고 시카고 불스는 많은 변화를 겪었다. 제리 라인스도프(Jerry Reinsdorf)가 팀을 인수하면서 새 구단주가 됐고, 막역지간이었던 제리 크라우스(Jerry Krause)를 단장 자리에 앉혔다. 불스의 단장 교체는 예고된 일이었다. 라인스도프는 팀이 마이클 조던 위주로 변화하길 원했고, 장기적인 발전을 원했다. 결국 1984-1985시즌이 끝나기도 전(1985년 3월)에 로드 쏜은 '전임 단장'이 되고 말았다.

크라우스는 시카고를 '농구 도시'로 만든 흥미로운 인물이었다. 「시카고 트리뷴」의 샘 스미스(Sam Smith) 대기자를 비롯, 많은 기자 및 칼럼니스트들이 크라우스를 말할 때 한결같이 사용했던 단어가 바로 '일벌레'였다. '직업은 농구단 단장이고 취미는 야구 관전과 스카우팅 리포트 작성'이란 농담이 있었을 정도였다. 실제로 그는 프로야구 스카우트로도 20년이 넘는 경력이 있었고, 뉴욕 메츠와 뉴욕 양키스, 시카고 화이트 삭스 등 미국프로야구단 스카우트로 활동했다. 2011년에는 메이저리그에서 올해의 스카우트상을 수상했다.

그 능력은 실제로 성과로도 이어졌다. 필 잭슨은 "그에게는 누구도 거들떠보지 않는 작고 이름 없는 대학을 돌아다니면서 미완의 재목을 찾는 소름 끼칠 정도로 탁월한 능력이 있었습니다. 그래서 붙은 별명도 '사설탐정'이었죠"라고 돌아봤다.

1993년에 그가 마침내 낚시라는 취미를 갖게 됐을 때, 기자들이 신기하다며 기사로 작성한 것도 전혀 놀라운 일이 아니었다. 당시 「시카고 트리뷴」은 "크라우스는 잡은 고기를 꼭 풀어줘야 한다는 철학을 갖고 있다"라고 상세히 전했다.

크라우스 단장은 1984-1985시즌 멤버들을 그리 좋게 보지 않았다. "난 이 선수들이 우리를 대표하는 얼굴이 되는 것이 싫었다"라고 회고했을 정도로, 가능한 모든 멤버들을 정리하고 싶어했다. 아예 조던 중심으로 새 판을 짜고 싶었던 것. "조합이 엉망이다"라는 말도 했다.

이로 인해 대부분의 선수가 새 직장을 찾아 팀을 옮겨야 했다. 크라우스 단장은 스티브 존슨(Steve Johnson)과 2라운드 지명권을 샌안토니오에 내주고 포워드 진 뱅크스(Gene Banks)를 영입했다. 이어 1라운드와 2라운드에서 각각 키스 리(Keith Lee, 멤피스 주립대)와 켄 존슨(Ken Johnson, 미시건 주립대)을 지명한 뒤 곧장 트레이드를 단행했다.

키스 리는 에니스 와틀리(Ennis Whatley)와 함께 다시 클리블랜드 캐벌리어스로 보내겼는데, 이때 받은 선수가 바로 신인 선수 찰스 오클리(Charles Oakley, 버지니아 유니언 대학)였다. 켄 존슨은 1984년 신인 벤 콜먼(Ben Coleman)과 함께 포틀랜드로 트레이드 됐고, 대신 장신 마이크 슘렉(Mike Smrek)을 영입했다.

　트레이드의 핵심은 '높이 보강'이었다. 오클리는 그해 드래프트 전체 9순위로 지명된 신인으로, 크라우스 단장이 오랫동안 공들인 숨은 인재였다. 지명 당시 뉴욕의 한 매체가 실시한 설문조사에서 '최악의 1라운드 지명선수'라는 혹평을 들었던 오클리였지만, 1985-1986시즌에 오클리마저 없었다면 시카고의 플레이오프 진출과 마이클 조던 신화 역시 없었을 것이다.

　변화는 여기서 그치지 않았다. 시즌 하루 개막을 앞둔 1985년 10월 24일, 데이브 그린우드를 샌안토니오로 보내고, 조지 '아이스맨' 거빈(George 'Ice man' Gervin)을 영입했다. 신임감독 스탠 알벡(Stan Albeck)의 의사에 따라 이뤄진 트레이드였다. 거빈의 합류는 빅 뉴스였다. 트레이드 당시 33살로 커리어를 마무리해야 할 시점이긴 했지만, 여전히 '득점'에 관해서는 빠지지 않는 레전드였기 때문이다. 샌안토니오 경영진과 마찰로 인해 '팽' 당할 처지에 놓였던 거빈은 시카고 이적이 확정되자마자 알벡에게 손수 편지를 써 함께 하게 되어 기쁘다고 전하기도 했다. (1)

　거빈 영입 5일 뒤에는 10만 달러를 샌안토니오에 내주고, 가드 존 팩슨(John Paxson)을 영입했다. 팩슨은 안정적인 패스를 할 줄 아는 선수였다. 팩슨은 조던의 입맛을 잘 알았고, 조던 역시 팩슨의 패스를 선호했다. 패스의 세기나 각도, 타이밍 등에 있어 가장 잘 맞았던 파트너로 인정했던 것이다. 크라우스 역시 트레이드 직후 라인스도프 회장에게 "10만 달러로 할 수 있는 가장 훌륭한 지출을 했다"라고 보고했다. 1993년 NBA 파이널 6차전에서 팩슨의 결정적인 3점슛으로 시카고가 3년 연속 우승을 차지했으니 10만 달러는 확실히 그 가치를 한 셈이다. 팩슨은 크라우스 은퇴 후 시카고 불스 농구단을 이끄는 행정가가 되기도 했다.

신임감독 알벡

　크라우스가 선수단만큼이나 신경을 쓴 부분은 바로 신임감독 임명이었다. 케빈 로거리로는 부족하다고 판단, 조던 위주로 새 판을 짜줄 인물을 찾아 나섰다. 감독 이슈만으로도 시카고 언론들은 들끓었다. 매일 신임감독 후보가 언급됐다.

마침내 6월에 청사진이 공개됐는데, 크라우스가 후보로 올린 인물은 바로 스탠 알벡과 필 잭슨이었다. 당시 54세였던 알벡은 1980년대 초, 조지 거빈과 샌안토니오를 3년 연속 디비전 1위에 올려놓은 검증된 지도자였다. 샌안토니오에서 5시즌 동안 거둔 성적은 240승 170패였고, 이후 1983-1984시즌과 1984-1985시즌에는 약체 뉴저지 네츠의 감독을 맡아 두 시즌 연속 5할 승률을 거두었다.

반면 필 잭슨은 갓 마흔을 넘긴 새 얼굴이었다. 미국 프로농구 마이너리그(CBA)에서 올해의 감독상을 수상하면서 인정을 받았지만, 아직 이르다는 평가가 지배적이었다. (2) 저울질 끝에 크라우스는 잭슨에게는 훗날의 기회를 약속하고, 알벡 쪽으로 가닥을 잡았다. 알벡이 좀 더 유리한 배경에는 불스 농구단의 연고지인 일리노이가 고향이었다는 점, 그리고 크라우스와 브래들리 대학 동기였고, 1977-1978시즌 LA 레이커스에서 코치와 스카우트 담당으로 함께 일했기에 서로의 스타일을 잘 알고 있다는 점이 유리하게 작용했던 것으로 분석된다.

알벡은 당시 뉴저지 네츠 감독을 맡고 있었는데, 크라우스는 네츠 구단의 동의를 얻어 협상에 임했다. 마침 알벡도 네츠 구단을 떠나고 싶어했다. 구단의 지원이 너무 적다는 이유 때문이었다. 1983년에 네츠는 샌안토니오 구단과 계약이 남아있던 알벡을 데려오기 위해, 샌안토니오 측에 30만 달러의 보상금과 선수 2명에 대한 권리까지 내준 바 있다. 그러나 2시즌 동안 나온 성적과는 달리 서로의 궁합이 너무 맞지 않았다. 크라우스 단장이 알벡을 '모셔가기 위해' 접촉했을 때도 네츠 구단이 굳이 말리지 않은 이유도 이 때문이다.

결국, 1985년 6월 16일에 불스 구단은 알벡을 신임감독으로 임명한다고 발표했다. 계약기간은 3년. 연봉은 무려 30만 달러로, 당시 NBA 감독 중에서는 4번째로 높은 액수였다. 이와 별개로 네츠에게는 보상금 차원으로 10만 달러를 지불했다.

코칭스태프도 '친 크라우스파'로 구성됐다. 7월 9일에는 첫 어시스턴트 코치로 텍스 윈터(Tex Winter)가 임명됐다. 32년 지도 경력을 가진 베테랑 중 베테랑이었다. 대학지도자로서 무려 800경기에 가까운 경력을 갖췄으며, NBA에서도 감독을 맡았을 정도로 출중했다. 크라우스는 그의 팬이었다. 한때 윈터의 훈련을 몰래 훔쳐보며 'Innovator'라 불렀을 정도였다. 윈터의 역할은 오클리를 비롯한 빅맨을 지도하고, 벤치 멤버들의 성장을 돕는 일이었다.

첫 만남, 어렵지 않았어!

이제 시카고 불스는 마이클 조던을 위한 팀이 됐다. 여전히 올랜도 울릿지나 퀸튼 데일리 같은 사고뭉치도 남아있었지만, 팀에는 조지 거빈이나 데이브 코진(Dave Corzine) 같이 풍파를 겪으며 승리가 간절한 베테랑도 있었고, 자완 올드햄(Jawann Oldham)과 진 뱅크스처럼 자리를 잡아가는 이들도 있었다. 또 존 팩슨이나 시드니 그린처럼 이제 프로농구를 알아가며 의욕적으로 덤벼드는 젊은 선수들도 있었다. '긍정'의 에너지를 많이 얻은 셈이었다. 여전히 우승 전력으로 분류되기는 어려웠지만, 최소 40승 이상은 가능할 것이란 전망이었다.

조던도 자신감이 넘쳤다. 신인상 수상 후 NBA에 대한 확신을 갖게 된 터였다. 훗날 알려진 알벡 감독의 회고에서는 조던의 자신감이 어느 정도인지 확인할 수 있었다. 조던에게 더블팀이 심하게 붙자, 알벡 감독은 이를 타파하기 위해 고심했다. 그러자 조던이 감독에게 말했다.

"더블팀은 문제없어요. 2명이 붙으면 2명 다 뚫을 겁니다. 아니면 2번째 수비자가 붙기 전에 던지면 되죠. 더블팀을 뚫으면 바스켓으로 돌진할 겁니다. 그 다음은 뭔지 아세요?"

"뭐지?"

"7피트 선수가 기다리고 있겠죠. 그래도 괜찮아요. 제가 그 친구 앞에서 덩크를 꽂아버릴 거니까요."

자신감이 하늘을 찌른 덕분에 팀 사기도 좋았다. 프리시즌에는 8연패를 기록하긴 했지만, '변화의 시기'였기에 진지하게, 혹은 심각하게 받아들이는 이는 없었다. 그 좋은 분위기는 시즌 출발로 이어졌다. 10월 25일 개막전에서 대접전 끝에 클리블랜드 캐벌리어스에게 116-115로 이기면서 산뜻하게 출발했다.

이 경기는 조던과 거빈의 첫 만남으로도 화제가 됐다. 바로 하루 전에 트레이드로 합류한 거빈이 1쿼터 중반에 투입되자 캐스터들은 "조던과 거빈이 함께 합니다!"라며 흥분했다. 거빈의 가세로 '안정된' 공격 옵션이 늘어났다. 기존의 올랜도 울릿지까지 가세해 클리블랜드를 괴롭혔다. 조던이 확실히 편해졌다. 오프더볼(off the ball) 상황에서 기습적으로 움직이며 중거리슛, 돌파 찬스를 잡아냈다. 반대편에서 거빈은 포스트업으로 기회를 창출해냈고, 필요할 때는 직접 볼을 몰고 하프라인을 넘어와 공격을 전개했다.

일진일퇴의 공방을 펼치던 불스는 조던이 3쿼터 종료 3분여를 남기고 5번째 파울을 기록, 위기를 맞는 듯했다. 그러나 이때 거빈이 그 공백을 채워주었다. 빠르게 움직이면서 동료들에게 찬스를 만들어준 것이다. 자완 올드햄, 시드니 그린은 덕분에 12점, 10점씩을 기록했다.

거빈의 이러한 존재감 덕분일까? 함께 경기를 치른 조던은 표정이 확 달라져 있었다. 사실 조던은 이전까지만 해도 거빈을 껄끄러워했다. 그러나 '스타 효과'를 직접 맛본 뒤로는 달라졌던 것이다. "함께 하게 된 이상, (거부할) 이유는 없습니다"라며 말이다. 거빈도 마찬가지로 "제가 운이 좋은 것 같습니다"라고 화답했다.

이 경기는 연장까지 갔는데 마지막까지도 승부를 예측하기 힘든 접전이 이어졌다. 4쿼터 막판 2개의 슛을 내리 놓쳐 이길 기회를 놓쳤던 조던은 연장 시작과 함께 3개의 슛을 내리 넣으면서 흐름을 잡았다. 하지만 연장 막판에 캐벌리어스에 9-0 스코어링 런을 허용해 스코어는 115-115로 원점으로 돌아오고 말았다. 조던은 2번 실수하지 않았다. 22초를 남기고 자유투를 얻어낸 것이다. 그의 자유투 1구로 불스는 116-115로 개막전 승리를 장식할 수 있었다.

시카고 스타디움에 모인 11,124명의 팬들은 기립박수를 보냈다. 조던의 첫 시즌 개막전을 비교하면 180도 달라진 분위기였다. 선수들도 두 팔을 하늘로 치켜든 채 당당히 퇴장했다. 기분 좋은 승리였다.

불의

불스는 바로 다음 날 가진 디트로이트 피스톤스 전에서도 121-118로 이겼다. 하지만 3번째 골든스테이트 워리어스와의 원정 경기에서 사고가 일어났다. 누구도 예상하지 못한, 미처 생각하지도 못했던 불의의 사고였다.

조던이 4쿼터에 덩크 후 착지하는 과정에서 왼쪽 발목을 다친 것. 조던이 다친 부위는 발굽 속에 위치한 주상골(navicular bone). 당시만 해도 혈액 공급이 잘 안 되는 부위라 치료하기 힘든 부위로 알려진 부위였다.

사실, 처음에는 조던을 비롯한 구단 관계자와 언론 모두 부상을 그리 심각하게 받아들이지 않았다. 10월 31일 「시카고 트리뷴」은 6~8주 정도 쉬게 될 것 같다고 보도했고, 복귀 시점은 크리스마스 무렵으로 예상됐다. 조던 하나만 바라보고 꾸린 팀이라 다소 맥이 빠질 법도 했지만, 크라우스는 "우리에게는 배움의 기회가 될 것"이라며 애써 위로했다(훗날 사람들은 이 경기를 'broken foot game'이라 명명한다. 조던이 이 경기에서 신었던 에어 조던 1 농구화는 경매에서 42만 2,130달러에 팔렸다. 2024년 5월 기준, 우리 돈으로 5억 7,747만 3,840원이다).

조던이 다친 뒤 불스는 내리 4연패를 기록했다. 3승 무패로 시즌을 시작했지만, 그 뒤 4승 15패로 와르르 무너졌다. 승부처에서 무너지는 일이 잦았다. 거빈 홀로 분투하기에 인사이드가 너무 약했다.

오클리는 아직 신인이었고, 데이브 코진과 자와드 올드햄도 높이와 수비를 제외하면 NBA 정상급팀들을 대적하기엔 부족했다. 그렇다고 당장 트레이드를 통해 전력을 보강하기도 힘들었다. 마음에 드는 선수가 있어도 내줄 인물이 없었다. 그나마 있는 올랜도 울릿지, 퀸틴 데일리 등은 조던 대신 스코어러 역할을 해줘야 했던 선수였다.

FA시장에도 고참급이 있었지만 그들은 '마이클 조던의 대타'가 되는 걸 원치 않았다. 오히려 장기계약을 희망해 크라우스 단장을 난감하게 했다. 알벡은 급한 대로 자기 입맛에 맞는 선수를 골랐다. 11월 7일에는 론 브루워(Ron Brewer)를 영입했다. 1978년에 NBA에 데뷔했던 그는 거의 은퇴를 눈앞에 둔 노장이었지만, 샌안토니오와 뉴저지에서 알벡과 손발을 맞춘 경험이 있었기에 시스템 적응은 빠를 것이라 봤다. (3)

인내의 시간

모두 크리스마스 선물만 기다리는 가운데, 조던도 초조함을 감추지 못했다. 이제 뭔가 보여줄 참이었는데…. 몸이 풀리기도 전에 병원 신세를 지게 됐으니 답답할 법도 했다. 상태가 호전되지 않은 채 복귀일은 재차 연기됐으니 말이다.

크리스마스가 다가올 무렵에도 구단은 "서두르지 않고 1월 중에 복귀시키겠다"라는 입장을 발표했다. 1월 20일 LA 레이커스와의 홈경기가 그 타깃이 됐다. 뛰고 싶어 안달이 난 조던은 틈만 나면 병원을 찾아갔다. 한번은 의료진이 "다시 깁스를 하고 싶은거냐?"고 반협박에 가까운 말을 해서 조던을 돌려보내기도 했다.

반면, 크라우스는 신중을 기했다. "마이클은 너무 긍정적이다"라면서 미국내 전문의는 모두 동원해 몇 번이고 상태를 점검하려 했다. 시카고는 물론이고, 로스엔젤레스와 클리블랜드, 오레곤 지역 전문가들도 섭외했다. 크라우스 단장의 목표는 단 하나. 재발 가능성을 0%로 줄이는 것이었다.

그러나 내심 크라우스 단장도 조던의 복귀가 기대되긴 했던 모양. 만약을 대비해 빌리 맥키니(Billy McKinney)를 방출하면서 명단에서 한자리를 비워뒀다. 이른 시기였지만, 그 당시 NBA는 12월 20일이 지나면 잔여 시즌 계약도 보장해야 했기에 쉽게 선수를 쓰고 버릴 수가 없었다.

하지만 1월의 테스트에서도 조던은 OK 사인을 받지 못했다. 금이 간 흔적이 남아 있었기 때문. 시즌-아웃 루머가 나돌기 시작한 것도 이 무렵부터였다. 사실, 당시 조던 역시 시즌을 포기하라는 말을 들을까 많이 무서워했다는 후문이다. 사람들은 조던에게 재활에 집중할 수 있도록, 아예 불스 구단과 떨어져 지내는 것이 어떻겠냐고 권유했다.

실망한 조던은 짐을 싸서 나갔다. 행선지는 모교, 노스캐롤라이나 대학이었다. 프로에 일찍 도전한 탓에 못 마친 전공 수업을 들으며 주위를 환기시키겠다는 이유였다. 조던의 전공은 문화지리학(cultural geography)이었다.

크라우스도 "아픈 몸으로 농구하겠다고 말하느니, 차라리 그편이 낫겠다"며 허락했다. 그러나 조던의 생각은 다른 데 있었다. 2월부터 그는 몰래 농구를 시작했다. 2대2에서, 3대3으로, 이윽고 5대5로 천천히 강도를 끌어 올렸다. 농구를 다시 시작한 지 얼마 지나지 않아 그는 덩크슛을 꽂는 등 무서운 회복력을 보였다는 후문이다.

복귀 통보

조던은 이 시기를 잘 참고 견딘 덕분에 자신이 한 단계 더 올라섰다고 말한다. 조바심도 있었지만, 겉으로는 여유를 보였다. 1986년 2월 9일, 댈러스에서 개최된 NBA 올스타 행사에도 참석했다. 조던은 불과 1년 만에 NBA에서 가장 사랑받는 선수가 되어 있었다. 팬 투표에서는 719,143표로 매직 존슨(1,060,892표)에 이어 2위(동부 1위)에 이름을 올렸다.

사실, 이 무렵에도 조던은 덩크가 가능했다고 한다. 통증은 다소 있었지만, "참을 만하다"라고 말했다. 언론 인터뷰에서도 복귀에 대한 자신의 열망을 재차 드러냈다.

"이 팀(불스)은 제 부상을 너무 진지하게 생각하고 있습니다. 언제든 나쁜 상황이 생길 수 있다지만, 전 최선을 다하고 있어요. 이 팀에 웃음을 돌려주고 싶습니다. 이 팀이 플레이오프에서 탈락하도록 두고 싶지 않습니다."

그리고 3월이 됐다. 조던은 구단에 복귀를 통보했다. 의사를 전한 것이 아니라, 더 못 참겠다며 복귀를 알린 것이다.

크라우스 단장은 물론이고, 라인스도프 회장조차도 화들짝 놀랐다. 구단 운영팀은 의료진을 긴급 소집했다. 3월 7일, 마이클이 시카고로 돌아온 가운데, 팀 외과 의사 톰 헤퍼론(Tom Hefferon)을 비롯해 외과 전문의 3명이 추가로 진료실에 모였다. 라인스도프 회장과 크라우스 단장, 그리고 스탠 알백 감독과 구단 대주주들도 조던의 상태를 확인하기 위해 병원을 찾았다고 한다. 검사에 앞서 의료진은 "지금 서두르면 선수 생활 내내 고생할 수도 있다"고 경고했다.

훗날 크라우스도 ESPN과의 인터뷰에서 당시 심경을 전했다. "10%의 가능성도 남기고 싶지 않았습니다. 마이클은 아직 어린 선수였기에 아끼고 싶었으니까요."

검사 결과는 괜찮았다. 헤퍼론은 「시카고 트리뷴」에 "완전히 나았을지도 모르나, 아직은 현실적이고 냉정하게 바라봐야 합니다. 복귀가 4월로 연기될 수도 있습니다. 6~7경기 남은 상황에서 위험을 감수할 필요가 있을지 모르겠습니다"라고 소견을 내놓았다.

그러나 조던에게는 첫 문장만 들렸던 것 같다. 그는 당장 복귀하겠다고 날뛰었고, 라인스도프 회장과 크라우스 단장, 코칭스태프도 그를 말리지 못했다.

찰스 오클리

조던이 빠진 사이 불스는 나락에 빠졌다. 조던이 부상자 명단에 오른 뒤 한동안은 상당히 고군분투했다. 2~6점 차로 아깝게 진 경기가 많았다. 하지만 공백이 길어지고, 시즌아웃 소문까지 돌 무렵에는 15~20점 차 패배가 나오기 시작했다. 2월 6일 올스타 휴식기에 돌입할 무렵 불스는 17승 34패였으며, 이때 시작됐던 연패는 7연패까지 이어졌다.

4쿼터 해결사 역할은 여럿이 맡았지만 그리 신통치 않았다. 무엇보다 선수들의 사기가 떨어진 것이 문제였다. 올랜도 울릿지는 부상과 치료 문제로 이탈이 잦았다. 시즌이 끝나면 자유계약선수로 풀리게 될 예정이었기에 마음이 떠난 것처럼 보일 때도 있었다. 데일리도 약물 문제를 해결하지 못해 알벡 감독의 애간장을 태웠다. 데일리는 1985-1986시즌에 35경기를 뛰는 데 그쳤다. 이 와중에 센터 올드햄과 코진마저 부상을 당했다. 팀이 잘 돌아갈 리가 없었다.

유일한 위안은 찰스 오클리였다. 오클리는 지명 당시만 해도 그리 인정받지 못했다. NBA 관계자들은 '리바운드 외 장점이 부족한 선수'라며, 크라우스의 눈을 의심했다. 디비전 II에서 올라온 듣도 보도 못했던 선수였으니 오죽했을까.

그러나 그는 그 장점을 유감없이 발휘하며 점차 출장시간을 늘려갔다. 초반에는 시드니 그린에게 자리를 뺏겼지만 갈수록 비중이 커졌다. 1985-1986시즌 불스 팀에서 출전시간이 6번째(1,772분)에 불과했지만, 총 리바운드(664개/8.2개)는 팀 내 1위였다. 2월에는 평균 17득점 12리바운드로 이달의 신인상을 수상했다. 언론이 '진주의 발견'이라고 호들갑을 떨 때, 크라우스는 코웃음을 쳤다. 일찌감치 그 재능을 알아봤기 때문이다. 오클리의 노력도 상당했다. 드래프트 지명 직후 텍스 윈터 코치에게 달려가 개인훈련을 자청했을 정도로 의지가 남달랐다.

훗날 뉴욕에서 오클리를 지도했던 팻 라일리 감독(현 마이애미 히트 농구단 회장)은 "오클리는 우리 팀 최고의 중거리 슈터입니다. 연습 중에 내기하면 항상 오클리가 1등을 했죠. 그런데 왜 공격을 안 시키냐고요? 그렇게 다 공격에 가담하면 누가 리바운드를 하고, 수비를 하려 할까요?"라고 말했다. 오클리도 그 천직을 받아들이고 은퇴할 때까지 초심을 잃지 않았다.

그의 당찬 모습은 선배들에게도 호감을 샀다. 훗날 닉스에서 함께 뛴 패트릭 유잉은 "오클리가 떠나면 나도 닉스를 버리겠다"고 선언했을 정도였다. 무뚝뚝하기로 유명한 유잉의 입에서 나온 말이기에 무게감이 더 실렸다.

오클리와 팩슨, 거빈 등이 필사적으로 버티면서 불스는 플레이오프의 끈을 이어갔다. 오클리는 리바운드 외에도 풋백, 중거리 슈팅 등에서 두각을 드러냈으며, 몸싸움과 스크린 등 기 싸움이 필요한 분야에서도 팀의 기둥이 되어줬다. 그런 그 모습에 알벡 감독은 "오클리는 시카고 불스의 람보이고, 코만도이자 터미네이터입니다"라고 칭찬을 아끼지 않았다. 그런 오클리에게 조던의 컴백은 '모터'를 달아준 것과도 같았다. 친형제 같이 어울리던 선배 덕분에 오클리에게 집중되던 견제도 분산됐다. 사람들은 오클리가 조던 덕분에 탄력을 받은 것 같다고 평가했다. 오클리는 시즌 마지막 30경기를 센터 및 파워포워드로 출전해 15.4득점 12.8리바운드 2.7어시스트를 기록했다.

날뛰는 조던 탓에 구단은 골머리

구단 수뇌부의 뜻을 꺾은 조던의 컴백은 3월 15일 밀워키 벅스 전에서 이뤄졌다. 장장 64경기 만에 코트에 선 것이다. 그러나 '조던 효과'가 바로 나타난 것은 아니었다. 조던 복귀 이전까지 3연승으로 24승 44패를 기록하던 불스는 조던이 돌아온 후 5연패 늪에 빠졌고, 이후 9경기에서 2승 7패로 부진했다. 그 이유는 무엇이었을까?

바로 출전시간 제한이라는 족쇄 때문이었다. 라인스도프 회장과 크라우스 단장은 조던이 무리하다가 다시 다칠까 노심초사했다고 한다. 여러 회고록에 따르면 라인스도프 회장이 알벡 감독에게 "최대한 마이클을 쉬게 하라"고 직접 지시했다고 한다. 그 이면에는 플레이오프 탈락 후 로터리 팀(Lottery Team)이 되어 드래프트에서 이득을 얻고자 하는 계산도 있었을 것이다.

알벡 감독은 힘들어했다. 조던 같은 선수를 못 뛰게 하는 것도 감독 입장에서는 여간 힘든 일이 아닐 것이다. '승리 보증수표'이니 말이다. 반대로 부상에서 갓 돌아온 선수를 무리해서 뛰게 하다가 부상이 재발하면 그때 돌아올 비난도 감당하기 힘들 것이다.

이때 알벡 감독은 "누구도 마이클 조던이라는 유망주의 커리어를 끝낸 감독이란 말을 듣고 싶지 않을 것"이라 하소연했는데, 그 당시 라인스도프 회장으로부터 신임을 잃어 해고설도 나돌았던 알벡 감독이기에 굳이 구단주의 뜻을 거스르는 일을 하고 싶진 않았을 것 같다. 알벡 감독은 훗날 인터뷰에서 라인스도프로부터 본인들이 정해둔 출전 시간을 초과하게 될 경우 당장이라도 해고할 것이란 말을 들었다고 고백했다.

그 와중에 하나의 사건이 터지고 만다. 1986년 4월 3일, 인디애나 페이서스 전에서 종료 직전에 조던을 빼버린 것이다. 엎치락뒤치락하는 접전 끝에 팩슨의 위닝샷으로 1점차(109-108)로 간신히 이긴 경기다.

조던은 승부처에서 알백 감독이 자신을 빼버리자 "감독님, 지금 너무하시는 것 아닙니까?"라고 소리를 지르기도 했고, 그때의 언쟁은 「시카고 트리뷴」을 비롯한 지역 매체 지면으로 고스란히 옮겨졌다.

하지만 구단 수뇌부의 '출전 시간 족쇄'는 그리 오래가지 않았다. 조던은 스스로 힘으로 출전시간을 늘려갔다. 3월 29일 뉴욕 닉스 원정 경기에서는 24득점을 기록하면서 복귀 후 처음으로 팀 내 최다득점자 자리에 올랐고, 워싱턴 불레츠 전에서는 복귀 후 최다 득점인 31점을 기록했다. 덕분에 불스는 시즌 30승째와 더불어 플레이오프 진출을 확정지었다.

1985-1986시즌 조던은 마지막 10경기에서 26.5득점을 기록했고, 불스는 마지막 10경기를 6승 4패로 마치며 플레이오프 막차에 탑승했다. 약 3주에 걸쳐 8번 시드를 놓고 경쟁했던 클리블랜드를 한 경기 차로 간신히 따돌린 것이다.

신(神)을 보았다

"마이클이 왜 위대한지 아나요? 마이클은 이기려고 하는 의지가 강한 게 아니라, 자신을 증명하고자 하는 의지가 강했던 선수였습니다. 데릭 로즈(Derrick Rose)가 상대를 꺾고자 하는 선수라면, 마이클은 상대를 죽이고자 덤벼드는 선수였습니다."

라인스도프 회장은 조던을 '타고난 경쟁자'라고 소개했다. 조던은 복귀 후 자신의 건재함을 알렸다. 비록 64경기나 쉬었지만, 그 부상이 NBA 슈퍼스타로 떠오르고 있는 자신의 앞날에 브레이크가 되진 않을 것이라고 외치듯 말이다.

플레이오프에서는 부상이 이슈가 되지 않았다. 8번 시드 불스가 플레이오프에서 만난 팀은 보스턴 셀틱스. 불스가 정규시즌에 거둔 30승보다 2배 이상 많은 67승 15패(승률 81.7%)를 기록한 팀이었다.

래리 버드, 케빈 맥헤일, 로버트 패리시로 이어지는 '빅 3'에 데니스 존슨, 대니 에인지, 빌 월튼 등 듬직한 조력자들로 구성된 그 시즌 셀틱스는 역대 최강 팀으로 꼽힐 정도로 막강한 전력을 자랑했다. 홈에서는 41경기 중 40승을 거뒀다. 불스의 한 시즌 승수를 능가하는 기록이었다. 셀틱스의 목표는 오로지 우승이었다. 당연히 불스가 눈에 들어올 리가 없었다. 사람들의 전망도 일방적이었다. 1경기라도 이기면 다행이었다.

이 시리즈는 '마이클 조던 대 보스턴 셀틱스'라 해도 과언이 아니었다. 시리즈 자체는 셀틱스가 일방적으로 가져갔지만, 기자들의 관심은 조던에게 쏠렸다. 1차전에서 셀틱스는 불스를 123-104로 격파했다. 이 경기에서 조던은 데니스 존슨(Dennis Johnson)을 뒤흔들며 49득점을 기록했다. 존슨은 진땀을 뺐다. 뛰어난 수비로 인정받아온 존슨이었지만, 순간적인 움직임이 엄청나게 빠르고, 점프력까지 좋은 조던을 막기에는 역부족이었다. 존슨은 조던을 막다가 밸런스까지 잃어 공격도 부진했다. 처음 7개의 슈팅이 모두 들어가지 않았는데, 이 역시 자주 볼 수 있는 광경은 아니었다.

조던은 전반에 30득점을 올리면서 불스의 2점 차 리드를 주도했다. 그러나 후반에는 단 19점에 묶였고 뒷심 강한 셀틱스는 쉽게 흐름을 뒤집었다. 조던에 대한 동료들의 지원 부족이 가장 큰 패인이었다. 비록 이겼지만, 기자들은 셀틱스가 아닌 조던에게 집중했다. 여태껏 플레이오프에서 보스턴 셀틱스를 상대로 조던보다 점수를 많이 낸 선수는 엘진 베일러(61득점), 제리 웨스트(53득점), 밥 페티트(50득점), 윌트 채임벌린(50득점) 뿐이었기 때문이다. 게다가 104.7점으로 실점 부문에서도 3위에 올랐던 셀틱스였기에 자존심이 상할 수밖에 없었다.

하지만 3일 뒤 열린 2차전에서 사람들이 받은 충격에 비하면 1차전 49득점은 아무것도 아니었다. 많은 이들의 기대 속에 열린 2차전. 조던은 그야말로 경기를 지배했다. 가벼운 속임 동작만으로도 선배를 제치면서 점수를 올리고, 파울을 끌어냈다. 전담 수비수였던 존슨에, 대니 에인지, 버드, 맥헤일까지. 누구도 조던을 멈추지 못했다. 괜히 스위치를 시도했다가 파울만 범했다. 후반 들어 조던이 흐름을 타면서 그 기세는 더욱 맹렬해졌다.

2011년 4월, 맥헤일은 ESPN의 '마이클 조던 63득점' 25주년 특집 기사에서 "막으면서도 뭘 하고 있는 건지 믿기 힘들었죠. 한번 흐름을 탄 뒤부터는 도무지 잡을 수가 없었습니다"라고 회고했다.

조던은 4쿼터에 18점을 몰아넣었고, 116-114로 리드당하던 종료 직전에는 맥헤일로부터 파울을 얻어내 결정적인 자유투 2구를 성공시켰다. 덕분에 경기는 연장에 갔다. 이때까지 그의 득점은 54점. 이미 사람들은 '기절 직전'까지 갔다. 존슨은 경기 후 기자회견에서 "여러분 모두 확인하셨듯이, 우리 중 누구도 MJ를 막지 못했습니다"라 며 혀를 내둘렀다.

첫 번째 연장전도 막상막하였다. 조던은 막 경기를 시작한 사람처럼 가볍게 점프 슛을 성공시켰다. 조던이 볼을 잡으면 최소 세 명의 수비수가 그를 주시했지만, 아랑 곳하지 않고 점프슛을 터트렸다. 그러나 불스도 셀틱스의 팀플레이를 당해내지 못하 긴 마찬가지였다. 버드의 손끝에서 이어지는 동료들의 연이은 득점은 경기를 긴박하 게 만들었다. 셀틱스는 종료 12초를 남기고 대니 에인지의 레이업으로 125-125, 동 점을 만들었다. 마이클은 종료 직전, 회심의 골을 시도하지만 결국 실패했다. 어쩌면 여기서 불스의 운은 다한 것일 지도 모른다.

2번째 연장에 불스는 의외의 인물에 의해 무너졌다. 바로 시즌 중 평균 15분 남짓 뛰었던 벤치 멤버 제리 시칭(Jerry Sichting)에게 내리 점수를 허용하고 만 것이다. 전 혀 예상하지 못했던 인물에게 강편치를 맞고 만 것. 조던은 2차 연장 종료 1분여 전 131-131로 동점을 만든 이후, 추가 점수를 올리지 못했다. 셀틱스는 패리시의 득점 으로 경기를 마무리 지었다. 최종 스코어는 135-131. 불스에게는 말 그대로 '통한의 패배'였다.

이날 조던이 53분간 올린 기록은 63득점 6어시스트 3스틸. 1962년 엘진 베일리거 세운 플레이오프 한 경기 최다 득점(61점)을 넘어선 기록이었다. 많은 이들의 생각과 는 달리 조던의 63점 중 덩크로 얻은 점수는 2점에 불과했다. 그는 덩크 외에 21개의 필드골을 성공시켰는데, 이 중 하나는 상대방의 골텐딩에 의한 것이었다.

래리 버드는 조던의 이날 활약에 다소 충격을 받은 듯했다. 그가 남긴 "신이 마이 클 조던으로 변장한 것 같다"라는 말은 마이클 조던의 활약상을 더욱 빛나게 해주는 명언이 됐다. 버드는 방송 인터뷰에서도 칭찬을 아끼지 않았다.

"전국 방송에 플레이오프 경기인데도 마이클은 전혀 긴장하지 않고 역대 최고의 쇼를 보여줬습니다. 여태껏 누구도 이런 쇼를 보여주지 못했습니다."

마이클 조던은 「스포츠 일러스트레이티드」 매거진의 표지를 가장 많이 장식한 선수다. 그만큼 많은 이슈를 만들기도 했다. (4) 래리 버드처럼 감탄한 이가 있는가 하면, 조던의 승부욕 때문에 노심초사했던 사람도 있었다.

라인스도프 회장은 "무사히 경기가 끝난 것만으로도 다행이었습니다. 운이 많이 따라줬죠. 우리는 아예 마이클이 시리즈를 뛰지 않길 바랐으니까요"라고 회고했다. 그에게는 1985-1986시즌이 끝날 때까지도 '부상 재발'이란 단어가 머릿속에서 지워지지 않았던 것이다.

하지만 라인스도프 회장의 말처럼 조던은 운이 좋은 편이었다. 물론 라인스도프가 말한 '운'과는 조금 다른 내용이었지만, 2차전이 전국으로 생중계 방송된 덕분에 조던의 63득점 활약은 더 빛날 수 있었고 이는 그가 가진 스타성이 부각되는 계기가 됐다. 결국 조던이 잘 되면서 시카고 불스 팀의 흥행도 잘 됐으니 라인스도프 회장도 잘된 일 아니겠는가.

그런가 하면, 에인지는 조던의 경쟁심에 소름이 끼쳤다고 고백했다. 2001년 「바스켓볼 다이제스트(Basketball Digest)」에 실린 에인지의 회고록에는 조던이 보스턴에 대해 어떤 마음을 가졌는지 잘 나타나 있었다. 글의 내용이 짧은 편이기에 번역문을 그대로 소개하고자 한다.

불스와 플레이오프 1라운드 시리즈를 치르고 있을 때였다. 「보스턴 해럴드(Boston Herald)」의 마이크 캐리(Mike Carey) 기자가 내게 "쉬는 날에 마이클 조던, 마크 밴실(Mark Vancil)과 골프 칠 건데 함께 하자"라고 물어봤다. 밴실은 「시카고 썬타임즈(Chicago Sun-Times)」 기자였다. 나는 좋다고 답했다. 당시 마이클은 골프 레슨을 받으면서 실력이 늘고 있을 때였다. 골프도 좋아했다.

그런데 그날은 내가 마이클보다 더 좋은 플레이를 했고, 결국엔 그를 이겼다. 예상대로 마이클은 패배 때문인지 기분이 안 좋아 보였다.

골프를 마치고 마이클을 호텔에 내려줄 때였다. 여전히 골프에서 진 것 때문에 토라져 있었던 마이클이 결국 내게 한마디 하더라.

"D.J(데니스 존슨)에게 전하세요, 내일 그를 위해 준비한 게 있다고."

다음 날, 마이클은 63득점을 기록했다. 이는 아직도 플레이오프 한 경기 최다득점 기록으로 남아 있다. 우리는 2차 연장전 끝에 이겼지만, 그의 플레이는 놀라울 정도였다.

D.J는 이미 3쿼터 중반에 4번째 파울을 범했고, 나 역시 후반 내내 파울트러블 때문에 고생했다. 래리, 케빈, 로버트 모두 마이클을 막는 데 집중했다. 빌 월튼은 그 경기에서 25분 만에 파울아웃 당했다. 마이클은 우리 수비를 그렇게 초토화시켰다. 래리는 경기 후 명언을 남겼다. '신이 마이클 조던의 탈을 쓰고 나타난 것 같다'라고. 모두가 마이클이 훌륭한 선수라는 것을 인정할 것이다. 하지만 우리 모두 그가 얼마나 대단한 선수인지를 그때 처음 깨달았다. 그날 이후로 난 그 친구에게는 골프를 이기지 말아야겠다고 생각했다. (5)

2차전이 끝난 후 사람들의 관심은 조던의 득점에 쏠렸다. 과연 몇 점이나 올릴까? 2차전만 보면 70점도 가능할 것 같은 기세였다. 게다가 장소는 조던에게 가장 익숙한 시카고 스타디움이었다. 3차전에서도 1쿼터에만 14득점을 올렸다. 그러나 2~4쿼터 동안 그는 겨우 5점을 추가하는 데 그쳤다. 작정하고 나온 셀틱스 수비를 당해내지 못한 것이다.

최종 기록은 19득점 10리바운드 9어시스트였지만, 혼자 승리를 이끌진 못했다. 그는 4쿼터 5분을 남기고 파울아웃 당했고, 팀은 104-122로 졌다. 0승 3패. 또 한 번 1라운드에서 플레이오프를 마치게 됐다. 마이클의 전기를 쓴 빌 거트먼은 3차전의 활약을 두고 "오늘은 마이클이 사람처럼 보였다"라고 표현했다.

로버트 패리시는 시리즈를 관통하는 키워드는 '팀'이었다고 말한다. 조던이 아무리 뛰어나도 100득점을 올린다거나, 혼자서 상대팀보다 득점을 많이 따내지 못할 것이기에 팀으로 집중한 것이 좋은 성과를 냈다고 돌아봤다.

부상으로 날아간 것처럼 보였던 조던의 2번째 시즌은 마치 토네이도와도 같았다. 짧았지만 강렬했다. 사람들 뇌리에 오랫동안 남았다. 보스턴 셀틱스는 그 시즌에 우승을 차지했지만 역사는 1986년의 보스턴이 얼마나 강했는지보다, 조던이 보스턴의 전설들을 상대로 몇 점을 넣었는지를 더 자주 이야기하고 있다. 특히 이 시즌의 보스턴이 NBA 역사상 다시는 안 나올 강팀 중 하나로 꼽힌다는 점에서 더 의미 깊었다.

훗날 릭 칼라일(당시 보스턴 선수, 현 인디애나 페이서스 감독)은 조던과의 대전을 이렇게 회고했다.

•

"마이클 조던이 볼을 갖고 있을 때 그의 눈을 보면, 아마도 뭔가가 일어날 것이란 예감을 하게 됩니다. 그때 상대가 기대할 수 있는 것이라곤 그가 슛을 실패하거나, 동료 중 하나가 그의 패스를 받을 준비가 되어 있지 않기를 바라는 것뿐이었습니다."

그들의 기대는 마이클이 유니폼을 벗는 그날까지 계속됐다.

🏀 주석

(1) 조지 거빈의 합류는 모두를 놀라게 했다. 구단 수뇌부는 미래의 '명예의 전당'급 선수가 가세했다
며 만족스러워했지만, 마이클 조던의 환영은 받지 못했다. 조던은 1985년 올스타전 당시 거빈이
자신을 민망하게 만든 베테랑 중 하나라는 걸 알았기에 대놓고 불편한 심기를 드러내기도 했다.

(2) CBA(Continental Basketball Association)는 지금은 사라진 미국의 대표 마이너리그다. 1946
년 창설되어 2009년에 문을 닫기까지 무려 긴 시간 명맥을 유지하며 많은 NBA 스타들을 배출했
다. NBA와 협력 관계이긴 했지만, 지금의 G 리그(G League)처럼 공식적인 상하 관계를 맺은 것
은 아니었다. CBA는 주로 NBA에 가지 못한 선수들이 저연봉을 받으며 뛴 리그로 앤써니 메이슨
(Anthony Mason), 존 스탁스(John Starks), 마리오 엘리(Mario Elie) 등이 대표적인 CBA 출신
선수들이다. CBA는 NBA뿐 아니라 유럽 및 KBL 등 해외 리그에서 뛸 이른바 '외국 선수'들의 경
연 무대이기도 했다. 조지 칼(George Karl)과 필 잭슨 등은 CBA를 거쳐 NBA에 입성했다.

(3) 론 브루워의 아들 로니 브루워(Ronnie Brewer)도 2006년 NBA 드래프트에서 시카고에 지명되어
2010-2011시즌을 시카고 불스에서 보냈다. 아버지와 아들이 모두 불스 구단을 거쳐간 셈. 브루
워 부자 케이스는 시카고 구단 역사상 처음이었다.

(4) 2024년 5월 기준, 「스포츠 일러스트레이티드」에 표지로 가장 많이 등장한 선수는 마이클 조던
이다. 50번이나 표지 인물이 됐다. 복서 무하마드 알리(Muhammad Ali)는 40회로 2위, 르브론
제임스(LeBron James)가 25회로 3위다. 타이거 우즈(Tiger Woods, 24회)와 매직 존슨(Magic
Johnson, 23회) 등이 그 뒤를 잇고 있다.

(5) 마이클 조던은 2021년 9월 27일, 스테픈 커리(Stephen Curry)의 유튜브 채널에서 가진 1대1 인
터뷰를 통해 '골프 코스에서 꼭 이기고 싶었던 사람'으로 대니 에인지를 꼽았다. 마크 밴실 기자는
둘이 골프를 치면 트래시 토크(trash talk)가 정말 많이 오고 갔다고 회고했는데, 조던은 이 인터
뷰에서도 "에인지와 골프를 치면 트래시 토크가 정말 많다"고 덧붙였다.

GAME INFO

날짜	1986년 11월 1일
장소	뉴욕 메디슨 스퀘어 가든
시즌	1986-1987시즌 NBA
경기의 중요성	★★★☆☆
착용 농구화	나이키 에어 조던 2

SCORE

팀	1Q	2Q	3Q	4Q	최종
불스	25	20	32	31	108
닉스	13	28	32	30	103

MJ's STATS

출전시간	득점	야투	자유투	리바운드	어시스트	스틸	블록	실책	파울
41'00"	50	15-31	20-22	6	3	4	3	6	2

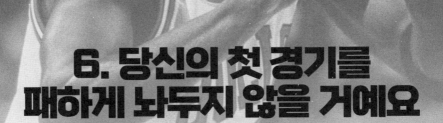

6. 당신의 첫 경기를 패하게 놔두지 않을 거예요

1986-1987시즌 개막전

VS

시카고 불스   뉴욕 닉스

마이클 조던 하면 가장 먼저 떠오르는 은사는 딘 스미스와 필 잭슨이다. 언젠가 조던은 에이전트 데이비드 포크(David Falk)를 이야기할 때, "저를 더 나은 운동선수로 만들어주신 분은 딘 스미스와 필 잭슨 감독님이시고, 사회에서 비즈니스맨으로 성장하게 만들어주신 분은 데이비드 포크입니다. 그가 나의 법적 대리인이라는 것이 자랑스럽습니다"라고 말한 바 있다.

그러나 '프로농구 선수' 조던이 필 잭슨을 감독으로 모시기 전까지는 거의 매년 감독이 교체되었다. 1985-1986시즌 함께 했던 스탠 알벡 감독의 경우, 3월부터 해임설이 나왔다. 일각에서는 잔혹하다는 이야기가 나왔다. 알벡 감독이 처한 조건 자체가 안 좋았으니 말이다. 비록 알벡 감독 취임과 함께 전력 보강이 있었지만, 조던이 부상으로 64경기나 쉬었기에 그가 건강히 돌아온다면 성적은 더 나아질 수 있다는 의견이 지배적이었다.

하지만 제리 라인스도프 구단주는 이를 '대중들의 의견일 뿐'이라고 일축했다. 실제로 구단 내부에서는 감독의 관리와 소통 문제를 꺼냈다. 퀸틴 데일리는 마약으로, 올랜도 울릿지는 다양한 이유로 구단의 징계를 받았다. 몇몇은 출전 시간과 역할을 놓고 불만을 털어놨다.

감독과 선수단의 소통이 안 된 대표적 사례로는 1986년 4월 13일, 시카고 불스와 클리블랜드 캐벌리어스의 마지막 경기를 들 수 있다. 불스는 4월 11일, 워싱턴 불레츠를 105-103으로 이기면서 플레이오프 진출을 결정지었다. 한숨 돌린 알벡 감독은 선수들을 마지막 경기를 여유있게 치렀다. 팀은 원정에서 97-104로 패배. 조던은 29분을 뛰고 쉬었다.

선수들은 감독의 의도와 다르게 불만이 많았다. "우리는 이기고 싶었다"라며 말이다. 승부처를 벤치에서 바라본 조던도 "이기려고 하지 않아서 아쉽습니다. 우린 정말 못했습니다. 그래선 안 되는 경기였습니다"라고 말했다.

이런 분위기는 시즌 중반부터 이어졌다. 곁에서 지켜본 라인스도프 감독은 "당장 이 멤버로 40승을 거둬도 안 기쁠 것 같다"라며 변화가 필요하다는 의견을 내놨다.

그러나 쉽게, 빨리 결정될 문제는 아니었다. 불스의 정규시즌은 4월에 끝났지만, NBA 시즌은 6월이 되어서야 끝났다. 보스턴 셀틱스는 6월 8일 휴스턴 로케츠를 4승 2패로 제압하고 타이틀을 차지했다. 물론, 플레이오프가 진행 중인 상황에서 감독을 해고하면 안 된다는 규정은 없다. 다만 라인스도프 구단주가 5월이 지나도록 쉽게 결정을 내리지 못한 이유는 자신의 후보자가 셀틱스 소속이었기 때문이다.

후임 감독을 놓고 라인스도프와 제리 크라우스 단장의 의견 엇갈린 탓도 있었다. 둘 다 젊게 가자는 생각은 같았는데 후보자가 달랐다. 라인스도프는 셀틱스 어시스턴트 코치를 맡던 지미 라저스(Jimmy Rodgers)를 희망했다. 반면 크라우스는 덕 콜린스(Doug Collins)를 원했다.

크라우스 단장은 스타 플레이어 출신이지만 농구에 대한 해박한 지식을 갖고 있던 콜린스에 반해 있었다. 1951년생, 당시 35살이던 콜린스는 CBS 스포츠 해설위원을 4년째 맡아왔던 인물이었다. 시카고 팬들에게는 대단히 유명했다. 일리노이 태생으로 일리노이 주립대에서도 활약이 좋았다. 1972년 올림픽 국가대표팀에도 선정됐다. (1) 무릎 부상으로 커리어가 일찍 단절됐지만 4년 연속 올스타가 되는 등 스타로서도 평판이 좋았다.

크라우스는 우연히 비행기를 같이 타고 오며 콜린스와 이야기를 나눈 뒤 라인스도프에게 전화해 "제가 찾던 사람이 여기 있네요!"라며 기뻐했다. 이후 그는 어떻게든 콜린스를 구단에 끌어들이고 싶었다. 1985년에도 알벡의 코치로 일하게 하고 싶었지만, 금액이 맞지 않아 실패했다. 그런데 라인스도프의 열망도 못지 않았다. 1985년에도 라저스를 원했다.

당시 43살이었던 라저스는 셀틱스에서 선수단 총괄을 맡고 있었는데, 젊지만 탁월한 리더십을 발휘했다는 평을 받았다. 실제로 래리 버드, 케빈 맥헤일 등 기가 센 슈퍼스타들이 즐비한 팀에서 휘둘리지 않았다는 사실만으로도 높은 점수를 쳤어도 무방했을 것이다. 그 능력을 높이 산 캐벌리어스는 아예 단장직을 제안하기도 했다. 라인스도프 역시 라저스를 만나보고 싶어 셀틱스 구단에 "(이직에 대해) 이야기만 나누게 해달라"라고 특별히 부탁했을 정도였다.

하지만 최종 선택은 콜린스였다. 1986년 5월 19일, 3시간여의 마라톤 협상을 가진 뒤 마음의 결정을 내렸다. 4일 뒤인 5월 23일, 콜린스 감독은 계약 기간 2년에 연봉 22만 5천 달러 계약을 체결했다. 계약 기간 3년째는 옵션이었다.

콜린스의 감독 임명으로 가시방석 위에 앉아있던 알벡도 팀을 떠났다. 위로금까지 내고 고액연봉 감독을 만들어줬지만, 이별 과정은 너무나도 잔인했다. 누구도 그를

다시 기억하지 못했다. (2) 훗날 라인스도프는 알벡을 선임한 것에 대해 "내 실수"라고 인정했다. (3)

불스가 감독 임명 기자회견을 가진 건 1986년 기준, 10년간 9번째였다. 콜린스 감독은 "스탠의 팀에는 스피드가 없었습니다. 불스는 아마도 느리기로 따지면 NBA에서 세 손가락 안에 들 것입니다. 우리는 앞선에서 강한 수비로 역습을 이끌 것입니다"라고 출사표를 던졌다.

주변에서는 콜린스 감독이 너무 어리다는 이유로 의구심도 제기하는 기자들도 있었다. 그러나 콜린스는 이렇게 반문했다. "팻 라일리 감독님은 36살에 LA 레이커스를 맡았습니다. 돈 넬슨(37세) 감독님, 맷 구오카스(42세) 감독님 모두 젊은 나이에 입성했죠. 마이크 프라텔로(37세) 감독님도 그렇지 않았습니까? 젊음은 오히려 도움이 될 것입니다."

그는 당돌하면서도 혈기가 넘쳤다. 조던의 열렬한 팬임을 밝히면서도 팀 컨셉트를 중요시했다.

"전 마이클에게 우린 우승을 원하며, 그러기 위해서는 네가 최고의 선수가 되어야 한다고 말해줬어요. 마이클과 꾸준히 대화를 나누면서 상황을 만들어갈 겁니다. 마이클만 볼을 만지고, 다른 네 명은 옆에서 이 친구가 뭘하나 지켜보는 상황이 자주 생기더군요. 전 마이클이 5분 이상 볼을 잡지 않아도 팀이 이길 수 있도록 할 겁니다. 줄리어스 어빙도 그랬어요. 아이솔레이션만 할 수 없잖아요. 농구는 12명이 하는 겁니다. 마이클 조던의 짐을 덜어줘야 해요."

전력 보강은 미미했지만…

전 시즌과 달리, 불스의 전력 보강은 그리 눈에 띄지 않았다. 조지 거빈은 유럽으로 향했고, 조던의 프로 적응을 도왔던 선배 로드 히긴스(Rod Higgins)도 계약을 더 연장하지 못한 채 짐을 쌌다. 히긴스는 훗날 구단주가 된 조던과 재회했다.

드래프트에서는 7명의 신인을 지명했다. 이때만 해도 NBA는 7라운드까지 드래프트를 진행했는데 그중에는 뽑히고도 NBA와 계약하지 않거나 뛰지 못한 선수들도 많았다. 불스는 1라운드 9순위였기에 사실 선택의 폭이 넓지 않았다.

1라운드 이후 지명한 선수 중에서는 그나마 2라운드 래리 크리스트코비액(Larry Krystkowiak)과 6라운드 피트 마이어스(Pete Myers) 정도만이 '저니맨' 신세로 NBA 커리어를 이어갔을 뿐이다.

크라우스 단장과 콜린스 감독은 빅맨을 원했다. 마침 오하이오 주립대에서 선전하던 213cm의 빅맨 브래드 셀러스(Brad Sellers)가 눈에 들어왔다. '불스 왕조' 해체 이후 크라우스 단장의 취향을 기억하는 독자들이라면 그가 어떤 스타일의 선수를 좋아하는지 잘 알 것이다. 훗날 '불스 왕조'의 일원이 될 토니 쿠코치(Toni Kukoc)를 시작으로 타이슨 챈들러(Tyson Chandler), 에디 커리(Eddy Curry) 등 모두 신장이 크면서도 기동력이 좋았다.

또 키와 높이 외에 다른 장점이 있었다. 크라우스가 처음 반했던 스카티 피펜(Scottie Pippen)에게는 슈팅 대신 메인 볼핸들러까지 맡을 다재다능함의 기질이 있었다. 셀러스도 빅맨이지만 평균 이상의 슈팅 능력이 있었다. 이들은 셀러스를 조던의 득점 부담을 덜어줄 자원이라고 봤다. 그러나 셀러스는 기회를 받은 것에 비해 성장이 두드러지지 못했고 결국 불스는 시애틀 슈퍼소닉스(Seattle Super Sonics)로 그를 트레이드하고 1989년 드래프트 지명권을 받았다. 불스는 이 지명권으로 포인트가드 BJ 암스트롱(BJ Armstrong)을 뽑았다.

셀러스의 차선책으로는 조니 도킨스(Johnny Dawkins)가 있었다. 듀크 대학을 졸업한 188cm의 포인트가드였는데, 탄력도 뛰어나 콜린스 감독이 원하는 농구를 이끌기에 적합할 것이라는 평가가 있었다. 조던도 그를 아주 좋아했다. 하지만 높이를 더 선호했던 불스는 셀러스를 택했다. 도킨스는 10순위로 샌안토니오 스퍼스에 지명됐으나, NBA에서 채 10년을 버티지 못한 채 선수 경력을 마쳤다.

셀러스든 도킨스든 불스의 선택은 아쉬움이 많이 남는다. 우선 1라운드 9순위 이후 지명된 선수 중 존 셀리(John Salley), 존 윌리엄스(John Williams)는 빅맨 포지션에서 셀러스보다 더 중용받으며 긴 커리어를 보냈다. 아마도 조던과 포지션이 겹쳐 오래 뛰진 못했겠지만 15순위의 델 커리(Dell Curry)는 훌륭한 슈터로 성장했다. 훗날 그는 NBA 역사를 바꿔놓은 슈퍼스타 스테폰 커리(Stephen Curry)를 낳는다. 2라운드 25순위로 선발된 백인 가드 마크 프라이스(Mark Price), 27순위 데니스 로드맨(Dennis Rodman), 30순위 네이트 맥밀란(Nate McMillan), 46순위 제프 호나섹(Jeff

Hornacek)은 또 어떤가. 결과론일 뿐이지만 말이다.

눈에 띄는 영입은 없지만 불스가 패배의 잔재들을 지워가는 작업을 했다는 것은 체크해야 할 대목이다. 특히 올랜도 울릿지와 작별을 한 것은 미래를 봐서는 현명한 선택이었다. 울릿지는 뉴저지 네츠(현 브루클린 네츠)에 자유계약선수로 이적했다. 불스는 보상 제도를 이용해 1988년 2라운드 지명권과 1989년 1~2라운드 지명권을 받았다. 세 장의 지명권 중 하나가 효자 역할을 했는데, 스테이시 킹(Stacey King)을 지명해 백업 빅맨으로 요긴하게 기용했다. (6)

올랜도와의 이별은 '패배 잔재'를 걷어내는 것 외에도 또 하나의 메시지를 주었다. 시카고 불스는 100% 마이클 조던의 팀이라는 것이다. 직간접적으로 라커룸 문화를 흔드는 존재들을 보내면서 본격적인 도약을 준비할 수 있었다.

루키 감독을 위한 조던의 선물

인터뷰는 당당했지만, 경기는 생각처럼 흘러가지 않았다. 시카고 불스의 1986-1987시즌 개막전 상대는 뉴욕 닉스. 첫 정규 무대인 만큼 콜린스 감독은 잔뜩 긴장한 표정이었다. 전 시즌 23승 59패에 그쳤던 닉스는 패트릭 유잉(213cm)-빌 카트라이트(216cm)를 앞세워 재도약을 노리던 팀이었다. 마찬가지로 1970년대의 영예를 되찾고 싶어 했는데 그 초석으로 여겼던 인물이 바로 조던의 친구이자 라이벌이 된 유잉이었다.

불스의 출발은 좋았다. 25-13으로 12점이나 앞서면서 1쿼터를 시작했다. 조던이 전반 내내 슈팅감이 좋지 않았다는 점을 감안하면 놀라운 출발이었다. 조던은 전반에 12개의 슈팅 중 9개를 놓쳤다. 그러나 찰스 오클리(203cm)를 제외하면 본인 득점을 올릴 만한 선수가 많지 않았던 전력인 만큼, 팀은 금세 리드를 잃고 말았다. 오클리도 점차 누적되는 파울 때문에 골머리를 앓았다. 닉스는 21득점을 기록한 카트라이트와, 24득점을 보탠 포인트가드 로리 스패로우(Rory Sparrow)가 내외곽에서 불스를 공략했다.

불스의 개막전 주전 빅맨은 얼 큐어튼(Earl Cureton)과 그랜빌 웨이터스(Granville Waiters)였다. 그러나 206cm의 삐삐 마른 큐어튼과, 211cm의 웨이터스 모두 닉스를 감당하기 힘들어 보였다. 상대적으로 이 시기 유잉의 공격 기술이 그리 세련되지 않았음에도 불구하고 말이다(큐어튼은 주전 센터이면서도 평균 26분을 뛰며 리바운드 6개를 잡지 못했던 선수였다).

결국 3쿼터가 채 지나지 않아 경기는 접전 상황이 됐고, 급기야 불스는 리드까지 내주고 말았다. 불스는 4쿼터 중반 85-90으로 리드를 당하는 신세가 됐다. 타임아웃을 요청한 콜린스 감독은 불안하고 초조해하는 기색이 역력했다. 그러자 조던이 감독을 붙잡고 '마법'을 부렸다. 불안감을 해소해주는 든든한 한마디였다.

"감독님, 걱정하지 마세요. 당신의 첫 경기를 지게 만들지는 않을 테니까요."

조던은 약속을 지켰다. 조던이 3점을 올린 데 이어 센터 얼 큐어튼(17득점)의 팁인으로 불스는 90-90, 금세 동점을 만들었다. 그러자 이번에는 닉스 선수들이 흔들리기 시작했다. 휴비 브라운(Hubie Brown) 감독도 경기 후 불안했다고 고백했다. "조던이 플레이오프에서 보스턴 셀틱스를 상대로 어떤 일을 벌였는지 잘 알고 있었기 때문입니다."

조던은 흔들림 없이 득점을 뽑아냈다. 제럴드 윌킨스(Gerald Wilkins)도 수비 좀 한다는 평가를 받던 선수였지만 속수무책이었다. 로우포스트에서 공을 받은 조던은 포스트업-스핀-뱅크슛, 혹은 페이스업 전환 후 빠른 스텝으로 윌킨스를 제치고 올라갔다. 그 앞에 다른 누가 있어도 소용이 없었다. 귀신처럼 컨택을 끌어내 앤드원을 만들었다. 이날 조던은 자유투 22개를 얻어냈는데 상대 수비가 아예 그의 발놀림을 쫓아가지 못하는 상황도 자주 연출됐다. 4쿼터 종료 48초 전 기가 막힌 앨리웁 덩크를 꽂은 조던은 22초를 남긴 시점에서 세 명이 둘러싼 집중 수비를 뿌리치고 뱅크슛을 성공시켰다.

4쿼터에 올린 조던의 점수는 21점. 불스의 마지막 11점을 포함, 31점 중 21점을 혼자 책임졌다. 악명 높은 뉴욕 관중들조차도 조던의 화려한 발재간과 점프력에 굵은 함성을 보냈다. 선수들은 승리가 확정되자 앞다투어 콜린스 감독에게 다가가 그의 첫 승을 축하했다. 젊은 팀으로서의 가능성을 엿보인 순간이었다.

콜린스 감독은 누구보다 조던에게 감사의 뜻을 전했다. "조던은 다른 선수들이 멈춰 서서 그만 바라보게 만드는 힘이 있는 선수입니다"라는 찬사와 함께. 훗날 브라운 감독은 한 인터뷰에서 조던에 대해 이렇게 평가했다.

"더블팀도, 트리플팀도 아무 소용이 없었던 선수였습니다. 그저 계속 득점을 올리더군요. 그 시기 사람들은 마이클 조던이 할 수 없는 것을 찾아내려고 애썼습니다. 그리고는 점프슛을 못 넣는다고 지적하더군요. 어떻게 됐습니까? 어쩌면 초창기 조던의 점프슛은 그의 돌파만큼 훌륭하진 않았지만, 얼마 지나지 않아 월드 클래스 수준의 점퍼를 갖게 되었습니다."

전설의 시작

코비 브라이언트(61득점), 스테픈 커리(54득점), 르브론 제임스(52득점) 등 슈퍼스타들의 활약이 이어지면서 오늘날 매디슨 스퀘어 가든에서의 50득점은 다소 평범한 기록이 되고 말았지만, 당시 조던의 50득점 기록은 대사건이었다.

이전까지 뉴욕에서 올린 최다 득점은 44점으로, 릭 베리(Rick Barry)와 퀸튼 데일리(Quintin Dailey) 뿐이었다. 조던은 이를 가뿐히 넘어섰다. 41분을 소화하면서 리바운드 6개, 어시스트 3개, 스틸 4개, 블록슛 3개 등의 기록도 남겼다. 3점슛 한 개 없이, 자유투만 20개를 성공시켰다. 이 얼마나 대단한 기록인가. 반면 닉스에서는 3명의 선수가 개인파울 4개 이상을 기록했다(물론 불스는 카트라이트, 유잉을 막느라 빅맨들이 계속 파울을 헌납해야 했다. 5반칙 이상을 기록한 선수만 4명이었다).

조던은 다음 날 열린 클리블랜드 캐벌리어스 원정경기에서도 41득점을 기록하는 등 시즌 개막 후 첫 6경기에서 최소 33득점 이상을 기록했다. 111-104로 이긴 홈 개막전(vs 샌안토니오 스퍼스)에서는 마지막 16점을 혼자 기록했다.

11월 말부터는 무려 9경기 연속 40득점 행진을 기록했다. 12월 13일 밀워키 벅스 전에서 잠시 11점에 묶이긴 했지만, 바로 다음 2경기에서 41점씩을 폭발시켰다.

3월 4일 디트로이트와의 원정경기, 4월 16일 애틀랜타와의 홈경기에서는 61점을 폭발시키면서 '득점=조던'이라는 등식을 만들었다. 그런데 시즌 내내 3점슛 2개 이상 성공시킨 경기가 단 한 번뿐이라는 점도 눈에 띈다. 그만큼 자신의 탄력과 돌파를 잘 활용했다는 의미가 된다.

조던은 1986-1987시즌에 3,000점(3,041점)을 넘기면서 37.1득점 4.6어시스트 2.9

스틸 5.2리바운드로 시즌을 마쳤다. 월트 채임벌린 이후 3,000득점을 넘긴 선수는 조던이 처음이었다. 200스틸과 100블록을 한 시즌에 해낸 것도 조던이 NBA 역사상 처음이었다. 덕분에 생애 첫 득점왕 자리에 올랐고, 데뷔 후 처음으로 올 NBA 퍼스트 팀에도 올랐다. 이 두 자리 모두 그가 농구를 그만두기 전인 1993년까지 단 한 번도 내주지 않았다.

조던의 경이로운 활약에도 불구하고 불스는 40승 42패에 그쳤다. 데뷔 후 가장 좋은 팀 성적이었지만, 평균 37.1득점을 올리는 에이스를 두고도 5할을 못 넘었다는 것은 그만큼 조던을 도울 인물이 없었다는 것을 의미한다.

놀라운 퍼포먼스 덕분에 조던은 정규시즌 MVP 투표에서 매직 존슨에 이어 2위를 기록했다. 훌륭한 숫자를 남기긴 했지만, 역시 팀 성적으로 연결시키지 못한 이유가 컸다. 매직 존슨은 커리어하이 23.9득점에 12.2어시스트(1위) 6.3리바운드를 기록했다. 80경기에서 61번이나 더블더블을 기록하는 한편 트리플 더블은 11번 기록했다. 무엇보다 소속팀 LA 레이커스가 65승 17패로 서부 1위였다.

조던은 「시카고 트리뷴」과의 인터뷰에서 "역사를 돌아봤을 때, 결국 MVP는 승리하는 팀 선수에게 주어지더군요"라며 못내 아쉬워했다.

원맨팀 스트레스

플레이오프에서 불스는 1986년에 이어 2년 연속으로 셀틱스와 만났다. 59승 23패로 동부 컨퍼런스 1위를 차지했던 셀틱스는 만반의 준비를 하고 나섰다. 1년 전처럼 조던에게 63점을 내주는 일은 없을 것이라는 각오였다. 빌 월튼은 "OK, 우리는 인정해야 합니다. 저 녀석 정말 겁나게 잘하는 선수입니다"라며 선수들에게 '조던 수비'를 강조했다.

불스는 1차전에서 셀틱스를 막판까지 몰아붙였지만, 로버트 패리시에게 위닝샷을 내주면서 104-108로 패배, 고개를 떨어뜨렸다. 불스는 4쿼터 7분 남긴 시점까지도 10점차 이상(81-95) 밀리고 있었지만, 조던의 활약에 힘입어 경기를 접전을 만들었다. 그러나 패리시의 슛을 막지 못하고 이어 실책까지 범하면서 '최대 이변'을 연출하는 데는 실패했다. 다만 「보스턴 글로브」를 비롯한 여러 매체는 77번의 홈 경기에서 76승을 거둔 보스턴 가든(Boston Garden)에서 셀틱스에 역전패의 공포를 안겼다는 것만으로도 불스를 높이 사기도 했다.

그렇지만 딱 거기까지였다. 2차전을 96-105로 졌던 불스는 3차전에서도 94-105로 패하면서 3년 연속 플레이오프 1라운드 탈락을 겪게 됐다. 가뜩이나 라인업이 두꺼웠던 셀틱스를 조던 혼자 힘으로 넘기란 불가능에 가까웠다. 불스는 전반을 52-51로 앞섰고, 3쿼터에도 2번이나 스코어링 런(scoring run)을 만들면서 K.C 존스 감독으로 하여금 타임아웃을 부르게 만들었다. 그러나 4쿼터에 시작된 셀틱스의, 아니 래리 버드의 승부사 본능을 꺾지 못했다. 4쿼터에 버드에게만 15점을 내주면서 속절없이 무너졌다. 불스는 4쿼터에만 자유투 7개를 실패했다. 야투도 22개 중 17개가 빗나갔다.

"언더독 정신으로 상대를 놀라게 만들겠다"라고 야심차게 출사표를 던졌던 콜린스 감독은 탈락이 결정된 뒤 아쉬움을 감추지 못했다. 본인을 포함한 모두가 부담감을 이기지 못했다며 말이다.

굳이 플레이오프가 아니더라도 불스는 시즌을 치르면서 큰 숙제에 직면해 있었다. 덕 콜린스 감독이 왔음에도, '조던 원맨팀'의 이미지를 벗어나지 못했던 것이다. 일각에서는 "감독마저 중심을 못 잡고 조던만 바라본다"라는 지적이 나올 정도였다. 이는 크라우스 단장이 트라이앵글 오펜스를 수면 위로 띄우게 된 계기가 됐다.

조던의 플레이는 분명 NBA를 새로운 경지에 올려주었다. 그러면서 조던도 점차 스폰서들의 영웅으로 떠올랐다. 흥행을 위해서는 반드시 섭외해야 할 그런 존재 말이다. 에어 조던도 시리즈를 거듭해 출시됐다. (7) 에이전트 데이비드 포크의 말에 따르면 "마이클 조던이 우리 행사에 얼굴만 비춰준다면, 당신네 회사가 개최하는 다른 행사도 타이틀 스폰서를 맡겠소"라고 나서는 대기업도 있었다.

그러나 프로선수는 결국 승리로 이야기해야 한다. 이제 겨우 3번째 시즌. 부상으로 절반 이상을 남긴 2번째 시즌을 제외하면 이제 막 시작 단계였지만 사람들은 '슈퍼맨'에게 더 많은 것을 기대하기 시작했다. 그렇지만 그 승리에 대한 열망은 조던도 누구 못지않게 강하게 타오르고 있었다.

🏀 주석

(1) 1972년 뮌헨올림픽 남자농구 결승은 논란이 많았던 경기였다. 미국은 구소련을 상대로 다 잡은 경기를 아깝게 놓치고 말았다. 미국 선수들은 주최측의 농간이었음을 항의하며 은메달 수상을 거부했다. 당시 선수였던 콜린스 감독은 "시카고 시어스타워 꼭대기에서 파티를 즐기고 있는데 갑자기 건물이 무너져 내린 기분이었습니다"라고 말했다. 미국 언론은 이를 'Gold Medal Game Controversy'라 칭했다. 2017년, 이 일화는 'Three Seconds'라는 제목의 영화로 제작됐다. 순전히 구소련 농구팀의 시선에서 만들어졌다.

(2) 알벡 감독이 이끄는 팀이 5할 이상을 내지 못한 건 1979-1980시즌 이후 불스가 처음이었다. 불스 감독 사임 후 그는 모교 브래들리 대학으로 옮겨갔다. 그러나 그곳에서도 그는 3시즌 연속 5할에 못 미치는 성적을 내면서 자진사퇴 했다. 1987-1988시즌에 허시 호킨스(Hersey Hawkins)라는 인재를 맞아 26승 5패를 기록하긴 했지만, 호킨스가 프로선수가 된 이후에는 하락세를 면치 못했다. 결국 1991년에는 10년 만에 처음으로 10만 관중 동원에 실패했고, 그는 그 책임을 통감하며 자리를 내놓았다.

(3) 라인스도프가 그토록 원했던 지미 라저스는 1988년에 K.C 존스의 후임으로 2년간 셀틱스를 이끌었다. 그는 1995년에 어시스턴트 코치로 필 잭슨 사단에 합류해 3번의 우승을 거머쥐었다. 한 번 인연을 맺은 사람은 절대 놓치지 않는 라인스도프와 크라우스의 캐릭터가 돋보이는 대목이다.

(4) NBA는 1987년까지 7라운드까지 드래프트를 진행했고, 1988년에 드래프트를 3라운드로 단축시켰다. 지금처럼 2라운드까지 진행되기 시작한 것은 1989년부터였다.

(5) 206cm의 크리스트코비액은 1986년부터 1997년까지 6개의 NBA팀을 거쳤다. 은퇴하자마자 코치를 맡은 그는 2011년부터 2021년까지 유타 재즈에서 코치로 일하기도 했다. 지명 직후 샌안토니오 스퍼스로 트레이드되었던 그는 1994-1995시즌에 불스와 계약하며 비로소 출발점으로 돌아왔다. 120번째로 지명된 마이어스도 유럽과 하부리그 등을 전전하는 신세였는데, 1993년에 불스와 계약하면서 짧게나마 조던과 손발을 맞출 수 있었다. 198cm의 슈팅가드로 상당히 적극적인 수비가 인상적이었지만, 공격에서는 파괴력이 덜했다. 은퇴 후 불스에서 어시스턴트 코치를 맡았다.

(6) NBA도 1988년까지는 FA 권리 보상 제도(compensation)가 존재했다. 예를 들어 A선수를 영입한 구단은 A선수의 원소속 구단에 보상해야 했다. 선수, 지명권, 현금 등이 주된 내용이었는데, 이

내용이 당시 총재(래리 오브라이언)에게 보고되어 승인되면 비로소 FA 계약이 성립될 수 있었다. 꾸준히 잘못된 제도로 지적되어온 보상 제도는 1988년 선수협회와 NBA 간의 협약에 따라 마침내 개선되었다. NBA 역사상 최초로 보상 선수 없이 이적한 자유계약선수는 탐 체임버스로 시애틀 슈퍼소닉스에서 피닉스 선즈로 이적했다.

(7) 1986-1987시즌에 조던 착용한 농구화는 '에어 조던 2'였다. 2015년, 조던이 실제 신었던 '에어 조던 2'가 경매에 등장해 화제가 되었는데, 무려 11,858달러에 판매됐다.

GAME INFO

날짜	1989년 5월 7일
장소	오하이오주 리치필드 콜로지움
시즌	1988-1989시즌 NBA 플레이오프
경기의 중요성	★★★★★
착용 농구화	나이키 에어 조던 4

SCORE

팀	1Q	2Q	3Q	4Q	최종
불스	24	22	23	32	101
캐벌리어스	28	20	27	25	100

MJ's STATS

출전시간	득점	야투	자유투	리바운드	어시스트	스틸	블록	실책	파울
44'00"	44	17-32	9-13	9	6	1	0	2	3

7. THE SHOT

1988-1989시즌
플레이오프 1라운드 5차전

CHICAGO BULLS VS **CAVS**

시카고 불스 클리블랜드 캐벌리어스

클리블랜드 리치필드 콜로지움에서 열린 NBA 플레이오프 1라운드 5차전은 마이클 조던 팬들에게는 잊지 못할 명장면을, '우승'을 꿈꿨던 클리블랜드 캐벌리어스에게는 씻지 못할 아쉬움을 남겼다. 일명 'THE SHOT'으로 남은 조던의 위닝샷 때문이다. 이 슛으로 시카고 불스는 전력 열세라는 평가를 뒤집고 2라운드에 진출했다.

원대한 꿈 품었던 클리블랜드

2003년 르브론 제임스(LeBron James)가 오기 전까지, 캐벌리어스는 포인트가드 마크 프라이스와 센터 브래드 도허티의 팀이었다. 매직 존슨은 캐벌리어스가 1990년대를 지배할 팀 중 하나가 될 것이라 예견했는데 당시 NBA 트랜드였던 가드-센터 조합이 기술자들로 구성되었다는 점이 매력적이었다.

여기에 전략가인 레니 윌킨스(Lennry Wilkens) 감독에 크레익 이로(Craig Elho), 론 하퍼(Ron Harper) 등 중심을 받쳐주는 선수들도 확실했다. 빅맨 '핫 로드' 윌리엄스(Hot Rod Williams)도 출전 시간만 주어지면 더블더블을 해낼 것 같던 선수였다. 여기에 1988년에는 래리 낸스(Larry Nance)와 마이크 샌더스(Mike Sanders)를 영입해 전력을 보강하면서 본격적으로 동부의 강자로 자리했다.

선수들은 스스로를 'hard working team'이라 불렀다. '열심히 사는' 도시 이미지와 어울린다는 것을 강조하기 위함이었는데, 이런 함께 성장하는 경기력 덕분인지 팀이 잘할수록 관중도 늘어갔다. 본격적으로 꿈틀대던 1987-1988시즌에는 50만 관중이 입장해 12위를 기록했고, 그 다음 시즌에는 72만 관중이 들어서며 관중 동원 부문 5위까지 올랐다. 참고로 그 당시 NBA는 전체 23팀이었다.

3년차 주전 센터 도허티는 그 시즌 18.9득점 9.2리바운드로 활약했는데, 정통센터답게 포스트업이나 킥 아웃 패스에 능했다. 포인트가드 마크 프라이스는 2대2 플레이로 공격을 전개하는데 뛰어났으며, 수비 둘 사이를 찢고 들어가는 'split the defense' 드리블도 일품이었다. 론 하퍼 역시 데뷔 3번째 시즌이었는데, 뛰어난 탄력과 스피드로 돌파해 득점을 만드는 데 일가견이 있었다. 돌파 후 빼주는 패스로 꽤 많은 외곽찬스를 파생시켰다. 1988-1989시즌에는 어시스트 5.3개를 기록했으며, 이런 능력으로 통산 5번이나 5.0어시스트를 작성했다.

이 글에서 가장 자주 언급될 가드 크레익 이로는 1대1 수비에 능한 선수였다. 1961

년생, 워싱턴 주립대학 출신인 이로는 1983년 드래프트에서 3라운드(전체 48순위)에 지명된 선수였지만, 현역으로 무려 873경기를 소화했으며 주전으로도 30분 이상 기용된 시즌도 꽤 있었을 정도로 실력을 인정받았다.

각 분야 스페셜리스트들의 이야기를 담은 「The Art of a Beautiful Game」이란 책에서 이로는 '수비 스페셜리스트'로 등장한다. 또 그는 공이 없을 때의 커트인 플레이나 킥아웃 되는 패스를 받아 넣는 슈팅도 나쁘지 않은 수준이었다.

캐벌리어스는 1988-1989시즌에 57승을 기록, 동부 컨퍼런스 3위로 플레이오프에 돌입했다. 그들의 상대는 6위 시카고 불스(47승 35패). 바로 1년 전, 정반대 입장에서 자신들을 탈락시켰던 팀이었다. (1)

흔들렸던 시카고 불스

불스는 시즌 마무리가 안 좋았다. 마지막 10경기 성적은 2승 8패. 앞장에서 밝혔듯이, 조던은 게임을 조립하는 역할까지 맡아 대기록도 세웠지만 '과부하'라는 혹독한 대가를 치렀다. 피펜은 2승 8패를 기록하는 과정에서 피스톤스, 캐벌리어스 같이 잠재적 경쟁자들에게 패했다는 사실을 못마땅하게 생각했다.

시카고 불스만 시즌 내내 취재해온 비트 라이터들은 캐벌리어스 우세를 점쳤다. 정규시즌 6번 맞대결도 캐벌리어스가 모두 이겼던 만큼, 실력 차이가 뚜렷하다고 봤다. 피스톤스 선수들도 여러 인터뷰에서 "1989년 플레이오프에서 우리가 신경을 쓴 상대는 불스가 아닌 캐벌리어스였다"라고 말했을 정도였다. 그러나 조던만큼은 전문가들 예상과 다른 견해를 보였다. 오히려 4차전 안에 시리즈를 끝내고 싶다고 말했다. 3승 1패를 바라본다는 것이었다. 조던이 자신감을 보인 배경에는 프라이스의 햄스트링 부상 영향도 있었다. 프라이스는 18.9득점 8.4어시스트를 기록하고 있었다. 또한 정확한 야투를 발판 삼아 '180클럽'에도 이름을 올렸다. (2) 존 스탁턴처럼 한없이 약해 보이는 외모와 다르게 승부욕도 강했고 영리했다. 그런 프라이스가 1차전을 결장하자 캐벌리어스는 선장을 잃은 선원들처럼 중심을 못 잡았다. 수비에서는 조던과 피펜에게 53점을 내줬고, 공격에서는 극도의 슛 난조를 보이며 88-95로 졌다.

사실 조던의 자신감과 다르게 시리즈는 쉽게 흘러가지 않았다. 프라이스가 돌아온 캐벌리어스는 언제 그랬냐는듯 반격에 성공하며 시리즈를 동률로 만들었다. 프라이스는 온전치 않았지만 15득점으로 에너지를 보탰다. 이날 프라이스는 야투 18개 중 5개만 넣는 극도의 부진을 보였으나 론 하퍼가 31점을 기록하면서 분위기를 띄웠다. 빅맨 윌리엄스도 13득점 2블록으로 도허티의 부진(6점)을 메웠다. 조던은 30득점을 뽑아냈지만 실책이 7개나 됐다. 불스는 이 경기에서 무려 20개의 실책을 기록했다.

절치부심한 조던은 홈으로 돌아와 치른 3차전에서 44득점을 기록하며 승리(101-94)를 주도했고, 4차전도 그렇게 되는 듯싶었다. 그렇지만 99-99에서 돌입한 연장전에서 불스는 105-108로 승리를 내주었다. 4차전에서 조던 혼자 50득점을 기록했지만, 4쿼터 99-99 상황에서 게임을 끝낼 중요한 슛을 놓치면서 승리를 놓쳤다.

당시 32살로 팀에서는 트리 롤린스(Tree Rollins)에 이어 2번째 고참이었던 필 허바드(Phil Hubbard)는 시리즈가 5차전까지 간 것을 놀라워했다. 정규시즌 중 캐벌리어스가 워낙 우세했기 때문이다. 그는 프라이스의 부상이 팀 전체 리듬을 흔들어놓은 것 같다고 돌아봤다.

1989년 5월 8일, 클리블랜드에서 열린 5차전도 팽팽했다. 마지막 3분간 6번이나 리드가 바뀔 정도로 치열했다. 조던의 점프슛으로 99-98로 앞선 상황. 남은 시간은 6초. 레니 윌킨스 감독은 타임아웃을 불렀다. 클리블랜드의 'THE SHOT'은 크레익 이로가 맡았다. 인바운드 패스 상황에서 래리 낸스에게 건넨 뒤, 다시 이를 넘겨받아 레이업을 성공시켰다. 100-99. 남은 시간은 3초.

1988-1989시즌에 평균 7.4득점을 기록했던 이로는 이날 24득점을 기록했는데, 이는 이 시즌 2번째로 높은 득점이었다. 훗날 이로는 「바스켓볼 다이제스트」 인터뷰에서 "내 커리어에 남을 경기가 될 줄 알았다"라고 말했다. 이로는 이 득점을 포함, 팀의 마지막 8점을 혼자 넣었다. 덕 콜린스 감독도 곧장 타임아웃을 요청했다.

사실, 콜린스 감독의 첫 작전은 조던이 아니었다. 콜린스 감독은 211cm의 센터 데이브 코진(Dave Corzine)에게 마지막 슛을 맡기겠다고 했다. 모두가 조던에게 정신이 팔려있는 동안 허를 찌르겠다는 생각이었다. 1978년에 NBA에 데뷔한 코진은 시카고에서 7번째 시즌을 치르고 있었는데, 그 시즌 평균 기록은 5.9점에 그칠 정도로 그리 뛰어난 선수는 아니었다.

조던은 반발했다. 그는 감독에게 "그냥 그 공 제게 주세요"라고 말했고, 콜린스 감독은 전략을 급히 수정했다. 조던은 코트에 서면서 팀 동료 크레익 하지스에게 "내가 넣을거야"라고 강한 자신감을 보였다는 후문이다. 아마도 바로 이틀 전 열린 4차전 4쿼터에서 승부를 결정지을 숏을 놓친 것을 만회하고 싶었을 것이다.

클리블랜드는 어떤 작전을 세웠을까. 윌킨스 감독은 최고 수비수였던 이로에게 조던을 맡겼다. 동시에 래리 낸스에게 도움 수비를 부탁했다. 공을 잡지 못하도록 만들자는 작전이었다. 이로는 "우리는 리그 최고의 헬프 디펜스 팀이었기에 충분히 조던을 견제할 수 있을 것이라고 생각했습니다"라고 회고했다.

그러나 조던은 속임 동작으로 낸스를 제치고, 공을 잡았다. 조던에게 인바운드 패스를 건네는 역할은 브래드 셀러스가 맡았는데, 경기를 보던 크라우스 단장은 "내 생애 본 최고의 인바운드 패스였다"라며 기뻐했다.

조던은 바로 점프슛을 시도했다. 이로가 손을 뻗었지만 한참 못 미쳤다. 이로는 "저는 그를 향해 최선을 다해 날아갔습니다"라고 고백했다. 그는 "하지만 조던의 바디컨트롤은 상상을 초월했습니다. 정말 막기 힘들었죠"라는 말도 덧붙였다. 그 숏은 들어갔고, 시카고는 101-100으로 이겼다. 조던은 기뻐하며 펄쩍 뛰었고, 동시에 이로는 좌절하며 주저앉았다. 이 장면은 한 광고 영상에도 삽입되며 세계적으로 수천, 수만 번 재생됐다.

조던은 44분간 44득점 9리바운드 6어시스트를 기록했다. 초반만 해도 숏감이 안 좋아 보였지만, 승부처에서는 귀신같이 집어넣었다. 종료 3초 전, 공을 받기 전에 수비 움직임을 읽고 기습적으로 바꾼 조던은 인터뷰에서 "그냥 그렇게 됐다"고 말했다.

론 하퍼는 "조던은 절대 지치지 않았습니다. 반면 저는 4쿼터에 이미 지쳐 있었죠. 그런데 조던은 아니었어요. 오히려 더 강해져 있었고 우리 수비에 끊임없이 응답하더군요"라고 돌아봤다. 일각에서는 윌킨스 감독이 조던을 더 적극적으로, 공격적으로 밀어붙였어야 한다고 지적했다. 피스톤스처럼 말이다. 그러나 윌킨스 감독은 조던에게 강한 더블팀을 지시한 적이 그리 많지 않았다.

프라이스는 훗날 "우리는 할 수 있는 걸 다 했다고 생각해요. 그냥 그 친구가 믿기지 않는 일을 한 것뿐이죠"라고 말했다. 그는 그러면서도 "훌륭한 선수가 훌륭한 숏을 넣었지만 전 그 시즌만큼은 우리가 더 나은 팀이라 생각했어요. 정규시즌에 불스전 전적이 6승 0패였으니까요. 우리는 매번 그들을 이겼어요. 그렇지만 플레이오프에 돌입했을 때 다들 건강 상태가 좋지 않았습니다"라고 아쉬워했다.

고통받은 이로, 클리블랜드

2001년 인터뷰에서 이로는 "저도 계속 광고에 등장하는데 로열티라도 나눠줘야 하는 것 아닌가요?"라고 농담을 했다. 그러나 조던에게 슛을 내줬을 그 시점에서의 좌절감은 이만저만이 아니었다고. 그날 최고의 활약을 펼쳤음에도 불구, 슛 하나 막지 못한 것 때문에 팀의 한 해 일정이 다 끝나버렸으니 그 아쉬움은 이루 말할 수 없었을 것이다.

훗날 팀 트레이너였던 게리 브릭스(Gary Briggs)는 이 경기 직전에 이로가 발목을 다쳤고 이 때문에 진통제를 맞고 테이핑을 하는 등 고생을 많이 했다고 전했다. 이로 역시 "발목 부상 우려로 평생 신어온 로우컷 대신 하이탑 농구화를 신었습니다. 처음이라 불편했지만 5차전을 결장할 수는 없었습니다"라고 말했다.

그러나 팀 동료들은 이로에게 "너 아니었으면 진작에 더 점수를 많이 쳤을 거야"라고 위로했다. 브릭스도 "너라서 44점만 쳤던 걸지도 몰라"라고 위로했는데, 실제로도 이로가 가장 듣고 싶었던 말이었다고 한다. 허바드는 선수로서 마지막 경기를 'THE SHOT'으로 끝내게 됐다. 그는 "크레익 이로는 정말 수비를 잘하는 선수였는데 그 슛 하나 때문에 오랫동안 평가절하를 당했습니다"라고 아쉬워했다.

훗날, 「뉴스위크(News Week)」는 조던의 50세 생일을 기념하여 특별판을 제작했는데, 이 장면을 조던의 명장면 4위에 올려놨다. (3) 「워싱턴 포스트(Washington Post)」는 "1989년 그 슛 이후, 클리블랜드에서는 조던이 공을 잡을 때마다 야유가 계속 나왔다"라고 보도했다.

한편 조던은 그 뒤에도 몇 차례 클리블랜드 캐벌리어스를 울렸다. 1993년 플레이오프 2라운드 4차전에서도 시리즈를 끝내는 쐐기포를 꽂았다. 당시 시카고는 2위, 클리블랜드는 3위였는데 시리즈는 4전 전승으로 불스가 올라갔다. 이때 그를 막은 선수는 다미닉 윌킨스의 동생이자 '좋은 수비수'로 유명했던 제랄드 윌킨스였지만 조던의 마지막 슛은 막지 못했다. 그로부터 9년 뒤에도 악몽은 재현됐다. 워싱턴 위저즈로 돌아온 조던은 정규시즌 원정경기에서 위닝샷을 터트려 캐벌리어스를 93-92로 꺾었다. 당시 경기를 중계했던 캐스터는 이렇게 외쳤다.

"믿어지십니까? 그는 역시 캐벌리어스 킬러였습니다!"

🏀 주석

(1) 1987-1988시즌에는 불스가 3위, 캐벌리어스가 6위였고, 5차전까지 가는 접전 끝에 불스가 시리 즈를 3승 2패로 이겼다.

(2) 180클럽은 야투 50%, 3점슛 40%, 자유투 90%를 달성한 선수들을 의미한다. 이 시즌 프라이스 는 야투 52.6%, 3점슛 44.1%, 자유투 90.1%를 기록했다. NBA에서도 180클럽에 가입한 선수 는 9명 밖에 없다. 슈팅의 시대를 맞은 지금까지도 말이다. 래리 버드는 최초의 달성자이며, 프라 이스가 역대 2번째였다. 이후 레지 밀러, 스티브 내쉬(Steve Nash), 케빈 듀란트(Kevin Durant), 스테픈 커리(Stephen Curry), 말콤 브록던(Malcolm Brogdon), 카이리 어빙(Kyrie Irving) 등이 뒤를 이었다. 내쉬는 통산 4번이나 이 기록을 달성했고, 2회 이상 달성 선수는 버드와 듀란트다. WNBA는 2019년 엘레나 델레 던(Elena Delle Donne) 1명이다. 한국에서는 이현중이 데이빗슨 대학 시절 이 기록을 달성해 NCAA 디비전 I 남자부 사상 11번째 선수가 됐다.

(3) 1위는 1991년 첫 우승, 2위는 1995-1996시즌의 72승, 3위는 클리블랜드 캐벌리어스전 69점, 5 위는 플루 게임(1997년)이었다.

GAME INFO

날짜	1991년 5월 27일
장소	미시건주 팰리스 오브 오번 힐스
시즌	1990-1991시즌 NBA 플레이오프
경기의 중요성	★★★★★
착용 농구화	나이키 에어 조던 6

SCORE

팀	1Q	2Q	3Q	4Q	최종
불스	32	25	30	28	115
피스톤스	26	24	20	24	94

MJ's STATS

출전시간	득점	야투	자유투	리바운드	어시스트	스틸	블록	실책	파울
37'00"	29	11-17	6-9	8	8	1	2	2	2

8. 조던을 완성시킨 '조던 룰'

1990-1991시즌 플레이오프
동부 컨퍼런스 파이널 4차전

시카고 불스   VS   디트로이트 피스톤스

스포츠에서의 경쟁은 선수와 팀을 진화시킨다. '라이벌'은 스토리를 더해주어 팬을 몰입하게 만든다. 미디어도 춤추게 한다. 어떻게든 이기고 싶은 상대가 존재한다는 것은 그만큼 스포츠에 꼭 필요한 요소다. 마이클 조던의 시카고 불스에게는 디트로이트 피스톤스가 있었다. 불스가 본격적으로 정상을 바라보기 시작한 시점에 마주한 피스톤스는 막 NBA를 집어삼키면서 번번이 불스를 가로막았다.

캐릭터 확실햇던 피스톤스

흔히 말하는 '캐릭터'는 해당 인물이 가진 성격과 특징에서 만들어진다. 이 책의 주인공인 조던은 화려한 플레이만큼이나 근성 있고, 지는 걸 죽기보다 싫어하는 인물로 묘사된다. 1980년대의 LA 레이커스는 'SHOW TIME'이라 불릴 정도로 시원시원했다. 몇 장 뒤에 등장할 뉴욕 닉스는 '킹콩' 패트릭 유잉과 '블루 칼라 워커'라는 단어가 먼저 연상된다. 그러나 때로는 그 캐릭터로 인해 많은 것이 가려지거나, '덜' 소개되기도 한다.

1980년대, NBA에서 공공의 적으로 통햇던 '배드 보이스(Bad Boys)' 피스톤스도 캐릭터에 의해 그 장점이 많이 드러나지 못한 팀 중 하나다. 그들이 '유튜브(Youtube)'나 소셜미디어 채널에서 높은 조회수를 기록한 장면 대부분은 거친 파울과 신경전이다. 대부분은 그 뒤에 감춰진 아픔과 근성을 주목하지 않는다. 우승 당시 파울 개수는 리그 평균보다 적은 수준이었고, 공격 역시 상당히 섬세하고 효율적이었다. 물론, 상대에게 피해를 입히고, 때로는 난투와 같은 추한 장면도 많이 보여준 것도 사실이다. 이런 부분까지 미화시킬 수는 없다. 하지만 단순히 거친 플레이스타일만으로 2년 연속 챔피언에 오를 수는 없는 법이다.

누구든 덤벼라

"정말 추잡한 수비를 펼칩니다."

"저 팀은 그저, 재앙 그 자체입니다."

1993년 타계한 보스턴 셀틱스 전담 아나운서 조니 모스트(Johnny Most)는 중계방송 중에 대놓고 디트로이트 농구를 비난했다. 그는 대표적인 '반 피스톤스' 방송인이었다. 빌 레임비어(Bill Laimbeer), 릭 마혼(Rick Marhorn), 데니스 로드맨(Dennis Rodman)의 수비 방식을 '폭력'이라 주장했다.

1992년 드림팀 선발 당시, 팀의 리더였던 아이재아 토마스(Isiah Thomas)의 대표팀 탈락은 꽤 놀라운 일이었다. 토마스는 당대 최고의 포인트가드 중 하나였기 때문이다. 그런데 결론은 실력이 아닌 다른 곳에서 났다. 미국농구협회가 꼭 선발하고 싶었던 마이클 조던이나 스카티 피펜, 칼 말론 등이 토마스를 꺼릴까 우려했던 것이다. 이 때문에 1991년 9월, NBC의 밥 커스타스(Bob Costas)는 방송 중에 조던에게 "그런 일이 있었는데 사실이냐"라고 직접적으로 물었는데, 조던은 그 질문에 두루뭉술하게 넘어가기도 했다.

"아이재아 토마스가 대표팀에 선발됐다면 함께 뛸 수 있었을까요?"
"아니요, 전 그러지 않았을 거예요."

2012년, 미국국가대표팀 '드림팀' 탄생 20주년을 기념해 출시됐던 다큐멘터리에서 피펜은 뒤늦게 그때 감정에 대해 솔직하게 고백했다. 그는 누구보다도 피스톤스의 농구 방식을 미워했고, 특히 주장이었던 토마스를 싫어했다.

1989년, 1990년 NBA 챔피언에 오른 피스톤스에 대한 다른 NBA 팀들의 생각은 모스트, 피펜과 다르지 않았을 것이다. 스스로 '나쁜 녀석들'이라 부르고, 심지어 구단 응원단조차도 해골 문양에 'Bad Boys'라 새겨진 큰 깃발을 휘두르며 관중들의 응원을 유도했다. 거리낌이 없었다. 누구든 밀치고 넘어뜨렸으며, 때로는 싸우기도 했다. 래리 버드와 케빈 맥헤일, 줄리어스 어빙, 카림 압둘자바, 마이클 조던, 찰스 바클리 등은 그들이 펼치는 육탄전의 희생양이었다. 레이업을 올라가는 선수의 목덜미를 잡고, 일부러 몸을 부딪쳐 밸런스를 잃게 하는 일은 예삿일이었다.

흥미롭게도 디트로이트가 상승세를 달리던 1980년대 후반, 홈구장으로 사용한 실버돔(Silver Dome)과 팰리스 오브 오번 힐스(The Palace of Auburn Hills)는 연일 매진이었다. 평균 관중 1~2위는 늘 그들 차지였다. 그런 것을 보면 피스톤스 특유의 거친 농구는 연고지 팬들에게만큼은 고유의 감동, 혹은 즐거움을 주었던 것이 아닌가 싶다. (1)

사실, 그들의 농구를 단순히 '거칠었다'라고 표현하기에는 문제가 있다. 1980년대 NBA 경기를 봤던 국내 농구인들은 '픽앤팝(Pick-and-Pop)' 플레이를 말할 때 피스톤스를 꼭 빼놓지 않는다. 픽앤팝은 쉽게 말해 픽앤롤의 반대되는 개념으로 스크린을 해준 빅맨이 인사이드로 들어가지 않고 밖으로 빠져(Pop-Out) 중장거리 슛을 던지는 플레이를 말한다. 슈팅 능력이 좋았던 빌 레임비어는 이러한 픽앤팝 플레이로 쏠쏠한 재미를 봤고, 미국 농구 교본에도 이러한 플레이를 논할 때 꼭 예시로 드는 팀 중 하나가 바로 피스톤스다.

또한 3차 연장 끝에 186-184로 한 경기 최다 득점이 나왔던 1983년 경기의 주인공도 바로 피스톤스였다. 아이재아 토마스와 비니 존슨(Vinnie Johnson), 빌 레임비어 등이 이끌었던 그들의 농구는 페이스가 빨랐으며, 평균 득점 부문 리그 상위권을 달리기도 했다. (2), (3)

피스톤스 농구에 대해 래리 브라운(Larry Brown) 감독은 "5명 전원이 자기 역할을 잘 이해했던 팀이었다"라고 평가했고, 저널리스트 데이브 할버스탐은 "농구 IQ가 높았던 선수들이 조화를 잘 이루었다"라고 저술하기도 했다.

그리고 그 토대를 만든 이는 바로 명단장 잭 매클로우스키(Jack McCloskey)와 명장 척 데일리(Chuck Daly)였다. 불스와의 격전을 소개하기에 앞서 먼저 피스톤스의 캐릭터가 형성된 과정을 살펴보자.

토마스에서 시작된 리빌딩

'피스톤스의 엔지니어'라 불렸던 매클로우스키의 별명은 '트레이더(Trader)'다. 선수로서는 빛을 못 봤지만, 구단 경영만큼은 기가 막히게 잘했다. 그 업적은 1981년 드래프트에서 이뤄진 하나의 약속에서부터 시작된다. 매클로우스키의 회고록에 따르면 1981년 드래프트에서 그와 아이재아 토마스는 하나의 약속을 하게 된다.

"저는 디트로이트에 지명되고 싶지 않아요. 아니, 디트로이트에서 뛰고 싶지 않아요. 그 팀에 가면 저는 누구한테 패스해야 하죠?"

토마스는 드래프트 2순위 지명 직후 반발했다. 팀 전력이 너무 약해서 가기 싫다는 것이다. 토마스가 선발되기 바로 이전 2시즌 동안 디트로이트는 37승 127패를 기록했다. 1948년 포트웨인 피스톤스(Fort Wayne Pistons)로 창단해 역사 자체는 길지만 '승리의 전통'은 없는 팀이었다. 1986-87시즌까지 약 40년 가까이 50승 이상 거둔 시즌이 단 1번에 불과했다. (4) 토마스가 불평하자 맥클로우스키 단장은 장담했다.

"걱정마, 내가 다 찾아줄 테니."

'작업'의 시작은 레임비어였다. 1981-1982시즌 중 클리블랜드 캐벌리어스와의 트레이드를 통해 레임비어를 영입했다. 트레이드 당시 레임비어는 그리 주목받지 못하는 선수였다. 208cm의 그는 1979년 드래프트 전체 65순위로 지명됐으나 바로 NBA에 합류하지 못해 이탈리아에서 '외국인 선수' 생활을 한 뒤에야 데뷔할 수 있었다. 하지만 점프력도 낮았고, 스피드도 느렸으며 별다른 무기도 없었다. 하지만 맥클로우스키는 다른 쪽에서 장점을 발견했다. 근성이 있었고, 농구 IQ가 높았으며 슈팅도 좋았기 때문이다. 포지션이 센터지만 시즌 자유투 성공률 89.4%를 기록한 적이 있을 정도다. 캐벌리어스는 당시 트레이드 결정을 구단주가 직접하고 있었는데, 레임비어를 그리 높이 평가하지 않은 채 디트로이트에 넘겼다.

알고 보니 레임비어는 복덩이였다. 1985-1986시즌에 13.1리바운드로 전체 1위에 이름을 올렸을 정도로 리바운드에 일가견이 있었다. 듬직한 스크린과 몸싸움도 마찬가지였다. 레임비어는 은퇴 후 NBA와의 특집 인터뷰에서 "아마 운동능력만 따지면 저는 NBA에서 제일 떨어지는 선수였을 것입니다. 저는 빠르지도 않고, 높이 뛰지도 못하는 선수였습니다"라며 자신을 인정했다.

그런데도, 그가 10년 넘게 NBA에서 살아남은 이유? 바로 철저한 몸 관리와 함께 선수들의 보디가드 역할을 해왔기 때문이다. 1980-1981시즌부터 1992-1993시즌까지, 그가 결장한 경기는 겨우 9경기에 불과했다. 마지막 시즌이었던 1993-1994시즌을 제외하면 거의 결장 없이 매 경기를 소화했던 셈이다. 심지어 코뼈를 다쳐도 경기에 출전했다.

반면 외부에서의 인식은 '더티 플레이'의 대명사였다. 압둘자바는 레임비어만 만나면 짜증을 냈다. 신장이나 기술에서 한참 차이가 났던 레임비어는 아예 압둘자바가 자리를 못 잡도록 밀고 당기며 싸웠다. 그래서 매직 존슨이 좋은 찬스라고 생각해 랍패스(Lob Pass)를 넣어줘도 압둘자바가 밀리면서 공을 받지 못하는 상황도 자주 발생했다. 경기당 그의 평균 파울은 3.4개였는데, 중요한 경기에서의 파울 조절도 꽤 노련했다.

증언에 따르면 토마스와 레임비어는 서로 자라온 배경도 다르고, 정치적 성향조차도 정반대였다. 그럼에도 불구하고 두 선수가 같은 방을 쓰며 가까워질 수 있었던 것은 '이기기 위해선 몸을 아끼지 않겠다'라는 근성이 밑바탕에 있었기 때문으로 분석된다.

맥클로우스키 단장은 두 선수와 함께 시애틀에서 뛰었던 '마이크로웨이브(Microwave)' 비니 존슨을 트레이드로 영입한다. 1979년 드래프트 7순위였던 존슨은 키는 188cm밖에 되지 않았지만, 득점력이 매우 뛰어났던 선수다. 2009년 벤 고든(Ben Gordon)이 피스톤스로 이적할 당시 언론에서는 식스맨상 수상자 출신인 고든을 두고 비니 존슨과 비교하는 기사를 많이 썼는데, 오히려 흐름을 읽고 팀 공격을 주도하는 능력은 존슨이 더 앞섰다. (4)

셀틱스와의 1985년 플레이오프에서 그는 4쿼터에서만 22득점을 기록하면서 팀 승리를 주도했다. 이를 두고 셀틱스의 대니 에인지가 "전자레인지(Mircowave)처럼 빨리 뜨거워졌다"라고 말한 덕분에 그런 별명이 생기게 됐다.

기존 득점원 켈리 트리퍼카(Kelly Tripucka), 존 롱(John Long)과 함께 피스톤스는 1982-1983시즌에 37승 45패, 1983-1984시즌에 49승 33패를 기록하면서 플레이오프에 진출하게 된다. 하지만 문제는 수비에 있었다. 화력은 충분했지만, 리바운드와 수비에서는 한계가 있었다. 1982-1983시즌에는 113.1점을 내줘 이 부문 17위에 그쳤고, 1983-1984시즌에도 113.5점으로 18위에 그쳤다.

감독 척 데일리, 그리고 듀마스

피스톤스가 우승에 제대로 도전할 수 있는 전력을 갖춘 것은 1983-1984시즌 척 데일리 감독을 고용하면서부터였다. 오리지널 드림팀을 이끌고, 명예의 전당에도 이름을 올린 데일리 감독이었지만, 이 시기에는 경력이 부족한 지도자에 불과했다. 감독 경력은 대학(펜실베니아)과 캐벌리어스에서의 한 시즌이 전부였으니 말이다. 스스로도 중계나 어시스턴트 코치직 정도를 찾을 정도로 포부가 크지 않았던 것으로 알려졌다. 그러나 대학에서 감독을 하던 데일리의 지도 스타일이 마음에 들었던 맥클로우스키 단장이 그를 직접 컨택했고, 이때부터 피스톤스는 우승을 위한 전술적 토대를 갖추게 된다.

데일리 감독이 맡았던 펜실베니아 대학은 아이비리그(Ivy League) 소속이다. NCAA의 다른 컨퍼런스처럼 유명 스타 영입이 쉽지 않다. 그래서 한정된 자원을 이용한 전술 농구를 많이 해왔다. 공격에서는 토마스-존슨 등에게 자율권을 많이 보장해주었다. 세트플레이 상황에서 큰 틀을 잡아주고 공격은 자율적으로 맡겼다. 토마스는 체구는 작았지만 워낙 빠르고 두려움이 없어 본인이 직접 정면을 뚫고 들어가 마무리하는 능력이 뛰어났다. 드리블도 워낙 리드미컬해 돌파해 들어가다가도 갑자기 멈춰서 중거리슛을 던지곤 했는데, 그 정확도도 뛰어났다.

다만, 데이브 할버스탐의 저서 「Playing for Keeps」에서는 토마스가 지나치게 동료들을 안 믿고 슛을 많이 던지자, 이 부분을 강하게 지적해 고쳤다는 문구를 발견할 수 있다. 한 명에 의한 공격보다는, 공간(space)을 최대한 활용한 공격을 추구했다. 디트로이트가 우승에 다가갈수록 팀의 공격은 좀 더 정교해졌는데, 레임비어를 비롯해 후에 합류하는 릭 마혼, 'Worm' 데니스 로드맨, 존 샐리(John Salley), 제임스 에드워즈(James Edwards) 등 훌륭한 스크리너들이 득점원들의 찬스를 잘 만들어줬다.

그러나 정작 데일리 감독이 체질 개선에 활용한 부분은 또 다른 두 단어였다. 바로 수비와 리바운드였다.

"어떻게든 속공 점수는 허용하지 말라."
"리바운드는 뺏기지 말라"

선수들은 데일리 감독의 결정에 강한 신뢰를 보였다. 그는 코치들을 위해 발행되는 「FIBA 어시스트 매거진(FIBA Assist Magazine)」을 비롯해서 여러 지도서에 '선수 다루기'에 대한 철학을 밝혔는데, 그중 다음 문장이 가장 인상적이었다.

"대학이든 프로든 선수라면 누구나 관중들의 환호를 받고 싶고, 코트에 서고 싶어

합니다. 감독이 할 일은 그들 모두가 공평한 대접을 받고 있으며, 팀에 소속되어 있다고 느끼게 해주는 것입니다."

데일리 감독이 그 말을 실천하기 위해 활용한 것은 바로 로테이션이었다. 주전/식스맨 개념은 유지하되, 출전 타이밍과 역할을 명확히 해서 벤치 멤버들도 언제든 준비할 수 있게끔 한 것. 그는 비니 존슨과 로드맨, 마혼 등을 식스맨으로 기용하면서 우승의 핵심 요소로 활용했다. 피스톤스가 '기이한 캐릭터'들의 집합소였고, 늘 거친 플레이로 비난을 받았음에도 불구하고 정작 감독에 대한 항명 사태는 일어나지 않던 이유였다.

심지어 로드맨은 데일리를 '신(god)'이라 부르며 따르기도 했다. 데일리는 "농구에 지장을 주지 않는 한 코트밖에서는 뭘 해도 상관없어. 대신 곧 너의 시간이 올 것이니 참고 견뎌야 해"라고 조언했는데, 로드맨은 그의 말이라면 철석같이 따랐다고 한다. 「디트로이트 프리 프레스(Free Press)」도 로드맨을 이렇게 잘 길들인 건 데일리의 공이 컸다고 설명했다. "로드맨은 데일리를 위해 피(blood)와 땀(sweat)과 눈물(tears)을 바쳤다"라는 표현도 썼다. 「시카고 트리뷴」은 어린 시절 아버지라는 큰 울타리 없이 힘들게 자라온 로드맨에게 데일리는 실제 가족 이상의 의미였을 것이라 설명했다. 데일리 감독도 "로드맨 같은 NBA 선수는 본 적이 없었다. 1점도 넣지 않아도 팀에게 6~10승을 안길 수 있는 선수다"라며 로드맨의 헌신을 높이 샀다.

팀에는 1985년 드래프트에서 지명한 조 듀마스(Joe Dumars)도 있었다. 맥니스 주립대학(McNeese State University)은 NCAA 토너먼트 진출 경력이 단 2번 밖에 없는 무명 학교였다. (5)

듀마스는 맥니스 주립대가 배출한 역대 최고의 농구선수였다. 듀마스가 성장하면서 디트로이트는 힘의 균형을 이룬다. 기 싸움을 했다는 의미는 아니다. 190cm의 그는 득점력과 볼 재간이 좋았던 선수였다.

통산 평균 16.1득점을 기록했고, 필요할 때면 10점이든 20점이든 도맡아 올릴 정도로 슈팅 능력이 출중했다. 대표적인 경기가 LA 레이커스와 맞붙은 1989년 NBA 파이널 3차전이다. 17점을 연속으로 올리는 등 3쿼터에서만 21득점을 올리는가 하면, 종료 직전에는 데이비드 리버스의 슛을 블록하면서 승리(114-110)를 선사했다. 이 승리로 디트로이트는 시리즈 스윕(Sweep)의 발판을 마련한다. '올해의 수비수' 출신의 마이클 쿠퍼(Michael Cooper)는 "듀마스를 막다가 스트레스를 받을 것 같다"라고 토로하기도 했다.

듀마스는 화려한 타입은 아니었다. 덩크도 보기가 힘들었다. 그러나 크로스오버 드리블로 상대를 떼어놓고 던지는 중거리 슛이나, 돌파가 일품이었다. 누구보다 백보드를 잘 활용했던 선수였고, 다부진 체격 덕분에 몸싸움에서도 밀리지 않았다. 필 잭슨 감독은 "듀마스가 조던을 막는 것만큼, 조던이 듀마스를 막는 것도 체력적으로 고민이었습니다"라고 말한 바 있다.

듀마스는 토마스를 대신해 볼을 운반하고 배급하는 역할도 했다. 득점하는 걸 좋아했던 토마스도 덕분에 슈팅가드 포지션까지 오가면서 활약했다. 여기에 디펜시브 퍼스트팀에도 4번이나 선발됐을 정도로 수비력도 훌륭했다. 매직 존슨, 조던, 데니스 존슨과 같이 까다로운 매치업을 잘 커버했다. 스스로도 "수비는 자신이 있었다"라고 말할 정도다. 천하의 조던조차도 듀마스 수비를 껄끄러워했다.

그래서일까. 레임비어는 "여러분은 조 듀마스에 대해 더 잘 알아둬야 할 필요가 있습니다. 그가 우리 팀의 MVP입니다. 아이재아 토마스의 그림자가 아니라고요"라고 말하기도 했다.

한 가지 아이러니한 사실이 있다. 피스톤스는 '더티 플레이'의 대명사였는데, NBA의 공식 어워드 중 하나인 '스포츠맨십 어워드' 수상 트로피의 이름에는 피스톤스 선수의 이름이 붙어있다. 바로 조 듀마스다. NBA는 수상자에게 '조 듀마스 트로피'를 수여한다. 바로 이 상의 첫 수상자이기 때문이다. 그래서 사람들은 말했다. '듀마스는 '배드 보이(bad boy) 팀의 굿 가이(good guy)였다'라고.

마지막 퍼즐로 '허슬'을 더하다

듀마스가 가세한 1985-1986시즌, 피스톤스는 46승 36패로 준수한 성적을 이어갔다. 하지만 3시즌째 40승대에 머무르고, 플레이오프에서도 1라운드에서 애틀랜타 호크스에게 1승 3패로 탈락하자 변화의 필요성이 제기됐다. 맥클로우스키 단장은 드래프트에서 존 샐리를 11순위로, 데니스 로드맨을 27순위로 지명한 데 이어 에드리언 댄틀리(Adrian Dantley)를 덴버 너게츠로부터 트레이드로 영입했다.

트레이드 소식을 들은 토마스와 선수들은 쾌재를 불렀다는 후문이다. 특히 댄틀리의 교환 대상 선수가 바로 켈리 트리퍼카였는데, 백인 선수였던 그는 슛 감각과 득점력은 좋았지만, 수비에서 그리 신뢰를 주지 못하던 선수였다.「시카고 트리뷴」샘 스미스 기자는 트레이드 당시 토마스의 코멘트로 상황을 대변했다.

"그동안 우리 팀에는 수비에 열의를 다하지 않는 선수가 있어서 애를 많이 먹었습니다. 우리는 그런 태도가 너무 싫었어요. 이제 변화가 생겨 다행입니다."

1977년 신인왕, 댄틀리는 196cm의 포워드로 통산 평균 24.3득점을 기록한 득점원이었다. 주로 포스트업을 즐겼던 그의 가세로 팀은 공격의 다변화를 꾀할 수 있었다.

여기에 샐리와 로드맨 모두 '한 성격' 하는 선수들이었기에 기존의 거친 팀 분위기에 금세 녹아들 수 있었다. 특히 로드맨의 성장 속도가 무서울 정도로 빨랐다. 공격에서 기술이 화려했던 것은 아니나, 적극적인 박스아웃과 몸싸움으로 공격 리바운드를 따내고 이어 속공 가담까지 해주면서 에너자이저 역할을 톡톡히 해냈다. (6)

1986년에 일어난 일련의 변화 덕분에 피스톤스는 프랜차이즈 사상 2번째로 50승 고지를 밟았다. 1986-1987시즌에 올린 성적은 52승 30패. 실점은 107.8점으로 이전 시즌보다 6점 가까이 줄었다.

보스턴을 넘어라

어느 팀이든 우승을 위해 넘어야 했던 숙적이 있었다. 1980년대 동부 컨퍼런스 '끝판왕'은 셀틱스였다. 불스도 셀틱스에 의해 2번이나 1라운드 탈락을 맛봤다. 피스톤스도 마찬가지였다. 특히 보스턴 가든은 '철옹성'이었다. 1982년 12월부터 1988년 5월까지 보스턴 가든에서 한 번도 이기지 못했다. 보스턴 원정경기 21연패. 척 데일리도 감독 부임 후 한 번도 이겨보지 못했던 곳이었다.

1986-1987시즌, 디트로이트는 54승 28패를 기록하면서 진지하게 우승을 노렸다. 104.1실점(3위), 109.2득점(8위)로 공수 밸런스도 훌륭히 조화를 이루었다. 이들의 철벽 수비는 많은 팀을 두렵게 했다. 거친 플레이로 신경전을 유도하고, 체력을 떨어뜨렸다.

'Bump and Release'라는 농구 용어가 있다. '부딪치고 떨어진다'라는 의미로, 볼을 잡기 위해 움직이는 공격자를 몸으로 부딪치고 난 뒤 재빨리 수비 동작을 취하는 동작이다. 이 동작으로 커트하는 선수들은 움직임이 둔해지거나 타이밍을 뺏기곤 했다. 피스톤스는 상대가 취하는 단 1번의 커트인 동작조차도 그냥 두지 않았다. 심지어 프로레슬링에서나 볼 법한 크로스라인으로 상대를 넘어뜨렸다. 또 에이스 수비에 있어서는 상대가 되도록 멀리서, 혹은 밸런스를 잃은 상태에서 공을 잡도록 하여 팀 공격을 지연시켰다.

그러나 이러한 '육탄 수비'도 산전수전 다 겪은 셀틱스에게는 통하지 않았다. 1987년 컨퍼런스 결승에서도 그들은 보스턴 가든 함락에 실패한다. 5차전에서 절호의 기회를 맞았으나, 래리 버드에게 통한의 스틸을 당해 107-108로 졌고, 7차전에서도 114-117로 아깝게 졌다.

피스톤스는 1988년 컨퍼런스 결승에서 비로소 보스턴의 벽을 넘는다. 마침내 NBA 파이널의 기회를 맞게 된 것. 그러나 이번에는 LA 레이커스가 그들의 앞을 막아선다.

레이커스에도 카림 압둘자바와 매직 존슨, 바이런 스캇과 제임스 워디 등 막강한 멤버들이 있었다. 디트로이트는 시리즈를 3승 2패로 앞섰으나, 6차전을 아깝게 놓치면서 7차전 끝에 준우승에 머물렀다. 6차전 당시 아이재아 토마스는 착지 과정에서 발목을 다쳤음에도 불구, 출장을 감행해 3쿼터 25득점이라는 대기록을 세웠지만 끝내 시리즈를 뒤집지 못했다. (7)

그러나 6차전에서 토마스가 보여준 활약은 두고두고 기억되기에 충분했다. 3쿼터에 다리를 절뚝이면서도 당대 최고 수비수 마이클 쿠퍼를 상대로 25점을 퍼붓던 그 장면은 토마스가 얼마나 '독종'이었는지를 잘 보여줬던 대목이었다.

두 번의 우승, 그 의미

맥클로우스키 단장은 1988-1989시즌을 앞두고 중요한 트레이드를 단행한다. 댄틀리를 댈러스 매버릭스로 보내고 마크 어과이어(Mark Aguirre)를 영입했던 것. 영입 당시 서른 살이었던 어과이어는 1981년 드래프트에서 토마스를 제치고 전체 1순위로 지명됐던 선수로, 6시즌 연속 20+득점을 기록하는 등 득점력이 일품이었던 선수였다.

그러나 득점에 지나치게 욕심을 내서 팀 동료들로부터 인심을 그리 얻진 못했는데, 이는 디트로이트에서 떠나보낸 댄틀리도 마찬가지였다. 애초 디트로이트가 댄틀리를 영입한 목적은 포스트 득점 때문이었는데, 어느 순간부터 댄틀리가 그 역할에 소홀해지자 동료들도 그를 찾지 않았다.

「시카고 트리뷴」 샘 스미스 기자는 "댄틀리 트레이드는 토마스가 주도한 것"이라고 주장했다. 토마스가 단장에게 입김을 넣어 트레이드를 시킨 것이라며 말이다. 훗날 「NBA 닷컴」과 인터뷰에서 맥클로우스키는 "선수가 내게 뭐라고 할 수 있었겠냐"고 반박했지만, 팀에 안 맞는 선수는 냉정하게 배제했던 토마스의 지난 행동을 봤을 때, 토마스의 생각이 반영됐음은 쉽게 유추할 수 있었다. 실제로 토마스도 "내가 빌 레임비어 영입을 설득했을 때는 아무 말도 없다가, 이 트레이드에 대해서는 왜 다들 말이 많냐"고 반박했으니 말이다.

과정이 어쨌든, 이 트레이드는 대단히 성공적이었다. 어과이어가 생각 이상으로 잘 녹아들면서 디트로이트는 3년 연속 NBA 파이널에 진출한다. 1988-1989시즌에는 63승으로 프랜차이즈 최다승을, 1989-1990시즌에는 59승을 기록했다

1989년 NBA 파이널에서 피스톤스는 LA 레이커스를 4-0으로 격침하며 복수에 성공한다. 당시 레이커스는 정규시즌에 114.7점을 올렸으나, 파이널에서는 92.9점에 묶였다. 이는 24초 제도 도입이래 파이널 최저득점이었다. 또한, 평균 20득점 선수가 1명도 없음에도 불구하고, 우승한 최초의 팀이었다. 팀 득점 1위 듀마스는 우승하던 2시즌에 각각 17.2점, 17.8점을 기록했다.

1990년에는 포틀랜드 트레일 블레이저스를 4승 1패로 따돌렸다. '피스톤스 입장에서는' 드라마, 그 자체였다.

3차전 시작 90여 분 전, 데일리 감독과 아이재아 토마스는 조 듀마스의 아내로부터 "듀마스의 부친이 운명하셨다"라는 연락을 받는다. 당뇨병이 심해 두 다리를 절단했던 부친은 병세가 악화되어 사실상 가망이 없던 상태였다. 조 듀마스의 아내는 부친의 사망 소식을 듣자마자 남편이 아닌, 척 데일리 감독과 아이재아 토마스에게 먼저 전화했다고 한다. 남편과의 약속 때문이었다. 조 듀마스는 "혹시나 경기가 있는 날 아버지가 돌아가시면 끝나고 알려줬으면 좋겠다"고 신신당부해왔다. 불효자이기 때문이 아니었다. 그는 ESPN 인터뷰에서 "내 자리를 떠나지 않고, 우선은 내 일에 최선을

다하는 것이 아버지의 신조였다"라고 회고했다.

전전긍긍하던 토마스는 척 데일리 감독 및 몇몇 스태프에게만 이 사실을 알렸다. 경기가 끝난 뒤에 이야기를 전하기로 결정했다. 소식을 들은 구단주(당시 빌 데이비슨)는 듀마스가 경기를 마치고 곧장 고향(루이지애나)으로 갈 수 있게 리무진과 개인 전용기를 대기시켰다. 경기는 디트로이트가 121-106으로 이겼다. 듀마스는 후반에만 21점을 넣으며 33득점을 기록했고, 시리즈 전적을 2승 1패로 앞서갈 수 있었다.

「LA 타임스」, 「필라델피아 인콰이어러」 등 여러 매체에 보도된 경기 후 상황은 이랬다. 데일리 감독은 라커룸이 아닌 복도에서 듀마스를 불러 세웠다. 그리고는 직접 소식을 전하는 대신 "자네를 기다리는 전화가 있네"라며 사무실로 데려갔다. 듀마스는 이때 사실을 직감했다고 한다. 예상대로 아내의 전화였다. 전화를 받기가 무섭게 듀마스는 리무진으로 달려갔다. 상황을 모르던 기자들은 '수훈선수'로 듀마스를 선정, 인터뷰를 요청했다. 그러나 기자회견실에는 듀마스가 아닌 토마스가 나타났다. 대신 사망 소식을 전한 것이다. 뒤늦게 소식을 접한 팀 동료들도 라커룸에서 축하가 아닌 애도를 표했다.

토마스는 듀마스에게 말했다. "신경 쓰지 말고 돌아오고 싶을 때 돌아와. 남은 경기를 안 뛰어도 상관없어. 누구도 너에게 강요할 수 없는 문제니까." 사실, 팀 입장에서는 듀마스의 도움이 절실했던 상황이었던 게 맞다. 데니스 로드맨도 발목 부상으로 결장을 했던 시점이었기 때문이다. 하지만 듀마스는 포틀랜드를 떠나지 않았다. 그는 공항에 가던 중 숙소에 내려 어머니께 전화를 걸었다. 4차전, 5차전을 모두 뛰고 주말에 장례식에 참석하겠다고 말한 것이다. "6차전이 열린다면 장례식에 다녀와서 6차전도 뛸 것"이라는 계획도 전했다. 부친과의 약속 때문이었다.

동료들도 듀마스와 우승을 위해 온 힘을 다했다. 5차전. 블레이저스는 종료 2분 2초 전까지 90-82로 앞서고 있었다. 시리즈를 1승 3패로 뒤지던 상황에서 이 경기만 잡는다면 충분히 반전 기회를 맞을 수 있었다. 그러나 2분 동안 기적이 일어났다. 포틀랜드의 클라이드 드렉슬러가 6반칙 퇴장을 당하고, 토마스가 3점슛을 성공시키면서 종료 20초 전, 90-90으로 동점을 이루게 된 것이다.

피스톤스는 마지막 공격을 준비했다. 척 데일리는 1옵션으로 토마스를, 2옵션으로 듀마스를 꼽았다. 그러나 토마스는 여의치 않자 우측 코너에 있던 비니 존슨에게 패스한다. 존슨은 토마스와 듀마스, 모두 수비에 막혀 있자 0.7초를 남기고 본인이 슛을 던졌다. 그리고 그 슛은 거짓말처럼 림에 빨려 들어갔다. 92-90. (8)

피스톤스는 4승 1패로 시리즈를 마치며 2년 연속 우승을 확정했다. 피스톤스는 이 시리즈를 4승 1패로 마치고 2년 연속 NBA 정상에 올랐다. 아이재아 토마스는 눈물을 글썽이며 "듀마스가 어려운 결정을 내려줬다"라며 고마움을 전했고, 상대조차도 기립박수를 보냈다. 멤버들이 모두 모여 샴페인을 터뜨리며 승리를 자축하던 가운데, 듀마스의 얼굴은 와인과 땀, 그리고 눈물로 범벅 되어 있었다. (9)

피스톤스에게 이 우승은 여러 의미가 있었다. 첫째, 비록 '더티한 팀'이라는 비난을 받긴 했지만, 그 토대는 선수들이 희생하며 일군 팀워크였다. 비니 존슨, 어과이어 모두 다른 팀에서 충분히 주득점원으로 뛸 수 있는 실력자들이었으나, 팀을 위해 욕심을 버렸다. 존슨은 피스톤스에서 소화한 798경기 중 634경기를 백업으로 뛰었다. 그 정도 득점력이라면 어느 팀에서든 FA로서 탐을 냈을 테고, 더 나은 연봉도 제안했을 텐데도 그는 식스맨을 택했다. 구단도 그 희생을 높이 사서 영구결번을 해주었다.

레임비어는 팀을 위해 기꺼이 '못 된 선수'라는 비난을 감수했다. "내가 NBA에서 뛰려면 이것밖에 더 할 게 있는가"라며 말이다. 훗날 레임비어의 백업 선수로 뛰던 제임스 에드워즈는, 1980년대 초반 클리블랜드에서 레임비어를 밀쳐내고 주전 센터로 뛰던 선수였다.

둘째는 '근성'이 무엇인가를 보여줬다는 점이다. 토마스는 돌아간 발목에 테이핑을 감고 출전을 감행했다. "발목 때문에 졌다는 이야기를 들으면 화가 날 것 같다"라며 말이다. 레임비어는 "코뼈 다칠 거 걱정하면 이렇게 못 한다"라고 말하기도 했다. 그 근성이 바탕이 됐기에, 그들의 수비는 매 경기 상대를 공포로 몰아넣었던 것이 아닐까. 또한 '프랜차이저' 토마스를 중심으로 착실히 이뤄낸 '리빌딩'이었다는 점도 높이 사야 할 것이다.

JORDAN RULE의 실체

그러나 이렇게 드라마 가득한 팀도 불스에게는 결국 넘어야 할 산이고, 악당이었다. 그 안에 얼마나 처절한 스토리가 있었든, 피스톤스는 결코 변호해줄 수 없는 거친 플레이가 많았고 NBA와 상대 선수들은 이를 껄끄럽게 생각했다. 예컨대 1988-1989

시즌에 피스톤스는 벌금으로만 29,100달러를 냈다. 이 중 레임비어, 로드맨, 릭 마혼이 기록한 벌금만 11,000달러가 넘었고, 세 선수의 벌금은 같은 시즌, 벌금 부문에서 리그 2위에 올랐던 블레이저스보다 500달러나 많았다.

그들의 거친 수비는 '전국구 스타'로 떠오르던 조던에게도 예외는 아니었다. 불스와 피스톤스가 플레이오프에서 처음 만난 건 1988년이었는데, 먼저 약이 올랐던 쪽은 피스톤스였다. 다음 기록을 보면 이해가 갈 것이다.

■ 1986-1987시즌 조던의 피스톤스 전 득점
1987년 1월 3일 **47득점** (5점 차 승리)
1987년 2월 1일 **38득점** (2점 차 패배)
1987년 3월 4일 **61득점** (5점 차 승리)
1987년 3월 13일 **24득점** (1점 차 패배)
1987년 4월 7일 **39득점** (30점 차 승리)

■ 1987-1988시즌 조던의 피스톤스 전 득점
1987년 11월 21일 **49득점** (12점 차 패배)
1987년 12월 15일 **38득점** (4점 차 패배)
1988년 1월 16일 **36득점** (16점 차 승리)
1988년 2월 9일 **20득점** (15점 차 패배)
1988년 2월 13일 **27득점** (9점 차 패배)
1988년 4월 3일 **59득점** (2점 차 승리)

두 시즌에 걸쳐 피스톤스는 조던에게 대량 실점을 허용하고 있었다. 20점대로 막아서 이긴 경기도 있었지만, 4번이나 40+득점을 내줬고 특히 61득점과 59득점이나 뺏기면서 진 경기도 있었다. 1987-1988시즌에 피스톤스가 104.1점으로 리그에서 3번째로 실점이 적은 팀이라는 걸 생각하면 신경이 쓰일 만한 기록이다. 데일리 감독은 선수들과 다시는 조던이 휘젓게 놔두지 말자고 약속했다. 조던을 '착륙'시키겠다는 다짐을 한 것이다.

8. 조던을 완성시킨 '조던 룰'

"우리는 그때 마음을 다잡았어요. 다시는 조던이 우리를 이기는 일이 없도록 하겠다고 말입니다. 그때 팀 컨셉트를 확고히 했습니다." 척 데일리가 「스포츠 일러스트레이티드」와의 인터뷰에서 남긴 말이다. (10)

데일리 감독의 말처럼 1988년 첫 대결부터 피스톤스는 불스를 넉다운시켰다. 다섯 경기 만에 시리즈를 끝낸 것이다. 1라운드 5경기에서 45.2득점으로 펄펄 날았던 조던은 피스톤스를 만나 27.4점으로 득점이 크게 줄었다. 거친 수비에 막혀 이렇다 할 힘을 못 냈다. 이때만 해도 피스톤스는 수월했다. 조던만 막으면 됐기 때문이다.

조던에게 집중되는 수비를 이용해 득점을 해결해줄 누군가가 필요했지만, 아직 그 정도 수준에 오른 인물이 없었다. 피펜을 떠올리는 이도 있겠지만 아직 그는 신인이었다. 게다가 허리 부상이 찾아와 거친 플레이를 감당하질 못했다. 피펜의 시리즈 평균 기록은 9.4득점(야투 45.8%)에 그쳤고 어시스트(2.4개)보다 실책(2.6개)이 더 많았다.

불스는 조던이 36점을 올린 2차전에서 105-95로 반격했지만, 거듭된 '전투'에서 빨리 지쳐갔다. 홈에서 치른 3~4차전은 충격적일 정도였다. 팀은 2경기 연속 70점대에 묶였다. 반대로 피스톤스는 101점, 96점씩을 기록했다.

1989년 맞대결 무대는 컨퍼런스 결승이었다. 불스도 1년 사이에 성장했지만 피스톤스도 마찬가지였다. '성과'는 사람을 꿈꾸게 만들고 성장을 시킨다. 자신감도 안겨준다. 1988년에 파이널까지 올라 준우승에 그쳤던 만큼, 피스톤스는 더 큰 포부를 안고 더 격렬하게 달려들었다. 물론, '격렬'은 어디까지나 피스톤스 시점이고, 불스 시점에서는 '포악함' 그 자체였다. 피펜은 "워낙 포악하게 나와 경기하기에는 최악의 팀이었습니다"라고 돌아보기도 했다.

불스는 '놀랍게도' 시리즈를 2승 1패로 시작했다. 시리즈 시작 전만 해도 사람들은 피스톤스가 홈코트에서 우위를 점할 것이라고 전망했다. 이유는 단순했다. 피스톤스는 2라운드에서 밀워키 벅스를 4-0으로 가볍게 제압했다. 그리고 일주일 가까이 쉬었다. 체력적으로 유리했다. 반대로 불스는 닉스를 상대로 고전했고 겨우 이틀만 쉬고 컨퍼런스 파이널에 임했다.

그런데 흐름은 전망과 달랐다. 피스톤스에서 코치를 맡던 브랜든 셔(Brendan Suhr)

는 "의외로 우리의 경기 감각이 너무 떨어져 있었다"라고 돌아봤다.

3차전에서 조던에게 46점이나 내주고 패한 뒤, 척 데일리 감독은 선수들을 비상 소집했다. 데니스 로드맨과 조 듀마스라는, NBA 정상급 수비수를 둘이나 두고도 46점이나 내준 것에 화가 나 있었다. 그리고 마침내 버튼을 눌렀다. 조던을 괴롭힐 '집중 공략 방식'을 재차 꺼내든 것이다. 이는 효과를 충분히, 아주 충분히 봤다.

1라운드와 컨퍼런스 준결승에서의 11경기만 해도 조던은 펄펄 날아다녔다. 덕 콜린스 감독의 지지로 공격의 전권을 잡아 37.5득점 8.3어시스트 7.8리바운드로 상대를 공포로 몰아넣었다. 그런데 피스톤스를 만났을 때, 그 조던의 모습은 온데간데없었다. 평균 29.7점을 올렸지만 야투 성공률은 46.0%로 떨어져 있었다. 파울도 4.2개로 많았다. 이로 인해 불스도 3경기를 내리 패했다.

사람들은 그런 피스톤스의 공략 방식을 이렇게 불렀다. 조던 룰(Jordan Rule). 피펜은 조던 룰을 간단히 설명한다. "마이클이 골대로 향하면 2~3명의 선수가 붙었습니다. 바닥에 쓰러질 때까지 밀어붙였죠. 공중에 뜨는 걸 어떻게든 막으려고 했습니다. 아무리 뛰어난 조던이라고 해도 5명이 그렇게 달려들면 이기는 것은 불가능했으니까요. 한 경기, 혹은 두 경기는 이길 수 있을지 모르지만. 시리즈를 이기는 것은 어려웠습니다."

물론 피스톤스가 조던에게만 야박하게 군 것은 아니었다. 이미 도미니크 윌킨스, 래리 버드, 클라이드 드렉슬러, 존 스탁턴 등 많은 핵심 멤버들이 피스톤스에게 몇 대 얻어맞고 얼굴을 붉혔다. 그런데도 특정인의 이름을 붙인 폭력 행위가 전술로 '포장'된 것은 이유는 그만큼 조던과 마주한 시간이 길었고, 서로에게 꼭 넘어야 할 상대였기 때문이었을 것이다.

척 데일리 감독이 「스포츠 일러스트레이티드」에 설명한 '조던 룰'의 내용은 앞서 피펜의 설명과 일맥상통했다.

"마이클이 공을 잡으면 우리는 그를 왼쪽으로 몰고 도움 수비를 불러올 것입니다. 결코 그가 베이스라인을 파고들게 해서는 안 됩니다. 만약 조던이 페인트존이나 중앙에 진입한다면 큰 선수들이 이중 수비를 할 것입니다. 언제 어디서든 그가 한 명을 지나칠 때면 우리는 그를 철저히 쫓을 것입니다. 스크린을 타고 나와도 그럴 것입니다. 몇몇 사람들은 우리가 '더티하다'라고 표현하곤 합니다. 그렇지만 우리는 더러운 플레이를 하는 것이 아닙니다. 그저 계속 컨택을 만들고 매우 피지컬하게 몰아붙일 뿐입니다."

척 데일리의 이런 작전 수립에는 조던의 성향도 반영됐다. 아이재아 토마스가 이를 덧붙였다.

"조던은 패스를 잘 안 하는 선수였어요. 패스를 먼저 보는 타입이 아니었죠. 득점이 우선이었으니까요. 그 시기에는 포인트가드처럼 볼 핸들링이 아주 훌륭했던 선수도 아니었어요. 왼쪽에 약했죠. 2번, 3번 반복해서 왼쪽으로 가다 막히게 되면, 시도를 안 하게 됩니다. 간단한 원리였죠."

왕년의 득점왕, '아이스맨' 조지 거빈(George Gervin)도 같은 의견이었다. 그는 2017년 온라인 매체 「The Post Game」과 가진 인터뷰에서 "마이크는 왼쪽으로 가지 않았어요. 오른쪽을 더 선호했고, 오른쪽이 정말 강했죠. 약점을 개선하기 전까지는 그랬습니다"라고 말했다.

토마스와 거빈의 말처럼 피스톤스는 조던을 계속 왼쪽으로 밀고 도움 수비를 붙여 조던을 멈춰 세웠다. 조던은 계속 드라이브를 하지 못한 채 균형을 잃은 채 점프슛을 시도하거나 패스를 하다가 실수를 했다. 어쩌다 더블팀까지 잘 뚫었을 때는 제3의 인물이 나타나 그를 넘어뜨렸다. 이때, 조던을 특정 방향으로 몰아넣는 수비는 조 듀마스가 맡았고, 조던을 쓰러뜨리는 역할은 존 샐리나 로드맨이 맡았다.

로드맨은 불스와의 나날들을 '전쟁'이라고 표현했다. 그러나 서로들 치고받고 싸웠기에 '전쟁'이라 말한 것은 아니었다. 그가 의미한 건 바로 '멘탈 전쟁'이었다. "저희는 마이클이 어떻게든 지쳐 떨어지게 만드는 것이 목표였습니다."

윌 퍼듀도 인터뷰에서 이렇게 의견을 전했다. "아마도 척 데일리가 조던을 다치게 만들 의도는 아니었을 거예요. 단지 조던을 지치게 만들고 싶었겠죠."

그러나, 데일리 감독이 의도했던 '조던 룰'의 진짜 목표는 조던의 공격 기회를 줄이는 것이었다. 슈팅 시도를 줄이게 만든다는 것이다.

듀마스는 훗날 '조던 룰'의 '숨은 원칙'을 하나 덧붙였다. 경기 초반에는 절대 더블팀을 가지 않는 것이다. 1쿼터에 20점을 넣는다고 해도 말이다. "초반부터 도움 수비를 가면 면역이 되어서 안 먹힌다고 생각했습니다. 조던이 신나서 단독 공격에 주력하길 바랐죠. 그렇게 되면 동료들의 슛 감각은 시간이 지날수록 떨어질 수밖에 없었습니다."

듀마스의 이 말은 NBA가 아닌 세계 어느 리그에나 공통적으로 허용된다. 농구는 다섯 명이 해야 하는 이유이기도 하다. 계속 공을 공유하며 감각을 유지해야 한다. 갑자기 공을 잡게 되면 슛을 던지기 힘들다. 특히 불스처럼 '조던의 원맨팀' 이미지가 강했던 팀의 경우, 동료들이 '들러리'라는 생각을 하게 되면 위축될 수밖에 없다. 뒤늦게 조던이 패스를 해도 공격할 준비가 안 되어 있거나 감이 떨어져 활약이 어렵다.

사실, 피스톤스의 이러한 거친 플레이에 무너진 건 조던만이 아니었다. 피펜도 고난의 연속이었다. 6차전 1쿼터에 그는 레임비어의 팔꿈치를 맞아 쓰러졌다. 뇌진탕 증세를 겪으면서 경기력이 뚝 떨어졌다. 반대로 아이재아 토마스가 이 경기에서 4쿼터에서만 17득점을 올리면서 피스톤스가 103-94로 승리했다. 불스는 2연승 후 4연패로 시즌을 마쳤다.

조던은 좌절했다. 그는 맥클로우스키 단장에게 질문했다. 그러나 질문이라기보다는 하소연에 가까웠다. "우리가 당신들을 이길 날이 과연 올까요?" 그러자 맥클로우스키 단장은 조던에게 이렇게 말했다.

"마이클, 곧 너의 시간이 올 거야. 금방 찾아올 거라고 생각하네."

조던 룰의 의도는?

불스 코칭스태프가 '조던 룰'을 보며 가장 경계한 점은 부상이 아니었다. 필 잭슨 감독은 "우리 선수들이 피스톤스의 거친 플레이에 반응하게 되는 것이 제일 무서웠습니다"라고 말했다. 분노하다가 화를 주체하지 못한 채 무너지는 것 말이다. 행여 같이 주먹을 휘두르거나, 신경질을 내면 테크니컬 파울이나 플레그런트 파울이 주어질 것이고 이는 경기에 악영향을 줄 수밖에 없다. 그 시기에는 흔히 일어나는 일이었지만 플레이오프에서는 치명적이었다.

피스톤스도 본인들 꾀에 본인들이 당할 뻔한 적이 있다. 1989년 4월, 정규시즌 마지막 맞대결 당시 일이다. 빌 카트라이트가 돌파를 시도하자 피스톤스 선수들은 여느 때처럼 거칠게 카트라이트를 막아 세웠다. 이 과정에서 엉킨 토마스와 카트라이트는 서로에게 날을 세웠고 급기야 주먹 다툼까지 이어졌다. 185cm밖에 안 됐던 토마스였지만 216cm의 카트라이트에 주눅 들지 않고 맞섰다. 문제는 주먹을 휘두르다 왼손이 골절되었다는 점이다. 토마스의 시즌 아웃설도 보도됐고, 데일리 감독도 "플레이오프 내내 고생할 것 같다"라며 울상이었다.

"마크 프라이스, 매직 존슨, 존 스탁턴 같은 포인트가드가 다치면 큰 문제가 생길 수밖에 없습니다. 우리는 토마스가 그런 선수입니다. 전략을 빨리 전환할 수밖에 없을 것 같군요."

그런데 토마스는 부상을 감수하고 남은 시즌을 소화했다. 출전 시간은 20분 아래로 제한되었고, 야투 난조도 심했다. 다행히 플레이오프 들어서는 예년의 기량을 보이며 불스를 비롯한 상대를 좌절시켰다. 만일 소문대로 골절이 심해서 플레이오프를 뛰지 못했다면? 아마 불스의 왕좌 등극은 1년 더 빨라지지 않았을까?

이런 장면만 봐도 너, 나 할 것 없이 극도로 예민해진 플레이오프에서는 사소한 신경전이 전력 약화로 이어질 가능성이 농후했다. 필 잭슨 감독이 선수들 상태를 더 격정했던 이유다.

'평생 동료' 팀 그로버와의 만남

이처럼 피스톤스는 조던을 계속 단련시켰다. 농구적으로는 수비의 훼방을 피하는 움직임을 익혔다. BJ 암스트롱은 1989년 이후 조던의 농구 방식에 변화가 일어났다고 말한다. 트라이앵글 오펜스가 자리를 잡고, 조던이 플레이를 더 간결하게 만들었다는 것이다.

"득점을 하기 위해서 볼을 갖고 공격을 시작하기보다는 움직이면서 잡기로 했어요. 포스트에서 혹은 위크사이드에서 움직이면서 볼을 잡은 뒤 공격을 시도했죠. 드리블도 3회 혹은 그 이하로 시도했습니다. 이미 풋워크가 워낙 좋았기 때문에 다양한 방법으로 득점을 하게 됐죠. 게다가 마이클은 수비도 좋았습니다. 상대에게 이렇게 맞섰어요. '날 막아보겠다고? 그렇다면 난 너를 상대로 득점도 올리고, 너도 막을 거야!' 그는 언제나 그렇게 답했습니다."

이 변화의 배경에 대해서는 다음 장에 설명하기로 하자. 중요한 건 조던 혼자 힘으로 변화를 이룬 것은 아니었다. 1989-1990시즌, 필 잭슨 감독이 취임하고 텍스 윈터(Tex Winter) 코치의 권한이 강화되면서 트라이앵글 오펜스가 도입됐다. (11) 여기에 동료들이 함께 스텝업하면서 조던은 '팀'을 더 활용하게 됐다. 이에 대해 필 잭슨 감독도 "마이클이 공을 갖고 있지 않은 상태에서도 상대를 힘들게 하는 법을 배웠습니다"라고 말했다.

신체적으로는 '강한 태클'을 이겨내기 위해 단련을 시작했다. 이때 파트너로 등장한 인물이 있다. 바로 팀 그로버(Tim Grover)다. 1989년에 맺은 둘의 인연은 조던이 농구선수로서 최종적으로 커리어를 접을 때까지 계속됐다. 사회 초년생이었던 그로버의 첫 고객이 조던이었다. 그리고 NBA에서 개인 트레이너를 고용해 비시즌 훈련을 치른 첫 번째 선수가 바로 조던이기도 했다.

조던의 이런 루틴은 훗날 많은 NBA 선수들에게 영향을 주었다. 조던이 2번의 3연패를 달성했을 무렵에는 스카티 피펜, 코비 브라이언트, 드웨인 웨이드, 트레이시 맥그레디, 러셀 웨스트브룩 등이 그로버의 고객이 되어 있었고, 수많은 개인 트레이너들이 팀에 합류하지 않고 선수들을 개별 클라이언트로 두는 비즈니스를 시작했다.

사실, 조던은 웨이트 트레이닝을 그리 선호하지 않는 편이었다. 구단 트레이너와 훈련하다 허리를 다친 적이 있었기 때문이다.

그러나 선택의 여지가 없었다. 계속 단련하고 강해져야 했다. 처음에 만났을 때만 해도 '초짜' 그로버를 믿지 못했던 조던은 "일단은 한 달의 시간을 줄 거야"라고 제안했다. 그러나 그 한 달이 1년이 되고, 10년이 되어 20년 넘게 지속됐다.

그로버는 조던의 눈높이를 맞출 수 있는 트레이너였다. 조던만큼이나 근성이 있었기 때문이다. 새벽 5시에 부르면 5시에 갔고, 심지어 다른 도시로 가야 할 때도 안 된다는 말을 하지 않았다.

그로버의 근성을 엿볼 수 있는 대목이 있다. 시카고 출신인 그로버의 꿈은 NBA 선수의 개인 트레이너가 되는 것이었다. 어느 날, 그는 조던이 피스톤스에게 계속 패해 지쳐있다는 신문 기사를 읽었다. 조던이 피스톤스에 대항하기 위해 힘을 키울 방법을 찾고 있다는 내용이었다.

"제가 도움이 될 거라고 생각했습니다. 그래서 전화를 하고 레터를 보내는 등 할 수 있는 건 다 해봤죠. 물론 회신이 오진 않았습니다. 주변 사람들은 저한테 미친 짓이니 그만하라고 했어요. 될 리가 없다고요. 그런데 마침 불스 구단의 물리치료사 존 헤퍼론(John Hefferon)과 트레이너 마크 페일(Mark Pfeil)의 이름이 눈에 띄더군요. 두 사람을 찾아갔고 덕분에 마이클과 30분 미팅 기회가 주어졌습니다."

조던을 처음 만났을 때 그로버는 컨버스 신발을 신고 있었다. 조던은 그의 발을 내려다보더니 "다음에는 안 돼"라고 한마디 던졌다. 나이키를 신으라는 의미였다. 그로버는 "아마 다음 날도 컨버스를 신었다면, 집에 못 들어오게 했을 것 같습니다"라고 돌아봤다.

그로버는 조던이 가장 힘들어할 때 '한 번 더'를 외칠 수 있는 사람이었다. 혹독하게 몰아붙였다. 그래서일까. 조던은 2번째 은퇴를 할 때 "이제는 길을 걷다가 마주쳐도 인사하지 말자. 나한테 오면 가만 안 둘 거야!"라고 농담을 했을 정도였다.

하지만 그 뒤에는 엄청난 연구도 있었다. 당시만 해도 조던 같은 선수가 없었고, NBA 선수들의 개인 트레이너도 없었다. 때문에 그로버는 '해법이 없는 상황'과 자주 맞닥뜨렸다고 고백했다. 「GQ」와의 인터뷰에서 그는 조던의 경기를 다 보고 분석하는 수밖에 없었다고 말했다. 오늘날의 트래킹 시스템과 같은 과학적인 측정 방식이 없었기에 경기를 보면서 조던이 힘을 얼마나, 어디에 썼는지 자신만의 방법으로 체크를 했던 것. 덕분에 조던은 부상 방지를 넘어 근력 강화, 컨디셔닝까지 이어갈 수 있었다.

이때부터 만든 몸은 조던이 커리어 내내 큰 부상 없이 뛸 수 있는 비결이 됐다. 훗날, 조던과 함께 뛴 저드 부쉴러(Jud Buechler)는 "마이클은 타고난 근력이 있는 선수였어요. 특히 코어가 엄청났죠. 바위 같았어요. 밀어내기 힘든 선수였습니다"라고 회상했다.

조던과의 경험을 바탕으로 2권이나 책을 쓴 그로버이지만, 정작 매체 인터뷰에서는 자신은 숟가락만 얹었을 뿐이라고 말했다. "마이클은 제가 없었어도 최고 수준의 선수였을 겁니다. 그는 순전히 혼자 힘으로 해냈어요. 저는 단순히 그 시간을 단축시킨 것뿐이라 생각합니다." 그로버가 2021년 5월, 「스포츠 일러스트레이티드」와 나눈 인터뷰다.

그는 조던과 다른 선수들의 결정적인 차이로 '만족'을 들었다. "마이클은 '만족해도 좋은 수준'이 없었습니다. 늘 더 나아지길 바랐던 선수였죠. 원하는 것을 얻기 위해 실천을 하고, 견딜 수 있는 선수였습니다. 그래서 저와 한계치를 향해 나아갈 수 있었습니다."

조던이 눈물 흘린 사연

1989-1990시즌. 새 코칭스태프 밑에서 불스는 더 의욕적인 모습을 보였다. 훈련도 혹독했다. 호레이스 그랜트는 "훈련 때 마이클은 악마가 따로 없었습니다. 디트로이트 피스톤스, 뉴욕 닉스 욕할 게 아니었죠. 너무나도 열심히 했어요. 같은 팀 선수인데도 연습 중에는 '적'이라고 여겼죠. 마치 피스톤스나 닉스 선수들을 대하는 것 같았습니다"라고 말했다. (12)

그만큼 조던은 진지했다. 불스는 1989-1990시즌에 동부 2위인 55승 27패를 기록했다. 애초 불스의 목표는 홈코트 어드밴티지를 확보하는 것이었지만, 피스톤스(59승 23패)에 1위 자리를 내주고 말았다. 그렇지만 55승도 충분히 훌륭한 성적이었다. 젊은 선수들의 성장도 확인할 수 있었다.

피스톤스와의 1990년 맞대결 무대는 컨퍼런스 파이널에서 세팅됐다. 피스톤스는 인디애나 페이서스(3승 0패)와 뉴욕 닉스(4승 1패)를 꺾고 올라왔고, 불스는 밀워키 벅스(3승 1패)와 필라델피아 세븐티 식서스(4승 1패)를 이기고 진출했다.

피스톤스 성적이 더 좋았기에 시리즈는 원정, 디트로이트의 팰리스 오브 오번 힐스에서 시작됐다. 불스는 1~2차전을 모두 패했는데, 특히 2차전 패배가 조던을 좌절케 했다.

불스는 93-102로 졌는데, 조던은 마지막 19분 동안 단 1골도 넣지 못했다. 여전히

20득점을 올리긴 했지만, 정작 4쿼터 추격이 필요한 시점에 침묵했다. 이유가 있었다. 조던은 팔꿈치, 엉덩이 등 성한 곳이 없었다. 게다가 체력적으로도 지쳐가던 시점이었다.

반대로 피스톤스는 첫 24개의 야투 중 19개를 넣으며 순조롭게 경기를 이어갔다. 불스는 전반 열세(38-53)를 극복하고 1점차(60-61)까지 쫓아갔다. 이때가 3쿼터 종료까지 5분 8초 남은 시점이었다. 그러나 이후 조던의 득점이 나오지 않았다. 경기 후 조던은 인터뷰 없이 라커룸으로 향했다. 그랜트는 조던이 무척 화가 난 것 같다고 돌아봤다. 기자들과의 간이 인터뷰에서 "마이클이 화가 난 건 처음 봤어요. 실망한 것처럼 보였죠. 그런데, 그가 못했다고 누가 뭐라 할 수 있을까요. 마이클은 최선을 다했습니다"라고 말했다.

기자들 사이에서는 조던이 실망한 이유는 리바운드 때문이었을 것이라 말했다. 빅맨 카트라이트와 스테이시 킹(Stacey King)이 도합 5개의 리바운드를 잡아낸 반면, 훨씬 키가 작은 비니 존슨은 8개를 걷어냈기 때문이다. 조던이 멈칫하자 기 싸움에서도 밀렸다. 파워포워드 에드 닐리(Ed Nealy)는 거의 따귀를 맞기도 했다. 그 주범은 제임스 에드워즈였다. 데일리 감독은 태연했다. "그보다 더 한 장면도 많이 있었는 걸요. 그저 징계만 없길 바랍니다."

홈으로 돌아온 불스는 반격을 시작했다. 3차전에서 조던은 템포를 더 빠르게 가져가고 동료들을 의도적으로 많이 활용했다. 상대 수비가 세팅되기 전에 빠르게 치고 넘어가 공격을 이어갔다. 수비 둘이 몰리면 기다렸다는 듯 안쪽의 빅맨들에게 패스했다. 기습적인 점프슛도 이날 따라 쾌조의 리듬을 보였다. 조던이 치고 들어올 것을 대비하던 수비는 당황했다. 조던의 지원 속에 피펜도 활약했다. 조던은 47득점, 피펜은 29득점을 기록했는데 두 선수는 리바운드 21개와 어시스트 9개를 합작했다. 터프한 플레이를 앞세워 자유투도 나란히 13개씩 던졌다. 성공률도 84.6%(11개 성공)로 똑같았다.

조던은 3차전 후반, 착지 과정에서 그랜트 발을 밟아 발목을 다쳤지만, 의지가 정말 강했다. 출전을 감행하며 마침내 불스에 시리즈 첫 승(107-102)을 안겼다. 여세를 몰아 불스는 홈에서 2승 2패 동률을 만들었다.

피스톤스는 홈에서 치른 5차전을 97-83으로 이기며 3승 2패로 리드를 유지했다.

이 경기는 듀마스가 돋보였는데, 감기와 몸살로 고열에 시달리는 와중에도 38분간 수비에 집중했다. 조던을 훌륭히 수비한 것이다. 3차전 47득점, 4차전 42득점을 올린 조던의 이 경기 최종 득점은 겨우 22점이었다. 척 데일리 감독은 기자회견에서 이렇게 말했다. "마이클을 상대할 때는 그저 수비가 잘 되길 바라고, 열심히 뛰고, 기도하는 수밖에 없습니다. 오늘 조가 그 세 가지를 다 해냈습니다."

일진일퇴의 공방전이 계속되던 상황. 결국, 두 팀의 대결은 7차전까지 이르렀다. 피스톤스에 맥없이 무너졌던 과거를 생각한다면, 디펜딩 챔피언을 외나무다리까지 몰고 간 것은 큰 발전이었다. 시카고 시민들도 파이널 진출을 기대했다.

그런데 불스의 이날 경기는 모두가 기대했던 것과 다른 방향으로 흘러갔다. 시작부터 분위기가 안 좋았다. 시리즈 내내 발목이 안 좋았던 존 팩슨(John Paxson)의 결장이 결정됐다. 피펜은 두통을 호소했다. 만약 조던이 "너무 힘들면 쉬어"라고 말했다면 피펜은 그냥 쉬었을지도 모른다. 그러나 발목을 삐고 발톱이 빠져도 경기를 뛰어온 조던의 관점에서 두통은 '두통 따위야'라고 생각했던 것 같다. 오히려 "무슨 소리야!"라며 피펜을 다그쳤다는 후문이다. 경기를 보면 피펜의 슈팅 리듬은 평소 같지 않았다. 집중력도 떨어져 보였다. (13)

반면 피스톤스는 '이길' 준비가 되어 있었다. 토마스가 공격적이었다. 공격적으로 드라이브하며 수비를 집중시킨 뒤 동료들을 살렸다. 토마스가 득점을 만들 때면, 척 데일리 감독과 코치들은 의도적으로 크게 액션을 취하며 분위기를 돋웠다. 수비에서는 듀마스가 조던을 베이스라인으로 몰고, 그가 이륙하면 토마스가 달려들어 공을 뺏앗았다. 그러니까, 이 경기는 피지컬의 승리가 아닌 전술과 에너지의 승리였던 셈이다.

초반만 해도 토마스로부터 공격자 파울을 뽑아내는 등 적극적이었던 불스였지만 점차 분위기가 가라앉기 시작했다. 전반을 마쳤을 때 스코어는 33-48. 필 잭슨 감독이 후반 첫 타임아웃을 요청했을 때는 점수는 35-54로 벌어져 있었다. 누구도 토마스의 질주를 멈추지 못했다.

최종 스코어 74-93. 실망스러운 결과였다. 제리 크라우스 단장은 라커룸에서 호통을 쳤고, 선수들은 고개를 떨어뜨렸다. 피펜은 라커룸 분위기를 '영안실'에 비유했다. 조던은 공항으로 가는 버스에서 눈물을 흘렸고, 기자들은 이때다 싶어 '원맨팀 이슈'

를 다시 꺼내 들었다. 조던의 혼자 힘으로는 우승할 수 없다는, 늘 나왔던 이슈였다. 필 잭슨 감독은 자신의 감독 커리어에서 가장 힘들었던 순간으로 이때를 꼽았다.

결과는 같았지만, 불스 선수들이 결과를 받아들이는 태도는 지난 2년과 달랐다. 불스 선수들은 시카고로 돌아가기 무섭게 훈련을 시작했다. 1990-1991시즌 준비가 바로 시작된 것이었다.

산을 넘다

조 듀마스는 언젠가 불스에 대해 이렇게 표현했다. 백미러로 뒤쫓아오는 차를 힐끔힐끔 봤는데, 갈수록 간격이 좁혀지더니 기어이 추월하고 말더라고. 불스가 그런 존재였다.

1990-1991시즌의 불스는 보다 성숙한 팀이 되어 있었다. 트라이앵글 오펜스가 훌륭히 정착해 선수들이 각자의 역할을 잘 이해하고 있었고, 1년 전의 실수를 되풀이하지 않겠다는 의지도 강했다. 덕분에 프랜차이즈 창단 이래 최고인 61승 21패를 기록했다. 평균 득점이 110.0점, 실점은 101.1점으로 득점-실점 마진이 상당했다. 그만큼 압도적이었다. 이전 시즌과 비교해 가장 달라진 건 수비였다. 실점이 평균 5점 이상 줄었다. 그랜트와 피펜이 더 단단해진 결과였다. 보다 민첩하게 움직이며 조던을 돕고, 카트라이트를 보완했다.

조던도 마찬가지였다. 시즌을 준비하면서 조던은 다른 접근 방식을 취했다. 텍스 윈터 코치는 '조던 룰'이 조던의 경기를 완성시키는데 도움이 됐다고 분석했다. 특히, 1990년 시리즈 패배가 조던이 답을 찾는 데 결정적 계기가 됐다고 봤다. 윈터 코치는 「FIBA 어시스트 매거진」과의 인터뷰에서 이렇게 돌아봤다. "피스톤스가 사용한 '조던 룰'은 위험한 전술이었습니다. 하지만 그런 수비에도 불구하고 우리는 기어이 승리를 거두었죠. 조던의 역할이 컸습니다. 기어이 상대를 꺾었다는 점에서 승부사이자 경쟁자였던 조던의 열정을 확인할 수 있었습니다."

그렇다면 조던이 찾은 답은 무엇일까. 그는 그로버와의 트레이닝을 이어가는 한편, 트라이앵글 오펜스를 이해하려 노력했다. 여기에 포스트 플레이를 더 강화했다. 보통 조던은 훈련이 끝난 뒤 피펜이나 암스트롱 같은 가드들과 1대1을 하곤 했다. 1990년대 후반에는 랜디 브라운(Randy Brown)이 그 상대가 됐다.

그런데 1990-1991시즌에는 루틴이 바뀌었다. 208cm의 파워포워드 스캇 윌리엄스(Scott Williams)를 훈련 파트너로 택했다. 포스트 플레이를 위해서였다. 조던은 윌리엄스에게 오로지 포스트 플레이만 가능하다고 규칙을 정했다. 윌리엄스는 "훈련이 끝날 때마다 저를 붙잡고 1대1을 했습니다. 제가 이긴 건 딱 1번뿐이었어요. 한번은 제가 거의 이길 거 같으니 오펜스 파울이라고 우기더군요. 그러더니 혼자 3골을 연속 넣으면서 이겼습니다. 지칠 줄도 모르고 패배도 정말 싫어했던 선수였습니다"라고 돌아봤다.

반면 피스톤스는 50승 32패로 동부 3위를 기록했다. 전 시즌보다 승률이 떨어졌지만, '리더' 토마스의 부상 결장이 꽤 길었다는 점을 생각하면 50승은 꽤 훌륭한 성적이었다. 토마스는 1990-1991시즌에 겨우 46경기만을 뛰었다. 2~3월을 통째로 날렸다. 다만, 시즌 후반기에 성공적으로 복귀한 만큼, 포스트시즌에는 피스톤스 특유의 공·수 균형 잡힌 플레이가 나올 것이라 기대했다.

수비가 여전했다는 것이 그 기대의 근거였다. 피스톤스는 96.8점만을 실점하면서 2시즌 연속 선두를 달렸다. 하지만 문제는 피스톤스가 더 이상 젊지 않다는 점이었다. 토마스와 듀마스, 로드맨은 20대 후반이었지만 레임비어와 비니 존슨, 에드워즈, 어과이어 등 출전 시간을 오래 가져온 선수들은 어느덧 30대에 접어들고 있었다. 피스톤스는 3년 연속 NBA 파이널에 진출한 팀이었다. 제일 강한 팀이라는 증거이지만, 반대로 3년 연속으로 NBA에서 가장 많은 경기를 소화한, 가장 많은 마일리지를 기록한 팀이라는 의미도 됐다. 플레이 스타일상 체력 소모가 많고 부상도 많이 발생하는 팀이었다.

과연 2일에 1번씩 경기하는 플레이오프 일정을 이겨낼 수 있을 것인가? 게다가 상대는 그들을 껄끄러워하고 귀찮아하긴 했지만, 더는 두려워하지는 않았다. 지난 3년과 다르게 피스톤스는 1라운드와 세미파이널을 모두 최종전까지 간 끝에 결정을 지었다. 애틀랜타 호크스의 저항도 거셌고, 보스턴 셀틱스도 명문가다운 저력을 보였다. '신예' 레지 루이스가 떠오른 셀틱스는 7차전에서도 연장까지 끌고 갔는데, 113-117로 패해 그야말로 한 끗 차이로 패하고 말았다.

시리즈가 끝난 뒤 케빈 맥헤일은 레임비어를 비롯한 오랜 숙적들에게 "우리를 이겼으니 파이널까지 올라가서 잘 해봐!"라며 덕담을 남겼다는 후문이다. 그러나 이미 셀틱스를 따돌리느라 너무나 많은 에너지를 쏟은 상태였다.

불스는 승승장구했다. 1라운드에서 닉스를 가볍게 떨쳤고, 세미파이널에서는 찰스 바클리가 활약한 필라델피아 세븐티식서스를 4승 1패로 꺾었다. 내심 4승 0패 승리도 노렸지만 3차전에서 불의의 일격을 당해 1경기를 더 치러야 했다. 그러나 시리즈를 일찍 끝낸 덕분에 5일을 쉴 수 있었다. 불스에게는 큰 어드밴티지였다. (14)

1차전은 94-83으로 불스가 쉽게 가져갔다. 1쿼터에 피스톤스는 겨우 13점만 올렸다. 평균 30점 이상을 합작하던 토마스와 듀마스 콤비가 도합 20점에 그쳤는데, 두 선수가 시도한 슈팅은 겨우 19개밖에 안 됐다. 그나마 림을 통과한 것도 6개뿐이었다. 불스는 레임비어든 누구든 아예 볼을 못잡게 봉쇄했다. 적극적으로 몸싸움을 했고 패싱 레인을 차단했다. 피펜은 이날 6개의 스틸을 기록했고, 조던 역시 3개를 더 하며 피스톤스의 실책을 유발했다.

빌 레임비어가 파울트러블에 걸리고, 에드워즈마저 발목이 좋지 않았던 피스톤스는 카트라이트에게 16점이나 헌납했다. 이날 카트라이트의 야투성공률은 무려 70%였다. 그의 공격 기술이나 공격 범위가 한정적이었다는 점을 생각해보면 그만큼 피스톤스 인사이드가 허술했다는 것을 알 수 있다.

이미 경기 흐름이 기울었다는 것을 보여준 대목이 있다. 마크 어과이어가 단독 속공을 나가자 피펜이 끝까지 쫓아가 블록슛으로 저지했다. 토마스가 뒤따라가 공을 주워 슛을 던졌는데 림도 맞지 않았다. 피스톤스는 마지막까지 포기하지 않고 공격을 이어가려 했으나 불스 수비에 막혀 24초 바이얼레이션에 걸리고 말았다. 피스톤스 선수들 표정에는 짜증이 가득했다.

2차전은 105-97, 3차전은 113-107로 끝났다. 모두 불스의 승리. 조던과 피펜은 끊임없이 피스톤스의 골밑을 파고들었다. 피스톤스도 늘 그랬던 방법으로 대응했지만, 마음을 단단히 먹은 불스는 더 흔들리지 않았다. 클리프 리빙스턴(Cliff Levingston), 윌 퍼듀(Will Perdue) 등 장신들도 잘 버텨줬다.

운명의 4차전. NBC는 오프닝의 포커스를 디펜딩 챔피언에 맞췄다. 피스톤스 라커룸이 비치는 가운데, 캐스터 밥 커스타스는 "NBA 플레이오프 역사상 0승 3패로 밀린 팀이 시리즈를 뒤집은 전적은 없습니다"라며 방송을 시작했다. 불스의 자신감은 하늘을 찔렀다. 존 팩슨은 1쿼터에만 12점을 넣으며 분위기를 주도했다.

수비에서는 피스톤스 선수들이 어떻게 나올지 손바닥 위에 올려놓고 보는 것 같았다. 피스톤스 선수들은 실망감에 극에 달했는지 거친 플레이를 일삼았다. 무리한 점프가 나오기 시작했다. 토마스는 조던이 뜨자 아예 팔을 조던 목에 감고 떨어졌다. 레임비어는 레이업을 올라가는 팩슨의 가슴을 팔로 밀었다. 토마스가 카트라이트에게 덤볐듯, 188cm의 팩슨도 대학 선배이자 211cm의 거구였던 레임비어에게 달려들었다. (15)

로드맨은 착지하는 피펜을 뒤에서 밀어 관중석 쪽으로 넘어뜨렸다. 중계진은 "불필요한 파울이었다"라고 지적했다. 전과 같았다면 불스는 예민하게 반응했을 것이다. 그러나 피펜은 이때도 크게 반응하지 않은 채 묵묵히 자유투를 던졌다.

조던도 평온했다. 수비를 몰고 오픈찬스를 만들었으며, 혼자 무리하기보다는 스크린을 활용해 차근차근 풀어갔다. 두려움도 없었다. 에드워즈와 존슨을 뚫자 샐리와 토마스가 나타났다. 그러나 조던은 공격을 이어가며 파울을 끌어냈다. 거친 플레이에 표정을 구기거나 힘들어했지만 예상했다는 듯한 모습이었다. 후반에도 비슷한 장면이 있었다. 에드워즈가 넘어지면서 돌파하는 조던의 다리를 잡아 그대로 넘어뜨렸는데 그는 민감하게 반응하지 않았다. 조던도 경기 후 아마드 라샤드(Ahmad Rashad)와의 방송 인터뷰에서 "평온함을 유지하려고 노력했다"라고 말했다.

점수 차는 갈수록 크게 벌어졌다. 최종 스코어는 115-94. 피스톤스의 레임비어, 어과이어, 토마스 등은 패배가 확실시되자 경기가 끝나기도 전에 라커룸으로 향했다. 버저가 울리지도 않은 상황이었지만, 분위기가 어수선해진 틈을 단체 행동을 벌인 것이다. 심지어 그들은 나가는 길에 맥클로우스키 단장과 포옹을 하기도 했다. 실망스러운 행동이었다. 훗날 조던은 "피스톤스 선수들이 프로답지 못하다"라고 몇 번이나 비판했다. (16), (17)

피펜과 팩슨은 피스톤스와의 경쟁으로 정신적으로, 육체적으로 강해졌다고 총평했다.

"그동안 우리를 괴롭혔던 팀을 떨어뜨리게 돼서 너무 기분 좋습니다. 그동안 우리는 너무 순한 양처럼 굴었지만, 이번 시리즈에서는 아니었습니다." - 피펜

8. 조던을 완성시킨 '조던 룰'

"우리는 우승한 것만큼 기뻤어요. 오랜 숙제였으니까요. 사실, 우리는 피스톤스의 경기 방식을 좋아하지 않았어요. 그들은 우리를 붙잡고, 끌고 발로 찼죠. 매번 이슈를 만들었어요. 그래도 우리는 뭐라고 하지 못했습니다. 항상 졌으니까요. 그래서 군말 하지 못했습니다. 마침내 우리가 이겼을 때, 피스톤스로부터 아무 말을 듣지 못한 것이 아쉽고 실망스럽습니다." - 필 잭슨 감독

경기 후 기자회견에서 조던은 "정말 기쁩니다. 카트라이트, 크레익 하지스, 클리프 리빙스턴, 존 팩슨 등 리그에서 7~8년 이상 머무른 선수들도 오늘이 정말 달콤하게 느껴질 것입니다. 피펜, 그랜트 같은 젊은 선수들도 헌신해준 덕분에 승리할 방법을 찾았습니다"라고 말했다. 애초 그는 이 시리즈를 4-0으로 이기리라고는 생각하지 못했다고 고백했다. "올해만큼은 이 팀을 이길 것이라 여겼지만, 4연승은 조금 놀라웠습니다." 조던의 말이다.

비록 레임비어나 토마스의 축하 인사는 없었지만, 척 데일리 감독은 축사를 건넸다. "지난 3년간 파이널에 있었습니다. 그리고 2번 우승했죠. 우리를 꺾은 팀이라면 NBA 타이틀에 도전할 만합니다. 불스는 우리보다 더 나은 팀이었습니다."

NBA 파이널 무대가 남았지만, 불스는 지독하게 때리고, 밀어대고 욕하던 라이벌과의 악연을 끊는 데 성공했다. 선수들은 라커룸에서 승리를 자축했다. 필 잭슨 감독도 예외는 아니었다.

"이 팀은 지난 몇 년 간 우리를 모욕하고 쓰러뜨려 왔습니다. 물론, 자축하긴 이릅니다. 아직 다 이긴 건 아니거든요. 우리는 목표가 남아 있습니다. 다만 오늘 밤만은 기뻐하겠습니다. 디트로이트를 이겼어요. 지난 3년간 가져온 목표가 이뤄졌습니다."

우리는 큰 스텝을 내디뎠습니다

조던은 시리즈 승리에 대해 이렇게 말했다. 1988년부터 시작된 '패전' 시리즈는 마침내 해피 엔딩으로 끝났다. 텍스 윈터 코치의 말처럼, 긴 시리즈를 치르며 조던과 불스는 계속 해답을 찾았고 이는 그들을 우승 후보로 만들어주었다. 조던은 1992년 「플레이보이」 인터뷰에서 "우리가 피스톤스와 만나서 다행"이라는 말도 했다.

"많은 이들이 보스턴 셀틱스가 올라오길 바랐죠. 하지만 저는 기왕이면 가장 힘든 상대를 만나서 이기고 싶었습니다. 피펜 역시나 지난해의 아쉬움을 만회하고자 했습니다. 1990년에는 우리 홈코트를 사수하는 데 성공했지만, 그들 코트(디트로이트)에서 열린 7차전에서는 무너졌죠. 그러나 이번에는 달랐습니다."

흥미로운 건 격전을 치르는 동안 수도 없이 조던과 피펜을 밀고, 넘어뜨렸던 '나쁜 녀석'들이 1990년대 후반에는 불스의 일원이 되었다는 점이다. 로드맨이 대표적이었고, '부처님'이란 별명의 제임스 에드워즈와 존 샐리도 그랬다.

에드워즈는 불스-피스톤스 시리즈를 이렇게 돌아봤다. "처음 만났을 때만 해도, 시카고 불스는 조던의 원맨팀이었습니다. 그래서 척 데일리 감독과 코치들 모두 조던에만 집중하자고 말씀하셨죠. 하지만 그들은 점점 진화해갔습니다. 저도 깨달았습니다. 혼자 아무리 30점을 넣어도 이길 수 없다는 것을 말이죠. 조던과 불스도 이를 알고 변해갔습니다. 그리고 나중에 제가 불스에서 조던과 피펜을 만났을 때, 그들은 아무 일도 없었다는 듯 절 받아줬습니다."

다치고, 화내고 급기야는 울기까지 했던 마이클 조던. 그는 승리 뒤 개인의 영예보다는 팀의 영예에 초점을 두었다. 프랜차이즈 첫 우승을 위한 큰 발걸음을 내디뎠다고 말이다. 1984년 데뷔 후 7년 만에 맞게 된 우승 기회. 이제 조던은 생애 첫 NBA 파이널의 결승 상대를 기다리고 있었다.

🏀 주석

(1) 피스톤스는 폰티악 실버돔(이하 실버돔)을 1978년부터 10년 동안 사용했다. 1987년 열린 WWF 레슬매니아 III에서 무려 93,173명이 입장했는데, 기록에서 보면 알 수 있듯이 체육관 규모가 워낙 커서 관중이 꽉 찼을 때 느껴지는 위압감이 어마어마했다. 팰리스 오브 오번 힐스(이하 팰리스)는 미시건 주 오번 힐스에 있는 다목적 체육관이었다. 1988년에 개장해 2016-2017시즌까지 피스톤스가 홈구장으로 사용했다. 네이밍 라이트를 팔지 않은 몇 안 되는 체육관으로, 그들의 플로어는 전 구단주 빌 데이빗슨(Bill Davidson)을 기념하기 위해 '윌리엄 데이빗슨 코트'라고 이름을 짓기도 했다. 피스톤스는 2017-2018시즌부터 리틀 시저스 아레나(Little Caesars Arena)를 쓰고 있다. 20,332명이 입장할 수 있는 경기장이나, 워낙 팀 성적이 부진해 경기장을 꽉 채운 날은 그리 많지 않다.

(2) 1983-1984시즌 피스톤스는 평균 117.1득점으로 리그 3위였다. 페이스가 대단히 빨랐던 팀으로, 덕분에 관중도 65만 명을 동원하며 전체 1위였다.

(3) 피스톤스는 1983년 12월 13일, 덴버 너게츠 원정에서 186-184로 승리했다. 3차 연장 끝에 승부를 본 이 경기는 NBA 사상 최다득점 기록으로 남아있다. 피스톤스 못지 않게 너게츠도 고득점을 올리는 팀이었기에 가능한 기록이었다.

(4) 185cm의 벤 고든은 코네티컷 대학 출신으로 2004년 드래프트 3순위로 불스에 지명됐다. 신인 시절 식스맨으로 투입된 그는 클러치 타임마다 활약을 펼친 덕분에 '벤 조든'이라 불리기도 했다. 마이클 조던을 연상케 한다는 의미였다. 역사상 최초로 신인상과 식스맨상을 모두 수상하기도 했는데, 덕분에 불스는 조던 시대 이후 처음으로 47승을 거두었다. 다만 더 많은 역할과 돈을 원했던 고든은 2009년, 피스톤스와 5년 계약을 체결했는데 안타깝게도 이때부터는 잦은 부상으로 이름을 더 떨치진 못했다.

(5) 맥니스 주립대는 1968년, 1989년에 이어 2002년과 2024년에도 토너먼트에 진출했다. 그러나 32강에 오른 건 1968년이 전부다. 조 듀마스는 이 학교에서 등번호를 영구결번시킨 마지막 농구 선수다.

(6) 이 시기만 해도 로드맨은 거친 선수였을 뿐이지, 규정을 어기거나 기행을 일삼는 선수는 아니었다. 로드맨이 막 나가기 시작한 것은 피스톤스가 척 데일리 감독을 해고하고, 동료들을 트레이드 했을 때부터였다. 본인도 가정사로 힘들어하며 방황을 시작했다.

(7) 토마스의 25득점 기록은 여전히 NBA 파이널 역사상 한 쿼터 최다 득점 기록으로 남아 있다. 전반전 최다 득점은 1992년 마이클 조던이 세운 35득점이다.

(8) 0.7초 전에 들어간 그 슛 덕분에 비니 존슨에게는 '007'이라는 별명도 생겼다.

(9) 듀마스는 피스톤스에서 인기가 가장 좋은 선수 중 하나였다. 그런데 「시카고 트리뷴」의 1993년 3월 1일 보도를 보면 듀마스가 단지 팀에서만 인기가 많았던 선수가 아니었음을 보여준다. 이 신문은 "몇 달 전, 한 조사기관에서 NBA 선수들, 코치들을 대상으로 '가장 존경하는 현역 선수'라는 주제로 투표를 실시했는데, 듀마스의 이름이 상위권에 있었다"고 보도했다.

(10) 이 무렵에 이미 데일리 감독은 조던을 최고라고 인정하고 있었다. "마이클은 슈퍼 휴먼입니다. 어디서 그런 에너지와 영리함, 본능이 생겼는지 모르겠습니다. 줄리어스 어빙을 보는 것 같았습니다. 시카고 시민들에게 감히 말하건대, 여러분은 일생에 한번 볼까 말까 한 대단한 존재를 보고 있는 겁니다." 데일리 감독이 실제 기자회견에서 했던 말이다.

(11) 텍스 윈터의 본명은 모리스 프레드릭 윈터. 텍사스에서 나고 자랐던 그는 서던 캘리포니아 대학에 진학했는데, 팀 동료들이 '텍사스'에서 왔다고 하여 '텍스(TEX)' 라고 불렀다.

(12) 조던과 갈등이 심했고, 인간적으로도 조던을 좋아하지 않았던 그랜트이지만, 조던이 최고의 선수라는 점은 부정하지 않았다. 한 라디오 팟캐스트 인터뷰에서 그랜트는 "마이클이 최고였다는 것은 의심의 여지가 없습니다. 그의 훈련을 함께 한 사람들이라면 그럴 자격이 있다고 생각합니다" 라고 말했다. 또한 2022년, NBA가 정규시즌 MVP에게 주는 트로피의 이름을 '마이클 조던 트로피'로 정했을 때도 "당연하다고 생각합니다"라고 지지했다. 다큐멘터리 '라스트 댄스'에 대해서도 부정적인 자세를 보였던 걸 생각하면 의외였다.

(13) 피펜은 플레이오프 기간 중 부친상을 당해 마음고생을 많이 했다. 여기에 경기에 대한 중압감까지 겹치다 보니 아스피린 몇 알로는 해결이 안 되는 두통을 겪은 것이 아닌가 생각하고 있다. 피펜이 겪은 원인불명의 두통에 대해 조던이나 불스 관계자들은 나약하다고 표현했지만, 주변인들은 사람들이 그가 아버지를 잃은 아픔에 힘들어했다는 점을 간과하는 것 같다고 아쉬워했다.

(14) 불스는 컨퍼런스 세미파이널에서 필라델피아 세븐티 식서스에 4승 1패로 이겼다. 원정에서 3차전이 유일한 패전이었다. 97-99로 졌는데, 경기 막판 찰스 바클리의 어시스트를 받은 허시 호킨스(Hersey Hawkins)가 결정적인 골을 넣었다.

⒂ 존 팩슨과 레임비어는 노터데임(Notre Dame) 대학 동문이다. 1957년생인 레임비어는 1979년에 프로에 진출했기에 3살 어린 팩슨과 겹치는 시기가 없었다. 팩슨은 1991년 4차전에서의 다툼을 비롯하여 레임비어와의 관계에 대해 "대학 시절에 잘 모르고 지내 참 다행입니다. 어떻게든 그 선수를 싫어해야 할 이유를 찾고 싶었거든요. 4차전에서 저는 레임비어에게 알려주고 싶었어요. 더는 물러서지 않을 것이고, 다시는 쓰러지지 않겠다고요"라고 말했다

⒃ 모두가 그냥 나간 건 아니었다. 존 샐리는 마지막까지 남아서 불스 선수들과 포옹했다

⒄ 듀마스도 조던을 축하했다. 둘은 1990년 NBA 올스타 주간에 처음 친해졌다. 호텔 스위트룸에서 부부동반 식사를 하기도 했다. 듀마스와 조던은 서로를 인정하고 있었다. 듀마스는 "요즘 NBA 수비 규칙으로는 조던을 절대 막지 못할 것"이라 말하기도 했다. 조던은 은퇴 후 듀마스가 피스톤스의 재건을 성공적으로 마치고 우승을 이끈 것에 대해서도 대단하다고 여겼다.

GAME INFO

날짜	1991년 6월 12일
장소	캘리포니아주 잉글우드 그레이트 웨스턴 포럼
시즌	1990-1991시즌 NBA 플레이오프 파이널
경기의 중요성	★★★★★
착용 농구화	나이키 에어 조던 6

SCORE

팀	1Q	2Q	3Q	4Q	최종
불스	27	21	32	28	108
레이커스	25	24	31	21	101

MJ's STATS

출전시간	득점	야투	자유투	리바운드	어시스트	스틸	블록	실책	파울
48'00"	30	12-23	6-8	4	10	5	2	6	1

9. 황제, 마침내 정상에 서다

1990-1991시즌 파이널 5차전

VS

시카고 불스   LA 레이커스

NBA 공식 매거진 「HOOP」이 1991년 플레이오프 특집호 주제로 내세운 건 시카고 불스나 LA 레이커스가 아니었다. (1) 「HOOP」은 3년 연속 우승팀의 탄생 여부에 포커스를 맞추었다. 바로 1989년, 1990년 우승팀 디트로이트 피스톤스였다. 표지 인물은 아이재아 토마스. 「HOOP」 뿐 아니라 미디어들은 1960년대 보스턴 셀틱스 이후 한 번도 등장하지 않은 3연패 팀이 등장할지 관심을 모았다.

다만 3년 연속 우승에 가는 길에는 걸림돌이 많았다. 먼저, 토마스의 팔꿈치가 문제였고, 그들에 대항하는 포틀랜드 트레일 블레이저스의 전력도 만만치 않았다. 「HOOP」도 토마스의 대항마로 꼽힌 클라이드 드렉슬러를 인터뷰했다. 권력의 추가 옮겨갔다고 본 것이다. 그러나 「HOOP」의 예상과 달리 1991년 플레이오프의 주인공은 피스톤스나 블레이저스가 아니었다.

전통의 강호 LA 레이커스가 마지막 저력을 발휘하며 NBA 마지막 무대에 올라섰고, 그 반대편에는 마침내 천적을 물리친 불스가 새로운 역사를 만들기 위해 준비하고 있었다. 주관방송사 NBC는 이 시리즈를 '에어매직 쇼'라고 명명했다. 불스를 이끄는 마이클 조던의 별명 '에어(air)'와 어빙 존슨의 동의어처럼 되어버린 '매직(magic)'을 인용한 것이다.

캐스터 밥 커스타스(Bob Costas)는 중계방송을 시작하면서 "그 얼마나 간절히 기다려왔던 무대입니까?"라고 코멘트했다. 레이커스는 카림 압둘자바 은퇴 후 한 번 더 타이틀을 품길 원했다. 쇼 타임 시절의 위용은 잃었지만, 제리 버스(Jerry Buss) 구단주는 매직 존슨이 건재하기에 여전히 타이틀 가능성이 높다고 봤다. 피스톤스 앞에서 3년을 무릎 꿇었던 조던도 '무관의 제왕' 딱지를 버리고 싶었다. 불스 구단도 명문가로 도약하기 위한 절호의 기회라고 봤다.

두 팀 대결을 본격적으로 소개하기에 앞서, 앞부분에서 놓친 필 잭슨 감독과 트라이앵글 오펜스를 이야기하고 싶다. '불스 시대'를 말할 때 트라이앵글 오펜스를 기반으로 다져진 팀 케미스트리를 빼놓고는 이야기를 진전시키기 어렵기 때문이다. 덕 콜린스 감독 이후 지휘봉을 넘겨받은 잭슨 감독이 가장 먼저 한 일은 조던과 타협을 하는 일이었다. 공격 욕심이 강했던 조던이 자발적으로 공을 공유하고, 동료들을 이끌어주길 바랐던 것이다.

사실, 트라이앵글 오펜스는 필 잭슨 감독을 대표하는 키워드이고, 그가 어느 팀에 가든 고수했던 공격 시스템이지만 그가 고안한 시스템은 아니었다. 1922년생인 텍스 원터(Tex Winter)는 1985년 불스에 합류하기 오래전부터 지도자 경력을 쌓아온 인물이다. 1947년 캔자스 주립대 어시스턴트 코치를 시작으로 마켓 대학, 캔자스 주립대, 워싱턴 대학 등을 거쳤고 불스 합류 전에는 루이지애나 대학의 어시스턴트 코치로 일하고 있었다.

원터를 강력 추천한 인물은 제리 크라우스 단장이었다. 크라우스 단장이 인상을 받은 건 원터가 지도자로 이룬 많은 성과가 아니었다. 원터의 기본기 지도 스타일, 그리고 '트리플 포스트(triple post)'가 바탕이 된 오펜스 시스템을 받아들이고 싶어했다. 원터 코치는 불스가 '왕조'로 발판을 다지는 동안, 항상 선수들에게 기본기 훈련을 시켰다. 피펜도 선수들이 트라이앵글 오펜스를 수행할 수 있었던 중요한 이유 중 하나로 원터의 기본기에 기반을 둔 훈련을 꼽았다.

"TV를 보고 있었는데 마침 불스가 제리 크라우스를 신임 단장으로 임명했다는 뉴스가 나오더군요. 예전부터 제리는 스카우트로서 여러 번 캔자스 주를 찾아왔습니다. 저를 볼 때마다 입버릇처럼 말했죠. '내가 NBA 실무자가 되면 전 당신을 고용할 거예요. 당신의 공격 시스템을 사용하고 싶거든요.' 전 아내 낸시에게 그때 이야기를 했지요. '아마 저 친구가 24시간 내로 나한테 전화할 거야'라고요. 그런데 진짜 전화가 오더군요. 다음 날 아침 7시 30분쯤 전화가 왔습니다." 텍스 원터가 생전 「FIBA 어시스트 매거진(FIBA Assist Magazine)」과 나눈 인터뷰에서 밝힌 일화다. (2)

그러나 트라이앵글 오펜스가 불스의 대표 시스템이 되기까지는 시간이 더 필요했다. 콜린스 감독이 원치 않았기 때문이다. 그는 원터의 철학을 받아들이지 않았고 심지어는 원터를 홀대하기까지 했다. 크라우스와의 사이가 틀어진 결정적인 이유였다. 그러나 필 잭슨의 생각은 또 달랐다. 그는 조던의 원맨쇼를 최소화시키기 위해서는 시스템이 필요하다고 믿었고, 트라이앵글 오펜스가 가장 적합하다고 생각했다.

"필은 그 당시 콜린스의 어시스턴트 코치를 하고 있었어요. 처음 내 공격 시스템을 봤을 때 매우 효율적인 스타일의 공격이라며 만족해했죠. 뉴욕 닉스의 레드 홀즈먼(Red Holzman)이 사용했던 방법이 기억난다고 말했습니다. 1970년대 초반에 홀즈먼 감독은 닉스를 두 번이나 우승으로 이끌었죠. 당시 잭슨은 그 팀의 백업으로 뛰고 있었습니다. 잭슨은 벤치에서 게임을 지켜보면서 이런 방식의 공격법이 어떻게 팀을 강하게 하는지 알 수 있었다고 합니다. 결국, 1989년에 필 잭슨은 감독이 된 뒤 트라이앵글 오펜스를 전격 수용했습니다."

트라이앵글 오펜스

트라이앵글 오펜스는 헤비(heavy) 볼 핸들러들에게는 매우 불리한 시스템이다. 기본적으로 '공유'에 초점을 둔 시스템이기 때문이다. 헤비 볼 핸들러라는 것은 경기 중 볼을 오래 소유하고 컨트롤하는 선수를 일컫는다. 그런데 굳이 '헤비'라는 수식어를 빼도 전통적으로 우리가 알고 있던 포인트가드의 관점에서 봐도 트라이앵글 오펜스는 가드 고유의 역할과는 살짝 다른 점이 있었다. 상호 움직임 속에서 흐름을 찾아야 하고, 누구든 공격의 꼭지점이 될 수 있기 때문이다. 정형화된 패턴을 전개하거나, 안 풀릴 때는 직접 2대2 플레이로 돌파하거나 3점슛을 던지는 가드와는 거리가 있다.

트라이앵글 오펜스를 경험했던 게리 페이튼(Gary Payton)과 제이 윌리엄스(Jay Williams) 모두 트라이앵글 오펜스에 대해 '어렵고 재미없는 시스템'이라고 입을 모은 바 있다. (3) 2002년 NBA 드래프트에서 야오밍에 이어 2순위로 지명됐던 제이 윌리엄스는 2005년 방한 당시 "이 오펜스에서는 포인트가드 역할이 매우 제한적입니다. 공을 주고 베이스라인으로 이동해 서 있기만 하면 됩니다. 굉장히 따분하죠"라고 말했다. 2003-2004시즌, LA 레이커스에서 이 시스템을 경험했던 페이튼도 "나와는 맞지 않는 시스템 같다"라고 말했다.

2008년에 조던 파머(Jordan Farmer)와 인터뷰했을 때도 트라이앵글 오펜스 경험을 물었다. 파머는 레이커스에서 2006년부터 2010년까지 뛰며 트라이앵글 오펜스를 체험했다. 당시 파머는 이렇게 답했다.

"트라이앵글 오펜스에서는 패스를 한 뒤 움직이는 시간이 더 많습니다. 볼을 오래 들고 공격을 조율하는 일반적인 공격과는 다릅니다. 제대로 이해하게 되면 아주 좋은 득점 기회를 만들 수 있습니다. 공을 잡고 나서 세 번째 패스 이후에는 수비가 무너지기 시작할 것입니다. 그렇지만 배우기는 어려운 시스템이었어요."

2010년쯤이다. 김진 감독(전 창원 LG 감독)이 미국 연수 중 필 잭슨 감독을 만났을 때, 김진 감독을 통해 제이 윌리엄스와 페이튼의 사례를 들어 잭슨 감독에게 질문을 부탁한 적이 있다. 그때 김진 감독은 "선수 구성에 따라 전술을 활용하여 가치를 높였을 것"이라는 잭슨 감독의 답변을 전해왔다. "존 스탁턴(John Stockton)이나 스티브 내쉬(Steve Nash) 같은 선수가 팀에 있었다면 그들의 장점을 살려 병행할 수 있는 트라이앵글 오펜스 옵션을 장착했을 것"이라고 말이다.

그러나 잭슨 감독이 있을 무렵 불스나 레이커스에는 이런 유형의 포인트가드는 없었고, 대신 스코어러로 전설적 재능을 뽐내던 조던과 모난 곳 없이 육각형 자원으로 거듭나던 피펜이 있었다. 잭슨 감독은 둘을 중심으로 끊임없이 삼각 대형을 유지하고 득점 찬스를 봐주는 시스템을 추진했다.

가장 큰 걸림돌은 역시 조던이었다. 조던은 '공유'를 두려워했다. 동료들을 충분히 믿지 못했던 탓이다. 조던은 개인기가 약한 선수에게 공이 갔을 때 생길 문제를 우려했다. 잭슨 감독은 그들이 주도적으로 공격을 이끌 방법을 배울 수 있도록, 이를 위해 공을 만질 수 있도록 기회를 주자는 주의였다. 더불어 조던이 공을 갖고 있지 않은 상태에서도 상대를 힘들게 하는 법을 익히게끔 했다. 그가 언제든 공을 잡고 공격할 수 있다는 생각을 상대에게 심어준 것이다.

그러나 농구는 철저한 상호작용이다. 동료들의 기량이 올라와야 했다. 고무적인 것은 1989-1990시즌의 실패에도 불구하고 조던과 일원들이 이 시스템을 포기하지 않았다는 점이다. 피스톤스에게 충격적인 패배를 당한 바로 다음 날부터 불스 선수들은 다시 일어섰고, 이는 팀이 더 견고해지는 계기가 됐다.

조던은 트라이앵글 오펜스를 확실히 이해하기까지 한 시즌 이상이 소요됐다고 고백했다. 흥미롭게도 피펜도 같은 말을 했다. "그렇게 대단한 전술이라면, 대체 왜 어떤 팀도 그 전술을 쓰지 않는단 말인가?"라고 의문을 던졌던 피펜은 자서전을 통해 "외국어를 배우는 것과 비슷했습니다", "필 잭슨 감독이 (시스템 도입을) 포기하기를 바라기도 했습니다"라고 고백하기도 했다.

실제로 불스가 성공하자, 이 오펜스를 여러 감독이 차용하려다가 실패한 사례가 있었고, 훗날 뉴욕 닉스도 잭슨 감독의 애제자 데릭 피셔(Derek Fisher)가 대실패를 맛보기도 했다. (4) 앞서 말했듯, 단순히 습관을 바꾸는 것에 앞서 마인드를 바꿔야 가능한 오펜스였기 때문이다.

　그렇다면 필 잭슨은 조던의 마인드를 바꾸는 데 성공했을까. 어느 정도는 그랬던 것 같다. 아니, 바꾸기보다는 '타협점'을 찾았다고 볼 수 있다. 팀 그로버 트레이너를 비롯, 여러 목격자들은 그 타협 과정에서 필 잭슨 감독이 했던 말을 옮기기도 했다. "먼저, 트라이앵글 오펜스를 가동시키고, 그 다음에 자네가 하고 싶은 대로 해. 하지만 적어도 트라이앵글의 모양새는 유지해주게. 상대 팀이 우리가 뭔가를 하는 것처럼 착각하게 말이야."

　트라이앵글 오펜스의 기본 원칙은 이랬다.

- 공격은 코트 전체를 이용해야 한다.
- 적절한 행동 영역을 확보해야 하는데, 이때 동료들 간의 거리는 최소 5~6m를 유지해야 움직임이 중복되지 않을 수 있다.
- 움직임에는 일관된 목적이 있어야 한다.
- 공격 뒤에는 리바운드 위치를 확보해야 한다.
- 누구에게라도 패스를 할 수 있도록 해야 한다.

　단순하지만 이행하기는 어려웠던, 이 오펜스를 두고 훗날 텍스 윈터 코치는 필 잭슨 감독의 리더십이 있었기에 정착이 가능했다고 돌아봤다. "필(잭슨)은 완벽한 지도자였습니다. 선수들을 학생 다루듯 하지 않고 개개인에게 책임을 심어주었습니다. 경기 중에도 스스로 해결책을 찾아가길 바랐어요. 다들 훈련은 충분했으니까요. 가끔 보면 잭슨은 정규시즌 경기 중에 타임아웃 콜을 자주 하지 않는다고 하여 비난을 받습니다. 사실 저조차도 가끔 조마조마할 때가 있어 이렇게 말합니다. '리바운드에서 뒤지고 있어, 필', '볼이 잘 안 도는 것 같지 않아? 타임아웃을 불러서 이야기해주자고.' 하지만 필은 이렇게 말합니다. '선수들도 난관을 어떻게 풀어갈지 스스로 깨달아야 해요'라고요."

　즉, 텍스 윈터가 트라이앵글의 이론적 토대를 제공했다면, 이를 설득시키고 안착시킨 인물은 잭슨이라 할 수 있다. 잭슨 감독의 '조던 편애'에 비판적 입장이었던 피펜조차도 '잭슨 감독의 리더십과 윈터 코치의 지식이 이룬 결과물'이라고 인정했으니 말이다. "잭슨 감독의 신뢰가 팀을 뭉치게 해주었어요. 조용히 우리를 믿고 기다려준 덕분입니다."

본격적인 시즌 이야기를 하기에 앞서 두 가지를 꼽고 싶다. 첫째, 트라이앵글 오펜스는 단순히 다이어그램으로 완성된 전술은 아니었다. 피펜을 비롯한 불스, 레이커스 선수들이 가장 많이 언급한 부분은 기본기 훈련이었다. 종종 구단 연수를 다녀온 지도자들이 '다 아는 내용이더라'라고 아쉬워한 이유는 바로 여기에 있다. 피펜은 지겨울 정도로 기본기 훈련을 많이 했다고 돌아봤다. 리바운드, 패스, 커트인 등 말이다. 2000년대 성행한 모션 오펜스도 마찬가지로, 기본기가 잘 갖춰지고 선수들이 움직임을 120% 이해하고 있지 않으면 아무리 명장이 오고, 좋은 전술을 도입하더라도 성공할 수 없다.

두 번째, 그렇다면 시대를 풍미했던 이 전술을 오늘날 적용하면 어떨까. 2024년 5월, 서울을 찾았던 피셔에게 인터뷰 자리를 빌려 실례 아닌 실례를 했다. 그는 뉴욕 닉스 감독이 되어 이 시스템을 야심차게 도입했지만, 17승 65패로 프랜차이즈 사상 최악의 성적을 내는 데 그쳤다. 딱 10년 전인 2014-2015시즌이었다. 이미 시대는 변하고 있었고, 농구는 더 빨라지고 있었다. 선수들은 트라이앵글 오펜스를 신뢰하지 않았다.

두 가지 이유였는데 하나는 시스템 자체가 지금 닉스에 어울리지 않는다는 것, 두 번째는 지금 NBA 농구에는 통하지 않을 것이라는 생각 때문이었다. 10년이 지난 지금, 피셔도 이를 인정했다. "오늘날 트라이앵글 오펜스가 적용된다면?"이라는 질문에 그는 "트라이앵글 오펜스는 슛 찬스를 만들기 위해 사용된 작전이었어요. 좋은 스페이싱, 좋은 볼 무브 등 오늘날 현대농구에서도 공격에 적용하는 것이지요. 하지만 15년 전에는 잘 됐지만, 지금은 좀 어렵지 않을까요. 그럴 만한 공간이 만들어질까요. 그리고 그럴 여유가 있을지도 모르겠습니다"라고 답했다.

아이솔레이션과 포스트업이 관통하던 1990년대와 2000년대. 이 시스템이 결과적으로 성공할 수 있었던 건 결국 인내를 갖고 선수들을 설득했던 필 잭슨과, 감독의 말을 믿고 자신을 조금이나마 내려놓았던 캡틴(조던)의 양보가 있었던 덕분이었다. 그리고 그 양보가 처음으로 뚜렷한 결실을 맺은 시리즈가 바로 1991년 NBA 파이널이었다.

두 전설의 첫 맞대결, 웃은 쪽은 매직

"저는 매직 존슨을 좋아했어요. 고등학생 때는 제일 좋아했죠. 친구들이 나를 '매직 조던(Magic Jordan)'이라 부르곤 했어요. 그래서 저도 제 첫 자동차(1976 그랑프리) 번호판에 '매직 조던'이라고 새겨놓았죠." 이니셜까지 'MJ'로 같았던 두 스타의 대결은 시대를 풍미한 자와, 다가오는 시대를 기다리는 자의 대결로 압축됐다. 그러나 매직과 레이커스는 적어도 아직은 세월이 자신의 편이라 믿었다. 압둘자바가 떠났어도 왕조의 자존심은 남았기 때문이다. 정규시즌에도 58승이나 거뒀다.

반대로 조던의 불스는 더 기다릴 여유가 없었다. 라이벌을 꺾은 만큼, 내친김에 정상에 서고자 했다. 앞서 언급했듯, 많은 이들은 레이커스의 관록에 더 높은 점수를 줬다. 「LA 타임스」의 마이크 헤이슬러 기자는 레이커스의 우세 이유를 리더의 차이에서 찾았다. "매직 존슨은 리더(leader)다. 마이클 조던은 아직 아니다."

그러나 조던은 애초에 이런 매치업 이야기가 나오는 것을 싫어했다. 파이널 상대가 결정되기에 앞서 조던은 "파이널은 '팀'과 '팀'의 대결입니다. 저와 매직의 대결은 즐겁긴 하겠지만, 우리 동료들도 열심히 해왔습니다. 나와 매직의 대결로 압축되는 것이 싫어요. 그런 면에서 포틀랜드 블레이저스와 맞붙는다면, '팀 대 팀'에 더 관심이 맞춰지지 않을까요?"라고 말하기도 했는데, 바로 이런 이유 때문이었다.

그런데, 1차전만 놓고 본다면 '시카고 불스는 아직 멀었다'라는 평가가 설득력이 있어 보였다. 조던은 이 경기에서 매직 존슨을 수비하면서 공격을 이끄는 중책을 맡았다. 그러나 두 가지를 모두 훌륭히 해내기란 무리가 있었다. 매직은 그만큼 영리한 선수였다. 사람들은 레이커스의 '쇼타임' 이미지를 생각하지만, 레이커스는 굳이 젊은 시절처럼 달리지 않아도 충분히 강한 전력을 낼 수 있는 팀이었다. 매직은 템포 조절에도 능했고, 바이런 스캇(Byron Scott)과 제임스 워디는 그의 눈빛에 맞춰 절묘하게 공간을 잘라 들어가는가 하면, 볼 운반을 도우면서 불스를 당황케 했다.

첫 파이널 경기를 맞은 불스 선수들도 긴장한 듯 몸이 무거웠다. 조던조차 트래블링 같은 실수를 범했으니 말이다. 불스는 전반을 53-51로 앞섰지만 3쿼터에는 단 15점밖에 얻지 못했다. 레이커스는 75-68로 앞서면서 4쿼터를 맞았다. 조던은 4쿼터에 맹활약을 하면서 경기를 원점으로 돌려놓는 듯했다. 시카고는 마침내 종료 30여 초를 남기고 91-89로 역전에 성공했다. 이제 남은 것은 쐐기골을 터트려 승기를 잡는 것뿐이었다.

하지만 조던이 결정적인 슛을 실패하고, 레이커스는 다시 역전 기회를 잡았다. 매직 존슨은 그 기회를 놓치지 않았다. 조던의 노스캐롤라이나 대학 동문 샘 퍼킨스 (Sam Perkins)는 14초를 남기고 결정적인 3점슛을 터트렸고 레이커스는 92-91로 역전했다. 시카고 스타디움을 가득 메운 팬들은 경악했지만, 포기는 하지 않았다. 14초라면, 그들의 에이스도 뭔가를 보여줄 충분한 시간이었기 때문이다. 하지만 조던은 그 기대를 무너뜨렸다. 천하의 조던이 마지막 2개의 찬스를 놓쳤던 것. 레이커스는 스캇의 자유투로 93-91로 1차전을 잡는 기쁨을 누렸다.

그들로서는 기대 이상의 성과였다. 조던은 36점을 올리고도 아쉬운 패배를 받아들였다. 그러나 피스톤스 시리즈를 졌을 때처럼 낙담하거나 자책하지 않았다. 그는 덤덤하게 소감을 전했다. "마지막 슛은 들어갈 거 같았습니다. 저는 오픈이었고 느낌이 좋았지만, 슛은 들어가지 않더군요. 하지만 게임이란 게 원래 그렇잖아요. 충격에 빠질 필요까지는 없습니다."

그러나 필 잭슨 감독은 의외로 몸이 무거웠던 불스에 실망을 감추지 못했다. 이 경기에서 조던을 제외하면 오로지 피펜만이 19점으로 분투했을 뿐이었다. 기자들도 "조던 외에 다른 선수들이 슛을 넣어줘야 한다"라고 입을 모았다. 레이커스는 들떴다. 스캇은 "조던이 40점, 45점을 올려도 상관없습니다. 그건 다른 동료들이 그만큼 못 넣을 것이란 걸 의미하니까요"라고 말했다.

매직도 '특별한 승리'였다고 기뻐했다. "카림(압둘자바)이나, 마이클 쿠퍼, 그리고 우리와 함께 영광을 이루었던 스태프들이 떠났음에도 이 자리에 왔고, 또 승리를 따냈기에 정말 특별한 승리입니다. 우리가 이 자리에 올 거라 예상한 사람이 진지하게 몇이나 됐을까요. 그러니 특별할 수밖에 없지요."

달라진 매치업, 달라진 결과

그러나 레이커스가 2번 연속 웃는 일은 일어나지 않았다. 1차전 승리에도 불구하고 레이커스는 오래 자축하지 못했다. 우선 워디가 4쿼터 착지 과정에서 왼쪽 발목을 삐끗했다. 파워풀한 동작을 가미한 득점력으로 22점을 기록, 피펜을 곤란하게 만들었던 그였지만 발목 부상 뒤에는 움직임이 제한적이었다. 레이커스 코칭스태프는 걱정이 깊어졌다. 이미 왼쪽 발목은 포틀랜드와의 컨퍼런스 결승 시리즈 중에도 한 번 돌아간 적이 있기 때문.

이 때문에 1차전을 준비하면서도, 그리고 1차전 하프타임에도 워디는 테이핑을 점검하고, 더 타이트하게 조이고 출전했던 터였다. 워디의 포지션은 레이커스가, 그리고 LA 팬들이 가장 자신있어 했던 위치였다. 피펜이 떠오르는 스타이긴 했지만 사이즈도 좋고 경험도 월등히 많은 워디에겐 대적하지 못할 것이라 봤던 것이다. 게다가 LA 매체들은 피펜이 중요한 경기마다 두통을 앓고 부진했던 전적을 꺼내 들며 워디의 우세를 전망했다. 그러면서 단 하나의 'IF'를 붙였다. '만약, 워디가 건강하다면'이라는 'IF'였다.

그런데 하필 '최악의 IF'라 할 수 있는 부상이 붙고 말았다. 레이커스는 1991년 5월 30일 컨퍼런스 파이널 최종전을 치르고 6월 2일에 1차전을 가졌다. 발목을 회복할 물리적 시간이 부족했던 상황에 입은 또 한 번의 부상. 가뜩이나 기동력과 조직력을 앞세워 레인을 압박했던 불스 수비에 부담을 안던 상황이었기에 던레비 감독과 워디는 노심초사할 수밖에 없었다. 이 시점에서 필 잭슨 감독은 매치업에 조정을 준다. 조던에게 직접적으로 매직을 맡기는 대신, 피펜에게 매직 수비를 맡기기로 결정한 것이다.

그 결정 뒤에는 워디의 부상이라는 변수도 한몫했다. 2차전은 무척 싱거웠다. 107-86의 대승. 워디는 부상에도 불구하고, 변함없이 24득점을 올리긴 했지만 공격에서 중추적인 역할을 해온 매직이 묶이면서 레이커스의 공격은 삐걱대기 시작했다. 승패는 비교적 일찍 결정됐다. 3쿼터에 불스는 38-26으로 레이커스를 제압했다.

당시 레이커스 멤버였던 래리 드류(Larry Drew)는 이렇게 회상했다. (5) "불스는 매직을 정말 하드하게 밀어붙였습니다. 매직을 지치게 만들었죠. 2차전에서 피펜과 호레이스 그랜트가 기대 이상의 활약을 보이긴 했지만, 그 밑바탕에 조던이 있었기에 가능했습니다. 톤을 잡아준 건 조던이었어요. 전반에는 2점에 그쳤지만 후반에 13개의 슛을 내리 넣으면서 경기를 터트렸거든요."

2차전에서는 '에어 조던'을 상징하는 장면도 나왔다. 점프하여 공중에 뜬 상태에서 손을 바꿔 넣는 서커스 샷을 성공시킨 것이다. '하이 플라이어'들이 득실거리는 오늘날 NBA를 보고 자란 팬들 입장에서는 그리 놀라지 않을지 모르겠다. 그러나 파이널 무대에서 그렇게 우아하게 더블 클러치를 성공시킨 선수는 그리 많지 않았다. 래리 드류는 "내가 보고도 믿기지가 않았습니다"라고 회고했다.

시리즈는 이제 캘리포니아로 장소를 옮겼다. 그레이트 웨스턴 포럼(Great Western Forum). 제리 버스(Jerry Buss) 구단주가 레이커스 구단을 인수한 이래 이곳은 늘 승리의 의식이 이어졌다. (6) LA 시민들은 버스 구단주와 레이커스를 자랑스러워했다.

어느 정도였냐면, 레이커스 우승 이후 홈구장 '포럼'의 네이밍 스폰서였던 그레이트 웨스턴 뱅크 예금이 늘어 뉴스로 다뤄지기도 했다. 당시 은행을 찾은 한 팬은 "레이커스를 후원하는 은행이잖아요"라고 말했는데, 이는 1980년대 스포츠 스폰서의 효과를 상징하는 대표 사례로 남았다.

그러나 적어도 이 시리즈에서는 레이커스의 승리 찬가는 더 들리지 않았다. 불스는 연장 접전 끝에 104-96으로 레이커스를 제압했다. 연장전 스코어는 12-4. 4쿼터부터 시작된 '젊은 피의 질주'를 감당하지 못했다. 물론, 불스의 여정도 쉽지 않았다.

1분 50초 전까지만 해도 88-85로 앞섰던 불스이지만 몇 차례 서툰 공격으로 인해 수월하게 경기를 마무리짓지 못했다. 모두의 점퍼가 불안정했기에 불스가 3점 차로 달아나면 레이커스가 다시 2점을 따라붙는 추격전을 자초했다. 그리고 10.9초 전, 90-89로 앞서던 불스는 절체절명의 위기를 맞는다. 매직의 패스를 받은 디박이 그대로 림으로 쳐들어가며 골밑 득점을 성공시킨 것. 동시에 휘슬이 울렸다. 카운트와 동시에 앤드 원 추가 자유투까지 주어진 것이다.

디박은 2득점으로 91-90으로 스코어를 뒤집은 데 이어 자유투까지 성공시켰고, 레이커스는 2점을 앞서며 마지막 포제션을 맞게 됐다. 불스는 이 파울로 잃은 것이 많았다. 승리를 마무리 지을 기회를 놓쳤을 뿐 아니라 피펜까지 6번째 파울로 퇴장을 당했기 때문이다. 아직 경기가 끝나지도 않은 상황이었지만 NBC는 2년 차 센터 디박을 '플레이어 오브 더 게임'으로 선정했다.

승부가 끝났다고 보는 듯, 두 가지 자료를 내세웠다. 첫 번째는 조던이 1차전 마지막 점프슛을 놓치던 장면, 그리고 2번째는 21득점을 기록하던 중이긴 했지만, 3~4쿼터 통틀어 6점에 그치고 있다는 지표였다. 그렇다면 불스의 타임아웃 이후 작전은 무엇이었을까. 피펜까지 나간 마당에 다른 선택이 있었을까. 조던은 엔드라인부터 볼을 몰고 넘어와 우측 3m 지점까지 쇄도, 그대로 풀업 점퍼를 시도했다. 철썩~. 공은 깨끗하게 림을 통과했고 스코어는 92-92로 타이가 됐다. 스캇이 따라가고 디박이 앞을 막았지만, 조던은 흔들림이 없었다.

추가로 주어진 5분. 레이커스에겐 더이상 동력이 없었다. 반면 불스는 피펜이 없었지만 '승부사' 조던이 있었다. 조던은 연장전 12점 중 6점을 혼자 책임졌다. 2분 여 전의 96-96은 이 경기의 마지막 동점이었다. 더블팀을 받는 상황에서도 조던은 더블 클러치로 균열을 냈다. 그랜트도 결정적인 골밑슛을 넣으며 쐐기를 박았다.

훗날 던레비 감독은 "3차전이 가장 아까웠다"라고 회상했다. "우리가 앞서던 때도 있었습니다. 그런데 기어이 쫓아와 연장을 가더군요. 그 경기로 불스가 2승 1패로 앞서게 됐고, 우리는 더 회복하지 못했습니다. 마이클의 그 터프샷으로 시리즈가 기울어졌습니다. 경기 내내 수비를 붙여봤지만 모두 물리치더군요. 저도 선수들에게 더이상 주문하지 못했어요. 이 세상에 조던을 1대1로 막을 자는 없었으니까요."

기울어진 시리즈

NBC는 1차전 직후 4차전과 7차전 시간을 저녁 시간대로 바꾸었다. (7) 4차전과 7 차전 모두 미국 시간으로 일요일 낮 3시 30분으로 예정되었지만, 저녁 7시로 옮겨졌 다. 그만큼 시청률이 보장된다고 판단했다. 매직 존슨이 첫 우승을 하던 때만 해도 녹 화중계로 파이널을 내보냈던 NBA 입장에서는 아마도 쾌재를 부르지 않았을까.

1차전만 해도 긴장한 기색이 역력했던 조던은 어느샌가부터 파이널을 즐기고 있 었다. 공식 기자회견에서 그는 "이런 주목을 받는 것이 즐겁습니다. NCAA 챔피언십 이나 올림픽 이후로는 이런 감정을 느껴본 적이 없었던 것 같아요. 그러나 미디어의 관심이 우승을 결정짓게 해주는 것은 아니죠. 중요한 건 우리가 얼마나 집중하느냐 에 달렸습니다"라며 신중함을 보였다.

그러나 불스가 2승 1패 리드에도 불구하고 마냥 들뜨지 않은 이유는 따로 있었다. 바로 조던도 부상을 당했기 때문이었다. 조던은 3차전 3.4초 전, 동점골을 넣고 착지 하는 과정에서 오른쪽 엄지발가락을 다쳤다. 이 때문에 그는 한 시간 가까이 찜질을 받고서야 현장을 빠져나갈 수 있었다. 발가락 부상은 농구선수에게 치명적이다. 매 스텝에 힘을 싣고 방향 및 속도 전환이 많은 운동이기 때문에 발가락에 힘을 싣지 못 하면 움직임이 제한적일 수밖에 없다.

이 때문에 불스는 4차전 훈련에 조던을 아예 제외하기도 했다. 언론사들도 뜻밖의 변수에 주목했다. 필 잭슨 감독은 부상 상태가 부풀려지는 걸 원치 않았다. 처음부터 "지금은 농구화를 신는 데 조금 불편함을 느낀다 하더군요. 그래서 훈련은 쉬지만 4차전은 뛸 겁니다"라고 못을 박았다.

언론사들은 잭슨 감독보다는 물리치료 담당자의 말을 더 듣고 싶어했다. 〈시카고 트리뷴〉은 당시 불스의 물리치료를 담당하던 존 헤퍼론(John Hefferon)이 수십 명의 기자들에게 둘러싸여 각종 질문에 시달려야 했다. (8) "발톱이 빠졌나요?", "발톱 색이 바뀌었나요?" 등 발가락 부상에 관한 거의 모든 질문이 쏟아졌다.

그러자 헤퍼론은 "처음 다칠 때만 해도 통증이 심했지만, 막상 (연장전) 경기가 시작되자 다시 점프도 하고 전처럼 빠르게 스피드를 올릴 수 있었다고 합니다. 마이클은 종종 그런 것들을 훌륭히 이겨내곤 합니다. 플레이할 때는 아프다는 생각을 수납해두는 것 같습니다. 아마 4차전에서도 그럴 겁니다. 실제로도 통증이 3차전에서처럼 심하지 않을 거고요"라고 말하며 소문을 일축했다.

그렇지만 '대수롭지 않은' 부상으로 포장된 것과 달리 훗날 조던은 "처음에는 골절인 줄 알았다"라고 말한 것으로 알려졌다. 그럼에도 연장에서는 아무 일 없었다는 듯 날아다녔으니 그 역시 우승에 대한 집념이 대단했음을 유추할 수 있다. 실제로 조던은 부상에 영향을 받지 않는 듯했다. 불스가 97-82로 승리한 4차전. 조던은 28득점을 올리며 3승 1패 리드를 안겼다. 조던은 2쿼터에만 11점을 몰아넣었고 불스도 크게 앞서가며 승기를 잡았다.

대중에게는 '스마일 맨'으로 잘 알려졌고, 특유의 해맑은 미소가 트레이드 마크였던 매직이지만 그는 결코 웃지 못했다. 이 경기에서 동고동락한 두 파트너마저 잃었기 때문이다. 워디는 통증이 남아있던 발목이 악화됐고, 바이런 스캇은 플로어에 미끄러지면서 어깨를 다쳤다. 그 와중에도 4쿼터에 7점 차까지 쫓았지만 조던과 피펜 콤비를 당해내지 못했다.

횃불을 넘겨받다

5차전은 1991년 6월 12일에 열렸다. 4차전이 6월 9일에 열렸고, 당시 파이널 포맷이 2-3-2였기에 두 팀은 계속해서 캘리포니아 주를 벗어나는 일 없이 남은 5차전을 준비했다. (9) 불스는 젊었기에 그 혈기를 유지하고 있었다. 반면 레이커스는 그 여유에도 불구하고, 부상자들의 회복을 기대하기는 어려웠다. 5차전을 앞두고 가진 몇 차례 훈련에서 공을 들고 뛴 인원은 평균 10명이 안 됐다. (10)

급기야 던레비 감독은 토니 스미스(Tony Smith)와 엘든 캠벨(Elden Campbell)을 호출했다. 190cm의 스미스는 당시 22살로, 1990년 드래프트에서 51번째로 지명됐던 신인이었다. 시즌 중 64경기를 뛰긴 했지만 길어야 10분 남짓이었다. 심지어 플레이오프 들어서는 5분 이상 뛴 경기도 없었다. 그러나 선택의 여지가 없었다. 스캇을 대체할 인물이 없었던 것이다.

캠벨은 스미스보다 사정이 나았다. 1990년 드래프트 27순위로 지명된 그는 빅맨 양성소로 유명했던 클렘슨(Clemson) 대학 출신으로, 플레이오프를 치르며 많게는 20분 이상 뛴 경기도 제법 있었다. (11) 그렇지만, 역시 워디가 보여온 영향력과는 비교하기가 어려웠다. 던레비 감독은 두 선수에게 5차전에서는 출전시간이 길게 주어질 것이라 예고했고, 매직 존슨도 두 신인을 불러 "너희의 게임을 해. 열심히 즐겨보자고!"라며 용기를 북돋웠다.

"조던이 공을 편하게 잡지 못하게 몰아세워야 해. 그를 막진 못할 거야. 그저 어렵게만 잡게 해줘." 코칭스태프와 선배들은 스미스에게 간단하지만 결코 쉽지 않은 오더를 내렸다. 스미스는 훗날 "너무 긴장해서 그러지 못했습니다"라고 고백했다. 당연하다. 이 경기를 지면 한 시즌이 끝난다. 게다가 상대는 물오른 불스이고, 자신이 막아야 할 상대는 '곧' NBA 정상에 설 슈퍼스타였다.

이처럼 실망과 긴장이 레이커스 라커룸을 감싸고 있었지만, 불스는 곧 배송될 택배를 기다리는 사람처럼 들떠 있었다. 「시카고 선-타임즈(Chicago Sun-Times)」는 한 술 더 떠 'Bulls Win It'이라는 문구가 대문짝만하게 쓰인 신문 1면을 미리 제작해 불스 선수들에게 보여주었다. 「시카고 선-타임즈」 기자는 1면에 조던의 사인을 받아갔다. 당시 조던은 "절대로 매직 존슨이 못 보게 해달라"라고 당부했다는 후문이다.

이러한 대조적인 분위기와 달리 경기는 막판까지 팽팽했다. 매직 존슨은 단 1번도 교체되지 않고 풀 타임을 소화하며 자존심을 보였다. 본인이 득점을 못 하더라도 귀신 같이 동료들에게 볼을 전달하여 득점을 뽑아냈다. 덕분에 경기 종료 4분여 전까지 두 팀은 원 포제션 게임을 주고받았다. 그러나 승부처가 되면서 불스는 기이한 경험을 통해 승리에 다가가게 된다. '조던 중심'의 팀에게는 생소한, 하지만 필 잭슨 감독 입장에서는 그토록 원했던 경험이었다.

불스는 93-93 상황에서 연속 득점을 올리면서 승부를 결정지었는데, 그 슛을 넣은 선수가 조던이 아닌 포인트가드 존 팩슨이었던 것이다. 팩슨은 동부 컨퍼런스 결승까지 12경기에서 6.1득점을 기록했으나 야투 적중률이 썩 좋진 않았다. 2점슛은 44.1%, 3점슛은 10%에 불과했다. 파이널 1차전도 6점에 그쳤다. 그러나 흐름을 타기 시작한 2차전부터는 동반 상승해 2~4차전에서 평균 13.7득점을 기록했다. 슛도 호조를 보였다. 필 잭슨 감독은 상대 수비가 조던이나 피펜을 더 신경썼기에 팩슨의 슛감을 이용하고 싶어했다. 실제로 공격을 전개할 때 팩슨을 매치업하던 매직은 한 걸음 뒤로 물러나 조던이나 피펜까지 신경쓰는 것을 알 수 있었다.

타임아웃 동안 필 잭슨 감독은 조던에게 누가 오픈되어 있는지 물었다. 조던이 존 팩슨이라고 답하자 잭슨은 조던에게 팩슨에게 공을 주라고 지시했다. 2~3년 전이었다면 발끈했을지도 모르지만, 이번엔 달랐다. 조던은 팩슨을 믿었고 잭슨 감독의 지시를 이행했다. 자신이 움직일 때마다 모든 수비의 시선이 쏠린다는 사실도 알고 있었기 때문이다.

"매직 존슨이 저를 막고 있긴 했지만, 많은 팀들이 그랬듯 수비는 마이클을 집중하고 있었죠. 필은 마이클로 하여금 매직이 저를 버리고 더블팀을 오게끔 하라고 했어요. 저는 오픈이 될 수 있었죠." 팩슨의 회고다. "선수로서 그런 역할을 맡았음을 자랑스럽게 여깁니다. 오픈 찬스이긴 했지만 중요한 무대에서 그걸 넣었다는 것을 행운이라 여깁니다." 팩슨은 여러 번 오픈샷을 넣으면서 20득점(12개 중 9개)을 기록했다. 조던은 이날 10개의 어시스트를 기록했다.

훗날 팩슨은 조던이 결정적일 때, 자신을 비롯한 동료들을 믿은 것이 원동력이었다고 말했다. "농구는 원맨쇼가 아니었어요. 조던도 알고 있었지만, 그 전에 우리가 먼저 증명해야 했어요. 마이클에게 우리가 할 수 있다는 것을 보여줘야 했죠. 그것은 하룻밤에 이뤄지지 않았습니다. 시즌 내내 우리는 하나로 뭉쳐 뛰었고, 필은 오랫동안 그걸 위해 연구했습니다." 종료 버저가 울렸을 때 스코어는 108-101. 불스와 조던이 꿈에 그리던 NBA 챔피언이 됐다.

챔피언의 의미

매직 존슨은 실망스러운 결과에도 불구하고 낙담만 하지 않았다. 역시나 예상을 뒤집고 파이널에 올라온 것이기에 젊은 선수들이 더 성장한다면, 계속 강팀으로 남을 것이라 본 것이다. 5차전에서 매직은 16득점 11리바운드 20어시스트를 기록했는데, 디박과 캠벨, A.C 그린 등이 훌륭한 움직임을 보인 덕분에 어시스트도 적립될 수 있었다. 그는 패배를 인정함과 동시에 새로운 챔피언의 등장을 반겼다.

조던이 평소 가깝게 지내왔고, 또 실력을 인정해온 후배였기에 가능했던 일이었다. 한참 뒤 방송 인터뷰에서 매직 존슨은 파이널 직후 마주한 조던에 대해 이렇게 기억했다. "경기 직후 마이클을 봤을 때, 눈가에 눈물이 가득하더군요. 사람들이 조던은 이기주의적이고, 개인플레이만 일삼는다고 하는 말을 들어보셨을 거예요. 하지만 그는 이번 우승으로 사람들의 생각이 틀렸다는 것을 증명했습니다."

그렇다면 불스는 어땠을까. 사실, 팩슨의 슛을 끌어낸 모든 오펜스가 트라이앵글 오펜스였던 것은 아니다. 실제 4쿼터 클러치 구간에 트라이앵글 오펜스가 가동된 상황은 한 손에 꼽을 정도였다. 그러나, 트라이앵글 오펜스는 선수단을 하나로 뭉치게 해주었고 결정적으로 조던의 마음을 열게 해주었다. 나중에도 소개하겠지만, 우승을 결정지은 경기에서 조던은 자신에게 쏠리는 수비를 십분 활용해 동료들의 클러치 슛을 끌어냈다. 1991년 파이널의 성공이 아니었다면 불가능했을 것이다.

"라커룸은 축제 분위기였습니다. 마침내 챔피언십을 달성했기에 그 기쁨이 더 했던 것 같아요. 마이클은 특히 더 그랬습니다. 저는 1980년대 후반부터 불스를 취재했는데요. 그때마다 TV와 신문에서는 늘 '조던은 우승하지 못할 거야', '불스는 조던이랑 함께 있는 이상 우승은 불가능해'와 같은 말을 해왔습니다. 그렇기에 조던과 동료들이 느낀 성취감은 더 컸을 것 같습니다." 「시카고 트리뷴」의 샘 스미스 기자가 남긴 라커룸 분위기다. 이때 동료 및 팀 관계자, 취재 기자 등은 전에 보지 못했던 장면을 목격하게 된다.

바로 조던이 아버지 곁에서 트로피를 안고서 눈물을 흘리는 장면이었다. 윌 퍼듀는 이 장면을 보고 많이 놀랐다고 했다. 이는 넷플릭스 다큐멘터리에서도 언급했던 것으로, 퍼듀는 "동료들이 봤던 마이클의 감정 표현이라고는 분노와 실망뿐이었습니다. 그런데, 우는 모습을 보니 다들 놀랄 수밖에 없었죠. 마이클 사람이었다는 사실을 알게 됐달까요?"라고 말했다.

시리즈 5경기에서 31.2득점 6.4리바운드 10.4어시스트를 기록한 조던은 파이널 MVP가 됐다. ⒇ 그렇지만 조던은 MVP라는 개인의 영예보다는 첫 우승을 더 소중하게 생각했다. 자신이 매직 존슨이나 래리 버드 같은 위대한 선수로 인정받기 위해서는 우승이 꼭 필요했다. "7년이나 걸렸습니다. 밑바닥부터 힘들게 올라왔습니다. 힘들 때도 있었지만 매년 더 열심히 했습니다. 이제 우리는 '원맨팀'이라는 딱지를 뗄 수 있게 됐습니다. 우리는 시즌 내내 팀으로 함께 했습니다. 저는 저의 게임을 해왔지만, 동료들의 도움이 있었기에 더 훌륭한 팀이 될 수 있었습니다." 조던의 소감이다.

늘 강인한 모습을 보여왔던 조던이었기에 행복에 겨워 눈시울을 붉히는 장면은 모두에게 낯설 수밖에 없었다. 그것도 대중 앞에서 말이다. "최선을 다해왔기에 나오는 감정이라 생각합니다. 저도 이런 느낌일 거라고는, 혹은 사람들 앞에서 이런 감정을 다 보여줄 수 있을 것이라고는 생각해본 적이 없습니다. 하지만 지금은 상관하지 않을래요."

사실, 1991년 파이널에서 조던의 베스트 게임을 꼽는다면 경이로운 더블 클러치가 나온 2차전이나, 연장을 보내는 동점골을 터트린 3차전을 추천했어야 한다. 그러나 1991년 파이널은 '아쉬운 패배'로 시작된 1차전부터 '어시스트'로 막을 내린 5차전까지 모든 경기를 언급해야 했다. 조던이 위대한 솔로에서 위대한 리더로 거듭나는 첫 계단이었기 때문이다. 적재적소에 수비 매치업을 바꿔주고, 조던에게 자신의 그래비티를 이용한 어시스트를 지시한 필 잭슨 감독의 존재감이나, 한 단계 더 거듭난 피펜과 그랜트, 기회가 왔을 때 놓치지 않은 팩슨도 빼놓을 수 없다. 모두가 '팀'으로 승리할 방법을 찾는다는 것이 바로 이런 것이 아닐까 싶을 정도였으니 말이다.

"패배는 정말 실망스러운 일입니다. 그렇다고 제 커리어가 엉망이 되었던 것은 아닙니다. 그동안 만나온 모든 사람들과 함께 팀으로 이뤄낸 모든 과정은 영원히 저와 함께 할 것이니까요. 그동안 어떤 일이 일어났는지는 중요하지 않습니다. 뒤돌아보지 않고 계속 나아갈 것입니다." 그렇게 '농구황제'의 조던와 불스 왕조의 본격적인 전진이 시작됐다.

(1) 「HOOP」 매거진은 1971년 창간된 NBA 공식 매거진이었다. 선수들의 코트 밖 화보와 인터뷰 등을 다뤄왔다. 그러나 SNS가 등장하면서 영향력이 크게 줄었다.

(2) 「FIBA ASSIST MAGAZINE」은 국제농구연맹에서 발행한 비정기행물이었다. 2003년 1월 처음 발행되었고, 세계 대회에서 성과를 낸 지도자들의 전술과 성공 사례 등 농구 전반의 인사이트를 제공하는 데 주력했다. 그러나 2010년 41회를 끝으로 발행이 중단되었다.

(3) 페이튼은 2004년 여름에 나이키 소속으로 한국을 방한해 서울과 대구 등에서 행사를 가졌다. 흥미롭게도 2012년 10월에는 아디다스 소속으로 다시 한국을 찾았다. 나이키, 아디다스 등 각기 다른 브랜드 소속으로 한국을 찾은 NBA 선수는 페이튼과 코비 브라이언트뿐이다. 제이 윌리엄스는 2005년 아디다스의 초청으로 3대3 농구대회 게스트로 참여했다. 2008년 조던 파머는 NBA 아시아가 개최한 'NBA 매드니스(NBA Madness)'라는 팬 페스티벌의 게스트로 서울을 찾았다.

(4) 데릭 피셔는 2014년 은퇴 후 바로 지도자 생활을 시작했다. 레이커스 시절 은사였던 필 잭슨이 사장으로 보직을 옮긴 뉴욕 닉스에서 감독을 맡았는데 트라이앵글 오펜스를 고수해 여론이 좋지 않았다. 2014-2015시즌 성적은 17승 65패였고, 2015-2016시즌에는 22승 22패의 부진한 성적으로 인해 2016년 2월 8일에 해고됐다.

(5) 1958년생 래리 드류는 1991년 파이널이 선수로서 치른 마지막 무대였다. 은퇴 후 레이커스 어시스턴트 코치로 임명되어 7년을 보냈고 이후 여러 팀의 어시스턴트 코치로 활동해왔다. 애틀랜타 호크스, 밀워키 벅스 등에서 감독을 맡기도 했지만 강한 인상은 남기지 못했다. 2020년부터는 LA 클리퍼스 코치로 활동 중이다.

(6) 제리 버스 박사는 1979년 LA 레이커스와 LA 킹스(NHL)를 인수해 팀을 성공적으로 이끌었다. 그가 구단주로 있는 동안 레이커스는 10번의 우승을 차지했고, 할리우드라는 연고지를 십분 활용해 '레이커 걸스'라는 치어리더 브랜드를 탄생시키는 등 흥행에도 큰 역할을 했다. 2013년 작고했으며, 여전히 레이커스는 제리 버스의 기일 무렵에 '제리 버스의 밤'이라는 행사를 통해 그를 추모하고 있다.

(7) 1991년 파이널은 NBC가 중계를 맡은 이후 치른 첫 파이널이었다. 1987년 CBS가 중계한 보스턴-LA 레이커스의 라이벌 시리즈 이래 가장 높은 시청률을 기록했다. 5차전은 1,830만 명이 시

청했다.

(8) 존 해퍼론(John Hefferon)은 1950년생으로 시카고 신경외과(NOHC)의 전문의였다. 1996년 미
국국가대표팀 주치의였고, 1984년부터 1996년까지 시카고 불스의 팀 닥터로도 활동하며 조던과
피펜, 데니스 로드맨(Dennis Rodman) 등을 돌봤다. 지금은 시카고 정형외과 과장으로 재직중이
다.

(9) 1985년부터 NBA 파이널은 이동 거리를 최소화하기 위해 2-3-2 포맷으로 치러졌다. 즉, 1~2차
전은 상위 시드 홈에서 치르고 3~5차전은 하위 시드 홈에서 가졌다. 6~7차전은 다시 상위 시드
홈에서 치르는 방식이었다. 그러나 교통수단이 발달해 예전 방식을 고수할 이유가 없다는 의견에
따라 2014년부터는 2-2-1-1-1 포맷으로 전환됐다.

(10) LA 레이커스에서는 매직 존슨이 파이널 기간 내내 거의 훈련에 참가하지 않았다. 아니, '못했다'
라는 표현이 더 맞을지도 모르겠다. 무릎 상태가 안 좋았던 매직은 파이널 5경기에서 평균 45.6
분을 뛰었으며, 이는 팀에서 가장 긴 출전 시간이었다. 마이클 조던보다도 오랜 시간을 뛴 셈. 파
이널 기간 동안, 마이크 던레비 감독은 매직에게 대부분 휴식을 주면서 매 경기를 준비했다.

(11) 크렘슨 대학은 유능한 빅맨들을 많이 배출해왔다. 호레이스 그랜트와 데일 데이비스, 쉐런 라이
트, 트리 롤린스 등이 대표적이다. 현역 중에서는 덴버 너게츠 소속의 P.J 홀, 뉴올리언스 펠리컨
스 소속의 트레이 재미슨 등이 있다.

(12) 파이널 MVP는 1969년부터 수여됐다. 첫 수상자는 준우승팀에서 나왔는데 LA 레이커스의 제리
웨스트(Jerry West)였다. 조던은 1991년을 시작으로 커리어 통산 6번의 파이널 MVP를 차지했
다. 우승할 때마다 파이널 MVP가 된 셈이다. NBA 파이널 MVP는 2009년, '빌 러셀 파이널 MVP'
로 명칭이 변경됐다. 11번 우승한 레전드 빌 러셀을 기념하기 위해서였다.

GAME INFO

날짜	1992년 5월 17일
장소	일리노이주 시카고 스타디움
시즌	1991-1992시즌 NBA 플레이오프
경기의 중요성	★★★★★
착용 농구화	나이키 에어 조던 7

SCORE

팀	1Q	2Q	3Q	4Q	최종
불스	30	26	23	31	110
닉스	25	26	13	17	81

MJ's STATS

출전시간	득점	야투	자유투	리바운드	어시스트	스틸	블록	실책	파울
42'00"	42	15-29	12-13	6	4	2	3	5	3

10. 가장 치열했던 라이벌

1991-1992시즌 플레이오프
2라운드 7차전

CHICAGO
BULLS

VS

시카고 불스   뉴욕 닉스

고금을 막론하고, 우승으로 가는 관문에는 늘 '정적'이 서 있었다. 2010년대 더마데로잔(Dermar Derozan)의 토론토 랩터스는 항상 르브론 제임스의 팀에 막혔다. 급기야 데로잔은 르브론 제임스를 못 이긴 것에 대해 하소연하기에 이르렀다. (1)

그런 '동부 최강' 르브론의 앞에는 골든스테이트 워리어스가 있었다. 2015년부터 2018년까지, 무려 4년에 걸쳐 NBA 파이널에서 마주했는데 그중 3번을 준우승에 머물렀다. 워리어스에는 스테픈 커리(Stephen Curry), 케빈 듀란트(Kevin Durant), 클레이 탐슨(Klay Thompson) 등 내로라하는 스타들이 있었다. 캐벌리어스도 카이리 어빙(Kyrie Irving), 케빈 러브(Kevin Love) 등이 있었지만, 전력의 깊이가 달랐다. 2016년 파이널에서 1승 3패를 뒤집고 우승하는 드라마를 쓰기도 했지만, 마지막 맞대결에서는 1승도 못 건진 채 쓸쓸히 퇴장했다.

불스에게도 비슷한 사연이 있었다. 이미 앞에서 소개한 디트로이트 피스톤스였다. 다만 차이가 있다면, 불스는 기어이 피스톤스의 높은 벽을 넘어 정상의 맛을 봤다는 것이다. 정적, 혹은 천적을 넘으며 비로소 왕위 교체를 달성한 것이다. 그렇게 챔피언이 된 불스 뒤는 늘 이 팀이 뒤쫓았다.

바로 뉴욕 닉스다. NCAA 결승에서 대면했던 조던과 유잉은 프로선수가 되어서도 중요한 플레이오프의 길목에서 마주했다. 그것도 무려 5번이나. 그러나 결과부터 말하자면 유잉과 닉스는 한 번도 조던을 탈락시키지 못했다.

1994년 NBA 플레이오프 컨퍼런스 준결승에서 불스를 꺾긴 했지만, 이때는 조던이 은퇴 선수 신분이었다. 스카티 피펜과 토니 쿠코치의 고군분투에도 불구하고 7차전에서 패해 3승 4패로 탈락했다.

그래도 패트릭 유잉과 팻 라일리, 2명의 'PAT'이 이끈 닉스는 동부 컨퍼런스에서 불스를 가장 위협한 팀 중 하나였다. 그들은 피스톤스만큼 거칠었고, 피스톤스보다 덩치가 좋았다. 피스톤스는 터프한 농구를 펼치는 팀으로 묘사된 것과 달리, 의외로 세밀한 농구를 펼쳤던 팀이었다.

마찬가지로 닉스도 '지략가' 라일리의 지도 아래 공·수에서 다양한 전술을 내놓으며 동부의 강자로 떠올랐다. 플레이오프마다 조던과 필 잭슨 감독이 긴장한 이유다. 이 챕터는 불스가 정상으로 가는 모든 길목에 서 있었던 또 다른 라이벌의 이야기다.

닉스가 달라진 배경 = 라일리

'감독' 라일리는 NBA 역사에 남을 명장 중 한 명이다. 감독으로서 5번 우승했고, 각기 다른 세 팀에서 올해의 감독상을 수상했다. 통산 전적은 정규시즌 1,210승 694 패(승률 63.6%), 플레이오프 171승 111패(승률 60.6%)다. 영화배우처럼 멋지게 빗어 넘긴 헤어스타일에 아르마니 정장, 롤렉스 시계를 좋아해 미국 문화를 대표하는 두 대도시, 로스엔젤레스와 뉴욕의 세련된 느낌과도 잘 어울렸다.

1945년생인 라일리는 현역 시절에는 그리 유명하지 않은 선수였지만, 감독으로서 는 스포트라이트를 독식했다. 스티브 커 감독이 워리어스에서 최단기간 기록을 새로 쓰기 전, 그 자리에는 필 잭슨 감독이 있었다. 그리고 잭슨 감독에 앞서 '최단기간'을 논할 때는 팻 라일리가 그 자리에 있었다.

매직 존슨과 카림 압둘자바, 패트릭 유잉, 팀 하더웨이(Tim Hardaway) 같은 깐깐한 올스타들을 다루는 데도 일가견이 있었고, 존 스탁스(John Starks)와 앤써니 메이슨(Anthony Mason), 보션 레나드(Voshon Leonard), 브루스 보웬(Bruce Bowen) 같은 무명 선수들을 수면 위에 끌어올려 '쓸 만한 자원'으로 만든 실력자이기도 했다. 은퇴후 해설위원으로 제2의 커리어를 시작했는데, 깐깐하기로 소문난 아나운서 칙 헌이 인정한 파트너였을 정도로 화술도 뛰어났다(레이커스 코치가 된 것도 칙 헌의 추천 덕분이었다).

그 화술로 선수들에게 승부욕을 심어주었고, 기자들도 능숙하게 다루었다. 흔히 말하는 '언론 플레이'도 잘해서 상대팀 감독이 울컥한 나머지 안 해도 되는 말실수까지 하게 만들곤 했다. '언변'하면 빠지지 않는 필 잭슨 감독조차도 라일리와의 '미디어 전쟁'에 종종 말려들 정도였으니 말이다(몇 차례 '이불킥'을 경험한 잭슨은 자서전에 라일리와의 말싸움에 대해 '후회가 된다'는 말을 남기기도 했다).

LA 레이커스(1981~1990)와 뉴욕 닉스(1991~1995), 마이애미 히트(1995~2003, 2006~2008)를 거치면서 라일리는 자신이 맡은 팀들을 최소 1번 이상은 NBA 파이널에 올려놓았다.

'쇼 타임' 레이커스 시절이 '젊은 패기'를 앞세워 감독으로서 경험을 쌓고 자신의 철학을 만드는 단계였다면, 닉스는 색깔을 구축해 정상에 도전한 단계였다. 그 과정에서 라일리는 프로에서 원하는 색깔대로 농구를 하려면 원하는 선수들을 발 빠르게 영입하고 어느 정도 본인이 선수단의 관리와 운영을 통제할 수 있어야 한다고 믿었다. 닉스에게 단순한 감독이 아닌 지분을 갖고 팀까지 운영할 수 있는 직위를 요구했던 배경이다.

베테랑 취재기자들이 말하는 팻 라일리

"팻 라일리는 어떤 스타일의 리더였나요?"

'라일리 시대'를 취재해본 현지 베테랑 기자들에게 이 질문을 던졌을 때, 내게 가장 많이 돌아온 답변은 '동기부여 기술의 대가'라는 것이었다.

"선수들을 움직이게끔 만드는 데 일가견이 있었던 감독이었어요. 굉장히 터프하고 요구하는 부분이 많았지만, 굉장히 드라마틱한 방법으로 선수들이 그것을 해내게끔 만드는 사람이었죠."

「시카고 트리뷴」 샘 스미스 기자에게 라일리를 묻자, 그는 이렇게 답을 보내왔다. 스미스 기자는 오랜 기억을 되살려 레이커스 시절의 이야기를 전했다. "플레이오프 경기 중 일이었어요. 화를 주체못해서 얼음이 담긴 욕조에 자기 머리를 집어넣더군요. 사람들이 저러다 죽겠다 싶을 때까지 머리를 담그고 있었어요. 그러더니 선수들에게도 죽을 각오로 미친 듯이 열심히 해달라고 지시했습니다." [2]

이어 샘 스미스 기자는 "팻 라일리는 레이커스를 떠난 뒤에도 그랬어요. 물론, 매직 존슨이 속공을 이끌던 1980년대 '쇼타임' 레이커스와는 농구 스타일이 달라졌죠. 수비에서는 종종 더티 플레이의 경계까지 갈 정도로 피지컬한 플레이를 요구했습니다. 팀을 옮겼어도 팻 라일리의 선수들이 온 힘을 다하게끔 만드는 능력은 여전했습니다. 전술은 물론이고, 언변으로도 선수들이 귀를 기울이게끔 했어요. 예를 들어 역사 속 명언들을 인용하기도 했습니다"라고 자신의 경험담을 들려줬다.

1990년대 국내 스포츠잡지 「루키」에 글을 기고했던 「USA 투데이」의 데이비드 듀프리 기자에게도 라일리의 감독 시절 일화를 물었다. 듀프리 기자도 '훌륭한 리더였다'라는 말부터 꺼냈다.

"라일리는 엄격했어요. 주문사항도 많았던 사람으로 기억합니다. 하지만 공정하고 논리적이었습니다. 못하는 것을 억지로 만들기보다는 선수들이 가진 탤런트에 접근해 팀에 맞추는 데 일가견이 있었죠. 인내심을 갖고 지켜봤어요. 그만큼 그는 아주 훌륭한 선생님이자 리더였습니다. 만일 제가 농구선수였다면 라일리 밑에서는 꼭 한 번쯤 뛰고 싶었을 거 같아요. 저널리스트로서 라일리와 함께한 세월 동안 농구도 많이 배웠습니다." (3)

이러한 라일리의 선수단 운영 스타일에 대해 「뉴욕 타임스」는 "라일리는 주전들의 야망과 질투심을 조종하고, 어떻게 밀어붙여야 하는지 잘 이해하는 사람"이라고 표현했다. 쇼맨십도 있었다. 1987년 우승 후 팻 라일리는 공개적인 자리에서 "내년에도 우승하겠습니다!"라고 말해 선수단을 발칵 뒤집어 놓기도 했다. 흔히 말하는 '각오'가 아니라, '선언'과 같았기에 선수들은 우승을 축하하기보다는 새 시즌을 준비하느라 정신적, 체력적으로 파김치가 됐다는 후문이다. 레이커스는 정말로 1987년과 1988년에 2년 연속 우승을 거머쥐었다. 훗날 라일리는 "선수단에게 몹쓸 짓을 한 것 같아 미안했다"고 고백했다.

라일리가 어느 팀에 있든 바꾸지 않은 것 하나가 있다. 바로 리바운드와 수비의 중요성이다. 레이커스를 '재능의 집합체'라 볼 수도 있다. 포인트가드에 '올어라운더' 매직 존슨, 포워드에 '빅게임 제임스(Big Game James)'란 별명을 가진 제임스 워디, 센터에 '전설' 카림 압둘자바가 있었다. 벤치 자원도 풍부했다. 그러나 라일리는 이들만으로는 성적이 잘 나올 수는 있어도 우승까지는 불가능하다고 봤다. 자신의 철학을 주입했고, 콧대 높은 슈퍼스타들로부터 '인정'을 받았다.

라일리는 굉장히 애매한 위치에서 감독이 됐다. 라일리의 전임감독은 폴 웨스트헤드(Paul Westhead)라는 인물로, 1981-1982시즌 개막 한 달도 지나지 않아 해고됐다. 주변에서는 매직 존슨이 그를 해고했다는 소문도 있을 정도로 관계가 안 좋았다. 매직은 이 소문을 공식적으로 부인했지만, 매직이나 당시 구단주 제리 버스(Jerry Buss)가 그를 마음에 들어 하지 않았던 것만은 사실처럼 보인다. 「LA 타임스」와의 인터뷰에서도 "감독님 스타일이 나와 안 맞는다"라는 말을 했을 정도이니 말이다. 가장 안 맞았던 부분은 전술이었다. 매직 존슨은 달리고 싶었던 반면에, 웨스트헤드 감독은 정확하게 세팅된 공격을 추구했다.

전임 상사가 스타에 의해 물러났으니, 후임자는 스타를 대하는 것이 조심스러울 수밖에 없었을 터. 그러나 라일리는 자신만의 방식으로 팀을 장악했다. 우선 매직 존슨의 스타일을 인정하고 존중했다. 공격 주도권을 준 것이다. 매직은 동료들의 습관 하나하나를 파악하고 있었다. 좋아하는 지점에 그 선수 특성에 맞게 패스를 주었다. 정확한 타이밍은 물론이고 어떤 방식으로 공을 잡길 좋아하는지조차 꿰고 있었던 것으로 알려졌다. 라일리 감독은 그러한 매직의 방식을 인정했다. 그는 훈련을 '우리만의 언어를 알아가는 과정'이라 표현했다. "특정한 상황에서 굳이 지시를 길게 하지 않아도 본능적으로 그 언어를 사용할 수 있을 때까지 반복훈련을 하는 것이 중요하다"며 말이다.

그런데 이러한 트랜지션 농구에는 중요한 조건이 있었다. 속공이 발생하는 과정을 생각해보자.

속공은 수비가 성공했을 때나 수비 리바운드를 잡아냈을 때 가능하다. 매직과 선수들이 원하는 농구를 하기 위해서는 필연적으로 수비가 잘되어야 했다. 라일리는 이 부분에 병적으로 집착했다. 매직도 라일리의 방식을 인정했다. 기본적으로 수비와 리바운드가 중요하다는 부분은 모두가 동의했던 바였기 때문이다. 실제로 1983년 NBA 파이널에서 LA 레이커스는 모지스 말론(Moses Malone)을 감당하지 못해 필라델피아 세븐티식서스에게 패했는데, 매직 존슨과 압둘자바 등은 모두 리바운드 싸움 완패가 가장 큰 이유라 돌아봤다.

리바운드 중독자

사실, 시즌 중에 해고된 감독들은 변명의 창구가 많지 않다. 그리고 어지간해서는 호응을 얻기가 힘들다. 라일리 전임감독 폴 웨스트헤드도 마찬가지였는데, 당시 구단 PR 담당자들은 「LA 타임스」에 "누구와도 커뮤니케이션하지 않고, 누구의 조언도 들으려 하지 않았습니다. 필요하지 않을 때는 선수들과 대화도 하지 않았죠"라며 아쉬워했다. 라일리와는 대조적인 이미지로 만들어져 간 것이다. 매직 존슨은 자신의 저서(Magic's Touch)에서 '감독' 라일리와의 경험을 돌아봤다.

"라일리의 훈련은 굉장히 효율적이고 정확했다. 거의 분 단위로 정확하게 이뤄졌고, 훈련의 목적이 정확히 이해된 상태에서 진행됐다. 선수들도 무엇을 해야 하는지 알았다."

라일리의 방식은 선수들에게 원성을 살 정도로 집요했다. 앞서 언급한 것처럼 그는 리바운드를 중요하게 생각했다. 프로선수라면 당연히 하겠거니, 당연히 할 수 있겠거니 싶지만 정작 결정적일 때 실력 발휘가 되지 않아서 승패를 좌우하는 기술이 대표적으로 두 가지가 있는데 하나는 볼 컨트롤이고 다른 하나는 리바운드다.

NCAA 역사상 최초로 남자, 여자 대학농구 파이널 포(Final Four; 토너먼트 4강을 의미)에 모두 올라본 앨버트 브라운(Albert Brown) 코치는 지도자들이 단순히 "리바운드를 잡아야 한다고 강조하는 것은 바르지 않으며, 리바운드 훈련을 위한 자신만의 방법이 있어야 한다"라고 말했다. 또, "코치라면 이를 위한 차트도 갖고 있어야 하며, 리바운드 노하우만큼이나 멘탈과 토킹 스킬도 중요하다"고 강조했다.

아이오와(Iowa), UCS 등에서 대학 감독으로 활동했고, 1980년대에 이들을 이끌고 한국으로 전지 훈련을 오기도 했던 조지 래블링(George Raveling) 전 감독은 "리바운드는 학습되는 것이다"라고 말했다. "데니스 로드맨 같은 최고의 리바운더도 경기마다 연구를 한다"라며 말이다. 라일리는 이런 명장들의 철학을 잘 따라갔다. 매직 존슨도 저서에 "이 사람은 리바운드에 있어서만큼은 사람을 정말 짜증나게 할 정도였다"라고 적었다.

라일리는 팀이 지면 일차적인 패인을 리바운드에서 찾았다. 리바운드를 따냈는지? 그렇지 않다면 적어도 리바운드를 잡으려고 노력은 해봤는지를 캐물었다. 그리고는 '그 노력이 가장 중요하다'고 강조했다. 라일리는 전설적인 빅맨 지도자 피트 뉴웰(작고)의 영향을 많이 받았다. 그는 "리바운드를 항상 잡을 수는 없다. 그건 나도 이해한다. 하지만 노력은 해야 한다"고 말했다. 그 방법 중 하나로 선수들의 '무한 발전'과 '무한 경쟁'을 유도했다.

라일리 밑에서 일했던 코칭스태프는 경기가 끝나면 비디오를 분석해 선수들의 포지션별, 항목별 점수를 매겼다. 그리고 그걸로 라인업을 만들고 분석했다. 2차 스탯이 대중화된 2020년대 NBA에서는 이제 '전문적이다'라고 표현하지 않는다. 구단마다 기록 및 통계 전문가들을 고용해 굉장히 디테일하고 광범위한 부분까지 계산하고 있으니 말이다.

그러나 40년 전인 1980년대의 일이라 생각해보면 상당히 앞섰다고 볼 수 있다. 매직 존슨은 이 방식을 선호하지 않았지만 도움이 됐다고 고백했다. "학생도 아니고 성과를 채점 당하는 것을 좋아할 사람은 없을 것이다. 그렇지만 나 자신을 평가받고 끌어올리는데 있어 점수만큼 정확한 것도 없을 것 같다. 추상적인 설명보다는 낫다"라며 말이다.

리바운드에 관해서는 뉴웰 코치가 라일리의 분석표를 소개한 적이 있다.

- 가능한 리바운드는 몇 개였나: 내가 잡을 수 있었던 리바운드는 몇 개였나?
- 리바운드 시도: 그런 상황에서 리바운드를 잡기 위해 몇 번이나 뛰었나?
- 잡은 리바운드: 그래서 몇 개를 잡았나?

레이커스는 이 근거를 토대로 리바운드 퍼센트를 계산했다. 선수들은 다음 훈련에 그 성적표를 전달받았다. 라일리는 '가능한 리바운드/리바운드 시도'를 토대로 '리바운드 노력 퍼센트'라는 항목을 만들었는데 선수들의 평균 '노력 퍼센트'가 90%까지 올라가도록 유도했다. 즉, 내게 10번의 리바운드 기회가 발생했다면, 이를 위해 노력한 횟수는 적어도 9번이 되어야 한다는 것이었다. 뉴웰은 이러한 라일리의 방식을 '광기'라 표현했다. 특히 장신 백업 선수들을 대상으로는 자체 연습경기 때도 이를 기록했고, 조를 나누어 기록한 다음 수치가 가장 낮은 선수가 원정에서 조원들에게 식사를 사도록 했다.

흥미롭게도 비록 라일리가 이런 기록을 들이밀며 선수들에게 노력을 강조했지만, 정작 주변인들에게는 "기록은 허상일 뿐"이라는 말을 한 것으로 알려졌다. 그저 그는 그 수치로 인해 선수들이 리바운드에 무의식적으로 더 가담하길 바랐던 것이다. 실제로 선수들이 90%를 달성해도 "마침내 90%에 도달했어! 앞으로 더 열심히 해봐" 같은 말은 하지 않았다는 것이다.

레이커스는 라일리와 함께 하는 동안 리그 전체 리바운드 상위권(1~5위권)에 올랐던 적이 거의 없었다. 그러나 적어도 상대보다 평균 리바운드에서 뒤진 적도 없었다. 덕분에 리바운드를 잡고, 수비에 성공하면 열심히 달리고 신나게 마무리할 수 있었다.

'2류'는 견딜 수 없다

'할리우드'에서 라일리가 승리 찬가를 부를 무렵, '브로드웨이'로 대표되는 뉴욕에서는 닉스가 끙끙 앓고 있었다. 닉스는 오르내림이 심한 팀이었다. 1985년부터 1991년까지, 감독이 5번이나 바뀌었다.

1985-1986시즌: 휴비 브라운(23승 59패)
1986-1987시즌: 휴비 브라운(4승 12패) → 중도사임 → 밥 힐(20승 46패)
1987-1988시즌: 릭 피티노(38승 44패)
1988-1989시즌: 릭 피티노(52승 30패)
1989-1990시즌: 스튜 잭슨(45승 37패)
1990-1991시즌: 스튜 잭슨(7승 8패) → 중도사임 → 존 맥클로드(32승 35패)

선수들도 지쳐갔다. 가장 불안한 건 유잉의 거취였다. 유잉은 연봉이나 영예보다는 승리를 원했다. 그래서 NBA 중재위원회까지 갔다. 사연은 이렇다. 유잉은 NBA 데뷔 당시 6년 계약을 체결했다. 여기에 '4년'이 논개런티드(Non-guaranteed)로 붙었다. 한마디로 조건부였다. '1991년에 NBA 연봉 순위 TOP 4에 이름을 올리지 못할 경우에는 제한적 자유계약선수가 될 수 있다'라는 조건이었다. 유잉은 이 조항을 이용해 다른 팀으로의 이적을 원했다. 그렇지 않다면 자신을 더 대우해 줄 것을 요구했다. 이미 닉스가 제시한 연장 계약도 거절했다.

하지만 중재위원회는 유잉이 '1991-1992시즌'에 받게 될 연봉이 NBA에서 4번째로 높다고 해석하면서 구단 편을 들어주었다. 유잉은 실망감을 표출했고, 그러면서 트레이드 요구설도 나돌았다. LA 레이커스, 피닉스 선즈, 골든스테이트 워리어스, 포틀랜드 블레이저스가 거론되기도 했다. 이 무렵, 뉴욕은 유잉이 '진짜 원하던 것'을 해소하기 위한 비장의 카드를 꺼냈다. 바로 라일리 감독이었다. 당시 나이 46세였던 라일리는 NBA 감독 사상 최고 금액(5년, 120만 달러, 인센티브 제외)에 계약하며 감독직에 돌아왔다.

레이커스에서의 성공 덕분인지 라일리는 "챔피언이 되지 못하면 실패한 것이다"라는 말을 자주 했다. 지휘봉을 잡자마자 선수단에 "이기고 지는 것은 습관이다. 2류에 머무르는 것을 견딜 수 없어야 한다"라며 강한 훈련을 예고했다. 레이커스를 거쳐 닉스를 지나 히트에 이르면서 라일리의 수비 훈련은 더 타이트해진 것으로 알려졌다. 이유가 있었다. '초보 감독'으로서 성장해가던 레이커스에는 제리 웨스트라는 유능한 '설계자'가 있었고, 슈퍼스타들이 많았기에 미처 신경을 안 써도 됐던 부분이지만, 닉스와 히트는 그렇지 않았기 때문이다. 패배 의식을 걷어내야 했다. (4)

라일리는 훗날 감독 데뷔 50주년을 기념해 「NBA 닷컴」과 가진 인터뷰에서 "매직 존슨이 템포를 조절하는 부분에 대해서는 관여하지 않았습니다. 매직은 팀을 너무나도 잘 알고 있었고, 가장 적당한 선수에게 가장 좋은 패스를, 가장 좋은 시기에 해주었으니까요. 그리고 그게 빅 플레이가 됐죠"라고 돌아보는 동시에 "닉스나 히트에는 그런 선수가 없었습니다"라고 돌아봤다.

닉스와 히트에서는 부임하자마자 대형 트레이드를 많이 단행하면서 선수단을 입맛에 맞게 꾸렸다. 라일리의 말처럼, 기본적인 재능이나 선수들의 프로의식에서 차이가 많이 났기 때문이었을 것이다. 이 과정에서 라일리는 CBA, ABA 등 하부리그를 전전하던 선수들도 영입했는데, 그들은 '절박함'을 무기 삼아 라일리 감독의 요구를 충족시켜주었다.

1991년 39승에 그쳤던 뉴욕 닉스는 51승, 60승 팀으로 거듭났다. 훗날 이야기지만 1995년 히트 합류 후에는 알론조 모닝이라는 올스타 빅맨을 영입해 프랜차이즈를 강팀 대열로 올려놓았다. 그렇게 히트마저 강팀으로 만들면서 라일리는 2008년 감독직에서 내려올 때까지 1,210승을 거두었다. (5)

앞서 말했듯, 강팀으로 가는 길에는 라일리 감독의 언변이 큰 몫을 했다. 선수들을 경쟁시키고, 분발하는 데 일가견이 있었다. 자존심이 강한 선수에게는 일부러 언론에 "부진하다", "집중하지 못하고 있다"라고 흘려 화나게 했다.

한번은 유잉을 4쿼터에 아예 출전시키지 않았다. 팀은 한 수 아래로 평가되던 상대에게 10점 차 이상으로 졌는데, 라일리 감독은 꿈쩍도 하지 않았다. 다음 경기에서 유잉은 35득점 21리바운드를 기록하며 팀 승리를 주도했다.

39승 43패로 마친 1990-1991시즌 멤버 중 라일리 밑에서 세 시즌 이상 버틴 선수는 극소수였다. 라일리 감독이 합류한 1991-1992시즌 멤버 중 1994년 NBA 파이널을 함께 치른 선수도 겨우 5명(유잉, 스탁스, 오클리, 메이슨, 그렉 앤써니) 뿐이었다. 수비 강화를 위한 트레이드도 여러 번 단행됐다. 이 과정에서 포인트가드 마크 잭슨(Mark Jackson)을 잃는 출혈도 있었지만, 파이널 진출 당시에는 데릭 하퍼(Derek Harper)를 영입해 버텨낼 수 있었다.

의도적으로 '굶주린' 선수들도 찾아봤다. 닉스의 훈련 캠프에 초대된 스탁스와 메이슨이 눈에 띄어 스타가 됐다. 그 짧고 굵은 시간 동안 라일리 감독이 만들어낸 스타들은 '떠돌이' 신세를 면해 백만장자가 됐다.

2007년, 존 스탁스는 NBA 매드니스(NBA Madness) 행사를 위해 방한했던 자리에서 "팻 라일리 감독이 (성공의) 원동력이었습니다. 다른 팀들이 공격에 신경을 쓸 동안에 라일리 감독은 수비를 중심으로 팀을 구축했습니다. 당시 우리 팀에는 유잉이라는 능력 있는 선수가 있었어요. 유잉이 골 밑을 압도하고, 우리는 밖에서 그를 서포트 했죠"라고 회고하기도 했다.

허슬 플레이의 대명사들

1991-1992시즌 이후, 라일리 감독에 대한 찬사만큼, '기사 소재'로 자주 다뤄진 부분은 바로 '쳤다, 안 쳤다'였다. 닉스의 거친 플레이가 그만큼 논란이 됐다는 의미다. "고의로 친 것이 아니었다", "사과할 생각 없다", "다치게 할 의도는 아니었다" 등 보기만 해도 아슬아슬한 코멘트가 자주 나왔다. 마이클 조던, 스카티 피펜, 클라이드 드렉슬러, 존 스탁턴 같은 올스타들이 호되게 당했다.

불스와 맞붙었던 1992년 플레이오프. 중계를 맡은 마이크 프라텔로(Mike Fratello)는 이 시리즈를 이렇게 평가했다. body against body.

"48분 내내, 몸과 몸이 부딪치는 시리즈입니다. 이지 샷(easy shot)은 결코 허용되지 않습니다. 두 팀의 경기에서는 어떤 것도 쉽게 허용되지 않아요. 파울도 많아지죠."

라일리는 선수단에 '터프함'을 강조하며 이렇게 말했다.

"그렇게 대충대충 할 거면 YMCA에나 가버려!"

사실, 라일리가 1991-1992시즌을 준비할 때만 해도 사람들은 무게중심이 바뀔 수도 있다고 전망했다. 팬과 미디어는 닉스가 빠른 페이스에 속공을 무기로 하는 팀이 될 것이라 기대했다. 한 마디로 레이커스가 재현되리라 봤다. 이렇게 되면 유잉이 로우포스트에서 공을 잡는 시간이 줄어들 수도 있었다.

그러나 '라일리의 뉴욕'은 정반대의 팀이었다. 득점은 101.6점으로 22위에 그쳤지만, 수비는 97.7실점으로 전체 2위였다. 디펜시브 레이팅도 2위였다. 일단 유잉은 변함없이 골밑을 압도했다. 평균 더블더블이 언제든 가능한 슈퍼스타였다. 중거리슛도 뛰어나 다양한 방면으로 전술적 활용이 가능했고, 수비에서도 위협적이었다. 블록슛 후 그가 포효하면 메디슨 스퀘어 가든은 함성으로 가득 찼다.

블루 워커들의 힘

유잉은 팀의 기둥이었지만, 닉스에 '터프함'의 색채를 안겨준 선수들은 따로 있다. 불스-닉스 시리즈를 말하기 전에, 이들을 먼저 소개하고 싶다.

1992년까지는 제랄드 윌킨스(Gerald Wilkins)와 'X맨' 자비에르 맥다니엘(Xavier McDaniel)이 선봉에 섰다. 두 선수는 윙에서 1대1로 돌파해 강렬한 덩크를 꽂거나, 유잉에게 더블팀 수비가 들어가면 재빨리 잘라 들어가 상대 수비를 골탕 먹였다. 수비에서는 찰거머리처럼 달라붙었다. 201cm의 맥다니엘은 대학 시절 득점, 리바운드 1위를 차지했던 선수였다.

그러나 NBA에서는 득점보다는 궂은일로 더 많이 알려졌는데, 그만큼 주어진 역할과 상황에 잘 적응하며 팀에 기여했다. 맥다니엘은 싸움도 많이 일으켰던 선수였다. 특히, 맥다니엘은 피펜, 호레이스 그랜트와의 신경전이 상당했다. 이들이 엉키면 꼭 경기중 최소 4~5번은 바닥에 뒹굴었다. 맥다니엘과 싸운 이들이 상대 팀에만 있었던 건 아니었다. 동료들이 훈련할 준비가 안 되어 있을 때도 화를 냈다. 라일리가 원하던 인재상이 아니었나 싶다.

오클리, 메이슨, 스탁스의 이야기도 빼놓을 수 없다. 닉스의 정체성을 만들어준 선수였기 때문이다. 라일리가 감독으로 왔을 무렵, 오클리는 불스에서보다 더 오랜 기간을 닉스에서 보내며 자리를 잡아가고 있었다. 사실, 오클리는 트레이드를 그리 반기지 않았다. 불스에서의 생활이 좋았기 때문이다. 기자회견에서도 본인 이야기보다 조던과 불스를 더 많이 언급할 정도였다. 1988년 비시즌에 일어난 이 트레이드는 유잉의 백업이 된 것에 불만을 품은 빌 카트라이트의 요청이 발단이었다. 제리 크라우스 단장은 우승을 위해서는 센터가 필요하다고 생각했고, 마침 닉스와 의견이 맞으면서 트레이드가 성사됐다. 물론, 크라우스 단장이 오클리를 마음에 들어하지 않은 것도 이유였다.

결과적으로 이 트레이드는 서로에게 잘된 일이었다. 조던은 카트라이트와 옥신각신하긴 했어도 3년 연속 우승을 차지했다. 트라이앵글 오펜스 상황에서는 카트라이트가 비교적 좋은 역할을 해줬으며, 필 잭슨 감독도 "라커룸에서 조던이 하지 못했던 일을 많이 해줬다"라고 회고하기도 했다.

오클리도 유잉과 '실과 바늘' 같은 사이가 되면서 성공 시대를 열었다. 오클리는 유잉을 충실히 보좌했다. 동료들이 난처한 상황이 되면 앞장서서 해결하고자 했다. 이 과정에서 테크니컬 파울도 자주 선언 당했고, 시비도 자주 일어났다(최소 1시즌에 1번은 주먹을 휘둘러 1~2경기 + 6,000~10,000달러의 벌금을 냈다).

오클리는 열정과 투쟁심이 있는 선수였다. 블록아웃로 상대를 힘껏 밀어내고 공격리바운드를 잡아 동료들에게 찬스를 제공했으며, 속공시에는 트레일러 역할을 소화하며 제2의 찬스를 노렸다. 닉스가 파이널에 올랐던 1993-1994시즌에는 평균 4.3개의 공격 리바운드를 서비스하기도 했다. '허슬'이라는 단어가 딱 그를 위한 단어 같았다. 데릭 하퍼, 존 스탁스 등과의 픽앤팝 플레이로 중거리 찬스를 살렸으며, 유잉 및 메이슨과의 하이앤드로우 플레이로도 재미를 봤다. 특히 센터가 약한 팀들은 오클리를 상대하는 것을 힘들어했다. (6)

6남매 중 막내였던 오클리는 부친이 9살 때 심장마비로 사망, 재정적으로는 안정되지 않은 유년기를 보냈다. 그러나 「뉴욕 타임스」는 6남매의 형제애가 워낙 두터웠고, 이는 오클리의 '팀'을 중시하는 마인드에 영향을 줬다고 보도했다. 실제로 오클리는 "뉴욕 닉스는 패트릭의 팀입니다. 우리 팀의 프랜차이즈 스타이죠. 저는 이 팀의 더 맨(the man)이 아닌, 케이크 한 조각에 불과합니다"라며 눈에 띄는 것을 싫어했다.

동료들은 오클리를 잘 따랐다. 찰스 스미스(Charles Smith), 앤써니 메이슨, 존 스탁스 모두 '오클리는 특별한 사람'이라 입을 모았고, 유잉은 심지어 오클리의 재계약 시점이 되자 "그가 떠나면 나도 떠날 것입니다"라고까지 말하며 구단을 압박했다.

존 스탁스는 바깥에서 맹렬하게 싸워준 전사였다. 스탁스하면 가장 먼저 떠오르는 장면이 있다. 매디슨 스퀘어 가든에서 열린 1993년 플레이오프. 스탁스는 4쿼터 막판 BJ 암스트롱을 제치고 들어가 그랜트와 조던을 앞에 두고 강렬한 원 핸드 슬램덩크를 꽂았다. 이는 팬들은 물론이고, 스탁스 본인이 뽑은 자신의 최고 장면이기도 하다. "처음 덩크를 성공시킨 뒤 바로 생각난 것은 '빨리 백코트 해서 수비해야겠다'는 생각뿐이었습니다. 다른 것은 생각나지 않았죠. 그때 내가 뭘 했는지는 나중에 다시 그 장면을 보고서야 알 수 있었습니다."

스탁스는 '개과천선' 스타일이다. 스탁스는 NCAA 디비전 I 대학도 4번이나 학교를 옮긴 끝에 올라갔고, NBA 드래프트도 되지 못했다. 평판이 워낙 안 좋았던 탓이다. 워리어스가 연습생으로 불러줬으나, 부상으로 강한 인상을 남기진 못했다. 첫 시즌 성적은 36경기에서 평균 8.8분 출장에 4.1득점. 계약에 실패한 그가 고개를 돌린 곳은 CBA와 WBL. 무늬는 '프로'이고, 열악하기 짝이 없는 하부리그였다. WBL에서 받은 월급은 500달러. CBA와 NBA에서도 최저연봉 신세를 벗어나지 못했다.

그랬던 스탁스에게 절호의 기회가 찾아왔다. 닉스로부터 트레이닝 캠프에 참가하라는 제안을 받은 것. 그때도 가능성은 50대 50이었다. 이미 팀에는 제럴드 윌킨스라는 걸출한 스윙맨이 있었고, 벤치에도 노장들이 많았기에 스탁스가 돋보일 기회는 쉽게 찾아오지 않았다. 하루하루 지나면서 결국 프리시즌(pre-season) 마지막날이 다가왔다. 이날까지도 활약이 없으면 방출 통보가 떨어질 게 분명했다.

팀의 프리시즌 마지막 훈련에서 그는 '센 것'을 결심했다. 유잉을 앞에 두고 덩크를 시도한 것이다. 그러나 유잉은 스탁스의 덩크를 뿌리쳤고, 스탁스는 착지 중 무릎을 다쳤다. 지금도 그렇지만, 연습생은 언제 방출돼도 할 말이 없는 신분이다. 그러나 NBA 선수 협회와 리그 사무국 규약을 보면 '부상을 당한 선수'는 부상 기간 중에 방출할 수 없었다. 스탁스의 회복은 생각보다 늦어졌고 결국 방출 시기를 놓친 닉스는 스탁스를 정규 로스터에 옮겼다. "유잉을 은인으로 삼고 살아가고 있다"라는 그의 말이 결코 농담이 아니었던 것이다.

흥미롭게도 스탁스가 닉스 유니폼을 입고 뛴 첫 경기도 상대가 불스였다. "메디슨 스퀘어 가든은 NBA 유망주라면 모두가 꿈꾸는 무대입니다. '내가 닉스 유니폼을 입고 메디슨 스퀘어 가든 통로를 지나가다니!' 그땐 정말 황홀했죠." 스탁스가 필자와의 인터뷰에서 전한 말이다.

스탁스는 금세 눈에 띄었다. 저돌적인 플레이와 지칠 줄 모르는 체력, 타이트한 수비와 외곽슛은 닉스의 새로운 무기가 됐다. 팻 라일리 감독이 지휘봉을 잡으면서 그는 마침내 핵심 멤버가 될 수 있었다. 1992년 3월 31일, 불스와의 대결에서는 3점슛 8개를 꽂기도 했다.

스탁스가 이처럼 성장할 수 있었던 것은 단지 우연한 무릎 부상 때문만은 아니다. 하부리그 선수 특유의 근성과 노력 덕분이었다. "하부리그에서 올라온 선수들은 늘 불안해합니다. 행여 부진해서 NBA에서 강등되지 않을까 하고 말이죠. 그런 식으로 쫓겨나는 것은 한 번 경험한 것으로 족했습니다. 그래서 더 열심히 했습니다. 감독님께 인정을 받고, 동료들에게 존중(respect)받는 선수가 되기 위해 노력했습니다."

스탁스가 노력할수록 출전 기회도 늘어났다. 평균 19.2분을 뛰었던 1990-1991시즌 이후, 그의 출전 시간은 눈에 띄게 늘었다. 1992-1993시즌에는 평균 30분 이상을 소화했고, 1993-1994시즌에는 커리어하이 34.9분을 뛰었다. 19.0득점과 5.9어시스트도 데뷔 후 최고 기록이었으며, NBA 올스타도 됐다.

닉스의 중심은 유잉이었지만 스탁스를 위한 옵션도 늘어갔다. 장신들이 걸어주는 스크린을 활용한 공격, 기습적인 커트인, 2대2 플레이 등으로 윤활유 역할을 했다. 레이커스만큼은 아니었지만, 닉스도 속공도 깔끔했던 팀이었다. 스탁스는 그 속공의 선봉에 섰다. 3점슛은 스탁스의 가장 큰 무기였다. (7)

수비에서도 스탁스는 말 그대로 '들이대는' 스타일이었다. NBA 스카우트 리포트에서는 '불필요하게 거친 파울이 많다'라고 지적했지만, 반대로 이는 수비 지향적이었던 닉스의 성향과도 같았다.

"지금은 룰이 많이 바뀌었습니다. 핸드체킹 규정이 엄격해졌죠. 우리 때는 선수들을 치고 넘어뜨려도 테크니컬 파울이 불리지 않았을 정도로 거칠었습니다. 그리고 더 많이 움직여야 했습니다. 당시 닉스 팬들은 우리 스타일의 수비를 좋아해 주셨던 것 같습니다." 스탁스의 말이다.

물론 단점도 있었다. 센터를 활용하는 데 미숙했다. 점차 나아지긴 했지만 급할 때는 림밖에 볼 줄 모르는, 지나치게 저돌적인 플레이가 아쉬웠다. 흥분을 잘하는 성격이기도 했다. 유잉조차도 "그 성격 못 고치면 계속 고생할 것"이라 경고한 바 있고, 동료들도 "종종 존(스탁스)이 선을 넘을 때가 있다"라고 지적했다. 그럴 때마다 스탁스를 잡아준 이가 바로 라일리 감독이었다. 라일리 감독은 대놓고 스탁스의 잘못을 지적하며 집중력을 끌어올렸다. 이런 스토리 덕분일까. 스탁스는 은퇴한 지 한참이 지난 지금도 메디슨 스퀘어 가든을 방문하면 기립박수를 받고 있다. 그만큼 뉴욕이 사랑했던, 동료들이 존중했던 '돌격 대장'이었다. (8)

마지막 블루 워커는 메이슨이다. 메이슨은 다양한 색깔을 지닌 선수다. 체형을 봤을 때 그는 전혀 농구선수처럼 보이지 않는다. 레슬러나 미식축구선수가 더 잘 어울린다. 떡 벌어진 어깨에 부딪히면 날아갈 것만 같다. 그런데 메이슨은 '포인트 포워드' 역할을 소화했던 섬세함을 지닌 선수였다. 샬럿 호네츠 시절 그와 손발을 맞췄던 블라디 디박은 "NBA에서 메이슨보다 패스를 잘하는 포워드는 못 본 것 같습니다. 동시에 메이슨처럼 격렬하게 플레이하는 포워드도 없죠"라고 말했다.

1995년 9월, 닉스와 계약 기간 6년에 2,500만 달러 계약을 체결했을 때, 많은 이들은 "마침내 꿈을 이루었구나!"라며 축하를 전했다. 아무도 주목하지 않았던 무명 신인 신분으로 튀르키예 행 비행기에 몸을 실은 지 7년 만의 일이다.

테네시 주립대 출신의 메이슨은 1988년 드래프트에서 3라운드 53순위로 포틀랜드 블레이저스에 지명됐지만, 계약에는 실패했다. 프로선수 생활을 처음 시작한 곳은 바로 튀르키예 리그였다. 명문 에페스 필센(Efes Pilsen)에서 한 시즌을 뛴 그는 미국에 돌아와 '단기' 경력을 시작한다. 해외리그에서 경쟁력을 키울 수도 있었지만, 미국에 계시던 어머니까지 튀르키예에 왔을 정도로 현지 적응에 어려움을 겪었다. 그때부터 그는 USBL, CBA 등을 전전했다. 뉴저지 네츠, 덴버 너게츠와도 단기계약을 맺었지만, 누구도 정식 계약을 건네지 않았다.

그랬던 메이슨에게 손을 건넨 이는 바로 팻 라일리였다. 라일리 감독은 '굶주려 있는 친구'라며 메이슨을 소개했다. 메이슨은 키에 대한 설움이 강했다. 골밑이 활동 무대였지만 프로에는 자신보다 큰 선수들이 수두룩했다. 결국 키 때문에 갈수록 경쟁력이 떨어지자, 웨이트 트레이닝에 집중했다. 누구보다 강한 몸을 만들고자 했던 것.

1991-1992시즌, 자비에르 맥다니엘의 백업으로서 평균 26.8분가량을 소화했던 그는 맥다니엘이 떠난 1992-1993시즌부터 본격적으로 비중을 키웠다. 3~4번 포지션을 오가면서 동료들의 팀플레이를 돕고, 매치업 상대에 따라서는 직접 골밑을 공략하는 등 활력소 역할을 해주었다. 가드들의 볼 운반도 도왔다.

수비도 빛났다. 육탄전으로 라일리 감독을 흐뭇하게 했다. "테크니컬 파울도 나오고, 선수들도 다치고, 너무 격렬해서 이성을 잃은 것 같다고 말할 수도 있습니다. 그렇지만 우리는 단지 경기에서 이겨야겠다는 생각뿐이었습니다. 지면 끝이니까요." 메이슨의 말이다.

때로는 승부욕이 지나친 나머지, 팀 분위기를 저해하는 행동도 했다. 오클리처럼 그도 거의 주기적으로 빈번히 징계를 받았는데, 오클리와 다른 점이 있었다면 NBA에 의한 징계가 아니라, 구단 자체 징계가 대부분이었다. 일종의 '동기부여' 혹은 '통제' 차원이었다. 이를테면 승부처에 자신을 뺀 것에 대해 불평하면 라일리 감독은 가차 없이 징계를 내렸다. "팀이 먼저"라며 말이다. 1993-1994시즌 마지막 3경기를 그렇게 쉬었고, 1995년 3월에도 그는 다섯 경기를 같은 이유로 나서지 못했다. 흥미롭게도 라일리 감독의 그런 조치 뒤에는 어김없이 메이슨의 '각성 모드'가 나왔다. (9)

진정한 전쟁의 서막

조던 데뷔 후 첫 2번의 플레이오프는 싱거웠다. 1989년 대결은 2라운드에서 이뤄졌다. 당시는 닉스가 52승 30패로 1971년 이후 처음으로 애틀랜틱 디비전(Atlantic Division) 우승을 달성한 상황이었다. 반면 불스는 47승으로 '언더독' 입장이었다. 그러나 1차전을 불스가 거머쥐면서 시리즈 향방은 불스쪽으로 급격히 기울어졌다.

1991년 대결에서는 정반대 입장이 됐다. 불스는 프랜차이즈 최다인 61승을 거머쥐며 여유만만 했고, 닉스는 앞서 언급했듯 수직낙하하며 8번 시드(39승 43패)였다. 시리즈 전적은 3승 0패. 닉스는 시즌 중 103.3점을 실점해 27개 구단 중 7위였지만 1차전에서 85-126으로 완패하는 등 완전히 무너졌다. 패트릭 유잉이 공을 잡을 여유도 안 생겼다. 1차전에서 시도한 슈팅도 겨우 7개. 불스 수비에 막혀 아무것도 보여주지 못했다. 불스는 조던의 고득점을 빌리지 않고도 수월하게 시리즈를 마쳤다.

그러나 1992년, 그러니까 팻 라일리가 지휘봉을 잡자 두 팀의 기류는 묘해졌다. 시리즈 시작 전만 해도 불스는 여유가 있었다. 1991-1992시즌 불스는 무려 67승 15패를 기록했다. 필 잭슨 감독은 "욕심을 냈다면, 선수들을 더 조였다면 승수를 더 쌓았을 수도 있었습니다"라고 말할 정도로 분위기가 좋았다. BJ 암스트롱은 과장을 더 보태 '자연의 조화' 같다고 말할 정도로 이기는 게 너무나도 당연해 보였다. 트라이앵글 오펜스가 완벽하게 자리를 잡았고, 압박 수비 역시 무서웠다.

이 시즌에 마이클 조던은 내기 골프 파문이 터지면서 골머리를 앓고 있었지만, 코트에서만큼은 무서운 집중력을 발휘했다. 총 80경기 중 35경기에서 40+득점을 기록했고, 생애 3번째 정규시즌 MVP 트로피를 품었다. 스카티 피펜도 생애 첫 올디펜시브 퍼스트 팀에 선발됐고, 올스타전 주전 출전의 영예도 안았다. BJ 암스트롱의 성장이 놀라웠는데 식스맨으로 쏠쏠하게 힘을 보태며 주전이 될 준비가 되었음을 입증했다.

불스의 1라운드 상대는 마이애미 히트. 이 시리즈는 개인적으로 외부적인 부분 때문에 재밌었는데, 우선 히트 팀의 감독은 조던의 NBA 첫 은사이자 불스 감독이었던 케빈 로거리였다. 그는 히트를 창단 첫 플레이오프에 올려놓으며 마이애미에 팀명 그대로 '열기(heat)'를 안겨주었다. 중계를 맡은 TNT에서는 해설위원으로 덕 콜린스가 나섰다. 필 잭슨의 전 상사이자 조던을 MVP로 만들었던 인물이다. 비록 불스를 떠났지만, 조던에 대한 애정은 여전했다. 조던이 빅 플레이를 펼칠 때마다 감탄을 아끼지 않았다.

히트는 조던으로부터 한 수 배웠다. 히트는 평균 연령 24.4세로 리그에서 가장 어린 팀이었다. 글렌 라이스(Glenn Rice), 스티브 스미스(Steve Smith), 로니 사이클리(Rony Seikaly) 등의 젊은 에너지는 히트를 포스트시즌에 안겼지만 플레이오프는 달랐다.

불스는 홈에서 치른 1~2차전을 모두 이겼다. 1차전은 19점 차, 2차전은 30점 차였다. 3차전은 어땠을까. 창단 후 첫 플레이오프 홈경기를 맞은 마이애미 관중들은 조던이 공을 잡을 때마다 야유를 보냈다. 히트 선수들에게는 엄청난 환호를 보냈다. 덕분에 히트는 1쿼터를 33-19로 앞서갔다. 사이클리는 빌 카트라이트, 피펜의 슈팅을 내리 블록했고 라이스와 스미스는 계속해서 달리며 분위기를 돋웠다. 반면 조던은 첫 3개의 슛을 내리 놓치는 등 몸이 무거웠다.

그러나 불스는 멈추지 않았다. 조던이 기어를 올리자 경기는 그대로 기울어졌다. 불스는 2쿼터 역전 후 그대로 경기를 밀어붙였다. 조던이 두 겹, 세 겹의 수비를 뚫고 기어이 득점을 올리자 콜린스 해설위원은 "수비가 정말 좋았습니다! 그런데…"라며 말을 잇지 못했는데, 이 시리즈를 관통하는 코멘트 중 하나였다고 생각한다. 시작할 때만 해도 요란했던 마이애미 아레나(Miami Arena)가 '도서관'이 되어 있었으니 말이다.

불스는 시리즈 스코어 3-0으로 가볍게 마치고 2라운드에 올랐다. 조던은 3차전 56득점을 포함, 시리즈 평균 45.0득점을 기록했다. 누군가는 이를 두고 '플레이오프 클래식 버전'이라고 표현했다.

훗날 스티브 스미스는 이 시리즈를 이렇게 회고했다. "저희는 플레이오프가 어떤 곳인지 몰랐습니다. 조던은 프리시즌, 정규시즌과 완전히 다른 사람이 되어 있었습니다. 무대를 완전히 지배했으니까요. 3차전을 앞두고 우리는 마이클이 골프를 치고 왔다는 이야기를 들었습니다. 마침 1쿼터에 슈팅이 잘 안 들어가길래 골프를 쳐서 피곤한가 싶었습니다. 그런데 갑자기 득점을 몰아넣더니 56점을 기록하더군요. 대부분 득점이 저를 상대로 올린 거였죠. 그를 대적하면서 후배들에게 해줄 이야기가 생겼습니다. 플레이오프는 정규시즌과 완전히 다른 무대라고요. 마이클을 보며 알게 됐습니다."

반대쪽에서는 4번 시드 닉스가 5번 시드 디트로이트 피스톤스와의 혈투 끝에 승리했다. 연장전 1회를 포함, 5차전까지 가는 대접전이었다. 아이재아 토마스와 조 두마스는 명예 회복을 위해 안간힘을 다했지만 유잉의 존재감을 저지하지 못했다. 빌 레임비어로는 역부족이었다. 메디슨 스퀘어 가든에서 5차전이 끝나고, 라커룸으로 가는 길에 레임비어는 팻 라일리 감독과 메이슨을 비롯, 닉스 선수들을 만날 때마다 이렇게 말했다.

"그 자식들(시카고 불스)을 꼭 이겨줘. 우리한테 그랬던 거처럼 똑같이 보여줘!"

준비된 이변

1989년, 불스는 원정에서 치른 1차전에서 닉스를 잡으면서 시리즈 방향을 틀었다.

어쩌면 닉스도 같은 생각을 했을 것이다. 1차전을 잡으면 분위기를 바꿀 수 있다고 말이다.

필 잭슨 감독은 라일리 감독과 닉스 선수들이 시리즈를 앞두고 취한 인터뷰 방식에 불만이었다. 심판들이 조던에 관대하다는 것이었다. 1991-1992시즌 동안 불스는 닉스에 4전 전승을 거두었다. 조던은 평균 27.3득점으로 시즌 평균(30.1점)에 미치지 못했지만, 4번의 맞대결에서 평균 11.7개의 자유투를 던졌다. 시즌 평균이 7.4개였으니 4개 가까이 차이가 났던 셈이다.

이 때문일까. 1차전 경기 강도는 불스가 생각하는 것 이상이었다. 먼저 닉스 이야기를 해보자. 이 경기의 키워드는 패트릭 유잉이었기 때문이다. 유잉은 수비에서부터 존재감을 발휘했다. 카트라이트의 공격을 연달아 막았다. 유잉과 오클리 등은 작정이라도 한 것처럼 카트라이트를 내동댕이쳤다. 덕 콜린스는 "마치 디트로이트 같다"라고 표현했다. 그만큼 거칠다는 의미. 이는 닉스가 불스에게 보내는 경고의 메시지와도 같았다.

공격에서는 더 빛났다. 불스는 유잉이 백보드를 등지고 공을 잡으면 더블팀을 들어갔다. 그럴 때면 유잉은 재빨리 공을 빼주면서 공격 찬스를 만들었다. 이날 유잉이 기록한 어시스트는 5개였다. 유잉의 장점은 포스트업에만 있지 않았다. 카트라이트를 상대로 과감하게 페이스업 공격을 시도했다. 카트라이트가 스텝으로 쫓아가기에는 스피드와 힘 차이가 명백했다. 네일 지역에서 피펜이 도움 수비 혹은 손질을 할 때면 어김없이 패스가 정박자에 나갔다. 고도의 설계가 있었기에 가능한 일이었다.

그러나 이것이 오로지 유잉의 개인 능력만으로 이뤄진 것이 아니다. 맥다니엘, 스탁스, 윌킨스 등 볼 없는 움직임이 기가 막혔다. 유잉이 공을 잡기 전, 혹은 유잉이 잡은 뒤 재빨리 공간을 비워주면서 또 다른 수비수의 더블팀 견제를 방지했다.

그럼에도 불스는 호락호락한 상대가 아니었다. 31득점을 올린 조던에 힘입어 마지막까지 경기는 접전으로 흘러갔다. 1쿼터를 16-25로 밀리며 시작했지만, 불스는 불스였다. 4쿼터 종료 2분 13초 전, 불스는 86-85로 1점 차 리드를 잡았다. 그러자 이번에는 유잉이 받아치며 경기를 역전시켰다.

이때부터 두 팀 에이스의 희비가 엇갈렸다. 조던이 2번째 자유투를 놓친 사이 유잉은 점수 차를 4점 차로 벌리는 중요한 골을 넣었다. 조던은 종료 9초를 남기고도 중거리슛을 놓쳤다. 급하게 던진 탓에 림도 맞지 않은 상황. 피펜이 잽싸게 수습해 89-91로 2점 차로 좁혔지만, 승부를 뒤집지는 못했다. 유잉은 중요한 공격 리바운드와 함께 마지막 자유투 4개를 모두 넣는 등 후반에만 28점을 기록했다. 94-89로 닉스 승리. 유잉은 34득점 16리바운드 5어시스트 6블록으로 완벽한 활약을 보였다.

2차전도 격전이 계속됐다. 맥다니엘과 그랜트가 옥신각신하며 험한 분위기도 연출됐다. 유잉에게 호되게 당한 불스는 수비에서 분위기를 바꿨다. 올 디펜시브 팀에 빛나는 피펜의 역할이 컸다. 유잉에게 재빨리 더블팀을 들어갔다가 다시 본인 위치를 찾아가는 움직임을 반복했다. 가끔은 그랜트가 유잉에게 더블팀을 붙였는데 그럴 때면 피펜이 그랜트의 수비까지 커버했다. 조던은 백코트를 견제했다. 카트라이트뿐 아니라 중거리슛이 좋은 그랜트까지 스크리너로 활용하며 흐름을 살렸다.

불스가 유잉에게 더블팀을 들어갔던 것처럼, 닉스도 조던이 '이륙'하는 걸 방지하려고 2~3명을 붙였는데 조던은 그때마다 BJ 암스트롱(18득점)을 살리며 점수 차를 벌렸다. 86-78로 불스 승리. 종료 23.6초 전, 스탁스의 패스를 가로채며 승기를 안긴 조던은 27점과 함께 어시스트 5개를 곁들였다. 덕분에 시리즈는 1승 1패가 됐다.

비록 졌지만, 닉스가 아무 일도 하지 않은 건 아니었다. 잭슨 감독이 고민에 빠진 이유다. 라일리 감독은 오클리 대신 메이슨을 투입해 효과를 봤다. 덩치가 좋은 메이슨은 안쪽에서 기가 막힌 업-앤-언더(up-and-under) 무브를 보이는 등 13득점 10리바운드로 인사이드를 괴롭혔다. 그랜트, 스캇 윌리엄스(Scott Williams) 등 불스 빅맨들은 메이슨의 육탄전을 받아내느라 애를 먹었다. 이는 유잉이 막힐 것을 대비해서 내놓은 라일리의 카드였다.

현장을 취재하는 기자들은 '꼭 나가야 하는' 뻔한 이야기 외에 새로운 아이템도 발굴해야 한다. 1~2차전을 본 기자들은 흥미로운 점을 발견한다. 2경기 내내 조던의 덩크슛이 나오지 않은 것이다. 앞에 몇 명이 있든 날아올라 강렬히 꽂는 슬램덩크는 조던의 트레이드마크였다. 그런데 이 시리즈에서는 조던이 덩크는커녕 돌파조차 쉽게 하지 못했다. 안쪽에 워낙 큰 선수들이 많았고, 속된 표현으로 '패대기'까지 치다 보니 고전했다. 히트와의 3~4차전에서 28개의 자유투를 시도했던 조던은 1~2차전에서 겨우 16개를 얻었다.

조던도 이를 의식했던 것일까. 조던은 속공 상황이 만들어지자 늘 그랬던 것처럼 쏜살같이 달려가 이륙했다. 그러나 놀랍게도 덩크 실패! 메디슨 스퀘어 가든 관중들은 일제히 두 팔을 번쩍 들며 환호했다. '덩크 실패'는 그만큼 상징성이 컸다.

그러나 조던은 경기만큼은 내주지 않았다. 3차전에서 그는 32득점을 올리며 94-86 승리를 주도했다. 덕분에 0승 1패로 시작된 시리즈는 2승 1패로 뒤집혔다. 「LA 타임스」는 헤드라인에 '조던은 와이드 오픈 덩크를 컨트롤하지 못한 대신, 경기를 컨트롤하며 승리를 이끌었다'라고 썼다. 승리 후 조던은 "너무 강하게 내리꽂았던 것 같아요"라고 말했고, 필 잭슨 감독은 그 장면에 대해 "혹시나 저 공이 멀리 날아가 반대쪽 우리 골대로 들어가면 어쩌나 걱정했습니다"라며 너스레를 떨었다.

신경전

4차전은 닉스가 자존심을 지켰다. 93-86 승리. 3차전에서 닉스 선수들은 "관중들이 열기를 보내줄 때 모멘텀을 가져오지 못했다"며 무척 아쉬워했다. 경기에 임하는 태도도 안 좋았다. 공이 제때 전달되지 않자 짜증을 내는 광경도 목격됐다. 절치부심한 닉스는 초심을 되찾았다. 1차전 못지않은 육탄전. 유잉은 15점으로 시리즈 들어가장 저조한 야투율에 시달렸지만, 가장 먼저 팬들 이야기를 꺼내며 반성했던 맥다니엘이 24득점으로 선전했다. 윌킨스와 스탁스가 33점을 보탰다. 이날만큼은 백코트 대결에서도 닉스가 웃었던 것이다. 조던은 29점을 올렸지만, 자유투 시도가 6개에 그쳤다.

시리즈 내내 발목이 안 좋았던 피펜도 13점에 그쳤다. 자유투 10개 중 5개나 실패했다. 불스는 이 패배로 원정 8연승, 메디슨 스퀘어 가든 경기 7연승 행진도 중단됐다. 필 잭슨 감독은 4차전 후 분통을 터뜨렸다. 경기가 너무 거칠다는 것이다. NBA는 공개적인 자리에서 심판 및 리그에 대한 비난을 금지하고 있다. 이럴 경우 구단주, 감독, 선수 등 직위를 막론하고 벌금을 물게 된다. 잭슨 감독도 예외는 아니었다. 2,500 달러 벌금을 물었다.

라일리 감독은 아마도 주먹을 불끈 쥐었을 것이다. 언론이 '물어뜯을' 이슈가 생겼으니 말이다. 잭슨 감독은 현역 시절을 10년 넘게 뉴욕 닉스에서 보냈다. 이곳에서 1970년, 1973년 우승도 차지했다. '레전드'라 불릴 정도의 입지는 아니었지만, 11년을 뛰었으니 '닉스 출신'이라 해도 무방했다. 그런 사람이 불스 감독이 되어 연거푸 친정팀을 이기더니, 이제는 언론을 통해 비난까지 하니, 팬들은 곱게 보일 리 없다. 뉴욕 언론도 마찬가지였다. 잭슨은 공격당했다. 라일리도 타이밍을 놓치지 않았다.

"필 잭슨은 우리를 모욕했습니다. 저는 13번이나 파이널에 올랐고, 6번 우승한 사람입니다. 챔피언이 가져야 할 태도가 뭔지 알고 있죠. 하지만 필 잭슨은 심판에 대해 투덜대고 징징대더군요. 그 어느 때보다 승리를 간절히 바라며 최선을 다하던 우리 선수들에 대한 모욕이라고 생각합니다."

유잉도 거들었다. "마이클 조던은 좋은 선수입니다. 정말 막기가 힘든 선수죠. 그래서 그가 잘하는 것을 어떻게든 못하게 막아야만 합니다. 이게 안 되면 시리즈는 금방 끝나고 말겠죠. 필(잭슨)이 노리는 것도 이것이 아닐까요. 심판들이 더 불어주길 바라는 것이겠죠. 그걸 확실히 해두고 싶었던 것 같습니다."

아무리 인터넷이 없던 시절이라도 이러한 공개적인 비난은 어떻게든 전달되는 법. 결국 5차전에 이르러서는 친구 사이이던 유잉과 조던조차도 서로 으르렁댔다. 서로 트래시토크를 주고받으며 싸울 기세였다.

5차전도 수 싸움이 치열했다. 조던은 주로 3점슛 라인 근처 45도 지점에서 스크린을 받고 들어갔는데, 이번에는 유잉과 오클리 등이 스크린을 이용하는 조던을 적극적으로 푸시했다. 더블팀을 강하게 들어간 것이다. 그러자 조던이 수를 썼다. 스크린을 받는 척 수비를 몰더니 반대로 돌파하는 리젝트 스크린(reject screens)을 한 것이다. 혹은 반대쪽 45도에서 대기하던 선수에게 패스하고, 커트인하며 다시 볼을 받는 기브-앤-고(give-and-go) 방식으로 간결하게 처리했다.

닉스는 안쪽을 더 이상 지키지 못했다. 결국 5차전은 96-88로 불스가 승리, 시리즈는 3승 2패로 계속 불스가 앞서갔다. 조던은 37득점을 올렸다. 몇 명이 앞에 있든 대놓고 돌진하며 파울을 얻었다. 이날 얻은 자유투는 17개. 그중에서 15개를 넣었다. 닉스는 유잉이 14점에 그쳤다. 전체적으로 선수들 모두 파울트러블이 골칫거리였다.

5차전이 끝난 뒤, 라일리 감독은 극약처방을 내린다. 그는 선수들을 비디오 분석실로 호출했다. 그가 틀어준 것은 5차전에 대한 분석이 아니었다. 조던이 닉스 선수들 앞에서 펼친 갖가지 묘기에 가까운 플레이들이었다.

'조던을 무너뜨려야 한다!'

라일리 감독의 메시지는 비디오만으로 충분히 전달됐다. 6차전 내내 조던은 닉스 선수들과 육탄전을 펼쳐야 했다. 더 적극적으로 수비를 한 것이다. 6차전에서 조던은 단 21점에 그쳤다. 25개의 야투 중 16개를 실패했다. 25개의 야투 중 22개가 페인트 존 밖에서 이뤄졌고, 자유투도 4개만 얻어냈다. 아예 림 근처에 가지 못했다. 닉스는 100-86으로 이기며 시리즈를 3승 3패, 동률로 만들었다.

위대한 업셋? 설마!

시리즈가 동률이 되자, 미디어는 7차전에 대해 '역사상 가장 기억에 남을 업셋의 순간이 다가왔다'라며 깊은 관심을 가졌다. NBC는 조던이 6차전까지 전반에 야투성 공률 55%(77개 중 41개)를 기록했지만, 후반에는 단 38%(71개 중 27개)에 그쳤음을 지적했다. 상대의 피지컬한 수비에 지쳤다는 분석이었다. 6차전에 대해서는 '그 당시 기준'으로 데뷔 후 최악의 플레이오프 퍼포먼스라는 평가도 나왔다.

조던은 7차전을 앞두고 부친에게 전화를 걸었다. 그리고 부친의 한마디에 영감을 얻었다.

"공격적으로 해(Be Aggressive)."

조던은 이를 갈고 나왔다. 아니, 조던과 불스는 이를 갈고 나섰다. 시작부터 상대를 처참하게 무너뜨렸다. 자유투를 넣고 베이스라인부터 강하게 압박했다. 조던은 부친의 말을 잘 따랐다. 좌, 우 가릴 것 없이 공을 받으면 적극적으로 올라갔다. 무서운 속도로 수비를 따돌리고 하이포스트, 혹은 스트롱 사이드로 이동해 볼을 받은 뒤 다음 동작으로 옮겼다. 윌킨스는 그를 쫓다가 중심을 잃었고, 스탁스는 손조차 들지 못한 채 실점했다. 도움 수비도 의미가 없었다.

2쿼터부터 불스의 팀 수비가 살아나면서 점수가 점점 벌어지기 시작했다. 그랜트는 물러서지 않았고 피펜도 일사불란하게 수비에서 활약했다. 특히 시리즈 내내 자신과 신경전을 벌인 맥다니엘의 슛을 블록하고 실수를 유발했다. 어김없이 맥다니엘이 밀고 당기고, 또 팔을 끼운 채 시비를 걸어왔지만, 이번에는 흔들리지 않았다. 오히려 조던이 피펜 대신 나서서 경고를 날렸다. 또 카트라이트와 합심해 유잉이 원하는 위치에서 공격하는 걸 방해했다.

조던은 후반에 야투율이 떨어진다는 보도를 의식한 듯, 후반 들어 더 많은 활동량을 보였다. 적극적으로 공을 원했다. 오클리, 스탁스의 더블팀을 뚫고선 맥다니엘과 유잉이 기다리는 골밑에서 득점을 올렸다. 이에 그치지 않고 바로 이어진 인바운드 패스를 자르는가 하면, 맥다니엘의 속공도 끝까지 쫓아가 저지했다.

이날 스탁스는 파울아웃 당했고, 유잉과 윌킨스도 파울 5개씩을 범했다. 시카고 스타디움 팬들은 4쿼터 중반부터 닉스를 향해 '굿바이' 송을 불렀다. 최종 점수는 110-81. 29점 차는 이 시리즈 들어 가장 큰 점수차였다. 유튜브에 올라온 7차전 하이라이트의 조회수는 1,100만 회가 넘었다. 서로 물고 뜯는 혈전을 펼쳤지만, 유잉은 조던에 대한 존경심을 보였다.

"마이클 조던은 '킬러'였습니다. '암살자'였죠. 코트에 있을 때는 늘 서로를 증오하듯 경기를 했습니다. 정말 피지컬한 경기였죠. 특히 불스와의 시리즈는 누구 하나 피 흘리기 전까지는 파울도 아니었죠."

알려진 바와 같이 조던은 인간관계가 그리 넓지 않았다. 팀에서는 물론이고 NBA에서도 언젠가부터 조던과 사생활을 보낼 수 있는 사람은 많지 않았다. ⑩ 그 와중에 유잉은 (늘 건전한 건 아니었지만) 오랫동안 조던과 우정을 쌓아갔다.

"그 친구는 아직도 저에게 트래시토크를 합니다. '넌 아직도 나한테 한 번도 못 이겼잖아'라면서요. 하하."

필자는 지난 2015년 10월, 중국 상하이에서 '샬럿 호네츠 코치' 신분이었던 유잉을 만나 이야기를 나눌 기회가 있었다. 당시 호네츠 구단주가 조던이었는데, 유잉은 "우리는 18살 때부터 함께 선수로 뛰어왔어요. 그러면서 친분을 쌓았고 서로를 잘 알고 있죠"라며 "그와 함께 일하는 것이 재밌어요. 농구를 좋아하고, 잘 아는 오너(owner)이며, 지금도 팀이 잘 될 수 있게 연구하고 있습니다. 코칭스태프의 입장에서 조던과 함께 일하는 것을 즐기고 있습니다. 관심사를 나누고, 농구 이야기, 선수 이야기, 팀 이야기도 함께 나누고 있습니다"라고 말했다.

그렇다면 조던은 어땠을까. 똑같은 '피지컬' 대결이었지만 조던은 디트로이트 피스톤스와 뉴욕 닉스를 같은 선상에 놓지 않았다. 아이재아 토마스 사건, 혹은 1991년 '비매너' 사건 탓인지 몰라도 피스톤스에 대해서는 늘 스포츠맨십에 어긋난 팀이라 평가했다. 반면 닉스는 달랐다. 피스톤스를 겪는 것보다도 힘들었다고 말했다.

"저는 닉스를 인정합니다. 그들에게 박수를 보내고 싶습니다. 그들은 우리를 한계까지 끌고 갔습니다." 7차전 승리 후 조던이 한 말이다.

경기 후 공식인터뷰에서 그는 어느 때보다 힘든 시리즈였음을 인정했다. 아침에 일어나기가 힘들 정도로 말이다. "생각했던 것보다 쉽지 않았습니다. 하지만 우리는 7차전에서 이를 극복했고 기대에 부응했다고 생각합니다. 다음 시리즈에서는 더 잘할 수 있을 것이며, 그 뒤에는 더 좋은 모습을 보여줄 수 있을 것입니다."

조던이 이렇게 말한 근거는 거친 수비 때문은 아니었다. 나름의 근거가 있었다. "닉스는 스코어러가 많은 팀은 아니었습니다. 그래서 더 힘들었어요. 어떻게든 이기려고 '팀'으로 뭉쳐 도전해왔으니까요."

흥미롭게도 이를 바라보는 필 잭슨의 관점은 달랐다. 그는 닉스보다 피스톤스가 더 힘들었다고 했다. 추측하건대 두 가지 이유일 것이다. 가장 많은 탈락을 안겼기 때문에, 혹은 라일리 감독과의 라이벌 관계 때문에.

우리의 만남은 끝나지 않았다

두 팀의 관계는 한동안 계속됐다. 1992년 11월 29일. 닉스는 홈경기에서 불스를 112-75로 대파하며 전 시즌의 아쉬움을 풀었다. 조던이 데뷔한 이래 겪은 최악의 패배였다. 이전 3경기에서 47.7득점을 기록했던 조던은 이날 17점에 그쳤다. 경기 초반 다리에 통증을 느낀 후 주춤했던 여파가 컸다. 패배를 기억한 조던은 한 달 뒤 가진 크리스마스 게임에서 제대로 화풀이를 했다. 4쿼터에만 14득점. 총 42점을 올리며

89-77로 설욕했다.

　두 팀은 1993년 플레이오프에서도 만났다. 이때는 한 계단 올라간 컨퍼런스 파이널이었다. 홈코트 어드밴티지를 가진 쪽은 닉스였고, 닉스는 1~2차전을 2-0으로 앞서며 승리를 예감했다. 마치 천신만고 끝에 피스톤스를 이기고 왕좌를 차지했던 불스처럼, 이번에는 그들이 불스를 이기고 왕위를 갖겠노라 기대했다. 그러나 세상일은 뜻대로 되지 않았다. 불스는 다음 4경기를 모두 이기는 일명 '리버스 스윕'에 성공했다. 5차전 승리가 결정적이었다. 찰스 스미스가 경기 막판 시도한 슛 4번을 불스가 모두 막아내면서 사기를 꺾어놨다. 첫 번째는 그랜트가, 두 번째는 조던이, 그리고 마지막 2번은 피펜이었다.

　이 시리즈도 역시나 '하드 파울' 이슈가 계속됐고, 조던도 난조에 시달렸다. 그러나 4차전에서 조던은 무려 54득점을 기록하며 시리를 원점으로 돌려놓았다. 경기 내내 조던을 맡았던 스탁스는 "마이클이 나를 농락했다"라며 자책했다.

　당시 팀 동료였던 닥 리버스는 이렇게 말했다. "오늘 같은 경기에서 스탁스가 수비를 잘했다고 하면, 다들 제가 무슨 헛소리를 하는가 싶어 쳐다보실 겁니다. 다들 그를 향해 '너는 수비하지 않았어'라고 하실지도 모르죠. 그런데 스탁스가 막은 선수가 누구인지도 생각해야 합니다. 게다가 그 선수가 오늘이 '그날'이었습니다. 그는 정말 최선을 다했습니다."

　1989년부터 1996년까지 닉스의 어시스턴트 코치를 맡은 제프 밴 건디(Jeff Van Gundy)는 닉스와 불스의 첫 3년 전쟁을 이렇게 정리했다. (11)

　"우리는 불스의 트라이앵글 오펜스를 '꼭짓점이 23번인 삼각형'이라 불렀습니다. 조던이 있었기에 그 오펜스도 위력을 발휘했으니까요. 돌이켜보건대, 불행한 점이 있었습니다. 먼저 조던은 닉스와 경기하는 걸 너무 좋아했습니다. 그리고 그는 큰 경기를 너무 좋아했고, 강한 상대랑 겨루는 것을 즐겼죠. 경쟁심이 워낙 강하다 보니 매 경기를 도전으로 받아들였고, 우린 그런 그를 이기지 못했습니다. 경기는 이긴 적이 있었죠. 하지만 시리즈를 거머쥐진 못했습니다. 그들은 3년 연속으로 우리를 이겼죠. 심지어 1993년에는 우리가 홈코트 어드밴티지까지 갖고 있었는데도 말이죠."

피스톤스 시리즈가 '왕좌 등극'의 하이라이트였다면, 닉스 시리즈는 '왕권 유지'의 하이라이트로 기억될 것이다. 한편, 닉스와의 관계는 조던의 두 번째, 세 번째 복귀에도 계속됐다.

주석

(1) 더마 데로잔은 2016년부터 2018년까지 3년 연속으로 플레이오프에서 클리블랜드 캐벌리어스를 마주했다. 2016년 컨퍼런스 파이널(2승 4패), 2017년 동부 준결승(0승 4패), 2018년 동부 준결승(0승 4패) 모두 완패했다.

(2) 2006년 마이애미 히트에서도 비슷한 방식을 한 번 사용했다. 알론조 모닝은 그 장면을 보고 눈이 휘둥그레졌다고. 샤킬 오닐은 "미친 줄 알았다"라고 농담했는데 이러한 라일리이 충격요법에 자극을 받은 마이애미는 0승 2패로 뒤지던 파이널 시리즈를 뒤집을 수 있었다.

(3) 듀프리는 기자이면서도 비시즌마다 은퇴한 농구선수들과 연계하여 농구 캠프를 개최하고, 본인이 직접 지도에 나서기도 했다. 아마 그래서 '많이 배웠다', '라일리 밑에서 뛰고 싶었다'라는 말을 했던 것 같다.

(4) 2024년 6월, 세상을 떠난 제리 웨스트는 선수로서 레이커스의 우승(1972년)을 이끌었으며, 은퇴 후 감독을 거쳐 단장(general manager)을 맡아 레이커스 황금기를 열었다. 압둘자바 트레이드부터 매직과 워디의 지명, 라일리 감독 선임 등이 모두 웨스트의 작품이었다. 라일리는 1972년 우승 당시 레이커스의 벤치 멤버이기도 했다. 웨스트의 존재는 라일리 감독이 버티는 힘이 되어주었다.

(5) 라일리는 2008년에 '애제자'였던 에릭 스포엘스트라(Erik Spoelstra)에게 감독 자리를 물려줬다. 애초 스포엘스트라를 후계자로 낙점하고 기회를 주었는데, 감독 선임 기자회견을 열어주면서 "에릭은 많이 성장했고, 이제 나를 능가한다고 생각합니다"라고 말하며 감독 자리를 내려놓았다. 스포엘스트라는 히트를 2012, 2013년에 우승으로 이끌었다. 준우승도 4번(2011년, 2014년, 2020년, 2023년) 차지했으며 NBA가 꼽은 최고의 감독 15인에도 이름을 올렸다.

(6) 1994년 5월 2일, 뉴저지 네츠와의 플레이오프 경기에서 오클리는 25득점 24리바운드를 기록하며 시리즈 승리를 주도했다. 이날 경기에서는 유잉이 테크니컬 파울 2개로 전반에 퇴장을 당했는데, 이후 오클리가 4쿼터에서만 14점을 쓸어 담으면서 승리를 주도했다. 하지만 오클리는 "원래 내 역할은 이게 아닙니다. 점수는 그냥 보너스 같은 것이죠. 나를 위한 패턴 플레이도 없었어요"라며 겸손한 모습을 보였다.

(7) 1994-1995시즌에 217개의 3점슛을 꽂으면서 한 시즌 3점슛 200개를 돌파한 NBA 최초의 선수

가 됐다.

(8) 라일리 감독이 떠난 뒤, 스탁스의 처지도 위태로워졌다. 후임감독인 돈 넬슨은 그를 트레이드하려다가 엄청난 반발을 샀다. 실패로 돌아갔지만, 스탁스 입장에서는 아찔한 순간이었다. 1996-1997시즌에는 슈터 앨런 휴스턴이 합류하자 멘토를 자청하며 식스맨 역할을 받아들이기도 했다. 그 희생에 대한 대가는 '올해의 식스맨'상으로 받았다.

(9) 팬들은 메이슨이란 야수를 좋아했다. 1980~1990년대를 주름잡은 밴드 '비스티 보이스(Beastie Boys)'도 메이슨의 광팬으로, 가사에서 그의 이름을 언급한 적이 있다.

(10) 샘 스미스가 쓴 「조던 룰스(The Jordan Rules: The Inside Story of One Turbulent Season with Michael Jordan and the Chicago Bulls)」는 1993년 1월에 출간되어 큰 파문을 일으켰다. 조던의 사적인 내용이 담겼으며, 크라우스 단장 역시 원색적인 표현에 불쾌해했다는 후문이다. 가장 중요한 건 조던에게는 알려져 봐야 유리할 것 없는 내용이 많이 담겨 있었다는 점이다. 내부에서, 특히 선수단에서 말한 것이 아닌 이상, 알 수 없는 내용이었기에 조던은 실망을 많이 했다. 조던은 '유출자'로 호레이스 그랜트를 의심했다는 말도 있다.

(11) 1962년생인 제프 밴 건디는 1996년 닉스 감독을 맡아 2001년까지 팀을 이끌었다. 1996-1997시즌 마지막 경기에서 불스의 2시즌 연속 70승 달성을 저지하기도 했으며, 1997년 플레이오프에서는 닉스-히트 선수 간의 폭력 사태를 말리기 위해 알론조 모닝의 다리에 매달리는 장면이 화제가 되기도 했다. 1999년에는 닉스의 NBA 파이널 진출을 이끌었다. 닉스는 당시 8번 시드였는데, 라이벌 히트를 비롯해 우승 후보들을 모두 꺾고 파이널에 올랐다. 8번 시드가 NBA 파이널에 오른 건 이때가 처음이었기에 더 의미가 깊었다.

GAME INFO

날짜	1992년 6월 3일
장소	일리노이주 시카고 스타디움
시즌	1991-1992시즌 NBA 플레이오프 파이널
경기의 중요성	★★★★★
착용 농구화	나이키 에어 조던 7

SCORE

팀	1Q	2Q	3Q	4Q	최종
불스	33	33	38	18	122
블레이저스	30	21	17	21	89

MJ's STATS

출전시간	득점	야투	자유투	리바운드	어시스트	스틸	블록	실책	파울
34'00"	39	16-27	1-1	3	11	2	0	1	0

11. 내 3점슛 봤어?
글라이드와의 맞대결

1991-1992시즌 파이널 1차전

VS

시카고 불스

포틀랜드 트레일 블레이저스

종종 마이클 조던은 본인이 원치 않아도 주인공이 되는, 자석 같은 능력을 갖고 있는 사람이라고 느낀다. 그 자리에 없어도 대화의 중심이 되는 그런 사람. 그게 좋은 이슈든, 나쁜 이슈든 말이다.

2015년 10월, 중국 상하이에서 있었던 일이다. 조던은 자신이 수장으로 있는 샬럿 호네츠를 이끌고 중국을 찾았다. LA 클리퍼스와의 차이나 게임을 위해서였다. 현역 시절에도 조던은 중국을 자주 찾지 않았다. 2000년대 들어 중국과의 관계가 친밀해지면서 수많은 NBA 슈퍼스타들이 리그 및 자신의 브랜드 홍보를 위해 중국을 찾았지만, 조던의 왕래는 그리 잦지 않았다. 굳이 찾지 않아도 이미 '에어 조던'은 스테디셀러이자 베스트셀러였기 때문이다. 그럼에도 그가 중국을 찾은 이유는 호네츠 구단의 홍보 때문이었다. 에어 조던 발매 30주년을 위한 기념 행사와 겹쳐 확실한 명분이 있었다.

조던은 차이나 게임을 하루 앞두고 건물 하나를 통째로 빌려 파티를 개최했다. 건물 벽에는 큼지막한 점프맨(jumpman) 실루엣이 보였다. 이 파티에는 나이키, NBA 차이나 및 NBA 아시아, 조던 브랜드는 물론이고 야오밍 전 중국농구협회 회장과 아담 실버 총재 등 저명한 인사들로 바글바글했다. 나는 마침 론 하퍼의 지인을 만나 파티에 들어갈 수 있었다. NBA 홍보대사이기도 했던 하퍼는 어느 파티에서든 '프리패스'가 가능한 인물이었다.

유명 인사 외에 조던 로고가 새겨진 마카롱, 조던 로고가 있는 컵 받침대 등 사방의 모든 것들이 시선을 사로잡았던 그 분위기를 잊지 못한다. 그중 가장 큰 관심사는 역시 행사의 주최자가 언제 등장할 것인가였다. 목을 빼고 기다렸지만 밤 12시가 되도록 주인공은 나타나지 않았다. 내 눈빛을 읽었는지, 나를 이곳으로 데려온 지인 중 하나가 말을 건넸다. "마이클은 금방 안 올 거예요. 옆 건물에서 다른 파티도 하고 있거든요. VIP들과요. 아마 새벽 3~4시나 되어야 올 거 같아요. 안 올지도 모르고요." 세상에. 야오밍, 아담 실버가 있는데 그들보다 VIP가 있다니.

사람들이 비로소 조던을 본 건 호네츠-클리퍼스의 경기 현장이었다. 야오밍이 코트 중앙에 서자 체육관이 떠나갈 듯한 함성이 울려 퍼진다. 하지만 몇 초 뒤의 함성에 비하면 아무것도 아니었다. 바로 조던이 코트 중앙으로 걸어 나왔기 때문이다. 야오밍이 나올 때 함성 소리가 오토바이였다면, 조던이 나올 때는 기차 2대가 지나가는 듯한 데시벨이었다. 조던이 손을 흔들고 자리로 돌아갈 때까지 함성이 이어졌으니까. 그 어떤 선수들의 어떤 플레이도 이날 조던만큼의 리액션을 끌진 못했다.

3년 전 시카고에서의 일화도 떠오른다. 2012년 가을, 나는 시그니처 농구화를 발매한 데릭 로즈(Derrick Rose)와의 인터뷰를 위해 시카고를 방문했다. 그날 저녁, 나는 취재진과 함께 트럼프 타워에 마련된 저녁 만찬 자리를 찾았다. 윈디 시티(Windy City) 특유의 야경이 인상적이었던 트럼프 타워 고층에는 '로즈'를 상징하는 장미꽃과 로즈 로고로 꾸며진 레스토랑이 있었다. 그런데 정작 이날 오간 대화는 로즈가 아니라, 원래 이 도시의 '바스켓볼 마스터'였던 조던이었다. 정적을 깨기 위해 사용된 취재진의 대화 주제는 이랬다.

"음, 너희들의 첫 에어 조던은 뭐였어?"
"여러분이 기억하는 최고의 에어 조던 모먼트는?"

사적 대화가 오간 자리이긴 했어도, 만약 아디다스 PR 담당자가 있었다면 그리 좋아하지 않았을 것이다. 조금 더 성질이 고약한 사람이었다면 엉덩이를 걷어찼을 것 같다는 생각이 들 정도로 대화 주제는 아디다스의 새 얼굴이 아닌, 전래 동화처럼 몇백 번이나 반복되어온 해묵은 이야기들이 주를 이루었다.

옛날이야기 하나만 더 해보자. 이번에는 2014년 가을, 오레곤 주 포틀랜드에서 있었던 이야기다. 나는 르브론 제임스의 기자회견을 위해 나이키 본사를 찾았다. 르브론의 고향 귀환을 기념하는 인터뷰가 주를 이루었는데, 4명씩 그룹을 이루어 인터뷰를 하게 해준 덕분에 그 어느 때보다 편하게, 그리고 가까이서 그를 만날 수 있어 만족스러웠다.

그런데, 르브론만큼이나 취재진이 가장 만족했던 취재 코스는 바로 나이키에 위치한 '마이클 조던 빌딩'을 방문한 것이었다. 나이키 본사는 조던을 비롯해 자신들이 후원해온 초특급 슈퍼스타들의 이름을 딴 건물을 마련해두고 있다. 건물 1층에는 그 주인공들과 관련된 제품들이 줄지어 전시되어 있었다. 나이키 본사 투어 가이드는 에어 조던의 일화를 듣는 와중에도 제품에서 눈을 떼지 않는 취재진을 보며 '이럴 줄 알았다'라는 미소를 지어 보였다.

이처럼 마이클 조던과 '에어 조던'은 언제 어디서든 취재진의 환심을 사는 데 큰 역할을 했다. 그도 그럴 것이 나와 같은 시대를 겪으며 이 길을 '업'으로 삼은 세대들에게는 조던의 활약이 끼친 영향력이 지대했기 때문이다.

넷플릭스에서 '더 라스트 댄스'가 방영된 이후에도 현상은 이어졌다. NBA 스타들의 '시청 소감'이 주를 이루더니, 그 뒤에는 조던에게 패했거나 한 방 먹었던 스타들의 무용담이 이어졌다. 이 책에도 소개된 렉스 채프먼, 데릭 마틴 등이 대표적이다. 더 영악한 유튜버들은 조던을 소개하는 데 그치지 않고 르브론과 비교하거나 코비 브라이언트 이야기도 꺼냈다. 오랜 세월이 지난 지금도, 그 일화는 엄청난 조회수를 보장해주고 있기 때문이다.

이처럼 코트를 떠난 시점이지만 여전히 조던은 큰 영향력을 끼치고 있었다. 그러니 '현역'으로서 돌풍을 일으킬 무렵에는 어느 정도였을지 상상이 안 간다. 물론, 지금 같은 SNS 시대였다면 'BE LIKE MIKE'라는 노골적인 마케팅은 하지 못했을지도 모른다. 1990년대까지는 감추면 노력한 만큼은 최대한 감춰지던, 혹은 적어도 공개 시점 정도는 최대한 늦출 수 있는 시대였으니 말이다.

흔들리는 조던의 세상

오늘날의 '폭로'는 굉장히 빠르게 확산되고 살이 붙는다. 이를 통해 형성된 대중의 분노도 빠르게 전염된다. '골든 타임'만 잘 지킨다면 이를 빠르게 진화시키고 수습할 수도 있다. 그런데, 과거에는 그러지 않았다. 「시카고 트리뷴」의 샘 스미스 기자는 '폭로'를 위해 오랜 시간 취재에 공을 들였고, 그만큼 파장이 크고, 오래 갔다. 심리적 타격도 컸다.

마이클 조던의 코트 밖 세상은 성공과 반비례 행보를 보였다. 우선 샘 스미스 저서로 인해 조던이 밝히고 싶지 않았던 세상이 공개됐다. 피스톤스가 조던에게 적용한 '조던 룰'이 신체적으로, 물리적으로 그를 힘들게 했다면, 스미스가 쓴 '조던 룰스 (Jordan Rules)'는 심리적 타격을 주었다. 온라인 매체 「더 링어(the Ringer)」는 "스미스가 쓴 책 '조던 룰스'는 워즈 밤(Woj Bomb)의 모체였다"라고 했다. (1)

대중은 결코 알지 못할 라커룸 뒷이야기를 적나라하게 파헤쳤기 때문이다. 예를 들면 이런 내용이다. 조던이 경기 중 슛을 많이 못 던지자 라커룸에서 의자를 발로 찼다던가, 필 잭슨 감독이 조던이 득점왕을 쫓는 것을 달가워하지 않자 이에 대한 반항으로 훈련 중에 슛을 의도적으로 시도하지 않은 것, 팀 훈련을 못 따라오는 동료들을 공공연하게 지적하고 놀린 것, 카트라이트와 갈등이 심해서 패스를 주는 것조차 꺼렸던 것, 빅 매치마다 (지인들을 위한) 공짜 티켓을 요구한 것 등의 일화다. (2)

이 책에 대한 반응은 시카고 현지 언론 사이에서도 엇갈렸다. 「시카고 선-타임스」의 비트 라이터 제이 마리오티(Jay Mariotti)는 "스포츠 팀을 다룬 책 중 가장 큰 데미지를 줬다"라고 저격하며 스미스 기자의 대척점에 섰다. 그렇다면 책을 쓴 당사자는 어땠을까. 스미스 기자는 2001년, 나와 가진 이메일 인터뷰에서 "후회도 없고 주눅들지도 않았습니다"라고 말했다.

"기자라면 정당하게 취재해서 쓴 내용에 대해 물러서선 안 됩니다. 당당해야 합니다. 저는 조던과 제리 크라우스 단장을 지적했지만, 그들과 다시 마주하는 걸 두려워하지 않았습니다. 기자라면 그래야 합니다."

스미스 기자가 메일 본문에 썼던 내용이다. 실제로 그는 라커룸에서 조던을 만났을 때 "혹시나 책 내용에 문제가 있다면 언제든 말해주게"라고 말했다. 그러나 조던은 크게 반응하거나 해명하지 않았다. 군이 기자에게 새로운 이슈를 던지고 싶지 않았던 것이다. 단지 라커룸에서의 사적인 이야기들이 하나둘 흘러나간 것을 불쾌해했다. 제리 크라우스 단장은 사실이 아닌 부분에 대해 화를 냈다는 후문이다.

첫 우승 후 조던과 거리가 멀어진 동료가 있다면 바로 호레이스 그랜트였다. 여러 콘텐츠를 통해 공개되었듯, 조던에 대한 가장 부정적인 자세를 취한 인물이 바로 그랜트였기 때문이다. 조던은 첫 우승 후 백악관에 초대를 받았다. 종목을 불문하고 그 시즌의 챔피언들이 백악관을 찾아 대통령을 만나는 것은 오랜 전통이었다. 오늘날까지도 챔피언들은 백악관 방문을 자랑스러워했다.

그런데 조던은 그 자리를 함께 하는 대신, 사우스 캐롤라이나로 골프를 치러갔다. 일각에서는 당시 조지 부시(George Bush) 대통령과 정치적 견해가 달라서 방문을 거부한 것이 아닌가 여겼지만, 조던은 단순히 "군이? 꼭 가야해?"라는 입장이었다. 문제는 그랜트가 취재진에게 조던의 불참에 대해 불평한 것이었다. 'destroy'라는 단어까지 사용해가며 조던이 '단체'이자 '가족'으로서의 팀 개념에 악영향을 주었다고 바라봤다.

조던과 필 잭슨 감독은 이에 대해 어이가 없다는 반응이었다. 바로 며칠 전에 조던은 자신의 견해와 불참 소식을 이들에게 미리 알렸기 때문이다. 아예 무단 불참도 아니었고 갑작스러운 소식이 아닌데 군이 기자들 앞에서 리더를 깎아내릴 필요가 있냐는 것이었다. 조던은 1991-1992시즌 미디어데이가 열렸던 10월 4일, 100명이 넘는 취재진 앞에서 다시 상황에 대한 질문을 받았다.

"제가 그 이유를 말할 의무가 있나요? 개인적인 일이었고 중요한 것은 아니었습니다. 이렇게 미디어 앞에서 말하는 것도 지쳐서 그랬을지도 모르겠네요. 다만, 누군가를 존중하지 않아서 그런 건 결코 아닙니다."

보도에 따르면 조던은 이미 불참 사실을 팀 동료 5~6명에게 전달한 상태였다. 이처럼 그에 대해서는 사소한 하나라도 큰 관심이 쏠렸다. 1984년, 래리 버드는 보스턴 셀틱스를 우승시킨 뒤 로널드 레이건(Ronald Reagan) 대통령의 초청을 받아 백악관에 갈 예정이었지만 그 역시 무단 불참했다. 놀랍게도 이때 사유는 '숙취'와 '늦잠' 때문이었다. 우승 파티를 워낙 성대하게 오래 하다 보니 일어나지 못했던 것. 그 자리에는 로버트 패리시와 세드릭 맥스웰도 빠졌는데, 조던 시절에 비하면 관심이 덜했던 것은 확실하다.

조던을 이해하려 노력했던 인물들은 조던이 온전히 자신이 되어 실력을 발휘할 곳이 코트뿐이라고 변호했다. 실제로 조던이 부자가 될수록 마음은 궁핍해져갔다. 우선 가족들이 문제였다. 흔히 말하는 '호미 문화' 때문이었는데, 조던 역시 가족들의 채무 관계에서 자유롭지 못했다. 조던의 부친과 형제들은 조던의 명성을 이용해 사업을 벌였고 때로는 법적인 문제까지 연결되어 조던을 곤란하게 했다.

나이키와도 문제가 생길 뻔했다. 아버지 제임스와 어머니 들로리스 간의 갈등도 있었는데, 대중들이 모인 곳에서 공개적으로 언성 높여 싸운 일도 있었다. 결정적으로 들로리스는 조던의 아내 후아니타를 마음에 들어하지 않았다. 결국 조던은 결혼식도 조촐히 올렸고, 자녀의 출산 소식도 알리지 않았다. 우연히 사진에 찍히면서 기자에 의해 공개되기 전까지 말이다.

이처럼 원치 않게 계속 주인공이 되어버린 조던은 사적인 공간을 잃어갔다. 결국 조던은 골프장으로 향했다. 트레이너인 팀 그로버조차 조던에게 골프가 차지하는 비중이 얼마나 큰지 알고 있었다. 그것마저 없었다면 안식처가 없다는 것이다. 몇몇 가까운 스포츠 스타들, 사업가들과 어울리며 시작한 내기 골프는 점차 '판돈'의 규모가 커졌고, 특유의 승부욕까지 더해지다 보니 일반인들은 감당이 안 될 만한 수준이 됐다는 증언이다.

이 이슈는 국내에서도 비중 있게 다뤄졌다. 1993년 6월 「동아일보」를 비롯해 여러 매체에서 조던의 도박 빚이 눈덩이처럼 불어나 웬만한 선수 연봉만큼 커졌다고 보도했다. 그 스캔들의 주인공은 샌디에이고 스포츠 아레나의 총책임자였던 리처드 에스퀴나스(Richard Esquinas)였다.

에스퀴나스는 1993년 1월, 「마이클과 나, 우리의 도박 중독증, 살려달라는 나의 외침(Michael & Me: Our Gambling Addiction... My Cry for Help)」이라는 저서를 내서 이목을 끌었다. 조던과의 길고 긴 채무 관계가 해결될 기미가 보이지 않자 폭로해버린 것이다. 시작은 작은 액수였다. 그러나 갑자기 규칙이 '더블 오어 낫띵(double or nothing)'이 되면서 이야기가 달라졌다. '더블 오어 낫띵'은 내기에서 지면 빚이 두 배가 되는 방식이다. 조던의 빚은 그런 식으로 125만 달러까지 늘어났다. 승부욕만 강하지, 골프 실력은 그리 별 볼일 없음을 확인할 수 있는 대목이기도 하다.

2020년 「골프닷컴(golf.com)」은 '조던의 내기 골프 열전'이란 주제의 칼럼에서 조던의 골프 스토리를 다루었다. 바클리와는 한 홀당 30만 달러짜리 내기를 했고, NHL(아이스하키) 스타 제레미 로닉(Jeremy Roenick)과는 1992년 봄에 수천 달러짜리 골프 내기를 했다. 1992년 봄이면 에스퀴나스로부터 빚 독촉을 받던 시기였는데, 조던은 그리 신경을 쓰지 않았던 것 같다.

로닉은 "마이클은 자신이 패하자 한 번 더 하자고 졸랐습니다. 그래서 제가 또 이겼죠. 오후에는 맥주를 마시면서 쳤어요. 그런데 그날 그는 저녁에 경기가 있었습니다. 경기장에 가는 그 친구에게 말했어요. '네가 잃은 돈 전부 다 클리블랜드에 걸 거야!'라고. 그러자 마이클이 웃으며 말했습니다. '나 같으면 우리(시카고 불스)가 20점 차로 이기고, 내가 40점 이상 넣는다는 거에 걸 거야!' 그 자식 그날 26점 차인가로

11. 내 3점슛 봤어? 글라이드와의 맞대결

이기고 52점을 넣더군요"라고 돌아봤다. (3)

그런가 하면, 저명한 사업가 마빈 쉔켄은 「GQ」와의 인터뷰에서 "마이클은 내기를 원했지만, 제가 한사코 거절해 돈은 걸지 않았습니다. 그런데 진심으로 골프 자체를 즐기는 것 같아 좋았습니다"라고 돌아보기도 했다.

내기 골프가 일으킨 파장은 여기서 그치지 않았다. 경찰이 쫓던 범법자의 가방에서 조던의 수표가 발견되는 등 계속 강도 높은 스캔들이 보도됐다. '마이크처럼(Be Like Mike)'이라는 슬로건의 주인공답지 않은 행보였다. 백인과 흑인 모두에게 완벽한 도덕성을 가진 롤 모델의 위상에 흠집이 생긴 것이다.

물론, 이런 이슈들에도 불구, '마이클 조던'을 찾는 팬들이 줄거나, '에어 조던'이 불매운동에 들어가거나, 미디어가 줄지는 않았다.

'본업'인 농구에서만큼은 여전히 마이클 조던이었기 때문이다. 제리 크라우스 단장과 필 잭슨 감독도 '대수롭지 않다'라는 반응이었다. 퍼포먼스는 늘 평균, 아니 평균 이상을 유지했으니 말이다. 단지, 리그의 얼굴과도 같은 조던이 사회면에 오르내리고 '조사' 때문에 불려 다니는 것은 NBA에 결코 도움이 되는 일이 아니었기에 데이비드 스턴 총재도 자체 조사를 하고, 경고를 하는 등 노심초사했다는 후문이다. 조던의 이 도박 이슈는 1993년까지 계속됐다. 조던이 은퇴를 결심한 배경에는 이런 사태에 대한 염증도 있었다는 분석이다.

길을 잃은 고트(G.O.A.T)

인기가 높아짐에 따라 혼자 다니는 시간도 줄었다. 조던을 쫓아다니는 사람이 많다 보니 조던의 지인들이 늘 옆에서 가드 역할을 해야 했다. 1995년 복귀 후에는 보디가드를 대동했다. 그러자 이번에는 팀 동료들과의 거리가 더 멀어졌다. 이상기류를 감지한 필 잭슨 감독은 원칙을 세웠다. 전용기와 버스에서만큼은 시카고 불스의 일원들만 타자는 것이다. 조던도 동의했고, 그로버나 조던의 보디가드들은 일반 비행기를 타고 이동했다.

'에어 조던'이 세상에 공개되고, NBA 데뷔 7년 만에 첫 우승을 차지하는 동안 조던의 인기는 나날이 높아졌다. '마이크처럼(Be Like Mike)'이라는 메시지를 담은 광고가 나왔고, 시카고에서는 상점마다 불스의 배너가 걸렸다. 내가 어린 시절 그랬듯, 미국의 백인 가정에도 10대 자녀 방에는 조던의 포스터가 붙어있었을 것이다.

사회학적으로 생각했을 때, 흑인들에게 이 현상은 굉장히 큰 의미가 있었다. 음악계에서는 마이클 잭슨이 비슷한 현상을 누리고 있었고, 스포츠에서는 조던이 피부색을 초월한 인기를 누리며 높은 지위를 얻었다. '보수적'이라 여겨졌던 백인 가정에서 이것이 자연스럽게 여겨진다는 것 자체가 흑인 사회학자들에게는 새롭고 의미 있는 현상이었다.

그 이면에는 에어 조던을 위해 나이키가 동아시아의 저임금 노동력을 착취한다는 비난에 침묵하고, 정치적으로도 이렇다 할 행보를 보이지 않았던 조던의 행동을 아쉬워하는 목소리도 있었다. '롤 모델'이 된 만큼 흑인 정치인과 흑인 사회를 위해 더 목소리를 내주길 바랐는데 조던은 끝내 그러지 않았다. 심지어 팀 동료 크레익 하지스(Craig Hodges)도 조던에게 이런 행동을 촉구했는데, 이렇다 할 반응을 보이지 않았다. 조던은 아무 입장도 취하지 않음으로써 자신의 이미지를 지키고 싶었던 것일지 모른다.

이렇게 마이클 조던을 둘러싼 세상들이 요동치는 가운데, 농구코트는 자신이 자신다움을 보일 수 있는 유일한 공간이었다. 모든 것을 쏟아내며 경쟁할 수 있는 공간을 소중히 여겼던 것이다. 경쟁에 대한 그의 몰입은 불스의 프랜차이즈 신기록(67승 15패)와 3번째 정규시즌 MVP로 이어졌다.

조던이 우승을 원했던 이유

1991-1992시즌은 이상하리만큼 NBA 역사에서 자주, 혹은 길게 언급되지 않는 시즌이다. 시즌을 눈앞에 두고 이뤄진 매직 존슨의 충격적인 은퇴 발표 탓일 지도 모르겠다. 이 시즌에 '1980년대의 아이콘' 매직의 은퇴만큼 큰 소식은 없었다. (4) 필 잭슨 감독의 자서전에서도, 조던과 피펜의 평전에도 1991-1992시즌의 비중은 그리 크지 않다. 67승 15패라는 훌륭한 팀 성적을 거두었는데도 말이다.

플레이오프 2라운드에서 뉴욕 닉스라는 숙적을 7차전 접전 끝에 따돌린 불스는 클리블랜드 캐벌리어스를 제압하며 2년 연속 NBA 파이널에 진출했다. 조던은 2년 연속 우승을 간절히 바랐다. 1년 전의 파이널 우승이 결코 우연이 아님을 증명하고 싶었다.

7년 만에 정상에 서면서 래리 버드나 매직 존슨 같은 슈퍼스타 반열에 올랐다고 봤지만, 세상은 여전히 그에게 증명을 요구했다. 그들이 4-0으로 제압했던 피스톤스의 아이재아 토마스도 그중 하나였다. 토마스는 조던의 1991년 우승에 그리 큰 의미를 두지 않는다고 말한 바 있다. "저는 LA 레이커스와 보스턴 셀틱스라는 거함을 꺾고 우승했습니다. 전성기 매직과 버드를 모두 꺾었다고요. 반면 마이클과 불스는 그러지 않았죠."

1992년 파이널 맞대결 상대는 포틀랜드 트레일 블레이저스. 서부에서는 LA 레이커스와 쌍벽을 이뤄온 신흥 강호였다. 우승은 1977년 빌 월튼 시대 이후 없지만, 1990년에도 NBA 파이널에 올랐을 정도로 내외곽, 공수 전력이 탄탄한 팀이었다.

블레이저스는 평균 연령 28.1세로 불스(평균 27.6세)보다 조금 더 높은 7위였는데, 마찬가지로 드렉슬러와 테리 포터(Terry Porter), 클리프 로빈슨(Cliif Robinson), 제롬 커시(Jerome Kersey) 등은 한참 전성기에 접어들 20대 후반이었다. 벅 윌리엄스(Buck Williams)와 대니 에인지 같이 산전수전 다 겪은 베테랑 선수들이 이들을 잡아주고 있었다.

팀의 리더는 클라이드 드렉슬러(Clyde Drexler). 조던과 엇비슷한 신체 조건을 가진 드렉슬러는 휴스턴 대학 출신으로, 뛰어난 탄력과 올 어라운드 플레이, 그리고 득점력이 장점인 서부의 슈퍼스타였다. 조던의 별명이 '에어(AIR)'였다면, 드렉슬러의 별명은 '클라이드 더 글라이드(Clyde the Glide)'였다. 점프력도 좋고, 플레이 선이 너무나 우아해 마치 하늘을 나는 것 같다는 의미에서 붙여진 별명이다.

두 선수 모두 대학생 시절 줄리어스 어빙(Julius Erving)과 비교되었다. 조던 은퇴 후 '넥스트 조던(Next Jordan)' 열풍이 불었던 것처럼, NBA는 'DrJ' 어빙의 계보를 이을 '하이 플라이어'를 찾고 있었다. 「스포츠 일러스트레이티드」는 의사 가운을 입고 사진을 찍은 조던을 어빙의 후계자로 소개했는데, 다른 한편으로는 드렉슬러를 그렇게 여기는 이들도 있었다. 드렉슬러 본인도 "학창 시절, 제 우상은 '닥터 J' 줄리어스 어빙이었습니다. 사람들이 저를 'Little Doc'이라고 불러줄 때 인정받는 것 같아 정말 기뻤습니다"라고 말했다.

2006년 방한 당시, 드렉슬러는 블레이저스를 '매우 터프하고 운동 능력이 좋은 팀'이라고 돌아봤다. "우리는 매우 터프하고, 운동 능력이 좋은 팀이었습니다. 슈퍼스타는 많이 없었지만, 뜨거운 열정을 갖고 있었으며 서로가 팀 컨셉과 역할을 잘 이해하고 있었습니다."

사실 드렉슬러와 블레이저스는 불스와 만나기 전, 이미 한차례 파이널에서 큰 아픔을 겪은 적이 있었다.

2022년 5월, 나는 스포츠 브랜드 '윌슨(Wilson)'의 도움으로 1958년 NBA 챔피언 밥 패팃(Bob Pettit)과 드렉슬러가 개최한 줌 컨퍼런스에 참가할 수 있었다. 그때 드렉슬러는 그날의 아쉬움과 아픔을 곱씹었다. 드렉슬러는 1994-1995시즌 중 휴스턴 로케츠로 트레이드되어 친구이자 동창인 하킴 올라주원과 함께 생애 첫 우승을 거머쥐었다. 2번의 준우승 끝에 얻은 우승. 그만큼 플레이오프와 파이널에 대한 희노애락을 잘 설명해주었다.

"NBA 플레이오프는 제가 제일 좋아하는 기간입니다. 궁극의 리얼리티 쇼라고나 할까요. 매 경기가 매진되고, 사람들의 관심과 기대가 집중되는 엄청난 부담감 속에서 가진 것을 다 쏟아야 합니다. 그런 선수들의 모습을 보는 것이 즐겁습니다. 특히 파이널에서는 더더욱 그렇죠. 사람들에게 제가 뭘 할 수 있는지 보여야 합니다. 프랜차이즈 스타라면 그 부담이 더 커질 것입니다. 리더로서 이 팀이 파이널에 오를 자격이 있다는 것을 입증해야 할 테니까 말입니다. 평정심을 유지하고, 긴장을 유지하는 것이 참 힘든 일입니다. 그런 것들이 입증되는 최고의 플랫폼이 바로 NBA 파이널이 아닐까 싶습니다."

그렇다면 패배는 어떨까. 함께 출연했던 밥 패팃과 드렉슬러 모두 같은 의견을 전했다.

"정규 시즌에는 한 경기를 지더라도, 다음 경기들을 잘 하면 극복이 됩니다. 하지만 플레이오프는 매우 힘들죠. 1년 내내 가져온 목표였기에 여름 내내 정신적으로 견디기 힘들 때가 있습니다." - 밥 패팃

"맞습니다. 플레이오프 시리즈에서 탈락하면 여름 내내 힘들어요. 경쟁이란 것이

그렇더군요. 매일 죽을 맛입니다. 그게 저를 망치지 않게끔 두지 않는 것이 중요한데, 말처럼 쉬운 일이 아닙니다. 시즌 내내 우리의 목표였던 것이 사라지기 때문입니다."

- 클라이드 드렉슬러

드렉슬러와 블레이저스는 1990년에 느낀 그 상실감을 만회하고 싶었다. 1990년 플레이오프에서 블레이저스는 샌안토니오 스퍼스와 피닉스 선즈를 각각 4승 3패, 4승 2패로 꺾고 NBA 파이널에 진출했다. 결승 상대는 디트로이트 피스톤스. 2년 연속 우승에 도전했던 리그 강자였다.

포틀랜드는 2차전까지 제법 선전했다. 연장전까지 가는 접전 끝에 106-105로 이겼다. 시리즈를 1승 1패로 만들었다. 드렉슬러는 육탄전 속에서도 21득점 9리바운드 6어시스트로 분투했다.

하지만 이후 경기에서 거짓말처럼 3경기를 내리 졌다. 노련미와 경험, 그리고 투지에서 밀린 것이다. 사실, 1승 1패를 만들고 3차전을 맞을 때만 해도 블레이저스가 유리해 보였다. 당시 언론에서는 이제 분위기가 치열해질 것이라 바라봤다. 피스톤스가 포틀랜드 원정에서 마지막으로 승리한 경기는 1974년이었기 때문이다. 1989-1990 시즌에도 포틀랜드 원정에서 82-102로 졌다. 게다가 피스톤스는 데니스 로드맨이 발목을 다친 상황이었다.

그럼에도 불구하고 블레이저스는 중요한 3차전을 106-121로 졌다. 조 듀마스의 폭격을 당해내지 못했던 탓이다. 4~5차전은 토마스가 물려받았다. 드렉슬러도 4~5차전에서 평균 27득점을 기록했으나 한계를 넘지 못했다.

블레이저스는 1991년에 다시 우승 기회를 노렸으나, 마지막 불꽃을 보인 LA 레이커스에 패하며 파이널 문턱에서 주저앉았다. 사실, 블레이저스 선수들은 1991년에 불스와 만났다면 우승할 수 있었을 것이라 믿었다. 63승 19패로 분위기가 좋았기 때문이다. 19승 1패로 시즌을 시작했고, 불스와 가진 시즌 맞대결도 모두 이겼다. 홈에서는 125-112로 이기기도 했다.

BJ 암스트롱은 훗날 커시에게 "그때 레이커스가 너희를 이겨서 참 다행이라 생각했어. 너희를 이겨줬잖아. 우리는 그때는 너희를 만나고 싶지 않았거든!"이라고 고백하기도 했다.

2년의 만회하고 싶었던 블레이저스는 시즌 내내 온 힘을 다했다. 마침 NBA는 세대교체 바람이 불고 있었고, 블레이저스는 그 기수가 되고자 했다. 불스만큼이나 결연했기에, 이 시리즈는 결코 쉽게 마무리되지 않을 것임을 예고했다.

에어 vs 글라이드

조던이 우승하고 싶었던 이유는 또 있다. 바로 드렉슬러 때문이었다. 1984년 드래프트 당시 2순위를 갖고 있던 블레이저스는 조던이 아닌 '빅맨' 샘 부위(Sam Bowie)를 지명했다. 이미 팀에 조던과 비슷한, 그리고 잘 안착한 드렉슬러가 있었기 때문이었다. 하지만 부위는 부상을 이겨내지 못했고, 1라운드 2순위의 기대치에는 결코 근접하지 못했다.

그러나 이 맞대결에서 군이 옛날 인연을 소환할 이유는 없었다. 이미 둘은 NBA 정상의 자리에서 자웅을 겨루던 존재들이라, 그것만으로도 자존심 대결이 충분했기 때문이다. 드렉슬러는 1991-1992시즌 MVP 투표에서 조던을 바싹 따라붙었지만 끝내 MVP 트로피를 양보해야 했다. 조던은 1위를, 드렉슬러는 2위였다. 경쟁 의식이 안 생길 수 없었다.

훗날 조던은 드렉슬러에 대해 '나의 거울 같은 사람'이라고 표현했다. 그만큼 닮은 점이 많다는 이유에서였다.

"클라이드는 내 거울 같은 사람이었어요. 다재다능하고 공·수 모두 뛰어나죠. 어시스트도 잘했고요. 인정할 수밖에 없는 선수입니다. 그렇기에 파이널에서 드렉슬러를 억제할 수밖에 없었습니다." (5)

조던이 드렉슬러를 신경 쓴 만큼, 드렉슬러도 조던을 의식했다. 1991-1992시즌의 이슈 중 하나는 바로 1992년 바르셀로나올림픽에 나설 드림팀 멤버 선정이었다. 최초로 발표된 10명 중에는 조던의 이름은 있었지만, 드렉슬러는 없었다. 드렉슬러는 "왜 조던만 되고, 나는 안 되나"라면서 분개했던 것으로 알려졌다. 알려진 바에 따르면 조던 역시 그때 그 분위기를 잘 알고 있었다. (6), (7)

주위에서도 그의 승부욕에 불을 붙였다. 시작은 찰스 바클리였다. 친구 사이였던 바클리는 방송 인터뷰에서 1992년 파이널 시리즈 우승팀으로 포틀랜드 트레일 블레이저스를 꼽았다. 그 이야기를 들은 조던은 껄껄 웃으며 "찰스의 그 말이 저를 돌아버리게 했지요. 저를 너무 잘 아는 친구입니다"라고 말했다. 무슨 의도로 그런 말을 했는지 알겠다며 말이다. 주관 방송사 NBC의 마브 알버트는 "조던과 드렉슬러의 비교에 있어 3점슛은 드렉슬러가 더 낫지 않냐는 의견이 있었다"라고 말했다. 조던이 꽂힌 건 바로 이 부분이었다.

3점슛이 자유투라인 같았습니다

1차전은 격전이 될 것이라는 전망이 무색하게 불스의 33점 차 대승(122-89)으로 막 내렸다. 불스에 선승을 안긴 무기는 다름 아닌 '3점슛'이었다. 마브 알버트가 언급한 '조던의 3점슛'은 시리즈의 분위기를 바꿔놓았다.

조던은 작정한 듯했다. 드렉슬러를 상대로 페이더웨이 점프슛을 꽂은 그는 이내 '3점슛 쇼'를 시작했다. 코너에서 3점슛을 터트린 데 이어 속공 상황에서도 그대로 3점슛을 올라갔다. 불스의 첫 3점슛 3개를 혼자 도맡았다. 여기서 끝이 아니었다. 이번에는 왼쪽에서 본인의 4번째 3점슛을 꽂았다.

드렉슬러와 블레이저스 선수들은 혼비백산한 표정이었다. 가뜩이나 시끄러운 시카고 스타디움은 조던의 3점슛이 터질 때마다 데시벨이 더 올라갔다. 조던은 드렉슬러의 공을 가로채더니 질주했다. 대니 에인지가 쫓아가 끊고자 했지만 따라잡는 것조차 하지 못했다. 탑에서 하나, 정면에서 하나. 조던은 전반이 끝나기도 전에 3점슛 2개를 더 넣어 6개를 성공시켰다.

6번째 3점슛이 들어간 직후 그는 관중석과 중계석을 보며 어깨를 으쓱했다. 자신도 믿지 못하겠다는 듯한 표정으로 말이다. 그 유명한 'the shrug game'이 탄생하는 순간이었다. 바로 뒤에 겹쳐진 클리프 로빈슨(Cliff Robinson)의 표정과는 대조적이었다. 후반에도 블레이저스는 조던의 볼 없는 움직임을 전혀 제어하지 못했다. 덕분에 피펜도 수월하게 달렸다.

전반전 3점슛 6개는 파이널 전반전 기록이었다. 1992년 파이널 이전까지만 해도 한 경기 최다 3점슛 성공 기록이 6개(레임비어, 마이클 쿠퍼)였는데, 24분 만에 해치운 것이다. 훗날 커시는 조던의 이러한 활약은 본인들의 수비 계획에 없었던 것이라 돌아봤다.

"마이클은 그때만 해도 뛰어난 슈터가 아니었습니다. 그래서 우리는 오히려 그가 3점슛을 더 던져주길 바랐습니다. 그저 계속 던지기만 하고, 림으로 돌파만 하지 않길 기대했죠. 그런데 그 일이 일어나고 만 겁니다."

테리 포터도 동의했다. "제가 간과한 건 그의 3점슛 능력이었습니다. 그렇게 잘 들어갈 것이라고는 생각도 못했죠. 제가 그를 막을 때면, 마이클은 자신 있게 볼을 요청해 슛을 시도했습니다. 실은 클라이드와 매치업되는 시간이 더 길긴 했어요. 둘은 1차전부터 마지막까지 훌륭한 대결을 펼쳤습니다."

1차전에서 조던은 39점 11어시스트 2스틸을 기록했다. 기자회견에서는 "오늘은 3점슛이 자유투 같았습니다"라며 너스레를 떨었다. "어디서든 들어갔죠. 여러분이 놀란 만큼, 저도 진심으로 놀랐어요."

그러나 매직 존슨은 조던의 활약이 이미 준비된 것이었다고 돌아봤다. 2021년 2월, '지미 키멜 쇼(Jimmy Kimmel Show)'에 출연한 매직은 1차전 전 날밤, 조던과 함께 한 카드 게임을 돌아봤다.

"새벽 1시가 되어도 끝낼 생각을 안 하길래 걱정이 됐죠. 그런데 조던은 태연하더군요. 오히려 '괜찮아요, 내일 이겨버릴 거니까요'라고 말했습니다. 당장이라도 경기를 하고 싶어하는 것 같았습니다." 매직의 말이다. 조던은 3점슛을 넣을 때마다 중계석과 관중석을 쳐다봤다. 매직은 그 모습이 자신을 보는 것 같다고 돌아봤다.

"마치 '봐, 내가 할 거라 그랬지?'라고 말하는 거 같았습니다."

반면 드렉슬러는 16점 7어시스트에 그쳤다. 3점슛은 2개 시도해 하나도 넣지 못했다. 릭 아델만(Rick Adelman) 감독은 수비가 끔찍했다고 선수들을 질책했다. 에인지도 "아무래도 마이클 저 친구가 그 신문을 읽은 것 같네요"라며 혀를 내둘렀다.

필 잭슨 감독도 조던의 활약이 놀랍긴 마찬가지였다. "정말 믿기 힘든 퍼포먼스였습니다. 3점슛은 조던 스스로 승부욕을 끌어올리기 위한 수단 중 하나였습니다"라고 분석했다. 그런데, 1차전이 끝난 뒤 잭슨 감독이 우려했던 것이 하나 있다. 1차전에서 탄력을 받은 조던이 너무 많은 것을 해내려고 할지도 모른다는 것이었다.

잭슨 감독은 "아마도 1차전 같은 퍼포먼스는 자주 재현되기 힘들 겁니다"라고 예상했다. '평균'이라는 것이 있기 때문이다. 블레이저스는 1차전 내내 3점슛을 하나도 넣지 못했다. 반면에 조던은 이 시즌까지 커리어 3점슛 성공률이 평균 29%에 불과했던 선수다. 둘 다 평균과 맞지 않았다. 시리즈가 거듭될수록 각자가 평균을 찾아갈 것이라 봤기에 잭슨 감독은 다시 불스다워질 필요가 있다고 봤다. 즉, 동료들과 공유하는 농구, 수비로 이기는 농구를 해야 한다고 본 것이다.

조던의 생각은 좀 달랐다. 그는 전반에 5분 30초 가까이 벤치에서 쉬어야 했다. 잭슨 감독은 조던을 한참 쉬게 한 뒤에 다시 내보냈는데, 이는 다른 불스 선수들의 슛감과 조던의 오버페이스를 생각해서 내린 결정이었다. 그러나 조던은 잭슨 감독의 결정을 좋아하지 않았다. "한참 그루브를 타던 시점에서 필 감독님이 저를 불러들였죠. 그때 리듬을 좀 잃었습니다."

끝난 뒤 서로의 생각은 달랐지만, 이것 하나만큼은 확실했다. 남은 시리즈 내용이 더 언급되지 않을 정도로 1차전의 퍼포먼스가 엄청났다는 것이다.

우려가 현실로

2차전에서 잭슨 감독의 우려는 현실이 됐다. 불스는 분위기가 한껏 달아올랐으나, 이를 컨트롤하지 못했다. 1차전을 '조던의 이름을 파이널 역사에 남긴 경기'라고 표현한다면, 2차전은 포틀랜드 트레일 블레이저스가 자신들의 프랜차이즈 역사에 남길 만한 명경기라고 표현할 수 있다. 그 시끄럽던 시카고 스타디움이 조용해지는 과정을 실시간으로 볼 수 있었던 경기였다.

블레이저스가 10점 차(82-92)로 지고 있던 4쿼터, 드렉슬러가 6번째 파울을 범해 퇴장당할 때만 해도 불스는 시리즈를 2-0으로 가져가는 듯했다. 그러나 불스는 4쿼터 마지막 4분간 겨우 3점을 넣는데 그쳤고, 에이스를 잃은 블레이저스는 에인지가 깜짝 활약을 펼치면서 연장전 뒤집기에 성공했다. 에인지는 연장전에서만 9점을 몰아쳤다. (8)

덕분에 블레이저스는 115-104로 승리, 시리즈를 1승 1패로 돌려놨다. 조던은 39득점을 기록했지만 1차전과 같은 신들린 숫감은 재현되지 않았다. "반드시 잡았어야 하는 경기였습니다. 이기기 위해 경기했어야 하는데, 지지 않으려고 경기했습니다. 그래서 경기를 컨트롤하지 못했죠." 조던의 회고다.

'평균의 법칙'도 완성됐다. 1차전에서 3점슛 6개를 모두 실패했던 블레이저스는 이날도 4쿼터까지 10개를 던져 모두 놓치고 있었다. 그런데 결정적일 때 중요한 3점슛이 들어갔다. 테리 포터가 코너에서 던진 3점슛이었다.

연장에서 터진 이 3점슛으로 블레이저스는 비로소 105-102로 리드했고, 불스는 분위기를 수습하지 못했다. 조던은 3점슛 4개를 던져 모두 실패했고, 상대 수비에 막혀 결정적인 실책을 범했다. 에인지의 수비 수훈이었다. 조던이 3점슛을 던질 때마다 팬들은 1차전 같은 기적을 기대했지만 재현되지 않았다.

반대로 퇴장당했지만 26점을 올린 드렉슬러는 분위기를 잘 끌어올렸다. 1쿼터부터 화풀이하듯 카트라이트를 두고 '인 유어 페이스(In your face)' 덩크를 꽂았다. 호레이스 그랜트는 시리즈를 앞두고 존 바크 코치와 함께 '벅 윌리엄스 제어 특훈'을 받았지만 이날 48분을 소화한 윌리엄스에게 19점 14리바운드를 헌납했다.

이후 시리즈의 양상은 수비전으로 흘러갔다. 당시 파이널 시스템은 3~5차전을 원정에서 갖는 식이었다.(9) 적지에서 치른 3차전. 불스는 94점을 올린 동시에 블레이저스를 전반 39점, 84점으로 묶었다. 84점은 블레이저스의 플레이오프 사상 최저 득점이었다. 4차전은 다시 블레이저스가 반격했는데 최종 스코어는 겨우 5점 차(93-88)였다.

이번에는 조던이 마지막 10분 26초 동안 무득점이었다. 44분이나 뛰었는데 마지막에는 좀처럼 좋은 슛 찬스를 얻지 못했다. 여러 이유가 있는데 우선 피펜도 3쿼터에 일찌감치 파울트러블에 걸려 활약이 제한적이었고, 이렇다 보니 다른 선수들도 덩달아 잠잠했다. 블레이저스는 드렉슬러와 커시 중심의 스몰라인업을 활용하며 불스의 화력을 잠재운 것이 승리 요인이었다.

그러나 적어도 NBA 파이널에서 조던이 2경기 연속 부진했던 적은 없었다. 5차전은 '복수혈전'이란 부제가 붙어도 이상하지 않을 정도로 초반부터 불스가 크게 앞서간 경기였다. 최종 119-106으로 끝난 경기였지만, 분위기는 13점 차 이상이었다. 조던은 자유투 16개 포함, 46득점을 폭발했고 피펜은 24득점 11리바운드 9어시스트로 트리플더블에 가까운 성적을 남겼다. 두 선수는 불스의 첫 23점 중 19점을 합작했고, 블레이저스의 실책을 유도했다. 블레이저스는 1쿼터에만 실책으로 17점을 뺏겼다.

넷플릭스가 보여주지 않은 것

'더 라스트 댄스'는 불스의 마지막 시즌을 중심으로 '불스 왕조'의 모든 것을 보여준 10부작 다큐멘터리였다. 그러나 비판도 있었는데, 내용이 전개될수록 '불스 왕조'가 아닌 조던 중심으로 포커스가 옮겨간다는 지적도 있었다. 피펜, 그랜트, 로드맨, 필 잭슨 등이 들러리가 된 듯한 느낌을 주었다는 것이다. '더 라스트 댄스'를 통해 왜곡되거나 축소된 부분에 대해 많은 이들이 분개했는데 그중 하나가 바로 피펜이었고, 그는 2021년 12월에 '언가디드(Unguarded)'라는 자서전을 펴내기에 이르렀다.

앞서 언급했듯, 대부분의 다큐멘터리에서 1992년 NBA 파이널은 '조던의 3점슛 쇼'가 하이라이트의 상당 부분을 차지하고 있다. '더 라스트 댄스'도 마찬가지였다. 그러나 이보다 의미 있는 부분이 하나 있다. 바로 6차전의 승리 과정이다.

시카고 스타디움으로 돌아와 치른 6차전. 1쿼터부터 25-19로 앞선 블레이저스는 3쿼터가 끝났을 때 79-64로 앞서고 있었다. 드렉슬러와 포터, 커시의 삼각 편대가 불스를 괴롭혔고, 식스맨 클리프 로빈슨도 벤치에서 힘을 보탰다. 배수의 진을 친 아델만 감독은 7인 로테이션으로 타이트하게 불스를 물고 늘어졌는데, 조던조차도 공격적인 수비에 애를 먹었다. 조던은 1쿼터에 겨우 2점에 그쳤다.

중계진은 신장도 크고 손도 빠른 선수들이 포진해 불스 선수들이 고전하고 있다고 분석했다. 3쿼터까지 페인트존 득점에서도 14-42로 크게 밀리고 있었다. 블레이저스는 테리 포터(190cm)와 대니 에인지(196cm)를 제외하면 전원이 2미터였다. 조던이든 피펜이든 압박에 밀려 터프샷을 던지면 그랜트나 카트라이트가 리바운드를 잡아 줬어야 하는데 이 부분에서도 밀리니 쉽게 분위기를 잡지 못했다. 수비에서도 마찬가지로 블레이저스는 불스의 취약한 부분을 잘 공략했다. 특히 팩슨이 포터를 잘 따라가지 못했다.

3쿼터 막판 17점 차(62-79)로 벌어지자 필 잭슨 감독과 벤치는 용단을 내린다. 조던을 벤치로 불러들이기로 한 것이다. 텍스 윈터 코치의 조언이 결정적이었다. "필, 저 친구를 빼야 해. 볼을 너무 오래 들고 있어. 공격이 망가지고 있다고." 필 잭슨 감독도 동의했다. 조던은 혼자 너무 많은 짐을 짊어지려 했다. 게다가 조던이 공을 오래 붙잡고 있자 다른 선수들도 똑같이 해결하려는 경향을 보였다. 다들 드리블이 길어진 것이다.

4쿼터는 피펜, 스캇 윌리엄스, 밥 핸슨(Bob Hansen), 스테이시 킹, BJ 암스트롱으로 출발했다. 시작이 좋았다. BJ 암스트롱은 에인지가 매치업 상대인 핸슨을 버리고 다른 쪽을 신경 쓰는 것을 발견, 핸슨에게 패스를 건넸다. 그러자 핸슨은 코너 3점슛을 넣으며 12점 차가 됐다.

비록 불스에서는 존재감이 없었다곤 하지만, 핸슨은 한때 올스타 3점슛 컨테스트에 출전했던 선수였다. 오픈을 놓친 건 블레이저스 입장에서 치명적이었다. 게다가 핸슨은 선수 커리어의 마지막 시즌을 치르고 있었다. 그러니 어쩌면 마지막이 될지도 모르는 순간에 투입되어 정말 중요한 3점슛을 넣었던 셈이다. 게다가 이날은 온 가족이 함께 체육관에 왔던 날이었기에 더 의미가 깊었다.

이어 스테이시 킹이 안쪽을 터프하게 돌파할 때 제롬 커시가 강하게 막아섰는데, 심판이 이를 플레이그런트 파울로 선언했다. 킹은 자유투 2개를 모두 넣었다. 다음 공격은 피펜이 책임졌다. 포스트 플레이로 득점을 올리면서 점수차는 9점 차(70-79)로 좁혀졌다. 경기장 분위기가 다시 달아오르기 시작했다. 4쿼터 시작 후 불스가 14점을 올릴 동안, 블레이저스는 단 2점에 그쳤다. 4쿼터 첫 6번의 공격에서 실책을 4개나 범했다.

잠시나마 플로어 리더 역할을 맡은 피펜이 드렉슬러를 상대로 대활약했다. 신장 우위를 이용해 포스트에서 득점을 올렸을 뿐 아니라, 압박 수비로 드렉슬러의 트래블링을 끌어냈다. 다급해진 아델만 감독이 타임아웃을 불렀지만, 분위기를 바꾸지 못했다. 점수차가 줄어드는 동안 조던도 벤치에서 주먹을 불끈 쥐는가 하면, 펄쩍펄쩍 뛰며 후배들을 응원했다.

8분 20여 초를 남기고 조던이 다시 벤치로 돌아왔을 때, 스코어는 겨우 3점 차(78-81)가 되어 있었다. 남은 시간은 조던이 트로피에 불스 로고를 새기는 시간이었다. 조던의 연속 득점으로 경기는 동점이 되고, 역전이 됐다. 윌리엄스의 공을 빼앗아 원핸드 덩크를 꽂는 순간 승부는 기울어졌다. 조던은 불스의 마지막 10점 중 8점을 올렸다. 조던의 마지막 자유투 2개로 불스는 97-93으로 리드. 사실상 2년 연속 우승을 결정지었다.

1년 전, 첫 우승 당시만 해도 울음을 터트렸던 조던이지만 2번째 우승에서는 더 여유있는 표정이었다. 홈에서 거둔 첫 우승인 만큼 동료들과 함께 챔피언이 된 기분을 만끽했다. (10)

비록 조던(6차전 33득점)이 쐐기를 박긴 했지만, 6차전은 감독의 용단과 식스맨들의 선전이 있었기에 가능했다. 잭슨 감독은 방송 인터뷰에서 식스맨들이 에너지를 더해준 덕분에 승리할 수 있었다고 평가했다. 조던 역시 "바비 핸슨이 활약해서 너무 기쁩니다. 모두가 잘 해줬습니다. 스카티(피펜)도 3~4쿼터에 정말 큰 활약을 보여줬습니다. 오늘은 '팀'으로 선전했습니다"라며 기뻐했다. (11)

조던은 2시즌 연속 정규시즌 MVP와 파이널 MVP를 차지했다. NBA 역사상 최초였다. (12) 올NBA 퍼스트 팀과 올디펜시브 퍼스트 팀, 여기에 득점 1위를 모두 한 시즌에 달성한 선수는 조던 외에 아직 없다. 조던은 우승과 함께 드렉슬러와의 맞대결에서도 판정승을 거두었다. 드렉슬러는 시리즈 후 「스포츠 일러스트레이티드」와의 인터뷰에서 "시리즈를 시작할 때, 저는 마이클이 2,000가지 정도의 동작을 갖고 있다고 생각했어요. 하지만 제가 틀렸습니다. 3,000가지 정도는 되더군요"라며 패배를 인정했다.

그러나 이런 조던의 성과보다도 중요한 것은 바로 불스가 파이널을 마무리하는 방식이었다. 조던이 슈퍼스타 반열에 오른 이래, 불스의 지상 과제는 바로 '탈마이클'이었다. 혹자는 이를 'de-Michaelization'라 표현했다. 조던이 지나치게 많은 것을 하려면 할수록 우승과 멀어질 수 있다는 우려가 있었기에 그 영향력을 줄이고 다른 쪽의 힘을 키워놔야 한다는 주장이 있었다. 실제로 피스톤스는 그 허점을 노려 오랫동안 불스를 울렸다. 게다가 1991-1992시즌에는 피펜과 그랜트, 암스트롱 등이 제 몫을 하기 시작한 시점이었다. 그들도 볼을 원했고 칭찬과 스포트라이트를 바랐다.

이를 알았던 잭슨 감독은 "트라이앵글 오펜스에 녹아들어 공격을 전개하고, 네 득점력은 승부처를 위해 아껴달라"라는 주문을 해왔다. 조던 개인의 공격이 굉장히 안 풀렸던 6차전이 딱 그런 시점이었다. 잭슨 감독의 교체 명령을 기꺼이 받아들였고 벤치에서 때를 기다렸다. 동료들을 응원하며 말이다. 그리고 정상에 서서는 자신과 함께 목표를 달성한 후배들을 칭찬했다.

잭슨 감독도 이에 대해 "정말 달콤했던 승리였습니다. 팀의 모든 사람들이 의미 있는 기여해 주었기 때문입니다"라고 소감을 전했고, 주장 카트라이트 역시 "밀리고 있던 상황에서 우리 선수들이 정말 잘 대처했습니다. 승리를 위해서는 서로가 필요하다는 것을 보여주었습니다"라고 기뻐했다. 고무된 조니 바크 코치는 "오로지 불스만이 불스를 이길 수 있다!"라고 외쳤다.

오랫동안 주변인들은 불스를 '마이클 조던과 조더네이어스(The Jordanaires)'라 불러왔다. '조더네이어스'는 1960~1970년대 '로큰롤의 황제' 엘비스 프레슬리(Elvis Presley)의 보컬 백킹 그룹으로 4인조로 구성되어 있었다. 5명이 뛰는 농구팀에서 다른 4명이 조던의 들러리 역할이나 한다는 의미에서 어감이 비슷한 '조더네이어스'라고 불러왔던 것이다. 우리 식으로 하면 '조던과 아이들' 정도가 아닐까 싶은데 피펜이나 그랜트 입장에서는 굉장히 자존심 상하는 표현이 아닐 수 없다.⒀ 1991-1992시즌 파이널은 '아이들'에서 벗어나 각자의 영역에서 뭔가를 보이기 시작했다는 점에서도 의미가 있는 시즌이었다.⒁

(1) '워즈 밤'은 저널리스트 애드리언 워즈내로우스키(Adrian Wojnarowski)가 터트렸던 특종, 단독 보도를 의미한다. 주로 X(트위터)를 통해 터트리는 단독 보도는 라이벌 샴스 카라니아(Shams Charania)와 함께 업계 쌍벽을 이루고 있다. 대다수 스포츠 매체들이 두 기자의 단독 보도를 인용 해서 쓸 정도로 신뢰도가 높았다. 워즈내로우스키는 2024년 저널리스트를 그만두고 세인트 보너 벤쳐(St. Bonaventure)의 남자농구팀 단장으로 이직했다.

(2) 조던은 훗날 「플레이보이」 매거진 인터뷰에서 "저는 빌어먹을 그 티켓을 공짜로 요구한 적이 없었 어요. 항상 제가 구입해서 아이들에게 나눠줬지요. 남는 건 피펜이나 그랜트, 혹은 주변인들에게 줬어요. 그들에게 줬던 티켓도 다 제가 구입했던 거였다고요. 그렇다고 제가 티켓을 준 대가로 돈 을 요구한 적도 없었습니다. 저는 한 시즌에 티켓 값으로만 10만 달러를 지출했습니다"라며 화를 냈다.

(3) 기사에 나온 클리블랜드 전은 아마 1992년 3월 28일 홈 경기였을 것이다. 이 경기에서 불스는 24점 차(126-102)로 승리했다. 다만 기억의 오류가 있는데 조던은 이 경기에서 44득점을 기록했 다. 그러나 52점이든 44점이든 종일 골프를 치다 경기하러 간 선수의 기록으로는 믿기지 않는다.

(4) 1991년 11월 7일, 매직 존슨은 HIV 바이러스에 감염되어 더는 선수 생활을 할 수 없을 것이라고 발표했다. 조던은 매직의 에이전트 론 로젠(Lon Rosen)으로부터 "긴급 상황이니 빨리 연락을 달 라"는 메시지를 받았고, 통화를 통해 "매직이 AIDS를 유발하는 HIV 바이러스에 감염되었기에 곧 기자회견을 통해 은퇴를 발표할 것"이라는 이야기를 받았다. 처음에 농담인 줄 알았던 조던은 매 직과의 대화에서 곧 상황이 굉장히 심각하다는 것을 알게 됐다고 이야기했다. 매직 존슨의 발표 이후 많은 NBA 선수들이 에이즈 검사를 받았다는 보도가 있었다. 조던의 경우는 보험 회사의 요 구로 2년에 한 번씩 정기적으로 검사를 받아온 것으로 알려졌다.

(5) 조던과 드렉슬러가 가까워진 건 1992년 파이널이 아니라 그 뒤에 마련된 1992년 바르셀로나올 림픽 무대에서였다. 오랜 시간 함께 하다 보니 대화를 많이 나누게 되었고, 미국 대표팀 훈련을 하면서 그 어느 때보다 자주 겨뤘다. 또 골프도 자주 쳤는데, 조던은 그때마다 자신이 파이널에서 승리한 것을 몇 번이고 언급했다고 한다.

(6) 드림팀에 탈락해 분노한 선수는 드렉슬러만이 아니었다. 피스톤스의 아이재아 토마스도 자신이 빠진 것을 이해할 수 없다 했고, 이와 관련해 조던, 피펜과의 관계도 언급됐다. 팀 하더웨이(Tim

Hardaway), 도미니크 윌킨스(Dominique Wilkins) 같은 올스타들도 명단 발표에 관심을 보였으나, 이름이 빠지자 실망한 기색이 역력했다는 후문이다.

(7) 두 선수의 관계가 나쁘지는 않았다. 드렉슬러는 선수로서 조던을 인정하고 있었다. 드렉슬러는 2006년 필자와의 인터뷰에서 "마이클 조던은 실력이 대단히 뛰어난 선수였을 뿐 아니라, 중요한 순간에 믿음이 가는 선수였어요. 그렇기에 막기가 대단히 힘들었죠"라고 돌아봤다. 그러나 정작 본인과 조던에 대한 팬들의 비교에 대해서는 "어떤 선수를 좋아하느냐는 개인의 선호도에 달렸습니다. 마이클은 득점이 많지만, 그만큼 슛도 많이 던졌던 선수였습니다"라며 정확한 답은 피했다.

(8) NBA 파이널 연장전 최다 득점은 9점으로, 1992년 대니 에인지를 포함 1974년 존 하블리첵과 1990년 빌 레임비어가 기록한 바 있다.

(9) NBA 파이널은 '2-3-2' 시스템이었다. 1985년부터 사용된 것으로 상위 시드팀이 1~2차전을 홈에서 치르고 3~5차전을 하위 시드팀의 홈에서 치렀다. 마지막 6~7차전은 다시 상위 시드팀의 홈에서 열렸다. 장거리를 계속 오가며 경기를 치르는 시스템이 선수들 컨디션에 안 좋은 영향을 줄 것이라는 의견에서였다. 그러나 이는 어디까지나 전용기도 없던 시절의 이야기다. NBA는 2014년부터 다른 시리즈와 마찬가지로 '2-2-1-1-1'로 바꿨다. 경기 간격도 넉넉해졌다. 1956년과 1971년에는 '1-1-1-1-1-1-1'이었고, 1975년과 1978년에는 '1-2-2-1-1'이었다.

(10) 시카고에서 우승했기 때문에, 우승 축하 행사가 즉각적으로 이어졌다. 시카고 트리뷴 보도에 따르면, 우승을 확정 짓던 날에는 무려 1,000명이 넘는 사람들이 구속됐다. 우승의 기쁨에 도취된 나머지 방화, 절도, 폭력 등이 난무했던, 무질서한 밤이었다.

(11) 1991-1992시즌 로스터에서 핸슨은 유일하게 우승 반지가 없는 선수였다. 조던은 그에게 우승 반지를 끼게 해주겠다고 말했고, 그 약속을 지킬 수 있었다.

(12) 2시즌 연속 정규시즌 MVP와 파이널 MVP를 거머쥔 선수는 조던이 처음이었으며, 르브론 제임스가 그 계보를 이었다. 마이애미 히트 소속이던 2011-2012시즌과 2012-2013시즌에 조던과 같은 영예를 안았다. 래리 버드는 1983-1984시즌과 1985-1986시즌에 정규시즌 MVP, 파이널 MVP를 동시에 차지했다.

(13) 시카고 트리뷴도 '조더네이어스(The Jordanaires)'라는 표현을 다시 되짚으며, "오늘만큼은 'Jordan-extraordinaries'다"라고 표현했다. '대단한', '굉장한'이란 의미를 갖고 있다.

⒁ 다큐멘터리에서 다루지 않은 것도 이해는 간다. 1997-1998시즌의 불스와 1991-1992시즌의 불스는 조던과 피펜이 함께 있었다는 것 정도를 제외하면 완전히 다른 팀이었으니 말이다. 그렇지만, 조던이 팀의 중요성을 깨달아가는 과정이었기에 비록 승부를 뒤집은 주역들이 조던이 아니었어도 다루었으면 어땠을까 하는 생각도 남는다.

GAME INFO

날짜	1992년 7월 27일
장소	스페인 바달로나 파벨로 올림픽 경기장
시즌	1992년 바르셀로나올림픽
경기의 중요성	★★★★★
착용 농구화	나이키 에어 조던 7

SCORE

팀	전반	후반	최종
미국	54	49	103
크로아티아	37	33	70

MJ's STATS

출전시간	득점	야투	자유투	리바운드	어시스트	스틸	블록	실책	파울
28'00"	21	9-22	1-3	2	3	8	2	3	3

12. 크로아티아의 제리 크라우스

1992년 바르셀로나올림픽

미국

VS

크로아티아

이 글을 전개하기 위해서는 미국농구대표팀이 NBA 선수들로부터 구성된 계기부터 소개하는 것이 좋겠다고 생각했다. 주인공은 마이클 조던이지만, 그가 1984년 LA 올림픽 이후 다시 한번 올림픽 무대에 선 배경부터 알리고 싶었다. 그래서 시계를 1989년 4월로 돌렸다.

1989년 4월 7일. 국제농구연맹(FIBA)은 세계 농구가 영원히 바뀌게 되는 결정을 내린다. 올림픽과 같은 국제농구대회에 프로선수들을 출전시킬 수 있도록 한 것이다. FIBA는 총회를 통해 NBA를 포함한 세계의 프로선수들이 국가대표로 뛸 수 있도록 허용했다. 총 70개국이 참가한 가운데 투표 결과는 56-13. 그리스는 기권이었다. 변화를 주도한 인물은 보리스 스탄코비치(Boris Stankovic)로, 당시 FIBA 사무총장을 맡고 있었다.

FIBA가 NBA를 원했던 이유

스탄코비치 총장이 처음 아이디어를 낸 것은 1986년이었다. 그러나 당시 세계 총회에서는 반대 의견이 5표 더 많았다. 스탄코비치가 프로선수들의 출전을 바란 이유는 단 하나, NBA 선수들 때문이었다. NBA 선수들이 출전하게 된다면 경기력은 물론이고 인기도 함께 올라갈 것이라 봤던 것이다.

물론 이 무렵에도 이미 미국은 세계 최강 중이었다. 억지가 있긴 했지만, 1986년까지 올림픽에서 미국을 꺾은 팀은 1972년 구소련(USSR)이 유일했다. 그만큼 미국은 막강한 존재였지만 대학생 위주다보니 세계적인 관심을 끌기에는 부족했다.

데이비드 스턴 전 총재와 NBA는 여기에 큰 관심이 없었다. 오히려 그 시기 NBA는 타국 리그와의 교류에 관심이 깊었다. 마침 1987년에 구소련, 밀워키 벅스, 밀라노 등이 출전하는 '제1회 맥도널드 오픈 대회'가 개최됐다. 이 대회는 1987년부터 1999년까지 개최됐는데, 1991년까지는 매년 열리다가 이후로는 2년에 1번씩(1993, 1995, 1997, 1999년) 치러졌다.

미국농구협회도 마찬가지였는데, 아마추어 선수들의 출전이 발전에 더 도움이 될 것이라는 입장이 강했다. 1988년 서울올림픽에 출전한 미국대표팀 역시 스테이시 오그먼(UNLV), 허시 호킨스(브래들리 대학), 대니 매닝(캔자스 대학), 댄 말리(센트럴 미시건 대학), 미치 리치먼드(캔자스 주립대학), 데이비드 로빈슨(NAVY), 찰스 스미스(조지타운 대학) 등 대학생들로 구성되어 있었다.

미국을 흔든 1988년 서울올림픽

1988년 서울올림픽은 미국이 공산권 국가와 오랜만에 올림픽에서 격돌하는 무대였다. 1980년 모스크바올림픽에서는 미국이 보이콧했고, 1984년 LA올림픽에서는 구소련연방이 불참했다. 다만 1986년 세계선수권대회(현 농구월드컵)에서는 미국이 87-85로 진땀승을 거두었기에 이번에도 쉽지 않은 승부가 예상됐다. 미국에 비해 구소련은 함께 모여 훈련한 기간이 길고, 멤버 변화도 많지 않아 노련미나 조직력이 월등히 좋았기 때문이다.

1988년 올림픽 대표팀을 이끈 감독은 존 탐슨. 우리가 1부에서 마이클 조던의 대학 결승 상대로 소개했던 조지타운 대학을 이끌던 그 감독이었다. 유능한 빅맨 조련사였던 탐슨 감독인 만큼 구소련의 인사이드 전력을 걱정했다. 특히 221cm의 센터 아비다스 사보니스(Arvydas Sabonis)는 소속팀과 국가 모두 정상에 올려놓은 '괴물'이었다. 한 가지 미국이 기대를 건 것은 사보니스의 몸 상태였는데, 아킬레스건 부상을 당해 예전 같지 않을 것이라는 말이 있었다.

그런데 이때 포틀랜드 트레일 블레이저스가 사보니스의 메딕을 자처한다. 포틀랜드가 1986년 NBA 드래프트에서 24순위로 지명하면서 그의 권리를 갖고 있었기 때문이다. 포틀랜드는 1988년 4월, 사보니스를 오레곤으로 불러 치료를 도왔다. '미래 자산'에 대한 관리 차원이었다.

탐슨 감독은 이게 불만이었다. 왜 적을 도와주느냐는 것이다. 냉전 관계가 해소되지 않은 시기였기에 당시의 이러한 사고 방식은 어느 정도 이해가 갔다. 게다가 탐슨 감독은 대표팀 업무 때문에 조지타운 대학 업무도 희생했을 정도로 부담이 많았다.

그는 1988년 5월 8일 오레곤 주 지역 일간지 「오레고니안(Oregonian)」과의 인터뷰에서 "우리가 이용당하고 있다"라고 불평했고, 그 인터뷰는 「LA 타임스」를 비롯한 전국구 신문을 통해 미국 전역에 재생산되기도 했다. 이에 데이비드 스턴 총재는 "톰슨 감독이 미국 국무장관이 아니어서 다행이다. 세계의 관점을 공유하지 못한 것 같다"라고 반박했다.

그러나 탐슨 감독의 걱정은 기우가 아니었다. 순항하던 미국대표팀은 4강전에서 구소련을 만나 76-82로 패한다. 브라질, 중국, 이집트 등은 가볍게 제압했지만 사보니스와 사루나스 마르셜오니스(Šarūnas Marčiulionis)를 비롯한 구소련의 노련미를 극복하지 못한 채 전반부터 끌려다녔다. 압박 수비-빠른 공수전환을 색깔로 앞세웠지만 상대 수비를 쉽게 이겨내지 못했다. 결승에 오른 구소련과 유고슬라비아 장신선수들의 슈팅은 그 당시에도 큰 화제였는데 1988년 서울올림픽 당시 자원봉사자로 나섰던 당시 농구인들은 2미터가 넘는 장신들의 깨끗한 외곽슛에 충격을 받았다고 고백하기도 했다.

미국은 동메달 결정전에서 호주를 78-49로 격파했지만, 이미 결승에 가지 못했다는 것만으로도 자존심을 구겼다. 미국의 패인에 대해서는 여러 분석이 나왔다. 데이비드 로빈슨을 비롯한 NCAA 대학선수들의 컨디셔닝 문제, 대학선수들의 경험 부족과 부담감, 슈터 부족 등. 마이크 슈셉스키 감독을 비롯해 많은 감독들이 "탐슨과 미국이 못한 것이 아니라, 유럽이 진일보한 것"이라고 위로했지만 다른 한편으로는 미국대표팀의 폐쇄적인 운영 방식이 화두에 오르기도 했다.

변화를 불러온 패배

패배는 변화를 불러왔다. 「타임(TIME)」은 "서울에서의 실패가 NBA를 움직이게 할 것"이라고 전망했다. 스탄코비치 총장은 자신의 의견을 다시 NBA에 전했고, 스턴 총재도 세계로 눈을 돌리기 시작했다. 그리고 FIBA 총회에서 마침내 프로선수들의 올림픽 출전이 승인됐다. NBA 선수들의 올림픽 데뷔가 가능해졌다는 의미였다. 구소련은 국가별로 출전시킬 수 있는 프로선수는 2명으로 제한하자고 했지만, 이 안건은 53-15로 거절당했다.

소식을 들은 NBA 선수들 첫 반응은 어땠을까. FIBA 기대와는 다르게 그리 폭발적이지 않았다. 「AP」가 NBA 선수 295명을 대상으로 투표를 실시했는데, 출전에 관심이 있다고 한 선수는 58% 정도였다. 특히 조던은 1984년 LA올림픽에서 이미 금메달을 목에 걸었기에 여름은 쉬고 싶다는 의사를 전했다. 조던은 1996년 애틀랜타올림픽 때도 같은 반응을 보였다.

그러나 올림픽 경험이 없는 슈퍼스타들은 이 기회를 놓치지 않으려 했는데, 1984년 LA올림픽에서 낙마했던 찰스 바클리는 "꼭 나가고 싶다"라고 했고 칼 말론(유타 재즈)도 "내 돈을 내고라도 뛰고 싶다"라는 뜻을 밝혔다. 당시에는 무척 건강했던 매직 존슨도 출전 의사를 전했다.

다만 구단주들의 의견은 반반이었다. NBA 파이널이 6월에 끝나기에 휴식 기간이 너무 짧아 부상 위험이 있다는 생각이었다. 제리 크라우스 단장은 "스카티 피펜은 경험상 다녀와도 좋겠지만 조던은 곤란하다"라는 의견도 전했다.

그렇지만 일단 NBA 스타들을 내보내기로 한 이상, '보통 선수'는 용납이 안 됐다. NBA 선수들이 나서는 사상 첫 대표팀인 만큼 상징성을 부여하고 싶었던 것.

대표팀에 조던과 매직 존슨, 래리 버드가 이름을 올리게 된 배경이다. 버드는 그 무렵 발 부상, 등 부상으로 전성기와는 멀어져가고 있었지만, 미국농구협회는 이들이 제외되는 것은 아예 생각조차 하지 않았다.

이때부턴 스타들의 자존심 대결이 시작됐다. '최고의 팀'을 구성하는 데 빠지면 안 된다고 생각했다. 순차적으로 후보들이 정리된 가운데, 1991년 9월 21일 발표된 10인 엔트리는 큰 논란이 됐다.

■ 1차 명단 10인
마이클 조던 / 래리 버드 / 매직 존슨 / 패트릭 유잉 / 찰스 바클리 / 칼 말론
스카티 피펜 / 데이비드 로빈슨 / 존 스탁턴 / 크리스 멀린

아이재아 토마스, 제임스 워디, 클라이드 드렉슬러, 도미니크 윌킨스 등이 분노했다. 토마스는 1989년과 1990년에 소속팀 우승을 이끈 주역이었기에 더더욱 논란이 됐다. 매직 존슨도 "토마스는 뽑혀야 한다"라고 주장했다. 게다가 올림픽 농구대표팀 선발위원회 일원 중 한 명이 '배드 보이' 왕조를 이룩한 잭 맥클로우스키(Jack Mcclousky) 단장이었고, 대표팀의 감독이 바로 그 '배드 보이'를 우승으로 이끈 척 데일리(Chuck Daly)였기 때문이다.

반대로 '배드 보이'에게 호되게 당해왔던 피펜은 "그간 보여준 매너를 생각하면 나라를 대표해선 안 될 것 같습니다"라고 말하기도 했다. 또 다른 한편에서는 "조던이 불편해했을 것"이란 보도가 나왔다. 토마스는 인터뷰에서 "모욕감을 느낀다"라고 했는데, 이유를 떠나 토마스가 뽑히지 않은 것에 대한 항의 차원에서 맥클로우스키 단

장이 위원회 자리를 반납하기도 했다.

우여곡절 끝에 대표팀에는 드렉슬러가 합류하고 대학선수 크리스천 레이트너(Christian Laettner)가 막차로 이름을 올리면서 완성됐다. 레이트너 역시 샤킬 오닐(루이지애나 주립대)과 마지막까지 경합을 벌였다.

여유만만 드림팀

역사상 한 번도 존재하지 않았던 최고의 라인업으로 구성된 이 팀의 별칭은 '드림팀(Dream Team)'이었다. 몇몇 매체는 '드림팀'이란 명칭을 처음 사용한 인물이 「스포츠 일러스트레이티드」출신의 명칼럼니스트 잭 맥칼럼(Jack McCallum)이라고 보고 있다.

대표팀의 행보는 1992년 6월 28일, 오레곤에서 열린 올림픽 예선에서 시작됐다. 원래 올림픽 예선전은 브라질에서 개최될 예정이었지만, 협회가 500만 달러를 들여 개최권을 가져왔다. 오레곤은 나이키의 본사가 있는 도시이다. '드림팀'은 올림픽 예선에서 평균 51.5점 차로 이기며 가볍게 출전권을 따냈다.

예선을 중계했던 캐스터 마브 알버트(Marv Albert)는 "고등학생들과 경기하는 줄 알았다"라고 했으며, 57-136으로 패했던 쿠바 대표팀의 미구엘 칼데론 고메즈 감독은 "농구 기계들 같았다"라며 혀를 내둘렀다.

올림픽에서의 행보는 더 설명이 필요 없을 정도로 많이 알려졌다. 2016 리우올림픽 대표팀이 올림픽 기간 중 호화 여객선에서 생활해 화제가 됐지만, 프로선수들이 출전한 미국대표팀은 원래 선수촌을 사용하지 않았다. 자신들의 신변 때문이기도 하지만 워낙 인기도 많고 요란해 다른 종목 선수들에게도 피해가 이만저만이 아니었기 때문이다. 1992년 바르셀로나올림픽에서도 선수들은 바르셀로나 공항에 내리지 못하고 다른 도시에 내려서 버스를 타고 들어갔다. 대회 기간 중 그들이 사용한 방은 당시 물가로 하루에 900달러였다.

"정말 대단한 경험이었습니다. 처음에 대표팀에 소집됐을 때는 우리 인기나 영향력이 이 정도로 클 것이라고는 생각하지 못했어요. 그러나 대회를 치르면서 알게 됐죠. 스페인에서 버스를 타고 이동하는데 5,000명이 넘는 사람들이 우리를 보려고 기다리고 있었어요. 몇백 미터 떨어진 곳까지도 줄을 서 있었다니까요. 버스에서 내리면 헬기가 위에서 우리를 보고 있었어요. 버스가 갈 때면 경찰들이 우리를 엄호했죠."

2024년 5월 4일, 풋볼 스타 섀넌 샤프(Shannon Sharpe)가 운영하는 유튜브 채널 'Club Shay Shay'에 출연한 찰스 바클리의 말이다.

선수단은 팀 훈련조차 제때 하지 않았다. 필요가 없다고 느낀 것이다. 조던은 우리나라로 따지면 서울에서 부산 정도 되는 곳을 매일 오갔다. 골프를 치고 싶어서였다. 존 스탁턴은 가족들과 관광에 집중했다. 다른 선수들도 경기 관람에 여념이 없었다. 대회 준비 기간을 제외하면, 정작 스페인에 와서는 함께 모일 시간이 없었던 것.

전 브루클린 네츠 G-리그 단장 밀턴 리(Milton Lee)는 필자와의 인터뷰에서 "올림픽에서 선수들 가이드를 맡았어요. 제가 바르셀로나를 잘 알거든요. 조던은 매일 골프를 치러갔어요. 그는 제가 필요가 없었죠. 매일 선수촌 밖을 나갔으니까요. 피펜과 패트릭 유잉은 체조경기장을 갔고, 칼 말론은 복싱, 클라이드 드렉슬러는 육상을 보러 갔어요"라고 회고했다.

"그러다 조던과 대회 기간에 엘리베이터를 함께 탄 적이 있었어요. 잔뜩 긴장하고 있었는데, 조던이 저를 툭 치면서 '지낼 만해?', '어때?' 그러더군요. 드림팀 멤버 대부분이 친절했어요. 칼 말론, 스카티 피펜, 존 스탁턴 모두 말이죠. 그중에서도 조던은 정말 친절했습니다. 단 한 명 무뚝뚝했던 사람이 있었는데 크리스천 레이트너였습니다. 하하."

마치 요양 온 사람들처럼 드림팀은 편하게 대회를 보냈다. 그러다가 예선 라운드를 마친 뒤 매직 존슨과 존 스탁턴이 "우리 한 번은 진지하게 훈련할 필요가 있지 않을까?"라며 선수단을 소집한 것이 전부였다. 상대는 종종 지역방어를 써서 미국을 정체시키곤 했다. 물론 1~2분이면 그 정체 현상도 풀리긴 했지만 말이다.

「뉴욕 타임스」는 선수들이 대회 중반에 이르자 '지겨워했다'라고도 보도했다. 상대가 안 됐으니 그럴 만도 했다.

앙골라 감독은 경기에 앞서 "주말에 TV로만 보던 팀을 만나게 됐습니다. 역사적이고 꿈같은 경기가 될 것 같습니다"라고 말했고, 크로아티아 감독은 "미국 빼고 다 이길 자신 있다"라고 말했다. 미국은 스페인에게 41점 차, 독일에겐 43점 차로 이겼다. 그 와중에 매직 존슨은 무릎, 스탁턴은 다리, 래리 버드는 허리 부상으로 고생했는데 크게 티가 나지 않았다.

심지어 리투아니아는 4강전에서 51점 차(76-127)로 졌다. 경기에 앞서 매직 존슨이 마이클 조던에게 "오늘은 에어 조던이 되어보는 게 어때?"라고 한마디 한 것이 동기부여가 됐다고 한다. 조던은 이 경기에서 21점 6스틸을 기록했다. 또 크로아티아와의 결승전에서 남긴 32점차 대승은 아직도 깨지지 않고 있다(2016 리우올림픽에서 미국이 세르비아에게 96-66으로 이긴 것이 역대 점수차 2위).

그런 조던을 옆에서 지켜본 존 스탁턴은 자서전 「Assisted」 "조던은 자신의 명성의 무게를 잘 이겨낸 선수다"라고 돌아봤다. "경쟁심이 대단한 선수였습니다. 우리는 올림픽 기간 중 각자가 가진 득점, 수비에 관한 농구관을 공유했죠. 경기보다는 훈련이나 연습경기에서 나눠가질 수 있었습니다."

그렇게 NBA는 세계 농구에 새로운 바람을 불러일으켰고, NBA 선수들로 구성된 대표팀도 이후 2000년 시드니올림픽까지 무패 행진을 달리며 NBA의 위력을 뽐냈다. (1) 2012년 잉글랜드 「가디언(Gurdian)」은 '올림픽의 가장 놀라웠던 순간 TOP 50' 중 하나로 1992년 드림팀을 꼽았다. 1992년 드림팀은 2010년 명예의 전당에 헌액됐고, 공동 주장이었던 매직 존슨과 래리 버드가 기념 스피치를 맡았다.

조던과 피펜이 노린 또 다른 사냥감

"내 인생에 그런 수비는 처음이었습니다."

이제 본격적인 주제로 들어가자. 토니 쿠코치(Toni Kukoc)는 '그 수비'를 생생히 기억하고 있었다. 본인 기록까지 정확히 기억할 정도로 충격적이었던 것 같다. "득점은 4점, 리바운드는 1개, 어시스트는 6개 했더군요. 공은 7번 놓쳤어요. 인상적이었죠. 다른 한편으로는 '쟤네 나한테 대체 왜 이러는 거야?'라는 생각도 들었습니다."

쿠코치가 고개를 가로저은 경기는 바로 1992년 7월 27일, 바르셀로나에서 열린 미국과 크로아티아의 1992년 올림픽 남자농구 예선 경기였다. 양 팀에게는 올림픽 개막 후 2번째 경기였다.

쿠코치는 올림픽 출전 당시 이미 유럽 최고의 스타였다. 211cm의 그에게 붙은 별명은 '화이트 매직'이었다. 매직 존슨처럼 키가 크면서도 못 하는 게 없는 플레이 덕분에 그렇게 불렸다. '웨이터'란 별명도 있었다. 동료들 입맛에 딱 맞는 어시스트를 배달한다고 해서 생긴 별명이었다. 바르셀로나올림픽에서 평균 6개, 1994년 세계선수권대회에서 6.8개 등 큰 신장과 잘 어울리지 않는 훌륭한 기록이 그 별명을 뒷받침한다.

1985년 유고슬라비아 프로팀에 데뷔한 쿠코치는 1991년에 이탈리아 명문, 베네통 트레비소로 이적한 상태였다. 이탈리아 리그에서 2년 연속 우승을 거머쥐었고, 유로리그의 전신인 유러피언 챔피언스 컵에서도 결승에 진출했다. 활약 덕분에 구단 대접도 극진했다. 고급 승용차를 선물하고, 보너스로 아파트와 300만 달러를 안기기도 했다.

한국 NBA 커뮤니티에서 '박사님'으로 통하는 한준희 씨는 쿠코치의 전성기를 이렇게 기억했다. "1980년대 후반부터 1990년대 초반까지 쿠코치의 전성기 경기를 보면 입이 쩍 벌어집니다. 왜 제리 크라우스가 쿠코치를 영입하려 했는지 이해가 갈 것입니다. 쿠코치의 주무기가 유로스텝이었습니다. 탑에서 시작하는 공격은 엇박자 드리블과 유로스텝, 그리고 반 박자 빠른 패스로 정리할 수 있는데, 그 긴 다리로 자유자재로 방향을 바꾸고, 큰 보폭에서 레이업, 덩크, 플로터, 패스 등이 연결되다 보니 상대가 수비하기 힘들어했습니다."

쿠코치는 드라젠 페트로비치(Dragen Petrovic), 블라디 디박(Blade Divac) 등과 함께 1990년 아르헨티나에서 열린 세계선수권대회에서 유고슬라비아를 우승으로 이끌기도 했다. 4강에서는 마이크 슈셉스키 감독이 이끄는 미국을 꺾었고, 결승에서는 소련을 만나 이겼다. (2)

이때만 해도 미국은 대학생들이 나왔다. 당시 대표팀에는 케니 앤더슨(1991년 2순위), 빌리 오웬스(1991년 3순위), 덕 스미스(1991년 6순위), 알론조 모닝(1992년 2순위), 크리스천 레이트너(1992년 3순위), 크리스 게틀링(1991년 16순위), 토드 데이(1992년 8순위), 브라이언 스티스(1992년 13순위), 마크 랜달(1991년 26순위), 리 메이베리(1992년 23순위) 등이 있었다. 다들 NBA 드래프트 1라운드에 지명될 재목들이었던 셈.

그러나 오랜 세월 대표팀에서 손발을 맞추고, 국제대회에서도 수준 높은 경쟁을 많이 해온 베테랑들을 이기기란 쉽지 않았다. 1990년 대회 당시 디박은 레이커스, 페트로비치는 블레이저스 소속이었다. 그러나 1989년 국제농구연맹(FIBA)이 프로선수의 올림픽 출전을 허용하면서 이들의 출전도 가능해졌다.

세계선수권대회 우승을 거머쥔 8월, 쿠코치는 이미 1990년 NBA 드래프트에서 29순위로 시카고 불스에 지명된 상황이었다. 계약이 끝나면 바로 시카고로 건너갈 참이었다. 제리 크라우스는 장신, 특히 긴 팔에 잘 달리는 선수들이 이상형이었다. 쿠코치도 그중 한 명이었다. 크라우스는 쿠코치에게 계약 기간 5년에 1,300만 달러를 제안했다.

스카티 피펜은 소식을 건네 듣고 노발대발했다. 아직 NBA 코트를 밟아보지도 않은 선수가 그런 대접을 받는 게 못마땅했던 것. 불스가 처음 우승했던 1990-1991시즌에 피펜의 연봉은 76만 달러였다. 바르셀로나올림픽 직후에 300만 달러를 넘기긴 했지만, 연봉 인상폭과 규모를 봤을 때 피펜이 섭섭할 수밖에 없는 상황이었다. 피펜은 이미 NBA에서 가치를 입증한 반면 쿠코치는 NBA에서 통한다는 것을 보이지 않은 시점이었기 때문이다.

마침 쿠코치는 1992년 바르셀로나올림픽을 앞두고 "내년에는 NBA에 도전하고 싶습니다"고 인터뷰했다. 마이클 조던이 우상이었던 그는 미국과의 경기를 앞두고 "기대된다"고도 말했다.

쿠코치? 반가울 리가 없지!

그렇다면 당사자 조던은 어땠을까. 앞서 언급했듯 조던과 드림팀 선수들은 '지루함'과 싸우고 있었다. "드림팀 경기 중에는 자체 5대5 경기가 가장 재밌었습니다"라고 회고할 정도다. (3)

이처럼 여유 그 자체였던 드림팀이지만, 유독 조던과 피펜만이 신경을 기울인 경기가 있었다. 앞서 쿠코치가 '잊지 못할' 경기로 꼽은 미국과 크로아티아의 예선전이다. 조던과 피펜은 쿠코치에게 적개심을 품고 있었다. 정확히 따지면 쿠코치에게 거액을 안기고, 정성을 쏟던 크라우스 단장을 미워하고 있었다. 이런 분위기 선수들은 아는지 모르는지, 크로아티아는 경기 전날에도 미국대표팀의 실력에 대한 칭찬을 아끼지 않았다. 페트로비치는 "우리가 25점차 이내로만 져도 잘한 것"이라고도 말했다.

피펜은 쿠코치를 막기 위해 모든 걸 다하겠다는 각오 같았다. 가로채기는 기본, 공격자파울까지 끌어냈다. 이 경기를 보고 있으면 쿠코치의 정신이 혼미해지고 있음을 느끼게 된다. 칼 말론은 「NBA TV」 다큐멘터리에서 당시 분위기를 이렇게 돌아봤다.

"자기들끼리 서로 쿠코치를 맡겠다며 옥신각신하더군요."

조던과 피펜은 말 그대로 쿠코치를 묶어 놨다. 공을 한 번 잡는 것조차 힘들게 했다. 마치 NBA 플레이오프 같은 수비로 쿠코치의 혼을 쏙 빼놓았다. 쿠코치는 "공이 없는 상황인데도 하프라인 넘어오는 것조차 힘들었습니다"라고 돌아봤다. 쿠코치는 이 경기에서 겨우 4점에 그쳤다. 34분간 슛 11개를 던져 9개를 놓쳤고, 어시스트는 겨우 5개였다. 실책은 7개를 했다. 반면, 각각 28분씩을 뛴 조던과 피펜은 21점, 13점씩을 기록했다. 두 선수가 기록한 스틸은 무려 13개였다. 두 선수가 안 막을 때는 클라이드 드렉슬러가 나섰다.

경기는 103-70으로 미국의 대승으로 끝났다. 초반에 타이트하게 가서 어쩐 일인가 싶었지만 전반전이 중반을 넘길 무렵에 이미 분위기는 넘어가고 말았다. 널리 알려진 것처럼, 드림팀은 이 경기를 포함, 대회 통틀어 단 하나의 타임아웃도 요청하지 않았다. 바클리는 이에 대해 "선수들의 의지가 너무 대단해 타임아웃이 필요 없었습니다"라고 설명했다.

최종적으로 페트로비치가 19점, 디노 라자는 14점을 기록했지만, 쿠코치가 워낙 부진했다. 당연히 쿠코치는 낯빛이 어두워졌다. 「시카고 트리뷴」은 쿠코치의 경기 후 기자회견 코멘트를 담았다. "NBA 선수들과 치른 첫 경기였습니다. 역시나 그들은 세계 최고의 선수들이었습니다. 저는 아무것도 하지 못했습니다. 화가 날 정도로요. 그런 수비는 처음이었습니다. 하지만 다음에 만날 때는 저도 잘할 수 있을 것입니다."

피펜은 경기 후 인터뷰에서 "전 세계에 중계되는 경기였어요. 제가 더 잘 막고 싶었습니다"라고 말했다. 그의 자세한 심경은 훗날 출간된 자서전에서 더 자세히 알 수 있다.

"제리 (크라우스) 단장이 저와의 계약 문제를 해결하지 않은 상황에서 토니 쿠코치를 데려오려고 유럽으로 날아갔던 것을 생각하면 지금도 화가 납니다. 그 문제들로 제리 단장이 저에게, 그리고 마이클에게 모욕을 안겨준 일들이 정말 많았습니다. 매일 밤, 그리고 매년 불스를 위해 열심히 뛴 선수들은 우리 둘이었습니다. 아직 불스 유니폼을 입지도 않은 쿠코치가 아니라."

조던도 "우리는 쿠코치를 상대한 것이 아니라, 크로아티아 유니폼을 입은 제리 크라우스를 상대한다고 생각을 했습니다"라고 말했다.

쿠코치를 인정한 조던과 피펜

비록 미국에 대패했지만, '미국 빼고는 다 이길 자신 있다'고 말한 크로아티아의 자신감은 진짜였다. 결승에서 다시 미국을 상대하게 된 것이다. 「모스크바 뉴스」에 따르면, 이 경기는 65달러짜리 티켓이 2,500달러까지 치솟았을 정도로 인기였다. 그러나 '직관'하는 행운을 누린 관중 가운데 경기 결과가 뒤집힐 것이라 기대했던 이들은 없었을 것이다.

사실, 이 경기에 앞서 미국여자농구대표팀이 금메달 도전에 실패하는 충격적인 결과가 있었다. 미국이 CIS에게 73-79로 덜미를 잡혀 결승에 진출하지 못했던 것이다. (4) 그러면서 미국농구협회 내에서는 남자농구만은 반드시 금메달을 따야 한다는 쓸데없는 걱정을 하기 시작했다. 주변에서는 여자대표팀의 패배를 크로아티아의 '재앙'이라고 해석하는 이들도 있었다. 드림팀 선수들이 더 집중하게 된 계기가 됐기 때문이다.

조던은 "기대가 큰 만큼, 더 집중하게 되었습니다"라며 "우리 스스로 모든 준비를 마쳤다고 느낄 때야말로 진정 강한 팀이 될 수 있죠"라며 드림팀의 모든 준비가 끝났음을 밝혔다. 크로아티아가 비집고 들어갈 허점의 틈 따윈 없었던 것.

결승전은 예상대로 미국이 압도했다. 최종 스코어는 117-85. 결승전과는 어울리지 않는 점수 차였으나, 초반에는 다소 놀라운 결과도 있었다. 크로아티아는 전반 종료 10여분전까지 25-23으로 앞서고 있었다. 크로아티아도 만만치 않게 정신무장을 하고 나온 결과였다. 그러나 전반을 마쳤을 때 미국은 14점을 앞섰으며, 후반 시작과 함께 20점을 연속으로 넣으면서 승부를 완전히 뒤집어 버렸다. 결승전에서는 조던이 22득점으로 최다 득점을 기록했다.

쿠코치도 이 경기에서 16점 9어시스트를 기록했다. 쿠코치는 "첫 경기에서 4점을 넣고 난 뒤, 다음에 만나면 좀 더 잘할 수 있겠다는 자신감을 가졌다"라고 말했다. 3점슛도 3개나 넣었다. 조던과 피펜이 쿠코치를 인정하게 된 계기다. 조던은 경기 후 "시카고에서 보자"라고 먼저 말을 건넸다.

그러나 이 만남은 바로 이뤄지지 못했다. 쿠코치는 1992-1993시즌을 끝내고 NBA에 진출했다. 그러나 조던은 은퇴를 결심한 뒤였고, 쿠코치는 이 때문에 패닉에 빠지기도 했다고. 1994-1995시즌에 조던이 돌아오기 전까지, 쿠코치는 피펜과 투톱을 이루어 시카고를 이끌었다. 트라이앵글 오펜스에 빨리 녹아들지 못하고, 수비에서도 다소 미흡함을 보이긴 했지만 쿠코치는 생각보다 빨리 NBA에 적응했다. 그 역시 해결사, 스타가 되겠다는 의지가 강한 선수였기 때문이다.

1993-1994시즌 개막 후 4번째 경기였다. 밀워키 벅스와의 원정경기였는데, 마침 피펜이 결장했다. 쿠코치는 이 경기에서 식스맨으로 나서서 18득점을 기록했다. 2초를 남기고 위닝샷을 넣었다. 호레이스 그랜트의 기가 막힌 핸드오프 패스를 건너 받고선 3점슛을 넣은 것. 시카고는 91-90으로 역전승을 거두었다.

1993년 크리스마스 게임에서도 하이라이트를 만들었다. 시카고는 올랜도 매직과 홈경기를 가졌는데, 쿠코치는 종료 2초를 남기고 샤킬 오닐을 앞에 두고 플로터를 성공, 95-93으로 승리를 이끌었다. 이때 쿠코치가 가장 먼저 하이파이브를 한 선수가 피펜이었다.

1994년 1월 인디애나 페이서스와의 홈경기에서도 위닝샷으로 역전승(96-95)을 이끌었다. 이 경기는 쿠코치의 위닝샷만큼이나 레지 밀러의 '굴욕' 사건으로도 유명하다. 밀러는 종료 0.8초를 남기고 2점슛을 넣고선 승리를 확신한 듯 갖가지 세리머니로 시카고 팬들을 약 올렸다. 그러나 마지막 0.8초를 놓친 게 화근이었다. 쿠코치는 인바운드 패스 상황에서 피펜의 패스를 받자마자 3점슛을 던져 이를 성공시켰다.

해결사 능력은 1994년 동부 컨퍼런스 준결승 3차전에서 정점을 찍었다. 당시 상대는 뉴욕 닉스였다. 종료 1.8초를 남기고 피펜이 코트 출전을 거부하면서 구설수가 생겼던 그 경기였다. 쿠코치는 시즌 중 가장 중요한 경기에서 역전골을 넣으면서 더 많은 사랑을 받을 수 있었다. 반면 피펜은 마지막 슛을 자신이 아닌 쿠코치가 던지도록 지시한 것에 불만이 있었다.

그 슛을 두고 이견은 있었지만, 피펜과는 큰 불화가 없었다. 실력을 인정한 뒤로는 말이다. 다만 피펜이 갈등을 빚은 이유는 자신에 대한 불스 구단의 대접 탓이었는데, 이 역시 조던의 깜짝 복귀로 일시 봉합되었다('왕조'가 계속된 1997-1998시즌까지 트레이드, 이적 요청 등이 많았으나 어쨌든 이들은 3번 연속 우승을 거머쥐며 역사를 만들었다).

이처럼 쿠코치는 단순히 '크라우스의 도련님'으로만 보기 어려웠다. 쿠코치는 생각 이상으로 빠른 적응으로 NBA 역사에 남을 왕조의 일원이 됐지만, 그 과정이 결코 쉽지 않았다. 조던이 운행하는 행복열차에 무임승차한 선수가 아니었다는 의미다.

앞서 언급한 대로 유럽에서 '왕'처럼 지냈지만, NBA에서는 철저히 조연이었다. 볼 소유보다는 패스와 볼 없는 움직임도 신경써야 했던 트라이앵글 오펜스는 유럽 시절 '헤비 볼 핸들러'였던 쿠코치 입장에서도 적용하기 힘든 부분이었다. 게다가 조던이 돌아오고, 데니스 로드맨이 가세한 1995-1996시즌부터는 주전이 아닌 식스맨으로 뛰어야 했다.

그에게는 가혹한 변화였다. 물론 피펜(부상)이나 로드맨(징계)이 쉴 때는 주전으로 나왔지만, '대타' 이미지가 강했기에 쿠코치가 내려와야 했던 자존심도 무시하기 어려울 것이다. (5)

생활도 마찬가지였다. 20대 중반에 미국에 건너올 때 그는 치안이 불안정했던 크로아티아에 가족을 두고 왔다. 블라디 디박처럼 타지 생활이 익숙했던 고참들도 고향 걱정에 잠을 못 이루던 시기였다. 다 내려놓고 농구와 승부에 집중하는 자세에 조던이나 피펜, 필 잭슨 감독도 높이 평가했던 것으로 알려졌다. 다른 한편으로는 훈련과 경기 등 모든 면에서 여유 있었던 유럽 스타일에서 벗어나 빨리 적응하기 위한 노력도 있었을 것이다.

이런 노력 덕분일까. 조던은 1992년 바르셀로나올림픽에서의 적대적 감정을 내려놓은 뒤부터는 쿠코치를 가까운 사람으로 대해왔다. 그리고 훗날 쿠코치의 농구 인생에 있어 가장 중요한 순간을 함께 한다. 바로 농구 명예의 전당 헌액식이다.

2021년 9월, 메사추세스주 스프링필드에서 열린 명예의 전당 입성 행사에서 조던은 쿠코치를 소개하는 중요한 역할을 맡게 된다. 쿠코치가 자신의 성공을 도운 이들에게 감사의 뜻을 전하는 내내, 조던은 그를 애틋한 눈빛으로 바라봤다.

쿠코치는 "여기 있는 이 신사분에게 고마움을 전하고 싶습니다. 바르셀로나에서 열린 올림픽 경기에서 제 엉덩이를 걷어차 주었죠"라며 농담을 던진 것에 이어 자신이 불스의 일원으로 녹아들 수 있도록 도와준 것에 대한 고마움도 잊지 않았다.

조던과 쿠코치는 농구만큼이나 골프도 함께 자주 하며 친분을 쌓아온 사이다. 그래서일까. 쿠코치에게 명예의 전당에 입성할 때 자신이 돕고 싶다고 말해온 것으로 알려졌다. 그런데 명예의 전당 행사 날짜가 발표되자 조던은 당혹감을 감추지 못했다. 하필 이날이 조던의 딸 재스민 조던의 결혼식이었던 것이다. (6)

그러나 결혼식은 코로나19로 인해 연기되었고 조던은 옛 동료의 소중한 행사에 참석할 수 있었다. 다만, 행사가 끝난 뒤 오랜 친구들처럼 추억을 안주삼아 식사하거나 대화를 나눌 시간은 없었다고 전해진다. 조던은 자신이 온 것을 알게 된 팬들이 몰려들자 황급히 자리를 떴다. 현역부터 조던이 극성팬들에 시달린 것을 봤던 쿠코치는 "다 이해합니다. 2만 명이 넘는 체육관에서 매일, 수년간 경기를 하다 보면 별별 사람들을 다 보게 되거든요"라며 대수롭지 않다는 반응을 보였다.

"그래도 우리 가족과 인사도 나누고 할 건 다 했습니다. 고마운 자리였습니다." 쿠코치의 말이다.

(1) 2004년 아테네올림픽에서 미국은 NBA 선수들을 내보낸 이후 처음으로 금메달 획득에 실패했다. 자만과 방심의 결과물이었다. 개막전에서 푸에르토리코에 73-92로 패하는 등 예선을 3승 2패로 마쳤고, 토너먼트에서도 아르헨티나에 81-89로 져서 동메달에 만족해야 했다. 미국은 2002년 세계선수권대회, 2004년 아테네올림픽 대실패를 거울삼아 2008년 베이징올림픽에 르브론 제임스 (LeBron James), 코비 브라이언트(Kobe Bryant), 제이슨 키드(Jason Kidd) 등 슈퍼스타들로 구성된 대표팀을 재가동했다. 명예회복에 나섰다고 하여 이때 대표팀을 리딤팀(Redeem Team)이라 불렀다.

(2) 미국이 '프로'로 단결할 동안, 유럽 농구는 국제정세를 따라가면서 변화의 조짐을 보였다. 유고슬라비아 연방이 해체되면서 크로아티아, 슬로베니아, 보스니아헤르체고비나, 마케도니아 등이 떨어져 나갔다. 즉, 1990년 대회는 디박과 쿠코치, 페트로비치가 한팀에서 함께 뛰었던 마지막 대회였다.

(3) 2016년 미국대표팀도 리우에 온 뒤에 전술 훈련 외에 자체적인 5대5 연습은 안 했다고 한다. 그러다 세르비아, 프랑스에게 혼쭐 난 뒤 5대5 훈련을 했는데, 이것이 팀 결속력 강화에 큰 도움이 됐다는 후문이다. 폴 조지는 "이 대회 참가자 중 우리보다 더 나은 선수는 없기 때문에 이보다 좋은 훈련은 없을 것"이라 말했다.

(4) CSI 과학수사대는 알아도 CIS는 생소하다. 1992년 바르셀로나올림픽에 출전한 CIS는 독립국가연합(Commonwealth of Independent States)으로, 구소련이 해체되면서 탄생한 연합팀이었다. 벨라루스, 그루지아, 몰도바, 러시아, 우크라이나, 우즈베키스탄, 투르크메니스탄 등이 연합하여 출전한 것. 냉전 시대 종식과 공산주의 해체가 불러온 물결이었다. CIS란 이름이 올림픽 및 세계선수권대회에 이름을 올린 건 이때가 처음이자 마지막이었다.

(5) 쿠코치는 1995-1996시즌 식스맨상 수상으로 그 노력을 보상받았다. 쿠코치에 이어 2번째로 많은 표를 받은 선수는 아비다스 사보니스였다.

(6) 시라큐스 대학 출신인 딸 재스민은 조던의 자녀들 중에서 미디어 노출이 가장 적은 인물이다. 대학 동문이자 농구선수였던 라킴 크리스마스(Rakeem Christmas)와 2020년에 식을 올렸다. 이들 부부는 2019년 태어난 첫 자녀의 미들 네임을 '마이클'이라고 지었다. '농구황제'의 사위가 된 크리스마스였지만, 선수 커리어는 그리 빛나지 못했다. 2015년 36순위로 인디애나 페이서스에 지

명됐으나 NBA에서는 오래 뛰지 못했고, 튀르키예와 호주, 대만, 푸에르토리코 등을 전전했다.

GAME INFO

날짜	1993년 1월 8일
장소	일리노이주 시카고 시카고 스타디움
시즌	1992-1993시즌 NBA
경기의 중요성	★★★☆☆
착용 농구화	나이키 에어 조던 7

SCORE

팀	1Q	2Q	3Q	4Q	최종
불스	30	29	31	30	120
벅스	24	17	26	28	95

MJ's STATS

출전시간	득점	야투	자유투	리바운드	어시스트	스틸	블록	실책	파울
35'00"	35	15-26	3-3	8	7	4	0	2	2

13. 팬들과 자축한
황제의 대기록

1992-1993시즌 정규리그

시카고 불스

VS

밀워키 벅스

NBA에서는 대기록을 달성하고도 경기를 져서 웃지 못할 때가 있다. 르브론 제임스(LeBron James)가 대표적으로, 오랜 시간을 건강히 뛴 덕분에 수많은 누적 기록을 달성했지만 공교롭게도 그날마다 팀이 패해 아쉬워했다. 예를 들어 2023년 2월 7일 오클라호마 시티 썬더와의 홈 경기에서는 레전드 카림 압둘자바의 38,387점을 넘어서 역대 통산 1위에 올랐지만, 소속팀(LA 레이커스)은 130-133으로 패했다. 1년 뒤인 2024년 3월 3일 덴버 너게츠와의 홈 경기에서는 NBA 역사상 처음으로 40,000득점을 기록했지만, 팀은 114-124로 져서 마냥 기뻐만 하진 못했던 기억이 있다.

마이클 조던도 비슷한 경험이 있다. 굉장히 빠른 속도로 득점을 쌓아간 덕분에 5,000득점, 10,000 득점, 15,000득점 등을 달성했는데 원정 경기였고 소속팀마저 패해 고개를 떨어뜨렸던 것이다. 그런 점에서 20,000득점 달성은 의미가 깊었다. 홈팬들 앞에서 기록을 달성하고 기립박수를 받았으며, 팀도 승리했기 때문이다.

필라델피아와의 이상한 인연

조던이 누적 득점 부문 기록을 세운 경기에서 상대는 대부분 필라델피아 세븐티식서스였다. 5,000득점도 그랬고 그 뒤 1만 득점과 15,000득점도 모두 필라델피아 원정 경기에서 세워졌다. 1989년 1월 25일, 조던은 4쿼터 5분여를 남기고 페이더웨이 점퍼를 성공시켜 10,000점 고지를 돌파했다. 303경기 만에 달성해 월트 채임벌린(236경기) 이래 가장 적은 경기를 뛰고 10,000점을 돌파한 선수가 됐다. 카림 압둘자바보다도 15경기 적은 기록이었다.

그러나 팀이 108-120으로 패해서인지 조던은 표정이 좋지 못했다. 45분간 33득점 12어시스트를 기록했지만 10,000점 고지를 밟은 직후, 팀이 9점을 내리 실점하면서 패색이 짙어졌다. 누구보다 아쉬워했던 인물은 덕 콜린스 감독이었다. "무릎 통증을 참아가며 거의 한 다리로 농구한 셈이었습니다. 다른 선수같았다면 쉬었을 거예요." 콜린스 감독이 경기 직후 공식 인터뷰에서 남긴 말이었다.

조던 역시 "기록을 달성해서 기쁩니다. 채임벌린과 비교된다는 것도 영광스럽죠. 하지만 이겼더라면 더 기쁘지 않았을까 싶습니다. 수비를 더 했어야 하는데 102-101로 앞선 시점에서부터 수비가 제대로 되지 않아 아쉽습니다"라고 아쉬워했다.

조던은 빠른 속도로 5,000점을 추가해 1990-1991시즌 중 15,000득점 고지를 밟았다. 이때도 필라델피아 원정 경기(1991년 1월 9일)였다. 조던이 기록은 자유투로 이뤄졌다. 상대 마누트 볼(Manute Bol)의 테크니컬 파울에 의한 자유투였다. 조던이 자유투로 기록을 달성하자 원정임에도 불구하고 팬들의 환호와 박수가 이어졌다.

10,000득점 당시와 차이가 있었다면 불스가 이 경기를 이겼다는 점이다. 불스가 107-99로 승리를 거두며 상승세를 이어갔다. 40득점과 함께 승리, 기록 달성을 자축한 조던도 필라델피아라는 장소를 의식하고 있었다. "뭔가 기록을 달성할 때마다 장소가 필라델피아인 것 같네요. 시카고였다면 더 좋았을 텐데 말입니다." 한참 뒤의 일이지만 2003년 마이클 조던이 현역 선수로 마지막 득점을 올린 곳도 필라델피아였다.

역사적인 2만 득점

그런 조던에게 1993년 1월 8일은 의미가 깊은 날이었다. 홈에서 기념비적인 기록에 도달할 기회를 잡았기 때문이다. 이날 전까지 1992-1993시즌 30경기에서 조던이 올린 점수는 966점. 1991-1992시즌을 마쳤을 때, 정규시즌 누적 득점은 딱 19,000득점이었으니 2만 득점까지 정확하게 34점만을 남겨두고 있었다. 조던의 컨디션을 생각해보면 충분히 홈에서 달성할 수 있는 상황이었다.

만약 이 경기에서 기록을 올리지 못한다면? 아마도 조던의 대기록 달성은 바로 다음 날 열릴 경기에서는 충분히 달성됐을 것이다. 그러나 앞선 상황에서의 인터뷰를 유추해봤을 때, 조던은 결코 원하지 않았을 것 같다. 다음 날 백투백으로 치를 경기는 원정인데다 또 필라델피아였기 때문이다.

이를 의식했기 때문일까. 조던은 경기가 시작되기가 무섭게 맹폭을 가했다. 상대 밀워키 벅스는 1992-1993시즌에 28승 54패에 그친 약체였다. 팀 내 이렇다 할 스타 선수가 없었고, 최다득점(16.9점) 선수인 블루 에드워즈(Blue Edwards)도 간판 스타로 보기에는 네임밸류가 약한 편이었다. 밀워키는 이 경기 전까지 14승 16패를 기록 중이었다.

불스는 시작부터 기습적인 트랩 수비로 벅스를 압박했다. 엔드라인에서 벅스가 공격을 시작하면 재빨리 피펜과 BJ 암스트롱이 더블팀을 붙였다. 당황한 상대가 빨리 하프라인을 넘으려고 패스를 시도할 때면 재빨리 조던이 이를 가로채 역습했다. 1대

1 상황에서도 조던은 펄펄 날았다. 에드워즈로는 역부족이었다. 더블팀이 붙어 더 좋은 찬스가 보일 때면 여지없이 빼주었다. 암스트롱, 팩슨이 수혜자였다. 때때로 조던은 의도적으로 수비를 끌어당긴 후 동료들을 살리고자 했다. 조던이 의도한 대로 상대가 붙으면 윌 퍼듀나 호레이스 그랜트가 다이브(dive) 했고, 조던도 그 장면을 놓치지 않았다. 이렇게 해서 기록한 어시스트가 이날 7개나 됐다.

조던의 역사적 대기록은 3쿼터에 수립됐다. 바로 전 포제션에서 빠르게 우측에서 3점슛을 넣은 조던은 다시 한번 우측 윙에서 3점슛 기회가 열리자 주저하지 않고 올라갔다. 슛은 깨끗하게 그물을 통과했고, 조던은 주먹을 하늘로 치켜들며 대기록을 자축했다. 4쿼터 남은 시간은 5분 12초. 조던의 그 3점슛으로 스코어는 110-77, 33점 차이가 됐다.

조던이 기록을 달성하자 중계진은 소리를 질렀고, 장내도 떠들썩했다. 타임아웃이 불리기가 무섭게 시작된 기립박수는 몇 분이나 계속됐다. 구단 관계자는 게임볼을 조던에게 건넸고, 필 잭슨 감독과 피펜, 그랜트 등은 조던을 안아주며 기록을 축하해주었다. 경기 내내 쉼없이 질주했던 조던은 비로소 안도하며 벤치에 앉았다. 타월을 둘러쓴 채 게토레이 종이컵을 들고 있는 장면은 마치 CF를 찍는 듯했다. 박수가 멈추지 않자 조던은 한 번 더 자리에서 일어나 팬들의 축하에 화답했다. 조던의 최종 득점은 35득점. 2만 득점을 채운 뒤 휴식을 취했는데, 여간해서는 뒤집어질 만한 점수 차가 아니었기에 가능했다. 불스는 120-95로 승리했다. (1)

언론은 조던이 620경기 만에 20,000득점을 채운 것에 주목했다. 월트 채임벌린(499경기) 이후 최단 기간에 달성한 선수였다. 조던 이전에 역대 2위는 'BIG O' 오스카 로벌슨(671경기)이었다. (2) 또 30세 이전에 이 기록에 도달한 선수도 많지 않았다. 채임벌린에 이어 조던이 두 번째였다. (3) 1993-1994시즌까지 NBA에서 25,000득점을 달성한 선수는 겨우 8명 밖에 없었다. (4)

그렇기에 조던의 이 기록은 더 주목을 받을 수밖에 없었다. 사람들은 이 속도라면 25,000득점도 머지않아 달성될 것이라 기대했다. (5) 기자회견에서는 또다시 채임벌린이 소화됐다. 조던은 "채임벌린과는 차이가 좀 나는 것 같습니다. 따라가려면 멀었다고 생각합니다. 하지만 그럼에도 불구하고 굉장한 영광이라 생각합니다. 나이를 먹을수록 더 깊은 의미로 다가올 것 같습니다"라며 홈에서의 대기록 달성을 기뻐했다.

1992-1993시즌 시작이 주춤했던 불스는 그 뒤 순항을 이어갔다. 최종 성적은 57승 25패. 1990-1991시즌, 1991-1992시즌에 비하면 다소 떨어진 승률이었지만, 여러 구설에 시달리며 해방구가 필요했던 조던은 농구 코트에서만큼은 누구도 토를 달지 못할 실력으로 올NBA 퍼스트 팀과 올디펜시브 팀에 이름을 올렸다. 이 시즌에 78경기에 출전해 그가 남긴 누적 득점은 2,541점이었고, 그는 통산 7번째 득점왕을 차지했다. (6)

🏀 주석

(1) 경기 기록지는 당시 불스 장내 아나운서였던 닐 펑크(Neil Funk)가 소장했고, 2022년에 한 온라인 경매 사이트에 올라왔다.

(2) 채임벌린(499경기), 조던(620경기), 로벌슨(671경기)에 이어 카림 압둘자바(684경기), 엘진 베일러(711경기) 등이 TOP5에 있다. 조던 이후로는 앨런 아이버슨(713경기)이 가장 빨랐으며, 가장 최근에는 케빈 듀란트가 737경기 만에 이 기록을 세웠다.

(3) 조던 이후 30세 이전에 20,000득점 고지를 밟은 선수는 코비 브라이언트, 르브론 제임스, 케빈 듀란트, 루카 돈치치 등이 있다.

(4) 1993-1994시즌까지 25,000득점 달성 선수는 압둘자바와 모지스 말론, 엘빈 헤이즈, 오스카 로벌슨, 존 하블리첵, 알렉스 잉글리시, 제리 웨스트 등 8명이 전부였다. 2024년 12월 28일 기준으로 25,000득점을 올린 선수는 모두 25명으로, 1993-1994시즌에 8위(25,192점)였던 웨스트가 지금은 25위다.

(5) 조던이 1993-1994시즌을 앞두고 은퇴를 선언함에 따라 득점 카운팅은 18개월 동안 중단되었다. 그럼에도 조던은 1996년 11월 30일, 샌안토니오 스퍼스 전에서 25,000득점을 돌파했다. 이번에도 원정 경기였고, 이번에도 채임벌린(691경기)에 이어 2번째로 빠른 기록 달성이었다. 이 경기는 조던의 782번째 경기였다. 그는 25,000점을 달성한 통산 10번째 선수였다.

(6) 조던은 은퇴할 때까지 시즌 득점 1위에 10번 올랐다. 한 시즌 토탈 2,000득점을 올린 횟수는 11번이다.

GAME INFO

날짜	1993년 6월 16일
장소	일리노이주 시카고 시카고 스타디움
시즌	1992-1993시즌 NBA 플레이오프 파이널
경기의 중요성	★★★★★
착용 농구화	나이키 에어 조던 8

SCORE

팀	1Q	2Q	3Q	4Q	최종
불스	31	30	25	25	111
선즈	27	31	23	24	105

MJ's STATS

출전시간	득점	야투	자유투	리바운드	어시스트	스틸	블록	실책	파울
46'00"	55	21-37	13-18	8	4	0	0	1	3

14. 그것은 전쟁이었다 : 조던 VS 바클리

1992-1993시즌 파이널 4차전

VS

시카고 불스   피닉스 선즈

1993년 NBA 파이널의 가장 상징적인 장면은 6차전 승부를 결정지은 존 팩슨의 3점슛이다. 그러나 1993년 파이널을 보면서 가장 놀라웠던 '조던의 경기'는 4차전이었다. 어떤 수비가 붙든 자신만의 방식으로 점수를 따내고 승부를 결정짓는 '조던 그대로'의 모습을 보였던 경기였다. 게다가 그 무대가 파이널 무대였다는 점, 3차 연장까지 가서 아쉽게 졌던 3차전을 만회하며 '경쟁자'로서의 기질을 잘 발휘했다는 점에서 4차전을 준비했다.

이 글은 피닉스 선즈와 찰스 바클리의 이야기로 시작하고 싶다. 바클리는 마이클 조던의 NBA 커리어를 이야기할 때 빠질 수 없는 인물이며, 1993년 NBA 파이널을 흥미롭게 만들어준 주역이기 때문이다. 앞에 소개된 디트로이트 피스톤스나 뒤에 등장할 유타 재즈만큼이나 중요한 역할을 한 구단이기도 하다. 시카고 불스의 이야기는 선즈의 서사를 소개한 뒤에 등장한다.

선즈 팬들에게 1990년대는 1970년대 이상으로 중요한 시기다. 우승은 하지 못했지만, NBA 파이널에 올라 명승부를 펼쳤고, '피닉스 선즈'라는 브랜드를 세계에 알렸다. 국내에도 마이클 조던의 시카고 불스에 맞섰던 피닉스로 인해 NBA 농구를 보기 시작했다는 팬들이 꽤 될 정도로, 그 시기 선즈는 NBA에서 가장 잘 팔리는 브랜드 중 하나였다. 1995년 출간된 '스포츠 마케팅'에 인용된 자료에 따르면, 선즈는 1992-1993시즌 판매량 4위에 오르기도 했다. (1)

2018년, 선즈는 1990년대를 기념하기 위해 토킹 스틱 리조트 아레나(Talking Stick Resort Arena)에 당시 주역이던 찰스 바클리와 케빈 존슨, 댄 말리 3총사와 폴 웨스트팔 감독 등 주요 멤버를 초청했다. 2018년은 1993년 NBA 파이널 25주년이기도 했다.

이 기념행사의 시작은 바클리의 트레이드로 거슬러 올라간다. 필라델피아 세븐티식서스와 진행했던 대형 트레이드로, 1992년 여름을 뜨겁게 달구었다. 식서스는 더그 모(Doug Moe) 감독을 앞세워 패싱 게임이 기반이 된 공격 시스템을 이식하고자 했다. 더그 모는 빠른 농구로 정평이 났던 지도자였다.

그런데 이는 포스트업 공격을 선호하는 바클리와는 맞지 않았다. 바클리는 포스트업으로 본인 찬스를 만들거나 외곽을 봐주는 공격의 일인자였다. 이로 인해 공격 템포는 자연스럽게 떨어질 수밖에 없었다. 나중에는 지루하다는 말도 나왔다. 1999-

2000시즌에 NBA는 백다운 상황에서 바클리처럼 5초 이상 공을 끄는 행위를 금지시켰다.

혹자는 이를 '마크 잭슨 룰(Mark Jackson Rule)'이라 했지만, 'ESPN'이나 '뉴욕 타임스'는 '바클리 룰'이라고 했다. 훗날, 바클리는 "어떤 방법으로든 내 이름이 역사에 남는 것은 만족스럽습니다. 우리 때는 이런 식으로 농구했던 것이고, 그 당시 내게 더블팀을 붙이지 않고서는 나를 막지 못했으니까요."라고 말했다.

더그 모의 방식과 바클리의 스타일은 맞지 않았다. 그러나 무엇보다 바클리는 이기길 원했다. 새로운 시스템에서도 식서스가 강팀이 되지 못할 것이라 봤다. 결국 식서스는 트레이드 파트너를 찾아 1대3 트레이드를 단행했다. 제프 호너섹(Jeff Hornacek)과 팀 페리(Tim Perry), 앤드류 랭(Andrew Lang) 등이다.

선즈는 강한 카리스마의 바클리를 두 팔 벌려 환영했다. 팀이 원했던 '투사'가 왔기 때문이다. 팀에는 케빈 존슨(Kevin Johnson)이라는 올스타 가드가 있었지만 칼 말론(Karl Malone)이나 하킴 올라주원(Hakeem Olajuwon), 데이비드 로빈슨(David Robinson) 같은 빅맨들과 겨뤄줄 선수도 필요했다. 바클리도 더 짜임새 있는 구단에 가게 된 것을 반겼다. 얼마나 기뻤으면, 트레이드 소식을 들은 뒤 기내 승객들에게 술 한 잔씩을 샀다는 유명한 일화도 있다.

훗날 「스포츠 일러스트레이티드」는 필라델피아가 1991-1992시즌 중 바클리를 피닉스가 아닌 포틀랜드 트레일 블레이저스나 LA 레이커스로 보낼 뻔했다는 이야기도 밝혔다. 이는 바클리도 해당 잡지와 인터뷰에서 밝힌 이야기이며, 필라델피아 지역일간지도 '딜이 결렬됐다'고 보도한 바 있다. 당시 대상은 제임스 워디(James Worthy)였는데, 그날 바클리는 트레이드가 진행 중이라는 소식을 듣고 너무 기쁜 나머지 술을 마시다 이내 에이전트로부터 "잘 안 풀렸다"는 말에 바로 경기를 준비하러 갔다는 후문이다. 만약 바클리가 피닉스가 아닌 레이커스로 이적했다면? 어떤 의미로든 NBA 역사는 참 많이 바뀌었을 것이다.

1993년 가을, 피닉스에서 시작된 트레이닝 캠프 분위기는 살벌했다. 바클리는 의도적으로 동료들을 거칠게 대했다. 팀이 안 풀릴 때는 거침없이 지적했다. 1992-1993 시즌을 앞두고 피닉스는 바클리뿐 아니라 대니 에인지(Danny Ainge)를 블레이저스로부터 영입하고, 센터 올리버 밀러(Oliver Miller)를 드래프트에서 지명하는 등 내외곽에서 전력을 충실히 보강한 상태였다. 언론에서는 선즈를 불스의 유력한 대항마로 꼽았다. 그러나 바클리는 이에 대해 냉정히 선을 그었다. "우린 아직 이룬 것이 없습니다"라고 말이다.

불안한 출발··· 바클리의 다그침

바클리의 걱정처럼 선즈는 시즌 첫 달을 5승 3패로 시작했다. 전국적인 관심을 끌었던 불스와의 홈경기(1992년 11월 22일)에서는 111-128로 졌다. 1쿼터부터 43점이나 내주면서 끌려다녔다. 마이클 조던은 이 경기에서 40득점을 기록한다. 바클리는 경기 후 "선수들에게 신문 기사를 읽지 말라고 해야겠습니다. 시즌 전 평가가 너무 좋다 보니 그런 거 같거든요"라고 말하며 완패를 인정했다.

바클리의 쓴소리가 통했던 것일까. 선즈는 12월이 되자 무서운 기세로 승수를 쌓아갔다. 이후 17경기에서 15승 2패를 기록했다. 5승 3패로 시작했던 선즈는 1993년 1월 첫 주를 마칠 무렵 22승 5패가 되어 있었다. 14연승도 기록했다. 서부 컨퍼런스 라이벌팀이던 시애틀 슈퍼소닉스(113-110)와 휴스턴 로케츠(133-110)를 내리 잡은 것이 큰 수확이었다. 선즈에 대한 기대감이 다시 치솟기 시작했다. 바클리도 "이제야 우리의 시즌이 시작됐습니다!"라며 기뻐했다.

팬들 열기도 뜨거웠다. 1992년 12월 18일, 선즈 구단은 팬들에 대한 고마움을 전하기 위해 이례적으로 시즌 중에 훈련을 공개했다. 아예 훈련을 홈구장에서 진행한 것이다. 이 행사에는 무려 18,000명이 입장했다. 포워드 세드릭 세발로스(Cedric Ceballos)는 한 TV 인터뷰에서 "빌딩마다 'GO SUNS'라는 현수막이 걸려 있었습니다. 지역 기업마다 우리를 응원했고, 체육관에 못 오는 팬들은 레스토랑에서도 단체 시청을 했다더군요"라며 흐뭇해했다.

에인지는 선즈의 이런 선전이 순전히 바클리 덕분이라고 공을 돌렸다. 바클리는 '12월의 선수'에도 선정이 됐는데, 무엇보다 100% 컨디션으로 정규시즌에 임한 것이 큰 원동력이 됐다. 애초 바클리가 '드림팀'에 선발되고 1992년 바르셀로나올림픽을 치르면서 주변에서는 그의 몸 상태를 걱정하는 이들이 많았다. 하지만 바클리는 초반부터 펄펄 날며 이런 우려를 불식시켰다. 새로운 팀에서의 출발, 그리고 우승 도전이라는 과제가 최고의 동기부여가 됐던 것이다.

뉴욕과의 혈투

선즈 이야기로 챕터를 시작한 김에 이야기를 삼천포 쪽으로 좀 더 가져가고 싶다. 1992-1993시즌은 불스가 공격을 많이 받았던 시즌이었다. 2년 연속 우승을 하면서 화제의 중심에 선 것도 있었지만 조던에 대한 부정적인 보도가 많이 나왔다. 필 잭슨 감독도 2년 연속 우승 후 부상자가 늘고, 우승에 대한 의지가 많이 떨어졌던 것을 이유로 들며 팀 컨트롤이 쉽지 않았음을 고백했다. 그 사이 닉스와 선즈가 각각 동, 서부 스포트라이트의 중심에 섰다. 그런 만큼 두 팀의 맞대결도 화제가 됐다. '곱게' 끝난 적이 없었던 탓도 있다.

첫 사건은 1993년 1월 18일, 메디슨 스퀘어 가든 원정 경기에서 일어났다. 바클리는 팀이 103-106으로 패한 뒤 심판 판정에 불만을 가라앉히지 못한 채 주심을 쫓아 심판실까지 갔다. 경기를 동점으로 만들 수 있었는데 심판이 파울을 불지 않았다는 것이다. 화가 난 바클리는 경호원과 동료들의 저지에도 불구하고 심판실까지 쫓아갔다. 그는 격분한 나머지 "심판이 판정을 잘못했습니다. 경기 내내 엉망으로 봐놓고서는 내게 '그러면 자네 돈만 (벌금으로) 잃게 될 거야'라고 말하더군요. 돈으로 나를 컨트롤할 수 있다고 생각하는건가요?"라고 강하게 말했다. 결국, 이로 인해 그는 1경기 출전정지 징계와 1만 달러 벌금을 물게 됐다.

두 번째 격돌은 더 대단했다. 3월 23일 피닉스에서 열린 경기로, 닉스는 9연승을 달리고 있던 터라 '동부 최고'와 '서부 최고'의 대결에 관심이 집중됐다.

하프 타임까지 겨우 24.2초를 남겨두고 전례가 없는 '싸움'이 벌어졌다. 케빈 존슨이 강하게 수비한 것이 발단이었다. 닥 리버스(Doc Rivers)와의 싸움이 시작됐다. 다혈질이었던 존 스탁스, 찰스 오클리, 앤써니 메이슨 등이 싸움에 나섰다. 찰스 바클리와 댄 말리도 가만있지 않았다. 그러자 이번에는 벤치에서 사복을 입고 있던 그렉 앤써니(Greg Anthony)가 달려 들어왔다. 사태는 걷잡을 수 없이 커져 팻 라일리 당시 닉스 감독과 폴 웨스트팔 감독, 제프 밴 건디(당시 닉스 코치)까지 모두 나서서 말리기에 이르렀다.

심판은 닉스 선수 4명(그렉 앤써니, 존 스탁스, 닥 리버스, 앤써니 메이슨)과 선즈 선수 2명(케빈 존슨, 댄 말리)을 모두 퇴장시켰다. 경기는 피닉스가 121-92로 이겼다. 후폭풍이 거셌다. 싸움으로 인해 존슨과 리버스 모두 2게임 출전정지를 당하고,

사복 차림으로 코트에 난입해 싸움에 가담했던 그렉 앤써니는 잔여 경기를 모두 뛰지 못하는 불상사를 겪었다. NBA는 이 싸움에 연루된 이가 무려 21명이었고, 납부된 벌금 총액만 29만 2,500달러라고 발표했다.

팀 운영을 책임지고 있었던 제리 콜란젤로(Jerry Colangelo)는 "내 농구 인생 최악의 사태"라며 화를 주체하지 못했다. 이후 팻 라일리 감독은 "요즘 피닉스 선즈가 나약하다는 지적을 많이 받았는데, 이런 식으로라도 그들의 터프함을 증명하고 싶었던 것 같습니다"라고 비꼬았다.

이처럼 관심이 고조됐지만, 닉스와 선즈가 플레이오프에서 만나는 일은 일어나지 않았다. 닉스는 유력한 NBA 파이널 후보였지만, 불스에 다시 덜미를 잡히면서 우승의 꿈을 미뤄야 했기 때문이다.

흥미롭게도 이 싸움에서 바클리는 잠잠했다. 개인전이 아니었기 때문일까. 아니면 1월 경기에서 이미 큰 사고를 쳤기 때문일까. '말리는 쪽'에 속했던 바클리는 31득점을 기록하며 팀 승리를 도왔다. 존슨은 시즌 중 「뉴욕 타임스」와 가진 인터뷰에서 "바클리가 '피스 메이커'가 됐더라고요. 올 시즌에는 오히려 다른 동료들이 테크니컬 파울을 더 많이 받고 있습니다"라며 웃었다.

비록 사고는 요란했지만, 선즈가 이제는 순둥이 팀은 아니라는 것을 보여준 대목이었다. 그렇게 지지고 볶으며 시즌을 치러가며 선즈는 하나로 뭉치고 있었고, 불스만큼이나 강력한 우승후보로 인정받기에 이르렀다.

MVP를 향한 질주

선즈는 1993년 3월 17일에 이미 플레이오프 진출을 결정지었고, 그로부터 2주 뒤쯤인 4월 초에 60승 고지를 밟았다. 홈에서 서부 1위도 결정지었다. 시즌 초반 14연승을 달린 선즈는 3월 들어 한 차례 더 폭풍 질주를 한다. 닉스 전 승리를 시작으로 11연승을 달린 것. 이 가운데는 시카고에서 치른 불스 전 승리(113-109)도 있어 의미를 더했다. 댄 말리의 극적인 위닝샷으로 거둔 LA 레이커스 전 승리(115-114)도 있었다.

이처럼 승승장구한 가운데 동료들은 "바클리가 이번 시즌 MVP다"라고 입을 모았다. 폴 웨스트팔(Paul Westphal) 감독도 'AP'와의 인터뷰에서 "우리 팀 성공의 가장 큰 이유"라며 "바클리의 자세와 승부욕이 우리 팀을 바꿨습니다. 언제나 경기할 준비가 되어 있었고, 동료들도 그와 같이 되었습니다"라며 바클리 효과를 인정했다.

그 시즌 그가 올린 성적은 25.6득점 12.2리바운드. 전국 출입 기자단이 참가한 MVP 투표에서 바클리는 올라주원과 조던을 크게 따돌리고 1992-1993시즌 NBA 정규시즌 MVP에 선정됐다. 팀을 옮긴 바로 다음 시즌에 MVP가 된 건 카림 압둘자바(1975-1976시즌), 모지스 말론(1982-1983)시즌 이후 처음이었다. 남은 건 정상 정복뿐. 1984년 NBA 데뷔 이래 줄곧 가져왔던 목표였다.

선즈는 8번 시드 LA 레이커스(39승 43패)를 만나 1~2차전을 모두 졌지만 남은 3경기를 모두 이기며 1번 시드의 자존심을 지켰다. 2라운드 샌안토니오 스퍼스를 4승 2패로 제압하고, 컨퍼런스 파이널에서 만난 상대는 시애틀 슈퍼소닉스. 이 시즌 디펜시브 레이팅(104.9) 2위, 오펜시브 레이팅(112.3) 4위의 강팀이었다. 두 팀은 4차전까지 2승 2패로 승리와 패배를 주고받은 데 이어 5차전(선즈 승)과 6차전(소닉스 승)에서도 승부를 가르지 못해 7차전까지 가야 했다.

운명의 7차전. 6월 5일 피닉스에서 열린 7차전에서 바클리는 44득점 24리바운드로 상대를 제압하며 마침내 NBA 파이널 진출의 꿈을 이룬다. 이 경기에서는 노장 탐 체임버스(Tom Chambers)도 17득점 6리바운드로 활약하며 팀의 1976년 이후 첫 파이널 진출을 도왔다.

이 경기는 바클리 자신이 생각하는 생애 최고의 경기 중 하나이기도 하다. 바클리와 함께 오랫동안 '인사이드 NBA(Inside NBA)'를 진행해온 어니 존슨(Ernie Johnson)은 언젠가 이 경기를 돌아보며 "부담은 안 됐나요?"라고 물어본 적이 있다. 그때 바클리는 "언제나 그런 비난은 받아들일 준비를 해야 해요. 44점 24리바운드를 기록할 줄 몰랐지만, 우리 팀은 초반에 분위기를 잘 잡았어야 했어요. 7차전에서 우리는 한 번도 밀리지 않았고, 경기가 잘 풀렸어요. 어차피 공은 하나입니다. 그걸 갖고 지배하면 돼요."라고 답했다. 그러나 이런 터프 가이 같은 소감과 달리, 바클리는 파이널을 결정지은 직후 라커룸에서 체임벌스와 함께 감격을 주체못한 채 눈물을 흘린 것으로 알려졌다.

반대편에서는 불스가 천신만고 끝에 닉스를 따돌리고 3년 연속 우승에 도전한다. 오랜 절친이자 라이벌 관계였던 조던과 바클리의 생애 첫 NBA 파이널이 성사됐다.

세기의 대결

1984년 드래프티들의 이야기를 담은 단행본 「TIP-OFF」에서는 바클리가 평소 조던을 어떻게 생각했는지를 이야기한다. "바클리는 조던을 질투하지 않았다. 오히려 다른 선수들이 갖지 못한, 조던만의 특별한 재능을 인정했다. 그러나 그 외에 다른 누군가가 자신보다 낫다고 하는 것에 대해서만큼은 인정하지 않았다."

바클리는 불스를 넘겠다는 자신에 가득 차 있었다. 시즌 전부터 구단 측에 "올해는 우리가 파이널에 갈 거야"라고 말해왔던 바클리였고, 마침내 그 꿈에 한 발 앞으로 다가간 상태였다.

반면 조던은 코트 밖 도박 사건으로 언론으로부터 시달려 지친 상태였다. 앞서 소개했듯이 당시 조던의 일거수일투족이 도마에 올랐다. 스포츠 기자들의 취재대상에서 모든 저널리스트들의 취재대상이 된 것인데, 예나 지금이나 추측성 기사가 많았던 것이 조던을 불편하게 했다. 만일 오늘날처럼 소셜미디어가 활성화되어 이른바 '관계자(source)'발 단발성 소식들이 쏟아져나왔다면 과연 그는 어떻게 대처했을지 궁금하다. 혹은 스마트폰 덕분에 사방이 카메라가 있는 세상이었다면 어땠을지도 말이다.

이런 외부 환경과 별개로 가족과도 금전적인 부분 때문에 사이가 소원해졌는데, 1993년 5~6월은 이 모든 이슈가 절정에 이른 시기였다. 그래서 미디어 인터뷰도 쉽지 않았다. 조던은 파이널 1차전 경기 직전에 가서야 주관방송사였던 NBC와 단독 인터뷰를 갖고 심경을 고백했다. "지금은 농구 코트만이 내 해방구입니다." 조던이 절친한 사이였던 리포터 아마드 라샤드(Amad Rashard)에게 털어놓은 말이다.

마음먹고 나온 조던은 막기 쉽지 않았다. 선즈는 파이널 첫 두 경기를 내리 내줬다. 1차전에서는 승부처에서 조던의 골이 터져 시카고가 100-92로 이겼고, 2차전에서도 조던이 40득점을 기록하며 승리(111-108)를 주도했다. 조던만 대단했던 것이 아니다. 개인적으로 피펜의 커리어 베스트 시리즈를 꼽자면 1991년과 1993년 파이널을 소개하곤 하는데, 1991년이 본인 실력에 대해 자신감과 확신을 갖게 된 시기였다면 1993년은 중압감을 컨트롤하고 조던과 팀이 필요로 하는 것을 본능적으로 해낼 줄 아는 시기였다.

공격에서는 굉장히 과감하게 치고 들어갔는데, 빠른 스텝과 보폭, 긴 팔은 그의 드라이브를 막는 수비자들에게 조던 못지 않은 고통을 안겨주었다. 수비에서는 그랜트와 함께 바클리를 괴롭혔다. 이미 바클리가 서부로 가기 전에, 그러니까 동부 컨퍼런스에서 한 시즌에 4번씩 맞붙다보니 둘은 바클리를 어떻게 견제해야 할지 알고 있었다. 완벽하게 막진 못하더라도 그를 힘들게 만들 수 있다는 자신감이 있었다. 그렇게 파이널 2경기를 가져가자 사람들은 경험이 부족한 선즈가 이대로 무너질 수도 있다고 봤다.

글을 쓰기 위해 1차전을 다시 보면서 나는 언젠가 케리 키틀스(Kerry Kittles)가 라디오에서 했던 말이 기억이 났다. (2)

"마이클이 경기를 마무리하는 능력은 다른 선수들과 가장 차별되는 부분이었습니다. 클러치 유전자가 있었어요. 경기를 컨트롤하고, 슛을 넣기까지요. 16점, 18점을 한 쿼터에 몰아넣는데, 명예의 전당에 올라갔던 선수들이든, 훌륭한 감독이 이끄는 팀이든 상관없었습니다. 모두가 불스의 트라이앵글 오펜스를 알고 있었어도 의미가 없었어요. 어떤 단어를 써야 할 지 모르겠어요. 어떻게 스페이스를 만드는지, 어떻게 밸런스를 유지하는지 말로는 설명이 안 될 정도였죠."

조던과 함께 한 BJ 암스트롱도 비슷한 말을 했다. "마이클은 역대급 피니셔였어요. 그냥 경기를 끝냈어요. 경기에서 약점이 없는 선수였죠. 4쿼터 마지막 4분에 득점, 파울 얻어내고 다 해낼 수 있는 선수예요. 핸드체킹이 있던 시대에도 평균 37득점이었어요." (3)

조던은 비록 친구이지만 바클리에게 정규시즌 MVP를 내준 것에 대해 뿔이 나 있었다. 기자회견에서도 "MVP를 받지 못한 것에 좀 화가 났어요. 기자단은 찰스 바클리에게 MVP를 줬죠. 그래서 이렇게 생각했어요. '좋아, 너는 그거 가져. 난 우승을 할 거야'라고 말이죠"라고 말했다.

그러나 선즈도 쉽게 물러서지 않았다. 3~5차전은 시카고로 옮겨져 진행됐는데, 선즈가 배수의 진을 차고 나선 3차전은 그야말로 전쟁이었다.

무려 3차 연장전까지 갔다. NBA 파이널 경기가 3차 연장까지 간 경우는 이때가 두 번째였고, 더이상 나오지 않고 있다. 흥미롭게도 처음으로 3차 연장을 갔던 팀도 선즈로, 당시 보스턴 셸틱스를 상대로 혈투를 치른 바 있다. (4) 선즈는 이 전투에서 129-121로 승리했다. 「뉴욕 타임스」의 헤드라인이 인상적이었다. '세 번의 연장전 후 선즈 팀은 말했다. 아직 안 끝났어!(After Three Overtimes, the Suns Say Not Yet!)'

케빈 존슨이 공수에서 맹활약했다. 1차전 11점, 2차전 4점에 그쳤던 존슨은 무려 62분간 25득점 9어시스트 7리바운드를 기록했다. 수비에서도 상당히 공헌했다. 존슨은 번갈아 조던을 수비하는 중책을 맡아 결정적일 때 실수를 유도하면서 시리즈 초반 부진을 만회했다. 이는 3차전을 앞두고 내려진 깜짝 결정으로, 선수들조차 경기 전날에 통보를 받았다고 한다.

웨스트팔 감독은 존슨과 말리, 여기에 리처드 듀마스(Richard Dumas)를 조던의 수비로 붙였는데, 존슨은 훗날 인터뷰에서 "결정을 듣고서 하루 종일 일부러 잠만 잤다"라고 말했다. 바클리도 53분간 24득점 19리바운드로 분투했다. 말리는 3점슛 6개와 함께 28득점을 기록했다. 말리의 6번째 3점슛 덕분에 선즈는 119-118로 역전했고, 9점을 내리 넣는 중요한 분위기를 잡을 수 있었다. 불스의 실책에서 시작된 바클리의 속공 덩크 역시 상징적이었다. 말리의 3점슛으로 시작된 득점 퍼레이드가 끝났을 때, 선즈는 125-118로 앞서고 있었다. 남은 시간은 1분. 기적을 기대하기에 흐름이 많이 넘어가 있었다.

불스는 조던이 44득점을 기록하고, 스카티 피펜이 26점을 올렸지만, 쐐기를 박을 수 있는 상황에서 조던답지 않은 실수가 나왔다. 4쿼터 막판에는 중요한 실수를, 1차 연장에서는 중요한 자유투를 놓친 것이다. 조던은 3차전에서 43개의 슈팅을 시도해 19개만을 넣었다. 심지어 4쿼터에만 10개의 슛을 던져 9개를 놓쳤다.

절치부심

승부처는 늘 조던의 독무대였다. 클러치 타임은 말할 것도 없다. 큰 무대일수록 더 빛났다. 그랬기에 3차전의 패배는 조던을 분노케 했다. 연장전에서 나온 연이은 슛 미스에 실책까지.

그래서일까. 이틀을 쉬고 나온 4차전의 조던은 더 무섭고 날쌨다. 조던은 모든 레파토리를 풀어냈다. 오프 더 볼 무브 (5)로 가볍게 수비를 제친 뒤 슛을 넣더니, 다음부터는 매치업에 따라 입맛대로 득점을 뽑아냈다. 185cm의 케빈 존슨이 붙으면 포스트업을 시도했고, 말리가 막으면 밖에서부터 1대1로 치고 들어갔다.

존슨을 도우려고 체임버스와 바클리까지 손을 들어봤지만, 소용이 없었다. 말리는 조던 앞에서 마치 허우적대는 사람처럼 보였다. 리처드 듀마스는 201cm로 제법 신장이 큰 편이었지만, 경험이 부족했다. 포스트업을 위해 자리를 잡던 조던 뒤에서 공을 가로채려다 오히려 공간을 내주는 실수를 하고 말았다. 실수에 대한 세금은 가혹했다. 조던은 바로 림을 향해 쇄도해 파울을 얻어냈다.

전반의 명장면은 종료 43.9초 전에 나왔다. 코트 끝에서부터 볼을 몰고 온 그는 하프라인을 넘자마자 가속을 붙였다. 말리는 조던이 돌진할 것을 알았지만 쉽사리 발을 떼지 못했다. 급격히 방향을 바꾼 조던은 림으로 돌진했고, 에인지가 달려들었지만 오히려 덩크를 허용하고 파울까지 범하고 말았다. 이쯤 되니 조던이 볼을 잡을 때부터 시카고 스타디움의 함성이 커졌다. 전반에 그가 올린 점수는 33득점. 야투 20개중 14개가 림을 갈랐다.

3쿼터에도 조던은 멈추지 않았다. 3쿼터에는 아예 수비가 3명, 4명까지 붙는 현상이 나타났다. 조던은 그러자 고집을 부리는 대신 볼을 빼주기 시작했다. 피펜, 그랜트, 암스트롱 등이 수혜자였다. 절묘한 패스로 어시스트가 만들어진 것이다. 불스는 3쿼터 한때 두 자리까지 달아나며 신바람을 냈다.

비록 조던은 막지 못했지만 선즈도 쉽게 무너지진 않았다. 55점에 가리긴 했지만 바클리도 이날 32점과 트리플더블(12리바운드 10어시스트)을 기록했고, 듀마스와 존슨, 말리도 두 자리 득점을 올렸다. 조던은 못 막았지만 다른 선수들의 득점만큼은 쉽게 내주지 않았다. 그렇게 끈질기게 붙으며 마지막까지 불스를 긴장케 했다.

그러자 이번에도 조던이 나섰다. 종료 13.3초 전, 조던은 외곽에서부터 치고 들어가 앤드원 플레이를 만들었다. 바클리는 공격자 파울을 얻고자 그의 동선을 가로막았지만, 한 스텝이 늦었다. 파울이 불리자 조던은 두 팔을 번쩍 들었고 바클리는 무릎을 꿇은 채 자책했다. 스코어는 109-104. 사실상 쐐기를 박은 득점이었다.

선즈는 조던에게 이 3점 플레이를 허용하기에 앞서 3차전 3차 연장전 때처럼 분위기를 반전시킬 좋은 수비를 하나 성공했지만 이때는 선즈가 속공을 미스하고 존슨이 볼을 놓쳤다. 4차전은 111-105로 불스의 승리.

경기가 끝난 뒤 박스스코어에 찍힌 조던의 최종 점수는 무려 55득점. NBA 파이널 역사상 한 경기 최다 득점 2위(당시 기준)에 해당되는 기록이었다. (6), (7) 경기 후 스캇 윌리엄스는 "두 명의 자랑스러운 타 힐스(노스캐롤라이나 대학의 애칭) 출신들이 57점을 합작했습니다"라며 너스레를 떨었다. 윌리엄스는 조던의 대학 후배로서, 이날 2점을 기록했다.

반면 웨스트팔 감독은 "오늘 우리와 불스의 가장 큰 차이점은, 불스에는 마이클이 있었지만 우리는 없었다는 점입니다"라며 고개를 숙였다. "시리즈 내내 저는 조던을 상대하기 위한 모든 방법을 다 동원해봤습니다. 플레이 북에 적힌 모든 수를 다 썼습니다. 상황에 따라 더블팀도 갔습니다. 댄 말리도 붙여보고 케빈도 붙여봤죠. 그런데 통하지가 않았습니다."

조던은 "팀을 이기게 하고 싶었습니다. 우리가 중요한 한 골이 필요할 때 저는 그걸 해냈습니다. 그리고 그게 제 역할이라 생각합니다"라고 소감을 남겼다.

이날 4차전의 임팩트는 선즈의 벤치멤버였던 팀 켐튼(Tim Kempton)의 회고에서도 잘 드러난다. 현역의 황혼기를 지나고 있던 켐튼은 플레이오프와 파이널 경기를 단 1경기도 뛰지 못했지만, 벤치에서 누구보다 조던의 경악스러운 활약을 보며 놀랐던 선수였다. "그때 폴 웨스트팔 감독님이 말씀하셨어요. '마이클은 물이 올랐어. 60점도 넣을 기세군. 자, 그렇다면 우리는 이제 다른 선수들에게 집중하자. 마이클이 저렇게 날뛰는데 다른 선수들까지 같이 올라오게 해서는 안 돼!'라고 말이죠."

그런가 하면 마크 웨스트는 "예전에 탐 체임버스가 60점 넣는 걸 본 적이 있었어요. 그렇게 종종 미치는 선수들이 있죠. 그런데 마이클은 파이널에서 그렇게 하더군요. 무슨 수를 쓰든 그는 득점을 올릴 기세였습니다. 그래서 우리는 다른 선수들을 수비하는 쪽으로 방향을 바꿨습니다. 마이클에게 이길 것이 아니라 불스에게 이기는 것이 중요했으니까요."

선즈는 4차전(105-111)을 졌지만 5차전(108-98)을 다시 이기면서 활짝 웃었다. 1쿼터부터 33-21로 크게 앞서며 물길을 돌려놨다. 4차전에서 결정적인 파울을 범해 고개를 떨어뜨렸던 바클리는 5차전에서 되살아났다. 그는 "우리가 우승할 운명입니다. 우리는 우리의 운명을 믿습니다"라며 불스와 조던를 도발했다. 실제로 바클리는 조던에게도 같은 이야기를 사석에서 한 걸로 알려졌다. 그러자 조던은 "글쎄, 내가 갖고 있는 성경 책에는 그런 말이 없던데?"라고 답했다는 후문이다.

조던은 이때 절정의 몰입 능력을 보이고 있었다. 1차전 사전 인터뷰에서 말했듯이 정말로 코트가 그의 유일한 해방구처럼 보였다. 모든 걸 쏟아내듯이 펄펄 날았다. 필잭슨 감독도 "다른 선수들과 마이클이 확실히 달랐던 점 한 가지는 경기 외에 모든 것을 떨쳐내는 능력이었습니다. 어떤 것에도 영향을 받지 않았고, 그야말로 얼음처럼 차가웠죠. 농구장에 들어서는 순간 모두 잊고 상대를 공격하고 이기는 데만 몰두했습니다. 어쩌면 자신을 공격하던 수많은 악재로부터 피할 수 있는 유일한 공간이라 여겼던 것 같습니다"라며 놀라워했다.

사실, 이런 바클리의 자신감 넘치는 발언과 달리, 선즈는 그의 건강에 대한 고민이 대단히 많았다. 2차전 도중 오른쪽 팔꿈치를 다친 후 통증이 사라지지 않아 진통제 없이는 경기를 못 치를 상태였던 것이다. 「뉴욕 타임스」는 "3차 연장전까지 갔던 3차전 직후에는 팔을 들지 못할 정도로 분위기가 안 좋아 팀 훈련도 갖지 못했다"라고 보도했다. 그럼에도 불구하고 코트에 나섰던 이유는 단 하나, 자신이 팀을 옮긴 이유였던 우승 때문이었다. 바클리의 이런 투혼은 동료들에게도 영향을 주었다.

5차전을 패한 불스는 6차전과 7차전을 위해 애리조나행 비행기에 몸을 실었다. 적지에서 두 차례 경기를 치러야 한다는 것을 다들 우려했지만, 선수들은 비행기에 탑승하는 조던을 보고 안심했다. 시가를 문 채 비행기에 올라선 그는 말했다. "이봐, 세계 챔피언들! 난 옷 한 벌만 가져왔어. 거기서 한 경기만 더 치를 거거든." 훗날 피펜은 조던의 그 코멘트로 선수들 모두 우승에 대한 확신을 갖게 됐다고 돌아봤다.

팩슨의 3점슛으로 완성된 왕조

6차전도 치열함의 연속이었다. 불스가 흐름을 잘 잡으며 분위기가 좋았다. 196cm의 식스맨, 트렌트 터커(Trent Tucker)까지 3점슛을 보태며 분위기를 돋웠다. 3쿼터한때 75-65까지 벌어졌다. 그러나 4쿼터가 시작되자 불스의 뜨겁게 타오르던 분위기가 갑자기 얼어붙었다. 첫 11개의 슛 중 9개가 빗나간 것이다. 조던이 벤치로 들어갔을 때 온도 유지에 실패한 것이 가장 큰 원인이었다. 조던이 8분여를 남기고 코트로 다시 투입되었을 때 점수차는 겨우 2점 차 밖에 나지 않았다.

그러나 선즈는 말리의 3점슛으로 91-90으로 경기를 뒤집었다. 말리는 두 팔을 번쩍 들며 마침내 가져온 리드를 자축했다. 조던이 롱2로 리드를 되찾아왔지만 이번에는 바클리가 팁인을 넣어 93-92로 리드를 뒤집었다.

시간이 지날수록 불스가 불리해졌다. 그랜트와 카트라이트의 파울은 5개씩 쌓여 있었고, 암스트롱도 4개였다. 바클리와 계속해서 경합을 해야 하는 불스 입장에서는 파울 없이 수비하는 것이 관건이었다. 여러모로 불스에 불리해진 분위기를 감지한 덕분인지 선즈의 압박도 거세졌다. 불스는 24초에 걸려 허겁지겁 공격을 마무리했지만, 시간에 쫓겨 던진 조던의 슛은 불발되고 말았다. 잭슨 감독은 고개를 가로저었다. 선즈 팬들은 정성껏 마련해온 응원 피켓을 들기 시작했다.

'Barkley Breaks Jordan Rules' (바클리가 조던 룰을 깨버릴 거야)
'We Believe' (우리는 믿어요)
'Suns Never Set' (해는 절대로 지지 않는다)

선즈가 케빈 존슨의 플로터로 96-92로 앞서는 상황. 불스는 조던의 페이더웨이로 94-96으로 점수차를 좁혔다. 그러자 존슨이 다시 나서 자유투 2구를 얻어 4점 간격으로 되돌려놨다. 불스는 다음 포제션에서 다시 한번 트라이앵글 오펜스 가동을 시도했지만 24초 바이얼레이션에 걸리고 만다. 조던이 말리에 막혀 쉽게 공을 받지 못하자 공이 겉돈 것이다. 수비가 성공하자 바클리는 크게 포효했다. 누가 봐도 7차전으로 향하는 분위기였다.

그 뒤로도 조던의 슛은 한 차례 더 불발됐고, 바클리는 실책을 범하기 직전, 재치있게 타임아웃을 요청하며 공격권을 유지했다. 돌이켜보면 선즈는 이때 반드시 공격을 성공시켰어야 했다. 47초 전 프랭크 존슨의 슈팅이 실패, 리바운드를 잡은 조던은 재빨리 코트를 넘어 레이업을 성공시켰다. 상대 수비가 세팅되기 전에 허를 찌른 것이다. 리바운드 후 슛 성공까지 5초가 채 안 걸렸다. 96-98.

남은 시간은 18초. 선즈는 다음 공격에서 쐐기를 박고자 했지만, 소극적인 볼 흐름으로 인해 기회를 놓쳤다. 바클리가 포스트업을 준비하던 상황. 그는 더블팀이 들어오자 프랭크 존슨에게 볼을 빼줬는데, 그 볼이 겉돌다 결국 시간에 쫓겨 공격권을 내주고 말았던 것이다.

바클리는 이 상황을 아직까지도 자책하고 있었다. "하루 반 정도는 잠도 못 잔 거 같습니다. 스카티(피펜)와 호레이스(그랜트)가 나를 더블팀하고 있던 상황이었어요. 그리고 적절한 지점에 조던이 대기하고 있었죠. 그들은 나를 강하게 압박하며 패스를 하게 만들었어요. 돌이켜보면 내가 더 강하게 밀어붙였어야 했습니다.”

선즈의 공격 실패 직후, 불스는 타임아웃을 요청했다. 남은 시간은 10여 초. 공을 갖고 넘어오는 건 조던의 역할이었다. 케빈 존슨의 마크를 받으며 넘어온 조던은 피펜에게 공을 건넸다. 그리고 피펜은 달려오는 수비를 읽고 그랜트에게 패스했는데, 그랜트 역시 팩슨에게 재빨리 패스를 전했다. 그 패스가 어시스트가 됐다. 종료 3.9초 전, 팩슨이 3점슛을 넣으며 99-98로 경기를 뒤집은 것이다.

말리는 팩슨에게 공이 간 순간 이미 머리를 감싸 쥐고 있었다. 비록 주전 자리를 신예 BJ 암스트롱에게 내준지 오래였지만, 팩슨의 3점슛 실력은 오래 전부터 정평이 나 있었기 때문이다. 누구보다 오래, 열심히 준비한 선수라는 것도 말이다.

3점슛을 맞은 뒤 선즈는 케빈 존슨에게 공격을 맡겼지만 그랜트에 의해 저지당했다. 이미 선즈는 전의를 상실한 뒤였다. 세드릭 세발로스는 “우리는 팩슨의 슛 이후 자신감을 완전히 잃었어요. 타임아웃을 마치고 나올 때도 정신이 반쯤 나가 있었죠” 라고 돌아봤다.

그 3점슛 하나로 인해 바클리(21점 17리바운드)와 선즈가 가져온 우승의 꿈은 날아갔다. 조던과 불스는 3년 연속 우승을 결정지었다(조던은 시리즈 평균 41득점을 기록했다).

“볼을 잡고 바로 던졌어요. 늘 해왔던 대로요. 어렸을 때부터 수천 번은 해왔던 것입니다.” 팩슨의 말이다.

팩슨에게 어시스트한 그랜트는 “제 주변에 대니 에인지와 댄 말리가 있는 걸 알았어요. 그래서 본능적으로 누군가는 오픈됐을 것이라고 생각했죠. 그리고 거기에 존 팩슨이라는 아주 훌륭한 슈터가 있었습니다. 그 플레이는 농구적인 본능과 함께 상대팀 두 선수가 제게 붙어 있었다는 것을 인지했던 덕분에 완성되었습니다”라고 말했다.

조던도 기자회견에서 그 슛이 들어갈 것을 확신했다고 말했다. “그랜트가 뒤에 있던 팩슨에게 패스하더군요. 저는 팩슨이 슛을 던질 때 믿었어요. 그는 우리가 정말로 필요할 때마다 많은 슛을 넣어줬거든요. 들어갈 줄 알았죠.”

불스는 모두가 얼싸안고 기뻐했고, 선즈는 순식간에 초상집이 됐다. 바클리는 또 한 번 울었다. 그러나 그 눈물의 의미는 소닉스와의 7차전을 이긴 뒤 흘린 눈물과는 달랐을 것이다. 그는 “팩슨의 3점슛 하나로 끝나버렸다”라며 아쉬워했다. (8)

“선수들과의 첫 만남 자리에서 저는 우리 팀 선수들에게 말했어요. ‘난 최고의 선수야. 그러니 우리는 파이널에서 불스를 만날 거야. 마이클은 동료들 도움을 받았지. 나도 마이클만큼이나 좋은 선수라고 생각해.’ 하지만 우린 파이널에서 끝내 불스를 넘지 못했습니다. 태어나서 처음으로 가족들에게 이런 말을 했어요. ‘마이클은 정말 농구를 잘 하는 선수 같아. 제길, 저 녀석 정말 나보다 농구를 잘하는 거 같아. 내가 저 친구를 이길 수 있을지 모르겠어’라고요. 태어나서, 그리고 지금까지 다른 선수에 대해 그렇게 생각한 건 마이클이 처음이었어요. 그래서 무척 실망스러웠죠. 6차전 끝난 다음 날이 제 생애 최악의 날이었어요.”

이 우승으로 불스는 모두가 기대했던 3연패를 달성했다. 불스 이전에는 미니애폴리스 레이커스(1952~1954년)와 보스턴 셀틱스(1959~1966년)만이 달성했던 대기록이었다. 우승의 주역은 조던이었다. 6차전에서 33득점을 쏟아낸 그의 파이널 6경기 평균 득점은 무려 41.0득점. 1967년 릭 베리가 세웠던 40.8득점을 근소하게 앞서며 단일 파이널 시리즈 최고 득점을 기록했다. 이 기록은 여전히 깨지지 않고 있다. 그런가 하면 불스는 기이한 기록도 하나 더 달성했다. 우승팀이었지만 홈 전적은 4승 4패에 불과했던 반면, 원정에서는 6승 1패였다.

“불스는 챔피언이 될 자격이 있는 팀입니다.” 패배 후 기자회견에서 웨스트팔은 힘들게 말을 꺼냈다.

“우리도 이기고자 최선을 다했습니다. 환상적인 게임을 했어요. 하지만 결국 마지막 점수에서 밀렸습니다. 우리 선수들, 그리고 불스 선수들 모두에게 수고했다고 말해주고 싶습니다. 팩슨의 슛도 대단했습니다. 아마도 모든 아이들이 꿈꿔왔던 장면 아니었을까요. 팩슨은 그 꿈을 이룬 것 같습니다.”

조던의 평균 41득점은 경이로움 그 자체였다. 그러나 이 시리즈는 단순히 조던의 원맨쇼로 표현하기에는 아깝다. 그와 함께 스타로 성장해온 선수들이 펼친 수비와 패스워크가 아니었다면 팩슨의 3점슛도 나오지 않았을 것이다. 조던이 "모두가 최선을 다한 것에 대한 결실"이라고 표현한 이유다.

1980년대를 수놓았던 LA 레이커스, 보스턴 셀틱스를 포함 가장 마지막으로 2년 연속 우승했던 디트로이트 피스톤스조차 해내지 못했던 3년 연속 우승. 불스는 그 어려운 대업을 마침내 이뤄냈다. 전문가들은 농구적으로 정점에 올랐던 조던이 건재한 이상 불스의 시대는 계속될 것이라 내다봤다. 그러나 정작 우승을 이끈 주역은 서서히 동력을 잃어가고 있었다.

코트를 떠나다

모든 팀들이 우승의 기쁨을 뒤로 한 채 1993-1994시즌을 준비하던 시기였다. 마이클 조던과 그의 가족, 그리고 불스 구단은 청천벽력 같은 소식을 듣는다. 1993년 8월 5일, 노스캐롤라이나 페이엣빌에서 조던의 부친, 제임스 조던이 시신으로 발견된 것이다. 제임스 조던은 7월 22일 친구의 장례식 참석 후 행적이 묘연한 상태였다.

하필 당시 제임스 조던은 아내를 포함해 가족들과 소소한 갈등이 있었기에 주변 사람들은 여행을 떠났거나 혼자 지내고 있을 것이라고 생각했는데 연락 두절 기간이 길어지자 슬슬 걱정을 했던 시기였다. 그런데 그의 자동차와 사체가 발견된 것이다. 알고 보니 그는 운전 중 잠시 쉬는 도중 참변을 당했다. 범인은 18세 래리 마틴과 다니엘 그린으로 그들은 순전히 강도를 위해 살인을 저지른 것이었다.

마이클 조던은 큰 충격을 받았다. 아버지는 아들이 외부 공격을 당할 때마다 그에게 힘을 실어주고 고민을 나누던, 가장 의지하는 상대였기 때문이다. 게다가 아버지의 죽음을 둘러싸고 도박과 관계가 있을 것이라는 확인되지 않은 보도가 쏟아지면서 조던은 더 고통스러워했다. 부친의 죽음, 그리고 미디어의 집요함은 조던이 농구를 떠나야겠다는 확신을 하게 된 계기가 됐다.

물론, 이 두 가지가 전부는 아니었다. 필 잭슨, 딘 스미스(조던의 대학시절 은사), 데이비드 포크(에이전트) 등은 1992-1993시즌이 진행되는 동안 조던이 '도전'에 대한 의욕을 잃어가고 있음을 감지했다. 딘 스미스는 아버지 제임스 조던에게 '아들이 농구를 그만할 수도 있을 거 같다'라는 말을 들었다고 회고하기도 했다. 3년 연속 우승, 득점왕, MVP, 올림픽 금메달과 막대한 부까지. 농구선수로서 이룰 건 다 이루었던 조던이었기에 가능했던 고민이 아니었을까. 게다가 '조던도 한물갔네'라는 말을 들으면서 선수 생활을 그만두고 싶지는 않다는 말을 종종 해왔던 조던이었다. (9)

결국 조던은 데이비드 포크를 통해 제리 라인스도프를 비롯한 책임자들에게 은퇴 준비 소식을 전했다. 은퇴 발표는 1993년 10월 6일에 이뤄졌다. 정규시즌 개막(11월 5일)을 한 달 앞둔 시점이었다. 조던은 여전히 게임을 사랑하고, 앞으로도 그럴 것이지만 커리어의 정점에 올라 지금은 농구선수로서 더 이뤄야 할 동기부여를 잃었음을 전했다. 그는 언젠가 돌아올 수도 있을 것이며 문을 완전히 닫아놓지는 않을 것이라는 말도 함께 남겼다. (10)

1994년 2월 7일. 조던은 메이저리그(프로야구) 시카고 화이트 삭스(Chicago White Sox)에 입단, 어린 시절 꿈이었던 프로야구선수에 도전할 것임을 밝혀 모두를 깜짝 놀라게 했다. 화이트 삭스는 제리 라인스도프가 운영하던 또다른 프로 스포츠단이었다. 포지션이 우익수였던 조던은 바로 메이저리그에서 뛸 기량은 안 됐기에 마이너리그 더블A(Double-A) 버밍햄 배런스(Birmingham Barons) 소속으로 커리어를 시작했다.

🏀 주석

(1) 불스는 부동의 1위였으나 1993-1994시즌, 그러니까 마이클 조던이 첫 은퇴한 뒤 2위로 내려앉았다. 샬럿 호네츠가 1993년 2위에서 1994년 1위로 올라섰고 선즈는 바클리 합류 후 2시즌 연속 4위에 안착했다. 이 자료는 필 샤프(Phil Schaaf)가 저술한 「Sports Marketing」에 게재됐다.

(2) 1974년생 슈팅가드 케리 키틀즈는 빌라노바 대학 출신으로 1996년에 NBA에 데뷔했다. 해당 인터뷰는 2000년 5월 '폭스 스포츠 라디오(Fox Sports Radio)'에 출연해서 나눈 이야기다.

(3) 르브론 제임스와 조던을 비교하는 상황에서 나온 말이었다. 암스트롱은 "둘 다 본인들 시대를 압도했던 선수죠. 디테일을 비교하자면 둘은 완전히 다른 선수예요. 르브론은 경기를 조립하는 스타일이에요. 조던은 본인이 더 해내는 선수였지만 르브론은 리바운드, 어시스트 등도 더 해내면서 공격을 만드는 선수였죠"라고 비교하는 동시에 "조던은 상대의 거친 파울을 이겨내면서도 평균 37득점이었어요. 만일 르브론이 찰스 오클리, 릭 머혼, 벅 윌리엄스 등과 플레이해보면 어떨까도 생각해요"라고 말했다.

(4) 3차 연장은 1975-1976시즌 파이널 선즈와 셀틱스 전에서 처음 일어났다. 당시 선즈가 기적적으로 승부를 연장까지 끌고 갔지만, 끝내 승부는 셀틱스가 128-126으로 이겼다. 2차 연장은 겨우 3번뿐이었는데, 1957 셀틱스와 호크스 시리즈에서만 2번이나 나왔다. 1974년 셀틱스-벅스 시리즈도 2차 연장까지 갔다.

(5) 볼 없는 상태에서의 움직임. 주로 슈터들이나 스코어러들이 좋은 찬스에서 볼을 잡기 위해 수비를 떨쳐내는 움직임을 의미한다.

(6) 조던의 50득점은 파이널 사상 5번째 나온 기록이었다. 또한 1969년 제리 웨스트 이후 파이널에서는 24년 만이었다. 조던에게도 파이널 커리어하이 기록이었던 셈이다.

(7) NBA 파이널에서 50점을 올린 선수는 모두 7명이다. 1962년 엘진 베일러가 61득점을 기록해 파이널 역대 최다 득점자로 남아있다. 조던과 릭 베리(1967년)가 55점으로 역대 공동 2위이다. 제리 웨스트(1969년)가 53점으로 4위인 가운데, 르브론 제임스(2018년)와 야니스 아테토쿤보(2021년)가 51점과 50점으로 5~6위다.

(8) 모든 선수가 그랬겠지만, 바클리는 패배를 인정하고 현실 세계로 돌아가기까지 적잖이 마음고생

을 했던 것으로 알려졌다. 그는 훗날 NBA TV의 'OPEN COURT'라는 프로그램에 출연해 "피닉스에 우승을 안겨주지 못해 미안할 뿐입니다. 제 삶이 바뀌게 해준 곳이거든요. 그래서 우승을 시켜주고 싶었어요. 필라델피아, 휴스턴과 달리 피닉스는 우승해본 적이 없는 구단이었으니까요"라고 돌아봤다.

⑼ 필 잭슨은 조던에게 정규시즌을 쉬고 플레이오프만 뛰면 어떻겠냐고 권유했지만, 조던은 마음을 돌리지 않았다.

⑽ 이를 두고도 일각에서는 데이비드 스턴 전 총재가 도박 건에 대한 조사를 덮어주는 조건으로 은퇴를 권유했다는 주장을 했다. 실제로 이는 NBA의 사건 사고 및 음모론을 다룬 책에도 한 챕터로 진지하게 언급되기도 했다.

GAME INFO

날짜	1995년 3월 19일
장소	인디애나폴리스 마켓 스퀘어 아레나
시즌	1994-1995시즌 NBA
경기의 중요성	★★★★★
착용 농구화	나이키 에어 조던 10

SCORE

팀	1Q	2Q	3Q	4Q	OT	최종
불스	15	22	26	29	4	96
페이서스	21	26	26	19	11	103

MJ's STATS

출전시간	득점	야투	자유투	리바운드	어시스트	스틸	블록	실책	파울
43'00"	19	7-28	5-6	6	6	3	0	3	3

15. I'M BACK!

1994-1995시즌 정규리그

CHICAGO BULLS **VS** Pacers

시카고 불스   인디애나 페이서스

1995년 3월 19일, 마이클 조던은 기자회견이나 성명서 발표 없이 매체에 팩스 한 장으로 야구계 은퇴, 농구계 복귀를 선언해 세계 농구팬들을 다시 가슴 뛰게 만들었다. 당시 그가 보낸 팩스에는 딱 한 문장이 적혀있었다.

"I'M BACK."

조던의 '첫' 복귀는 무너져가던 시카고 불스 시대를 다시 일으키고, 리그를 다시 시카고 중심으로 돌아가게 만든 시작점과도 같았다.

조던이 야구를 그만둔 이유

앞서 언급했듯이 1992-1993시즌은 조던에게 악몽과 같았다. 거액이 오간 내기 골프부터 시작해 각종 스캔들이 조던을 쉴 새 없이 괴롭혔고, NBA를 비롯해 팀 내부적으로도 조던을 바라보는 시선이 그리 곱지 않았다. 마음 놓고 숨 쉴 공간이 부족해져만 갔다. 우여곡절 끝에 피닉스 선즈를 꺾고 3년 연속 우승을 차지, 자신이 여전히 농구계 최고 선수라는 것을 입증했지만 마음은 지쳐만 갔다.

조던이 종종 사적인 이야기를 털어놓을 정도로 가까웠던 BJ 암스트롱은 언젠가 "조던 스스로 농구에 대한 순수한 열정을 잃었다고 느낀 것 같다"라고 말했는데, 그 시작이 바로 그를 둘러싼 일련의 사건들이었다. 딘 스미스 감독도 1992-1993시즌을 치르면서 조던의 아버지로부터 "아들이 은퇴를 고민 중입니다"라는 전화 통화를 받았노라고 돌아봤다. 조던 본인 역시 은사에게 뉴욕 닉스와의 플레이오프 시리즈를 치르는 동안 "감독님 와주시면 좋겠습니다"라는 메시지를 전달했다. 스미스 감독은 그 말을 듣고서 제자의 마음이 많이 기울었음을 알 수 있었다고 한다.

그 기울던 마음에 불을 붙인 불행한 사건이 발생한다. 부친의 사망이다. 강도에 의해 아버지가 살해당하면서 조던은 정상 도전에 대한 의지를 잃게 됐고, 급기야 농구계 은퇴를 선언하고 말았다. 1993년 10월 6일의 일이다. 당시 국내 스포츠신문은 물론이고, 세계 유수 언론들이 헤드라인으로 조던의 은퇴를 다루었다.

조던은 미련이 없어 보였다. "이룰 건 다 이룬 것 같다"라고 말했고, 실제로도 이를 부정할 만한 이들은 없었다. 우승, MVP, 득점왕, 올림픽 금메달, 그리고 거대 후원 계약까지. 농구선수로서 꿈꿀 수 있는 모든 것을 이력서에 넣었으니 말이다.

말리지 않았던 것은 아니다. 라인스도프 구단주는 정규시즌을 건너뛰고 포스트시즌만 뛰는 것은 어떻겠냐고 제안했지만 조던은 단호하게 거절했다. 피펜도 충격을 받았다. 이전까지만 해도 루머라고만 생각했지만, 조던으로부터 직접 "내일 정식 발표를 할 거야"라는 말을 듣고서는 큰 상실감에 빠졌다고 돌아봤다.

조던은 프로야구선수에 도전했다. 야구선수는 그가 어릴 적부터 꿈꿔왔던 목표 중 하나였다. 하지만 메이저리그에 도전하기에 실력은 턱없이 부족했다. 구단주 제리 라인스도프와의 인연 덕분에 시카고 화이트삭스에는 입단했지만, 마이너리그로 내려가 처음부터 시작해야 했다. 광고 및 후원 계약으로만 연간 3,000만 달러씩 벌던 선수가 월 850달러, 하루 식대 16달러로 생활하는 마이너리거가 되었다.

야구선수로서의 성적은 그리 좋지 않았다. 근면함은 모두가 인정했다. 야구를 할 때도 새벽 6시에 나와 개인 훈련을 했다. 승부욕도 여전히 강했고, 코칭스태프와 동료들은 "질문도 많고 훈련도 정말 열심히 했다"라고 말했다. 슈퍼스타 출신이지만 동료들과도 원만히 지냈다. 그러나 서른이 넘은 그가 메이저리그 타석에 들어설 정도로 성장을 이룰 것이라 보는 이들은 없었다.

그렇게 힘겹게 꿈을 이뤄가던 와중에, 마침내 메이저리그 선수가 될 기회가 찾아온다. 1994년, 메이저리그는 파업으로 인해 시즌을 끝까지 마치지 못했다. 사무국과 선수노조의 갈등은 다음 해까지도 이어졌다. 급기야 구단주들이 '대체 선수' 투입까지 구상하는 지경에 이르렀는데, 이때 조던이 파업한 메이저리거를 대체할 인력 중 하나로 거론되었다. 그야말로 대타였다.

그러나 조던은 그 기회를 '모욕'으로 여겼고 긴 갈등 끝에 거절했다. 자신이 실력으로 그 기회를 얻은 것이 아니란 걸 알고 있었기 때문이다. 현역 시절 NBA 선수협회와도 긴밀한 관계가 있었던 조던은 메이저리그 선수협회의 입장을 잘 알고 있었다. 그래서 그 자리를 대신하는 것도 도리가 아니라는 것도 이해하고 있었다.

몇 차례 시카고 불스 훈련 체육관인 베르토 센터를 찾아 자신을 점검한 조던은 결국 야구 은퇴를 결심한다. 그리고 데이비드 포크와 상의 끝에 팩스를 보냈다.

"I'M BACK."

조던이 반가웠던 불스

개인적으로는 조던의 불스만큼이나 1993-1994시즌의 시카고 불스도 정말 좋아했다. 조던이 떠난 뒤 모두 시카고가 종이호랑이 신세가 될 것이라고 생각했지만, 의외로 잘 정돈된 전력을 보이며 55승 27패를 기록했다.

스카티 피펜은 득점, 리바운드, 어시스트, 스틸, 블록 등 팀내 거의 모든 부문에서 선두를 차지하며 생애 최고의 시즌을 보냈다. 1993-1994시즌 피펜 이후 25년간 이 5개 카테고리에서 팀내 1위를 차지한 선수는 케빈 가넷, 르브론 제임스, 야니스 아테토쿤보 뿐이었다. MVP 투표에서도 전체 3위(1위 하킴 올라주원, 2위 데이비드 로빈슨)에 올랐다.

이 시즌 팀의 주전 포인트가드였던 BJ 암스트롱은 2020년 5월 폭스 스포츠 라디오(Fox Sports Radio)에 출연해 "그 시즌은 스카티 피펜이 정말 대단했어요. 제 생각에 그 시즌이 그에게 최고의 시즌이었다고 생각해요. 득점, 리바운드, 어시스트 모두 팀을 리드했고 올스타에서는 MVP가 되기도 했죠. 정규시즌 MVP 후보였고요. 그래서 우리는 마이클 없이도 55승을 거두었습니다"라고 말했다.

그러나 좋은 성적 뒤에는 시한폭탄이 언제든 터질 준비를 하고 있었다. 딱 누군가 불만 붙이면 금방 터질 것 같았다. 우선 호레이스 그랜트는 공공연히 시즌이 끝나면 팀을 떠나겠다고 말하고 다녔다. 구단이 얼마를 제시하든 듣지 않을 것이라며 말이다. 가장 큰 이유는 구단 수뇌부와의 갈등 탓이었다.

그랜트는 1993-1994시즌이 끝나자마자 올랜도 매직으로 이적했는데, 이 때문에 시카고가 올랜도의 템퍼링 의혹을 제기하며 NBA 사무국에 공식적으로 조사를 요청하는 일도 있었다. 당시 기준으로 템퍼링이 발각되면 100만 달러 벌금이었는데, 라인스도프 구단주는 "어떤 짓을 하든 그랜트는 못 잡을 것 같다"라는 것을 확인한 뒤 템퍼링 조사 요청을 철회했다.

이 시즌에 NBA 올스타가 된 BJ 암스트롱도 필 잭슨 감독의 트라이앵글 오펜스를 좋아하지 않았다. 더 많은 역할을 하고 싶어했지만, 수비와 안정성을 불안해했던 잭슨 감독은 암스트롱의 비중을 제한했다.

피펜은 팀에 불만이 많다. 토니 쿠코치에 비해 대접을 못 받는다고 생각했다. 마침 크라우스 단장이 피펜에게는 통보 없이 이런저런 트레이드를 알아보다가 미수에 그친 것도 그를 화나게 했다.

특히 시애틀 슈퍼소닉스 숀 켐프(Shawn Kemp)와의 트레이드 협상은 국내 신문에서도 보도될 정도로 유명한 소문이었다. 조지 칼(George Karl) 감독은 피펜을 굉장히 원했던 반면 필 잭슨은 켐프를 좋아하지 않았다. 켐프가 트라이앵글 오펜스에 녹아들지 우려됐기 때문이다.

반면 당시 NBA 최고의 수비팀 중 하나였던 소닉스가 피펜을 영입했다면 게리 페이튼(Gary Payton)-스카티 피펜으로 이어지는 최고의 수비 라인업을 구축할 수도 있었을 것이다.

이 트레이드는 단순 루머가 아닌 실제로 추진됐던 것이다. 크라우스 단장이 켐프, 리키 피어스(Ricky Pierce)를 받는 조건으로 피펜을 제안했다. 칼 감독은 2017년 발행된 자서전에서 "스카티 피펜과 게리 페이튼이 함께 뛴다는 것에 흥분했었다"라고 돌아봤다. 그는 은퇴 선수 신분이었던 조던에게 이 부분을 전화로 상의했다.

"트레이드 하세요. 스카티는 다른 선수들을 더 발전시켜줄 것입니다. 숀 켐프는 아직 그런 선수가 아니잖아요."

칼 감독 자서전에 실린 조던의 답이었다. 이때만 해도 조던은 자신이 코트로 돌아올 것이라고는 생각하지 않았던 시기였던 것 같다. 루머가 보도되자 시애틀 팬들도 분노했다. 불스 팬들에게 피펜이 소중했듯, 시애틀 시민들에게 켐프는 함께 성장 드라마를 쓰고 있는 기대주였기 때문이다. 크라우스는 애걸복걸했다. 심지어 돈까지 얹어주겠다고 했다. 그가 피펜을 얼마나 보내고 싶어했는지 알 수 있는 대목.

그러나 이 트레이드는 슈퍼 소닉스 구단주를 통과하지 못했고, 끝내 트레이드가 성사되지 못하자 칼 감독에게 욕설까지 퍼부었다는 후문이다(트레이드 루머는 또 있었다. LA 클리퍼스, 미네소타 팀버울브스도 피펜을 원했다. 트레이드 마감일이 될 때까지 계속 루머가 있었지만 결국 여러 이유로 성사되지 않았다. 클리퍼스와도 진지하게 논의되었지만 이때는 피펜이 결정을 늦게 내린 것으로 알려졌다. 불스 팬들 입장에서는 다행스러운 부분이었다).

그렇게 트레이드 협상이 없던 일이 됐지만, 피펜은 이미 자존심에 금이 간 상태였다. 1994-1995시즌을 시작할 무렵에는 피펜의 이러한 분노가 더 커진 상태였다. 우선 그랜트를 끝내 잡지 못했다는 점이 서운함을 키웠다. 함께 3연패를 일구었고, 조던 공백을 극복했던 존 팩슨, 스캇 윌리엄스, 빌 카트라이트 등도 팀을 떠났다.

두 번째로 피펜도 자신의 연봉 상황이 개선되지 않을 것이란 점 때문에 팀을 떠나고 싶어했다. 피펜은 두 시즌 연속 올 NBA 퍼스트 팀, 디펜시브 퍼스트 팀에 올랐지만 정작 연봉(222만 달러)은 NBA 89위에 그쳤다. 1995년 올스타 선수 중에서는 24명 중 19위, 시카고 불스 안에서도 겨우 5위였다.

그러나 불스 구단이 피펜을 달래지 않았던 것은 아니다. 샘 스미스 기자의 저서에 따르면, 라인스도프 구단주는 1994년 가을, 피펜에게 계약에 대해 잠자코 있어 준다면 300만 달러를 다음 해에 주겠다고 회유했다. 그러나 피펜을 진정시키기에는 부족한 금액이었다. 불스는 현 계약에서 2년 더 연장하는 조건의 계약을 제시했다. 그러니까 1998-1999시즌과 1999-2000시즌까지 불스 소속으로 뛰는 것이며, 이때는 연간 800만 달러를 받는 조건이었다.

피펜은 늘 안전한 계약을 선호했다. 어찌 보면 '노예 계약'의 늪에 빠지게 된 것도 지나치게 안전을 추구한 탓이었다. 언제 어떻게 부상을 입어 선수 생활을 접을지 모르니 확실한 안전장치를 필요로 했다. 이는 어린 시절부터 생계를 책임져야 했던 피펜의 가정환경의 영향도 있을 것이다. 마침 피펜의 친구였던 에릭 머독(Eric Murdock)이 경기 중 눈을 다쳐 선수 생활의 위기를 맞은 상태였기에 이번에도 피펜은 '안전한 계약'에 흔들렸다.

다만 이때 뉴욕 닉스가 찰스 오클리와 맺은 연장 계약이 그를 다시 뒤집었다. 닉스가 오클리와 계약 기간 1년을 연장하면서 1,000만 달러를 주기로 했다는 것이었다. 피펜은 "우승도 못한 선수가 나보다 많이 받는 것이 말이 되는가"라며 구단 제시를 뿌리쳤다.

마지막으로 크라우스의 '남 탓'도 피펜의 화를 키웠다. 시카고는 1994-1995시즌을 앞두고 슈팅가드 론 하퍼(Ron Harper)를 영입했다. 피펜의 적극적인 스카우트가 원동력이 됐다. 하퍼와 사적으로 가까운 사이이기도 했지만, 하퍼의 득점력이라면 팀에 도움이 될 것이란 판단에서 설득했던 것이다.

그런데 한가지 문제가 생긴다. 하퍼의 무릎 상태가 그리 좋지 않았던 것. '루머'에 불과하지만 불스는 직전 시즌 활약만 보고 하퍼에 대해 메디컬 테스트를 진행하지 않았다는 이야기가 있었다. 하퍼는 1993-1994시즌, LA 클리퍼스에서 75경기(38.1분) 평균 20.1득점을 기록했다. 그런데 1994-1995시즌에는 공격과 수비 모두 기대했던 기동력이 나오지 않았고 그 이유는 바로 무릎이었다. 크라우스는 "피펜이 영입하자고 해서 영입했는데 이게 무슨 꼴이냐"라며 대놓고 비방했고, 피펜은 "그게 왜 내 잘못이냐"라며 억울해했다.

불스는 이처럼 엉망인 분위기 속에서 시즌을 시작했다. 게다가 카트라이트, 그랜트의 이적으로 리바운드와 골밑 수비도 엉망이 된 상황. 종종 피펜이 하킴 올라주원을 막는 등 전방위로 애쓰는 장면이 연출될 정도로 팀 전력이 악화됐다. 심지어 홈에서 LA 클리퍼스에게도 패했는데, 생방송으로 지켜보던 나 역시도 굉장히 충격을 받았던 기억이 있다. 1990년대 중반의 클리퍼스는 미네소타 팀버울브스, 댈러스 매버릭스와 함께 약체의 상징과도 같은 팀이었기 때문이다.

불스는 1986년 이후 처음으로 5할 아래 승률로 떨어지고 있었다. 필 잭슨 감독은 시즌 시작 후 "이 팀은 50승도 거둘 수 있고, 30승에 그칠 수도 있는 팀"이라며 불안해했는데, 결국 전력과 분위기를 모두 잃으며 하락세를 거듭했다.

피펜은 시간이 거듭될수록 트레이드를 더 강력하게 요청했다. 스스로 LA 클리퍼스에 본인을 받아달라고 연락을 했다는 소문도 있었다. 마침 구단주도 MLB 파업을 신경쓰느라 농구단과 피펜에 더 신경을 못 썼던 상황이었고, 피펜의 섭섭함은 커질 수밖에 없었다. 심판에게 과하게 항의를 하는가 하면 경기 중 의자를 발로 차고 아이스박스를 집어 던지는 등 리더답지 못한 행동을 보이기도 했다.

마침, 딱 그 시점에 조던이 복귀했는데, 그의 복귀로 모든 것이 잠잠해지기 시작했다. 기자들은 더 이상 피펜의 돌발행동에 관심을 갖지 않았고, 피펜도 기자들의 질문 공세에서 잠시나마 해방될 수 있었다.

조던의 복귀 시도

"I'M BACK" 팩스가 뿌려지기 직전까지는 정말 다양한 루머가 있었다. '복귀설'인데도 그 시기 국내 스포츠 신문은 물론이고 종합지에도 비중이게 다뤄질 정도였다.

나는 그때 고등학생이었는데, 오늘날처럼 SNS나 인터넷 실시간 뉴스가 없던 시절이었기에 아침에 일어나자마자 가장 먼저 한 일은 바로 현관 앞에 놓여있던 조간신문을 주워 스포츠면을 확인하는 것이었다. 또 학원에 가기 전에 AFKN 채널에서 방송해주던 CNN 뉴스를 꼭 확인했다. 무슨 말을 하는 건지 도대체가 알아들을 수 없었지만, 켜놓고 '존버' 하면 조던의 소식이 나오지 않을까 해서 기다렸다. 실제로 그러다 정말로 조던이 포착되던 날에는 가슴이 두근거릴 정도였다.

처음에는 조던이 구단의 지분을 매입하는 것이 아니냐는 소문으로 시작했는데, '복귀'로 굳혀지기 시작하면서 연습체육관에 100명이 넘는 기자들이 찾아오기도 했다. 조던은 커튼을 쳐놓고 비밀리에 훈련을 했다고 전해진다.

그러나 복귀 결심을 내리기에 앞서 조던의 기량을 확인시켜준 인물이 있는데, 바로 BJ 암스트롱이었다. 암스트롱은 조던과 가깝게 지내던 몇 안 되는 인물이었다. 조던은 자신의 아이들이 아빠보다는 암스트롱이나 샤킬 오닐(Shaquille O'Neal)을 더 좋아한다고 말하기도 했다. 암스트롱은 조던이 은퇴 중에도 농구를 완전히 잊지 못했다고 인터뷰했다. 실제로 이 이야기는 조던의 첫 복귀를 다룬 「Second Coming」이라는 책에도 나온다.

조던이 암스트롱에게 던진 질문은 NBA 동향과 관련된 것들이었다. '지금 젊은 친구들 중에 제일 잘하는 선수가 누구냐', '라트렐 스프리웰(Latrell Sprewell)이 그렇게 잘하냐' 등이었다. 조던은 암스트롱 외에도 절친 로드 히긴스에게도 이런 질문을 곧잘 했던 것으로 알려졌고, 실제로 스프리웰을 보러 간 적도 있었다.

또, 복귀를 앞두고는 암스트롱에게 새벽 6시까지 보자고 한 뒤, 1대1을 청하기도 했는데 조던은 이 대결에서도 10-7로 이긴 것으로 알려졌다. 더 놀라운 건 암스트롱은 농구 복장을 갖춰 입었지만, 조던은 평상복이었다는 것이다. 1년여 만에 가진 NBA 선수와의 1대1 대결을 여유 있게 마친 조던은 그 길로 나이키에 전화해 "내 운동화 좀 챙겨달라"라고 요청했다.

이후 그는 NBC 방송국 대표에게도 전화해 자신의 복귀와 관련해 협상을 요구하기도 했다. 예를 들어 복귀 기념 독점 인터뷰에 대한 출연료, 광고 수익 등이었다. NBC는 조던이 돌아오는 것을 굉장히 반겼다는 후문이다. 1996년 애틀랜타올림픽 중계권까지 사들인 상황이었기에 만일 조던이 복귀해 국가대표선수로 나선다면 천문학적인 돈을 벌 수 있을 것이란 행복 회로를 돌렸다. 하지만 조던은 올림픽 출전은 그 무렵부터도 단호하게 거절했다. '사생활이 없는 대회'라는 이유였다.

샐러리캡 계산은 어렵지 않았다. 조던의 복귀를 누가 마다할 수 있을까. 누가 구단주라도 조던이 온다면 집을 팔고 빚이라도 내서 자리를 만들었을 것이다. 마침 조던은 은퇴 시점에도 계약이 끝나지 않은 상황이었기에 단 1경기도 뛰지 않았음에도 불구하고 400만 달러를 받아 가고 있었다.

불스는 복귀 시기와 맞물려 상승세를 타고 있었다. 26승 29패까지 떨어졌던 팀은 2번의 3연승으로 34승 31패까지 올라섰다. 1995년 3월 17일 밀워키 벅스와의 경기는 피펜의 원맨쇼(27득점 11리바운드 6어시스트 8스틸)에 힘입어 87-86으로 이겼다. 피펜의 종료 직전 원 핸드 덩크로 거둔 극적인 승리였다.

45번 마이클 조던

데이비드 배너(David Benner)는 인디애나 지역지 기자로 8년간 일하다 1990년대 중반에 구단에 합류했다. 2000년대 초반 그와 몇 차례 서신을 주고받을 기회가 있었는데, 당시 그는 인디애나를 '농구의 가장 이상적인 인프라를 갖춘 도시'라 소개했으며, 페이서스에 대해서도 굉장한 자부심을 보인 바 있다.

오랜 경력의 그가 꼽은 인디애나 프랜차이즈 최고의 이벤트 중 하나는 1995년 3월 19일 열린 인디애나와 시카고의 경기, 바로 마이클 조던의 복귀전이다. 배너 팀장은 "이렇게 외부 기자들이 많이 온 건 처음이었다"라고 놀라워했다. 기자만 400명이 왔고, 그 어느 때보다 많은 보안요원이 투입됐다.

조던이 이날을 복귀전으로 잡자 NBC도 기다렸다는 듯 중계 일정을 바꾸었다. 또 잔여 시즌 불스 경기 티켓이 모두 팔려나갔다. 3월 25일 애틀랜타 호크스 전은 매진이 안 된 상태였지만, 1,800장이 마저 팔려나간 뒤 암표 전쟁이 시작됐고 디트로이트 피스톤스도 2,000장을 더 팔았다. 당시 미국 대통령이었던 빌 클린턴도 열기에 숟가락을 얹었다.

"제가 대통령이 된 이후 610만 명이 새 일자리를 얻었습니다. 그리고 마이클 조던이 불스로 복귀하면서 610만 1명이 되었습니다."

복귀전이 열리는 인디애나 열기는 말할 것도 없었다. 당시 인디애나는 마킷 스퀘어 아레나를 홈 구장으로 쓰고 있었는데 티켓은 모두 팔려나갔다. (1) 「뉴욕 타임스」는 "조던 쇼가 오늘 재개된다(The Jordan Show Is Returning to the Air Today)"라고 헤드라인을 잡았다.

이날 오전 조던은 개인 전용기로 이동했다. 오전 8시부터 개인 훈련을 시작했는데, 오로지 방송사만이 취재를 허락받아 그의 훈련을 취재했다. 샘 스미스 기자는 저서에서 "당시 조던과 함께 이동한 개인 경호원만 6명으로 경계가 삼엄했다"라고 쓰기도 했다. (2)

인디애나 페이서스의 감독은 래리 브라운(Larry Brown)이었다. 냉철한 분석가이자 전술가였던 브라운 감독은 현장의 뜨거운 열기에 감탄하며 이렇게 말했다. "마치 비틀즈와 엘비스(프레슬리)가 살아 돌아온 것 같습니다."

이날 주전은 이랬다. 스카티 피펜-마이클 조던-BJ 암스트롱-토니 쿠코치-윌 퍼듀. 그런데 불스 선수 중 가장 마지막으로 소개된 마이클 조던의 등번호가 생소했다. 45번. 은퇴 후 영구결번이 되긴 했지만, 조던에게는 23번이 상징과도 같았기에 팬들은 의아해했다. 45번은 그가 어린 시절 동경했던 형, 래리 조던의 번호이자 본인이 학창시절에 사용했던 등번호였다(2017년 데뷔한 도노반 미첼은 야구 선수로 활동하다 복귀한 조던의 이야기에 영감을 받아 등번호 45번을 사용하고 있다).

"저는 23번을 쓰고 싶지 않았어요. 아버지와 더이상 함께 하고 있지 않으니까요. 새로운 시작을 하고 싶었습니다. 그래서 고등학생일 때 사용했던 45번을 사용했지요." 조던의 말이다.

직전 경기까지 주전 슈팅가드는 피트 마이어스가 맡았지만, 조던이 돌아온 이상 넘볼 자리라는 것을 알고 있었다. 경기 초반은 45번 등번호만큼이나 묘하게 어색했다. 조던은 경기 시작과 함께 상대 팀 빅맨 릭 스미츠(Rik Smits)의 공을 가로채 환호를 끌어냈다. 그러나 이후 상황은 그리 환호할만한 분위기가 아니었다.

1994-1995시즌, 대부분의 상황에서 샷 클락이 떨어질 때 공을 쥐고 있는 선수는 피펜이어야 했다. 조던이 복귀하기 전에는 말이다. 그러나 공은 다시 기계적으로 조

던에게 갔고 선수들의 움직임도 어색했다. 조던은 점프슛을 내리 놓쳤는데, 점프 자체가 다소 무겁게 느껴졌다. 피펜도 함께 긴장한 듯 에어볼을 던지고 말았고, 함께 경직된 불스는 2-13으로 경기를 시작했다.

불스는 조던이 있을 때 복잡한 움직임보다는 조던의 오픈 찬스에 집중했다. 좌측 로우포스트에서 공을 잡으면 엔트리 패스를 넣어줬고, 수비 움직임에 따라 동선을 달리했다. 그러나 앞서 말했듯 전반은 몸이 무거웠다. 상대의 기습적인 컨테스트도 영점 조준에 훼방이 됐다.

래리 브라운 감독은 조던을 마치 시즌 내내 뛰어왔던 선수처럼 대했다. 밀러와 매치업될 때면 릭 스미츠나 데릭 맥케이(Derrick Mckey)가 도움을 주었다. 그래서일까. 불스는 오히려 조던이 벤치에 앉아있는 상황에서, 혹은 피펜이나 쿠코치, 암스트롱이 공격을 전개할 때 더 원활한 트라이앵글 오펜스를 보일 때가 있었다. 이는 조던이 복귀한 이후 1994-1995시즌 후반기에 계속 나타났던 부분이었다.

조던은 전반에 9개의 슈팅을 시도해 7개를 실패했다. 그 와중에 첫 야투는 2쿼터에 나왔다. 레지 밀러(Reggie Miller)와의 1대1 대치 상황에서 나온 중거리슛이었다. 감을 잡은 듯 그는 네일(nail) 구역에서 한 차례 더 중거리를 넣었다.

하이라이트는 후반이었다. 스미츠의 공을 가로채 원맨 속공, 이어 그대로 레이업을 성공시켰다. 5년 전이었다면, 아니 24개월 전이었다면 그대로 덩크를 꽂았을지도 모르겠지만, 레이업만으로도 체육관은 뜨겁게 달아올랐다. 그 레이업 장면은 「스포츠 일러스트레이티드」를 비롯해 여러 매거진과 신문사에서 대문짝만하게 실었을 정도로 상징적이었다. 중계진도 비로소 "돌아온 것을 환영합니다!"라고 외쳤으니까.

여유가 생긴 듯, 조던은 후반 들어 동료들도 잘 살렸다. 돌파하면서 반대쪽 베이스라인을 타고 들어오던 쿠코치와 빌 웨닝턴(Bill Wennington)에게 패스를 찔러준 것이다. 또 포스트업 상황에서 점프슛으로 연결시킨 전반과 달리, 시간이 흐를수록 몸을 붙여서 안쪽으로 들어갔다. 예전처럼 파워풀하게 덩크를 꽂지는 못했지만 파울과 자유투를 얻는데 성공했다. 함께 분위기를 탄 불스는 급기야 16점 차를 따라잡고 경기를 접전으로 돌려놨다.

그러나 복귀전 최종 성적은 그리 좋지 않았다. 19득점 6리바운드 6어시스트 3스틸. 28개의 슛을 시도해 21개를 놓쳤다. 28개의 슛은 양 팀 통틀어 가장 많은 시도였다.

감이 안 좋고 체력이 떨어졌다는 것을 이해했는지 피펜(31득점)은 4쿼터 결정적인 순간 동점을 만들 수 있는 슛을 조던이 아닌 암스트롱에게 맡겼는데, 마침 그게 들어가면서 경기는 연장으로 향했다. 경기는 96-103으로 인디애나가 이겼다.

커리어 내내 올 디펜시브 팀에 이름을 올렸던 조던이었지만, 오랜만의 경기 탓인지 볼 없는 선수들의 움직임을 쉽게 놓쳤다. 수비 로테이션도 꼬였다. 예컨대 팝 아웃하는 상대 선수 1명을 조던과 피펜이 동시에 따라 나갔다. 여기서 그치지 않고 리커버리할 때도 두 선수가 같은 쪽으로 옮겼다. 오랜만에 경기인 탓에 미처 다 정리하지 못한 움직임이었다. 그 여파로 팀의 리바운드 집중력도 떨어졌다. 비록 경기는 패배로 마쳤지만 조던은 오랜만에 코트에 선 것, 그 자체에 흥분한 듯했다.

"불스는 제가 오기 전까지 정말 잘하고 있었습니다. 저는 농구 경기를 사랑하기 때문에 돌아왔습니다. 돈이나 광고, 그런 것 때문에 돌아온 건 아니에요. 은퇴할 때만 해도 저는 떨어져 지낼 필요가 있었습니다. 무엇보다 정신적으로 말이죠. 하지만 저 자신을 제가 늘 사랑해왔던 것(농구)과 분리시킬 수 없었습니다. 제가 얼마나 이 경기를 그리워했는지 시간이 지날수록 절실히 깨달을 수 있었습니다. 이 분위기가 너무 그리웠고, 제 친구들과 동료들이 그리웠습니다. 저는 이제 돌아왔습니다. 제가 무엇을 해야 할지 알고 있습니다."

여전히 우아했지만…

한 경기였지만, 많은 이야깃거리를 남겼다. 비록 팀은 졌지만, 이 경기는 시카고 지역 내 60%가 넘는 가구가 시청했을 정도로 반응이 폭발적이었다. 전국적으로는 3,500만 명이 시청했다.

별개로 조던의 기량에 대한 의견도 분분했는데, 이 경기가 1993년 6월 NBA 파이널 6차전 이후 첫 공식전이었다는 점을 이해해야 한다는 의견, 다른 한편으로는 팀 시스템과 어우러지지 못한 채 슛을 너무 많이 던졌다는 의견도 있었다.

"제가 복귀하자마자 60점을 넣으면 너무 뻔해 보이지 않을까요?"

조던은 시간이 해결해줄 것이라며 자신 있어 했다. 실제로 조던은 바로 다음 경기였던 보스턴 셀틱스 원정경기에서 26분만 뛰고도 27점을 올리며 팀 승리(124-107)를 이끌었다.

국내에서는 밤에 NHK BS1 위성방송을 통해 시청할 수 있었는데, 여러모로 의미가 깊었던 경기였다. 조던이 최고의 실력을 발휘해온 보스턴 가든에서 치른 마지막 경기였고, '왕년의 라이벌' 도미니크 윌킨스와의 재대결로도 관심을 끌었다. 또한 보스턴의 미래가 될 것이라 기대했던 레지 루이스의 추모 행사가 열렸다. (3), (4)

조던이 마지막으로 보스턴 가든을 찾은 것은 1993년 4월 4일. 그 경기에서 조던은 32점을 기록하며 팀의 101-89 승리를 이끌었다. 이때만 해도 보스턴에는 루이스와 맥헤일, 로버트 패리쉬가 뛰고 있었다. 플레이오프에도 진출했다. 그러나 2년여 만에 다시 만난 셀틱스는 전혀 다른 팀이 돼 있었다. 오랜 라이벌이었던 윌킨스가 있었고 유럽의 스타이자 토니 쿠코치의 절친이었던 디노 라자(Dino Radja), '유망주' 디 브라운(Dee Brown) 등이 핵심을 이뤘다. 물론, 플레이오프는 이미 물 건너간 상태였다.

어느덧 은퇴를 앞둔 선수가 되어버린 윌킨스에게 조던은 과거 하이라이트 필름을 기억하게 해줄 좋은 상대였다. 윌킨스는 "조던이 보스턴에 오면서 우리 팀에도 많은 도움이 된 것 같습니다. 조던이 방문하면서 이래저래 좋지 않은 일들이 관심 밖으로 밀려났으니까요"라고 말했다.

이어 그는 "생각해보면 둘이 대결했던 경기들이 많았습니다. 항상 흥미진진했죠. 그를 만날 때마다 마음을 단단히 먹어야 했어요. 그렇지 않으면 늘 패배로 이어졌으니까요"라고 덧붙였다.

그렇다면 경기 내용은 어땠을까. 조던은 복귀 후 2번째 경기라는 것이 믿기지 않을 정도로 뛰어난 활약을 펼쳤다. 보스턴이 워낙 약체이기도 했지만 조던의 슛 감각이 신들린 것이 더 크게 작용했다. 슛은 17개를 9개를 넣었다. 코트 어느 곳에서 볼을 잡든 안정감 있는 드리블과 점프로 공격을 마무리 지었다.

덕분에 불스가 전반 크게 앞서갔다. 필 잭슨 감독은 피펜을 파워포워드로 두고 조던을 스몰포워드로 출전시키면서 상대의 빠른 백코트에 대비했다. 보스턴의 가드진은 디 브라운-셔먼 더글러스(Sherman Douglas)였는데 이에 대항하기 위해 잭슨은 암스트롱-스티브 커(Steve Kerr)를 1, 2번으로 출전시켜 셀틱스에 맞섰다. 여기에 조던은 2번으로 출전할 때면 작은 가드들을 상대로 포스트업으로 많은 파울을 얻어냈다.

그러나 포지션이 어떻든, 상대가 누구든 이날의 조던은 1986년으로 돌아간 듯했다. 조던은 전반에 11분 동안 무려 17점, 3어시스트를 기록했다. 보스턴 팬들은 그런 조던의 움직임 하나하나에 열광했다. 조던은 피펜과 기가 막힌 '기브 앤 고(give-and-go)' 플레이를 펼치기도 했는데, 이날 플레이의 백미이기도 했다. 후반에도 비슷한 장면이 나왔다. 조던의 그림 같은 백 도어 컷에 이어 앨리웁 덩크를 꽂았다. 그 패스는 피펜의 손끝에서 나왔다. 전성기처럼 높이, 멀리서 날아오른 것은 아니었지만 하이라이트 클립이 되기에는 충분했다.

조던은 27점 외에도 3리바운드, 3어시스트, 2스틸을 기록했다. 자유투는 8개를 얻어 모두 넣었다. 불스 선수 가운데 가장 많은 시도였다. 그 활약을 지켜본 윌킨스는 "조던이 예전 같이 플레이하는 건 시간 문제"라며 감탄했다.

'조던의 불스'가 처음으로 유나이티드 센터에서 치른 첫 경기는 3월 24일, 올랜도 매직 전이었다. 자신의 대를 잇는 스타 두 명(샤킬 오닐과 페니 하더웨이), 옛 동료 그랜트가 있었다. 조던은 44분간 바쁘게 뛰어다녔지만, 야투 23개 중 16개가 빗나가는 등 전반적으로 슛 감각이 좋지 않았다. 득점도 21점에 그쳤다. 조던이 코트에 발을 내딛는 순간, 팬들의 환호성은 여전했지만 기대 이하의 패배(99-106)에 조던은 고개를 숙였다. 언론 역시 자극적인 제목을 뽑았다.

조던은 실망스러운 눈치였다. "하고 싶은 플레이를 못 할 때 정말 괴롭다"라며 패배에 아쉬움을 드러냈다. 이제 복귀 후 3경기를 치른 것뿐인데도 반응이 즉각적이었다. 반면, 불스 동료들은 신뢰를 버리지 않았다. 스티브 커는 "이제 겨우 1주일이 지났을 뿐입니다. 그에게 좀 더 시간을 주어야 한다고 생각해요. 마찬가지로 우리에게도 시간이 필요합니다. 모두가 적응하는 과정에 있죠"라고 말했다.

피펜 역시 은퇴 후 농구와는 거리를 두고 살았던 조던의 몸 상태가 NBA 시즌을 소화할 상태가 아님을 알고 있었다. 올랜도 전 패배 후, 「시카고 트리뷴」에는 이런 주제에 관련된 조던 기사만 5개가 쏟아져 나왔다. 1986년, 보스턴과의 플레이오프 2차전에서 63점을 넣었을 때도 이 정도는 아니었다.

절치부심

조던은 바로 다음 날 조지아 주 디 옴니(The Omni)에서 열린 애틀랜타 호크스 전에서 자신의 진가를 유감없이 발휘했다. 야투 26개 중 14개를 성공시키면서 32점을 기록한 것. 이날 조던의 움직임은 전성기를 연상케 했다. 던지는 족족 볼이 그물을 통과했다. 파울도 노련하게 이끌어냈다. 어찌나 슛에 자신감이 넘쳐 보이던지 속공 과정에서도 풀업 점프슛을 던질 정도였다.

몸이 풀린 조던은 화려한 덩크와 더블 클러치를 선보이기 시작했다. 팬들이 그토록 원했던 장면들이었다. 2쿼터 속공 과정에서 피펜과 주거니 받거니 하다 내리꽂은 원 핸드 덩크는 '에어 조던' 그 자체였다. 스테이시 오그먼(Stacey Augmon)과 무키 블레이락(Mookie Blaylock)이 달려들어 봤지만 아무 소용이 없었다. 후반전에는 기가 막힌 인 유어 페이스(In Your Face) 덩크도 날렸다.

경기는 접전 양상으로 흘렀다. 게임 종료 약 30초 전, 애틀랜타가 98-97로 1점을 앞서 있던 상황. 호크스는 종료 10초 전까지 공격권을 갖고 있었다. 하지만 마지막 야투를 실패하면서 위기를 맞는다. 종료 5.9초를 남기고 필 잭슨 감독은 타임아웃을 요청했다.

팬들의 관심은 마지막 슛에 쏠렸다. 복귀전이었던 페이서스 전에서 조던이 아닌 피펜이 마지막 슛을 시도했으니 더욱 그랬다. 이번엔 어땠을까. 타임아웃 직후, 쿠코치로부터 인바운드 패스를 받은 조던은 작정한 듯 처음부터 볼을 몰고 넘어왔다. 3초, 2초…. 스티브 스미스(Steve Smith)가 막아서자 조던은 우측 엘보우 지점에서 점퍼를 날렸다. 그리고 그 슛은 버저가 울림과 동시에 깨끗하게 그물을 통과했다.

중계진마저도 경악한 위닝샷이었다. 조던의 결승 득점으로 불스는 99-98, 한 점 차로 승리했다. 조던은 '그럴 줄 알았다'는 듯 주먹을 불끈 쥐었다. 중계진은 "그가 또 해냈어요!"라는 외침과 동시에 레니 윌킨스(Lenny Wilkens) 감독을 언급했다. 윌킨스 감독이 1989년의 '더 샷'을 떠올렸을지도 모른다며 말이다. "아마도 윌킨스가 자주 봤던 장면이겠죠? 아까 스미스의 처지는 예전 크레이그 이로와 비슷했어요."

조던의 버저비터에 대해 「시카고 트리뷴」은 'Comeback Buzzer'라는 별칭을 붙였다. 이 슛은 조던의 복귀 초반을 상징하는 슛으로 '남을 뻔' 했다. 그러나 며칠 뒤, 조던이 뉴욕에서 만들어낸 또 다른 활약 덕분에 이 버저비터는 그저 클립만 빛나게 됐다.

⚾ 주석

(1) 마켓 스퀘어 아레나(Market Square Arena)는 인디애나 페이서스가 1974년부터 2001년까지 사용한 홈구장이다. 농구 외에 아이스 하키 구장, 콘서트 등 다목적으로 사용됐다. 1977년 엘비스 프레슬리(Elvis Presley)의 마지막 콘서트가 열린 곳이기도 했다. 현재 페이서스는 게인브릿지 필드하우스(Gainbridge Fieldhouse)를 사용하고 있다. 1999년 11월 6일 오픈된 체육관으로 처음 개장할 때 이름은 컨시코(Conseco) 필드하우스였다.

(2) 조던은 은퇴 이전에도 개인 경호원을 따로 두었는데, 이를 곱지 않은 시선을 보는 인물도 있었다. 그는 자녀들의 학교 보안 시스템도 본인 돈으로 개선하는 등 개인 안전에 신경을 꽤 많이 썼다.

(3) 보스턴 가든(Boston Garden)은 NBA 역사와 전통이 담긴 체육관이었다. 셀틱스는 NBA 가입 당시부터 1995년까지 이 체육관에서 경기했다. 그러니까 빌 러셀, 존 하블리첵, 래리 버드부터 윌트 채임벌린, 카림 압둘자바, 매직 존슨, 마이클 조던까지 NBA 역사를 관통하는 슈퍼스타들이 플로어를 밟아봤다는 의미다. 1928년에 지어진 건물이다 보니 냉방이나 환기가 좋지 않다는 단점이 있었고, 이 때문에 NBA 파이널이 열릴 무렵에는 상대 선수들이 굉장히 힘들어했다는 후문이다. 1995년에 문을 닫을 당시 셀틱스는 플로어 조각을 선물하거나 판매했다고 한다. 조던은 셀틱스가 홈구장을 바꾼다는 발표가 났을 때 그 누구보다도 아쉬워했다. 시카고 스타디움이 유나이티드 센터에게 홈구장 자리를 넘겨줄 때만큼이나 말이다. 1995년 3월의 경기는 조던에게 선수로서 보스턴 가든과 작별할 마지막 기회를 받은 것과 같았다. 조던은 "마지막으로 이 코트를 쓸 수 있어 정말 기뻤습니다"라고 말했다.

(4) 레지 루이스는 보스턴의 미래를 이끌 기대주였다. 노스이스턴 대학을 졸업해 1987년 드래프트 22순위로 지명된 루이스는 빠른 성장세와 함께 1992년 NBA 올스타에 선정되는 등 스타 계보를 물려받을 것으로 기대를 모았다. 그러나 1993년 심근병증(focal cardiomyopathy)으로 젊은 나이에 세상을 떠났다. 셀틱스는 1986년 렌 바이어스를 잃은데 이어 다시 한번 슈퍼 유망주를 잃었다. 그들은 그를 추모하며 35번 등번호를 영구결번했다. 조던이 오랜만에 보스턴을 찾던 날, 셀틱스는 하프타임에 루이스 추모 행사를 가졌다. '셀틱스의 아버지' 레드 아워백(Red Auerbach)도 모처럼 만에 코트 중앙에 서서 루이스의 넋을 기렸다.

GAME INFO

날짜	1995년 3월 8일
장소	뉴욕 메디슨 스퀘어가든
시즌	1994-1995시즌 NBA
경기의 중요성	★★★★☆
착용 농구화	나이키 에어 조던 10

SCORE

팀	1Q	2Q	3Q	4Q	최종
불스	31	19	32	31	113
닉스	34	22	26	29	111

MJ's STATS

출전시간	득점	야투	자유투	리바운드	어시스트	스틸	블록	실책	파울
39'00''	55	21-37	10-11	4	2	1	0	2	3

16. 45번 슈퍼맨의 55득점 융단폭격

1994-1995시즌 정규리그

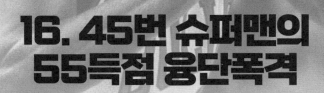

시카고 불스 **VS** 뉴욕 닉스

뉴욕에 위치한 메디슨 스퀘어가든은 미국의 농구선수들이라면 누구나 뛰고 싶어 하는 구장으로 꼽힌다. NBA 경기가 아니더라도 이곳에서는 고교, 대학 농구 토너먼트도 개최되기에, 선수들은 어떤 신분으로든 메디슨 스퀘어가든 코트에 선 순간을 잊지 못한다.

ESPN은 2024년 10월, 2024-2025시즌을 앞두고, 자체적으로 평가한 최고의 NBA 구장에 대한 순위를 발표했는데 메디슨 스퀘어가든은 2위에 올랐다. 당시 ESPN은 메디슨 스퀘어가든을 '농구의 메카이며, 엄청난 역사로 가득 찬 아레나'라고 설명했다. (1)

NBA가 매 시즌을 앞두고 진행하는 단장 설문조사에서도 보스턴 셀틱스의 TD 가든(TD Garden)과 공동 3위에 올랐으며, 2024년 10월, 관광객들의 평점(별점)으로 산정된 순위에서는 크립토닷컴 아레나(Crypto.com Arena)를 제치고 1위에 오르기도 했다. (2)

메디슨 스퀘어가든 홈페이지에 가보면 스스로를 '세계에서 가장 유명한 아레나(world's most famous arena)'라고 표현했는데, 위 평가 정도라면 자신들을 이렇게 표현해도 이상하지 않을 것 같다. 마이클 조던도 지난 2013년 ESPN 인터뷰에서 "이곳은 농구의 메카잖아요. 닉스 팬들은 농구를 정말 즐길 줄 아는 사람들입니다. 농구선수라면 자신의 농구적 재능을 펼치고 싶은 공간이 아닐까 싶어요"라고 코멘트 했다.

메디슨 스퀘어가든은 아이코닉한 오르간 연주가 홈팬들의 흥을 돋우며, 스파이크 리(Spike Lee), 제이 지(Jay Z), 비욘세(Beyonce), 테일러 스위프트(Taylor Swift), 크리스 락(Chris Rock)과 같은 셀러브리티들이 코트 사이드 1열을 가득 메우고 있어 팬들에게 색다른 볼거리를 제공한다. 요즘의 최신식 구장처럼 깨끗하진 않지만, 복도만 걸어 봐도 수십 년에 걸쳐 펼쳐진 역사적인 스포츠 이벤트들이 얼마나 많았는지를 보여준다. 그 와중에 닉스가 챙긴 몇 안 되는 우승의 흔적도 소중하게, 그리고 꼼꼼히 전시되어 있다.

무엇보다 닉스의 열성 팬들은 같은 '뉴욕'을 본거지로 두고 있는 브루클린 네츠와 차별되는 가장 결정적인 요인이다. 경기가 잘 풀리든 안 풀리든 그들이 내뿜는 열정은 원정팀에게 여간 부담스러운 요소가 아닐 수 없다. 그 와중에도 트레이 영(Trae Young) 같은 '별종'들은 아레나를 야유 한마당으로 바꿔놓는 더 대단한 '광기'를 발휘

한 바 있다. (3)

닉스 팬들에게는 저주의 대상이었다. 마이클 조던도 때로는 야유조차하지 못할 정도로 경이로운 활약을 펼쳤다. 첫 은퇴 전부터 그는 플레이오프에서 닉스에 패한 적이 없었고, 항상 감독과 팬들의 꿈을 꺾어놓았다. 1982년부터 1987년까지 닉스 감독을 맡았던 휴비 브라운(Hubie Brown)은 한 강연에서 "그래도 저희는 조던을 잘 막았다고 자부합니다. 50점 이상을 준 경기도 3번밖에 없었거든요."라고 농담하기도 했다.

조던은 커리어 통산 31번이나 50+득점을 기록했다. 정규시즌 첫 50+득점 경기가 바로 닉스 전, 그것도 메디슨 스퀘어가든에서 나왔다. 바로 1986-1987시즌 개막전이었는데, 당시 41분간 50득점을 기록했다. 이때 휴비 브라운이 감독이었다.

그렇지만 조던이 18개월간 코트를 떠나 있다가 복귀한 1995년 3월은 그때와 분위기가 달랐다. 조던은 아직 감을 찾아가는 과정이었고, 비록 직전 애틀랜타 호크스 전에서 '컴백 버저'를 터트렸지만, 펄펄 날던 '23번' 시절에 비해서 고도가 낮아졌다는 평가가 지배적이었다. 조던도 다소 부담스러워했다.

「시카고 트리뷴」의 샘 스미스는 NBC 피터 벡시(Peter Vecsey)과 조던이 나눈 대화를 기사화한 적이 있다. 조던이 "사람들은 언제나 나를 평균 32점으로 판단하더군요"라고 말했다는 것이다. 스미스 기자는 "조던은 자신과 대중이 만든 '명성'이라는 감옥에 갇혀 있다"라고 저술하기도 했다. 아무리 18개월 만에 농구공을 잡았어도 '마이클 조던'이라는 이름에 대한 기대값이 워낙 높기에 언제나 슈퍼맨 같은 모습을 보여야 한다는 중압감이 있었다는 의미다. 그랬던 조던에게 메디슨 스퀘어가든 원정경기는 자존감을 회복하는 데 중요한 역할을 한 경기라 본다.

왜 하필 뉴욕에서…

1994-1995시즌 닉스는 NBA에서 가장 터프한 팀이었다. 95.1실점만을 기록하며 이 부문 3위에 올라 있었다. 패트릭 유잉으로 대표되는 높이와 유잉을 둘러싼 장신의 보디가드들로 인해 감히 블록할 엄두를 내지 못했고, 페인트 존에서 득점을 시도하는 일도 쉽지 않았다. 닉스를 상대하는 팀들의 야투 성공률은 겨우 45.8%로 NBA에서 가장 낮았다. 극단적으로 느린 페이스와 함께 닉스는 상대를 늪으로 몰아가는 데 일가견이 있었다.

그런 닉스가 조던 한 명에 의해 흔들렸다. 1쿼터부터 조던은 안방에서 경기하듯 안정된 슛 감각을 보였다. 중거리 슛 위주로 11개의 슛을 시도한 조던은 1쿼터에만 무려 20득점을 기록했다. 다른 동료들의 슈팅 난조로 경기를 리드하진 못했지만, 조던의 활약은 매치업 상대였던 스탁스를 당황케 했다.

또 옛 라이벌을 환영하기 위해 모였던 뉴욕 관중들도 '슈퍼맨의 귀환'에 놀라움을 금치 못하는 표정들이었다. 마치 '돌아와서 반갑긴 한데, 왜 하필 뉴욕이야?'라는 표정이었다. 현장에는 325명의 취재진이 있었는데 이는 당시 기준으로 1994-1995시즌 최고 기록이었다. 일부는 버나드 킹(Bernard King), 얼 몬로(Earl Monroe) 등 현장에서 관람하던 닉스 레전드들의 반응을 담기도 했는데 이들 모두 표정이 안 좋았다는 후문이다.

ESPN은 훗날, 당시 닉스 농구단 사장이던 데이브 체케츠(Dave Checketts)와 이 경기를 돌아봤는데, 그때 체케츠는 이렇게 돌아봤다. "조던이 은퇴한 적이 있었나 하는 생각이 들 정도로 놀라운 경기력이었습니다. 믿기지가 않았죠. 두 눈으로 직접 보고도 믿을 수가 없었으니까요. 닉스 팬들은 그에게 절대 환호하지 않았어요. 하지만 아마 속으로는 '그래, 이 다음에는 또 어쩔 건데?'라고 생각했을 겁니다. '적'이라 생각했지만 끝내 저는 '경외심'을 갖게 되었습니다."

이미 경기는 조던이 지배하고 있었다. 조던은 2쿼터 불스가 올린 19점 중 15점을 몰아넣었다. 2쿼터 막판에는 과거를 연상케 하는 플레이도 나왔다. 스탁스를 가볍게 뚫고선 베이스라인 쪽에서 파고들어 유잉 앞에서 덩크를 시도했던 것이다. 비록 유잉 머리 위에 덩크를 꽂진 못했지만 파울을 얻었고, 그가 던진 자유투 2개는 당연히 들어갔다. 그럼에도 불구하고 불스는 닉스를 따돌리지 못했는데, 조던이 나간 사이 속절없이 닉스에게 실점을 허용한 것이 문제였다. 불스는 56-50으로 리드당한 채 전반을 마쳤다. 이날 불스는 피펜(19득점 9리바운드 8어시스트)과 암스트롱(16득점)을 제외하면 득점에 가세해주는 선수가 부족했다.

지친 조던

이미 전반에 35점을 쏟은 조던은 후반에도 페이스를 이어갔다. 3쿼터에도 14점을 더했고, 3쿼터 막판 3점슛으로 49점을 찍었다. 「뉴욕 타임스」 아이라 베코우

(Berkow) 기자는 "조던 때문에 존 스탁스, 데릭 하퍼(Derek Harper), 그렉 앤써니 (Greg Anthony)가 불쌍하게 느껴졌다"라고 말하기도 했다.

하지만 접전이 이어진 4쿼터에는 단 6점에 그쳤다. 거의 쉬지 않고 뛰느라 체력이 소진된 탓이다. 앞선 호크스 전도 그랬고 이번 닉스 전에서도 조던은 가급적 오래 뛰며 리듬을 찾길 바랐다. 호크스 전에서 잭슨 감독이 조던을 교체하려고 하자 조던은 "이제 좀 재밌어졌는데 저를 빼겠다고요?"라고 반문했고, 닉스 전에서도 대기석에서 교체를 준비하던 피트 마이어스를 발견하곤 "저는 괜찮습니다"라는 신호를 보냈다. 그러자 잭슨 감독은 마이어스에게 "자네는 나중에 토니 쿠코치랑 교체하도록 하지" 라고 말했다는 후문이다. 마이어스의 회고에 따르면 이날 조던은 자신에게 공이 오길 바랐다. 그만큼 농구가 잘 풀렸다는 의미다.

불스는 암스트롱의 득점에 힘입어 4쿼터 한때 99-92까지 달아나면서 승기를 잡는 듯했다. 그러나 닉스에서 유잉이 살아났다. 이 시기 불스의 가장 큰 화두 중 하나는 바로 센터 라인업이었다. 7피트급 센터를 3명이나 보유하고 있었지만 누구 하나 특출나지 않았다. 윌 퍼듀, 빌 웨닝턴, 룩 롱리 모두 각각의 장점은 있었지만, 유잉과 같은 대형 센터를 막을 자는 없었다.

오죽하면 '파울 용도'라는 비아냥까지 있었을까? 1명당 반칙 6개까지 범할 수 있는 NBA 규정상 세 명의 선수가 돌아가면서 파울을 하면 18개까지 가능하고, 이를 통해 자유투 성공률이 떨어지는 센터들을 공략할 수 있다는 의미다. 실제로 2000년대에 이런 식으로 자유투가 떨어지는 샤킬 오닐을 계속해서 자유투 라인에 세우는 계획이 '작전화'되기도 했는데, 그게 바로 돈 넬슨(Don Nelson), 마이크 던레비(Mike Dunleavy) 등이 사용한 '핵 어 샤크(hack-a-Shaq)' 작전이었다. 2000년대 최고 명장으로 꼽힌 샌안토니오 스퍼스의 그렉 포포비치(Gregg Popovich) 역시 이를 의도적으로 활용하곤 했다. (4)

그러나 유잉에게는 파울할 엄두도 내지 못했다. 유잉의 통산 자유투 성공률은 74.0%로 나쁘지 않은 수준이었다. 이날도 유잉은 36득점 8리바운드를 기록했는데 결정적인 순간마다 특유의 중거리슛을 터트리며 불스를 견제했다. 닉스는 유잉의 연이은 3점 플레이에 힘입어 96-99까지 추격했다.

종료까지 6분을 남겨놓은 시점. 이때까지 조던은 4쿼터 득점이 없는 상황이었다.

유잉은 5분 38초를 남겨놓고 자신의 31점째 점수를 올린다. 점수는 98-99. 쿠코치가 닉스의 터프가이들에게 밀려 이렇다 할 점수를 못 올리는 가운데 닉스는 조던을 효율적으로 견제하면서 압박해갔다.

서로가 주고받는 상황. 닉스는 유잉의 자유투로 종료 30여 초를 남겨놓고 109-109로 동점을 만들었다. 그러자 조던이 해결사로 나섰다. 종료 20여 초를 남기고 스탁스를 앞에 둔 채 점프슛을 성공시킨 것. 이로써 111-109. 불스가 한 걸음 앞섰다. 그러나 이번에는 스탁스가 반격했다. 돌파를 이용해 퍼듀로부터 파울을 얻어냈다. 스탁스의 자유투 2구로 점수는 다시 111-111이 됐다. 자유투가 들어가는 순간, 닉스의 열혈 팬인 스파이크 리는 두 팔을 번쩍 들었다.

종료 3.1초 전, 조던은 자신 있게 드리블하며 수비를 자신의 쪽으로 끌어모았다. 스탁스가 조던에게 타이트하게 붙은 상황에서 유잉도 조던을 견제하기 위해 달라붙었다. 조던은 슛 대신 패스를 선택했다. 유잉이 자리를 비우면서 생긴 공간에 패스를 찔러준 것이다. 빌 웨닝턴은 이를 받아 투핸드 덩크를 내리찍었다. 이날 경기에서 웨닝턴이 성공시킨 유일한 필드골이었다.

위닝슛 대신 위닝 어시스트를 기록한 조던은 코트에 노크를 하며 벤치로 돌아갔다. 마치 "안녕, 가든! 정말 오랜만이야. 내가 돌아왔어"라고 말하는 것처럼 말이다.

마지막 순간 스탁스가 인바운드 패스를 놓치면서 불스는 그대로 승리를 거두었다. 닉스 선수들은 귀신이라도 본 듯 멍한 모습이었다. 다소 숨이 가쁜 듯 힘겨워 보였던 조던은 마지막 플레이에 불만이 있었다. 그는 마지막 패스에 대한 질문에 이렇게 답했다. "내가 그 상황에서 진작부터 패스를 생각하고 있었다면 그것은 거짓말일 것입니다."

오랜 라이벌 스탁스의 수비에 대해서도 말했다. "저를 상대해야 할 때 어떻게 해야 하는지 잊은 모양입니다." 다시 한번 조던이란 역대 최고의 '타짜'에게 당한 팻 라일리 감독, 22분을 뛴 찰스 스미스(Charles Smith)도 씁쓸함을 감추지 못했다. "왜 하필 뉴욕에서…"라며 말이다.

훗날 조던의 패스를 받아 불스에서의 처음이자 마지막 위닝샷을 넣은 웨닝턴은 ESPN 인터뷰에서 당시를 이렇게 회상했다. "플레이오프 분위기가 나는 경기였습니다. 마이클은 뉴욕에서 언제나 대단했지만, 이날만큼은 더 굉장했어요. 코트에 돌아온 지 얼마 안 된 시점이었잖아요. 그는 언제나 가든에서 플레이하는 걸 좋아했기에 우리 모두는 뭔가 특별한 일이 벌어질 것 같다고 생각했죠. 물론, 위닝샷을 넣은 선수는 누군지 다 기억하시죠?"

조던의 55득점은 그가 메디슨 스퀘어가든에서 올린 점수 중 한 경기 최다득점이었다. 이 기록은 2009년 2월 2일, 코비 브라이언트(LA 레이커스)가 61점을 올리기 전까지 최고 기록으로 남게 된다. (5) 사람들은 55득점 경기를 두고 '더블 니켈 게임(double nickel game)'이라 불렀다. 미국에서는 5센트 동전을 두고 '니켈'이라 부른다. 이 경기에서 조던이 '55'점을 넣었고, 5가 두 개라는 의미에서 '더블 니켈'이라는 별칭이 붙은 것이다.

55득점의 명과 암

그러나 잭슨 감독이나 피펜, 암스트롱 등은 마냥 55득점 폭발에 기뻐하진 못했다. 조던은 조던이었다는 것에 안심했던 반면, 트라이앵글 오펜스가 정착되기 전 시점으로 돌아간 듯한 느낌도 들었기 때문이다 조던이 돌아오면서 팀은 하나부터 열까지 다 새로 적응해야 했다. 그냥 A급 선수가 아니라 절대적인 볼 점유율을 가져가는 슈퍼스타가 돌아온 탓이다. 그런데 조던과 친숙하지 않은 선수들은 조던을 그저 동경의 눈빛으로 바라보거나 어려워만 했다.

그러다 보니 경기가 안 풀릴 때는 하염없이 안 풀리고, 조던만 바라보는 현상이 반복됐다. 이는 필 잭슨 감독의 회고록을 비롯 다큐멘터리, 칼럼, 인터뷰 등에서 여러 차례 언급된 내용이다.

하나의 예로, 스티브 커가 오픈인데도 조던은 그를 본체만체 하며 자기 공격을 시도했다. 커가 당황하자, 피펜은 조던이 자유투 준비로 자리를 비운 틈을 타 "걱정마. 다음에는 내가 패스해줄 테니까 기다려"라고 말했다. 이 장면을 분석한 필 잭슨은 커와 선수들에게 "다음에 오픈이 났는데도 패스가 안 오면 마이클에게 '패스해줘! 오픈이야!'라고 이야기하길 바라네"라고 당부했다. 커가 "마이클한테요? 제가요?"라고 반문하자, "그래, 네가 하는 거야"라고 말했다.

결국, 마냥 마음만 급했던 조던, 그런 대스타의 승부욕에 적응하지 못했던 동료들, 문제는 인식하고 있었지만 고칠 시간이 부족했던 필 잭슨과 코칭스태프 등은 마치

큰 폭풍우를 눈앞에 둔 배처럼 불안한 항해를 이어갔다. (6)

그런가 하면 조던이 이겨내고 적응해야 할 것들은 체력, 팀워크 외에 또 있었다. 바로 홈 구장이다. 조던이 떠난 사이에 불스는 유나이티드 센터로 자리를 옮겼다. 그러나 조던은 원정 경기장들을 유나이티드 센터보다 훨씬 더 좋아했던 걸로 알려졌다. 적어도 복귀 시즌에는 그랬다. 필 잭슨 감독과 여러 증언을 종합해봤을 때 그는 시카고 스타디움에 대한 애착도 강했고, 유나이티드 센터의 새로운 시설에 대해서도 쉽게 정을 붙이지 못한 것으로 분석된다.

잭슨 감독은 조던의 복귀를 즈음해 미리 유나이티드 센터를 방문해서 조명의 강도, 백보드와 림의 탄성, 플로어 상태 등 여러 가지가 다르니 미리 준비를 해둬야 한다고 말하기도 했다. 숀 퓨리(Shawn Fury)가 저술한 「Rise and Fire」라는 책에는 이런 내용도 담겨 있었다. "유나이티드 센터의 하키 팀을 위한 냉각 시설은 시카고 스타디움과 가장 차이가 많이 났던 시설 중 하나였다. 선수들이 초반에는 바닥에 남아있는 한기에 적응하지 못했다." 다른 불스 선수들은 10월부터 3월까지 유나이티드 센터를 사용하며 적응기를 거친 반면, 조던은 막 돌아온 터였기에 느끼는 바가 달랐을 수도 있다.

실제로 조던은 원정경기에서 평균 31.6득점(야투 44.1%)을 기록했지만 홈에서는 21.6득점에 그쳤다. 야투 성공률도 36.7%로 낮았다. 자신이 오랫동안 뛰어온 체육관에서는 펄펄 날았지만 유독 유나이티드 센터에 녹아들지 못해 답답함을 토로하기도 했다.

이러한 문제에도 불구, 시카고는 잔여 경기에서 13승 4패를 기록해 동부 5위로 플레이오프에 진출했다. 상대는 젊은 다크호스 샬럿 호네츠. 상대적으로 경험은 적었지만 알론조 모닝과 래리 존슨의 높이와 파워는 시카고를 고전케 했다. 설상가상으로 쿠코치가 당시 세르비아-크로아티아 간 내전으로 경기에 집중하지 못한 상황에서 2차전을 농락당하기도 했다. 그러나 우여곡절 끝에 1라운드를 3승 1패로 마친 이들은 마침내 올랜도 매직과 대적하게 됐다.

45번 대신 23번

미국시간으로 1995년 5월 7일 열린 1차전은 매직이 94-91로 이겼다. 당시 기준으로 시청률 기록을 세웠던 이 경기는 아직까지도 내게 충격적으로 남아있는데, 조던이 가장 조던답지 않았던 경기였기 때문이었을 것이다. 아무리 오랜만에 돌아와 저조한 슛 성공률을 기록하고 부진하더라도 팬들에게는 승부처가 되면 조던이 뭔가 해줄 것이라는 기대감이 남아있었다.

하지만 이 경기는 달랐다. 4쿼터에는 중요한 자유투를 놓치는 등 패배의 빌미를 제공했다. 자유투 2구 모두 실패 후 바로 3점 플레이를 완성시켜 만회하긴 했지만, 매직의 젊은 기세에 불스는 좀처럼 힘을 쓰지 못했다. 그리고 종료 10초 전, 그는 닉 앤더슨에게 공을 가로채기 당했고 매직은 곧장 속공을 통해 흐름을 잡았다. 앤더슨이 만든 속공 찬스를 덩크로 마무리한 선수는 다름 아닌 호레이스 그랜트. 그렇기에 시카고 팬들 입장에선 더 속이 쓰렸을 것이다.

타임아웃 후 조던은 피펜에게 공을 전달하는 과정에서 또 한 번 실책을 범했고 팀은 그렇게 중요한 1차전을 내줬다. 조던은 19점을 기록했지만 8개의 실책도 함께 남겼다. 경기 후 그는 "내 실수다. 오늘 패배는 내 책임이다"라며 고개를 떨어뜨렸다. 그런데 닉 앤더슨이 팀 연습 후 기자들을 앞두고 흥미로운 말실수를 한다.

"28~29살 때의 조던과는 다르더군요. 은퇴 전에는 빠르고 폭발적이었지만 지금은 23번일 때만큼 샤프하지 않았습니다. 같은 동작을 하지만 23번 때와는 달리 지쳐 보였죠."

그렇다. 복귀 후 조던의 등번호는 45번이었다. 자신의 상징과도 같은 등번호(23번) 대신 다른 등번호를 택했던 것이다. 45번은 자신의 형이 사용했던, 그리고 본인이 어린 시절 사용했던 등번호였다. 이 말에 자극을 받은 것일까. 조던은 2차전에서 23번을 달고 등장해 모두를 깜짝 놀래켰다. 이는 팀 동료도, 기록원도, 구단 관계자도 모르는 일이었다.

유일하게 이를 알고 있었던 인물은 시카고 불스 장비 담당 매니저였던 존 리그마노우스키(John Ligmanowski)였는데, 그가 조던에게 23번 유니폼이 남아 있다고 말한 것이다. 조던은 비밀리에 다른 유니폼을 입고 나섰다. 2차전에서 조던은 38득점 7리바운드 4스틸 4블록으로 경기를 휘저었다. 팀은 104-94로 승리했다. 1차전서 부진했

16. 45번 슈퍼맨의 55득점 응답폭격

던 피펜도 22점으로 승리를 거들었다(훗날 인터뷰에서 리그마노우스키는 자신이 부추겼다고 고백했다).

미디어와 팬들에게는 훌륭한 스토리라인이 된 반면에 리그 사무국은 난리가 났다. 당시만 해도 트레이드와 같은 케이스가 아닌 이상, NBA는 시즌 중 등번호 교체를 쉽게 허락하지 않았다. 기록 프로그램 및 데이터베이스 세팅에 어려움이 있다는 이유가 첫번째였고, 라이선스 문제도 있었다. 사무국은 구단 측에 조던이 처음 등록한 45번을 쓰지 않는다면 경기마다 벌금을 물리겠다고 했지만, 구단이 그 말을 들을 리가 없었다(라인스도프 구단주는 "이제 와서 어쩌겠나. 그냥 저 친구 하고 싶은 대로 두게나"라고 말했다는 후문. 불스는 벌금으로 수억을 물어야 했다).

조던은 3차전 40점, 5차전 39득점으로 활약했다. 그러나 23번도 결국 시카고를 구하지 못했는데 그 이유는 바로 오닐 때문이었다. 앞서 언급했듯, 웨닝턴-퍼듀-롱리, 세 선수로는 오닐을 감당하지 못했던 것이다. 오닐의 포스트업 한 번에 모두 나가 떨어졌다.

6차전에서 조던은 감기 기운에도 불구, 출전을 강행했으나 시리즈는 2승 4패로 끝났다. 조던은 정말 오랜만에 자신이 뛴 플레이오프 시리즈에서 패배를 맛보았다. 스티브 커는 한참 뒤 가진 인터뷰에서 이렇게 고백했다. "3차전 1쿼터를 뛰는 동안 '우리는 이 시리즈를 지겠구나'라는 예감이 들었어요. 볼 흐름이 안 좋았고, 마이클과 동료들도 조화롭지 않았으니까요. 아마 마이클도 뭔가 이상하다는 걸 느꼈을 거예요."

그런가 하면, 2015년 12월 22일, 호레이스 그랜트는 SNS 메신저 '라인'을 통해 주선된 인터뷰에서 필자에게 이렇게 말했다.

"마이클 조던과 친정팀인 불스의 동료, 친구들을 이긴 것은 제 커리어의 하이라이트 중 하나였습니다. 그동안 플레이오프에서 조던과 불스를 이긴다는 건 불가능처럼 여겨졌기에 그 승리는 엄청난 성과라 할 수 있었습니다. 정말 기분 좋았죠. 비록 조던이 복귀한 지 얼마 안 된 시점이었지만, 코트에서 느껴지는 마이클 조던의 존재감은 전과 다를 바 없었으니까요."

반대로 데니스 스캇은 이런 글을 남겼다. "우리의 승리는 잠자는 거인을 깨운 것이나 마찬가지였습니다. 다음 시즌(1995-1996시즌) 플레이오프에서 조던과 시카고 불스는 우리를 스윕(4-0) 해버렸으니까요."

실제로 조던은 매직에게 시리즈를 2승 4패로 내준 직후 "제 도전은 끝나지 않았다. 팀을 원래 있던 자리로 돌려놓을 것입니다"라고 선언했고, 오랜 트레이너 팀 글로버와 함께 '되찾기' 훈련에 돌입했다.

불스 구단에는 두 가지를 요구했다. "좋은 파워포워드를 꼭 영입해달라. 우리는 리바운드가 약하다. 그리고 스카티 피펜이 남아 있어야 한다."

🏀 주석

(1) 1위 덴버 너게츠 47%, 2위 오클라호마 시티 썬더 17%

(2) 「페이더웨이 월드(Fadeaway World)」라는 매체가 구글(Google), 트립 어드바이저(Trip Advisor) 와 공동으로 조사한 것으로, 직관한 이들의 리뷰를 분석해 평점을 바탕으로 순위를 산정했다.

(3) 2021년 플레이오프에서 트레이 영과 호크스는 5차전 접전 끝에 닉스를 탈락시켰다.

(4) 샤킬 오닐의 통산 자유투 성공률은 52.7%다.

(5) 코비 브라이언트의 61득점은 여전히 메디슨 스퀘어가든 한 경기 최다득점으로 남아있다. 10 년 뒤, 제임스 하든도 61득점을 올려 타이 기록을 세웠다. 홈팀 선수 중에서는 카멜로 앤써니가 2014년 1월에 62득점으로 역대 1위 기록을 바꿔놓았다.

(6) 웨닝턴은 세인트존스 대학 교지와 가진 인터뷰에서 "마이클 조던은 팀을 완전히 다른 레벨로 올 려놨어요. 하지만 그 과정에서 그는 제가 여태껏 겪어보지 못했던 더 많은 것들을 해내도록 푸시 했습니다."라고 말했다.

GAME INFO

날짜	1995년 11월 30일
장소	캐나다 밴쿠버 제네럴 모터스 플레이스
시즌	1994-1995시즌 NBA
경기의 중요성	★★★★★
착용 농구화	나이키 에어 조던 11

SCORE

팀	1Q	2Q	3Q	4Q	최종
불스	25	19	18	32	94
그리즐리스	23	19	22	24	88

MJ's STATS

출전시간	득점	야투	자유투	리바운드	어시스트	스틸	블록	실책	파울
39'00"	29	14-26	1-2	3	4	3	0	2	1

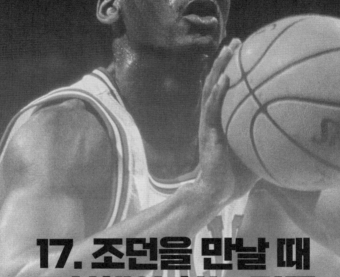

17. 조던을 만날 때
조심해야 하는 것들

1995-1996시즌 정규리그

CHICAGO
BULLS

VS

시카고 불스   밴쿠버 그리즐리스

마이클 조던이 불스에서 훨훨 날던 시절, 불스를 만나는 상대들이 경기에 앞서 항상 숙지해야 했던 것이 하나 있었다. 바로 조던을 도발하지 말라는 것. 경쟁심과 승부욕이 대단했던 조던은 상대방의 사소한 한마디, 눈빛조차도 자신에 대한 도전으로 받아들이고, 상대를 꺾기 위한 동기부여로 활용했다. 설사 상대가 그럴 의도가 없었다고 하더라도 말이다.

1994-1995시즌까지 조던과 함께했던 BJ 암스트롱은 '황제'의 가장 인상적이었던 부분으로 바로 이런 경쟁심에서 비롯된 멘탈이었다고 돌아봤다. "멘탈적으로 그는 정말 강했어요. 늘 물러서지 않았어요. 어떤 경쟁에서도 지려고 하지 않았으니까요. 조던은 20점을 앞서고 있어도 지금 스코어는 '0-0'이라 생각했어요. 방심하는 법이 없었죠. 제가 가장 많이 배운 점 중 하나였어요. 공격에서든 수비에서든 말입니다."

슈터 렉스 채프먼(Rex Chapman)은 아무리 가까운 사이라고 해도 일단 경기가 시작되면 사적 관계는 기억에서 잊는 것 같다고 말했다. 1988년, 샬럿 호네츠에서 프로 생활을 시작한 채프먼은 조던 가족과 가까워진 덕분에 조던과도 함께 볼링을 치고 식사도 하면서 관계를 쌓아갔다.

1995-1996시즌을 앞두고 채프먼은 마이애미 히트(Miami Heat)로 트레이드됐다. (1) 이 시즌 채프먼의 하이라이트는 바로 1996년 2월 23일에 열린 불스와의 경기였다. 평균 14.8점을 올리던 채프먼이 이날 불스를 상대로는 3점슛 10개 중 무려 9개를 넣으며 39득점으로 활약했다. 히트는 부상자가 워낙 많았던 탓에 8명이 죽을힘을 다해 뛰었는데, 마침 채프먼의 미친 활약으로 113-104로 승리하는 대이변을 일으켰다. 이 경기 전까지 7연승을 달리는 등 27경기에서 25승을 거두던 불스 입장에서는 마른하늘에 날벼락 같은 패배였다.

이때까지 채프먼과 히트의 분위기는 좋았다. 그러나 4월 2일과 4일에 가진 두 번의 홈 앤 어웨이 시리즈에서 불스는 각각 110-92, 100-92로 히트를 제압했다. 2022년 4월, 유튜브 '더 리치 이슨 쇼(The Rich Eisen Show)'에 출연한 채프먼은 조던과의 대결을 이렇게 회고한다. (2)

"저는 고교 시절에 제가 최고의 선수라 생각했어요. 제가 상대 선수들을 데리고 놀았죠. 그런데 조던을 상대하면서 느꼈어요. 제가 학창 시절에 갖고 놀던 친구들이 이런 마음이었겠구나. 하하. 경쟁심도 대단했어요. 자비를 기대할 수 없었죠. 한 번만 부딪쳐봐도 알아요. 이후 가진 재대결에서 그는 팁 오프하는 순간부터 저를 거칠게 대했습니다. 4쿼터를 아예 뛰지도 않았는데 40득점을 기록하더군요. 그의 킬러 멘탈리티는 그야말로 대단했습니다.”

이처럼 조던의 경쟁심에 관련된 일화는 대단히 많다. 국내 뉴스 사이트에도 조던에게 시비 아닌 시비를 걸었다가 혼쭐이 난 사례가 잘 정리되어 있다. 상대가 감독이든, 전문수비수로 이름난 베테랑이든 조던은 그 도발에 정면으로 맞섰고, 이를 이기는 것을 즐겼다. 그래서 데니스 스캇(Dennis Scott)은 “마이클과 만났을 때 그를 흥분시키는 일은 자제해야 합니다. 경기에만 집중해야 하죠”라고 말하기도 했다. 젊은 시절 종종 오만한 인터뷰로 빈축을 샀던 샤킬 오닐조차 “마이클을 화나게 만드는 것은 누구도 원치 않을 것”이라 말했을 정도다.

일리노이 출신으로 조던과 사석에서 종종 어울리곤 했던 에디 존슨(Eddie Johnson)도 피닉스 선즈 시절의 일화를 털어놨다. 선즈와의 경기를 앞두고 크라우스 단장은 조던에게 선즈 루키였던 댄 말리(Dan Majerle)를 칭찬했다. 1988년 서울올림픽 국가대표 선수였던 말리는 센트럴 미시건 대학을 나와 1988년 드래프트 14순위로 지명된 기대주였다. 198cm로 조던과 키가 비슷했고, 체격과 힘은 좀 더 좋았다. 크라우스 단장은 NBA 선배들과 가진 대표팀 평가전 당시 말리가 조던을 상대로 제법 잘했던 것 같다고 칭찬했다. 그것도 조던 앞에서. 가뜩이나 크라우스가 하는 행동 하나하나가 마음에 들지 않았던 조던의 마음에 불을 지핀 셈이다.

조던은 선즈에서 가깝게 지내던 에디 존슨, 탐 채임버스(Tom Chambers) 등에게 “오늘 나 40점 넣을 거야”라고 말했다고 한다. 조던은 이미 1쿼터에 25득점을 넘겼는데 계속해서 본인의 플레이를 예고했다는 후문이다.

“마이클이 우리 팀 감독님(코튼 피츠먼스)에게 그러더군요. ‘이번에는 베이스라인에서 저 친구를 불러내 덩크를 할 거예요!’ 그리고는 실제로 말리를 제치고 덩크를 꽂더군요. 피츠먼스 감독님도 당황했는지 타임아웃 때 말리에게 소리쳤어요. ‘도대체 저 녀석에게 뭐라고 말한 거야? 무슨 짓을 했던 거지?’라고요. 이미 조던 때문에 낙담하고 사색이 되어 있던 말리도 소리쳤습니다. ‘아무 짓도 안 했다고요!’라고요. 조던은 멈추지 않았습니다." 존슨의 회고다.

심지어 조던의 승부욕은 14살짜리 아이에게도 향했다. 1984년 올림픽 당시 인연을 맺은 조지 레블링(George Raveling) 코치는 은퇴 후 조던의 농구 캠프를 디렉팅하는 역할을 맡았다. 농구 캠프에서는 늘 참가한 학생들이 조던과 1대1 대결 기회가 주어졌는데 레블링 코치는 '조던이 마치 7차전에 임하는 것 같은 표정으로 학생들을 무참히 꺾었다'라고 돌아봤다.

기가 막힌 레블링 코치는 조던에게 물었다. "자네 14살짜리 아이한테 너무한 거 아니야?" 그러자 조던의 답이 걸작이었다. "저 아이가 나중에 자라서 '나 마이클 조던과 1대1 해서 이겼어!'라고 떠들고 다니지 못하고 하고 싶었어요."

그런데 그 암묵적인 '법칙'을 깨트린 선수가 있다. 너무 흥분한 나머지 자신이 누구에게 말하고 있는지를 잊었던 선수였다. 1995년 11월 30일. 밴쿠버 그리즐리스에서 뛰던 데릭 마틴(Derrick Martin)이 그 주인공이다. 마틴은 창단 후 처음 이뤄진 불스와의 맞대결에서 '입단속'에 실패, 팀 연패에 지대한 영향을 끼치고 만다.

1971년생인 마틴은 당시 24살의 혈기 왕성한 가드였다. 캐나다 밴쿠버의 제네럴 모터스 플레이스(General Motors Place)에서 열린 불스와의 첫 만남이었다. 이 경기 이전까지 그리즐리스는 2승 12패로 12연패를 기록 중이었다.

그런데 이날은 예상외로 좋은 경기력을 보였고, 불스는 고전을 면치 못했다. 그리즐리스 선수들의 표정은 자신감이 가득했고, 그럴수록 불스 선수들의 표정에는 짜증이 늘어갔다. 뭔가 안 풀린다는 의미였다.

신생팀의 탄생, 암스트롱의 이적

1995-1996시즌, NBA는 세계적인 농구 인기를 등에 업고 캐나다에도 프로팀을 창단하기로 결정한다. ⑶ 토론토와 밴쿠버가 최종 연고지로 결정된 가운데 랩터스(Raptors)를 팀명으로 하는 토론토 랩터스와 그리즐리 곰이 마스코트가 된 밴쿠버 그리즐리스가 세상에 모습을 드러냈다. NBA의 28, 29번째 구단이었다.

두 팀은 NBA가 마련한 확장 드래프트(Expansion Draft)로 선수단을 꾸렸다. 드래프트에서는 각각 포인트가드와 센터를 지명하는 등 팀 색깔을 갖춰갔다. 물론 신생팀이다 보니 출범 후 몇 년은 부진을 면치 못했는데, 랩터스가 빈스 카터(Vince

Carter)라는 '구세주'를 만나 인기팀으로 급부상했던 반면에 그리즐리스는 끝내 자구책을 찾지 못하면서 '약체'의 아이콘으로 전락하고 말았다. 이들은 흥행 부진도 겪으면서 2001-202시즌에 연고지를 멤피스(Memphis)로 이전해야 했다.

두 팀의 확장 드래프트 이야기로 돌아가자. NBA는 신생팀이 생길 때마다 확장 드래프트를 실시해왔다. 각 팀이 지정한 보호선수를 제외한 1명씩 선수를 뽑아가는 방식이었는데 불스에서는 조던이 아꼈던 BJ 암스트롱이 떠났다. (4) 여기서 암스트롱이 왜 불스를 떠나게 되었는지 짚고 가야 한다.

암스트롱은 조던 은퇴 후에도 불스가 55승으로 선전할 수 있었던 이유 중 하나였다. 그 시즌 주전으로 뛰며 동부 컨퍼런스 올스타 가드가 됐다. 그는 더 큰 역할을 원했다. 불스의 트라이앵글 오펜스는 공격 성향이 강한 포인트가드들이 선호하지 않는 오펜스였다. 역할이 제한적이었기 때문이다. 한창 자신의 영역이 커지고 있다고 생각했던 암스트롱은 조던이 복귀하면서 다시 역할이 줄었다. 게다가 팀에는 스티브 커라는 좋은 슈터까지 합류한 터였다. 불만이 있을 수밖에 없었다. 결국 불스는 확장 드래프트를 위한 보호명단에서 암스트롱을 제외하기로 했다. (5)

첫 3연패에 지대한 공헌을 했던 암스트롱의 이적은 불스가 다음 3년간 리그를 휩쓰는 데도 영향을 주었다. 암스트롱의 이적으로 확보한 샐러리캡으로 불스는 데니스 로드맨과 룩 롱리를 챙길 수 있었기 때문이다. 1994-1995시즌 암스트롱의 연봉은 280만 달러로 조던, 쿠코치에 이어 팀내 3위였다. 1995-1996시즌 로드맨은 250만 달러를 받았고, 룩 롱리는 전 시즌 180만 달러에서 인상된 230만 달러를 받게 됐다.

악동, 황제를 만나다

그렇다면 로드맨은 어떻게 영입할 수 있었을까. 1995년 플레이오프에서 매직에 무너진 이유 중 하나는 조던의 컨디션이 100%가 아닌 탓도 있었지만, 오닐과 싸워줄 빅맨이 없었다는 점, 선수들이 하나로 뭉칠 여유가 부족했다는 점도 컸다. 전 챕터에서 언급했듯, 조던은 모든 실패를 본인 탓으로 여기고 여름 동안 부단한 훈련을 거듭했다. 본인만의 주무기(포스트업, 페이더웨이)를 더 확고히 했고, 다시 농구에 맞는 체형을 회복했다. 훈련에서는 그 어느 때보다 동료들을 강하게 밀어붙이며 분위기를 끌어올렸다. 부작용도 있었지만, 필 잭슨 감독은 그 부작용조차 조던이 팀의 리더로 성장하는데 힘이 되었다고 분석했다.

다만 빅맨 보강은 조던의 힘으로 이룰 수 없는 부분이었다. 외부에서의 영입이 필요했다. 잭슨 감독이 처음 생각한 선수는 데릭 콜먼(Derrick Coleman)이었다. 콜먼은 뉴저지 네츠(현 브루클린 네츠)에서 20-10을 기록하며 올스타의 경지에 오른 스타였다. 혹자는 '넥스트 칼 말론'이라고 여겼을 정도로 네츠에서 케니 앤더슨(Kenny Anderson)과 좋은 호흡을 과시했다. 하지만 콜먼의 위상은 이미 너무나도 높아진 터였기에 불스는 카드만 만지작거릴 뿐이었다.

이때 행운이 넝쿨째 들어왔다. 샌안토니오 스퍼스 소속의 데니스 로드맨이 '언해피'를 띄운 것이다. 이는 '쌍방'이었다. 로드맨은 팀의 얼굴 데이비드 로빈슨을 공공연히 헐뜯는 등 분위기를 깨기로 작심한 사람처럼 행동했다. "스퍼스는 보이스카우트 캠프 같습니다." 시즌 내내 로드맨의 이런 말을 듣고 지내 온 스퍼스도 당연히 '처분'을 희망했다.

불스는 빅맨 윌 퍼듀(Will Purdue)로 로드맨을 거저 얻었다. 1988년 데뷔한 퍼듀는 불스에서만 뛰어온 빅맨이었다. 전체 11순위로 기대를 받고 입단한 선수였지만, 발이 느리고 기술적으로도 위력적이진 못했다. 무엇보다 조던이 원하는 타입이 아니었다. 특히 스크린 타이밍과 픽앤롤 플레이, 2대2 수비 등에서 조던의 눈높이를 맞추지 못했다.

조던은 그런 윌 퍼듀를 '윌 밴더빌트(Vanderbilt)'라고 놀렸다. 미국 대학 중 퍼듀 대학은 NCAA 빅10 컨퍼런스에서 꾸준히 NCAA 토너먼트에 나서는 강팀 중 하나였다. 조던은 그 실력으로는 '퍼듀'라는 이름이 아깝다며 그의 출신 학교이자 중위권 대학인 '밴더빌트'라고 불렀다. 너는 그 정도밖에 안 된다는 의미였는데, 당연한 이야기지만, 퍼듀가 그런 모욕적인 비아냥을 좋아했을 리가 없다. 아마 오늘날의 SNS 환경이었으면, 10번도 더 유출되고 남았을 사건이다.

사실 트레이드가 성사될 때만 해도 이것이 순조로울 것이라 예상했던 이는 많지 않았다. 필 잭슨 감독에게도 도전이었다. 이전까지 불스에 이런 캐릭터가 없었고 무엇보다 로드맨은 불스가 치를 떨며 증오했던 디트로이트 피스톤스의 일원이었으니 말이다.

로드맨은 어땠을까. 로드맨은 처음에는 기가 찼다. "윌 퍼듀 같은 선수를 받고 나를 트레이드할 정도라니, 얼마나 나를 보내고 싶었던 것일까!" 로드맨은 자서전을 통해 트레이드 심경을 이렇게 밝혔다. 그러나 로드맨은 자신의 역할을 정확하게 이해하고 있었다. 바로 궂은일과 수비다. 트레이드가 성사될 당시 크라우스는 필 잭슨을 설득하고 조던과 피펜에게도 의향을 물었다. 선수들은 로드맨을 반기진 않았지만 그런 그의 서비스가 필요하다는 것을 이해하고 있었다.

그리고 트레이닝 캠프를 통해 '화합'에 대한 의구심도 지웠다. 불스 오펜스에 굉장히 빠른 속도로 녹아들었기 때문이다. 코트 밖에서는 선수들과 어울리는 시간이 극히 적었다. 로드맨 스스로도 조던과는 대화를 1~2마디밖에 나누지 않았다고 고백했다. 그렇지만 로드맨의 말처럼 프로농구는 보이스카우트가 아니었다. 산전수전 다 겪은 프로들답게 그들은 실력으로 서로의 가능성을 확인했다.

로드맨은 "마이클은 득점할 방법을 찾는 데 타고난 재능이 있는 선수였습니다. 피펜도 마찬가지였죠. 그들을 상대할 때마다 함께 뛰는 동안 더 놀라게 되었습니다. 사실 조던이나 피펜이 저를 용서하거나, 그때 일을 잊길 바랐던 것은 아니었습니다. 하지만 플레이하는 동안 그들은 저와의 히스토리를 전혀 신경 쓰지 않았습니다"라고 돌아봤다.

이후에도 그는 기회가 될 때마다 조던과 피펜에 대해서는 선수로서의 존경심을 드러냈다. 2020년 5월, ESPN의 '퍼스트 테이크(First Take)'라는 TV 프로그램에서는 "조던은 아파도 쉬겠다는 말을 하지 않았어요. 힘들다고 쉬는 법이 없었어요. 오늘날 선수들과는 달랐어요. 정신력이 대단한 선수였죠"라고 말하기도 했다.

로드맨이라는 퍼즐의 합류로 불스는 마지막 불안 요소인 수비, 리바운드를 해결할 수 있었다. 한때는 챔피언십을 두고 처절하게 싸웠던 원수들이 한 팀에서 만나게 된 것이다.

온몸에 가득한 타투, 기괴한 헤어스타일과 피어싱, 그리고 상대를 돌게 만드는 신경전 등…. 한 시즌 동안 필 잭슨 감독과 조던, 피펜 그리고 동료들은 '사람'으로서의 로드맨을 이해하고 적응하는데 애먹어야 했지만 적어도 코트에서만큼은 확실한 서비스를 받았다. 사고를 치는 동안에도 1993-1994시즌(17.3개), 1994-1995시즌(16.8개) 리바운드 1위를 기록했던 로드맨은 불스에서도 리바운드 타이틀을 놓치지 않았다. 이적 후 첫 시즌, 그는 64경기에서 14.9개의 리바운드를 걷어냈다. (6)

우승팀 멤버였던 저드 부쉴러는 2020년, 한 온라인 매체와의 인터뷰에서 이런 질문을 들었다.

"만약 지금 시대에 로드맨이 있었다면 어땠을까요?"

"요즘에는 모두가 스마트폰이 있잖아요. 무엇이든 계속 찍을 수 있죠. 우리 시대에서는 MJ, 스카티, 데니스 모두 메가 스타들이었지만 대중으로부터 피해 있을 공간이 있었어요. 그때는 폰도, 소셜미디어도 없었으니까요. 하지만 지금은 달라요. 모든 움직임이 노출되고 평가되고 있죠. 프라이버시도 그만큼 없고요. 우리 팀이 지금과 같은 소셜미디어의 시대에서 활동했다면 어땠을지 정말 상상이 안 가네요. 특히 데니스 같은 친구가 있다면…. 말도 안 되는 일들이 많이 벌어지지 않았을까요?"(7)

기고만장 그리즐리스

다시 신생팀 그리즐리스 이야기로 돌아가자. 그리즐리스는 개막 후 첫 두 경기에서 포틀랜드 트레일 블레이저스와 미네소타 팀버울브스를 내리 꺾어 들떠 있었지만 이어진 연전으로 순식간에 밑바닥으로 추락했다. 이 팀에는 신인 센터 '빅 컨트리' 브라이언트 리브스(Bryant Reeves)를 비롯, 그렉 앤써니, 바이런 스캇, 블루 에드워즈, 제럴드 윌킨스 등의 베테랑들이 있었지만, 구심점이 없었고 토론토 랩터스와 같은 강한 추진력도 없었다.

그럼에도 불구하고 시카고에게 4쿼터 한때 10점 차 이상을 앞섰던 것은 하나의 사건과도 같았다. 그렉 앤써니는 무려 27득점 7어시스트를 기록했고, 포워드 크리스 킹과 센터 리브스도 활약했다. 바이런 스캇도 활발한 모습을 보였다.

반면, 이날 불스는 지쳐 있었다. 불스는 이 경기가 13일에 걸친 원정 연전의 막바지였다. 11월 21일 댈러스를 시작으로 샌안토니오, 유타, 시애틀, 포틀랜드, 밴쿠버를 거쳐 LA(클리퍼스)에서 마무리가 되는 일정이었다. 백투백(2일 연속 경기)도 두 세트나 있었다. 1995-1996시즌 시작 후 가장 긴 연전이었기에 선수들은 지쳐있었다.

게다가 불스는 데니스 로드맨을 뺀 채 경기를 해야 했다. 디키 심킨스와 제이슨 캐피 등을 4번으로 내세웠지만, 생각만큼 경기가 풀리지 않았다. 득점 찬스를 만드는 능력이 부족하다 보니 외곽도 탄력을 받지 못했다. 반대로 수비에서는 그러나 안토니오 하비(Antonio Harvey)에게 고전했다. 1970년생 하비는 리그 2년차로 다른 팀 주전 포워드와 비교하면 극히 평범한 선수였다. 그러나 로드맨이 없는 상황에서 그의 파워풀한 플레이를 쉽게 제어하지 못했다. 페이스만 본다면 바로 이전 경기에서 기록한 시즌 최다 10득점 기록도 넘어설 것처럼 보였다.

주전 센터 룩 롱리도 이날 따라 유독 야투가 부진했다. 리바운드 10개와 블록슛 2개, 어시스트 3개를 기록했지만 정작 야투는 6개를 던져 하나도 넣지 못했다. 외곽도 부진했다. 리바운드 대결에서 압도적인 모습을 보였음에도 불구하고 이처럼 슛이 안 터지는 경기도 드물었다.

그리즐리스 선수들은 신이 났다. 결국 조던 앞에서 하지 말아야 할 행동과 말을 하고 말았다. 우선 안토니오 하비는 관중들의 환호를 끌어내는 제스처를 취했다. 팬들도 기립박수를 보냈다. 어쨌든 우리 팀이 리그 최고 팀을 이기고 있으니 기특해 보일 수밖에! 한술 더 떠 마틴은 벤치에 있던 조던에게 한마디 건넸다.

"오늘은 우리가 이길 것 같지?"

조던의 심기를 건드린 결정적 한 마디였다. 이때까지 조던의 활약은 미미한 편이었다. 1쿼터는 6점으로 출발이 좋았지만, 이후 3쿼터까지 4점 추가에 그치면서 10득점에 묶여 있었다. 그러나 4쿼터 종료 5분 56초 전, 조던은 윙에서 볼을 잡은 뒤 중앙을 돌파해 강력한 슬램덩크를 꽂았다. 12점째 득점이자, 이제 곧 시작될 '조던 쇼'의 서막과도 같았다. 스캇이 그를 막아봤지만 통하지 않았다.

용수철? 럭비공? 어떤 수식어가 필요할지조차 모를 정도로 조던은 활발했다. 좌우, 전후. 전방위로 시도되는 속임 동작에 그리즐리스 수비진은 공황에 빠진 듯했다. 이번에는 베이스라인을 타고 들어가 득점에 성공, 77-79로 2점 차가 됐다. 그리즐리스의 템포가 빨라지기 시작하자, 조던은 그 틈을 노리지 않았다. 이번에는 패스를 가로채 상대 코트로 넘어가 페이더웨이로 공격을 마무리했다. 79-79. 겨우 2분여 만에 야투 4개를 연속을 꽂았다. 4쿼터 남은 시간은 4분 23초. 그리즐리스는 타임아웃을 요청할 수밖에 없었다.

브라이언 윈터스(Brian Winters) 감독도, 브라이언트 리브스도, 바이런 스캇도 방법이 없어 보였다. 더블팀을 지시해볼 법도 한데 그러지 않았다. 아니, 그럴 여유가 없어 보였다고 해야 할까? 조던의 움직임 하나하나에 그 공간은 심야의 고속도로처럼 뻥 뚫렸다.

'간만의 승리 예감'을 느낀 채 환호하던 그리즐리스 홈 팬들도 불안감을 느낀 것 같았다. 그들의 '디펜스' 함성의 데시벨이 낮아지는 것에서 알 수 있었다. 이어진 불스의 공격에서 조던은 깔끔한 점프슛과 함께 리브스로부터 파울까지 얻어낸다. 3점 플레이 성공! 캐스터는 외쳤다.

"슈퍼맨이 되살아났군요!"

닥쳐 이 자식들아!

조던은 스캇을 상대로 페이더웨이 점프슛, 이어서 드라이브인에 의한 득점이 성공되면서 10점에 머물러있던 그의 점수는 어느덧 25점으로 올라가 있었다. 자비란 없었다. 승부가 상당히 기운 상태임에도 불구, 조던은 그리즐리스의 공격을 마지막까지 차단했다. 33.2초 전, 스틸에 이은 덩크로 27득점째.

그렉 앤써니가 탑에서 3점슛을 넣었지만, 승부는 이미 기운 뒤였다. 조던은 또 인바운드 패스를 가로채 덩크를 성공시켰다. 29득점째. 점수는 94-88. 마지막 5분간 불스는 23점을 기록했고 조던은 그중 19득점을 독식했다. 최종 점수는 39분 출장에 29득점 4어시스트 3스틸 3리바운드였다. 조던은 마틴과 그리즐리스 벤치를 향해 말을 건넸다.

"닥쳐, 꼬마 자식들아! 나한테 다시는 그딴 식으로 말하지 마."

사이드라인에서 그 말을 들은 그리즐리스 선수들은 대꾸조차 하지 못했다. 그리즐리스는 이 패배로 13연패를 기록했고, 그 연패 행진은 '19'까지 이어졌다. 이들은 이후 2월부터 4월까지 무려 23연패를 기록하면서 단일시즌 최다연패 기록을 새로 쓰기도 했다. (8)

불스는 1월 24일에 시카고 유나이티드센터에서 그들과 2번째 만남을 가졌다. 불스는 104-84로 승리했다. 1쿼터를 32-17로 크게 앞서면서 여유 있게 경기를 마무리했다. 조던은 겨우 26분만을 뛰었고, 12점만을 올렸다.

사실 이 경기는 리그 최강과 리그 최악의 팀의 대결이라 그다지 역사적으로 되새겨볼 가치는 높지 않은 경기였다. 지금이야 유튜브와 리그패스 덕분에 원하는 팀의 경기를 쉽게 볼 수 있지만, 그때는 이런 대진조차도 고마웠던 시절이었다. 그리즐리스의 플레이를 볼 기회가 많지 않았기 때문이다.

필자의 경우 NHK에서 1시간으로 편집한 하이라이트 경기를 먼저 봤는데, 갑자기 조던이 미친 듯 반격해 처음에는 그 깊은 사연을 몰랐다. 그러나 그 폭풍 같이 몰아친 마지막 6분은 비하인드 스토리를 잘 모르더라도 조던의 경쟁심이 얼마나 대단한지 충분히 알 수 있는 시간이었다. 공격뿐 아니라 수비에서도 '몰입'의 기어를 끌어올리니 상대는 질려버린 표정이었다.

"조던은 누구도 자신을 이기지 못한다는 믿음이 있었던 선수였습니다. 지금이라면 하드 파울이라 여겨지고, 플레그런트 파울이 선언될 만한 플레이가 많았던 시절인데도 그걸 이겨냈죠. 팔꿈치를 맞아가면서 말이죠. 아마 이 시대에 그런 식으로 수비를 하면 게임에서 쫓겨났을지도 몰라요. 그런 수비를 하던 시대에 조던은 평균 30득점을 넘겼습니다. 그런 시대에 조던은 약점 없는 공격을 보였습니다." 3점 슈터 레이 앨런의 회고다.

신생팀과의 악연

불스는 이 경기를 발판으로 13연승, 1경기 패배 후 18연승을 기록했다. 18연승을 마쳤을 무렵 불스는 41승 3패로 NBA 우승은 물론이고 역대 최다승(70승)을 꿈꾸고 있었다.

그런데, '천하무적' 불스가 고전을 면치 못한 상대가 하나 있었다. 바로 그리즐리스의 NBA 입성 동기인 랩터스다. 불스가 대기록을 향해 가던 1995-1996시즌, 이들에게 패배를 안긴 팀 중 플레이오프에 오르지 못한 팀은 3팀이었는데, 랩터스가 그중 하나였다(다른 2팀은 덴버 너게츠, 샬럿 호네츠).

1996년 3월 24일, 토론토 홈경기에서 루키 포인트가드 데이먼 스타더마이어

(Damon Stoudamire)는 불스의 가드들을 골탕 먹이며 대이변을 연출했다. 혼자 30득점을 기록했다. 스타더마이어는 173cm로 신장은 작지만, 빠른 스피드와 개인기, 그리고 어디서든 주저하지 않고 슛을 시도하는 대담한 선수였다. 스티브 커, 론 하퍼 등 모두 골머리를 앓았고 조던조차 속수무책이었다. 스타더마이어를 서포트하는 동료들의 움직임도 이날 따라 굉장히 정확했다.

그럼에도 불구, 불스는 마지막까지 랩터스를 쫓으며 역전 기회를 잡았다. 그러나 스티브 커가 절호의 슛을 놓쳤고, 조던이 이를 잡아 던져봤지만 이미 경기 종료 버저가 울린 뒤였다. 109-108로 이긴 랩터스는 우승한 것처럼 얼싸안고 기뻐했다. 이 경기는 볼품없던 캐나다 연고 신생팀들이 남긴 몇 안 되는 하이라이트였다. 토론토 스포츠 매체들은 '불스 격파' 20주년을 맞아 특집 기사를 쓰기도 했다. (9)

흥미롭게도 이 경기도 로드맨이 없었다. 로드맨이 뛴 경기에서 불스는 57승 7패였고, 그가 뛰지 않은 18경기에서 15승 3패였다. 15승 3패도 충분히 훌륭한 승률이긴 했지만, 불스가 유독 빅맨에게 점수를 많이 뺏기며 고전하거나 패한 날을 보면 로드맨의 부재가 눈에 띄는 날이 많았다. 랩터스 전도 그중 하나였다. 조던의 경쟁심과 별개로, 불스가 이 시한폭탄을 갖고 남은 시즌을 어떻게 치러갈지는 끝까지 과제로 남아있었다.

(1) 채프먼은 에드 스톡스, 제프 웹스터와 트레이드되어 마이애미 히트로 이적했다. 워싱턴 불레츠는 채프먼과 함께 테렌스 렌처를 받았는데, 팀을 옮긴 4명 중 제 몫을 해준 선수는 채프먼뿐이었다.

(2) 넷플릭스를 통해 '더 라스트 댄스'가 방영되고 유튜브의 세상이 도래하면서 각종 팟캐스트와 유튜브 채널에서는 전·현직 NBA 선수 및 관계자들의 '더 라스트 댄스' 시청 후기, '조던 경험담' 등이 유행을 탔다. 르브론과 조던의 비교는 인기 콘텐츠 중 하나였다.

(3) NBA에 토론토 팀이 합류한 건 1946-1947시즌 토론토 허스키스(Toronto Huskies) 이후 처음이었다. 1946년이니 NBA의 '쥐라기 시대'쯤 되던 시절이다. 허스키스는 '하키 타운'의 아성에 도전한 최초의 NBA팀이었다. 토론토의 자랑거리인 토론토 메이플 리프스(NHL)가 쓰던 메이플 리프 가든(Maple Leaf Garden)을 홈구장으로 썼던 그들은 1946-1947시즌에 대대적인 출범식을 갖고 NBA에 합류했다. 하지만 뉴욕 닉스와의 개막전에 7,090명이 온 것을 제외하면 시즌 내내 흥행 실적이 좋지 않았다. 팀 성적도 마찬가지였다. 선수가 부족해 5대5 연습도 불가능할 정도였다. 감독으로 데려온 에드 사도스키는 작전은커녕 연습조차 제대로 이끌 줄 모르는 초짜였다. 그들은 1946-1947시즌에 28승 38패라는 성적을 남기고 바로 해체됐다. 해단식조차 없는 초라한 마무리였다. 일각에선 허스키스 실패 요인 중 하나로, 캐나다인 농구 스타가 없다는 것을 꼽았다. 당시 간판스타였던 사도스키는 선수 겸 감독이었지만, 뉴욕에서 태어나 뉴욕에서 자란 인물이었다. 지역 팬들의 공감을 얻지 못했다.

(4) 드래프트는 1995년 6월 24일에 개최되었다. 확장 드래프트를 위해 각 구단은 8명의 보호선수를 지정했고 신생 두 팀은 그 외 명단에서 1명씩 뽑아갈 수 있었다. 랩터스는 전체 1순위로 BJ 암스트롱을 뽑았고, 그리즐리스는 그렉 앤써니(Greg Anthony)를 지명했다. 앤써니는 현재 올랜도 매직에서 뛰는 콜 앤써니(Cole Anthony)의 부친이다. 그리즐리스는 바이런 스캇(Byron Scott), 제럴드 윌킨스(Gerald Wilkins), 블루 에드워즈(Blue Edwards) 등 한창 때 팀내 주전이었거나 주요 식스맨이었던 선수들을 발탁했다.

(5) 암스트롱이 랩터스 유니폼을 입는 일은 없었다. 토론토 랩터스의 농구단 총책임자는 아이재아 토마스였다. 플레이오프에서 긴 전쟁을 치른 악연이 있었던 암스트롱은 약체팀으로 가는 것도, 토마스 밑에서 뛰는 것도 원치 않았다. 암스트롱은 팀 합류를 거부했고, 1995년 9월 18일에 골든스테이트 워리어스로 트레이드 됐다. 워리어스는 그를 받기 위해 빅터 알렉산더와 1995년 2라운드 지명선수인 드웨인 위트필드, 마틴 루이스, 마이클 맥도널드 등의 권리를 넘겼다.

(6) 로드맨은 1995-1996시즌 디펜시브 퍼스트 팀에 이름을 올렸다. 놀랍게도 그 시즌 MVP 투표에서도 15위였다. 로드맨은 '올해의 수비수'에 2번(1990, 1991년) 뽑혔고 디펜시브 퍼스트 팀에도 7번 선정됐다. (세컨드 팀은 1회). 리바운드 부문에서는 7년 연속 1위였다.

(7) 로드맨은 1996년 12월 12일, 심판에게 욕을 하고 코트 퇴장을 거부하여 5,000달러를 벌금으로 냈다. 같은 시즌, 3월 18일에는 심판을 들이받아 논란이 됐다. 2만 달러 벌금과 함께 6경기 출전 정지 징계가 내려졌다. 불스는 로드맨이 없는 동안에도 무패 행진을 달렸는데, 로드맨은 이때 조던이 팀을 승리로 이끄는 것을 보고 더 존중하게 됐다는 후문이다. 물론, 그 존중과 별개로 로드맨은 4월 29일 플레이오프 경기에서도 심판을 향해 불경한 제스처를 취해 5,000달러를 추가로 물긴 했지만 말이다.

(8) 그리즐리스는 이 시즌에 23연패를 기록했다. 최종 성적은 15승 67패였다. 그러나 단일시즌 최다연패 기록은 금방 깨졌다. 2010-2011시즌 클리블랜드 캐벌리어스, 2013-2014시즌 필라델피아 세븐티 식서스에 의해 새로 만들어졌다. 무려 26연패를 기록했던 것. 2023-2024시즌에는 디트로이트 피스톤스가 28연패를 기록했다. 2023년 10월 30일부터 12월 30일까지 이어진 대기록(?)이었다. 피스톤스의 시즌 성적은 14승 68패, 창단팀이었던 그리즐리스보다도 못한 성적이었다. 한편 1997-1998시즌 덴버 너게츠와 2011-2012시즌 샬럿 밥캐츠도 23연패를 기록했다.

(9) 토론토 랩터스는 1996-1997시즌에도 시즌 첫 맞대결을 승리했다.

GAME INFO

날짜	1996년 4월 16일
장소	위스콘신주 브래들리 센터
시즌	1995-1995시즌 NBA
경기의 중요성	★★★★★
착용 농구화	나이키 에어 조던 11

SCORE

팀	1Q	2Q	3Q	4Q	최종
불스	28	12	22	24	86
벅스	25	24	19	12	80

MJ's STATS

출전시간	득점	야투	자유투	리바운드	어시스트	스틸	블록	실책	파울
42'00"	22	9-27	3-4	9	4	2	1	4	1

18. 새로운 역사를 쓰다

1995-1996시즌 정규리그

VS

시카고 불스　　　　　　　밀워키 벅스

82경기 중 70승. 누가 이 기록을 깰 수 있을까. 70승은 역대 수많은 팀들이 도전했지만 넘지 못했던 고지였다. 1971-1972시즌 LA 레이커스가 제리 웨스트(Jerry West), 윌트 채임벌린(Wilt Chamberlain) 콤비를 앞세워 69승을 기록한 이래 그 어떤 팀도 이 시즌의 승리 행진을 재현하지 못했다. (1)

1985-1986시즌 보스턴 셀틱스, 1991-1992시즌 시카고 불스가 초반부터 승수를 쌓아가며 '혹시?' 했지만 역시나 82경기의 긴 여정 동안 한결같은 페이스를 유지하기란 쉽지가 않았다. 매일 밤마다 다른 상대를 만나야 하고, 경기가 끝나면 바로 다른 도시로 이동해야 한다. 새벽에 도착해 잠을 청하고 다시 경기를 준비하는 그 일상을 반년 이상 지속해야 한다. 70승을 노린다는 것은 그만큼 많은 이들에게 노출되고 있다는 것을 의미한다. 미디어와 스폰서, 팬 모두 그들을 원할 것이고 상대는 그만큼 그들의 일거수일투족을 꿰고 있을 것이다. 강팀으로서 한 시즌을 온전히 치러내는데 찾아오는 유혹과 부담도 클 수밖에 없다.

2018년, 마카오에서 열린 한 대회에서 나는 모리스 스페이츠(Marreese Speights)를 만날 기회가 있었다. 스페이츠는 210cm가 넘는 큰 키에 3점슛이 장점이었지만, NBA에서 더 경력을 이어가지 못하면서 아시아 리그로 눈을 돌린 선수였다. 그는 '강팀' 혹은 '인기 구단'이 누릴 수 있는 즐거움을 잘 이해하는 선수였다. 2015-2016시즌에 73승으로 신기록을 달성한 골든스테이트 워리어스의 일원이었기 때문이다. 큰 비중은 아니었지만, 그는 골든스테이트에서 함께 하며 커리어의 하이라이트를 맞을 수 있었다. "행복한 경험이었죠. 분명. 락 스타가 된 것 같은 기분이랄까요? 저희가 어디에 가든 다들 환영해주고 환호해주었으니까요. 골든스테이트 같은 강팀에서 뛰며 그런 경험을 할 수 있어 정말 좋았습니다."

그렇지만 즐거운 대기록 뒤에는 부담이 따른다. 기록을 이어가야 할지, 어느 시점부터 그만두고 다음 스테이지를 준비해야 할지도 말이다. 이런 생각도 해볼 수 있다. 정규시즌 대기록을 세우긴 했는데, 만약 플레이오프에서 우승하지 못한다면?

1995-1996시즌 막바지에 접어든 불스의 심정이 그랬다. 「시카고 트리뷴」조차 그 걱정을 하기 시작했다. 때마침 70승을 거두던 시점에서 그렉 노먼이 마스터스 골프 대회에서 미끄러져 충격을 안겼다. 결국 6타 차 리드를 지키지 못한 채 닉 팔도에게 통한의 역전패를 당해 절호의 우승 기회를 놓쳤다. 노먼은 마스터스에서 준우승만 3

번 기록한 비운의 역사를 남겨야 했다.

　흥미롭게도 「시카고 트리뷴」과 「시카고 선-타임스」는 1995-1996시즌 불스에 대해 같은 듯, 다른 견해를 갖고 있었다. 「시카고 트리뷴」은 불스가 잘 할 거라고는 예상했지만 70승이라는 꿈을 꿀 것이라 보진 못했다.

　반면 「시카고 선-타임스」는 레이시 뱅크스(Lacy Banks) 기자가 70승도 가능한 팀이라고 전망했다. 개막도 하기 전에 말이다. 1995-1996시즌 트레이닝 캠프 당시 샘 스미스 기자가 스티브 커에게 이 이야기를 하자 커는 "우리도 그거 봤어요. 다들 웃어넘겼죠"라고 답했다. 그런데 그게 현실로 다가왔다. 70승 고지에 다다를 무렵에는 불스의 모든 경기가 전국적인 관심을 끌었다. 1996년 4월 17일 당시 불스 기록을 살펴보자.

- 홈 44연승
- 서부 팀 상대로 승률 89.3% 기록
- 텍사스 연고 팀 상대로 6전 전승
　(1987년 보스턴 셀틱스 이후 처음)
- 시즌 60승 이상을 3번이나 기록한 역대 5번째 감독 배출(필 잭슨)

　이런 훌륭한 기록에도 불구, 언론은 계속해서 불스에 대한 걱정스러운 기사를 내보냈다. 「시카고 트리뷴」은 "1967년 필라델피아, 1972년 LA 레이커스, 1986년 보스턴 셀틱스처럼 될 수도 있지만, 1973년 보스턴처럼 될 수도 있다"라고 기사를 썼다. 1973년 보스턴은 NBA 사상 65승 이상을 기록하고도 우승을 못한 최초의 팀이었다.

　그러나 불스 선수들은 이에 개의치 않았다. 베테랑들이 많은 덕분에 그들은 시즌 내내 중심을 잘 잡고 갔다. 흔들리지 않았다는 의미다. 조던은 "우리는 70승을 거두려고 시즌을 시작한 게 아닙니다"라며 미디어 인터뷰를 통해 구단에 메시지를 보냈다. 조던이 있는 팀에서는 방심이란 있을 수가 없었다. 조던은 1년 전, 그러니까 복귀했던 그 시즌 플레이오프에서 경험한 충격의 패배를 만회하는 것이 목표였다.

　"다른 시대의 팀들과는 비교하고 싶지 않습니다. 우리는 우리가 원하는 자리로 돌아가고 있습니다. 하지만 아직 우승한 것은 아니죠. 그래서 더 열의에 차 있습니다. 기록은 행복하지만, 궁극적으로는 우승하기 전까지는 안심하지 않을 것입니다. 지금은 홈코트 어드밴티지를 얻었다는 사실에 만족할 것입니다."

조던의 결의만큼이나 다른 선수들도 목표가 확실했다. 론 하퍼같이 우승을 못 해본 선수들은 더더욱 그랬다. 조던과 스카티 피펜은 하퍼에게 우승 반지를 보여주면서 자랑했고, 이는 하퍼에게 큰 동기부여가 됐다는 후문이다.

당시 디키 심킨스(Dickey Simpkins)는 제이슨 캐피(Jason Caffey)와 팀내 막내였다. 1970년대생은 둘밖에 없었다. 심킨스는 2024년 1월, 시카고 지역 스포츠 뉴스에 출연해 그 시기를 돌아봤다. "모두가 각자 역할을 잘 이해하고 있었습니다. 그런 집중력과 열정은 아마 다시는 경험하지 못할 것 같습니다. 조던은 1년 전 패배를 온전히 본인 책임으로 떠안았어요. 리더답게 책임감을 갖고 분위기를 만들어갔죠. 다시는 그런 패배를 안 당하겠다고 말이죠. 누구 탓이라고 하는 대신 본인 때문에 진 것이라며 마음을 다잡고 임했습니다. 그러니 다들 따라갔고, 3년 동안 다시는 플레이오프에서 탈락하지 않았습니다."

불스는 인사이드가 약점이었다. 데니스 로드맨을 포함해 파워포워드로 등록된 선수가 4명, 센터로 등록된 선수가 4명이었는데, 로드맨을 제외하면 어느 팀에서도 주전이 되기엔 부족한 기량이었다. 리그 18년차 제임스 에드워즈는 은퇴가 다가오고 있었고, 6년차 잭 헤일리는 로드맨을 위한 동료, 그 이상도 이하도 아니었다. 9년차 파워포워드 존 셀리도 82경기 중 17경기만 뛰는 데 그쳤다. 신인이었던 제이슨 캐피도 57경기를 뛰긴 했지만 주로 승부가 결정된 뒤에나 나섰다. 에드워즈, 헤일리, 셀리, 캐피 등 4명의 총득점(321점)은 로드맨이 64경기에서 올린 득점(351점, 평균 5.5점)에도 못 미쳤다.

그럼에도 불구하고 이들을 로스터에 둔 이유는 두 가지였다. 첫째는 로드맨의 돌발행동이나 부상에 대비한 것이다. 무엇보다 에드워즈와 셀리는 리그에서 오래 뛰며 쌓은 그들만의 노하우가 있었다. 강팀에서 오래 뛰어온 만큼, 조던과 피펜의 입맛을 맞추며 최소한의 역할은 해줄 것으로 기대한 것이다. 훈련에서도 마찬가지였다. 이는 두 번째 이유로 이어진다. 불스는 그랜트 이적 후 빅맨을 찾지 못했다. 선배들이 심킨스와 캐피가 성장하게끔 돕도록 한 것이다. 심킨스는 이 방송에서 "에드워즈나 뒤에 합류한 로버트 패리시 같은 베테랑들이 저희를 많이 도왔습니다. 그들과 함께 하면서 성장을 할 수 있었습니다"라고 돌아봤다.

69승, 타이 기록 세우던 날

불스는 4월 14일 클리블랜드 캐벌리어스를 98-72로 이겼다. 조던은 이 경기에서 35분만 뛰고도 32득점 12리바운드 3어시스트를 기록하는 괴력을 발휘했다. 이 경기 역시 전국적으로 방송됐다. 70승 경기는 아니지만, 불스가 이길 경우 1972년에 세워진 역대 최다승 타이기록이 수립되기 때문이었다. 계속되는 관심에 부담이 된 듯, 필 잭슨 감독도 경기 후 기자회견에서 "가급적 빨리 이겨서 기록을 달성하고 싶었습니다"라고 말했다. 행여 기록을 더 의식하다가 정신적으로도 지칠 수 있었기 때문이다.

캐벌리어스는 홈에서 기록 달성의 희생양이 되긴 싫었던 것 같다. 게다가 상대가 누군가. 10여 년에 걸쳐 그들에게 뼈아픈 패배를 안긴 마이클 조던이 아닌가. 캐벌리어스는 마이크 프라텔로(Mike Fratello) 감독 부임 후 수비에 집중하고 있었다.

1994-1995시즌 캐벌리어스의 경기 페이스는 84.8로 27개팀 중 27위였다. 극단적인 로우 템포로 공격(90.5점, 27위)은 차분하고 안전하게, 반대로 수비는 치열하게 펼치며 89.8점만을 내줬다. 당시 기준 NBA에서 가장 적은 실점이었다. 1년 뒤에는 더 짰다. 공격은 91.1점으로 여전히 최하위 수준이었던 반면 실점은 88.5점으로 상대를 더 강하게 압박했다. 역시나 리그 선두.

그러나 그 압박도 불스에게는 전혀 통하지 않았다. 시즌 첫 대결에서 88-106으로 패했고 2번째 맞대결은 113점이나 내줬다. 2월 20일 유나이티드 센터에서 치른 3번째 대결에서는 76-102로 이 시즌 최악의 패배 중 하나를 기록했다. 조던이 14점만을 기록하는 정말 보기 드문 날이었는데도 말이다. 이날은 론 하퍼가 친정을 상대로 22득점을 올렸다. 저드 부쉴러를 제외한 전원이 득점에 성공했다.

4번째 맞대결도 분위기는 크게 다르지 않았다. 캐벌리어스의 타이트한 수비에 정말 잘 대처했다. 선수들은 무리하지 않고 상대 수비를 읽고 대처했다. 경지에 오른 듯했다. 잭슨 감독도 "상대 수비에 맞서 서두르거나 급하게 하지 않았습니다. 한 번 더 패스하면서 찬스를 잡았죠"라며 선수들을 칭찬했다.

캐벌리어스는 일찌감치 사기가 꺾여있었다. 주인공이 되지 못할 것이란 걸 알았던 것처럼 4쿼터 초반에 49-77로 끌려다녔다. 프라텔로 감독은 "그들은 수비도 엄청나게 잘하는 팀이니까요"라며 혀를 내둘렀다. "찬스를 잡는 데 어려움이 있었습니다. 불스는 오픈된 선수도 정말 잘 찾아내요. 우리도 20~21초까지는 정말 잘 몰아붙였는데, 그들의 마지막 패스 한 번에 슛을 내주고 말았습니다."

「LA 타임스」는 신원을 알 수 없는 한 기자가 던진 질문 하나를 소개했다. 조던이 기자회견을 마치고 나갈 무렵에 나온 질문이라고 한다.

"70승을 달성하면 기쁠 것 같나요? 아니면 홀가분해질 것 같나요?"
"둘 다요."

의외로 차분했던 불스

언론도 역대 최다승 70승에 주목하기 시작했다. 불스의 시즌 79번째 경기이자 70승 등극이 유력한 경기는 바로 4월 16일 브래들리 센터에서 열리는 밀워키 벅스 전이었다. 1971-1972시즌 LA 레이커스가 이 기록을 노려봤지만 의외의 상황에서 1패를 당하면서 기록 달성에 실패했다. (2)

불스 선수들은 어땠을까? 주전부터 벤치까지, 그들은 다 조던으로 빙의 된 듯했다. 빌 웨닝턴은 "70승은 중요하지 않은 기록입니다. 우승이 더 값지다고 생각해요. 우승을 한 뒤에 70승 기록이 바탕에 깔리면 더 위대해질 수 있겠지만, 만약 플레이오프에서 탈락한다면 전혀 돌아볼 것이 없는 실망스러운 기록이 될 것입니다"라고 말했고, 론 하퍼도 "역사는 그리 의미 없습니다. 역사에 위대하게 남기 위해서는 챔피언 반지를 얻었다는 기록을 남기는 것이 우선이죠. 그렇게 되고 싶고요"라고 말했다.

그리고 운명의 그 날이 왔다. 벅스는 빈 베이커(Vin Baker), 글렌 로빈슨(Glenn Robinson)이라는 두 젊은 스타들을 중심으로 막 팀을 개편하던 시기였다. 특히 2년 차였던 로빈슨은 데뷔 후 두 시즌 연속 20+ 득점을 올리면서 주가가 상한가를 치고 있었다. 게다가 이들도 홈 경기에서만큼은 쉽지 않은 팀이었다.

예상대로였다. 경기는 쉽지 않았다. 전반전은 벅스가 앞서갔다. 스코어는 49-40. 중계진은 "잃을 것이 없다는 마음가짐으로 나선 것 같다"라며 벅스를 칭찬했다. 사실, 이날 브래들리 센터는 불스 팬들이 더 많은 것처럼 느껴졌다. 그도 그럴 것이 '구글 맵' 기준으로 유나이티드 센터에서 브래들리 센터까지는 운전해서도 2시간이 걸리지 않는 가까운 거리다. 불스의 기록을 보기 위해 적지 않은 팬들이 밀워키를 찾았다. 그래서인지 조던이나 피펜이 공을 잡으면 마치 홈인 것처럼 환호가 쏟아졌는데, 벅스 선수들 입장에서는 약이 오를 만한 일이 아니었을까 싶다. 모든 시선이 원정에만 쏠렸으니 말이다.

그러나 이런 뜨거운 관심에도, 불스는 경기력이 빨리 올라오지 않았다. 조던이 전반에만 15점을 기록했는데도 점수 차가 벌어졌다. 불스는 2쿼터에 겨우 12점에 그친 반면에 밀워키는 24점이나 기록했다.

그런데 승부는 의외의 곳에서 풀렸다. 주인공은 센터 룩 롱리였다. 3쿼터에만 10점을 쏟아 담으면서 불스의 추격전을 이끌었다. 탄력을 받은 불스는 수비로 상대를 압박했다. 이번엔 역으로 밀워키가 4쿼터에 12점에 그쳤다. 로빈슨이 크게 고전했다. 그가 이날 올린 점수는 단 10점. 슛은 겨우 14개 밖에 못 던져봤고, 성공시킨 것도 10개에 불과했다. 실책도 3개나 기록했다.

심킨스가 앞서 말했던 것처럼, 이겨야 할 때가 오자 불스는 놀라운 수준의 집중력을 보였다. 4쿼터 승부처가 되자 로드맨은 거의 모든 리바운드를 걷어냈다. 스티브 커의 3점슛도 정확도가 대단했다. 로드맨의 공격 리바운드와 커의 연속 3점슛은 역전승의 밑천이 됐다. 식스맨으로 출격한 로드맨은 리바운드 19개를 잡아냈는데, 그중 7개가 공격 리바운드였다. 어시스트도 4개나 기록했다.

이로써 70승 달성! NBA 역사상 최초로 70승을 달성한 팀이 됐다. 그렇다면 불스 선수들의 표정은 어땠을까. 경기가 끝난 뒤 선수들은 환호보다는 홀가분하다는 의미의 한숨을 내쉬었다.

"기억하실지 모르겠지만, 시카고에 트레이닝 캠프 때 우리가 70승을 거둘 것이라 예상했던 기자님이 있었어요. 70승이란 주제에 대해 들었던 건 그날이 처음이었던 것 같습니다. 아마 (70승 달성은) 훗날 우리가 돌아볼 만한 일을 해냈다고 생각해요. 그렇지만 이제는 그 생각을 멈추고 나아갈 때라 생각합니다." 스티브 커의 말이다.

이날 22득점을 기록한 조던조차도 최다승 기록에만 관심이 쏠려 부담스러웠다고 말했다.

"기쁩니다. 70승을 목표로 시작한 것은 아니었어요. 우리의 목표는 우승입니다. 일단 70승을 돌파했으니 속은 후련합니다. 사실 경기 내용은 형편없었습니다. 그러나 우리 선수들 모두 무거운 짐을 지고도 여기까지 와줬기에 고맙습니다."

불스는 여세를 몰아 다음 상대인 디트로이트 피스톤스까지 꺾으면서 71승을 챙겼다. 마지막 홈 경기였던 인디애나 페이서스전은 졌지만, 82번째 경기였던 워싱턴 불레츠를 이겨 72승 10패로 시즌을 마쳤다. 이 기록은 2015-2016시즌 골든스테이트가 넘기 전까지 역대 최다승 기록으로 남아있었다.

70승 달성 후 조던의 출전 시간은 확 줄었다. 조던은 각각 24분, 31분, 24분씩을 뛰었다. 플레이오프에서도 불스는 명성을 입증했다. 특히 1년 전 컨퍼런스 준결승에서 탈락시킨 올랜도 매직을 상대로 4-0 압승을 거두었다.

한편, 불스가 승승장구하는 동안 함께 웃은 이들이 있다. 첫째는 불스에 포커스를 맞춰 생중계했던 주관방송사 NBC와 TNT다. 두 번째는 시카고 지역 신문이었다. 당시는 인터넷과 스마트폰이 없었다. 조간신문에 대한 의존도가 굉장히 높았다. 경제전문지 「포브스(Forbes)」는 「시카고 트리뷴」과 「시카고 선-타임스」는 불스의 승리 행진이 이어지는 동안 불스 관련 지면을 대폭 늘렸다고 보도했다. 덕분에 판매 부수도 늘었는데, 70승을 거두던 날 불스가 이 시즌에 거둔 70번의 승리를 모두 분석한 「시카고 선-타임스」는 175,000부가 더 팔렸다. 이는 1977년 엘비스 프레슬리의 사망 소식이 담긴 신문 이후 최고 기록이었다.

반면 「스포츠 일러스트레이티드」는 재미를 보지 못했는데, 그 이유는 조던이 해당 매체와는 한동안 말도 섞지 않았기 때문이었다. 필 잭슨 감독은 자서전에서 조던이 야구선수 시절에 자신에 대해 지나치게 악독하게 기사를 썼다는 이유로 그들을 상대하지 않았다고 전했다.

누가 역대 최고인가?

1995-1996시즌, 식스맨으로 뛰며 3점슛을 보탰던 스티브 커(Steve Kerr)는 훗날 골든스테이트의 감독이 되어 대기록을 달성했다. 스티브 커는 현역 은퇴 후 해설위원, 단장, 칼럼니스트 등으로 활동하다가 감독이 됐는데, 칼럼니스트 활동 당시 그와 나눈 인터뷰에서 1995-1996시즌과 2002-2003시즌이 가장 기억에 남는다고 돌아봤다.

"선수로서 팀 승리에 도움이 된다는 것만큼 스릴 있는 일이 또 있을까요. 모두가 살면서 그런 순간을 맞이하는데 저 역시 그런 상황에서 도움이 될 수 있도록 준비했던 것 같습니다. 덕분에 1995-1996시즌에는 생애 첫 NBA 우승을 거둘 수 있었어요. 현역으로서는 잊지 못할 순간이 되었습니다."

그런데, 2015-2016시즌, 골든스테이트 워리어스가 73승을 거둔 뒤 농구 팬들 사이에서는 새로운 토론 주제가 화제로 떠올랐다. 73승 워리어스와 72승 불스, 누가 더 위대한가? 스티브 커라는 공통분모를 떠나 불스와 워리어스는 대기록을 달성했다는 점, NBA를 대표하는 슈퍼스타들이 모여 있었다는 점, 그리고 정상에 도전하는 과정에서 보인 확고한 시스템이 있었다는 점에서 엄청난 비교가 이루어졌다.

두 팀이 붙으면 누가 이길 것 같은가. 이 주제는 당사자들은 물론이고 NBA 전·현직 선수 및 감독까지 참전할 정도로 흥미로운 콘텐츠가 되었다. 1995-1996시즌과 2015-2016시즌은 '농구는 5명이 하고 NBA 경기는 12분 4쿼터로 치러진다는 것'이라는 대전제를 제외하면 닮은 부분이 거의 없다. 지역방어, 경기 페이스, 경기 스타일, 심판 성향 등 모든 면에서 말이다. (3)

주인공이나 다름없는 스테픈 커리(Stephen Curry)는 2016년 플레이오프 미디어데이에서 이 질문을 받았다. "잘 모르겠어요. 경기는 그 시대로부터 많이 진화했습니다. 그러나 우리 팀은 우리만의 확고한 아이덴티티가 있어요. 어떻게 플레이해야겠다는 확실한 개념이 있죠. 높은 수준의 슈팅 능력과 볼 움직임을 갖고 있죠. 모두가 역할이 확실하고 즐겁게 농구하고 있습니다. 불스와 공통점은 알고 있습니다. 모두가 이기는 걸 좋아하고, 경쟁을 사랑하며 우리 스스로를 밀어붙였다는 점입니다." (4)

찰스 바클리는 "그런 토론은 공평하지 않습니다. 시대가 완전히 다르거든요. 선수들의 플레이가 달랐어요. 아이재아 토마스는 NBA에서 뛰었던 가장 터프한 선수 중

18. 새로운 역사를 쓰다

하나였습니다. 불스는 그런 토마스와 피스톤스를 상대로 전쟁을 했습니다. 비교할 수 없는 차이가 있습니다"라며 "물론, 골든스테이트 워리어스는 대단한 팀입니다. 하지만 그들의 스몰 라인업이 통할지는 미지수입니다"라며 불스 손을 들어주었다.

폴 피어스(Paul Pierce)도 ESPN이 방영하던 'JUMP!'라는 프로그램에서 시대 보정이 필요한 토론이라 말했다. "잡담할 때 써먹기 좋은 주제라고 생각해요. 그렇지만 파울의 개념이 달랐어요. 밀어대고 부딪치는 등 하드파울의 기준이나 강도가 너무나도 달랐죠." 피어스의 말이다.

피어스가 이 말을 할 당시 빈스 카터(Vince Carter)도 패널로 함께 출연했다. 두 선수는 1998년 드래프트 동기다. 1998년도 이미 파울콜이 정제되긴 했지만, 오늘날과 비교한다면 그래도 더 터프한 편이었다. 카터도 루키 시즌을 회상하며 "심판을 보고 '이거 파울이라고요!'라고 소리를 질러도 넘어가던 때가 있었습니다"라며 피어스를 거들었다. (5) 당사자들은 어떨까? 피펜은 같은 프로그램에서 이런 말을 했다.

"우리는 최고의 수비팀이었고, 벤치에 좋은 선수들이 많았습니다. 토니 쿠코치, 스티브 커처럼 슛이 좋은 선수들도 있었습니다. 그렇지만 어떤 룰에서 치르냐에 따라 다를 것 같습니다."

이 정답 없는 토론 주제는 한때 '고트(Greatest Of All Time)' 논쟁만큼이나 뜨거웠다. 어떤 기준에 따라 바라보느냐에 따라 답은 다를 수밖에 없다. 상상만으로도 벅차올랐던 바스켓볼 '갓(god)'들의 전쟁, 그 시작점은 바로 1995-1996시즌 불스가 만들어낸 전설적인 72승과 피날레까지 드라마틱했던 챔피언십이었다.

(1) 1972-1973시즌 보스턴 셀틱스가 68승 14패를 기록했다. 존 하블리첵(John Havlicek), 데이브 코웬스(Dave Cowens), 폴 사일러스(Paul Silas), 조조 화이트(Jo Jo White) 등 슈퍼스타들이 포진해 LA 레이커스의 기록을 뛰어넘을 것처럼 보였지만, 56경기째였던 2월 9일에 디트로이트 피스톤스에게 패해 12번째 패배를 당했고, 이어 2월 27일에 뉴욕 닉스 원정 경기를 지면서 13번째 패배를 기록해 69승을 넘는 데 실패했다. 셀틱스는 전 시즌, 레이커스와 타이를 이룰 기회를 남겨두었고 무서운 기세로 8연승을 달렸지만, 3월 16일 볼티모어 불레츠(현 워싱턴 위저즈)에 패배를 당하면서 결과적으로 68승에 만족했다. 사실, 68승 역시 훌륭한 기록이었다. 그럼에도 역사에 자주 언급되지 않는 이유는 NBA 파이널에 오르지 못했기 때문일 것이다. 이들은 1973년 플레이오프에서 뉴욕 닉스에 7차전 접전 끝에 패해 65승 이상을 거두고도 우승을 못한 최초의 팀이 됐다. 당시 뉴욕 닉스에는 필 잭슨이 식스맨으로 뛰고 있었다.

(2) 8연승을 달리던 레이커스에게 1패를 안긴 팀이 바로 불스의 69승 제물이 됐던 캐벌리어스였다. 23승 59패로 플레이오프조차 가지 못했던 캐벌리어스가 '무적' 레이커스를 4점 차(124-120)로 꺾었던 것이다. 만약 이 경기만 지지 않았더라도 레이커스는 70승을 달성했을 것이다. 이날 불스가 상대하는 벅스는 1971-1972시즌, 레이커스의 33연승 행진을 멈춰 세웠던 팀이었다. 당시에는 카림 압둘자바와 오스카 로벌슨이 버티고 있었다.

(3) 스티브 커는 누가 우세하다는 것을 떠나서 환경적인 차이를 강조했다. "1990년대 운동선수들은 팬들의 눈으로부터 벗어날 수 있었습니다. 하지만 지금은 그것이 불가능합니다. 시대가 완전히 바뀌었죠. 소셜미디어의 발달로 인해 요즘 팬들은 선수들의 일거수일투족을 관찰합니다. 스테픈 커리는 모든 플레이가 사람들에 의해서 분석되고 비판받고 있습니다."

(4) 워리어스는 NBA 파이널에서 르브론 제임스가 이끄는 클리블랜드 캐벌리어스와 2년 연속 마주했다. 캐벌리어스는 4차전까지 3승 1패로 앞섰으나, 드레이먼드 그린(Draymond Green)의 퇴장과 징계, 앤드류 보거트(Andrew Bogut)의 부상 여파로 인해 7차전 접전 끝에 무너지고 말았다. NBA 파이널에서 3승 1패로 앞서다 역전을 당한 최초의 팀이었다.

(5) 이 프로그램에서는 피어스와 카터에게 '마이클 조던과 르브론 제임스 중 누구와 뛰고 싶나?'라는 질문도 했다. 피어스는 조던에 대해 "팀 동료들을 더 열심히 도전하게 만들어주는 선수라고 생각합니다. 승부처에서는 승리로 이끌어주잖아요. 클러치 유전자가 있는 선수입니다"라고 설명했다.

GAME INFO

날짜	1996년 6월 16일
장소	일리노이주 시카고 유나이티드 센터
시즌	1995-1996시즌 NBA 플레이오프 파이널
경기의 중요성	★★★★★
착용 농구화	나이키 에어 조던 11

SCORE

팀	1Q	2Q	3Q	4Q	최종
불스	24	21	22	20	87
소닉스	18	20	20	17	75

MJ's STATS

출전시간	득점	야투	자유투	리바운드	어시스트	스틸	블록	실책	파울
43'00	22	5-19	11-12	9	7	2	0	5	3

19. 아버지와 가족을 위해

1995-1996시즌 파이널 6차전

VS

시카고 불스

시애틀 슈퍼 소닉스

시카고 불스는 파이널 무대까지 승승장구했다. 1996년 플레이오프 1라운드 상대는 팻 라일리 감독이 이끄는 마이애미 히트였으나 적수가 되지 못했다. 1차전 102-85, 2차전 106-75 등 일찌감치 상대의 기를 꺾었다. 라일리 감독의 반격이 점쳐졌던 3차전이었지만 가진 자원과 경험의 깊이가 컸다. 최종 스코어는 112-91. 불스의 3전 전승. 라일리는 한번 더 조던과 불스에 의해 탈락의 아픔을 맛봤다. 그리고 말했다. "불스와 같은 시대에 경쟁하는 것 자체가 불운한 일"이라고.

악연은 2라운드에도 있었다. 뉴욕 닉스다. 뉴욕에서 열린 3차전은 연장까지 가는 접전 끝에 99-102로 패했지만, 승부는 5차전을 넘기지 않았다. 1차전(91-84)에서 조던의 44득점으로 분위기를 잡은 불스는 4승 1패로 시리즈를 끝냈다.

파이널로 가는 최종 관문인 컨퍼런스 파이널에서 만난 올랜도 매직은 더 이상 1년 전, 자신들을 괴롭히던 그 상대가 아니었다. 인사이드 열세가 데니스 로드맨에 의해 상쇄됐고, 조던은 자신이 은퇴 이전의 기량을 되찾았다는 것을 보여주기라도 하듯 코트를 휘저었다.

1차전부터 39점 차(121-83) 대승을 챙긴 불스는 4전 전승으로 매직을 탈락시켰다. 1년 전 유나이티드 센터에서 포효했던 호레이스 그랜트는 부상으로 시리즈를 제대로 소화하지 못했고, 샤킬 오닐은 브라이언 힐 감독과의 갈등과 팀에 대한 불만, 그리고 곧 찾아올 자유계약선수 권리 행사로 시리즈에 집중하지 못했다. (1) 3차전도 단 67점에 묶이면서 그들의 시즌은 허망하게 끝났다.

이렇게 동부 컨퍼런스 파이널까지 모두 마친 날이 5월 27일이었다. 반대쪽에서는 여전히 서부 컨퍼런스 파이널이 한창이었다. '올해는 반드시'라며 강한 의욕을 보였던 시애틀 슈퍼소닉스가 백전노장 유타 재즈를 상대로 치열한 전투를 벌이고 있었다. (2)

소닉스는 절박했다. 소닉스의 평균 나이는 29.6세로, 닉스(30.4세), 불스(29.9세)에 이어 세 번째로 나이가 많았다. 조지 칼(George Karl)이 지휘봉을 잡은 1992-1993시즌부터 소닉스는 55승, 63승, 57승 등 세 시즌 연속으로 눈부신 성과를 거두었다. '레인맨(reign man)' 숀 켐프와 '글러브(the glove)' 게리 페이튼을 원투 펀치로 내세워 NBA에서 가장 균형잡힌 공·수 능력을 선보였다. 그런데 플레이오프가 문제였다. '이제는 우승'을 외쳤던 1993-1994시즌에는 디켐베 무톰보(Dikembe Mutombo)에 의해 망신을 당했다. 8번 시드 덴버 너게츠에 막혀 사상 최초로 1라운드에서 탈락한 1위 팀이 된 것이다. (3)

절치부심했던 1994-1995시즌에는 '영건' LA 레이커스에 의해 탈락했다. 이번에도 1라운드였다. 2시즌 연속 맛본 충격의 탈락. 이들에게는 더 남은 기회가 없었다. 평균 104.5득점(2위), 96.7실점(8위) 등 압도적인 공·수 밸런스를 앞세워 새크라멘토 킹스, 휴스턴 로케츠를 차례로 꺾고 재즈를 만났다. 재즈도 만만한 팀은 아니었다.

55승 27패를 거둔 재즈는 NBA 역사상 가장 위대한 콤비로 꼽히는 칼 말론-존 스탁턴의 '알고도 못 막는' 픽앤롤 플레이로 상대를 제압해왔다. 시리즈는 7차전까지 갔고, 결국 간발의 차이로 소닉스가 90-86으로 이기며 파이널 진출에 성공했다. 이날 4쿼터, 숀 켐프(Shawn Kemp)는 자유투라인에서 놀라운 집중력을 보였다. 필요할 때마다 얻어낸 파울 자유투를 모두 넣어주며 점수차를 벌린 것이다. 그는 26득점 14리바운드로 분투하며 프랜차이즈에 2번째 우승을 안기겠노라 다짐했다.

반면 말론은 승부처에 켐프에게서 얻은 자유투를 모두 놓치며 고개를 떨어뜨렸다. 7차전 자유투는 켐프가 11개 중 10개를 넣은 반면, 말론은 12개 중 6개를 놓쳤다. 그렇게 7차전까지 마무리하니 6월 2일이었다. 파이널 1차전은 6월 5일, 상위 시드 불스의 홈구장인 시카고 유나이티드 센터에서 시작될 예정이었다. '푹 쉰' 불스는 여유가 있었던 반면, 소닉스는 기진맥진한 상태였다.

사실, 이 시리즈는 조던의 일대기를 다룬 책이나 다큐멘터리 영상에서 길게 안 다뤄지는 편이다. 72승 여정 자체가 워낙 대단했기 때문이기도 하지만, 딱히 드라마틱한 파트가 많지 않기 때문이다. 일방적인 3번의 승리, 그 뒤 찾아온 두 차례 패배. 이 정도를 제외하면 점수도 많이 나지 않았고 주인공이라 할 수 있는 조던도 6경기 동안 야투 123개 중 51개만 넣을 정도로 고전했다. 파이널 MVP가 되기에는 이견이 없지만, 첫 3번의 우승에서 보인 압도적인 화려함이 잘 나타나지 않았던 시리즈였다. 그래서 학창 시절 이 시리즈를 봤을 때는 '지루하다', '이기긴 이겼는데 시원하진 않다' 정도의 감정을 느꼈던 것 같다.

하지만 훗날 다시 시리즈를 봤을 때 숨은 이야기가 참 많았음을 알 수 있다. 또 소닉스는 불스가 파이널에서 만난 상대 중 가장 전략적으로 뛰어난 수비를 펼친 팀이었다. 조던에게 졌을지는 몰라도 조던이 비행하는 것까지는 막았다고 해석할 수 있다. 이제부터 그 인연을 풀면서 조던의 명장면까지 가볼까 한다.

피펜과 소닉스의 악연

먼저, 피펜에게 소닉스는 감정이 좋지 않은 팀이었다. 지명 당시만 해도 그를 강팀이자 인기팀의 일원으로 만들어준 좋은 트레이드가 있었다. (4) 그러나 크라우스 단장과 갈등이 깊어지면서 소닉스는 피펜 입장에서는 안 좋은 쪽으로 엮이곤 했다. 특히 조던이 은퇴하고 자리를 비운 동안에는 트레이드가 거의 성사 직전까지 가기도 했다. 조지 칼 감독은 회고록에서 "크라우스 단장이 숀 켐프, 리키 피어스(Ricky Pierce)를 원한다고 제안해왔다"라고 언급했다. 그는 피펜이 페이튼과 함께 뛸 수 있다는 사실에 흥분했다. NBA 역사상 가장 위협적인 수비 라인이 형성될 기회였으니 말이다.

칼 감독은 대학 후배이자 '야구 선수'였던 조던에게도 트레이드를 논의했는데, 당시 조던은 피펜이 다른 선수들의 발전을 도울 거라며, 켐프는 아직 그 정도 레벨은 아니지 않냐고 조언한 것으로 알려졌다. 이때는 조던이 코트 복귀를 아예 고려하지 않던 시기였기에 가능했던 조언이었다. 게다가 페이튼과 켐프, 데틀레프 슈렘프가 썩 가깝지 않았다. 팀을 하나로 묶어줄 경험있는 선수가 필요했는데 피펜이 구심점이 될 거라 봤다.

그런데, 트레이드가 논의 중이라는 사실이 유출되고, 이것이 뉴스로 보도되자 시애틀 팬들은 분노했다. 켐프는 어린 나이에 프로에 데뷔해 팬들과 함께 성장한 선수로 인식되고 있었기 때문이다. 반면 크라우스는 애걸복걸했다. 트레이드가 진전이 잘되지 않자 돈까지 얹어주겠다고 했다. 그러나 수뇌부의 반대로 트레이드가 엎어지자 크라우스는 전화해 욕설을 퍼부었다는 후문이다. 그런 우여곡절이 있었기에 피펜은 자신이 켐프와 같은 선상에 놓일 선수가 아니라는 것을 보여주고 싶었을 것이다.

노스캐롤라이나 선후배

칼 감독은 필 잭슨 감독과 전혀 다른 유형의 리더였다. 마이크로 매니징을 원했고, 선수들을 엄격하게 대했다. 나름대로 규율이 있었다. 경기 후 맥주 금지, 팀 비행기에서 콜라와 과자 금지, 전날 경기에서 15분 이상 안 뛴 선수는 다음날 웨이트 트레이닝 등 선수들 컨디셔닝을 위한 규칙이 대부분이었다. 본인에게도 굉장히 엄격했다.

스스로 훈련이 끝날 때까지 앉지 않았다. 준비가 안 된 모습을 잘 안 보이려고 했다.

이 때문에 소닉스를 맡을 때부터 꾸준히 선수들과 갈등이 있었다. 수비에 일가견이 있던 켄달 길(Kendall Gill)이 소닉스에서 기회를 부여받지 못한 이유도 이 때문. 칼 감독은 훗날 소닉스를 떠난 뒤에도 켄달 길에 대한 이미지를 다시 생각하려 하지 않았다. 이런 성향은 다른 팀에서도 마찬가지였다. 그런가 하면 '승부욕' 하나는 대단했다. 상대와의 심리전에서 한 걸음이라도 앞서고 싶었다.

그런데 파이널에서 마주할 상대는 건드려선 안 될 '쪼잔함'의 1인자인 조던이었다. 사실 칼 감독과 조던은 앞서 피펜 트레이드 에피소드에서도 알 수 있듯, 중요한 사항을 논의할 정도로 가까운 관계였다. 노스캐롤라이나 대학 선후배였고 골프 친구이기도 했다. 누구보다도 조던을 잘 알았기에 칼 감독은 조던이 자극받을 만한 행동을 아예 하지 않으려 했다.

대신 그를 폭주하게 하고, 괴롭힐 방법을 찾아 나섰다. 그중 하나가 바로 브랜단 말론(Brendan Malone)을 고문으로 고용하는 일이었다. 말론은 1980대 후반 조던에게 탈락의 아픔을 안긴 장본인 중 하나였다. 디트로이트 피스톤스 코치로서 조던을 괴롭히는 방법을 연구했던 인물이었던 것이다.

말론은 1995-1996시즌을 토론토 랩터스 감독으로 시작했다. 신생팀 랩터스는 '배드 보이' 아이재아 토마스가 단장을 맡고 있었는데, 그는 역사적인 첫 감독직을 디트로이트 피스톤스에서 황금기를 함께 나눈 말론에게 맡겼다. 그러나 성적은 신통치 않았다. 신생팀임을 감안해도 21승은 초라했던 것이다. 그 와중에 시즌 중 10번밖에 안 졌던 불스를 꺾는 파란도 일으켰지만, 재신임을 받을 정도로 뛰어나진 못했다.

칼 감독이 말론 감독을 '자문역'으로 특별 고용한 이유는 단 하나. 조던을 '긁기' 위해서였다. 칼 감독은 조던이 '신경을 쓰는' 모습을 보고 싶었다. 자신과 가깝다고 생각한 인물이 자신을 이기기 위해 한때 미치도록 괴롭혔던 라이벌의 일원을 고용했다는 것을 말이다. 사실, 브랜단 말론은 전략적인 면에서는 큰 조언을 해주지 않았다. 실제로 소닉스의 조던에 대한 수비는 피스톤스만큼 격렬하긴 했어도, 합법적이면서도 전략적으로 우수한 수비 조직력 하에 행해졌다. 다만 말론은 뼈있는 조언 하나를 건넸다.

"되도록 엮이지 말게. 마이클은 계속해서 너와 심리전을 펼치려 들 거야. 흔들려선 안 돼. 아무 것도 하지마. '안녕'이라는 말도 하지 말고, 고개를 끄덕이지도 마."

아주 사소한 것에서도 '내가 너를 이겨야 할 이유'를 만드는 선수라는 걸 누구보다 잘 알았기에 해준 조언이다. 그래서일까. 칼 감독은 이를 완벽하게 실천에 옮겼다. 1차전을 앞두고는 우연히 식당에서 마주쳤지만, 조던에게 인사도 하지 않고 지나치기도 했다(그런데 조던은 오히려 이 부분에서 자극을 받았다고 돌아봤다. '이런 식으로 나온단 말이지?'라며 말이다).

여기서 그치지 않았다. 선수들도 정신적으로도 무장을 시켰다. 파이널 기간에는 불스 선수들과 말도 섞지 말라고 했다. 심지어 "불스 선수들의 자녀들이 자네들에게 사인을 요청해도 해주면 안 돼!"라고까지 말했을 정도다.

그런데 칼 감독의 그 어떤 행동보다도 조던을 서운하게 한 것은 따로 있었다. 시애틀에서 열리는 파이널 기간 중, 칼 감독은 'Ma D' 태지 뎀프시(Tassie Dempsey)라는 여성을 경기장에 초대했다. 뎀프시는 칼 감독에게도, 조던에게도 소중한 사람이었다. 아니, 노스캐롤라이나 대학을 다녔던 동문 모두에게 소중했다.

뎀프시는 딘 스미스(Dean Smith) 감독의 친구이자, 노스캐롤라이나 대학의 든든한 열성팬이었다. 45년간 거의 모든 홈 경기를 봤다. 동시에 선수들에게는 믿음직한 요리사이기도 했다. 뎀프시는 선수들에게 자신의 요리를 해주곤 했는데, 1980년대에 대학을 다닌 선수들은 '가장 좋아하는 음식' 중 하나로 뎀프시가 해준 후라이드 치킨을 적기도 했다.

그런 인물이 칼 감독 편에서 소닉스를 응원한다? 조던 입장에서는 기가 찰 노릇이었다. 사실, 뎀프시는 칼 감독을 '나의 넷째 아들'이라고 부를 정도로 아껴왔다. 그러나 조던이 그런 깊은 관계까지 알 수는 없는 법. 조던은 뎀프시가 칼 감독을 응원한다는 걸 알게 된 뒤로 더 강한 승부욕을 보인 것으로 알려졌다.

빨리 우승하고 싶었던 조던

시리즈에 임하는 조던의 목표는 단 하나. 가급적 빨리 시리즈를 끝내고 정상에 서는 것이었다. 가급적 '아버지의 날'이 오기 전에 끝내겠다고 말이다. 1996년 '아버지의 날'은 6차전이 예정된 6월 16일이었다. 그렇다면, 불스는 5차전에서 우승을 확정해야 했다.

이처럼 조던이 서두른 이유는 무엇일까. 바로 '아버지의 날'에 '홀로' 경기하는 것을 걱정해서였다. 1996년 파이널은 1993년 살해당한 아버지없이 치르는 첫 파이널이었다. 부친이 세상을 떠난 뒤에도 아내 후아니타와 모친 등 가족들은 항상 불스 경기를 직관했다. 조던은 그들이 경기를 보는 것만으로도 큰 자신감을 얻고 위안이 됐다고 말한 바 있다. 그런데 1995-1996시즌이 진행되던 중, 아내가 조던의 모친과 관계가 소원해지고, 조던도 친형 래리 조던과 돈 문제로 멀어져 심기가 편하지 않았다. 예전에는 조던이 그렇게 힘들어할 때 위로하고 보듬어주던 인물이 바로 부친이었다. 하지만 이제 조던의 옆에 그런 버팀목이 없다.

그러니 조던 입장에서는 가급적 빨리 시리즈를 끝내고 복잡한 상황에서 벗어나고 싶어했던 것이다. 게다가 조던은 1995-1996시즌 들어 유독 과거의 자신을 자주 언급했다. 기자들이 자꾸 물어본 탓도 있지만 그는 '한물갔다', '은퇴 전과 다르다'라는 말을 듣는 걸 싫어했다. 이처럼 '72승의 중압감', '평균 30득점의 감옥', '믿어온 가족들과의 불화' 등은 조던을 지치게 하고 있었다. 3승을 먼저 거두고 2연패를 당했을 때, 조던이 호텔 방에서 분노하고, 날뛰었던 이유이기도 했다.

스트레스

이런 조던의 심리 상태와 관계없이 시리즈를 준비하는 조지 칼 감독은 죽을 맛이었다. 어떻게 조던을 막을 것인가. 1984년 마이클 조던이 데뷔한 이래 이는 모든 감독들에게 주어진 난제였다. 모두를 불면증에 걸리게 한 이슈였다.

NBA 파이널을 앞두고 발행된 「스포츠 일러스트레이티드」 표지의 헤드라인은 '미션 임파서블(Mission Impossible)'이었다. 조던과 72승을 거둔 불스를 제대로 막을 수 있겠느냐는 의미였다. 그런가 하면 NBC는 1차전 중계에 앞서 밥 커스타스는 이런 표현을 했다. "NBA 파이널 역사상 가장 엄청난 미스매치입니다."

소닉스는 시작부터 '언더독'으로 인식되고 있었던 것이다. 칼 감독의 고민이 깊은 이유는 또 있었다. 페이튼의 종아리 상태가 썩 좋지 않았다. 그래서 칼 감독은 페이튼을 조던에게 붙이지 않기로 결정했다. 공격도 해야 하는 입장에서 조던까지 막다 보

19. 아버지와 가족을 위해

면 더 많은 에너지를 쏟을 것이 뻔했기 때문이다. 당시 페이튼은 테이핑을 하고 나서야 간신히 자기 플레이를 할 수 있을 정도로 상태가 좋지 않았다.

페이튼은 팟캐스트 인터뷰에서 이렇게 돌아봤다. "저는 마이클과 매치하고 싶었어요. 하지만 장딴지 근육이 찢어진 상태였고, 조지 감독님은 제가 지치는 걸 바라지 않는다고 말씀하셨죠. 저는 재차 부탁했습니다. '제발요, 조던과 매치되게 해주시죠.' 하지만 조지는 원치 않았습니다. '시리즈는 길어질 거야. 그러니 한번 기다려보자'라고 했죠."

페이튼은 자신감이 있었다. 정규시즌 중에도 불스와 1승 1패를 기록했기에 크게 밀린다는 생각을 하지 않았다. 실제로 불스는 정규시즌 시애틀 원정 경기(1995년 11월 26일)에서 92-97로 패했다. 조던은 당시 22득점을 올렸지만, 야투 성공률이 31.6%에 불과했다. 반면 소닉스는 켐프와 페이튼이 51점을 합작했다. 비록 2번째 맞대결은 조던에게 35점을 내주면서 87-113으로 졌지만 이 정도면 길고 짧은 건 대봐야 알 수 있다는 자신감이 있었을 것이다. 게다가 하킴 올라주원의 휴스턴 로케츠, 칼 말론의 유타 재즈까지 꺾은 터였다.

그럼에도 칼 감독은 페이튼이 직접적으로 조던과 매치업시키지 않고, 조던을 귀찮게 하기 위한 다른 준비를 했다. 가급적 조던이 멀리서 공을 잡게 하고, 더블팀을 할 상황이라면 탑에서부터 강하게 압박해 다음 동작 연결에 애를 먹게 하라고 주문했다. 목표는 단 하나. 조던의 점수를 단 몇 점이라도 떨어뜨리는 것이었다. 이 무렵, 칼 감독과 페이튼은 조던을 두고 비슷한 말을 했다. "조던을 완벽하게 막진 못해요. 숫자를 줄이고, 슛을 최대한 억제하도록 노력하는 수밖에 없죠."

그래서 칼 감독은 1차전에서는 208cm의 데틀레프 슈렘프(Detlef Schrempf)가 메인으로 나서고, 허시 호킨스(Hersey Hawkins)가 도움 수비를 가는 식으로 작전을 세웠다. 호킨스로 하여금 다음 동작을 시작할 때 달라붙게 한 것이다. 호킨스뿐 아니라 데이비드 윈게이트, 페이튼, 심지어 켐프마저 조던의 길목을 지키면서 쉽사리 포스트업이나 돌파를 하지 못하도록 했다. 길게 봤을 때, 이는 조던을 지치게 하는 데 성공했지만 1차전만 봤을 때는 실패였다.

1차전은 107-90으로 불스의 대승이었다. 조던은 28득점을 기록했고, 소닉스는 답을 찾지 못했다. 조던은 야투 성공률이 다소 저조했지만, 피펜이 21득점을 거들고 매치업 이점을 누린 쿠코치가 18득점을 보태면서 상대를 박살냈다. 조던은 자신이 막힐 때면 귀신같이 상대의 더블팀으로 생긴 빈자리를 찾아냈다. 공이 안 들어갔을 때는? 그때는 데니스 로드맨이 등장했다.

경기 후 기자회견은 NBA 파이널 역사상 가장 혼잡했다는 후문이다. 34개국에서 200명이 넘는 기자들이 찾은 덕분이다. 외신 기자들은 호주(롱리), 크로아티아(쿠코치), 캐나다(웨닝턴), 독일(슈렘프) 등 자국 선수들을 조명하기도 했다. (5) 그 혼잡함 속에 웨닝턴은 특유의 평온한 말투로 말했다. "우리 팀은 약하지 않아요. 조던만 막겠다고 에너지를 쏟으면 다른 선수들이 나서서 상대를 꺾을 테니까요."

모두가 인정했다. 조던 때문에 힘을 다 뺀 탓에 다른 선수들에게도 계속 얻어맞은 것이다. 4쿼터에 슈렘프는 누구도 쫓아가지 못할 것처럼 보였다. 훗날 숀 켐프는 방송사 인터뷰에서 "시작부터 실수를 한 셈이었습니다. 우리는 데틀레프를 마이클에게 붙였는데 좋은 생각이 아니었던 것 같아요. 상대는 마이클 조던이었습니다. 누구든 더 나은 수비수를 붙였어야 했어요. 데틀레프가 문제가 아니라, 조던은 그 누구에게나 힘든 매치업 상대였으니까요"라고 돌아봤다.

1차전 승리에는 또 다른 수훈 선수가 있었다. 리바운드 13개와 허슬 플레이로 경기를 지배한 남자. 바로 로드맨이다. 불스는 8일 만에 경기를 치른 탓인지 미스가 유독 많았다. 그 와중에 그런 불안함, 초조함을 야생의 에너지로 전환시킨 선수가 바로 로드맨이었다. 반대로 소닉스 입장에서는 거슬리기 짝이 없는 대상이었다. 로드맨을 상대하던 프랭크 브리카우스키(Frank Brickowski)는 화를 주체하지 못한 채 플레그런트 파울을 범하고, 테크니컬 파울 누적으로 퇴장을 당했다. 소닉스에서는 망아지처럼 날뛰는 그의 에너지를 감당할 선수가 없었다.

로드맨의 진가는 2차전에서 더 잘 발휘됐다. 조던은 29득점을 올렸지만, 후반에는 야투 11개 중 3개를 넣는데 그쳤다. 소닉스의 집중 견제가 후반에 효과를 봤다. 이번에는 메인 수비수로 호킨스가 붙었으며, 로우포스트에서 포스트업을 쉽게 하지 못하도록 계속해서 몸 싸움을 했다. 때로는 페이튼이, 때로는 윈게이트가 몸을 바싹 붙었다. 조던은 특유의 민첩함으로 상대를 떼어놓고 오픈 찬스를 잡았지만 그야말로 그가 홀로 되는 시간은 '찰나'였을 뿐이었다. 그런 활동량을 가져가며 체력과 집중력을 유지하는 것이 가능할까 싶었다. 그럼에도 불스는 92-88로 이겼는데, NBA 파이널 기록인 공격 리바운드 11개를 잡아낸 로드맨이 있었기에 가능했다.

로드맨은 조던과 피펜은 물론이고, 롱리, 하퍼 등이 놓친 슛을 귀신같이 잡아내 세 컨 찬스로 연결시켰다. 새삼스럽지만 마치 볼이 어디로 튈지 미래를 보고 온 것마냥 몸을 날렸다. 몇 번이고 그에게 자리를 뺏기고 점프를 허용하자 소닉스 선수들은 화를 주체하지 못했다. 슈렘프는 실망한 나머지 타임아웃 때 의자를 걷어차기도 했다. 팬들은 로드맨의 그런 동작 하나하나를 사랑했다. 로드맨이 11번째 공격 리바운드를 잡아냈을 때의 환호는 덩크슛만큼이나 엄청났다. (6) 조지 칼은 경기 후 "오늘 MVP는 데니스 로드맨이었습니다"라며 고개를 가로저었다.

불스의 질주는 시애틀에서도 이어졌다. 3차전을 108-86으로 제압했다. 플레이오프 포함, 그 시즌 홈 경기 44승 5패를 기록 중이던 홈팀 소닉스에게는 실망, 그 자체였다. 1쿼터 34-16이 모든 것을 결정지었다. 조던은 2쿼터에 15점을 내리 넣는 등 36득점을 기록했고, '천덕꾸러기' 신세였던 룩 롱리가 19득점을 거들며 모두의 칭찬을 받았다.

"가끔 코트를 왔다갔다 하다 보면, 저도 모르게 미소를 짓게 됩니다. 관중석에 있는 사람들처럼 말입니다. 조던의 활약을 보고 있노라면 정말 즐겁습니다. 하지만 경기를 뛰는 입장에서는 위험한 일이기도 하죠. 감탄만 하고 있어서는 안 되잖아요." 롱리의 말이다.

1차전 당시 로드맨에게 말려 퇴장당했던 브리카우스키는 또다시 퇴장을 당했다. 박스아웃을 위해 로드맨을 밀어내는 동안 거친 행동을 했다는 이유다. 켐프도 힘이 되지 못했다. 불스는 3차전에서 켐프에게 더블팀을 들어가는 전략을 사용했다. 정규시즌은 물론이고 이전에는 거의 시도하지 않았던 방법이었다. 당황한 켐프는 이날 7개의 슈팅을 시도하는데 그쳤다. 42분을 뛴 것치고는 굉장히 적은 시도였다. 실망한 소닉스 팬 중에는 일찌감치 귀가하는 이들도 있었다.

조지 칼 감독은 "초반에 아주 수비가 잘 되고 있다고 생각했어요. 그런데 마이클이 '마이클'을 하기 시작하더군요"라며 입맛을 다셨다. 그 정확한 시점을 돌아보자. 조던이 소닉스를 좌절시킨 건 2쿼터였고, 소닉스 팬들에게 '이제 집에 가셔도 됩니다'라고 메시지를 보낸 건 4쿼터 초반이었다. 3쿼터에 점수차를 좁힌 소닉스를 상대로 내리 5점을 퍼부으며 다시 20점차를 만들었던 것이다.

시리즈 전적 3승 0패. 이제 누구도 시리즈가 길어질 거라고 예상하지 않았다. 당시 기준으로 NBA가 배포한 자료를 본다면, 여태껏 0승 3패를 뒤집고 우승한 팀은 단 1팀도 없었다. 6차전까지 간 사례는 1949년 미니애폴리스 레이커스, 7차전까지 간 건 1951년 로체스터 로열스가 전부였다. 어찌 됐든 승부가 뒤집힌 적은 없었다. 조던도 여유가 있었다.

"원정 경기가 차라리 더 집중이 잘 됩니다. 티켓 좀 구해달라는 요청에서도 벗어날 수가 있죠. 원정 길에서 동료들과 함께 하며 더 나아질 수 있습니다. 이곳은 글로브(게리 페이튼)의 홈이었습니다. 팬들이 적대적일 거라 예상은 하고 있었어요. 하지만 신경쓰지 않고 제 농구에만 집중했죠. 사실, 저는 이런 분위기가 더 좋아요. 그저 모든 걸 차단하고 농구에만 집중하면 되거든요."

악몽의 시작

"4차전에서 질 수도 있을 거 같나요?"

한 기자는 불스 선수들에게 이렇게 물었다. 도저히 질 거 같은 분위기가 아니었기에 했던 질문일 것이다. 룩 롱리는 자신감을 내비쳤다. "마이클, 스카티, 필(잭슨), 데니스 등 우리 팀에는 아주 특별한 리더 그룹이 있습니다. 만약 다음 경기에 우리가 집중하지 못하면 많이 당황스러울 것 같습니다. 우리는 시즌 내내 엄청난 집중력을 유지해왔어요. 우리 팀의 강점이기도 하죠. 우리가 72승이나 거둔 이유이기도 합니다."

그러나 피펜은 아니었다. 여전히 신중했다. "소닉스가 쉽게 포기할 팀은 아니잖아요. 4차전은 정말 중요한 승부가 될 것입니다. 이 팀은 호시탐탐 우리에게서 실책을 유도하려고 하고 있습니다. 다음 경기는 더 실책을 조심해야만 할 것입니다."

피펜의 우려는 현실이 됐다. 상황은 조금씩 변하고 있었다. 정확히 말하면 '선수들의 몸 상태에 따라' 상황이 바뀌기 시작한 것이다. 3차전 직후 페이튼은 칼 감독을 찾아갔다. 더 잃을 것이 없으니 자신이 조던을 막게 해달라고 한 것이다.

칼 감독은 이번에는 수락했다. 마침 지원군이 돌아온 덕분이다. 뒤늦게 소개한다. 바로 네이트 맥밀란(Nate McMillan)이다. 최근 NBA를 보기 시작한 팬들에게 맥밀란은 감독이자 코치로 기억될 것이다. 그러나 소닉스 팬들이라면 맥밀란을 모를 수 없다. 별명이 '미스터 소닉(Mr. Sonic)'일 정도로 시애틀 팬들로부터 많은 사랑을 받아왔다. 원 클럽맨이기도 한 맥밀란은 성실한 자세와 투철한 수비로 신망이 두터웠다.

그러나 파이널 1차전 허리에 통증을 느끼고 6분 만에 코트를 떠난 뒤 2차전과 3차전을 내리 뛰지 못했다. 맥밀란의 공백은 수비뿐 아니라 공격에서도 이어졌다. 페이튼이 지친 몸으로 집중 견제를 받다 보니 볼 운반 및 배급의 부담을 덜어줄 선수가 없었던 것이다. 사실 맥밀란도 100% 컨디션은 아니었다. 그러나 지금은 가만히 보고 있을 때가 아니었다. 맥밀란도 어떻게든 도움이 되고 싶다고 나선 상황. 칼 감독은 마지막 카드로 조던에 대한 매치업 조정을 단행했다.

"시리즈를 돌아보면 스카티가 게리에게 붙고 평소보다 더 자주 트랩을 들어갔습니다. 그들은 게리 손에서 공이 떨어지기만을 기다렸죠. 우리는 그를 도울 다른 포인트 가드가 없었습니다." 맥밀란이 부상에도 불구하고 코트로 돌아온 이유다.

반대로 불스 표정이 바뀌었다. 론 하퍼의 무릎이 안 좋아지기 시작한 것이다. 1995-1996시즌 하퍼의 평균 득점은 7.4득점. 3점슛은 26.9% 정도였다. 아무리 조던이 있다고 해도 주전 백코트의 성적으로 보기에는 부족한 점이 있었다. 그럼에도 필잭슨 감독이 하퍼의 식스맨 기용을 고려조차 하지 않은 이유는 수비와 영리함 때문이었다. 하퍼가 상대 백코트를 함께 압박해준 덕분에 조던은 체력적인 부담을 덜 수 있었다.

공격에서는 트라이앵글 오펜스를 잘 이해해준 덕분에 동선이 겹치는 일 없이 공격을 전개할 수 있었다. 하퍼 역시 한때는 평균 20득점을 우습게 넘겼던 스코어러였기에 득점에 욕심을 낼 법도 했지만, 불스에서는 놀라울 만큼 팀에 잘 녹아들어 이런 우려를 씻어주었다. 그런 하퍼가 3차전에 통증을 호소하기 시작했다. 4차전과 5차전에 그는 각각 13분, 1분만을 소화했고 그 사이 불스는 2패를 추가했다.

소닉스는 4차전을 107-86으로 대파하며 자존심을 세웠다. 불스가 10점 차 이상으로 진 것은 1996년 3월 10일 뉴욕 원정 경기 이후 처음 있는 날이었다. 예상대로 맥밀란이 스파크를 일으켜 주었다. 이날 경기 후 기자회견에서 칼 감독은 "네이트가 제게 와서 뛰겠다고 하더군요. 긴 시간을 소화할 거란 기대는 하지 않았습니다. 하지만 그 짧은 시간만으로도 충분히 판타스틱했습니다"라고 흡족해했다.

시애틀 현지에서는 페이튼이 소닉스를 뛰게 하는 심장이라면 맥밀란은 소닉스의 영혼, 그 자체라는 말이 있었다. 비록 평균 20점 이상을 올리는 대형 스코어러는 아니었지만 코트에서 함께 숨 쉬는 것만으로도 선수들은 힘을 얻었던 것이다.

맥밀란에게서 가장 큰 도움을 받은 선수는 페이튼이었다. 마음먹고 조던을 괴롭혔다. 페이튼은 굉장히 낮은 자세로 조던에게 달라붙었다. 그러자 외곽의 동료들이 조던에게 공을 주는 것을 꺼려하는 상황이 발생했다. 페이튼의 트래시토크도 빼놓을 수 없다. 2004년 여름, 필자는 한국을 찾은 페이튼의 몇몇 일정을 동행한 적이 있다. 그는 잠시도 입을 쉬지 않았다. 심지어 친구와 탁구를 치는 동안에도 말을 멈추지 않았다. 아마도 조던 입장에서는 거슬리기 짝이 없었을 것이다.

조던의 리듬이 깨지자 불스 전체의 리듬이 깨졌다. 실책도 많았고 외곽슛도 저조했다. 2쿼터에 불스는 11점에 묶였는데 이는 NBA 파이널 사상 2쿼터 최저 득점 기록이었다. (7) 조던이 주춤한 사이 켐프는 덩크 리사이틀을 가졌다. 특유의 탄력과 힘을 앞세워 인사이드를 지배했다. 골대 바로 밑에서 패스를 받고 그 자리에서 뛰어올라 룩 롱리 앞에서 투 핸드 인 유어 페이스 덩크를 꽂았을 때 소닉스 홈구장 키 아레나(Key Arena)의 데시벨은 최고 한도로 치솟았다. 기를 살려줬다.

"매우 실망스러운 오후였습니다. 이 실망스러움이 한 경기에 그치길 기대할 뿐입니다. 그들을 얕보는 것은 아니지만 우리도 충분히 만회할 수 있다는 자신감을 갖고 있습니다." 조던의 말이다.

경기 후, 현장에서는 조던에게 이런 질문도 했다.

"스윕(4-0)으로 우승하지 못한 것이 불스가 역대 최고의 팀으로 인정받는 데 오점으로 남진 않을까요?"
"잘 모르겠네요. 그건 여러분(미디어)이 결정할 사항이지요. 우리는 결코 우리 스스로 '역대 최고의 팀'이라는 라벨을 붙여본 적이 없습니다. 그건 우리가 결정할 게 아니라고 생각해요. 그저 우리는 경기를 할 뿐입니다."

방심과 준비도 주제였다. 상대가 거세게 저항할 것이라는 예상을 하지 못했거나, 혹은 과소평가한 것이 아니냐는 것인데, 조던은 이에 대해 그다지 기분 좋게 받아들이진 않았다. "긴장이 풀어졌다는 생각을 하진 않아요. 오늘 우리가 시리즈를 끝낼 기회가 있다고 생각한 것은 사실입니다. 다만 오늘은 슛을 잘 못 던졌을 뿐이죠. 우리 모두가 말이죠. 이걸 경험 삼아 앞으로 나아가면 됩니다."

차분한 멘트와 달리, 조던은 4차전을 치르면서 여러 차례 조급함과 예민함을 보였다. 특히 판정에 대해 그랬다. 시작은 2쿼터 중반이었다. 조던은 자신을 앞질러 수비하던 호킨스를 기습적으로 떼어놓고 빙글 돌아 랍 패스를 받았다. 그런데 이 과정에서 휘슬이 불렸다. 호킨스를 밀고 떴다는 것. 조던은 화를 참지 못한 채 맹렬하게 항의했고 테크니컬 파울이 불렸다.

이어 그는 후반에 레이업을 올라가던 데이비드 윈게이트(David Wingate)를 공중에서 쳤고, 윈게이트는 바닥에 크게 떨어졌다. 자칫했으면 큰 부상으로 이어질 법했던 상황이었다. 조던에게는 플레그런트 파울이 선언됐다. 사실 오늘날처럼 카메라가 많고 소셜 미디어가 발달했다면 더 큰 논란이 됐을 법한 플레이였다. 이때는 조던도 가벼운 항의 후 넘어갔다.

문제는 경기 후반이었다. 윙에서 공격을 시작할 무렵 그에게 더블 드리블이 선언된 것이다. 조던은 심판 빌 오크스(Bill Oakes)에게 강력하게 항의했다. 분명 화가 많이 나 보였다.

승패가 사실상 결정된 시점(76-99)이었기 때문일까. 조던에게는 아무런 조치가 취해지지 않았다. 칼 감독은 심판이 그냥 넘어간 것이 만족스럽지 않았던 것 같다. "그 선수가 마이클 조던이 아니었다면 아마 당장 퇴장당했을 것입니다." 샘 퍼킨스도 "심판의 미스(miss)도 게임의 일부입니다. 심판도, 조던도 사람이잖아요. 나도 어쩌면 똑같은 반응을 보였을 겁니다. 하지만 저라면 아마 테크니컬 파울이 선언됐거나 퇴장당했겠죠."

그러나 조던은 "내가 특별대우를 받고 있다면 왜 내게 테크니컬 파울과 플레그런트 파울을 선언했을까요?"라며 반문했다. 오히려 그는 심판의 해명에 더 화가 났다고 했다. "그건 헤지테이션 무브였어요. 일반적인 것이었습니다. 더 화나게 했던 건 심판 (조이 크로포드)의 말이었어요. 자신이 잘못 봤을 수도 있다고요. 그게 제 화를 돋웠습니다."

미뤄진 우승 파티

조던 입장에서 이러한 기분 나쁜 경험은 1번으로 끝나지 않았다. 시애틀에서 연이어 열린 5차전. 불스는 78-89로 패하며 우승 행사를 한 번 더 미뤄야 했다. 칼 감독은 5차전 승리 후 기쁨을 주체하지 못했다. "저는 우리 팀의 저력을 믿고 있었습니다."

현장에는 곧 있을 '아버지의 날'을 앞두고 그의 부친이 깜짝 방문했다. 그는 아버지에게 농구 감독으로서 치를 수 있는 가장 큰 무대에서 승리하는 모습을 보인 것을 자랑스러워했다. 같은 상대와 내리 맞붙는 단기전. 정규시즌 2번을 포함해 총 6번을 마주하다 보니 소닉스 선수들도 면역이 생겼던 것일까. 더욱 터프하게 불스를 몰아붙였고 시리즈는 체력전 양상으로 흘러갔다.

조던은 26득점을 기록했지만 4쿼터에 단 2점에 그쳤다. 소닉스를 상대한다는 것은 페이튼의 강한 압박을 이겨내는 것뿐 아니라 인사이드에서 림 프로텍터(rim protector)로 나서는 캠프를 마주해야 한다는 것을 의미했다. 야투 기회가 쉽게 찾아오지 않았다. 그 역시 수비에서도 페이튼을 맡아야 했기에 지치고 있었다. 피펜, 쿠코치, 커 등 외곽슛을 던져줘야 할 선수들도 침묵했다. 불스는 3점슛 20개를 연달아 실패했다. 4차전에서 25%의 3점슛 성공률에 그쳤던 불스의 슈팅 컨디션은 더 악화되었다. 5차전 성공률은 겨우 11.5%로 26개 중 23개가 빗나갔다.

물론 불스가 무기력하게 물러난 것은 아니었다. 지속적으로 스코어링 런을 만들며 쫓아갔다. 한때 13점 차까지 벌어졌던 경기는 4쿼터 2분여를 남기고 78-84, 6점 차까지 좁혀졌다. 그러나 추격전은 더 이뤄지지 않았다.

캠프와 페이튼은 "우리 팬들 앞에서 저들이 신나게 파티하는 모습을 보고만 있을 수 없었습니다"라며 의지를 불태웠다. 허시 호킨스도 "우리 홈에서 그들이 축하하는 것만은 보지 않아 다행이었습니다. 그게 제일 중요했어요. 그래서 오늘은 더 적극적이고 공격적으로 나섰습니다"라며 흐뭇해했다.

반면, 잭슨 감독은 하퍼의 공백이 생각보다 컸음을 인정했다. "아마도 우리 선수들의 체력이 많이 떨어진 것 같습니다. 하퍼가 뛰지 않은 것이 아쉬웠습니다. 볼 핸들링을 돕고 저들을 압박할 자원이 없었습니다. 여기 오면서 우리는 1경기를 반드시 잡자는 목표가 있었습니다. 3차전은 계획대로 잡았지만 이어진 2경기를 모두 내주고 말았네요."

1~3차전까지는 페이튼에게 지원군이 없었다. 반대로 5차전에서는 조던의 지원군이 없었다. 정말 지쳐 힘들 때 단 몇 번이라도 부담을 함께 나눠줄 파트너가 있어야 하는데, 필 잭슨 감독의 말처럼 하퍼의 공백이 이때 드러났던 것이다. 칼 감독도 이 부분을 포인트로 잡았다. "4쿼터에 게리(페이튼)의 체력이 바닥난 상태였어요. 그래서 호킨스를 조던에게 붙여봤습니다. 그리고 정말 잘 해줬죠. 하지만 전체적으로 봤을 때는 우리 팀 전체가 조던에게 잘 대항했습니다. 그를 막는 건 개인의 역량으로 불가능한 일입니다."

그렇다면 호킨스의 생각은 어땠을까. 호킨스 역시 "마이클이 빠르게 슛을 던지지 못하도록 막으셨습니다. 그를 불편하게 해서 패스하도록 만들었죠. 마이클 대신 다른 누군가가 슛을 던지게 하는 것이 전략이었습니다"라고 답했다.

어느덧 3승 2패. 수월하게 끝날 것 같던 시리즈가 6차전까지 왔다. 조던이 가장 기피했던 그 날에 경기를 한 번 더 하게 되었음을 의미한다.

"1차전을 이겼을 때, 우리는 이곳(시애틀)에서 시리즈를 끝내고 싶었습니다. 그렇지만 그런 일은 일어나지 않았네요. 소닉스가 그들 홈을 잘 사수했다고 생각합니다. 팬들도 그들에게 큰 힘이 되어줬고요. 그 부분은 인정하지 않을 수 없습니다. 우리는 실망스러웠지만요." 조던의 말이다.

완곡한 표현과는 달리, 경기 후 조던의 행동은 무척 거칠었다. 홀로 쓰는 숙소 방에 들어와 엄청나게 분노를 쏟아냈던 것이다. 주변인들은 평소 경기를 졌을 때 그 이상의 분노였다고 돌아봤다. 5차전에서 조던은 19개 슛 중 13개를 놓쳤고 불스도 18개의 실책을 범했다. 이 광경을 지켜본 말론 코치는 오히려 소닉스 걱정을 했다는 후문이다.

"6차전에서 시카고의 열기는 더 치솟을 겁니다. 조던이 2경기 연속으로 그런 식의 경기를 한 적은 없었으니까요." 누구보다 조던을 잘 알고 있었던 말론, 그 예상은 틀리지 않았다. 다만 이번에는 조던만이 아닌, 팀 불스가 함께 일어섰다. 말론과 피스톤스가 불스를 쥐락펴락 했던 1980년대 후반과 가장 다른 점이 아니었을까.

대관식은 없었다

1995년 6월 16일. 한국에는 없는 아버지의 날. 그랬기에 'HAPPY FATHER'S DAY'라는 문구가 어색하게만 느껴졌던 학창 시절이었다. 하지만 필자도 나이가 들어 가정이 생기고, 시간이 흘러 아버지를 하늘로 떠나보내고 나니 '아버지의 날'과 그 의미가 각 가정에 어떤 의미를 주는지 조금이나마 알 수 있을 것 같다.

아버지의 날을 기념하는 피켓이 중계 여기저기 잡히던 그날. 조던은 다소 긴장한 표정으로 코트에 섰다. 이 경기마저 진다면 7차전에 가야 한다. 불스는 여태껏 파이널을 7차전까지 간 경험이 없었다.

홈으로 돌아온 불스의 분위기는 4~5차전과 달랐다. 양 팀 모두 체력적으로는 지친 상태였다. 5차전과 6차전의 간격이 길지 않았기 때문이다. 4차전은 6월 12일, 5차전은 6월 14일에 열렸다. 이동 때문에 하루를 꼬박 버렸다는 점을 감안하면 선수들의 회복이 관건이었다. 필 잭슨 감독도 "체력이 가장 큰 걱정거리"라고 말했을 정도였다.

그러나 조던의 각오가 남달랐다. 아버지 없이 맞은 생애 중요한 날. 그에게는 아버지 외에도 '아버지의 날을 축하해요'라는 피켓을 들고 경기장을 찾은 아내와 자녀들도 있었다. 스스로 중요한 날을 망치지 않겠다는 의지가 강했다.

조던은 22득점 9리바운드 7어시스트를 기록하며 팀의 4번째 우승(87-75)을 주도한다. 파이널 MVP는 당연히 조던의 몫이었다. 그는 정규시즌, 올스타, 파이널 MVP를 싹쓸이한 역대 2번째 선수가 됐다. (8)

론 하퍼의 컴백은 조던을 수월하게 해주었다. 수비에서 부담을 덜어주고, 미드레인지와 외곽에서 상대 허를 찔렀다.

"이 팀에서 론이 얼마나 큰 존재인지 이루 말할 수 없습니다. 제가 컴백할 때만 해도 그는 많이 실망스러워 했습니다. 왜냐면 저의 복귀로 인해 그가 벤치로 내려가야 했으니까요. 아마 소속감을 갖지 못했을지도 모릅니다. 그러나 올 시즌은 스스로를 붙잡고 기어를 올렸습니다. 오프시즌 동안 팀에 녹아들기 위해 애썼고, 덕분에 핵심 요소가 됐습니다. 오늘밤 그는 이 팀에서 자신이 얼마나 중요한 존재인지 보여줬습

니다. 정말 열심히 뛰었고, 우리 팀의 핵심 수비수가 되었습니다." 조던의 말이다. (9)

로드맨은 필요할 때마다 솟구쳐오르며 상대와의 기 싸움에서 우위를 점했다. 로드맨이 이날 잡아낸 공격 리바운드만 무려 11개였다. 이날은 조던과 피펜이 외곽으로 빼주는 패스도 제법 어시스트로 연결됐다. 불스는 25개의 3점슛 중 9개가 들어갔다. 이쯤 되면 집중 견제가 의미가 없어진다.

경기는 2쿼터에 벌어지기 시작했다. 1쿼터만 해도 24-18으로 제법 잘 버텼던 소닉스였지만 피펜까지 적극적으로 가세한 불스의 전력 질주는 쫓아가기 힘들었다. 2쿼터 후반 12점 차(41-29)까지 벌어졌는데, 그 뒤 반전은 일어나지 않았다. 후반에 점수는 더 벌어졌고 소닉스는 맥밀란이 다시 허리에 통증을 느껴 많은 시간을 소화하지 못했다. 그 와중에 9-0 스코어링 런을 펼치며 마지막 자존심을 보였지만, 고비가 된 4쿼터에 켐프가 6번째 파울을 범하면서 마지막 동력이 꺼지고 말았다.

이때는 로드맨이 큰 역할을 했다. 켐프로부터 파울을 얻고 2번이나 쿠코치의 3점 슛을 끌어냈다. 슈렘프는 "로드맨은 또 우리를 망쳤습니다. 많은 세컨 찬스를 잃었습니다. 그를 상대하느라 에너지를 많이 뺏겼습니다"라며 허탈해했다. 칼 감독도 동의했다. "2차전과 오늘은 로드맨의 밤이었습니다. 불스 우승의 원동력이 됐죠."

로드맨은 그렇게 디트로이트 시절 이후 첫 우승을 거머쥐었다. 마침내 자기 진가를 알아주는 지도자를 다시 만나 핵심 자원이 된 것이다. "지난 4년간 많은 변화로 힘들었던 시기가 있었습니다. 잘 견뎌내니 이렇게 오늘처럼 이런 우승 소감을 전할 날이 오네요." 로드맨의 말이다.

한때는 죽도록 미워했던 상대를 동료로 품은 조던과 피펜이지만, 결국 서로 장점을 존중하자 하나의 팀으로 실력 발휘를 한 것이다. 비슷한 대상이 하나 더 있다. 비록 파이널 기록은 남기지 못했지만, 로스터의 한 자리를 차지하며 센터들의 기량 발전을 도왔던 베테랑 빅맨 제임스 에드워즈. 우승 후, 에드워즈는 이렇게 표현했다. 조던이 우리를 약속의 땅으로 인도해주었네!

"조던을 상대하다가 같이 뛰어보니 어땠습니까?"

"다른 쪽에 있는 것보다야 같은 편에 있는 게 낫죠. 믿을 수 없이 놀라운 친구입니다. MVP잖아요. 돌아와서 자신이 그걸 해낼 수 있다는 걸 증명했죠. 1년 내내 그가 이끄는 길을 잘 따라갔습니다. 그는 우리를 약속의 땅에 인도해주었습니다."

그렇게 약속의 땅에 도달했을 때, 조던은 공을 끌어안은 채 플로어에 누웠다. 랜디 브라운이 그 감격의 순간을 함께 했다. 무엇보다 사람들을 놀라게 한 순간이 있다. 바로 라커룸 바닥에 누워 오열할 때였다. 아마도 하늘로 떠난 아버지를 떠올렸을 것이다. 기자들과 동료들은 냉철하기 짝이 없던 승부사가 눈물을 흘리던 남자가 아이처럼 'father'가 아닌 'daddy'라고 표현하는 장면이 낯설었다고 회고한다(그러나 기자회견에서는 언제 그랬냐는 듯 다시 'father'라고 표현했다).

또 하나는 컴백 후 다시 정상의 자리에 서고자 했던 조던의 목표가 이뤄졌다는 점, 그 와중에 트레이닝 캠프 첫날부터 의도치 않게 주어진 70승이라는 미션도 조던에게는 부담 중 하나였다. 70승을 거둔 팀이 파이널에서 업셋을 당한다는 것도 용납되지 않았을 것이다. 그런 힘든 미션을 생애 가장 힘든 날인 '아버지의 날'에 달성했으니 감정이 북받쳐 올랐던 것이다. 스스로도 '농구를 시작한 이래 경기하기 가장 힘들었던 날'이라고 했으니 말이다.

"종종 예전의 그 위치로 돌아갈 것이라는 확신을 하지 못할 때가 있었습니다. 그러나 가족과 친구들의 지지가 저를 이끌어 주었습니다. 제 아내와 아이들도요. 아내는 매일 제게 힘을 주었죠. 어떤 날은 저도 일어나서 훈련하러 가기 싫을 때가 있습니다. 그럴 때면 늘 아내가 한마디 해주었죠. 알람을 맞춰서 일어나게 했습니다."

이어 조던에게 재밌는 질문이 두 개 던져졌다.

"지난 3번의 우승(1991~1993년)을 거머쥔 팀과 비교해본다면 어떻습니까?"
"적절한 비교가 아닌 거 같습니다. 그래도 여러분들은 비교를 하시겠지만요(조던은 기자회견장에서 기자들을 지칭할 때 'you guys'라 부르는 걸 좋아했다). 이 팀(72승 10패)은 대단히 경이로웠습니다. 짧은 시간에 하나로 뭉쳐 정말 엄청난 일을 해냈습니다. 첫 3연패 팀은 상황이 달랐어요. 3연패를 함께 했던 팀은 가족과 같았습니다. 다 같이 많은 일을 겪었죠. 3번의 우승을 거머쥐기 전에 좌절도 많이 있었잖아요."

"그렇다면 다음 시즌에도 우승할 수 있을까요?"

"장담하진 않겠습니다. 무엇보다 다 함께 하고 싶어요. 그러면 우승에 도전할 수 있을 것입니다."

조던은 다시 명예롭게 정상에 올랐다. 복수에 성공했고, 득점왕에 3개의 MVP 트로피, 그리고 대기록을 달성했다. 다음 숙제는 '전력 유지'였다. 그리고 조던이 그 유지를 위한 조건으로 던진 마지막 코멘트는 우승의 여흥이 가시기도 전에 오프시즌 최고의 화두가 되어가고 있었다.

🏀 주석

(1) 호레이스 그랜트는 1차전 도중 팔꿈치 부상을 당해 잔여 시리즈를 아예 나서지 못했다. 샤킬 오 닐은 이 플레이오프를 끝으로 자유계약 선수가 됐고, LA 레이커스로 이적했다.

(2) 1967년에 창단한 시애틀 슈퍼소닉스는 1979년, 워싱턴 불레츠(현 위저즈)를 상대로 4승 1패를 기록하며, 처음이자 마지막 우승을 거머쥐었다. 두 팀은 이듬해에도 파이널에 만났지만 이때는 불레츠에 승리를 내줬다.

(3) 1번 시드 팀이 1라운드에서 탈락한 건 1994년 플레이오프가 처음이었다. 8번 시드 너게츠에 3 승 2패로 패하며 불명예 역사를 썼다. 그 뒤 1999년 8번 시드 뉴욕 닉스가 1번 시드 마이애미 히 트를 꺾는 이변(3승 2패)을 일으켰다. 1라운드 시리즈가 7전 4선승제로 바뀐 뒤에는 2007년 8번 시드 골든스테이트 워리어스가 1번 시드 댈러스 매버릭스에 4승 2패로 승리해 드라마를 썼으며, 2011년에는 8번 시드 멤피스 그리즐리스가 1번 시드 샌안토니오 스퍼스에 이겼다. 2012년 필라 델피아 세븐티식서스, 2023년 마이애미 히트도 각각 시카고 불스와 밀워키 벅스를 탈락시키며 '8 번 시드'의 파란을 일으켰다.

(4) 1987년 드래프트에서 피펜을 5순위로 뽑은 팀은 소닉스였다. 그러나 이는 사전에 합의된 지명으 로, 그 직후 불스가 8순위로 선발한 센터 올든 팔러니스와 트레이드됐다. 불스는 드래프트 지명권 도 함께 넘겼다.

(5) NBA는 당시 세계로 발을 뻗어가던 상태였지만, 이때만 해도 비-미국 국적 선수가 많이 뛰지는 않 았다. 전체 팀 통틀어 25개국에서 선수가 진출해 있었는데 NBA 역대 기록이었다. 2024-2025시 즌 개막전 기준으로 NBA에 등록된 선수의 국적은 미국 포함, 총 126개국이다.

(6) 로드맨이 공격 리바운드 11개를 잡기에 앞서 엘빈 헤이즈(Elvin Hayes)가 1979년 NBA 파이널에 서 같은 기록을 세웠다. 공교롭게도 이때 상대도 시애틀 슈퍼소닉스였다. 이 기록은 파이널 한 경 기 최다 공격 리바운드 기록으로 남았고 아직도 깨지지 않고 있다.

(7) 1974년 5월 5일, 보스턴 셀틱스는 밀워키 벅스와의 4차전 2쿼터에서 단 12점에 그쳤다. 경기도 89-97로 졌다. 당시 밀워키에는 카림 압둘자바가 있었는데 그는 48분을 풀타임 소화하며 셀틱스 를 방해했다. 불스는 이날 3점슛 24개 중 18개를 미스했다. 성공률은 겨우 25%. 반대로 소닉스 는 3점슛 17개 중 9개를 적중시켰다.

(8) 윌리스 리드는 1969-1970시즌에 정규시즌, 올스타, 파이널 MVP를 모두 거머쥐는 '트리플 크라운'을 달성했다. NBA 역대 최초였다. 리드는 이 시즌에 뉴욕 닉스를 우승으로 이끌었고, 올 NBA 퍼스트 팀과 올 디펜시브 퍼스트 팀에도 이름을 올렸다. 파이널 7차전 당시 리드는 장딴지 부상으로 경기 출전이 어려운 상황이었지만, 부상을 감수하고 경기에 나서 박수 갈채를 받았다. 이날 올린 점수는 겨우 4점 3리바운드였지만, 그가 코트에 나섰다는 것만으로 동료들에게 큰 울림을 주었다. 한편 조던의 1996년 올스타 MVP는 많은 논란이 되기도 했다. 이날 올스타전에서 더 주목을 받았던 선수는 샤킬 오닐이었는데, 투표가 일찌감치 종료됨에 따라 오닐의 활약상이 반영되지 않았다. 그래서일까. 조던의 MVP 트로피 수여식에는 흔치 않게 야유가 나오기도 했다.

(9) 론 하퍼는 2009년에 가진 필자와의 인터뷰에서 "첫 번째 우승반지를 차지했을 때가 가장 기억에 남습니다. 그 당시 우승 순간은 그야말로 '와우'라는 말밖에 할 수 없었죠. 어릴 적부터 너무도 꿈꿔왔던 순간이었으니까요. 이후에도 시카고에서 우승했던 매 순간이 기억에 남지만, 첫 우승이 가장 짜릿했습니다"라고 돌아봤다.

GAME INFO

날짜	1997년 6월 11일
장소	유타주 솔트레이크 시티 델타 센터
시즌	1996-1997시즌 NBA 플레이오프 파이널
경기의 중요성	★★★★★
착용 농구화	나이키 에어 조던 12

SCORE

팀	1Q	2Q	3Q	4Q	최종
불스	16	33	18	23	90
재즈	23	24	19	16	88

MJ's STATS

출전시간	득점	야투	자유투	리바운드	어시스트	스틸	블록	실책	파울
44'00"	38	13-27	10-12	7	5	3	1	3	3

20. 농구황제의 FLU GAME

1996-1997시즌 파이널 5차전

CHICAGO
BULLS

시카고 불스

VS

유타 재즈

1996년 여름은 선수들의 계속된 이적으로 시장이 활활 타올랐다. 이슈가 끊이지 않았다. 뉴욕 닉스가 시장의 큰손이 됐다. 샬럿 호네츠와의 트레이드를 통해 올스타 포워드 래리 존슨(Larry Johnson)을 영입했다. 대신 닉스하면 떠올랐던 '허슬'의 대표 주자였던 앤써니 메이슨이 브래드 로하스(Brad Lohaus)와 호네츠로 팀을 옮겼다. 주전 포인트가드 데릭 하퍼(Derek Harper)도 웨이버 됐다. 대신 슈터 앨런 휴스턴(Allan Houston)과 가드 크리스 차일즈(Chirs Childs)가 합류했다. 두 선수는 각자 전 소속팀에서의 활약 덕분에 주가가 올라간 상태였다. 자유계약 선수 시장에서도 대우를 받을 수 있었다.

샤킬 오닐과 디켐베 무톰보는 각각 컨퍼런스를 옮겼다. 오닐은 동부 컨퍼런스의 올랜도 매직에서 LA 레이커스로, 무톰보는 서부 덴버 너게츠에서 동부의 애틀랜타 호크스로 팀을 옮기며 판도 변동을 예고했다. 오닐을 잃은 매직은 유타 재즈에서 뛰던 펠튼 스펜서(Felton Spencer)를 트레이드로 영입하면서 1999년 1라운드 지명권을 건넨다. 3년 뒤 사용될 지명권의 운명을 누가 감히 예측할 수 있을까. 재즈는 이 지명권으로 러시아 출신의 'AK47' 안드레이 키릴렌코(Andrei Kirienko)를 지명해 초석을 다졌다.

그런가 하면 1996년은 1990년대 초반 팀을 이끈 '산업 역군'들의 대거 이동도 눈길을 끌었다. 클리블랜드 캐벌리어스하면 떠올랐던 포인트가드 마크 프라이스는 골든 스테이트 워리어스로 이적했고, 포틀랜드 트레일 블레이저스의 대표 가드 로드 스트릭랜드(Rod Strickland)는 워싱턴 불레츠로 팀을 옮겼다.

오닐만큼이나 충격적이었던 소식은 바로 찰스 바클리의 이적이었다. 1992-1993 시즌 합류 이래 우승 의욕에 불탔던 바클리는 우승을 갈망하며 휴스턴 로케츠로 이적했다. 그렇게 로케츠는 하킴 올라주원-클라이드 드렉슬러-바클리로 이어지는 레전드 3인방을 구축하며 불스에 도전장을 내밀었다. 출혈이 적진 않았다. 로버트 오리(Robert Horry), 마크 브라이언트(Mark Bryant), 샘 카셀(Sam Cassell), 처키 브라운(Chucky Brown) 등 핵심 자원 4명을 내줘야 했기 때문이다.

지각변동이 이렇게 일어나는 동안 불스는 잠잠했다. 불스의 목표는 우승 멤버 유지였다. 즉, 아무 일도 일어나지 않는 것이 희소식이었던 셈. 이 가운데, 조던은 거의 '봉사' 수준에 가까웠던 이전 계약이 끝나면서 자유계약 선수가 됐다. 조던은 1988년

9월에 8년 2,570만 달러 계약을 맺었으며 1995-1996시즌 연봉은 385만 달러였다. 이미 이 시즌에 400만 달러 이상을 버는 선수가 27명이나 있었으니 조던의 연봉 규모가 얼마나 작았는지 체감이 될 것이다.

언제나 그랬듯이, 미디어들은 실현 가능성이 적은 시나리오를 쏟아냈지만, 조던은 1996년 7월 24일, 불스와 계약 기간 1년에 3,014만 달러에 재계약을 체결했다. 파격적인 규모였지만 누구도 이의를 제기하지 않았다. 경기장 안팎에서의 영향력은 이미 충분히 입증됐으니 말이다. 함께 자유계약 선수가 된 데니스 로드맨도 1년 900만 달러에 계약을 맺었다.

그 외 불스의 큰 영입은 없었다. 은퇴를 목전에 둔 로버트 패리시가 합류했는데, 이는 게임을 위한 전력 보강이라기보다는 젊은 빅맨들의 멘토 역할을 위한 보강이었다. 1976년 NBA에 데뷔한 패리시는 보스턴 셀틱스의 주전 센터로서, 1980년대에 누구보다 많이 이겨봤고, 내로라하는 슈퍼스타들 사이에서 명성을 떨친 인물이다. 또한 1996년까지도 선수 생활을 이어갈 정도로 자기 관리에 있어서도 최고의 선수였다. 불스 구단은 불스의 젊은 선수들이 조던, 로드맨, 피펜이라는 거물들 틈에서 자기 영역을 찾는데 있어 패리시가 좋은 교재가 될 것이라 봤던 것이다.

69승 13패

1995-1996시즌에 이어 1996-1997시즌도 승승장구했다. 12연승으로 시즌을 시작해 첫 20경기에서 17승 3패였다. (1) 피펜이 1996년 애틀랜타올림픽 여파로 100% 컨디션이 아니었음을 감안하면 출발이 무척 훌륭했다. (2)

불스는 2시즌 연속 70승에 도달하진 못했지만, 69승 13패라는 충분히 역사적인 기록을 남겼다. 불스가 72승을 달성하기 전까지 한 시즌 최다승 기록이 바로 69승이었으니 역대 2위였던 셈이다. (3)

물론, 아무 걸림돌이 없었던 것은 아니다. 승리하는 동안 불스는 인내하고 이해하는 방법도 배워야 했다. 로드맨 탓이다. 로드맨이 종종 범하는 일탈이 논란이 됐다. 아래 벌금 내역만 봐도 어질어질하다.

- 1996년 12월 10일: 심판 비난으로 2경기 징계

- 1997년 1월 17일: 경기 중 카메라맨을 발로 차 11경기 출전정지 + 25,000달러 벌금
- 1997년 3월 4일: 상대방 급소를 쳐서 1경기 출전정지 + 7,500달러 벌금
- 1997년 5월 28일: 경기 중 상대 선수(알론조 모닝)와의 다툼으로 5,000달러 벌금
- 1997년 6월 12일: 몰몬교에 대한 불경한 발언으로 50,000달러 벌금

이게 겨우 한 시즌에 일어난 일이다. 출전정지 징계만 14경기. 선수를 관리해야 하는 필 잭슨 감독부터 미디어 담당까지 시즌 내내 가슴을 졸이며 보내야 했다. 심지어 로드맨은 무릎 부상으로 시즌 막판을 아예 소화하지 못했다.

또, 조던과 피펜, 스티브 커를 제외하면 82경기를 소화한 선수가 없었다. 로드맨은 27경기를 못 뛰었는데, 위에 언급한 징계 외에도 부상 때문에 결장한 기간도 있었다. 쿠코치도 25경기를 쉬었다. 만약 70경기까지만 소화했더라도 2년 연속 식스맨 상을 수상했을 것이다.

그러나 이런 우여곡절에도 시즌이 끝났을 때 불스는 여전히 NBA 1위였다. 조던은 다시 득점 1위(29.6득점)를 차지했고 로드맨은 갖가지 사고에도 불구하고 리바운드 1위(16.1개)였다. 올디펜시브 팀에는 조던과 피펜이 나란히 퍼스트 팀에 이름을 올렸다.

그런가 하면 불스의 시즌 마무리에는 시즌 막판 계약한 브라이언 윌리엄스가 도움이 됐다. 직전 시즌 LA 클리퍼스에서 뛰었던 윌리엄스는 더 높은 연봉을 원하다 협상이 결렬, 무직 상태였으나 시즌 종료 3주 전에 불스와 계약했다. 오랜 시간 정식 경기를 뛰지 않은데다 불스의 시스템도 복잡했기에 바로 좋은 활약을 하긴 어려웠지만 15~20분을 채워줄 수 있다는 점만으로도 불스가 위기를 극복하는 데 큰 도움이 됐다. 윌리엄스 역시 이 활약을 발판삼아 1997년 자유계약 시장에서 디트로이트 피스톤스의 러브콜을 받을 수 있었다.

플레이오프는 수월했다. 크리스 웨버가 이끄는 워싱턴 불레츠도, 수비로 중무장한 애틀랜타 호크스도, 1년 사이에 '업그레이드 닉스'로 변모한 마이애미 히트도 불스 앞길을 막진 못했다. 첫 3번의 시리즈를 치르는 동안 불스는 단 2번만 패했다.

최종 관문에서 마주한 재즈

다시 오른 NBA 파이널. 그들의 상대는 바로 유타 재즈였다. 조던의 드래프트 동기인 스탁턴이 한결같이 지켜오던 재즈는 1996-1997시즌, 불스에게 시즌 첫 패(100-105)를 안긴 팀이었다. 다시 홈에서 마주했을 때는 102-89로 이기긴 했지만 많은 미디어가 백중세를 점쳤을 정도로 스탁턴과 오랜 파트너, 칼 말론의 기세가 하늘을 찌를 듯했다.

64승 18패를 기록한 재즈는 LA의 두 프랜차이즈, 클리퍼스와 레이커스를 차례로 꺾었다. 레이커스는 샤킬 오닐이 가세해 골밑이 막강했지만, 아직 재즈의 관록을 넘기에 부족했다. 컨퍼런스 파이널에서 만난 휴스턴 로케츠와의 대결은 국가대표, 명예의 전당급 슈퍼스타들이 잔뜩 몰린 시리즈였지만 끝내 재즈가 4승 2패로 승리를 거두었다.

조던도 그런 재즈의 관록을 높이 평가했다. NBA 파이널 시작에 앞서 조던은 "그동안 플레이오프에서 만난 팀들과 유타의 차이점은 무엇인가요?"라는 질문에 "성숙함, 그리고 스탁턴과 말론입니다. 둘 다 무척 호흡이 잘 맞는 최고의 스타들이죠. 그들은 무엇을 해야 할지 잘 알고 있으며, 또 서로를 잘 알고 있습니다. 내 기억에 이렇게 오랫동안 연결되어온 팀과 마주한 적이 없었던 것 같아요. 기본적인 부분에 굉장히 충실한 팀이며 수비에서나 공격에서나 끈끈한 팀이라 생각합니다"라고 답했다.

"스카티 피펜과 오랫동안 함께 해온 것과 비슷한 것일까요?"

"네, 그렇게 생각해요. 차이가 있다면 공격 시스템이겠죠. 모두가 합심한다는 점은 비슷하겠지만 우리 팀은 더 많은 아이솔레이션과 개인 옵션이 있습니다. 사실 저와 스카티는 종종 시스템을 벗어날 때가 있습니다. 그럴 역량이 있으니까요."

존 스탁턴과 재즈가 만날 무렵의 불스는 이미 전설의 반열에 올라있었기에 부담스러운 상대임이 분명했다. 1984년 데뷔 이래 그토록 기다렸던 NBA 파이널. 이들은 늘 그랬듯 포커페이스로 묵묵히 시리즈를 준비했지만, 워낙 열광적이었던 주변 분위기 탓에 수월하지는 않았다. 스탁턴은 1997년 파이널 당시 분위기를 이렇게 표현하기도 했다.

'시카고 호텔에 도착했을 때 굉장히 많은 인파가 몰려 있었다. 어딜 가든 기자들이 진을 치고 있었다. 의무적으로 참석해야 하는 기자회견에도 전 세계에서 온 미디어가 몰렸다. 도착하자마자 우리는 짐도 풀 틈도 없이 기자회견장에 들어갔는데 정말 다양한 언어의 질문에 답을 해야 했다.'

위닝샷으로 문을 연 시리즈

사실 필자는 이 시리즈 중 1차전을 가장 좋아하고, 가장 자주 돌려봤다. 첫 만남인 만큼 양 팀 모두 사활을 걸었고 그만큼 마지막까지 치열했다. 게다가 조던의 NBA 파이널 첫 버저비터가 나왔고, MVP 후보 간의 희비가 명백히 엇갈린 경기이기도 했다.

경기는 마지막 10초에 엇갈렸다. 칼 말론은 종료 9.2초를 남기고 중요한 자유투 기회를 얻었다. 그러나 말론은 자유투 2개를 모두 놓치고 말았고, 이때 희비가 엇갈렸다. 역전 기회를 맞은 불스. 마지막 포제션에서는 누가 슛을 던질지는 명확했다.

피펜은 쿠코치에게 공을 건넸고, 쿠코치는 조던에게 패스했다. 조던의 수비수는 브라이언 러셀(Bryon Russell). 조던은 도움 수비가 오지 않는 것을 확인하고 크로스오버에 이어 점프슛을 던졌다. 역시나 그 슛은 멋진 궤적을 그리며 그물을 통과했다.

파이널에서 버저비터가 나온 것은 1985년 이후 처음이었다. 당시 데니스 존슨이 LA 레이커스를 상대로 버저비터를 넣은 덕분에 셀틱스가 107-105로 승리했다.

잭슨 감독은 그때 공격 작전을 이렇게 설명했다. "마이클에게 더블팀이 갈 수도 있었기에 슈터들을 배치했습니다. 그리고 그가 공간을 넓게 쓸 수 있도록 했죠. 7.5초가 남았기에 너무 서두르지 않길 바랐습니다. 상황은 우리가 원하는 대로 흘러갔어요. 그들은 더블팀을 붙지 않았고, 마이클은 원하는 슛을 던졌습니다. 마이클이 잘 마무리했습니다."

조던이 우상이었기 때문이었을까. 쿠코치는 마치 자신이 위닝샷을 넣은 것처럼 기뻐했다. 쿠코치 역시 불스에서 여러 차례 위닝샷을 꽂았던 선수임에도 조던의 마지막 슛에 대해서는 찬사를 아끼지 않았다. "아주 훌륭했습니다. 사실 조던의 손에서 공이 떠나서 그물을 통과할 때까지 한 10분은 걸린 듯한 느낌이었습니다. 정말 짜릿했습니다."

반면 롱리의 워딩은 차분했다. 그는 "사실, 우리는 타임아웃 동안 설계한 대로 플레이하진 않았어요. 그저 마이클에게 공을 주고 비켜 있었습니다"라고 답했다. 이 시점보다 먼 미래의 이야기지만, 오늘날 두 선수와 조던의 관계를 생각해보면 이 슛에 대한 반응도 엇갈리는 것 같아 흥미롭다.

재즈에서는 마지막 수비 작전을 두고 여러 의견이 오갔다. 1996년 NBA 파이널에서 소닉스는 조던을 괴롭힐 수 있는 가장 합법적인 수비가 무엇인지를 잘 보여주었다. 그런데 제리 슬로언 감독은 조지 칼 감독과 달리 스윙맨을 막기 위해 더블팀을 붙이는 걸 그리 선호하지 않았다. 이때도 마찬가지였다.

조던은 "러셀이 제게 붙은 유일한 선수라는 점이 놀라웠습니다. 더블팀을 안 붙은 덕분에 저는 왼쪽으로 크로스오버 드리블을 치다가 멈추고 슛을 던졌죠. 그리고 그게 들어갔습니다"라고 상황을 돌아봤다.

슬로언 감독은 뒤늦게 "아마도 판단 미스였던 것 같다"라며 실수를 인정했다. 반면 필 잭슨 감독은 조던을 1대1로 수비했다는 것이 그리 놀랍지 않았다는 입장이었다. "재즈는 수비가 좋은 팀이고 늘 잘 짜인 전술을 갖고 있던 팀입니다. 슬로언 감독은 위기 상황이라 해도 수비를 갑자기 바꾸는 경우가 없습니다. 게다가 우리가 스페이싱을 넓게 가져갔기 때문에라도 더블팀을 지시하지 않았을 거예요"라고 상황을 돌아봤다.

그러나 쿠코치는 기자회견에서 더블팀이 들어왔어도 조던은 넣었을 것이라 말했다. "마지막 순간 그 슛은 십중팔구 마이클에게 기회가 갔을 겁니다. 그리고 그가 한번 던지겠다고 마음을 먹으면 그때는 2명이든 3명이든 문제가 되지 않습니다. 그는 그 슛을 기어이 해냈을 거니까요."

그렇다면 결승이라는 빅 스테이지의 클러치 타임에서, 리그 최고의 선수를 단독으로 막아야 했던 러셀은 어땠을까. "조던 앞에 최대한 머무르려고 했죠. 그런데 면전에서 그냥 던져버리더군요."

고개를 절레절레 흔들었던 러셀. 하지만 그는 아마 이것이 지독한 악연의 시작이라는 것을 몰랐을 것이다.

조던은 전에 없는 집중력을 보였다. 우승도 우승이지만, 그는 69승이나 하고도 말론에게 밀려 MVP를 뺏긴 것을 개인적인 도전으로 받아들이고 있었다. 마지막 5분 30초 동안 기록한 9득점을 포함 31득점을 기록하며 자신의 기량을 과시했다. 말론도

23점을 올렸지만, 자유투가 6개 중 3개만 들어갔다. 특히 마지막 자유투 2개는 치명적이었다.

이 자유투 뒤에는 유명한 일화가 있다. '더 라스트 댄스'를 비롯해 수차례 언급됐던 피펜의 한마디.

"우편배달부는 일요일에 배달을 하지 않아."

말론의 별명이 '메일맨(mailman)'이라는 점, 그리고 1차전이 열린 날이 미국시간으로 일요일 오후라는 점을 빗대어 던진 한마디다. (4) 사실, 실망스러운 건 말론만이 아니었다. 존 스탁턴도 1차전에서 실책을 7개나 기록했다. 이는 1996-1997시즌, 스탁턴이 기록한 본인 최다 실책이기도 했고 플레이오프 데뷔 이래 기록한 가장 많은 실책이기도 했다.

선장이 흔들리니 팀도 함께 흔들렸다. 파이널이 주는 중압감까지 더해진 탓이다. 전반에 기록한 실책 8개도 많은 편이었는데, 3쿼터에만 8개를 쏟아내며 패배를 자초했다. 이는 훗날 슬로언 감독이 가장 실망스러웠던, 혹은 가장 아쉬웠던 부분 중 하나로 꼽은 대목이다.

예나 지금이나 스포츠 미디어의 특기 중 하나는 '대신 걱정해주기'다. 그 대상이 5번째 우승에 도전하는 승리팀이라 할지라도, 존재하는 단점에 대해서는 꼭 지적하고 넘어갔던 것이다. 그중 하나가 바로 '조던과 피펜에 대한 과한 의존도'였다. 해묵은 주제였지만, 1996년 파이널 당시보다 심화되는 경향도 있었다.

이날 1차전에서 조던은 31점, 피펜은 27점을 기록했다. 불스가 기록한 84점 중 72점을 주전들이 기록했다(재즈는 82점 중 59점을 주전들이 기록했다). 기자들은 두 선수 외에 다른 동료들의 분발이 필요하지 않냐고 물었다. 그러자 조던은 이렇게 답했다.

"걱정이긴 한데, 여러분들 그거 아세요? 플레이오프 내내 그 질문을 하셨는데 우리는 계속 이겨왔잖아요."

마지막에 6번이나 리드가 바뀐 접전의 연속. 조던의 진짜 걱정은 바로 피펜이었다. 피펜은 2쿼터 덩크를 꽂고 착지하는 과정에서 왼쪽 다리를 다쳤다. 파이널 시리즈는 이제 막 문을 열었기에 파트너 피펜마저 없다면 앞선 기자의 질문은 정말로 진지하게 걱정해야 할 부분이 될 것이다.

순항은 없었다

시카고에서 열린 2차전. 불스는 재즈를 97-85로 제압했다. 마이클 조던은 38득점 13리바운드 9어시스트로 펄펄 날았다. 자유투 21개 중 15개를 넣었는데, 그는 1차전보다 재즈 수비가 더 거세질 것을 예상해 의도적으로 돌파를 더 많이 시도했다. 슬로언 감독은 조던에 대한 더블팀을 지시했으나, 적극적인 돌파로 인해 오히려 파울만 늘고 어시스트를 더 허용했다. AP는 2차전에 대해 'outplayed 칼 말론'이라고 기술했다. 동시에 1977년 포틀랜드 트레일 블레이저스를 제외하면 0승 2패로 시리즈를 시작해 역전 우승을 한 팀은 한번도 없었다는 역사적 사실도 덧붙였다. (5)

슬로언 감독은 2차전을 'intimidate' 되었던 경기라고 표현했다. 사전적 의미로 '위협하다', '겁을 주다'라는 의미가 있는데, 자신들이 경기 시작부터 위협을 당하고, 겁을 먹었다고 설명한 것이다. 재즈 선수들이 두려움을 갖게 된 존재는 다름 아닌 불스, 그 자체였다. "우리는 기선을 제압당했습니다. 그렇게 상대에게 자신감을 주게 되면, 반대로 우리는 이기고자 하는 의지를 잃게 됩니다."

1차전에서 클러치 자유투를 미스했던 칼 말론은 20득점에 그쳤다. 20개의 야투 시도 중 14개가 빗나갔다. 말론은 "변명은 하지 않을 것입니다. 오늘 제 플레이는 최악이었습니다"라며 패배를 인정했다.

그러나 시리즈는 1996년처럼 순조롭게 흘러가지 않았다. 델타 센터(Delta Center)에서의 재즈는 무적 그 자체였다. 정규시즌 41경기를 치르면서 38승 3패를 기록했고, 플레이오프에서는 1번도 패하지 않았다.

홈팬들의 야유가 소음, 그 자체였던 곳. 천하의 조던에게조차 야유가 쏟아지는 곳. 반대로 재즈 선수들에게는 그 소음이 천사들의 합창처럼 편안하게 들려오는 곳. 바로 재즈의 홈구장 델타 센터였다. 재즈는 이곳에서 3, 4차전을 내리 잡았다.

AP는 헤드라인부터 칼 말론의 이름을 넣었다. "칼 말론이 마침내 MVP답게 플레이했다"라고 말이다.

3차전, 말론은 37득점 10리바운드를 기록하며 104-93으로 승리를 주도했다. 한때 불스에 몸 담았으나 방출됐던 그렉 포스터(Greg Foster)가 17득점으로 깜짝 활약을 펼치기도 했다. 반면 불스는 출발부터 안 좋았다. 한때 24점 차까지 끌려다녔다. 피펜이 3점슛 7개를 꽂는 대활약을 했지만, 상대의 기세가 워낙 대단했던 경기였다.

무엇보다 빅맨들에게 압도당하고 리바운드를 내리 뺏긴 것이 원흉이었다. 미디어는 로드맨 쪽으로 화살을 돌리고자 했지만, 조던과 피펜은 "우리가 재즈의 바뀐 전술에 대응을 하지 못한 것입니다"라며 행여 모를 잡음을 방지했다.

실제로 재즈는 칼 말론에게는 보다 간결한 1대1을 주문해 상대 빅맨들을 막아섰다. 조던의 매치업으로는 제프 호너섹 대신 브라이언 러셀을 더 오래 붙여두었다. 이는 조던으로 하여금 주무기인 포스트업 대신 중거리슛을 더 던지게 만드는 변화를 가져왔다.

재즈는 기세를 몰아 4차전도 제압했다. 스코어는 78-73. 3차전만큼 득점이 많이 나온 경기는 아니었지만, 불스도 70점대에 묶이는 보기 드문 경기를 했다. 양 팀 합계 151점은 NBA가 24초 공격제한 시간을 도입한 이래 파이널 사상 2번째로 낮은 득점이었다. 1955년 4월 7일에 나온 145점 이래 최저 득점이었다. (6)

불스 선수들이 자유투 라인에 선 건 겨우 12번. 더 충격적인 건 조던이 자유투를 하나도 던지지 못했다는 사실이었다. 이날 조던은 27개의 야투 중 16개를 실패하며 22점에 그쳤다. 조던은 리듬을 타지 못했다. 좋은 흐름 속에서 공을 잡은 적이 많지 않았다. 그만큼 재즈의 팀 수비도 훌륭했다. 그가 공을 잡으면 빅맨들이 재빨리 도움 수비를 가서 주춤하게 했다.

슬로언 감독은 "조던이 우리 수비를 의식하길 바랐습니다"라고 돌아봤다. 공을 뺏겠다는 생각보다는 조던이 더블팀을 생각해 다른 경로를 생각하게끔, 즉 판단을 지연시켜 터프샷을 끌어내겠다는 의도였다. 조던은 이 과정에서 몇 차례 본인에게 파울이 불리지 않았다는 사실에 흥분했다. 승부처에서는 이름값을 해주긴 했지만, 결국 재즈의 '주인공'에 의해 조연에 머물러야 했다.

그 주인공은 존 스탁턴이었다. 17득점 12어시스트를 기록했는데, 승부처에 나온 거의 모든 플레이에 관여하며 자신의 진가를 보였다. 그의 4쿼터 기록은 6득점 6어시스트였는데, 득점도 득점이지만 4쿼터 막판의 가로채기와 터치다운 패스가 화제가 됐다.

조던이 러셀과의 1대1 도중 턴(turn)을 하는 순간, 그의 공을 가로채 재빨리 속공을 달려갔다. 조던이 뒤늦게 쫓아갔지만, 파울로 끊는 방법 외에 없었다. 그런가 하면 48.4초를 남기고는 조던이 롱2를 미스하자 이를 리바운드하여 미리 달려가고 있던 말론에게 곧장 패스를 건넸다. 마치 미식축구에서나 볼 법한 패스였다. 솔트 레이크 시티(Salt Lake City) 미디어들은 그 패스를 '터치다운 패스'라고 표현했다. 이날 중계를 맡은 마브 알버트(Marv Albert)는 "경기에서 가장 키 작은 선수가 리바운드를 잡아내네요!"라며 목청을 높였다.

이 두 장면은 4차전을 상징하는 장면이었다. 4쿼터 들어 해결사로 돌아온 조던이지만 승부처에는 실책과 슛 미스로 빌미를 제공했다. 반면 유타에서는 '불스의 조던'만큼이나 상징적이었던 '스탁턴 to 말론'이 클러치를 지배했다.

"대부분의 경우, 마이클은 자신이 공격을 마무리합니다. 본인이 모든 슛을 던지죠. 그래서 저는 그를 향해 쇄도했습니다." 스틸 상황에 대한 스탁턴의 말이다. 이어 터치다운 패스에 대해서는 "칼 말론의 손에 공이 잡혔을 때 정말 기분이 좋았습니다"라고 뿌듯해했다. 실제로 말론이 레이업을 성공하자 그는 주먹을 불끈 쥐며 펄쩍펄쩍 뛰었다. 평소 스탁턴을 생각하면 굉장한 감정 표현이었다(말론은 "스탁턴이 건넨 역대 가장 완벽한 패스 중 하나로 남게 될 것"이라고도 말했다).

5차전까지 왔을 때 재즈 선수들의 기세는 하늘을 찌를 듯했다. 훗날 백업가드 하워드 아이즐리(Howard Eisley)는 1~2차전 중 하나만 잡았더라면, 혹은 7차전까지 갔더라면 결과가 어떻게 흘러갈지 몰랐을 것이라고 돌아봤다. "우리는 가족이었습니다. 서로를 정말 잘 이해하고 있는 팀이었죠. 그렇기에 7차전이 됐다면 어떻게 됐을지 모릅니다. 시리즈 초반에 경기를 내준 것이 치명적이었습니다."

한편, 4차전 이후 불스는 장비 담당 매니저의 실수가 밝혀져 이슈가 되기도 했다. 매니저의 실수로 인해 선수들에게 음료가 잘못 제공된 것이다. 불스 선수들은 무탄산 게토레이 음료를 마셔왔다. 그런데 이날은 게이터로드(GatorLode)가 주어졌다. 게이터로드는 회복을 위한 고탄수화물 음료로 주로 연습이나 경기 후 마셔왔던 음료였다. 하필 경기 전에 이 음료수를 마신 선수들은 더부룩함을 호소했다. 트레이너 칩 쉐퍼는 "구운 감자를 잔뜩 먹고 뛰는 느낌"이라고 표현했는데 이 정도면 선수들 상태가 어땠는지 상상이 갈 것이다. 심지어 조던조차도 불편함을 토로했으니 말이다. 그러나 공식 기자회견에서는 누구도 이 일을 문제 삼지 않지 않았다.

초인이 된 챔피언

사실 5차전에서 조던이 느낀 불편함에 비하면 4차전은 아무것도 아니었다. 시리즈 전적 2승 2패. 이제 5차전을 내준다면 델타 센터에서만 3연패를 하고 홈으로 돌아가게 된다. NBA 파이널 역사를 돌아봐도 2승 2패 상황에서 맞은 5차전의 승자가 파이널 우승에 더 유리했음을 알 수 있었다. (7)

물론 유나이티드 센터에서 불스가 보여준 저력은 무시할 수 없었기에 장기적으로는 6, 7차전까지 계산할 수 있었겠지만, 3승 2패와 2승 3패가 주는 심리적 무게감 차이는 무시할 수 없었다.

그러나 하늘은 조던을 돕지 않는 듯했다. 고열에 구토가 심해지면서 그를 아예 침대에 눕혀버렸기 때문이다. 참다못한 조던은 새벽 중에 불스 담당 의사를 불렀다. 잠도 못 자고 아파했던 조던을 보며 불스 관계자들은 그가 못 뛸 수도 있다고 생각했다. 오전 연습도 빠졌고, 경기 직전까지도 라커룸에서 누워 있었다(조던은 6차전을 앞두고 가진 인터뷰에서 "새벽 3시 30분쯤이었다"라고 설명했다).

이 소식은 재즈 쪽에도 전해졌다. 그러나 존 스탁턴은 "상대가 안 좋다는 말이 들려올수록 더 긴장하는 것이 좋다"라며 신경쓰지 않는 눈치였다.

불스 선수들은 조던이 주전 명단에 이름을 올리자 많이 놀랐다는 후문이다. 경기 시작 3시간여를 앞두고 조던을 본 피펜은 "유니폼을 입은 것조차도 놀라웠습니다. 되게 안 좋아 보였어요. 아주 많이요."라고 돌아봤다. 스티브 커 역시 "아침 훈련에서도 볼 수 없었고, 경기 시작 직전까지도 한 마디 하지 않았어요. 말 그대로 정말 아파 보였죠"라고 돌아봤다.

필 잭슨 감독은 경기 전 조던과 나눈 대화를 공개했다. "마이클이 뛸 수 있을까 하는 걱정도 있었습니다. 또 코트에 선다고 하면 몇 분이나 뛰게 해야 할지도 걱정이었습니다. 그런데 그러더군요. '절 뛰게 해주세요. 제 출전 시간은 제가 관리할게요. 상태가 안 좋으면 말씀드리겠습니다'라고요." 그리고 조던은 44분을 뛰었다.

하지만 1쿼터만 해도 조던은 거의 힘을 쓰지 못했다. 2쿼터에 이르자 점수차는 16점 차로 벌어졌다. 이대로라면 재즈의 승리가 확실했다. 조던도 이를 눈치챘을까. 2쿼터부터 조던은 다시 날기 시작했다. 마치 에너지를 충전하기라도 한 듯 예전의 조던으로 돌아가 2쿼터에만 17점을 몰아넣은 것이다. 다시 봐도 그게 정말 가능한 일인지 궁금해진다.

경기 후 조던은 이것을 '의지'라 표현했다. 3쿼터에 주춤했던 조던이지만 4쿼터 초반, 그는 쿠코치와 연달아 3점슛을 퍼부으며 불스의 추격을 끌어냈다. 이윽고 77-77로 동점이 됐고, 조던은 브라이언 러셀을 앞에 두고 중거리슛을 성공시켜 79-77로 역전시켰다. 전반전 분전을 '의지'라고 표현했던 조던이지만 4쿼터 활약에 대해서는 "나도 어떻게 에너지를 다시 얻었는지 모르겠네요"라고 돌아봤다.

경기는 아직 끝나지 않았다. 종료 3분여를 남기고 존 스탁턴이 3점슛을 꽂아 재즈는 84-81로 달아났다. 이어 조던이 2점슛으로 화답했다. 승부는 종료 26초를 남기고 기울어졌다. 85-85로 다시 동점을 이룬 상황에서 조던은 피펜으로부터 패스를 받아 3점슛을 성공시켰다. 4쿼터 15점째 득점이자 승부에 사실상의 쐐기를 박는 득점이었다. 이후 경기는 일사천리였다. 불스는 룩 롱리가 덩크를 성공시켜 90-88로 승부를 결정지었다. 이 경기는 유타 재즈가 1997년 NBA 플레이오프에서 기록한 첫 홈 경기 패배였다.

조던은 비로소 초인에서 사람으로 돌아왔다. 무려 44분이나 코트에서 보낸 채 말이다. 힘겨운 상황에서도 그는 공격 리바운드를 잡기 위해 순간적으로 움직였고, 또 중요한 슛을 성공시키는 놀라운 집중력을 발휘했다. 그렇게 무려 38득점을 기록했다. "저는 연장에 가길 원치 않았어요. 거의 탈진 직전이었으니까요." 조던의 말이다.

모두가 브라이언 러셀하면 1998년에 'THE SHOT'을 허용한 불운한 인물로만 기억하지만, 이때도 러셀의 미스가 있었다. 경기 막판 스코어를 88-85로 만든 조던의 극적인 3점슛은 사실상 러셀의 판단 미스가 만들어낸 것이었다. 그는 조던이 피펜에게 패스하자 피펜에게 더블팀을 갔다. 그러자 피펜이 재빨리 조던에게 패스했고 그는 그 기대를 저버리지 않았다. 슬로언 감독도 "조던을 혼자 둬서는 안 됐습니다"라며 한탄했다.

조던은 기자회견에 오래 참석하지 못했다. 이미 코트에서 모든 힘을 쏟은 뒤였다.

대신 조던은 훗날 인터뷰에서 '내 생애 가장 힘들었던 게임'이라 설명했다. "숨조차 쉴 수 없었습니다. 입은 계속 타들어 갔습니다."

그런데 저드 부실러는 조던이 아파하는 모습을 보고 속으로 이길 수 있겠다는 생각을 했다고 고백했다. "지난번에 마이클이 아팠던 날 40득점을 올렸거든요."

플루 게임, 그 이후

4쿼터 막판, 타임아웃이 요청되자 조던은 비로소 안도의 한숨을 내쉬었다. 동생 스카티 피펜의 부축을 받고 간신히 벤치로 돌아오는 조던의 모습은 이미 정상의 상태가 아니었다. 반쯤 눈이 풀린 채 축 처져 있었다. 평소 팬들이 기억하는 조던의 모습과는 정반대였다. 사실 이 장면에 대해 피펜은 '얼떨결에 이뤄진 장면'이라고 돌아봤다. 어쩌다 보니 그리 되었다는 것이다.

5차전 승리 직후만 해도 그는 감격에 겨운 듯 이렇게 돌아봤다. "오랫동안 마이클과 뛰어왔지만 그렇게 유니폼을 입을 수 있을지조차 걱정하게 했던 적은 이번이 처음이었습니다. 그럼에도 오늘날 그가 코트에 나와 보여준 활약들은 정말이지 믿기 힘들 정도였습니다. 그게 바로 리더십이었죠. 조던은 모두가 끝까지 참고 견디게 해 주었고, 승부처에서는 지속적으로 볼을 원하며 중요한 슛을 터트렸습니다. 탈수 증세를 겪는 와중에도 마이클은 프로다움을 보여주었습니다. 스태프들은 그에게 계속 수분을 공급하고 차가운 수건을 주었습니다. 대신 마이클은 팀이 필요로 했던 퍼포먼스를 확실히 보여줬죠. 어떤 말이 또 필요할까요? 제 눈에 그는 역대 가장 훌륭한 MVP의 면모를 보였습니다."

그러나 세월이 많이 흘러 조던과의 사이가 소원해진, 아니 정말 멀어진 뒤에 쓴 자서전에서는 사람들이 조던의 상태에만 신경 쓴 것이 못내 서운했던 것 같다. "칼 말론을 19점으로 묶고, 스탁턴이 어시스트 5개만 기록하게 만든 건 마이클이 아니었습니다." 피펜이 자서전에 남긴 말이었다. 실제로 미디어는 이 경기의 핵심을 조던의 '열정'과 '투혼'에만 집중했다.

다만 필 잭슨 감독을 비롯한 동료들은 피펜과 선수들이 수비에서 보인 헌신에 대해 충분히 언급했다. 스티브 커는 "2쿼터 중반쯤이었죠. 필(잭슨)이 론 하퍼를 스탁턴에게 붙였고 하퍼는 스탁턴을 상대로 좋은 수비를 보였어요. 데니스(로드맨)도 말론을 상대로 수비를 잘 해줬죠. 우리의 수비가 먹힌 덕분에 쉬운 점수를 얻을 수 있었습니다."라고도 돌아봤다.

이 경기는 '플루 게임(Flu Game)'이라는 별칭이 붙었다. 독감이 아닌 피자로 인한 식중독 증세였지만, 조던이 감기 증세처럼 고열에 시달리다 보니 '플루 게임'이라 붙은 것으로 알려져 있다. 조던의 투혼과 활약상, 그리고 경기가 갖는 상징성 덕분인지 이 경기는 조던을 대표하는 명경기 중 하나로 남았다. 그리고 그가 경기 중 신었던 에어조던 12는 지난 2013년 경매에서 10만 4천 달러에 팔렸고 이어 2023년 6월에 2차 경매에서는 가격이 훨씬 더 뛰어올라 138만 달러에 팔렸다. (8)

5차전을 이긴 불스는 6차전에서도 승리(90-86)하며 통산 5번째 타이틀을 따냈다. 이날 유나이티드 센터에는 무려 24,544명이 운집해 '왕조의 구축'을 기뻐했다. 파이널 MVP는 두 말 할 나위 없이 조던의 것이었다. 조던은 6차전에서도 39득점으로 맹활약했다. 슬로언 감독은 5차전 같은 실수를 방지하고자 조던에게 더블팀을 붙였으나, 이번에는 조던이 스티브 커에게 3점슛 찬스를 어시스트 했다.

"필(잭슨)이 마지막 플레이를 그릴 때, 아마 체육관의 모든 사람들, 그리고 TV로 시청하는 모든 분들은 그 작전이 저를 위한 것이라 생각했을 것입니다. 그때 저는 스티브(커)를 보며 말했죠. '이건 네 찬스야!' 왜냐면 스탁턴이 제게 도움 수비를 올 것이기 때문이죠." 조던이 경기 후 기자회견에서 남긴 말이다.

커도 당시 상황에 대해 같은 기억을 공유하고 있었다. "마이클이 말했어요. 준비하고 있으라고요. 조던은 상대 수비를 끌어모은 뒤 제게 정확한 찬스를 만들어 주었습니다. 덕분에 저는 NBA 파이널 승리를 결정짓는 위닝샷을 넣을 수 있었죠. 정말 짜릿한 장면이었습니다. 마이클에게 큰 빚을 진 것 같습니다." (9)

이어진 포제션에서는 피펜이 결정적인 수비를 해내면서 재즈의 반격을 막아섰다. 공격과 수비 모두 '팀'으로 이뤄낸 훌륭한 성과였다. 훗날 조던은 이 경기를 치르면서 자신이 은퇴할 시기가 머지 않았음을 느꼈다고 말했다. 5차전과 6차전의 경기 텀은 겨우 하루였다. 이동에 쓰고 나니 쉴 틈이 없었다. 당연히 식중독 여파에서도 100% 회복되지 않았다. 쉬는 날이면 종일 골프를 치고, 전날 밤 포커를 쳐도 언제 그랬냐는 듯 펄펄 날았던 조던이었지만, 예전처럼 회복도 빠르지 않았고 코트에서도 '에어 조던'이 되어 덩크를 꽂지 못했기 때문이다.

하지만 조던을 옆에서, 그리고 바로 앞에서 마주한 동료와 적장의 생각은 달랐다. "마이클의 레거시는 계속해서 커질 것입니다. 뛰면 뛸수록 많은 사람들을 놀라게 할 것입니다. 빅 샷을 넣고, 오늘밤 스티브에게 어시스트를 건넨 것 같이 빅 플레이를 만들어주겠죠." 피펜의 코멘트다. 슬로언 감독 역시 "정말 훌륭한 선수입니다. 최고의 경쟁자이기도 했죠. 경기를 이기고자 하는 엄청난 의지를 가진 선수였습니다"라며 감탄을 아끼지 않았다.

1차전의 위닝샷, 5차전의 투혼, 그리고 마지막 6차전에서의 위닝 어시스트까지. 조던은 자신이 보일 수 있는 거의 모든 것을 꺼내 보이며 팀의 승리를 주도했다. 덕분에 이룬 7년 간 5번째 우승. 사람들의 관심사는 다시 한번 책상 앞의 '제리'들에게로 옮겨갔다. 리셋 버튼을 고심하는 경영진, 더 긴 역사를 만들고자 했던 주역들. 그 갈등의 불씨는 1997년 여름에도 화두로 남았다.

(1) 1996년 올림픽은 미국 애틀랜타에서 열렸다. 조던도 다시 초대를 받았지만 그는 컨디셔닝을 이유로 정중히 고사했다. 대표팀에는 1992년 올림피언들과 1994년 FIBA 세계선수권대회(현 월드컵)에 출전했던 베테랑과 영건들이 골고루 선발됐다. 칼 말론과 존 스탁턴, 찰스 바클리, 스카티 피펜, 데이비드 로빈슨은 후배들과 2회 연속 금메달을 목에 걸었다. 그러나 시즌 직후 올림픽을 치른 여파로 허리, 무릎, 발목 등이 성치 않은 상태로 1996-1997시즌을 맞아야 했다. 워싱턴 주에서 발행되는 스포케인 일간지는 피펜이 이번 올림픽 출전으로 얻게 될 광고 수입이 720만 달러 정도 될 것이라고 보도했는데, 피펜은 올림픽에서 하차하지 않은 것과 후원 계약은 관계가 없다고 밝혔다.

(2) 1996-1997시즌 이후 불스가 기록한 개막 후 최다 연승은 4연승이었다. 2021년, 불스는 토론토 랩터스 원정 경기에서 111-108로 이기면서 4전 전승으로 시즌을 시작했는데 이게 조던 시대 이후 최고 기록이었다.

(3) 70승을 달성할 기회는 있었다. 시즌 종료까지 4경기 남은 시점에 불스는 5연승과 함께 68승 10패를 기록 중이었다. 하지만 마지막 4경기에서 3패를 기록했다. 시즌 마지막 원정에서 마이애미 히트에 92-102로 지면서 시즌 12패째를 기록했던 불스는 마지막 홈 경기에서는 뉴욕 닉스에게 101-103으로 패했다. 피펜의 마지막 슛이 들어가지 않으면서 그들은 69승 13패로 시즌을 끝냈으나 불스 구단은 크게 개의치 않았다.

(4) 피펜은 말론의 자유투 미스에 영향을 준 코멘트에도 불구하고, 말론과의 관계는 큰 영향을 받지 않았다고 돌아봤다. 피펜은 말론과 자신을 '자수성가한 남부 출신의 두 촌놈'이라 표현하며 "서로를 존중하는 사이"라고 말했다.

(5) 2024년 챔피언 보스턴 셀틱스를 포함, 파이널에서 1~2차전을 이긴 팀이 NBA 파이널에서 우승할 확률은 86.1%였다. 총 37번 중 32팀이 승리했다. 1969년 보스턴, 1977년 포틀랜드, 2006년 댈러스, 2016년 클리블랜드, 2021년 밀워키였다. 클리블랜드는 1승 3패로 밀렸던 시리즈를 뒤집은 최초의 팀이기도 했다.

(6) 1955년 포트웨인 피스톤스와 시라큐스 내셔널스의 NBA 파이널 5차전에서 포트웨인은 74점, 시라큐스는 71점을 기록했다. 우승은 시라큐스가 차지했다.

(7) 1996년까지 2승 2패 상황에서 치른 NBA 파이널 시리즈에서 먼저 3승을 거머쥔 팀, 즉 5차전을 이긴 팀이 우승한 사례는 22번 중 17번 있었다. 5차전의 중요성은 오늘날까지 이어진다. 31번의 사례 중 5차전 승리팀이 우승한 경우는 23번이나 됐다. 확률로 따지면 74.2%였던 셈이다.

(8) 조던은 유타 재즈 팀 볼보이 프리스턴 트루먼(Preston Truman)에게 농구화를 사인해서 선물한 것으로 알려졌다. 트루먼은 농구화를 15년 간 간직해오다 2013년에 경매에 내놓았는데 5천 달러에서 시작된 경매는 104,765달러까지 치솟았다. 그 당시 선수 실착 농구화 중에서는 역대 최고가였다. 2023년 6월에는 골딘(Goldin)이라는 경매 사이트에서 판매되었는데 100만 달러를 훌쩍 넘겼다.

(9) 스티브 커는 파이널 들어 1~5차전 동안 3점슛 21.4%(3-of-14)를 비롯, 20개의 슈팅 중 14개를 실패하는 등 고전을 면치 못하고 있었다. 그럼에도 필 잭슨은 마지막에 커를 위한 작전을 만들었고 조던과 커는 이를 완벽하게 수행했다. 4쿼터 2분 30초에 걸쳐 이뤄진 불스의 10-0 스코어링 런(scoring run)이 이뤄지는 동안 피펜과 커는 각각 5점씩을 보탰다.

GAME INFO

날짜	1997년 12월 17일
장소	일리노이주 시카고 유나이티드 센터
시즌	1997-1998시즌 NBA
경기의 중요성	★★★☆☆
착용 농구화	나이키 에어 조던 13

SCORE

팀	1Q	2Q	3Q	4Q	최종
불스	32	25	23	24	104
레이커스	20	21	20	22	83

MJ's STATS

출전시간	득점	야투	자유투	리바운드	어시스트	스틸	블록	실책	파울
34'41"	36	12-22	11-12	5	4	1	1	4	4

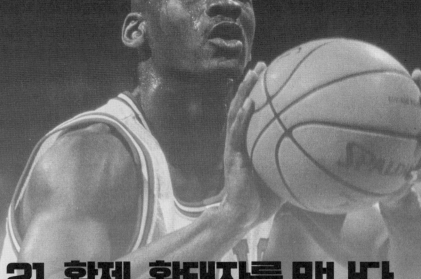

21. 황제, 황태자를 만나다

1997-1998시즌 정규리그

VS

시카고 불스

LA 레이커스

"코비가 세상을 떠났을 때, 제 일부도 사라진 기분이었습니다."

2020년 2월 24일. 불의의 헬기 사고로 고인이 된 코비 브라이언트의 추모식이 열렸다. 스피치를 맡은 조던은 비통함을 감추지 못한 채 말을 이어갔다.

"코비는 항상 최고의 농구선수가 되기 위해 노력했습니다. 저 역시 그가 의지할 수 있는 최고의 형이 되고 싶었죠. 코비 브라이언트가 세상을 떠났을 때, 제 일부가 떨어져 나간 기분이었습니다."

마이클 조던이 1990년대의 슈퍼스타였다면, 코비는 2000년대 그의 자리를 물려받은 '다음 세대' 중 하나였다. LA 레이커스에서만 뛰어온 그는 조던의 은사였던 필 잭슨과 다섯 차례 NBA 타이틀을 거머쥐었다. 첫 3연패만 해도 파트너 샤킬 오닐의 젊은 조력자로 여겨졌지만, 끝내 홀로서기에 성공해 스스로 2년 연속 우승(2009, 2010년)을 이끌었고, 불굴의 의지를 상징하는 '맘바 멘탈리티(Mamba Mentality)'는 NBA 후배들뿐 아니라 세계의 많은 농구 선수들에게도 강한 영감을 남겼다. 레이커스에서만 보낸 길고 긴 20시즌을 뒤로 한 채 은퇴할 때 코비의 통산 득점은 33,643점으로 조던을 추월한 상태였다.

그런 코비에게 조던은 늘 동경과 추격의 대상이었다. 로워 메리언 고등학교를 졸업하고 프로에 직행할 무렵부터 그는 조던을 닮고 싶어 했고, 심지어 말투와 몸짓에도 의지 비슷한 감정이 담겨 있었다. 코비가 데뷔할 무렵 필라델피아 세븐티식서스에서 스카우트를 맡았던 토니 딜레오는 "코비를 처음 만났을 때 그 친구가 마이클의 행동과 말투를 따라 하고 있다는 것이 느껴졌어요. 그래서 저는 '너 마이클 같아'라고 말해줬지요."라고 돌아보기도 했다.

그래서일까. 커리어 내내 조던과의 비교는 꼬리표처럼 따라다녔다. 기자들도 가장 좋아했던 주제였다. 흔히 이 정도 물어보면 답변을 회피할 때도 있는데 그는 거부하지 않았다.

특히 나이키와 같은 후원 업체가 개최하는 프레스 컨퍼런스나 개별 인터뷰에서는 인터뷰이가 사전에 특정 주제에 대해 '물어보지 말아달라' 혹은 '답변하지 않겠다'

라는 공지를 남길 때도 있다. 예를 들어 스테픈 커리는 언더아머 브랜드 행사 당시 "발목에 관한 질문은 빼달라"라고 에이전트를 통해 전하기도 했다. 제레미 린(Jeremy Lin)은 에이전트가 미리 질문을 차단하곤 했는데, 자칫 예민해질 수 있는 중국과 대만의 관계 같은 내용들이었다.

그러나 코비는 달랐다. 2006년 필자와 1대1 인터뷰를 가졌을 때 그는 "저는 이런 논란 속에 있는 자체가 즐거워요. 앞으로도 이런 논란의 대상이 되는 선수가 되도록 하겠습니다."라며 가볍게 웃어넘겼다. 2010년 방한 당시에도 마찬가지였는데, 그는 "아시다시피 조던은 전설을 많이 이룬 선수입니다. 모두가 그가 최고인 것을 알고 있죠. 마이클과 비교되는 것 자체가 영광입니다."라고 말했다.

조던을 이정표로 삼았고, 때로는 그의 옆에 나란히 서있다는 것만으로도 기뻤다는 코비. 그렇다면 맞대결은 어땠을까. 그는 우상을 만날 때면 오히려 겁 없이 도전장을 내밀며 도발했다. 특히 1997-1998시즌의 맞대결이 기억난다. 애송이에 불과했던 그가 2년차를 맞아 본격적으로 출전 시간을 얻으며 뭔가를 보여주던 시기였다. (1)

이 시즌, 두 선수가 처음 마주한 날은 12월 17일로, 이 경기는 유나이티드 센터에서 열렸다. 당시 평균 107점으로 리그 득점 1위를 달리던 레이커스는 샤킬 오닐이 부상으로 빠졌지만, 엘든 켐벨이 놀라운 기량을 선보이면서 승승장구해나갔다. (2) 반면 불스는 피펜의 공백으로 인해 출발이 안 좋았다. 12월이 되어 비로소 승수가 쌓이긴 했지만, 조던의 '첫 복귀' 이후 가장 비관적인 상황임은 분명했다.

TBS는 두 팀의 맞대결을 놓치지 않았다. 이미 오프닝 시점부터 이 경기의 포커스는 '마이클 조던 vs 코비 브라이언트'였다. 캐스터 딕 스탁턴(Dick Stockton)은 오프닝에서 다음과 같이 말했다. "1991년 NBA 파이널에서 MJ(매직 존슨)는 또 다른 MJ(마이클 조던)에게 횃불을 넘겨줬습니다. 그리고 7시즌이 지났습니다. 새롭게 등장한 19세의 청년이 도전장을 내밉니다."

매치업이 아닌 티칭

오닐이 결장한 레이커스는 켐벨과 릭 팍스(Rick Fox), 로버트 오리(Robert Horry), 닉 밴 엑셀(Nick Van Exel), 에디 존스(Eddie Jones)가 주전으로 나섰다. 불스는 피펜의 자리를 토니 쿠코치가 메웠다. 경기가 시작될 때만 해도 불스의 포스트는 열세에

21. 황제, 황태자를 만나다

놓일 것으로 전망됐다. 켐벨이 샤크가 빠진 13경기에서 평균 18득점 7리바운드 2블록으로 좋은 모습을 보여주고 있었기 때문이다. 그러나 샤크가 빠진 레이커스 골 밑은 불스의 질식 수비의 제물이 되고 말았다. 게다가 15.0개로 리바운드 타이틀을 따냈던 데니스 로드맨의 거침없는 리바운드 역시 위력적이었다.

조던은 주득점원 에디 존스를 꽁꽁 틀어막았다. 첫 공격에서부터 에디 존스의 점프슛을 블록했던 조던은 순식간에 존스를 파울트러블로 몰아냈고, 그 사이 불스는 17-7로 달아났다. 그러자 해리스 감독은 마침내 코비를 출전시켰다. 1쿼터 5분 25초를 남긴 시점이었다.

마침내 '오늘의 매치업'이 성사되던 시점이기도 했다. 그러나 해설자 휴비 브라운 (Hubie Brown)은 '티칭(teaching)'이란 단어를 사용했다. 코비가 남다른 기량과 자신감을 보인 건 사실이지만, 조던의 클래스에는 한참 못 미쳤던 탓이다. 코비는 첫 공격 실패 후 두 번째 공격에서 외곽슛을 성공시키며 첫 득점을 올렸다. 뒤질세라 조던이 드라이브 인을 성공시키고, 속임 동작으로 파울까지 얻어냈다. 1쿼터에만 이미 13점을 올린 그의 활약에 힘입어 불스는 27-15로 앞서갔다.

평균 107점을 넣던 레이커스임을 감안하면 엄청나게 잘 틀어막은 셈이었다. 1쿼터를 32-20으로 앞선 불스는 2쿼터부터 쿠코치를 활용해 공격을 풀어갔다. 2쿼터 한참을 쉬다 재투입된 조던은 다시 한번 수비를 흔들어놨다. 2쿼터 들어 코비와 릭 팍스 등이 분발해 점수차를 좁히는가 했지만, 전반에만 14점을 올린 주전 센터 룩 롱리를 비롯해 벤치 멤버들이 고루 분발하면서 불스는 57-41로 크게 앞서며 전반을 마쳤다. 레이커스의 야투성공률은 34%에 불과했다.

기죽지 않은 코비

후반에도 경기 분위기는 불스가 주도했다. 레이커스는 하프코트 트랩을 이용해 불스의 공격을 저지하고자 했지만 쿠코치의 패싱 스킬, 로드맨의 리바운드는 계속해서 흐름을 불스 쪽으로 가져다주었다. 3쿼터에 경기는 이미 65-45로 크게 기울어져 있었다. 그러나 관중들은 코트에서 시선을 떼지 않았다. '황제'를 향한 코비의 도전은 계속됐기 때문이다.

이런 그의 마음을 이해했는지, 조던은 코비가 포스트업에 이은 점프슛을 성공시키면 뒤질세라 가볍게 응수했다. 마치 쇼 다운을 펼치는 것처럼 말이다. 코비는 심지어 조던으로부터 파울까지 얻어내면서 자존심을 긁었다. 그러나 조던은 무작정 응수하기보다는 매치업에 따라 가볍게 공격을 이어갔다. 베테랑의 여유와 관록이 묻어나는 플레이였다.

이날 코비는 분명 좋은 플레이를 펼쳤다. 다만 차이가 있다면, 조던은 코비를 1대1로 막은 반면, 레이커스는 조던에 대해 오리, 팍스까지 헬프를 들어가도록 지시했다. 아직은 코비가 '햇병아리'나 다름없던 시절이었기에 이 경기에서는 코비가 얼마나 대범하고 용감했는지를 확인한 것만으로도 소득이 있었다.

경기는 104-83으로 불스가 승리했다. 조던은 36득점 4어시스트 5리바운드를 기록했다. 전반에 그는 점프슛 감각을 못 찾자 파울(전반 자유투 11개 시도/10개 성공)을 얻어내면서 경기를 풀어갔고, 후반에는 쾌조의 점프슛 감각을 과시하면서 수비를 농락했다. 환상적인 풋워크는 덤. 롱리는 23득점 10리바운드를, 쿠코치는 12점 8어시스트를 기록했다.

코비는 몇 점을 올렸을까. 1996-1997시즌 성사됐던 조던과의 첫 대결 당시 벤치에서 제한된 역할만 맡았던 그는 이날 29분을 소화하며 33득점을 기록했다. 비록 팀은 패했지만, 인상적인 기록임은 틀림없었다. 다만 레이커스 입장에서는 밴 엑셀과 에디 존스, 오리가 도합 14점에 그쳤다는 점이 뼈아팠다. 리바운드 대결서도 54-36으로 완패. 이길 수가 없었던 경기였다.

경기 후 조던은 코비에 대한 질문이 나오자, "기술도 좋고 자신감도 대단한 친구"라고 치켜세웠다. "코비는 현재 대학 2학년 정도의 나이입니다. 더 나아지는 것은 시간문제입니다. 더 많이 배운다면 훌륭한 선수가 될 것이라고 생각합니다"라고 평가했다.

그 뒤로 성사된 '불스의' 조던과 코비의 맞대결은 겨우 1차례뿐이었다. LA 포럼(forum)으로 옮겨 치른 시즌 2번째 경기에서는 레이커스가 112-87로 복수했다. 코비는 20득점을 올렸지만, 실질적인 승리 요인은 샤킬 오닐의 존재에 있었다. 그러나 두 스타의 첫 만남은 나란히 서 있는 것만으로도 큰 화제가 됐다. (3)

21. 황제, 황태자를 만나다

올스타에서의 추억

'농구의 성지' 뉴욕 메디슨 스퀘어가든에서 열린 1998년 올스타전도 화제였다. 이날도 키워드는 단 하나. 조던과 코비의 만남이었다. 당시 코비는 LA 레이커스의 식스맨이었음에도 팬 투표에 의해 선발로 출전하는 진기록을 세웠다. 역대 올스타게임을 돌아봐도 존 하블리첵(1966년, 1970년)과 댄 말리(1995년)만이 해낸 그리 많지 않은 사례였다. (4)

또, 미국 나이로는 20살이 채 되지 않은 역대 최연소(19세 2개월) NBA 주전이 되면서 전국적인 관심을 받고 있었다. 기존 1위는 매직 존슨으로 20세 2개월이었다. 경기 전에는 '열혈 레이커 팬'으로 알려진 배우 잭 니콜슨이 코비에게 농구공에 기념 싸인을 받기도 했다.

이날 코비의 포커스는 단 하나. 바로 마이클 조던과 대결하는 것이었다. 조던을 동경해온 코비는 덩크 할 때도 혀를 내밀고 하는 등 여러 퍼포먼스에서 조던을 따라 한다는 말을 들어왔다. 단순히 따라 하는 것이 아니라, 목표가 바로 'Be Like Mike(마이크처럼 되기)' 그 자체였던 선수. 그래서일까. '판'을 깔아주자 대놓고 조던에게 도전 의사를 밝혔다.

사실 처음에는 그 그림을 곱지 않게 바라본 인물도 있었다. 필 잭슨 감독은 "코비는 경쟁심이 강한 선수였어요. 물속에서 피비린내를 맡고 다니는 상어 같았죠. 다소 무례해 보일 때도 있었죠. 첫 올스타전(1998년)을 기억합니다. 처음에는 좀 존중이 부족하다는 생각이 들었는데, 항상 도전을 멈추지 않고 대어들을 쫓아다녔습니다"라고 돌아봤다.

반면 조던은 코비가 귀엽다는 듯 올스타 동료들에게 "그 레이커스 꼬마가 1대1을 하고 싶어 하는 거 같은데? 내가 (수비에서) 엉덩이를 걷어차 줘야겠어"라며 웃으며 응수했다.

사실, 이런 여유있는 멘트와 달리 올스타전 본경기 직전까지만 해도 조던의 올스타전 출전 여부는 명확하지 않았다. 몸살 증세가 심했던 탓이다. 원래 조던은 올스타 휴식기만 되면 라스베이거스와 같은 따뜻한 동네에서 골프 치는 것을 연례 행사로 삼았으나, 그 좋아하는 골프까지 쉬었을 정도로 컨디션이 좋지 않았다. 그래서 그는 "만약 올스타전이 토요일에 열렸다면 아마 전 뛰지 않았을 거예요. 앉아있는 것도 힘들었거든요. 오늘 아침(일요일)에 간신히 정신을 차렸습니다"라고 말하기도 했다.

그러나 경기가 시작되자 조던은 언제 그랬냐는 듯이 '햇병아리'의 도전을 즐겼다. 마치 조카의 도발을 보는 삼촌의 표정이었다. 조던은 "다른 스타들도 많기에 우리 둘만 분리시키지는 않으려고 합니다"라고 말했다.

코비는 놀이동산에 온 소년처럼 "전혀 긴장하지 않았다. 놀라울 뿐이다"라며 신난 표정이었다. 조던의 슛을 컨테스트하는가 하면, 조던을 상대로 포스트업도 시도했다. 칼 말론의 스크린도 사절했을 정도로 의욕이 대단했다. 또한 조던의 포스트업을 1대 1로 수비하기도 했다.

또, 기회가 될 때마다 쇼타임 본능을 감추지 않았다. 단독 속공 찬스에서는 360도 덩크를 꽂는가 하면, 케빈 가넷(Kevin Garnett)과는 기가 막힌 앨리웁 덩크도 합작했다. 특히 후반에는 디켐베 무톰보(Dikembe Mutombo)가 마크하는 상황에서 비하인드 백 패스를 주는 듯 속임 동작을 한 뒤 레이업을 올라갔는데, 덩크슛만큼이나 큰 환호를 끌어냈다.

그런 코비를 보면서 중계진은 "저 젊은 친구가 어떻게 해야 사람들을 즐겁게 할 수 있는지 잘 아는 것 같습니다"라며 함께 즐거워했다. 당시 올스타 중계는 NBC가 맡았는데, 틈날 때마다 조던과 코비를 집중조명했다. 조던에게는 NBC 스포츠의 간판 아나운서 아먀드 라샤드가, 코비에게는 짐 그레이(Jim Gray) 아나운서가 붙어 1쿼터, 2쿼터, 하프타임에 교차 인터뷰를 시도한 것이다.

이 시기 조던은 1997-1998시즌이 마지막 시즌이 될 수도 있다는 루머가 있었기에 'NBC'측에서는 조던과 코비를 동시에 담을 마지막 기회라고 봤던 것 같다. 조던과 코비는 방송사 기대에 충분히 부응했다.

올스타전은 동부의 135-114 승리로 끝났는데, 조던은 32분간 23점 8어시스트를 기록하며 자신의 마지막 올스타 MVP 트로피를 손에 넣었다. 위저즈 시절을 포함, 총 14번 올스타전에 나간 그에게는 3번째 올스타 MVP이기도 했다.

반면 '어린 도전자' 코비는 22분간 18점을 기록했다. 덩크슛 대회 우승(1997년)을 시작으로 차근차근 조던의 전철을 밟아간 그는 이 올스타게임을 시작으로 18번이나 올스타게임에 나섰다. 올스타 MVP가 된 것은 그로부터 4년 뒤인 2002년의 일. 2007년과 2009년, 2011년에도 올스타 MVP가 된 그는 과거 조던이 그랬듯, 올스타전 미디어데이 행사에서 가장 많은 인파를 끌어모으는 인물이 된다. 100여 명이 몰려 마이크 없이는 진행이 불가능할 정도가 됐다. 심지어 올스타 인터뷰 도중 외신기자로부터 '조공'을 받는 일(한 일본인 기자가 코비의 그림이 담긴 액자를 선물하기도 했다)까지 벌어졌으니 그 위상이 얼마나 높아졌는지 알 수 있을 것이다.

황제에게 도전했던 풋내기는 18번이나 올스타에 나가면서 젊은 스타들에게 영감을 주는 인물로 성장했다. 그리고 2020년, NBA는 불의의 헬기 사고로 운명한 코비를 기리기 위해 새로운 룰을 도입했고 MVP 트로피에는 코비 브라이언트의 이름을 새겼다.

서로 닮은 두 남자의 우정

'전설'의 자리를 예약해둔 남자와, 그에 도전하는 풋내기. 그러나 시간이 흐르며 둘은 형과 동생 같은 관계로 발전한다. 조던은 자신을 닮은 동생을 아꼈다.

1998년 올스타전은 그 시작과도 같았는데, 코비는 "슈팅 연습 시간 중에 제가 그에게 턴어라운드 슛에 대해 물어본 적이 있어요. 그러자 아주 자세하게 답변을 주더군요. 그러더니 '더 궁금한 게 생기면 전화하렴'이라고 말했습니다"라고 돌아봤다. 조던의 말처럼 그 뒤로 코비는 한밤중에도 궁금증이 있으면 조던에게 물었다. 말 그대로 친동생처럼 다가간 것이다. 알려진 바에 따르면 이때만 해도 코비는 조던을 부를 때 'Mr. 조던'이라 불렀다고 한다. 조던은 그런 자세와 태도를 마음에 들어했다는 후문이다.

조던과 코비가 가장 닮은 부분 중 하나는 바로 승부욕이었다. 코비는 조던처럼 도박이나 골프로 사생활을 보내진 않았지만, 농구에 관해서는 무서운 승부욕을 발휘했다. 전직 NBA 가드이자, 현재는 코치(보스턴 셀틱스)로 활동 중인 샘 카셀(Sam Cassell)은 한 인터뷰에서 그것을 'Jordan Thing'이라고 표현했으며 둘의 개인 트레이너로 일했던 팀 그로버도 이를 인정했다. "코비는 진심으로 조던처럼 되고자 했고, 성향도 비슷했습니다. 자유투가 안 들어간 날은 다음 날 40분간 자유투만 연습했습니다."

앞서 소개했듯이 그로버는 오늘날 조던이 스타로 발돋움하는 데 정신적, 육체적으로 많은 힘을 쏟은 인물이다. 조던은 그로버가 다른 사람과 일하는 걸 탐탁치 않게 생각했다. 그런데 코비에게 그런 그로버를 소개시켜준 사람이 바로 조던이었다.

"최고의 운동선수들은 그들의 정보를 공유하고 싶어해요. 어떻게 그걸 해냈는지 말이죠. 코비도 동료들에게 항상 그걸 이야기합니다. 상대팀 선수가 알고자 할 때도 아마 기꺼이 비결을 알려줄 거예요. MJ도 그랬던 거 같아요. 최고의 선수가 되는데 필요한 것이 무엇인지 기꺼이 이야기해줄 겁니다. 코비도 '이봐, 이기려면 이런 마음 가짐이 있어야 해'라고 말해줄 거예요. 그리고 정신적으로도 대비하길 바랄 거예요. 그렇게 자신의 조언을 실제로 적용해서 승리한다면 아마 그는 다음 질문에 대한 답도 건넬 것입니다."

그로버의 말을 해석하자면 이렇다. 말을 건넸을 때 그걸 실천으로 옮기고, 정말로 해낼 능력과 의지가 있는 선수라면 기꺼이 그걸 아끼지 않는다는 것이다. 조던의 눈에 비친 코비는 아마도 그런 선수였을 것이다.

"코비는 플레이를 사랑하는 선수였어요. 코비, 조던, 스테픈 커리 등은 다른 선수들과 비교되는 워크 에식(work ethic)을 갖고 있었죠. 그들은 훈련에 시간을 투자했죠. 모두가 코비처럼 되고 싶어 하고, 그들처럼 되고 싶어 했지만 그건 말처럼 쉬운 것이 아니었습니다." 초창기 코비를 다루는 데 굉장히 힘들어했던 델 해리스(Del Harris) 감독조차 농구에 대한 헌신적 자세만큼은 인정했다.

필자가 그의 주변인들에게 직접 들은 코비의 훈련은 왜 그가 최고가 되었는지를 알 수 있다. 그는 자신의 몸에 해로운 것은 절대 하지 않았다. 술, 담배도 말이다. 어딜 가나 물리치료사와 트레이너를 대동해 다음날 훈련을 준비한다. 해외 행사를 가도 마찬가지다. 적지 않은 선수들이 여행도 즐기며 잠시 농구를 내려놓는 반면, 코비는 행사 후 자신이 프라이빗하게 훈련할 수 있는 공간을 요구했다.

여기 그의 무서운 훈련량에 대한 한 증인이 있다. 바로 캐나다 국가대표팀 감독이었던 제이 트리아노(Jay Triano) 코치로 한 일간지에 코비의 훈련 목격담을 털어놓은 바 있다. (5) "보통 NBA 선수들이 3점슛을 연습할 때 지정된 지점에서 25개 정도 쏘는 식으로 반복합니다. 하지만 코비는 그 지점에서 200개씩을 던지더군요. 그게 끝이 아니었습니다. 3점슛을 다 던지면 페이드어웨이 슛으로 다시 연습합니다. 그것도 게임 스피드(Game Speed)로. 미국 대표팀 당시 연습 좀 한다는 르브론 제임스, 드웨인 웨이드를 비롯한 모든 대표팀 선수들이 코비의 훈련을 보고 경악했습니다. 오프시즌과 다음 시즌을 대비해 훈련하는 게 아니라, 세계 최고의 선수가 되기 위해 항상 훈련하는 것이었습니다."

다만 코비와 조던의 결정적인 차이점은 '사회화'였다. 조던은 대학 시절 딘 스미스의 통제된 시스템에 길들여졌다. 제임스 워디 같은 내로라하는 대학 스타들과 함께하며 자신이 볼이 없을 때 무엇을 해야 할지도 익혔다. 그럼에도 필 잭슨 감독의 트라이앵글 오펜스에 녹아들기까지 정신적, 육체적으로 많은 시간이 걸리긴 했지만, 기본적으로 '조직'에서 모난 돌처럼 여겨지진 않았다.

코비는 반대로 사회화가 덜 된 상태였다. 자기 기량에 대한 자신감이 다소 지나쳤다. 그래서 동료들과도 자주 부딪쳤다. 코비의 일대기를 다룬 '쇼 보트(Show Boat)'에서도 비슷한 구절이 있었는데, 델 해리스는 필 잭슨에게 조던을 어떻게 다루었는지 자문을 구하기도 했다. 샤킬 오닐도 자서전에서 초창기 코비의 호기를 인정하면서도 한 사람으로서는 어려움을 토로하기도 했다. 필 잭슨도 자서전에서 "조던은 저를 처음 만났을 때, 이미 현실을 깨우친 상황이었고, 코비는 그렇지 않았습니다"라고 돌아봤다.

10대의 나이에 프로선수가 된 코비는 단숨에 수백만 달러를 버는 부자가 됐고, 전국적으로 그를 모르는 사람이 없는 유명인사가 됐다. 3년 연속 우승도 차지했다. 그럼에도 놀라운 건 그가 계속해서 중심을 잃지 않고 여론의 압박도 잘 핸들링했다는 것이다. 샤크와의 불화는 결과적으로 잘 나가는 콤비가 깨진 발단이 됐지만 이를 통해 어른이 되었으며, 유명세에도 불구하고 자기 관리를 더 철저히 하며 실력을 키워갔다.

훗날 워싱턴 위저즈로 돌아온 조던은 코비를 인정했다. 코비가 자신을 따라 한다는 지적에 대해 그는 이렇게 말했다. "그래서 그렇게 따라 할 수 있는 선수가 몇이나 있었지요? 저도 데이비드 탐슨이나 선배들을 보며 따라 했어요. 코비도 나를 연구했으니 가능한 일이겠지요. 다들 그렇게 발전한답니다."

조던은 코트 밖에서도 코비를 돌보고 챙겼다. 성폭행 사건에 연루되었을 때는 필 잭슨 감독에게 연락해 "제가 코비를 도울 방법이 있을까요?"라고 물었다. 그렇게 조던을 닮고자 따라갔던 선수는 어느새 후배들이 가장 닮고 싶어하고, 자신들에게 강한 영향력을 주는 스타가 되어 있었다. '제2의 마이클 조던'이 아니라 '맘바 멘탈리티(Mamba Mentality)'로 상징되는 자신의 아이덴티티를 만든 것이다.

한편 2019년 12월 8일 ESPN 잭 맥물란(Jack MacMullan) 기자가 공개한 조던과 코비의 마지막 문자에서 둘은 데킬라 회사에 대해 문자로 이야기를 나누었다. 서로 안부를 건넨 뒤 조던은 코비에게 이렇게 남겼다. "곧 봐 코치 코비!" 농구선수의 길을 걷는 장녀 지지(Gigi)를 가르치는데 진심이었던 코비를 향한 격려 메시지였다.

2015년 12월, 호레이스 그랜트와 SNS 메신저를 통해 인터뷰할 기회가 있었다. 당시 그랜트는 두 전설에 대해 이렇게 언급했다. 이 챕터는 그랜트의 코멘트로 마무리하고자 한다. (6)

"현역 시절, 저는 명예의 전당에 입성한 전설, 그리고 곧 명예의 전당에 입성하게 될 전설과 함께 플레이 했어요. 그런 두 선수와 뛰었던 것은 제 자랑이자 행복이었습니다. 바로 마이클 조던과 코비 브라이언트입니다. 두 선수 모두 NBA 역대 최고라 할 수 있죠. 그들의 공통점은 모두 경쟁심이 대단하고 열정적이며, 우승을 이룬 선수들이라는 점입니다. 팀 동료들을 다음 단계로 올려놓기도 했죠. 사실, 두 선수의 차이점은 거의 못 느끼겠어요. 농구에 있어 두 선수는 모든 걸 헌신했던 선수들입니다. 그들은 친선경기에서조차 지는 걸 원치 않았어요. 그게 농구든, 탁구든, 골프든 말이죠. 그런 둘과 함께 플레이하게 되어 행복했습니다."

(1) 그 시즌에 코비는 식스맨상 후보에 이름을 올리는가 하면 NBA 올스타에서는 주전으로 나섰다. 식스맨상 투표에서는 대니 매닝(Danny Manning)에 이어 2위였고, 기량발전상(Most Improved Player) 투표에서는 7위였다.

(2) 엘든 켐벨은 1990-1991시즌 LA 레이커스에서 데뷔, 7시즌 연속 득점 기록이 상승했다. 오닐이 합류한 뒤 출전시간이 대폭 줄어 성적이 떨어졌지만, 다시 붙박이 주전이 됐던 1998-1999시즌에는 커리어하이 15.3득점을 기록했다. 이때 소속팀은 샬럿 호네츠였다.

(3) 조던은 31득점 5리바운드를 기록했다.

(4) 조던은 1,028,235표로 전체 1위에 올랐다. 코비는 양 팀의 주전을 통틀어 가장 적은 395,686표를 기록했다. 존 스탁턴(344,259표)을 간발의 차이로 제쳤다. 이때 서부 가드 1위는 게리 페이튼(555,715표)이었다. 당시는 온라인이 아닌 현장 투표였다.

(5) 1958년생인 제이 트리아노 코치는 토론토 랩터스 감독을 지냈으며, 지금은 새크라멘토 킹스의 어시스턴트 코치로 일하고 있다.

(6) 그랜트는 1987년부터 1994년까지 조던과 불스에서 뛰었고, 2000-2001시즌과 2003-2004시즌에 LA 레이커스에서 코비와 함께 했다. 2001년에 그랜트는 개인통산 4번째이자 마지막 우승을 차지했다.

GAME INFO

날짜	1998년 6월 31일
장소	유타주 솔트레이크 시티 델타센터
시즌	1997-1998시즌 NBA 플레이오프 파이널
경기의 중요성	★★★★★
착용 농구화	나이키 에어 조던 14

SCORE

팀	1Q	2Q	3Q	4Q	최종
불스	19	29	21	19	88
재즈	27	18	20	18	83

MJ's STATS

출전시간	득점	야투	자유투	리바운드	어시스트	스틸	블록	실책	파울
42'01"	28	9-25	10-15	9	8	0	0	2	3

22. 마지막 댄스

1997-1998시즌 파이널 6차전

시카고 불스

VS

유타 재즈

NBA 파이널 진출의 기쁨을 누린 것도 잠시. 이들은 바로 솔트레이크 시티로 향해야 했다. 2년 연속 NBA 파이널에서 유타 재즈를 만나게 됐다. (1)

절치부심한 재즈는 1라운드에서 휴스턴 로케츠에 고전했을 뿐, 2라운드와 컨퍼런스 파이널을 가볍게 통과했다. 슈퍼 루키 팀 던컨(Tim Duncan)이 활약한 샌안토니오 스퍼스는 아직 칼 말론의 노익장을 넘기에 이른 것 같았고, 샤킬 오닐과 코비 브라이언트 콤비의 LA 레이커스도 승부처가 되자 우왕좌왕했다. 재즈는 각각 4승 1패, 4승 0패로 통과했다. 재즈가 컨퍼런스 파이널을 끝낸 날짜는 5월 24일. 이들은 일주일 가까이 불스와 페이서스의 전투를 지켜보며 파이널을 준비했다.

1년 전과는 사정이 달랐다. 1997년 시리즈는 시카고 유나이티드 센터에서 개시됐지만, 이번에는 유타에서 진행됐다. 두 팀의 승률이 같긴 했지만, 타이 브레이커(tie breaker) 룰에 따라 재즈가 상위 시드를 얻게 되었기 때문이다.

불스는 시즌 맞대결 전적에서 재즈에 0승 2패로 밀리고 있었다. 특히 1998년 1월 25일에 열린 맞대결이 치명적이었는데, 이 경기에서 94-101로 패함에 따라 불스는 홈 18연승 행진도 중단되었다. 게다가 불스도 페이서스에게 밀려 순위가 동부 2위로 떨어졌다. 하필 이 시기 성적으로 올스타 감독이 결정된 터라, 동부 올스타 감독은 필 잭슨이 아닌 래리 버드가 맡게 됐다. 여러 가지를 바꿔놓은 1패였던 것이다.

조던과 불스는 시리즈를 앞두고 스스로를 '언더독'이라고 칭했다. 7차전까지 가며 많은 힘을 쏟았기 때문이기도 했지만, 시즌 시리즈 역시 결과물이 좋지 않았기 때문이었다. 조던은 시리즈를 앞두고 "우리는 이겨내야 할 것이 많습니다"라고 말했다. 그러면서도 "많은 이들이 유타 재즈에 더 높은 점수를 주고 있더군요. 아마도 그들도 그런 상황에 대해 부담을 느끼고 있을 겁니다"라며 정신적인 면을 압박할 것이라 예고했다.

"저는 여전히 우리가 챔피언이라 생각해요. 사람들 전망은 중요하지 않습니다. 우리는 그저 코트에 나가 우리 것을 지키려 할 것입니다."

물론, 재즈도 정신무장을 단단히 했다. 스탁턴은 자서전(어시스티드)을 비롯 여러 인터뷰에서 준우승의 아픔을 곱씹어왔다고 밝혔다. "전년도 파이널 패배의 아픔이 여전히 남아있었습니다. 그래서 1997-1998시즌에는 매 경기 최선의 에너지를 뽑아냈죠. 저는 무릎이 아팠지만 하워드 아이즐리(Howard Eisley)가 버텨준 덕분에 잘 소화할 수 있었습니다. 게다가 이번에는 우리에게 홈코트 어드밴티지가 있었기에 더 유리하다고 생각했습니다."

면역력 싸움: 시스템 vs 시스템

전 시즌의 아픔을 기억한 건 스탁턴만이 아니었다. 재즈 선수들 모두 1년 전 첫 경기를 기억하고 있었다. 조던의 위닝샷으로 기선을 내줬던 그 1차전 말이다. 집중력을 발휘한 재즈는 연장까지 가는 접전 끝에 88-85로 선승을 따냈다.

2차전은 1쿼터부터 몰아친 불스가 가까스로 승리(93-85)했다. 두 경기 모두 5점차 내에서 승부가 결정됐다. 3쿼터에 재즈의 갑작스런 10-0 런을 허용해 역전까지 당하긴 했지만 위기 상황을 잘 극복하며 시리즈를 동률로 만들었다.

스티브 커는 훗날 ESPN+(플러스)의 분석 프로그램 '디테일(detail)'에 출연해 이 경기를 분석했다. 커는 "3쿼터 스탁턴이 주도한 런이 제일 당황스러웠습니다. 우리는 그 전까지 경기 내내 흐름을 주도하고 있었기 때문입니다"라고 돌아봤다. 4쿼터 초반 득점 가뭄에 시달리던 불스는 로드맨의 기습적인 점프슛과 말론의 파울트러블로 주도권을 되찾을 수 있었다. 모두 예상치 못한 소득이었다.

조던은 1~2차전에서 도합 70점을 기록했다. 마무리는 조던이 맡았다. 감탄만 나오는 갖가지 기술들을 조합해 수비를 몇 번이나 골탕먹였다. 4쿼터 후반에 이를 무렵, 불스는 7점 차(81-74)로 달아나며 승기를 잡았다.

1997년에도 그랬지만, 이 시리즈에서는 조던의 미스매치 공략을 자주 볼 수 있었다. 신장의 이점 덕분이다. 잭슨 감독은 론 하퍼도 그러길 기대했지만 스탁턴과 호너섹이 그렇게 만만한 수비수가 아니었다. 미스매치 공략의 목적은 '쉬운 득점'이지만, 다른 한편으로는 더블팀 유발도 있었다. 하퍼의 경우 후자가 잘 이뤄지지 않았다.

불스가 가드 매치를 공략한 반면, 재즈는 안쪽 우위를 기대했다. 말론뿐 아니라 스탁턴, 호너섹도 기민한 스크리너였다. 기습적인 백 스크린으로 조던이나 하퍼가 빅맨을 상대하게끔 만들었다. 말론은 여전히 굉장한 스코어러였지만 기왕이면 로드맨을 멀리 떨어뜨리고, 조던이나 하퍼를 괴롭히고 싶었을 것이다. 말론은 피펜이나 쿠코치가 더블팀을 들어오면, 빈곳을 찾는데 있어 거의 천재적인 움직임과 패스 능력을 보였다. 아마도 이는 트라이앵글 오펜스만큼이나 긴 시간 반복된 훈련의 결과물이었을 것이다.

재즈는 트라이앵글 오펜스에 면역이 된 팀이었다. 결국 트라이앵글 오펜스가 빽빽해지면 조던에게 공이 갈 것을 알고 있었기에 호너섹과 스탁턴, 앤더슨 등은 조던의 움직임 하나하나를 놓치지 않았다. 그가 공을 잡을 때면 스턴트(stunt), 트랩(trap) 등을 이용해 반경을 제한하려 했고, 계속 디플렉션(deflection)을 시도하거나 컨테스트(contest)했다. (2) 다른 한편으로는 트라이앵글 오펜스가 결국 포스트를 기반으로 움직인다는 것을 착안, 네일(nail) 지점에 가드를 배치해 볼 투입에 훼방을 놓았다. (3)

조던으로부터 직접 볼을 뺏거나 블록하는 건 불가능했어도 불스가 공격을 전개하는데 있어 최대한 불편함을 느끼게 만들고자 했던 의도였다. 공간을 좁히고 빽빽하게 만들면 결국 조던이 1대1을 하려 들 것이다. 이때도 그들은 최대한 멀리서 던지게 만들었다. 그럼에도 결국 20점을 넘겼지만 재즈는 그를 혼자 움직이게 만드는 것에 주력했다.

그렇지만 면역이 된 건 필 잭슨 감독도, 조던도 마찬가지였다. 자주 반복되진 못했지만 흥미로운 방식의 반격이 있었다. 2차전 초반에는 피펜과 쿠코치가 피스톨(pistol) 오펜스로 시작했다. 코트를 넘어오자마자 피펜이 바로 쿠코치에게 공을 줬다가 다시 핸드오프 받아 돌파해 들어가는 공격으로, 방아쇠를 당기면 엄청난 속도로 나아가는 탄환처럼 빠르게 공격이 이뤄진다고 해서 붙여졌다. 이는 페이스가 빨라진 오늘날 NBA에서는 더 다양하게 쓰이고 있다. 그렇게 상대가 피스톨 공격에 반응을 하면 반대쪽에 있던 조던이 잽싸게 이동하여 패스를 받아 점퍼로 마무리했다.

조던의 볼 없는 움직임은 재즈를 괴롭게 했다. 처음부터 드리블을 하며 1대1을 하는 건 불가능했기에, 조던은 베이스라인에 있다가 기습적으로 포스트로 올라와 볼을 받고 공격을 하거나, 코너에서 백도어를 하며 공을 받아 덩크를 꽂았다. 2차전에서는 2명이 연속적으로 스크린을 걸어주는 스태거드 스크린(staggered screen)이 사용됐고, 3차전에서는 이마저도 빽빽해지자 아예 본인의 개인 역량으로 상대를 따돌리고 패스를 받았다. 공을 받은 뒤 펼쳐지는 룩 롱리, 피펜과의 2대2 플레이도 상대를 괴롭혔다. 어떻게든 조던에게 찰나의 틈만 만들어주면 됐다.

잭슨 감독의 배치도 좋았다. 먼저, 반대 사이드에 슛이 좋은 스티브 커와 쿠코치를 배치시켜 수비가 마음대로 좁히는 걸 방해했다. 조던은 수비의 위치를 읽고 롱리를 끌어올린 뒤 스크린 리젝트(screen reject)로 공간을 활용했다. (4) 롱리를 따라 나온 센터들은 뒤늦게 조던을 쫓아가'두 선수는 NBA 정상급 스몰포워드들이었다. 핸들링도 가능했을 뿐 아니라 상대를 읽고 입맛에 맞게 패스를 주는 능력도 탁월했다. 상대가 조던에 홀린 사이, 이들은 다른 동료들의 사기도 함께 올려주었다.

'명작'을 집필한 접전의 여신

그렇게 1승 1패를 만들고 홈에서 치른 3차전. 불스는 96-54로 재즈를 박살냈다. 23-29까지는 재즈가 곧잘 따라갔다. 그러나 이날은 조던과 피펜 모두 터진 날이었다. 피펜이 3점슛 거리 바로 앞에서 던지는 '롱2'는 그가 가진 가장 기복이 심한 무기 중 하나였다. 그런데 이날은 쏙쏙 꽂혔다. 패스워크도 훌륭했다.

재즈도 물론이 첫 6개의 슛을 모두 넣으며 12득점을 기록, 열심히 쫓아갔다. 그런데 피펜을 앞에 두고 득점을 시도할 때 피펜이 기가 막히게 오펜스 파울을 유도하면서부터 리듬이 깨졌다. 불스 팬들 입장에서 보면 '좋은' 차징 유도였지만, 냉정히 봤을 때 플라핑(flopping)의 여지도 있었던 플레이였다. 이후 점수차는 거짓말처럼 벌어져 어느덧 47-31이 되어 있었다. (5)

로드맨의 투입도 불스가 탄력을 받은 원동력이 됐다. 그가 제공한 세컨 찬스는 두 팀의 격차를 벌려놓았다. 로드맨은 슈팅 능력이 떨어졌기에 보통의 빅맨들이 하는 것 같은 2대2 플레이 전개가 어려웠지만, 그는 훌륭한 연기자 역할을 하며 재즈를 혼란스럽게 했다. 마치 볼을 원하는 것처럼 자유투 라인까지 손을 든 채 달려 나오는 식이었다. 오늘날과 달리 당시 NBA는 지역방어가 불가능했기에 상대는 따라 나올 수밖에 없었고 조던은 그 틈을 타 베이스라인을 가로질러 로우포스트를 공략할 틈을 벌었다.

로드맨은 이 경기에서 22분 24초 동안 6개의 리바운드를 잡았다. 론 하퍼(10개), 스캇 버렐(9개), 롱리(7개), 쿠코치(6개) 등 로드맨보다 리바운드를 더 잡아낸 선수가 많았지만 굳이 로드맨의 이름을 언급한 건 그가 잡아낸 공격 리바운드 2개와 무수히 보인 영리한 움직임이 결국 재즈의 조화롭던 움직임에 균열을 냈기 때문이라

할 수 있다. 게다가 불스의 팀 수비도 만만치 않았기에 재즈가 실책을 남발하는 사이 점수차가 두 자리로 벌어지고 있었다.

3쿼터에 재즈는 이미 실책이 15개에 이르고 있었고 선장이라 할 수 있는 스탁턴이 무려 5개나 기록했다. 그의 통산 실책이 평균 2.8개라는 점을 감안하면 이례적인 일이었다(재즈가 기록한 최종 실책은 26개였고, 야투성공률은 30%에 불과했다. 둘 다 구단 플레이오프 사상 최악의 기록이었다).

불스는 3쿼터까지 상대를 45점으로 묶으며 일찌감치 승기를 잡았다. 그럼에도 마지막까지 트라이앵글 오펜스 시퀀스를 수행했다. 후반의 트라이앵글 오펜스는 아름다울 정도로 다양한 방식으로 전개되었다. 물로 몇 차례 미스도 있었지만, 점수차가 벌어졌음에도 불구하고 누구도 욕심을 내지 않고 여태껏 해온 방식으로 상대를 무너뜨렸다는 점이 포인트였다.

한 경기 42점 차. 이는 지금까지도 NBA 파이널 역사상 가장 큰 점수차로 남아있다. 2024년 NBA 파이널 4차전에서 보스턴 셀틱스가 신기록을 세울 뻔했지만, 다행히 38점 차(84-122)로 경기를 끝냈다. 또한 54점은 NBA 파이널 역대 최소 득점 기록이다. NBA 역대 파이널 한 경기 최소 득점 10경기를 돌아보면 1950년대 이후 54점에 그친 팀은 재즈가 유일했다. 그 정도로 일방적이었고 충격적이었다.

이 경기를 현장에서 중계한 로드 헌들리(Rod Hundley)는 "할 말을 잃었다"라고 고백했다. 헌들리는 1974년 유타의 전신인 뉴올리언스 재즈 시절부터 구단의 전속 해설위원이었다. 무수히 많은 경기를 중계해왔던 그에게도 3차전은 충격, 그 자체였다. "불스 이야기 외에 할 것이 없었습니다." 경기 후 '시카고 트리뷴'과의 인터뷰에서 했던 말이다.

4차전과 5차전은 두 팀이 1승씩을 나누었다. 불스는 4차전까지 86-82로 이기면서 3승 1패로 앞서갔다. 남은 건 단 1승. 5차전도 유나이티드 센터에서 치르기에 의욕도 충만했다.

대망의 5차전. 불스 팬들은 1997년처럼 다시 한번 홈에서 우승 세리머니를 갖길 염원했다. 그러나 이런 마음은 알게 모르게 불스 선수들에게도 녹아들었던 것 같다. 경기는 생각만큼 잘 풀리지 않았다. 칼 말론을 제어하지 못했다. 이날 그는 무려 39득점을 기록했다. 불스는 쿠코치가 파이널 '인생 경기'를 치렀지만 쿠코치를 제외한 선수들의 숫감은 우승할 준비가 덜 된 것처럼 보였다. 이날 불스는 75개의 슈팅을 시도해 29개만을 넣었는데, 주전 중 쿠코치(30득점, 야투 11/13)를 제외하면 누구도 야투 40%를 넘기지 못했다(쿠코치는 불스의 최다 득점자가 됐다. 이 시리즈에서 조던 외에 다른 선수가 불스 득점을 리드한 유일한 경기이기도 했다).

피펜은 3점슛 7개를 모두 미스하는 등 16개의 슈팅 중 2개만을 적중시켰다. 이날 그는 6득점 11리바운드 11어시스트로, 득점 4점을 더 채우지 못해 트리플더블을 놓쳤다.

불스는 마지막까지 재즈를 쫓아갔다. 수비와 리바운드 덕분이었다. 재즈는 앤트완 카(Antoine Carr)의 중거리 슛으로 78-71로 기세를 잡았지만, 승리를 장담하기는 일렀다. 쿠코치의 3점슛으로 다시 4점 차(74-78)로 거리를 좁힌 불스는 이어 조던의 자유투 2개로 2점 차로 따라붙었다.

마지막 53초. 이때부터 말론은 천당과 지옥을 오간다. 말론이 53초를 남기고 숏 코너에서 특유의 점퍼를 넣을 때만 해도 재즈가 쐐기를 박는 듯했다. 그런데 이어진 불스 공격에서 말론이 쿠코치에게 슈팅 파울을 범하고 만다. 그것도 3점 슛을 던질 때 범한 파울이다.

재즈가 4쿼터에 자유투 1개를 얻지 못한 사이, 불스는 6개를 시도해 6개를 모두 넣고 있었다. 쿠코치가 말론으로부터 얻은 자유투 3개 중 2개를 먼저 넣자, 주관방송사 NBC는 자막을 통해 불스가 4쿼터에 8개를 던져 8개를 모두 넣고 있음을 알렸다. 그런데, 중계진들에게는 웃지 못할 징크스가 하나 있다. 자유투를 던질 때 자막으로 성공률을 보여준다거나 '잘 넣는다'라고 칭찬하면 어김없이 다음 자유투를 놓치는 것이다. 필자도 경험해본 일이지만, 정말 민망하기 짝이 없다. 때로는 선수들과 그 팀 팬에게도 미안해질 정도다. 아니나 다를까. 쿠코치는 3구째를 놓쳤고, 재즈는 여전히 2점(80-78)을 앞서며 안도의 한숨을 내쉴 수 있었다.

불스의 다음 선택은 파울 작전. 그러나 앤트완 카도 자유투 성공률 70%가 넘는 빅맨이었다. 절체절명의 상황에서 얻은 자유투 2개를 모두 성공시켜 경기를 4점 차(82-78)로 만들었다. 이때 기적 같은 일이 일어난다. 쿠코치가 급히 던진 3점슛이 들어가면서 경기가 1점 차(81-82)가 된 것이다. 남은 시간은 5.5초.

불스에게 남은 선택은 파울 작전이었다. 제리 슬로언 감독이 이를 모를 리가 없을

터. 그는 스탁턴이 베이스라인에서 인바운드 패스를 받도록 설계했다. 당연했다. 스탁턴은 팀에서 1997-1998시즌 82.7%로 자유투가 비교적 정확한 선수였고, 가장 냉철한 선수였다. 불스가 스탁턴에게 압박을 가하는 순간, 호너섹이 불스 골대 쪽으로 쇄도했다.

스탁턴은 베이스볼 패스를 호너섹에게 정확히 건넸고 피펜은 몸을 날려 그에게 파울을 범했다. 남은 시간은 1.1초. 피펜은 반칙 6개로 퇴장을 당했다. 피펜의 파울로 자유투 라인에 선 호너섹의 성공률도 88.5%로 결코 나쁘지 않았다. 그러나 '명승부 작가'는 아직 집필을 멈출 생각이 없었던 것 같다. 호너섹이 자유투 1구를 놓치고 만 것. 그렇지만 2구째가 들어가면서 여전히 재즈가 리드를 하게 됐다. 83-81. 재즈가 2점 리드한 상황에서 남은 시간은 겨우 1.1초.

필 잭슨 감독은 바로 타임아웃을 요청했다. 잭슨 감독은 훗날 이 타임아웃 동안 쿠코치를 위한 위닝샷을 설계했다고 고백했다. 그는 조던에게 미끼 역할을 요구했는데, 조던은 이에 수긍했다. 잭슨 감독은 이 대목에서 조던이 얼마나 이기고 싶어하는지 느꼈다고 돌아봤다. 보통의 조던이라면 자기 손으로 승부를 보겠다는 자신감을 보였을 테니 말이다.

하지만 첫 번째 인바운드 패스는 무산됐다. 스티브 커에게 가는 패스를 스탁턴이 쳐냈다. 다시 인바운드 패스. 그러나 이때는 조던과 쿠코치의 동선이 겹쳤고, 시야를 확보하지 못한 하퍼는 조던에게 패스하고 말았다. 결국, 조던이 밸런스를 잃은 채로 던질 수밖에 없었고 경기는 그렇게 끝나고 말았다.

"홈에서 기회를 놓쳤습니다. 모두가 우승한 것처럼 생각했던 거 같습니다. 유타에 가서 끝내겠습니다."

운명의 경기

6차전은 바로 이틀 뒤인 6월 14일 유타로 장소를 옮겨 이어졌다. 불스는 이 시리즈를 6차전에서 끝내고자 했다. 3승 1패로 리드를 잡은 시리즈가 원점으로 돌아간다는 것만큼 허무한 일도 없을뿐더러 역으로 재즈의 기세가 그만큼 올라갈 것이 불 보듯 뻔했기 때문이다. 게다가 7차전까지 간다는 것은 델타 센터에서 한 경기를 더 치른다는 의미였는데, 체력적으로나 육체적으로나 그보다 더 피로한 일도 없었을 것이다.

잭슨 감독은 불스가 파이널에서 아직 7차전을 치러본 적이 없다는 점도 우려했다. 조던의 자신감과 별개로 심리적 압박감이 재즈보다 더 심할 것이라 본 것이다. 실제로 스티브 커는 파이널에 대해 "슈퍼보울(Super Bowl) 같은 분위기였어요. LA 클리퍼스 대 밴쿠버 그리즐리스 같은 경기와는 다르게 취급을 받았죠"라고 당시 분위기를 돌아봤다. 심지어 로드맨조차도 "정신적으로 정말 힘들었던 시리즈"라고 회고했다. 모두가 우러러봤던 이전과 달리 '불스 왕조'가 무너질 수도 있다고 보는 사람들이 늘어나자 그들도 '지키는 것'에 대해 부담을 가졌던 것으로 해석된다.

잭슨 감독이 7차전이 불리하다고 본 또 다른 이유는 바로 피펜 때문이었다. 피펜은 말론과의 계속된 격전으로 지쳐 있었다. 5차전에서 피펜은 최악의 슈팅을 보였고, 6차전을 앞두고는 등 통증으로 제대로 몸도 풀지 못했다. 이런 분위기를 감지한 조던은 잭슨 감독에게 최대한 많은 시간을 소화하겠다고 전했다. "48분 뛸 준비가 됐냐고 묻길래 '언제든요'라고 대답했습니다." 조던의 말이다.

경기가 시작되기 무섭게 불스는 큰 변수를 맞는다. 피펜이 덩크를 꽂고 내려오는 순간 극심한 등 통증을 느낀 것이다. 피펜은 달릴 때마다 경련이 일어나는 듯한 고통으로 더 제 기량을 발휘하지 못한 상황이 됐다. 경기를 보면 하프라인을 넘어오는 속도가 다른 선수들보다 현저히 떨어짐을 알 수 있다. 심지어 호너섹과의 리바운드 경합에서도 쉽게 점프하지 못했다.

그럼에도 불구, 피펜은 한동안 코트를 떠나지 않았는데 훗날 조던은 "아무 것도 하지 않아도 피펜이 있다는 것만으로도 공격, 수비는 물론이고 감정적으로도 크게 의지가 되었습니다"라며 피펜에게 고마움을 전했다(피펜이 벤치로 나갔을 때는 론 하퍼가 로우포스트에서 꼭짓점 역할을 했지만 공격 기회는 쉽게 만들어지지 않았다).

제2 옵션의 공격이 뻣뻣해진 상황. 결국 선택지는 단 하나. 늘 그랬듯이 마이클 조던이 불스의 오펜스, 그 자체가 되는 것이었다. 조던은 6차전에서 불스가 던진 67개의 슈팅 중 35개를 던졌다. 그가 소화한 시간은 44분이었으며, 45득점을 기록했다.

그렇다고 조던이 주구장창 1대1을 하거나, 드리블로 공격 기회를 만든 건 아니었다. 필 잭슨 감독은 조던이 좌우 로우포스트에 자리 잡게 한 뒤 샌든 앤더슨, 러셀과 매치업을 시켰는데 스텝을 이용한 득점 외에도 기습적인 백도어 컷에 이은 앨리웁 플레이로 점수를 노리거나, 쿠코치와 빅맨의 2대2에서 파생되는 외곽 찬스 등 상대 허를 찌르고 조던의 체력을 세이브하는 방식을 도모했다.

사실 6차전은 1쿼터 초중반을 제외하면 대부분 재즈가 리드를 이끌어갔다. 전반 49-45. 3쿼터 66-61. 앞서 조던이 고군분투했다고 했지만, 그럼에도 불스가 기세를 잡지 못한 건 역시나 조던 홀로 경기를 풀어가기에 재즈는 너무나 강한 팀이었기 때문이었다 말할 수 있다. 쿠코치와 빌 웨닝턴 등이 득점에 가담했지만 기세를 뒤집기에는 부족했다.

특히 쿠코치를 제외하면 드리블로 점수를 만들거나 수비를 긴장시킬 만한 무브를 보일 선수가 없었다. 또 커가 벤치에 있는 동안에는 스페이싱에도 문제가 있었다. 만성적인 무릎 통증에 시달리던 하퍼의 3점슛 성공률은 겨우 26.3%에 불과했다. 심지어 파이널 6경기 동안 그가 넣은 3점슛은 5차전에 단 하나였다. 이렇다 보니 하퍼의 매치업은 그를 버리고 조던 쪽을 견제해 터프샷을 유도할 수 있었다.

그러나 4쿼터가 되자 흐름이 달라지기 시작한다. 재즈가 주춤한 사이 불스도 거세게 받아치기 시작한 것이다. 중간에 터진 하퍼의 공이 컸다. 그가 시간에 쫓겨 던진 슛이 들어가면서 2점차(79-81)까지 쫓을 수 있었다. 재즈는 스탁턴의 3점슛으로 종료 41.9초 전, 86-83으로 앞서갔다.

불스는 타임아웃을 요청했다. 잭슨 감독이 '불스의 감독'으로 요청한 마지막 타임아웃이었다. 그는 '투 포 원(two-for-one)'을 지시했다. 즉, 1번 빠르게 공격을 마무리 짓고 수비에서 상대를 멈춘 뒤 한 번 더 공격을 노리는 방법이었다. 조던은 타임아웃 동안 선수들에게 이렇게 말했다. "우리가 이길거야!" 잭슨 감독은 우승 후 '시카고 매거진'과 가진 인터뷰에서 그 말을 듣고 안심했다고 고백했다. "마이클의 그런 말은 늘 그렇게 될 거라는 좋은 징조와도 같았습니다."

조던은 감독의 지시대로 타임아웃 직후 빠르게 공격을 시도해 득점에 성공, 점수차를 1점 차로 좁혔다. 남은 시간은 18.9초. 재즈는 좌측 숏 코너에 있던 말론에게 볼을 전달했다. 그리고 그때! 조던이 말론의 공을 가로채 공격을 전개했다. 타임아웃이 있었지만, 부르지 않은 채 유유히 중앙선을 넘어갔다. 상대에게 생각할 여지를 주고 싶지 않다는 의도였다.

조던의 매치업 상대는 브라이언 러셀. 조던은 재빨리 크로스오버 드리블로 러셀을 제치고 중거리슛을 시도했다. 그리고 그 슛은 아름다운 궤적과 함께 림에 빨려 들어갔다. 조던이 쏘아 올린 공이 림을 향해 날아가는 동안, 건너편에서 그 슛을 마주했던 관중들은 절망에 가득찬 표정이었다. 아마도 예감했을 것이다. 바로 몇 초 뒤, 그들이 어떤 결과를 마주하게 될 것인지를.

남은 시간은 5.2초. 재즈는 타임아웃을 요청해 다음 공격을 도모했지만, 마지막 인바운드 패스를 받은 스탁턴의 3점슛은 승리와 맞닿지 못했다. 조던의 마지막 슛 상황에서 슬로언 감독은 더블팀을 지시하지 않았다. 슬로언 감독은 조던을 상대하면서 그에게 대놓고 더블팀을 들어가라는 지시를 내린 적이 거의 없었다. 그저 그를 중앙으로 몰고 터프샷을 유도하고자 했다. 그러나 이는 보기 좋게 실패했다.

A Steal, a Shot and One More Crown.

편집장에게 헤드라인은 최후의 관문과도 같다. 좋은 글을 쓴 기자가 더 빛날 수 있게끔 제목을 잘 다듬어주는 것도 편집장의 역할 중 하나다. 그런 입장에서 봤을 때, 「뉴욕 타임스」는 이날 가장 '섹시하게' 제목을 뽑아낸 매체였다.

모든 것은 스틸에서부터 시작됐다. 조던은 말론이 자신이 다가오는 것을 눈치채지 못했던 것 같다고 돌아봤다. 실제로 말론도 그랬다. 스탁턴은 그러나 말론에게 준 결정에는 후회가 없다고 말했다. 재즈는 늘 스탁턴에서 말론으로 연결됐던 팀이었고, 이를 토대로 마지막 무대까지 왔으니 당연한 말이다.

그렇게 스틸에 성공한 조던은 마지막 시간을 알차게 썼다. 불스 선수들은 조던이 자신의 손으로 끝내려 한다는 것을 인지했고, 이를 위해 넓게 포진한 채 '황제'의 마지막 공격을 기다렸다(조던 역시 죽이 되든 밥이 되든 마지막은 자신이 끝낼 생각이었다고 고백했다).

조던은 러셀이 다가올 것을 기다렸다는 듯이 그를 상대로 기가 막힌 슈팅을 뽑아냈다. 조던은 "나를 위한 순간이 된 것 같았습니다"라고 그 순간을 회상했다. 앞서 말했듯, 재즈는 조던에게 도움 수비를 가지 못하는 상황이었다. 스티브 커가 있었기에 차마 그를 버리지 못했던 것이다. 1년 전, 그를 버려뒀다가 파이널 트로피를 뺏기는 결정타를 내줬기에 더 그랬을 것이다.

이 슛은 'The Last Shot'이란 별명이 붙었다. 여러 의미가 있었는데, 파이널 시리즈를 끝내는 위닝샷이었을 뿐 아니라, 조던이 불스 유니폼을 입고 던진 마지막 슛이었기에 붙여졌다(조던이 훗날 워싱턴 위저즈 유니폼을 입고 돌아올지 이때 누가 알았겠는가).

그 장면을 담은 페르난도 메디나(Fernando Medina) 사진 기자는 그해 6월과 7월에 발행된 세계 거의 모든 NBA 잡지와 스포츠 신문에 자신의 '작품'이 커버, 혹은 전면으로 소개되는 영예를 안았다. NBA 공식 홈페이지 'NBA닷컴'은 'The Last Shot'이 조던이 시카고 불스 유니폼을 입고 던진 통산 25번째이자 마지막 위닝샷이라고 보도했다.

오랫동안 조던의 영웅적인 활약을 지켜봤던 필 잭슨 감독이었지만, 이날만큼은 그도 놀라움을 감추지 못했다. "어메이징한 게임이었습니다. 아마 시나리오를 쓰라고 해도 이렇게는 안 될 거 같네요. 마이클은 현실 세계의 슈퍼 히어로(real-life super hero)입니다."

파이널 6차전은 조던이 플레이오프에서 기록한 23번째이자 마지막 45득점 경기이기도 했다. 45점 중 16점을 4쿼터에 넣었다. 그리고 마지막 2분 6초간 나온 불스의 모든 득점을 기록했다. 스티브 커는 경기 후 기자회견에서 "우리 모두 마이클의 등에 올라탔습니다. 마이클이 우리를 이끌고 왔죠. 오늘은 그의 밤이었어요. 정말 말도 안 되는 활약이었습니다. 소름이 끼칠 정도로요"라고 돌아봤다. 평소에도 조던을 동경했던 토니 쿠코치도 "우리가 이길 줄 알았어요. 왜냐고요? 우리 팀은 마이클 조던이 있잖아요"라고 답했다.

재즈 선수들은 조던을 거칠게 몰아붙였지만 통하지 않았다고 돌아봤다. 타이트하게 달라붙고, 몸을 세게 부딪치며 조던의 균형을 무너뜨리는 등 그를 힘들게 하려고 했다는 것이다. 호너섹과 앤트완 카는 조던을 지치게 만들고 싶었다고 했다. 그러나 인터뷰 중 기자가 "그런데 통하지 않은 것 같다"라고 하자, 앤트완 카는 "그렇다"라고 인정하기도 했다. 실제로 조던은 "필(잭슨)은 제게 아이솔레이션 플레이를 세팅해줬어요. 가운데로 파고들어 상대로 하여금 제게 파울을 하거나 쉽게 득점을 따내라는 의도였죠"라고 돌아봤다. 그리고 이는 정확히 적중했다. 이날 조던은 자유투 라인에만 15번 섰고 그중 12개를 넣었다.

그렇게 불스는 6번째이자, 필 잭슨-마이클 조던 체제에서의 마지막 타이틀을 차지했다. 파이널 MVP는 당연히 조던이 수상했다.

"6번의 우승에 이르는 동안, 가장 힘든 도전이었습니다. 상대도 시즌 내내 정말 잘해왔던 팀(유타 재즈)이었기에 정말 쉽지 않았습니다. 게다가 그들의 홈 관중은 너무나도 에너지가 넘쳤고 덕분에 재즈 선수들도 힘을 얻었던 것 같습니다." 우승 후 조던은 유타 관중에 대한 예우도 잊지 않았다.

칼 말론은 "우리는 열심히 싸웠습니다. 선수들도 잘 해줬고요. 많이 힘든 패배입니다. 그러나 불스를 축하해주고 싶습니다"라며 패배를 인정했다. 마지막 슛을 놓친 스탁턴은 "마이클은 농구 경기 역대 최고의 클로저(closer)일 것입니다"라고 말했다.

슬로언 감독 역시 "칼 말론은 자신의 영혼을 코트에서 불살랐습니다. 늘 그랬듯이요. 다만, 우리는 승부처에서 좀 서둘렀습니다. 반대로 마이클 조던은 '역대 최고의 농구선수 중 하나'로 기억될 만한 플레이를 펼쳤습니다"라고 상대를 인정했다.

기자회견장에서는 우승 소감만큼이나 중요한 두 가지 이슈가 있었다. 일찌감치 공표된 대로 이것이 '불스 왕조'의 마지막 경기가 될 것인가, 그리고 두 차례 3연패를 달성한 불스의 역사적 위치는 어디인가. 보스턴 셀틱스와 LA 레이커스 왕조에 버금가는 팀이라 할 수 있는가. 그러나 예나 지금이나 조던은 '역사'에 관해서 만큼은 선배들에게 정중함을 유지했다.

"시대가 다르고, 팀과 선수도 모두 다릅니다. 그래서 함부로 과거의 팀과 쉽게 비교할 수가 없어요. 그러나 어느 챔피언이든 우리가 오늘 그랬던 것처럼 힘든 시간을 이겨냈을 것이라고 생각합니다. 선수로서 우리는 그저 경기에 나서면 최선을 다할 뿐입니다."

우승에 대해 이야기하는 조던은 너무나도 홀가분해 보였다. 지금 시대야 불스가 절대 강자처럼 여겨지지만 1998년에는 '과연?'이라는 물음표도 붙어있었기 때문이다. 그만큼 불스가 페이서스와의 시리즈에서 힘을 많이 뺐고, 반대로 재즈의 퍼포먼스도 위대했다.

실제 2차전이 끝나고 1승 1패가 된 뒤 조던은 이런 질문을 받기도 했다. "만약 이번에 우승을 못한다면 불스의 역사적 위상은 어떻게 될까요? 불스가 쌓아온 레거시가 변색될까요?"

당시 조던은 이렇게 반문했다. "우리가 이룬 것은 부정할 수 없습니다. 이번에 우승을 못한다고 해도 영향을 주지 않을 거예요. 만약 우승을 달성한다면 우리는 시즌 내내 가져온 목표를 달성하는 셈이 되겠죠. 우리는 질 것이라고 생각하지 않습니다. 그리고 지더라도 실패라고 생각하지 않아요." 어쩌면 이런 부정적인 시선이 존재한다는 것에 조던도 더 자극을 받았던 것은 아니었을까 싶다.

우승 그 이후: 재즈의 입장

사실 재즈는 6차전 경기에서 억울한 상황이 두 차례 있었다. 첫 번째는 하워드 아이즐리가 2쿼터에 넣은 3점슛이 무효가 된 것이다. 2쿼터 9분경의 일이다. 당시 심판이던 딕 바베타(Dick Bavetta)는 아이즐리의 슛이 샷 클락(24초)이 지난 뒤에 손에서 떠났다고 판단했는데, 방송 리플레이 결과 하이즐리의 손에서 공이 떠날 때 슛 클락 계시기에 1초가 남았음을 확인할 수 있었다. 해설위원 덕 콜린스도 이를 정확하게 지적했다. 팬들은 심판 판정에 맹렬한 야유를 보냈다.

그럼에도 슬로언 감독은 더 항의를 하지 못했다. 이미 1쿼터에 테크니컬 파울을 받은 터라, 항의가 길어지면 자칫 퇴장까지 이어질 수 있었기 때문이다. 캐스터 밥 코스타스 역시 "슬로언은 이미 1쿼터에 테크니컬 파울을 하나 받았습니다."라고 지적했다. 경기 내내 점수차가 벌어지지 않았던 초접전 상황이었기에 심판의 미스콜은 아쉬울 수밖에 없었다.

조던이 주인공인 책을 쓰고 있는 필자 입장에서도 아이즐리의 슛은 '간발의 차'라는 표현을 쓸 수도 없을 만큼 심판이 잘못 판단했다고 본다. NBA가 비디오 리플레이를 경기에 도입한 건 한참 뒤의 일이었다. 오늘날이면 어땠을까(비슷한 상황으로 4쿼터에 하퍼가 넣은 슈팅도 시간이 지나서 던진 것이 아니냐는 클레임이 있었다).

두 번째는 조던이 마지막 슛을 시도하는 과정에서 러셀을 밀었는지 여부다. 이는 20년이 넘게 지난 지금도 논쟁거리다. 러셀은 밀었다고 하고, 조던은 아니라고 한다. 사실, 재즈 선수들은 조던의 마지막 슛 장면이 너무 많이 방영되어 괴로워했다. 특히

'무관'으로 커리어를 마친 스탁턴은 두 번이나 NBA라는 거대한 산을 정복할 기회를 놓쳤기에 더더욱 그랬을 것이다.

그러나 조던의 마지막 슈팅 과정에 대해서는 할 말이 있었다. 그가 오프 핸드로 러셀을 밀쳤다는 것이다. 그렇지만 스탁턴은 그 과정을 인정했다. "푸시 오프(push off: 미는 행위)도 결국 게임의 일부입니다. 선수 입장에서는 상대의 타이트한 수비를 이기고 어떻게든 오픈 찬스를 만들 방법을 찾아야 합니다. 그게 저였다고 해도 콜이 불리진 않았을 것 같습니다."

2번의 파이널을 치르면서 조던의 슛을 막지 못해 고개를 떨어뜨렸던 러셀은 넷플릭스에서 방영된 '라스트 댄스' 출연을 꺼려했다. 아무나 가지 못하는 무대에 2년 연속 오른 것은 자랑스럽지만, 그때의 기억이 떠올라 안 좋다는 것이다. '97.5 The KSL Sports Zone' 라디오 방송에 출연한 러셀은 "사실 마이클 조던은 여전히 제게 최고의 선수였어요. 후회 없이 도전했습니다."라고 말하면서도 마지막에 자신이 밀렸다는 것에 대해서는 생각을 바꾸지 않았다.

러셀은 2012년 매거진 인터뷰에서 "핸드체크가 통하던 시절이었기에 그를 타이트하게 막으려고 했어요. 지금은 불가능하죠. 만약 지금 룰대로 했다면 조던은 60점을 넣었을 겁니다"라고 말했으며, 2014년 유타 지역 일간지 인터뷰에서는 "아마 마이클은 인정하지 않겠지만, 그는 저를 밀었습니다"라고 주장했다. 흥미롭게도 스테픈 커리(Stephen Curry)도 같은 매체 인터뷰에서 러셀이 밀린 거 같다고 기억했다.

2018년, 「데저렛 뉴스(Deseret News)」가 블스-재즈 대결 20주년을 기념해 가진 인터뷰에서 커리는 "정말 놀라운 장면이었죠. 저는 어릴 때 브라이언 러셀을 응원했어요. 왜 응원하게 됐는지는 잘 모르겠지만, 어릴 때 좋아했던 선수 중 하나였죠. 그래서 마음이 쓰렸죠. 조던을 좋아하긴 하지만, 러셀이 그런 상황에 처했다는 것도 마음이 아팠습니다. 제 생각에는 러셀이 조던에 밀렸던 것 같아요."

조던의 입장은 어떨까. 조던은 '더 라스트 댄스'를 비롯한 여러 인터뷰에서 "모두가 내가 밀었다고 하는데 말도 안 되는 이야기입니다. 난 그를 밀지 않았어요."라고 항변했다.

그렇다면 당시 심판진이었던 대니 크로포드(Danny Crawford)는 어땠을까. 크로포드 심판은 「NBC Sports」와의 인터뷰에서 "논란의 여지가 있는 플레이였습니다. 100

명이라면 50대 50의 판정일 것입니다. 러셀이 아니라 조던이 한 행위를 바탕으로 불었어야 하는데 놓쳤을 수도 있습니다."

우승 그 이후: 불스 왕조의 해체

6번째 우승을 달성한 불스는 곧 이별이라는 현실에 직면하게 된다. 잭슨 감독은 우승 후 가진 매체 인터뷰에서 "마지막인 것처럼 즐기고 축하했습니다. 아마 우리가 다시 이곳에 돌아오는 일은 없을 것 같습니다"라고 우승 직후 분위기를 전했다.

모두가 쉽게 버릴 수 없다는 것을 느끼고 있었지만, 이미 구단 수뇌부에 의해 종착역이 결정된 여정이었다. 룩 롱리도 "마이클, 스카티, 필 모두 돌아오면 좋겠지만 만약 그렇게 되면 정말 놀랄 거 같습니다."라고 이별을 예감했다.

불스 왕조의 존속을 바라는 건 불스 선수들과 팬들만이 아니었다. 스탁턴은 준우승 팀 자격으로 참가한 기자회견에서조차 이런 이야기를 들어야 했는데, 그는 "다 돌아오면 좋겠어요. 더 그런 이야기를 듣는 것도 지겹습니다."라고 말했다.

우승 당일은 어땠을까. 크라우스 단장은 '왕조 해체'와 관련된 이야기를 필사적으로 피하고자 했다. "오늘은 일단 즐기고, 그런 이야기는 나중에 합시다"라며 말이다. 제리 라인스도프 구단주도 "불스 왕조를 해체시킨 사람으로 기억되긴 싫습니다"라고 말하며 여지를 남겨두었다. 그러나 필 잭슨 감독의 관계는 끝내 개선되지 않았고, 때마침 찾아온 직장폐쇄는 모든 것들을 바꿔놓았다.

여러 인터뷰를 돌아봤을 때 불스 선수들은 상황이 개선됐다면 모두 남을 용의가 있었다. 피펜은 "마이클은 아마 5년은 더 거뜬할 겁니다. 저도 마이클과 몇 년 더 해보고 싶어요. 함께하면 저도 더 나은 플레이를 할 수 있으니까요"라고 말했고, 론 하퍼도 "스카티의 마음에 달렸겠지만, 우리는 불스로 더 남았으면 좋겠습니다"라고 말했다.

조던은 어땠을까. 그는 일단 기다려볼 것이라 말했다. "이 팀(불스)에 대한 만감이 교차하는 밤입니다. 우리가 나가길 바라고 있잖아요. 하지만 시간이 지나면 감정이나 생각이 바뀔 수도 있겠지요. 어떤 일이 일어날지는 모릅니다. 여름이 끝날 때까지 기다리겠습니다. 어떤 결정을 내릴지 봐야죠."

그러나 조던의 이런 염원과 달리 크라우스는 해체 작업을 빠르게 시작했다. 6월 23

일. 잭슨 감독이 사임했다. 우승 축포를 터트린지 겨우 10일이 채 지나지 않은 시점이었다. 이는 조던이 은퇴를 결심하는 결정적 계기가 됐다.

다만 은퇴 발표는 1999년 1월 13일이 되어서야 이뤄졌다. NBA가 맞은 사상 초유의 직장폐쇄로 인해 은퇴 발표가 지연된 것이지 잭슨 감독이 사임하고, 1998년 7월 23일 크라우스가 팀 플로이드를 임명해 기자회견을 가지면서 불스 왕조는 사실상 해체를 공식 발표한 것이나 마찬가지였다. 은퇴 기자회견에서 조던은 자신을 불타게 할 동력이 이제는 없다고 말했다. 가족과 함께 시간을 보내고 있으며, 자신이 농구를 다시 하지 않을 가능성은 99.9%라는 말과 함께.

NBA와 선수협회의 의견 불일치로 인해 이뤄진 직장폐쇄로 NBA는 1998-1999시즌에 예정된 대부분의 일정을 취소했고, 82경기로 치러지던 시즌은 50경기로 단축됐다. 노사합의가 이뤄진 때는 1999년 1월 6일이었는데, 조던의 은퇴 발표를 시작으로 불스 왕조의 주역들도 하나둘씩 팀을 옮기기 시작했다.

1999년 1월 21일, 불스는 데니스 로드맨, 저드 부쉴러, 존 셀리 등 주요 자원들과의 계약 갱신을 포기했다. 같은 날, 스티브 커는 샌안토니오 스퍼스로 트레이드 됐고 (6) 바로 다음 날에는 피펜이 휴스턴 로케츠로 싸인-앤-트레이드(sign and trade) 됐다. (7)

1월 23일에는 룩 롱리가 피닉스 선즈로 트레이드 됐다. 불스는 롱리의 대가로 마크 브라이언트(Mark Bryant), 마틴 무어셉(Martin Muursepp), 버바 웰스(Bubba Wells)를 받아들이고 1999년 1라운드 지명권을 얻었다. 이 트레이드의 핵심은 선수 셋보다는 지명권이었는데, 이 지명권으로 선발한 선수가 바로 론 아테스트(Ron Artest)였다. 아테스트는 훗날 매타 월드 피스(Metta World Peace)로 개명했다.

갈등 속에서 시작된 시즌, 숱한 고비 속에서 치른 플레이오프, 그리고 그 어느 때보다 강했던 러닝메이트를 상대로 거둔 드라마틱한 우승까지. 불스 왕조는 그렇게 2번째 쓰리핏(3연패, three-peat)을 달성했고, 마치 거센 파도 앞 모래성처럼 순식간에 사라졌다.

(1) 2년 연속 만난 사례가 없었던 건 아니다. 1952년과 1953년에 미니애폴리스 레이커스와 뉴욕 닉스가 2년 연속 만났고, 레이커스가 모두 이긴 게 최초였다. 1957년과 1958년에는 세인트루이스 호크스(현 애틀랜타 호크스)가 보스턴 셀틱스를 만났는데, 1957년에는 셀틱스가, 1958년에는 호크스가 우승했다. 두 팀은 1960년과 1961년에도 격돌했으며, 이때는 셀틱스가 모두 타이틀을 가져갔다. 셀틱스는 1959년을 시작으로 8년 연속 우승을 차지했다. 1962년과 1963년, 그리고 1965년과 1966년에 도전장을 내민 LA 레이커스도 호크스와 같은 신세가 됐다. 레이커스는 1968년부터 2시즌 연속 파이널에서 다시 레이커스에 도전했지만 이때도 준우승에 만족했다. 1972년과 1973년 파이널에서는 레이커스와 뉴욕 닉스가 마주했다. 두 팀은 각각 1번씩 우승컵을 나눠가졌다. 1978년과 1979년에는 시애틀 슈퍼소닉스와 워싱턴 불레츠가 만났는데 1978년에는 웨스 언셀드의 활약으로 불레츠가, 1979년에는 데니스 존슨이 선전하며 소닉스가 우승했다. 1982년과 1983년에는 레이커스와 필라델피아 세븐티식서스가 만나 한번씩 타이틀을 가져갔으며, 1984년과 1985년에는 레이커스와 셀틱스가 마주해 역시나 한번씩 타이틀을 가져갔다. 셀틱스는 1984년에, 레이커스는 1985년에 우승했다. 1988년과 1989년에는 레이커스가 새로운 도전자를 만났는데, 상대는 디트로이트 피스톤즈였다. 1988년에 7차전 끝에 피스톤즈를 꺾었던 레이커스는 이듬해 4전 전패로 준우승에 머물렀다. 1997년과 1998년의 불스와 재즈 이후 2013년과 2014년에 샌안토니오 스퍼스와 마이애미 히트가 만났고, 2015년부터 무려 4시즌에 걸쳐 골든스테이트 워리어스와 클리블랜드 캐벌리어스가 대결했다. 스테픈 커리의 워리어스는 그중 3번 우승했다.

(2) 스턴트는 도움 수비를 갈듯 말듯한 움직임을 말하며, 디플렉션은 패스의 방향을 굴절시키는 수비를 의미한다.

(3) 네일은 자유투 라인의 중앙 쪽을 지칭할 때가 많다.

(4) 스크리너가 왔을 때 스크리너가 제공하는 스크린을 이용해 가지 않고, 반대 방향으로 치고 들어가는 것을 스크린 리젝트라고 한다.

(5) 플라핑은 이른바 할리우드 액션의 일종으로, 주로 넘어지는 행위를 뜻한다. 의도된 엉덩방아라면 넘어질 것을 계산해 손을 먼저 짚게 되는데, 이때 주로 플라핑이 선언된다.

(6) 스티브 커를 보내고 척 퍼슨(Chuck Person)과 2000년 1라운드 지명권을 받았다. 퍼슨은 트

레이드 후 4일 뒤 방출됐다. 2000년 1라운드 지명권(24순위)으로는 달리보르 발가릭(Dalibor Bagaric)을 선발했다. 독일 태생의 발가릭은 216cm의 장신 유망주였지만 NBA에서는 세 시즌을 채 버티지 못했다.

(7) 피펜은 계약 기간 5년, 총액 6,700만 달러에 계약을 맺었다. 불스는 4년 4,500만 달러를 제시했으나 피펜은 이를 거절했다. 휴스턴 로케츠는 이 트레이드로 하킴 올라주원, 찰스 바클리, 피펜으로 이어지는 최고의 삼각 편대를 구성했으나 우승에는 실패했다. 처음으로 트라이앵글 오펜스가 아닌 센터 중심의 농구에 적응해야 했던 피펜은 14.5득점에 그쳤고, 바클리와는 돌이킬 수 없는 관계가 되고 말았다.

GAME INFO

날짜	2001년 10월 30일
장소	뉴욕 메디슨 스퀘어 가든
시즌	2001-2002시즌 NBA
경기의 중요성	★★★★★
착용 농구화	나이키 에어 조던 17

SCORE

팀	1Q	2Q	3Q	4Q	최종
위저즈	21	22	18	30	91
닉스	19	22	26	26	93

MJ's STATS

출전시간	득점	야투	자유투	리바운드	어시스트	스틸	블록	실책	파울
36'42"	19	7-21	5-6	5	6	4	0	3	3

23. 돌아온 오즈의 마법사

2001-2002시즌 정규리그

VS

워싱턴 위저즈   뉴욕 닉스

한국시간으로 2001년 9월 26일. NBA가 한 번 더 들썩였다. "돌아올 일은 없을 것"
이라던 마이클 조던이 긴 침묵을 깨고 농구선수로 돌아온 날이었다. 그러나 18개월
만에 복귀해 지구촌을 떠들썩하게 했던 1994년과 달리 조던을 바라보는 시선은 우려
도 컸다. 당시 기준 농구선수로는 '환갑'이 지난 38살에 복귀했으며, 그를 도울 스카
티 피펜이나 데니스 로드맨 같은 조력자도 없었기 때문이었다.

조던은 왜 컴백을 결심했나

불스의 6번째 우승 이후 왕조는 해체됐다. "필 잭슨 감독이 아니라면 뛰지 않겠다"
라고 엄포를 놓았던 조던은 은퇴를 발표했다. 그러면서 "돌아올 가능성은 99.9% 없
다"라고 못을 박았다.

그리고 2년여가 지났다. 그 사이 리그는 많이 바뀌어 있었다. 코비 브라이언트와
케빈 가넷, 빈스 카터, 앨런 아이버슨, 트레이시 맥그레이디, 폴 피어스, 레이 앨런 등
새로운 세대가 점차 비중을 키워가고 있었으며, 조던의 은사였던 필 잭슨은 LA 레이
커스에서 2번(2000년, 2001년)이나 우승을 차지한 뒤였다.

조던도 자신의 영역을 개척해갔다. 조던의 꿈은 NBA 구단을 경영하는 일이었다.
여러 구단의 의사를 타진하던 중 에이브 폴린(Abe Pollin)의 워싱턴 위저즈와 뜻이
맞아 농구단 운영을 책임지는 사장으로 팀에 돌아오게 된다. NBA는 다시 들썩였다.
선수로 복귀한 건 아니지만, '농구황제'로 불렸던 그의 존재감이 비즈니스에서는 어
떤 영향을 줄지 촉각을 곤두세웠다. (1)

조던이 사장직에 오를 무렵, 위저즈는 최악의 시절을 보내고 있었다. 2000년 1월
20일 공식 취임했지만 그날 저녁에도 팀은 댈러스 매버릭스에게 86-104로 지며 5연
패를 기록했다. 조던은 분위기 전환 차원에서 팀 훈련에도 참가, 선수들과 몸을 풀어
화제가 됐다.

조던은 베테랑들에게 "내가 아침에 널 깨우러 갈 거야"라고 말하며 의욕적인 자세
를 강조하기도 했다. 처음에는 긍정적인 분위기로 가는 것 같았다. 그러나 워싱턴은
그 뒤로도 7연패를 기록하며 결국 포스트시즌 진출에 실패했다. 모두가 숙제가 무엇
인지 알고 있었다.

1999-2000시즌, 워싱턴은 전체 샐러리캡이 6위였을 정도로 지출이 많은 구단이었

다. 주완 하워드(Juwan Howard, 4위)와 미치 리치먼드(Mitch Richmond, 20위), 로드 스트릭랜드(Rod Strickland, 20위)가 문제였다. 높은 연봉에 비해 이름값을 하지 못했던 것이다. 90년대 중후반까지만 해도 올스타급 기량을 자랑했건만 세 선수가 한 팀에 모이니 오합지졸이 따로 없었다.

마케팅 방식도 엉망이었다. 많은 구단들이 성적이 나지 않을 때는 본인들의 선수들보다는 상대팀과의 '대진'을 홍보한다. 예를 들어 당시 최고 인기 구단이었던 LA 레이커스나 올랜도 매직, 토론토 랩터스가 워싱턴을 방문하면 티켓 가격을 올린다거나, 비인기 구단과의 경기를 끼워 패키지로 판매하는 방식이었다. 커리어 내내 구름 관중을 몰고 다닌 조던은 이해를 하지 못했지만 그게 위저즈가 처한 현실이었다.

조던은 이를 타개하기 위해 팀 문화를 바꾸고자 했다. 폴린 구단주도 힘을 실어주었다. 조던이 비교적 최근에 은퇴해 선수들 성향을 잘 알고 있고, 통찰력이 있기에 스태프 및 선수 스카우트에 있어서도 성공적일 것이라 내다봤다. 마침 그의 에이전트는 거물들을 대거 보유한 SFX의 간판 에이전트, 데이비드 포크였다.

그렇지만 조던은 오늘날 하위권을 전전하는 구단들과 크게 다를 바 없는 행보를 보였다. 최근 성적을 못 내는 구단들을 보면 감독도 감독이지만, 그 감독 위에서 전권을 휘두르는 구단주와 단장들이 형편없는 경우를 많이 볼 수 있다. 방향성을 못 잡는 것이다. 스스로를 혁신적이고 창조적이라 '착각'하는 '윗분'들이 사공을 자처, 과한 오지랖으로 인해 배가 속리산으로 갔다가 백두산으로 향한다. 감독을 바꿔보지만 달라질 리 없다. 선수들의 '충성심'은 이미 떠나 있기 때문이다.

은퇴한 배런 데이비스(전 샬럿 호네츠, LA 클리퍼스)는 "라커룸의 톤(tone)을 잘 세팅하는 것이 가장 중요하다"고 말한다.

"선수들에게 do와 don't만 주입해서는 안 됩니다. 그러면 선수들은 신뢰를 갖지 못하게 됩니다. 팀 운영진들은 종종 선수들이 갖고 있는 습성을 간과할 때가 있어요. 스태프를 밀어줄 땐 밀어주고, 견제할 땐 견제하면서 선수들이 따라오게 만들어야 합니다. 훈련에 집중하고, 팀에서 정치적인 분위기가 만들어지지 않도록 해야 합니다."

조던은 초창기에 지인 찬스를 많이 사용했다. 처음 고용한 대릴 워커(Darrell

Walker)는 1993년 불스 시절 팀 동료였는데 결과적으로 지도자 자격은 없음이 판명됐다. 팀은 15승 23패를 기록했지만, 조던은 시즌 후 그를 다른 부서로 옮겼다. 제네럴 매니저를 보좌할 부단장도 조던의 어린 시절 동료였다. 골든스테이트 워리어스의 어시스턴트 코치직을 오래 맡아온 것을 제외하면 검증된 경력이 없었다. 그와 함께 고용된 또 다른 인물은 데이비드 포크의 변호사였는데 마찬가지로 큰 힘이 되지 못했다.

다른 한편으로는 조던이 위저즈의 사장이 됐음에도 불구, 이곳으로 이사를 오지 않았다는 점도 구설수에 올랐다. 시카고와 노스캐롤라이나에 집이 있던 그는 필요할 때만 워싱턴으로 이동해 업무를 봤는데, 팀이 부진하다 보니 이 역시 곱게 비춰질 리가 없었다. 홍보 활동에도 적극적이지 않았다.

또 다른 문제가 있었다. 조던이 너무나도 농구를 잘했던 사람이라는 점이다. 선수들에게 'ready to fight' 자세를 강조했지만, 너무 엄격했다. 2001년, 베테랑 슈터 데니스 스캇은 자유계약선수 자격으로 트레이닝 캠프에 초대됐는데, '게으른 것 같다'는 이유로 이틀 만에 방출됐다. 또, 그 시즌 경기장에서 선수들의 플레이를 보며 화를 내는 장면이 종종 목격됐다. 물론 5승 25패로 시즌을 시작했으니 그럴 만도 하다. 1999-2000시즌에 29승 53패였던 팀은 2000-2001시즌에 82경기 중 겨우 19번만을 이겼다.

결국 조던은 팀을 뒤집기로 결정한다. 2001년 2월에는 연봉에 비해 생산량이 저조해 '공공의 적'이 됐던 하워드를 댈러스 매버릭스로 트레이드했다. 대신 크리스천 레이트너(Christian Laettner), 이튼 토머스(Etan Thomas), 휴버트 데이비스(Hubert Davis), 코트니 알렉산더(Courtney Alexander) 등이 가세했다. 트레이드 열흘 뒤에는 로드 스트릭랜드를 방출했다. 7년이나 헌신한 프랜차이즈(새크라멘토)를 떠난 뒤 갈피를 못 잡던 미치 리치먼드도 워싱턴에서는 먹튀 신세로 전락해 결국 2000-2001시즌 후 결별했다. (2)

아무리 마이클 조던이 사장으로 있다고 해도 결국 인기를 얻으려면 선수들이 잘해야 하고, 경기가 재미있어야 한다는 것이 입증된 상징적인 사례가 하나 있다. 2000년 11월 7일, 13년간 지속되던 시카고 불스 홈구장 매진 행진이 중단돼 크게 보도된 적이 있다. 조던이 한참 기량을 꽃피우던 1987년 11월 20일부터 무려 610경기 동안 계속된 매진 행진이 끝나버린 것이다. 아이러니하게도 그 상대가 바로 조던이 사장으로 일하던 워싱턴 위저즈였다. 티켓은 70% 정도밖에 팔리지 않았다. 그 무렵 조던을 본 관중들은 이렇게 외쳤다고 한다. "차라리 당신이 내려가서 뛰어줘!"

승부욕 재점화

마리오 르뮤(Mario Lemieux)는 아이스하키에 문외한인 필자가 기억하는 몇 안 되는 아이스하키 선수다. 조던과 같은 1984년에 데뷔해 1997년까지 뛴 후 은퇴, 그 뒤 2000년(12월 27일)에 36개월 만에 돌아와 6년을 더 뛰었다.

그 무렵, 조던의 가슴 속에도 승부욕이 타올랐던 것 같다. 2000-2001시즌 후 조던은 조심스럽게 복귀 의사를 타진했다. 르뮤의 복귀도 한몫했다. 조던은 르뮤를 찾아가 신체적, 정신적인 과정에 대해 상세히 상담했다.

그는 시카고의 한 체육관을 대관해 '입 무거운' NBA 선수들을 불러 모았다. 함께 훈련하며 자신을 테스트해 볼 심산이었다. 여러 매체를 통해 밝혀진 당시 참가 인원은 다음과 같다. 찰스 바클리, 찰스 오클리, 마이클 핀리, 주완 하워드, 커트니 알렉산더, 앤퍼니 하더웨이, AJ 가이튼, 마커스 파이저, 빌 웨닝턴, 앤트완 워커, 론 아테스트 (현 메타 월드 피스)

조던은 1995-1996시즌을 앞두고도 영화 '스페이스 잼' 촬영 세트 근처에 코트를 마련해 맹훈련을 한 바 있다. 이때도 마찬가지였다. 픽업 게임을 포함 하루 6~7시간씩을 훈련에 쏟았다. 오랫동안 조던의 트레이닝을 도운 팀 그로버에 따르면 조던은 무려 11kg를 감량해야 하는 처지였는데, 결국에는 감량에 성공했다.

요즘처럼 SNS가 대중화된 시대였다면 조던의 복귀설은 금세 확인됐을 것이다. 그러나 이때만 해도 보안이 철저히 지켜졌다. 가을이 될 무렵까지도 소문만 나돌았을 뿐, 보도가 많이 안 됐다(첫 보도는 「스포츠 일러스트레이티드」의 릭 라일리 기자에 의해 이뤄졌다).

조던은 '감'을 찾는 데 집중했다. 사장이 된 초창기만 해도 선수들은 '사장님 나이스 샷'을 외쳤지만, '선수'로 돌아온다고 하니 인정사정없었던 것 같다. 여러 매체와 단행본을 통해 소개된 웨닝턴과 워커 등의 증언에 따르면 한동안 조던은 젊은 선수들에게 공을 뺏기고, 인 유어 페이스를 당하는 등 정신을 못 차렸다는 후문이다.

그러나 그로버에 곁에서 훈련을 지켜본 롭 맥클라나한(Rob McClanaghan)은 "조던은 예전처럼 점프를 높이 하지 못했지만, 그래도 여전히 상대를 압도했습니다. 기술이 좋았기 때문입니다"라고 돌아봤다.

"나는 그 훈련을 본 뒤부터 부상을 당했던 선수들에게 조던의 예를 들어왔습니다. 데릭 로즈(Derrick Rose)가 대표적이죠. 신체 능력으로 성공한 선수들은 기술의 필요성을 늦게 깨닫습니다. 러셀 웨스트브룩(Russell Westbrook)도 그렇죠. 탄탄한 개인기가 필요합니다. 기술이 진화해도 훈련법은 지름길이 없기에 최선을 다해야 합니다. 조던은 53%에 만족하지 않고 57%, 58%가 되기 위해 노력했습니다. 강점을 그냥 두지 않았죠. '완성'이란 없기 때문이었습니다."

선수로서 확신을 얻은 것일까. 조던은 컴백을 선언했다. '겸업 불가' 원칙에 따라 워싱턴 위저즈의 사장직을 내려놓고, '선수'로서 2년 계약을 체결한 것이다. 첫해 연봉 100만 달러를 9.11 테러 희생자들을 위해 내놓겠다며 복귀를 알렸다.

"게임을 사랑해서 돌아옵니다. 워싱턴 위저즈 선수로 뛰게 되어 무척 흥분되며, 팀을 플레이오프에 오를 만한 팀으로 만드는 것이 목표입니다. 어린 선수들을 가르치며 그들을 더 높은 수준으로 끌어올릴 것입니다."

조던은 또한 젊은 선수들과의 경쟁에도 초점을 맞추었다.

"그들을 이기겠다는 생각이 아닙니다. 지금 제 실력은 제가 가장 잘 압니다. 저와의 대결이 그들에게 동기부여가 되면 좋겠습니다. 나도 함께 경쟁하고 싶습니다."

조던은 「시카고 선-타임즈」의 제이 메리어티(Jay Mariotti) 기자와의 인터뷰에서 "MVP 시절 레벨을 '10'으로 봤을 때, 현재 당신의 상태는 몇 점 정도인가?"라 질문을 받자 "냉정히 말해 '6' 정도입니다"라고 답했다. 또 다른 TV 인터뷰에서는 "자신은 있지만 과신은 하지 않고 있습니다"라고 말했다.

ESPN은 복귀 발표가 나던 날, 칼럼을 포함해 조던 복귀와 관련해서만 기사를 15개를 쏟아냈다. 방송국도 신이 났다. 특히 주관 방송사였던 NBC는 "아이버슨, 코비, 카터 등과의 경쟁을 볼 수 있게 되어 무척 기쁘다. 방송 스케줄을 변경할 수 있는지 당장 알아볼 것이다"라고 성명을 발표했고, TNT 역시 "이미 중계 스케줄 변경 작업에 착수했다"고 상황을 전하기도 했다.

조던이 복귀할 무렵 뉴저지 네츠(현 브루클린) 감독을 맡던 바이런 스캇(Byron Scott)은 "선수들에게 '경쟁'과 '승부'는 마약과도 같습니다. MJ 입장에서는 대단히 포기하기 힘든 부분이었을 것입니다"라고 논평했다.

반대로 레드 아워벅(Red Auerbach) 감독은 우려 섞인 의견을 냈다. "처음에는 모두가 '그레이트(great)'를 외칠 것입니다. 시즌 중반까지도 그럴지 모르죠. 그렇지만 2월이 되면 조던이 먼저 속으로 이렇게 말할 것 같습니다. '젠장, 난 누구? 여기는 어디?' 나이는 속일 수 없거든요."

콰미 브라운 이슈

조던은 오랜만에 콜린스 감독에 손을 내밀었다. 콜린스 감독은 불스를 떠난 뒤 디트로이트 피스톤스에서 그랜트 힐과 함께하며 '젊은 팀 성장 전문 감독'의 이미지를 만들어갔다.

콜린스 감독과 조던은 서로 알아서 조심하는 분위기였다. 더 이상 젊은 시절처럼 불같은 성격으로 서로를 대해서는 안 된다는 것을 알았다. 콜린스 감독은 자존심을 긁지 않는 선에서 조던에게 의견을 전달했고, 다행히 조던도 콜린스의 위치를 건드리려 하지 않았다.

그러나 콜린스 감독과 조던을 떠나, 위저즈 선수 구성 자체만 보면 볼품이 없던 팀이었다. 듀크대 우승 주역이자 1992년 드림팀 멤버였던 레이트너는 센스는 남아있어도 사실상 경쟁력이 크지 않은 선수였고, 브랜든 헤이우드(Brendan Haywood)나 터란 루(Tyronn Lue), 타이론 네스비(Tyrone Nesby), 크리스 위트니(Chris Whitney), 자히디 화이트(Jahidi White), 파파이 존스(Popeye Jones) 등도 '다른 팀에 가도 주전'이란 말을 듣기엔 부족했다.

그나마 쓸만한 선수는 1999년 드래프트에서 7순위로 지명한 리처드 해밀턴

(Richard Hamilton)이었다. 201cm의 해밀턴은 1999년 코네티컷 대학을 우승으로 이끈 기대주로, 빈 공간을 잘 찾아다니는 스코어러 중 하나였다. 마냥 볼만 원하기보다는 자신이 무엇을 해야 공간이 열리고 찬스가 생길지 잘 아는 영리한 선수였다. 조던의 짝으로 보기에는 부족함이 없었다.

조던은 자신의 보디 가드이자 팀의 미래로 콰미 브라운(Kwame Brown)을 기대했다. 2001년 드래프트에서 1순위로 선발한 211cm의 브라운은 '최초의 고졸 1순위'라는 관심을 받았던 선수다. 제리 크라우스를 비롯한 많은 스카우트들도 동의했고, 플로리다 대학 감독이었던 빌리 도노반(Billy Donovan)도 브라운을 지켜보고 있었다.

조던은 사이즈와 기동력을 모두 지닌 브라운이 호레이스 그랜트 같은 역할을 해주리라 내다봤다. 조던은 브라운과 타이슨 챈들러(Tyson Chandler), 그리고 다른 고졸 유망주 에디 커리(Eddy Curry)와 비교했을 때 브라운의 실링이 가장 높다고 봤다. 면접에서는 "저를 뽑으면 후회하지 않게 만들겠습니다"라고 말했는데 이 한마디도 조던의 마음을 사는 데 한몫했다.

사실 에이브 폴린 구단주는 오로지 조던의 의견이었기에 브라운 지명을 승낙했다. 폴린은 케빈 가넷도 미더워할 정도로 대학을 나오지 않은 10대 선수들을 불안해했다. 워낙 부작용도 많았기 때문이다. 브라운이 지명되기 2년 전인 1999년에도 리온 스미스(Leon Smith)가 댈러스 매버릭스에 29순위로 지명됐지만, 훈련 중 돈 넬슨 감독과 마찰을 빚고 수면제를 다량 복용하는 등 불안정한 모습을 보여 리그에서 쫓겨나다시피 떠나야 했다. 그나마 챈들러 정도를 마음에 들어했지만, 그는 불스와의 워크아웃 이후 다른 팀들과의 만남을 일체 거절하고 있었던 터였다.

결과를 미리 전달하자면 콰미 브라운은 '최악의 1순위', '최악의 고졸 유망주'라는 평가 속에서 가장 빨리 사라졌다. 조던의 선수 보는 안목이 진지하게 의심을 받기 시작한 것도 브라운 지명부터였다. 브라운은 4.5득점 3.5리바운드에 그쳤고 2013년 NBA에서 은퇴할 때까지 딱 1시즌(2003-2004시즌)을 제외하면 모두 한 자리 평균 득점에 그쳤다.

그렇다면 정말로 조던의 선수 보는 눈이 안 좋았던 것일까. 아니면 이 선수의 의지가 부족했던 것일까. 둘 다 아니다. 사람들은 조던의 조련 방식이 잘못됐다고 결론을 지었다.

사실, 조던이 콰미 브라운을 어떻게 지도했는지는 글쓴이가 어떤 시점을 갖고 있느냐에 따라 많이 달라졌다. '엄격'하게 가르친 건 맞지만, 콰미 브라운이 쫓아오질 못하고 노력하지 않았다는 내용이 있는가 하면, 또 다른 시각으로는 조던이 도를 넘은 트래시토크로 브라운을 무너뜨렸다는 내용도 있다.

2014년 출간된 책 「마이클 조던(Michael Jordan)」은 그 내용을 뒷받침한다. 브라운이 프로에 지명될 당시 부친은 감옥에 있었고 어머니 역시 재판 중이었다. 이래저래 정신적으로 준비가 덜 된 상황이었기에 너무 혹독하게 다뤄서는 안 되었다는 것이 중론이었다. 브라운은 자체 연습에서 거친 수비를 당해도 파울을 얻지 못했다. 콜린스 감독도 젊은 선수들에게는 가혹하기 이를 데 없었다.

일각에서는 브라운 본인도 준비가 덜 됐다는 평이 있었다. 산만하다는 것이었는데, 팀 훈련 때 휴대폰 벨소리가 울리는 바람에 콜린스 감독과 스태프들에게 혼나기도 했다. 조던은 브라운의 멘토링을 위해 듀에인 퍼렐(Duane Ferrell)을 고용했지만 큰 효과가 없었다. 기본적으로 브라운의 팀에 대한 신뢰가 깨지고 녹아들겠다는 의욕이 꺾였기 때문이다.

부상도 잦았다. 손목 건염, 햄스트링 등 타이트한 스케줄 속에서 통증 관리에도 애를 먹었다. 또 2001-2002시즌은 NBA가 지역방어를 도입한 첫 시즌이었다. 고교 레벨에서 뛰던 선수가 NBA 레벨의 수비를 제대로 이해할 리가 없었다.

그렇게 19살의 나이에 프로에 진출, 룸서비스를 시킬 줄도 모르던 브라운은 조던과 함께 한 시즌 동안 이래저래 구박만 받다가 '천덕꾸러기'로 전락했다. 만일 그가 좋은 환경에서 데뷔를 결심했다면, 그래서 NCAA 디비전 I 레벨의 경쟁을 조금이라도 더 체험하고 왔다면 어땠을까도 싶다.

프리시즌 경기까지 매진

다시 위저즈 이야기로 돌아보자. 은퇴를 앞둔 노장부터 세탁조차 자기 힘으로 맡기지 못했던 10대 막내까지, 형편없고 빈약한 로스터에도 불구하고 위저즈 시즌 티켓은 동이 났다. 조던 덕분이다.

구단 창단 이래 전례가 없는 호황을 누렸다. 조던이 선수로 뛴 82번의 홈 경기 중 77번이 매진됐다. 프리시즌 경기 티켓도 다 팔렸다. 그런데 문제가 두 가지 발생한다.

23. 돌아온 오즈의 마법사

조던이 연습경기 중 론 아테스트와 휘말려 갈비뼈 2대가 부러지는 부상을 입은 것이다.

여기에 무릎 건염까지 겹쳤다. 팀 그로버는 "조던의 무릎을 걱정하는 날이 올 줄은 몰랐습니다"라고 말했다. 불스 시절에는 무릎 통증으로 출전 여부를 고민해본 적은 없었다며 말이다. 그로버는 조던이 예전같이 점프를 몇 번이고 할 수 없는 상황이었다고 돌아봤다. 숏 궤적 자체가 무너지는 상황이 많았는데 그 이유도 무릎 탓이었다.

두 번째는 손가락 문제였다. 1999년 초, 조던은 바하마에서 휴가를 즐기는 동안 시가를 자르다가 손가락 인대를 크게 다쳤다. 하필 슈팅 핸드였다. 응급실에서 급하게 치료를 받았지만, 인대가 끊어져 예전 같은 움직임이 어렵다고 했다. 조던을 상징하는 덩크슛은 단순히 점프력만으로 되는 건 아니다. 조던의 경우 큰 손이 장점이었고 이를 이용해 덩크를 할 때도 상대적으로 유리한 부분이 있었다.

그런데 손가락을 다친 뒤부터는 공을 쥘 때 힘이 잘 들어가지 않는 면도 있었다고 토로했다. 드리블도 마찬가지. 리드미컬한 드리블을 구사하는 것이 어려웠다. 이를 극복하기 위해 스텝을 이용해 공간을 확보하려는 움직임을 더 가져갔는데, 체력적 면에서 어려움도 따랐을 것이라는 분석이다.

그로버 콜린스 감독은 "프리시즌은 쉬도록 하자"라고 권유했지만, 조던은 이를 듣지 않았다. 조던은 훗날 인터뷰에서 아픈 걸 인정했을 때 '조던도 한물갔네'라는 말을 들을까 더 오기가 생겼다고 말하기도 했다.

그리고 쉬기에는 너무 멀리 와버렸다. '마이클 조던이 아프다', '프리시즌은 안 뛸 수도 있다'라는 보도가 나오자, NBA 사무국이 난리가 났다. 프리시즌 티켓을 이미 팔아버린 구단들이 "조던을 뛰게 해달라"고 항의 섞인 요청을 한 것이다. 당시 총재였던 데이비드 스턴도 구단주들의 연락을 받았으며, 부총재였던 러스 그래닉(Russ Granik)이 인터뷰를 하는 일도 발생했다. 조던도 뛰겠다고 의지를 굽히지 않았다.

조던의 요청을 받아 2001년부터 2시즌 간 워싱턴 어시스턴트 코치를 맡은 조니 바크(Johnny Bach) 코치는 조던에게 "이봐, 자네는 25살이 아니야. 잊지 마"라고 말했다.

조던의 프리시즌 데뷔전은 10월 13일, 팰리스 오브 오번 힐스에서 열린 디트로이트 피스톤스 전이었다. 만원 관중이 들어찬 가운데 NBA 데뷔 후 처음으로 시카고 불스 유니폼이 아닌, 다른 유니폼을 입고 경기에 나섰다. (3)

복귀한 마이클 조던에게는 두 가지 숙제가 있었다. 하나는 '폼'을 되찾는 것, 다른 하나는 팀 동료들과 어울리는 것이었다. 미첼 크루겔(Mitchell Krugel)이란 기자가 조던의 두 번째 복귀에 대해 다룬 「One Last Shot」이란 책에는 조던의 복귀 첫날 훈련장 분위기가 잘 설명되어 있다.

첫 미팅 당시 다수의 선수들이 조던의 근처에 가지 못한 채 쭈뼛거렸다. 그러자 베테랑들은 "괜찮아, 가서 하고 싶은 말 있으면 하고 와"라고 독려했다는 후문이다. 마치 1994-1995시즌 불스 동료들이 그랬던 것처럼, 조던을 뭐라고 불러야 할지 모르는 선수들도 있었다. MJ? 마이크? Sir? 너무나도 위상이 높았던 레전드 선배에, 심지어 '사장님'이었던 조던이었으니 그럴 만도 했다.

개막전 일정은 이미 여름에 발표된 상황. 조던의 워싱턴 데뷔전은 2001년 10월 31일(한국시간) 메디슨 스퀘어 가든에서 열리는 뉴욕 닉스 전이었다. 이날 취재를 신청한 기자만 무려 600명이었다. 통상적으로 수용할 수 있는 한계치를 몇 배나 넘어선 인원이었다. 기대도 기대지만, 사람들은 "38살의 조던도 '에어 조던'이 될 수 있을까" 궁금해했다.

기대, 우려 공존했던 프리시즌

보도에 따르면 조던은 무릎 통증 때문에 트레이닝 캠프를 100% 소화하지 못했다. 게다가 캠프 분위기도 어수선했던 걸로 전해진다.

필자의 경험상, NBA는 현장취재보다는 라커룸이나 훈련 취재가 더 힘든 편이다. 워낙 매체가 많이 몰리다 보니 나처럼 키가 작고 작고, 팔 짧고 순발력 떨어지는 사람이 살아남기 힘들다. 질문이라도 하나 던질 수 있으면 다행일 때도 있다. 그래서 현장에 처음 간 기자들은 동선도 놓치고, 뭘 해야 할지 멀뚱거리다 시간을 날리곤 한다. 선수들이라고 다를 바 없다. 백 명 가까운 기자들이 여기저기 진을 치고 있으니 집중이 될 리가 없다.

NBA는 이를 우려해서 처음, 혹은 마지막 20~30분만 훈련을 공개한다. 그렇다 하더라도 거의 콘서트에 온 듯한 어수선한 분위기라 집중력이 떨어질 수밖에 없다. 그동안 완벽에 가까운 작전 수행으로 NBA 정상에 올랐던 팀들이 더 대단해 보이는 이유다.

이처럼 조던은 조던대로, 선수들은 선수들대로 어수선한 가운데 디트로이트 피스톤스와의 시범경기에서는 첫 17분간 조던은 8득점 3리바운드 1스틸 1블록을 기록했다. 벤 월러스(Ben Wallace)의 레이업을 블록 했고, 슈팅은 준수했다. 1980년대 중후반부터 치열하게 격전을 치렀던 그 기억이 남아있던 그 체육관. 한때는 서로 물고 뜯던 사이였지만 디트로이트 팬들은 '경쟁'을 위해 2번째 컴백을 선택한 '황제'의 플레이 하나하나에 기립박수와 환호를 보냈다.

조던도 "내 다리가 돌아오고 있다"라고 말했다. 그 말은 허언이 아니었다. 10월 20일, 뉴저지 네츠와의 경기에서 그는 무려 41득점을 퍼부었다. 비록 팀은 95-102로 졌지만 클래식한 덩크슛도 꽂았으며, 쉽게 파울을 얻어냈다. 노룩 패스도 성공시키며 눈을 즐겁게 했다.

당시 네츠 신인이었던 리처드 제퍼슨(Richard Jefferson)은 "우상을 만나 즐겁다"고 했으나, 정작 코트에서는 매치업 악몽을 겪어야 했다. 조던은 며칠 뒤 맞대결에서도 27득점을 올리며 승리(105-92)를 주도했다. 바이런 스캇 감독은 "예전처럼 사람들 위를 날아다니진 않았어도 경험과 영리함을 앞세워 잘 해내더군요"라고 평가했고, 제이슨 콜린스(Jason Collins)는 "재즈 뮤지션 같았습니다. 늘 해왔던 것처럼 훌륭했습니다"라며 감탄했다.

6일간 무려 4경기를 치르면서 조던은 자신감을 얻게 됐다. 사람들도 확신했다. '에어'가 돌아오고 있다고. 마이애미 히트 감독을 맡던 팻 라일리는 "다음에 만나도 더블팀, 트리플팀 수비를 할 것"이라 말했다. 「시카고 트리뷴」의 샘 스미스 기자는 "그의 플레이는 마치 한순간도 농구를 쉬어본 적이 없는 이 같았다"라고 기사를 썼다.

그러나 생각이 모두가 같을 수는 없는 법. 「USA 투데이」에 근무하던 데이비드 듀프리(David DuPree) 기자 생각은 조금 달랐다. 조던 복귀 당시 그와 이메일로 이야기를 나눌 수 있었다. 그는 1990년대 NBA 열풍이 불던 시절, 국내 오리지널 「루키」 잡지에 칼럼을 기고했던 기자였고, NBA 파이널 MVP 투표권을 가진 몇 안 되는 인물이기도 했다.

듀프리 기자는 "저는 마이클 조던의 복귀는 실수라 생각합니다. 그렇지만 제가 겪은 조던이란 사람이 가진 열정과 농구에 대한 사랑을 생각해보면 이해가 가는 대목이기도 합니다"라고 말하면서도 "만일 조던이 성공을 원한다면, 식스맨으로 출전해

20~24분 정도만 뛰어야 할 것입니다"라고 주장했다.

이유는? 단순했다. 시즌이 지날수록 조던의 몸 상태는 갈수록 안 좋아질 것이 뻔했기 때문이다. 그 이메일을 나눌 때만 해도 나는 기자로서의 정체성보다는, 조던에 대한 팬심이 더 강했기에 듀프리 기자의 말에 동의하지 않았다. 세월이 흘러 이 기사를 준비하면서 찾아본 몇몇 경기에서는 그 흔적을 느낄 수 있었다.

토론토 랩터스와의 시범경기가 대표적이었다. '에어(air)'와 '헤어(heir: 후계자)'의 대결로 포장된 이 경기는 노스캐롤라이나 대학 출신의 당대 최고스타 빈스 카터(Vince Carter)가 조던을 처음 만나는 날로 주목을 끌었다.

승자는 후계자 쪽이었다. 카터는 31득점을 기록했고, 그중 18점을 전반에 쏟았다. 팀은 113-96으로 대승을 거뒀다. 이 경기에서 가장 인상적인 장면이 있었다. 조던과 카터가 1대1로 대치된 상황. 조던은 카터를 잘 쫓아가 밸런스를 무너뜨렸다. 카터의 점프슛은 미스.

그런데 문제는 다음이었다. 조던은 카터가 리바운드를 뜨지 못하게 하려고 열심히 몸으로 밀어내는 블록아웃 동작을 취했지만, 정작 리바운드는 카터가 잡았다. 어떻게 그랬을까. 해설자의 말을 옮기는 편이 나을 것 같다.

"조던은 수비를 잘했어요. 블록아웃(박스아웃)도 잘했고요. 단지 카터가 더 젊었어요. 더 높이 뛰어서 리바운드를 잡아냈습니다."

정규시즌을 앞두고 조던에 대한 수비법도 나왔다.

"공을 잡기 힘들게 바싹 수비해 체력을 떨어뜨리면 후반에는 부진할 것"이라는 이야기다. 닉스가 바로 그 게임 플랜을 들고 왔다.

오즈의 마법사

2001-2002시즌이 개막했다. 개막전 상대는 라트렐 스프리웰(Latrell Sprewell)-앨런 휴스턴(Allan Houston) 콤비의 뉴욕 닉스. 수많은 업적을 쌓은 매디슨 스퀘어 가든. 뉴욕 팬들이라면 조던이 진절머리가 날 법도 했지만, 디트로이트 팬들과 마찬가지로

조던의 좋은 슛, 좋은 패스 하나하나에 박수를 보냈다.

중계사 TNT는 1939년에 개봉했던 '오즈의 마법사(The Wonderful Wizard of Oz)' 화면을 채택해 기발한 오프닝 영상을 제작했다. OST 'Somewhere over the Rainbow'가 흘러나오는 가운데, 도로시 일행을 도울 마법사로 마이클 조던이 등장한다. 구단명이 '마법사'를 의미하는 위저드라는 점에서 착안한 인트로였다.

조던은 시작 1분 33초 만에 첫 득점을 올리면서 분위기를 띄웠다. 중거리슛도 깨끗하게 성공시켰다. 2대2 플레이에서는 상대가 스위치하지 않고 틈을 내주자 바로 슈팅을 올라가 2득점을 추가했고, 206cm의 오델라 해링턴(Othella Harrington)를 상대로도 백다운 이후 특유의 페이더웨이를 성공시켰다. 2쿼터 중반에는 달려 나가는 파파이 존스에게 건넨 베이스볼 패스가 득점으로 연결되자 박수를 받기도 했다. 탄력을 받은 위저즈는 10점 차 이상 달아났다.

그러나 위저즈는 리드를 오래 지키진 못했다. 조던이 벤치로 나간 사이 리드를 지키지 못했고 재투입된 조던 역시 체력이 완전치 않은 듯, 4쿼터 시작 1분 28초가 지나서야 후반전 첫 야투를 성공시켰다.

조던은 접전이던 4쿼터 종료 1분 38초 전에는 중요한 점프슛을 넣으면서 1점 차(88-89) 추격을 이끌었다. 그리고 경기를 동점으로 만들 기회도 얻었다. 남은 시간은 19초. 스코어는 88-91.

매체들은 이 상황이 1986년 11월 17일에 열린 불스 대 닉스의 시즌 개막 경기와 비슷했다고 돌아봤다. 1986-1987시즌, 불스 신임감독으로 취임했던 덕 콜린스의 데뷔전이기도 했는데, 조던은 팀의 마지막 31점 중 21점을 혼자 넣으며 팀 승리(108-103)를 주도했다. 중요한 건 기록이 아니다. 조던은 잔뜩 긴장한 덕 콜린스 감독에게 이렇게 말했다.

"감독님, 걱정하지 마세요. 당신의 첫 경기를 지게 만들지는 않을 테니까요."

그러나 이번에는 콜린스 감독과 조던 모두 웃지 못했다. 조던은 우중간에서 가드 크리스 위트니로부터 패스를 받아 3점슛을 시도했다. 결과는 실패.

캐스터 마브 알버트는 "조던의 시그니처라 할 수 있는 '레이트-게임 빅 샷(lategame big shot)'이 들어가지 않았습니다!"라고 전했다. 뉴욕이 경기를 93-91로 가져갔다. 첫 경기에서 조던이 남긴 성적은 19득점(야투 21개 중 7개). 마지막 슛을 포함한 3점슛 3개는 모두 림을 외면했다.

비록 졌지만 반응은 나쁘지 않았다. 1995년에도 무거운 몸으로 시작해 전설을 남겼던 조던이었다. 파파이 존스는 "그는 여전히 마이클 조던이었습니다. 미리 말하지만, 앞으로도 그는 더블팀으로 막아야 할 것입니다"라고 극찬했다. 상대팀 선수였던 라트렐 스프리웰도 "여전히 훌륭했습니다. 영리한 플레이를 펼쳤고, 우리도 더블팀을 가야 했습니다"라고 인정했다.

그렇다면 조던의 반응은 어땠을까. 메디슨 스퀘어 가든의 기자회견실은 여간해서 선수를 위해, 특히 원정팀 선수들을 위해서는 잘 개방하지 않는 편이다. 인터뷰는 주로 라커룸이나, 라커룸 앞에 마련된 간이 백드랍 앞에서 진행된다. 뉴욕 프런트가 기자들을 위해 기자회견 시간을 마련하는 일은 슈퍼스타들의 맹활약이 있었을 때나 가능하다. 누군가가 닉스를 상대로 50득점을 기록하거나 대기록을 세웠을 때 말이다.

그러나 이날은 오픈할 수밖에 없었다. 조던은 기자회견에서 예전과의 차이를 묻는 질문에 "좀 더 늙은 것 같아요"라고 웃으며 "경기도 달라졌고, 팀 동료들도 다릅니다. 우리가 옳은 방향으로 나아갈 수 있도록 노력하겠습니다"라고 말했다. 모두가 걱정했던 무릎에 대해서는 "조금 신경 쓰였지만, 오늘은 통증이 없었어요. 4쿼터에 이중, 삼중 수비를 피하기 위해 노력했습니다"라고 답했다.

그렇게 조던과 NBA 팬들이 함께 하는 '마지막' 여정이 시작됐다.

조던 vs 젊은 Ⅲ

혹자는 조던의 마지막 2년을 '추억 여행'이라 표현한다. 다른 한편으로는 '세대 간의 계보를 잇는 대결'이라고도 말했다. 둘 다 맞는 말이었다.

유타 재즈와의 경기에서는 칼 말론, 존 스탁턴, 그리고 마지막 슛을 던질 때 매치업 상대였던 브라이언 러셀을 다시 만났다. 조던은 이 경기에서 44득점을 기록했다. 검정 유니폼을 입은 스카티 피펜, 드래프트 동기 하킴 올라주원과도 낯선 재대결을 가졌다.

나는 뉴욕의 상징 같던 유잉이 시애틀 슈퍼소닉스의 그린 유니폼을 입고, 올라주원이 랩터스의 보라색 유니폼을 입은 것을 봤을 때의 충격을 잊을 수 없다. 그래서인지 피펜이 휴스턴 로케츠, 포틀랜드 트레일 블레이저스 유니폼을 입었을 때는 그저 어색하기만 했다. (4)

다만, 조던과 피펜 모두 다른 팀 유니폼을 입고 마주했을 때는 어색함보다는 서운함, 혹은 아쉬움의 감정만 들었던 기억이 난다. 아마도 두 전설을 제대로 대우하지 못한 채 기어이 불스 왕조를 해체시킨 크라우스에 대한 서운함, 한창때는 '전광석화' 같던 두 노장조차 쫓아가지 못할 정도로 빠르게 흐르는 시간에 대한 아쉬움이었을 것이다. 아마도 샌안토니오 스퍼스 팬들이라면 토니 파커(Tony Parker)가 마지막 시즌에 샬럿 호네츠 유니폼을 입었을 때 비슷한 감정을 느끼지 않았을까. (5)

후배들과의 매치업도 흥미진진했다. 폴 피어스(Paul Pierce)와 조던의 맞대결은 시즌 초창기의 하이라이트 중 하나였다. 피어스는 조던을 블록했고, 조던도 피어스의 슛을 저지하고 트래블링을 끌어냈다. 비록 워싱턴은 고비를 넘지 못한 채 졌지만 4쿼터 피어스를 단 2점으로 묶는 수비는 화제가 됐다.

앨런 아이버슨의 필라델피아 세븐티식서스도 화제였다. 당시 워싱턴은 10경기에서 1승 9패를 기록 중이었다. 그러나 필라델피아를 상대로 94-87로 이기며 부진에서 벗어날 수 있었다. 앨런 아이버슨이 40득점을 기록했지만, 조던(30득점 7어시스트)과 리처드 해밀턴(28득점)의 활약이 빛나며 위기에서 벗어났다. 그런가 하면 빈스 카터와의 대결에서는 프리시즌에서 당한 수모를 갚았다. 카터는 전반에 23득점을 기록했지만, 조던과 1대1 매치업 됐던 후반에는 한 골도 넣지 못했다. 조던도 21점에 그치긴 했지만, 팀은 93-88로 승리했다.

12월 22일 뉴욕과의 대결에서는 개막전의 아쉬움을 홀홀 털어버렸다. 마치 조던은 뉴욕만 오면 20대로 돌아가는 듯했다. 속공 덩크는 물론이고, 특유의 서커스 슛으로 상대를 놀라게 했다. 스프리웰을 상대로는 몸을 아끼지 않는 허슬 플레이로 공격자 파울도 끌었다. 4분 전까지 76-82로 리드 당하고 있었으나, 조던의 연속 득점으로 경기는 박빙이 됐다. 81-82로 리드 당하던 2분 31초 전에는 체스트 스텝으로 스프리웰의 터프샷 미스를 끌어냈다.

그리고 83-83 상황에서 맞은 절체절명의 상황. 조던이 탑에서 볼을 잡자 스프리웰이 바싹 붙었다. 조던은 스프리웰의 견제를 이겨내며 엘보우(elbow)로 이동, 중거리

숫을 시도해 정확히 꽂았다. 철썩~. 앨런 휴스턴이 함께 뜨며 방해해봤지만 실패.

스코어는 85-83. 남은 시간 3.2초. 개막전에서의 미스를 만회하는 순간이었다. 19 득점 6어시스트 5리바운드. '불스 조던'에 비하면 적은 기록이지만 메디슨 스퀘어 가든은 다시 라커룸을 개방해야 했다.

샤킬 오닐과 코비 브라이언트, 그리고 은사 필 잭슨이 이끄는 LA 레이커스와도 맞대결했다. 전문가들은 "트라이앵글을 누구보다 잘 이해하는 조던이기에 맞대결이 기대된다"고 했지만, 3쿼터에 대량 실점(42점)하면서 아쉬움을 남겼다.

이날 조던은 22득점을 기록했지만, 코비는 이보다 나은 23득점 15어시스트 11리바운드로 개인 통산 3번째 트리플더블을 작성했다. 「LA 타임스」는 '오즈의 마법사(Wizard of the OZ)'를 빗댄 'Wizard of the Awes'라며 코비를 높이 평가했다.

대기오염

ESPN이 조던 복귀와 관련해 뽑은 제목 중 가장 자극적으로 다가왔던 제목이었다. 조던의 'AIR'란 별명을 활용해, '공기가 탁하다'고 비꼰 것이다. 3쿼터까지도 숫 하나 못 넣고, 자유투 하나 못 넣는 날이 왔다.

급기야 12월 27일 인디애나 페이서스 전에서 조던은 단 6점에 그쳤다. 10개의 숫을 시도해 림을 가른 건 단 2개. 그것도 후반에는 하나도 들어가지 않았다. 866경기 연속 이어지던 10+득점 행진이 중단된 것이다. 팀도 27점 차(81-108) 대패를 당했다. 아마 기록을 생각했다면 콜린스 감독은 그를 더 뛰게 했을지도 모른다.

그러나 일찌감치 경기가 기운 상태에서 평균 이상의 수비력을 자랑하던 페이서스를 상대로 숫을 더 놓치는 것도 조던 입장에서는 자존심에 금이 가는 상황이었을 것이다. 조던은 마지막 17분여를 벤치에서 보냈다. 고개를 떨어뜨린 채.

그날 「뉴욕 타임스」는 "조던이 NBA에서 이렇게 형편없는 경기를 한 것은 처음이다"라고 기사를 시작했다. 아이재아 토마스 감독은 "조던은 자유투 라인에서 이륙하던 그 25살의 조던이 아니니까요"라고 평가했다.

조던이 10점에 도달하지 못한 건 1986년 3월 22일 이후 처음이었다. 당시 클리블랜드 캐벌리어스 전에서 8득점에 그쳤는데, 그때만 해도 다리 골절상에서 복귀해 컨디션을 회복하는 과정이었다. 출전 시간도 10분대로 제한됐던 시절이었다.

조던은 "개인 기록을 위해 경기를 뛰는 게 아닙니다. 그게 중요한 건 아니에요. 만약 제 기록을 의식했다면 복귀하지도 않았을 겁니다"라며 대수롭지 않다는 듯 말했고 덕 콜린스 감독도 "내가 후반에 출전을 거의 시키지 않아서 그런 것일 뿐"이라고 시선을 돌리려 했다.

그러나 조던을 잘 아는 기자들은 알고 있었다. 조던이 어떤 방식으로든 본인의 자존심 회복을 생각할 것이라고 말이다.

(1) 은퇴 후에도 해외 라이선스 농구 잡지에는 조던이 꼬박꼬박 등장하고 있었다. 표지는 물론이고, MJ 소식이 실렸다는 것만으로도 판매 부수가 차이가 났을 정도다.

(2) 자유계약선수가 된 리치먼드는 LA 레이커스와 계약해 꿈에 그리던 타이틀을 품었다. 그러나 우승을 결정짓던 경기에선 마지막 4분만을 뛰었다.

(3) 프리시즌 첫 경기는 Fox Sports Net 방송에서 중계를 맡았다. 인트로 화면으로 1998년 파이널에서 던진 마지막 숏 이후 은퇴 기자회견과 복귀 준비 과정, 그리고 불스 시절에 거둔 영광의 순간들이 교차 편집되어 방영됐다.

(4) 스카티 피펜은 1999년, 사인 앤 트레이드 형식으로 휴스턴 로케츠로 트레이드됐다. 로케츠는 피펜을 데려오며 로이 로저스, 2000년 드래프트 지명권을 내줬다. 피펜은 이 계약으로 불스 시절보다 4배 가까이 많은 1,100만 달러의 고액 연봉자가 될 수 있었다. 그러나 로케츠는 시즌 내내 팀워크 문제로 골머리를 앓았고, 피펜은 공식적으로 트레이드를 요청해 블레이저스로 이적했다.

(5) 2001년 NBA에 데뷔해 줄곧 샌안토니오 스퍼스에서만 뛴 토니 파커는 마지막 2018-2019시즌을 샬럿 호네츠에서 뛰었다. 당시 호네츠의 구단주는 마이클 조던이었다. 파커는 2년 계약을 체결했지만 부상으로 56경기를 뛰는 데 그쳤다. 2019년을 끝으로 파커는 은퇴했다.

GAME INFO

날짜	2002년 2월 15일
장소	애리조나주 피닉스 어메리카 웨스트 아레나
시즌	2001-2002시즌 NBA
경기의 중요성	★★★★☆
착용 농구화	나이키 에어 조던 17 로우(Low)

SCORE

팀	1Q	2Q	3Q	4Q	최종
위저즈	29	24	19	25	97
선즈	28	26	14	28	96

MJ's STATS

출전시간	득점	야투	자유투	리바운드	어시스트	스틸	블록	실책	파울
36'36"	22	7-19	8-9	6	4	2	2	5	2

24. 조던이 또 해냈어요!

2001-2002시즌 정규리그

 VS PHOENIX SUNS

워싱턴 위저즈   피닉스 선즈

- 아! 조던 '종료 5초 전 실수'

- 후계자에게 패배한 황제

- 조던, 황제가 아닌 도우미

2001년부터 2003년까지 국내 매체에서 워싱턴 위저즈와 마이클 조던을 이야기할 때 자주 나온 헤드라인이다. 아마도 조던은 국내 종합 일간지 및 스포츠지에서 가장 많이 다뤄진 해외 농구선수일 것이다. 작은 실수로 인한 패배조차도 언론에 보도됐을 정도로 관심이 많았다. 다소 자극적인 제목도 함께 따라 팬들의 심기를 불편하게 했지만 말이다. 아마도 요즘 같은 SNS 시대였다면 그 실수가 몇 번이고 편집되어 재생되었을지 모른다는 생각도 해본다.

조던의 10득점 연속 기록이 깨진 뒤 국내뿐 아니라 해외에서도 자극적인 기사와 인터뷰가 많이 나왔다. 그런데 그중에는 조던을 비꼬는 인터뷰도 있었지만, 안타까움과 걱정 섞인 인터뷰도 많았다.

스티브 커는 "조던이 과연 패배를 감당할 수 있을지 모르겠습니다"라고 말했다. 스카티 피펜도 마찬가지로 "불스에는 저와 토니 쿠코치, 데니스 로드맨이 있지만 지금 그 팀에는 조던이 득점만 하도록 도와줄 선수들이 부족합니다. 인내심이 많이 필요할 것입니다. 득점은 전처럼 뽑아내겠지만 많이 이기지는 못할 것이니까요"라고 의견을 전했다.

불스 시절, 늘 승리자의 입장이었던 조던은 한 번의 패배도 그냥 넘어가지 않았다. 비디오를 보며 원인을 찾고 승부욕을 불태워야 할 이유를 구했다. 이제는 널리 알려진 1993년의 '라브래드포드 스미스(LaBradford Smith) 사건'처럼 말이다.

그 일이 일어났을 때, 스미스는 워싱턴 불레츠 소속으로 뛰고 있었다. 데뷔 후 2번째 시즌이었던 스미스는 3월 19일 시카고 원정 경기에서 37득점을 기록했다. 이날 따라 슛이 잘 들어갔다. 20개 중 15개가 들어갔다. 스미스가 NBA에서 올린 최고 기록이었다. 반면 조던은 27개의 슈팅을 시도해 18개를 놓쳤다. 여전히 25득점 5어시스트로 성적이 나쁘지 않았고 팀도 104-99로 이겼지만, 조던은 심기가 불편했다. 한참 어린 가드에게 30점 이상을 내주고, 본인도 평균 득점에 못 미친 것이 아쉬웠다.

기자들은 비록 졌지만 '큰일'을 해낸 스미스로부터 한마디 듣고 싶었던 모양이다.

"오! 당신, 마이클 조던을 상대로 커리어하이를 기록했네요!"라고 부추겼다. 그럼에도 스미스는 일을 크게 만들고 싶지 않았던 것 같다. "그저 운이 좋았다"라는 짧은 한마디만 건넸다.

그러나 조던은 이미 뿔이 나 있었다. 바로 다음 날 치른 재대결에서 조던은 겨우 31분 동안 47득점을 기록했다. 자유투는 15개나 얻었다. 팀도 126-101로 대승을 거두었다. 스미스는 어땠을까. 이날 스미스는 25분간 15점에 그쳤다.

조던은 이날 전반에 첫 8개의 슛을 모두 성공시키는 등 일찌감치 36득점을 기록하며 경기를 가져왔다. 전반이 끝났을 때 불스는 66-51로 리드하고 있었다. 윌 퍼듀는 방송 인터뷰에서 "라커룸에서 마이클이 공을 잡으면 길을 비켜야 할 것 같다고 이야기했어요. 마이클이 끊임없이 라브래드포드를 공략했으니까요. 마치 본인이 라브래드포드를 상대로 몇 점을 넣어야 할지 계산하고 있는 것 같았습니다. 라커룸에 있던 모두가 오늘 어떤 일이 벌어질지 알고 있었죠"라고 돌아봤다.

BJ 암스트롱은 '더 라스트 댄스' 다큐멘터리(8화)에서 그날 일을 돌아봤다. "우리는 다음 경기를 위해 워싱턴으로 향하고 있었어요. 마이클이 그때 말했죠. '내일 전반에 그 애송이가 올린 점수를 따낼 거야'라고요."

조던은 지인 및 몇몇 기자들에게 라브래드포드 스미스가 경기 후 자신에게 "Nice Game, Mike"라고 말했다고 했다. 그리고 이것이 승부욕을 불태운 이유라고도 했다. 하지만 알려진 바에 따르면 이는 조던이 지어낸 소설이었다. 경쟁심을 불태우기 위한 자신만의 방법이었던 것이다.

1993년과 2001년의 갭은 굉장히 컸다. 그때는 마음먹은 대로 1대1이 됐지만, 상황이 달라졌다. 본인조차 "나도 저럴 때가 있었는데"라고 부러워할 정도로 자신보다 빠르고, 높이 뛰는 후배들의 수비를 견뎌야 했다. 피펜의 말처럼, 본인이 득점을 아무리 많이 올려도 '척'하면 '척' 알아듣고 움직일 동료들도 부족했다. 조던은 인내를 갖고 동료들의 움직임을 하나하나 지시했지만, 조던이 벤치에 들어간 사이에는 여지없이 경기력이 저하됐다. 이는 덕 콜린스 감독과 조던의 가장 큰 고민이기도 했다.

절치부심

오래 전, 스티브 커는 필자와의 이메일 인터뷰에서 "팀 던컨(Tim Duncan)은 선수들의 이야기를 잘 들어주고, 해결을 도우려는 타입이었습니다. 마이클은 반대로 동료들에게 모질게 대할 때도 있었죠. 그런데 두 선수의 공통점이 있습니다. 슈퍼스타들이지만 하루하루 정말 최선을 다해 살아갔고, 지지 않겠다는 마음가짐이 대단히 강했다는 점입니다"라고 말했다.

조던이 내놓은 해결책은 단 하나. 통증이 그를 괴롭힐지라도 계속 코트에 나서서 후배들을 이끌고, 이기는 방법을 몸소 알려주는 것이었다.

인디애나 페이서스 전에서의 충격적인 6득점 이후, 조던은 보란 듯 샬럿 호네츠와 뉴저지 네츠를 상대로 각각 51득점, 45득점을 기록하며 자존심을 회복했다. 당시 기준으로 NBA 역대 최고령 50+득점 선수였다. [1]

여기에도 일화가 있다. 6득점에 그친 뒤부터 조던은 경기 전에 한 시간씩 슈팅 훈련을 했다. 스스로도 "시카고 불스 시절에는 하지 않았던 일"이라고 말했으니, 여간 자존심이 상한 게 아니었나 싶다. 휴버트 데이비스는 조던의 이런 모습을 보고 선수들에게 그 의도를 전달한 인물이었다. 노스캐롤라이나 대학 후배이기도 했던 데이비스는 "조던은 선수들이 패배에 편안해지는 것을 보고 싶지 않아 했습니다. 자신이 50득점을 넣어서라도 팀에 승리를 안기고 싶었던 것 같습니다"라고 인터뷰했다.

12월 29일 샬럿 호네츠 전부터 살펴보자. 팁오프까지만 해도 조던의 6점에 포커스를 뒀던 중계진은 1쿼터가 진행되면서 더이상 그 이야기를 꺼낼 수 없었다. 오히려 '믿을 수가 없습니다'라는 말이 반복해서 나왔다. 조던의 활약 때문이었다.

조던은 갖가지 기술을 사용하며 2분여 만에 지난 경기 총득점(6점)을 채웠다. 팀의 첫 13득점을 모두 조던이 만들었다. 배런 데이비스(Baron Davis), 리 네일런(Lee Nailon), 엘든 캠벨(Elden Campbell), 스테이시 오그먼(Stacey Augmon) 등 매치업이 계속 바뀌었지만, 소용이 없었다.

포스트업에 이은 페이더웨이 점프슛, 오프 더 볼 무브에 이은 미드레인지, 페이스업에서 이어진 풀업 점퍼 등 상대는 눈 뜨고 당할 수밖에 없었다. PJ 브라운은 "그 시절의 마이클 조던으로 돌아간 것 같았습니다"라며 혀를 내둘렀다. 그렇게 전반에 34점, 경기가 끝났을 때는 51득점과 함께 '긍정의' 스포트라이트를 가져왔다.

"지난 경기 후 사람들이 제 나이에 대해 많은 이야기가 오가는 것을 봤습니다. 또 많은 사람들이 제가 예전처럼 고득점을 올릴 수 있을지에 대해서도 비관적으로 보셨겠지요. 오늘 밤 저는 여러분께 저는 여전히 경기를 뛸 수 있다는 것을 보여드렸다고 생각합니다."

바로 다음 상대였던 네츠 전은 또 어땠나. 2001년 12월 31일에 만난 네츠는 2001-2002시즌, 가장 뛰어난 수비팀 중 하나였다. 평균 92.0실점은 리그에서 5번째로 적었고, 디펜시브 레이팅은 리그 1위였다. 신인왕 케넌 마틴(Kenyon Martin)과 포인트가드 제이슨 키드(Jason Kidd), 케리 키틀즈(Kerry Kittles), 키스 밴 혼(Keith Van Horn), 리처드 제퍼슨 등 포지션별로 재능있는 선수들이 고루 포진해 있었다.

그러나 조던 1명을 당해내지 못했다. 이날 조던은 호네츠 전과는 다른 접근 방식을 택했다. 작정하고 득점에 몰두했던 것과 달리, 자신에게 집중되는 수비를 적절히 이용했다. 더블팀이 붙으면 슈터들을 살렸다. 수비에서도 적절한 헬프로 상대 공격을 차단했다.

이날 조던의 주 매치업 상대는 제퍼슨이었는데 힘에서도, 스텝에서도 좀처럼 조던을 제어하지 못했다. 후반에는 케넌 마틴이 매치업으로 나섰지만, 이때는 수비 요령이 부족한 마틴을 상대로 갖가지 속임 기술을 곁들여가며 파울을 끌어냈다.

방송인이자 칼럼니스트인 데이비드 알드리지(David Aldridge)는 "마틴이 조던을 막아보겠다고 호언장담했지만, 정작 경기가 시작되니 마이클이 그 친구에게 농구가 뭔지 가르쳐주고 있었다"라고 돌아봤다. 조던은 또한, 의도적으로 발이 느린 키스 밴 혼이 매치업되도록 스위치를 만들어 외곽을 터트리기도 했다.

덕분에 MCI 센터가 다시 시끄러워졌다. 위저즈 선수들의 움직임 하나하나에 열광했다. 비로소 프로팀의 홈 경기 느낌이 나기 시작한 것이다.

조던의 51점, 45점 활약에 힘입어 연승 시동을 건 위저즈. 그들은 2001년을 16승 14패로 마쳤다. 칼럼니스트 미첼 크루겔은 이틀간의 플레이에 대해 "이번에는 굳이 팩스로 알릴 것도 없었다. 조던이 돌아왔다"라고 표현했다.

명과 암
래리 버드, 아이재아 토마스, 레지 밀러, 덕 노비츠키처럼 이적 없이 한 프랜차이즈에서만 선수 생활을 보내고 명예롭게 은퇴하는 것은 한때 스포츠 스타들에게 최고의 낭만처럼 여겨졌다. 그렇다고 이적이 꼭 멋이 없는 것은 아니다. 이적한 선수들이 친정팀을 상대로 맹활약한 뒤 활짝 웃는 장면 역시 충분히 스토리가 된다. 조던은 등 떠밀려 이적하거나, 자신의 가치를 알아주지 않는 구단주에게 버림을 받은 케이스는 아니었다.

그러나 조던의 표현을 빌리자면, 조던은 '연료'가 남아있는 상태에서 '왕조'를 끝낼 수밖에 없었다. 제리 라인스도프 구단주와 제리 크라우스 단장의 의지가 남아있지 않았기 때문이었다. 그래서인지 조던은 친정팀 불스를 이기고자 했고, 이는 미디어와 팬들도 궁금해했던 이슈였다.

조던의 2002년 새해 첫 경기는 여러 의미가 있었다. 51점, 45점에 이어 조던이 상승세를 이어갈 수 있을 것인가? 또 2001년 마지막 2경기에서 96점을 올린 덕분에 29,975점을 기록한 조던이 15점을 마저 채울 수 있을 것인가? 그것도, 자신의 전부처럼 여겨졌던 친정팀 시카고 불스와의 대결에서?

그렇다. 1월 4일 불스 전은 조던이 2번째 복귀를 선언한 뒤 갖는 첫 재회였다. 여기서 15점만 더 올리면 조던은 카림 압둘자바, 월트 채임벌린, 칼 말론에 이어 역대 4번째 3만 득점 고지를 밟는다. 당연히 전국 언론의 관심이 MCI 센터에 쏠렸다. (2)

조던의 이런 사연이 아니었다면, 불스 경기는 중계될 일이 없었을 것이다. 1998년 왕조가 해체되고 불스는 최악, 그 자체였기 때문이다. 2001-2002시즌, 불스는 1승 12패로 시즌을 시작했고 '왕조 재건축'의 중책을 맡았던 팀 플로이드(Tim Floyd)도 25경기 만에 해고됐다. 그 자리는 조던의 옛 동료였던 빌 카트라이트가 맡았으나, 팀은 나아질 기미가 없었다. 이 시즌에 불스는 8연패 이상을 4번이나 기록했고, 위저즈를 만날 무렵에는 원정 경기 17전 17패를 기록 중이었다.

아니나 다를까. 이 경기도 그랬다. 사실, 불스 선수들에게는 조던과 얽힐 만한 사연이 없었다. 애써서 엮자면, 조던과 초창기를 함께 했던 찰스 오클리가 말년을 보내고 있다는 것 정도? 그리고 조던에게 지기 싫어했던 크라우스가 여전히 책임자로 있다는 것 정도였다.

위저즈는 조던의 선전으로 21-12로 앞서갔고 수월하게 두 자리 점수로 리드를 잡았다. 하이라이트는 2쿼터 종료 5분 28초 전에 만들어졌다. 조던이 올라갈 때, 론 아테스트가 조던에게 파울을 범했고, 조던은 자유투 기회를 얻었다. 자유투 직전까지 13점을 올리고 있던 조던이 자유투 라인에 서자 관중들도 함께 일어섰다. 그리고 마침내 2번째 자유투가 들어가자 기립박수가 시작됐다. 기립박수는 굉장히 오래 이어졌다. 팬들에게 감사의 인사를 전하고 숨을 고르기에 충분한 시간이었다. (3)

불스 전에서도 그랬지만, 위저즈는 점차 손발이 맞아가고 있었다. 자히디 화이트, 브랜든 헤이워드 등 빅맨들과 조던이 함께 펼치는 기브 앤 고 플레이가 잦아졌다. 파파이 존스는 위저즈에서 가장 스크린을 견고하게 서는 선수였다. 조던이 수비를 떨쳐내고 볼에 미트(meet)하는 데 큰 역할을 했다. 타이론 네스비와 리처드 해밀턴은 속공 파트너로 자리 잡아가고 있었고, 크리스 위트니는 볼에서 멀어지는 플레어 스크린(flare screen) 등을 이용해 조던이 뿌려지는 킥 아웃 패스를 득점으로 연결시켰다. 이날도 그랬다. 전반까지 봤을 때 위저즈는 수월하게 경기를 마칠 것처럼 보였다.

그러나 문제점이 발견됐다. 여전히 조던이 쉴 때, 혹은 조던이 페이스를 잃었을 때 해결해줄 선수가 없었다. 콜린스 감독은 조던이 벤치에 있을 때는 터란 루를 중심으로 페이스를 빠르게 가져가길 바랐지만 문제는 정돈을 해주거나, 마무리를 책임질 선수가 없었다. 설상가상으로 조던은 몸살로 인해 눈이 침침해지는 현상까지 겪어 긴 시간을 뛰지 못할 컨디션이었다. 좀처럼 빠지는 일이 없었던 훈련조차 불참했던 터였다.

결국 경기는 접전으로 흘러갔다. 4쿼터에 재투입된 조던은 전반과 분위기가 달랐다. 그 역시 고전했던 것. 급기야 종료 23.8초 전, 아테스트에게 중거리슛을 블록 당했고, 불스의 론 머서(Ron Mercer)가 이를 잡아채 속공으로 가져갔다. 81-87로 불스가 리드를 당하는 상황이고 남은 시간도 얼마 안 됐지만 만일 머서가 이 속공을 성공시켰다면 또 어떻게 분위기가 반전될지 모르는 일이었다.

그런데 이때 모두가 눈을 의심하는 장면이 나온다. 조던이 무서운 속도로 쫓아와 머서의 공을 그대로 공중에서 낚아채버린 것이다. 아니, '강탈'했다고 해야 할까? 중계진은 "저 장면이 말이 됩니까?"라며 조던의 여전한 탄력과 플레이에 감탄했다. 터란 루, 헤이워드 등 벤치에 있는 선수들도 전광판에 상영되는 리플레이를 보며 믿을 수 없다는 표정이었다.

그렇게 조던과 불스의 사상 첫 만남은 위저즈가 89-83으로 승리했다. 「시카고 트리뷰」은 "조던이 막판엔 부진했지만, 결정적인 블록을 해냈다"라고 헤드라인을 다루었다. 조던은 자신의 마지막 플레이에 대해 이렇게 말했다.

"저도 점프를 해야 할 때는 합니다."

그렇게 영예롭게 30,000득점 고지를 밟았던 조던이지만, 바로 다음 날에는 날벼락 같은 소식을 듣게 된다. 아내 주아니타로부터 이혼 소송을 당한 것이다. 주아니타는 일리노이주 순회법원에 "해소하기 힘든 균열이 생겼다"라며 소장을 제출했다. 연말부터 연초까지, 선수로서 최고의 순간을 만끽했던 '황제'에게는 농구에만 온전히 집중하기 힘든 상황이 발생하고 말았다. (4)

레이 클레이의 고뇌

"Aaaaand now… The starting line-up… for your… Chicago Bulls!"
"Froooom North Carolina! at guard… 6-6! Michael Jordan!"

1990년대 불스의 상징 중 하나는 바로 경기 시작 전, 그러니까 암전 상태에서 울려 퍼지는 등장 음악과 장내아나운서의 선수 소개 시간이었다.

일리노이 출신의 레이 클레이(Ray Clay)가 그 시간을 '상징'으로 만들었다. 우리식 표현으로 장내아나운서, 현장에서 '퍼블릭 아나운서(Public Announcer)'라 불린 클레이는 불스의 황금기 동안 경기 시작 전 선수들을 소개하는 역할을 맡아왔다.

일을 시작할 때만 해도 경기당 50달러 남짓 수당을 받았던 클레이였지만, 우승을 거듭하고, 불스가 세계적인 팀으로 거듭나면서 그의 위상도 달라졌다. 워낙 보이스가 인상적이었기에 6번 우승할 동안 매년 그랜드 파크(Grand Park) 우승 축하 행사의 사회도 맡았다.

그런 클레이의 목소리와 최상의 궁합을 보인 곡이 있으니 바로 알란 파슨스 프로젝트(Alan Parsons Project)의 '시리우스(sirius)'였다. 알란 파슨스 프로젝트는 1975년 런던에서 결성된 프로그레시브 락 밴드로 '시리우스'는 그들이 1982년에 내놓은 6번째 앨범, 'Eye in the Sky'에 수록된 곡이었다. 이 곡이 불스를 위해 만들어진 곡은 아니었으나, 1984년 당시 불스의 장내아나운서였던 타미 데이비스(Tommy Davis)가 극장에서 우연히 듣고선 '바로 이 곡이다!'라고 외쳤다고 한다.

불스가 처음 암전을 한 것은 1977년이었다. 선수들이 조금이라도 더 환호를 받고, 기분 좋게 경기를 시작하길 바라는 마음에서 마련했다. 당시 불스 감독이었던 제리 슬로언(Jerry Sloan)이나 관계자들은 좋아하지 않았지만, 관중들이 기대 이상으로 좋아해 불스의 공식 이벤트로 자리했다는 후문이다.

조던이 데뷔했을 무렵에는 '팝의 황제' 마이클 잭슨(Michael Jackson)의 곡을 틀어주기도 했는데, 구단에서는 좀 더 조던과 불스에 어울리는 웅장함을 전달하고 싶어했다. 모두가 고민하던 차에 발견한 '시리우스'는 팬들은 물론이고, 조던도 마음에 들어했다는 후문이다. 덕분에 이 곡은 불스 팬들을 위한 '앤썸(anthem)'이 됐다. 정작 곡을 만든 알란 파슨스는 공식적으로 초대를 받기 전까지 조던의 경기를 제대로 본 적조차 없지만 말이다. (5)

2002년 1월 19일. 15일 전, 친정팀을 상대로 통산 30,000득점을 달성했던 조던이 시카고로 돌아오는 날이었다. 72승을 비롯해 자신이 수많은 영광을 만들었던 유나이티드 센터로 말이다. 사실, 크라우스는 조던에 대한 환영 분위기가 못마땅했다. 그는 인터뷰에서 "82경기 중 하나입니다. 특별한 것 없습니다"라며 경기 자체가 조던에게 집중되는 것을 꺼렸다.

그러나 물길을 막을 수 없었다. 덕 콜린스 감독은 "라커룸부터 분위기가 달랐다"라고 돌아봤다. 시카고를 농구 도시로 만들고, 불스를 '90년대의 팀'으로 올려놨으며, 덕분에 시 재정에도 막대한 영향을 끼쳤던 '영웅'을 적으로 맞이하자니 아마도 불스 팬들도 복잡한 감정이었을 것이다.

빌 카트라이트 감독도 마찬가지였을 것이다. 비록 원정 선수이지만, 조던은 불스 선수들보다도 더 큰 환호를 받을 것이다. 게다가 기량도 무시 못 할 수준임이 확인됐다. 카트라이트 감독은 "38살이라고 해도 그는 평범한 운동선수와는 다릅니다. 분명 문제가 될 거예요"라고 의견을 전했다. 그렇다면 조던은 어땠을까. 긴장 가득한 표정이었던 조던은 '승부'에 관해서는 선을 그었다.

"물론입니다. 저도 시카고를 이기고 싶습니다."

이런 분위기 때문에 레이 클레이는 고뇌했다. 이제 유나이티드 센터에서 조던을 위해 '시리우스'가 재생되는 일은 없을 것이다. 조던은 상대편에 서서 불스 유니폼을 입은 선수들이 자신들을 위해 재생되던 곡과 함께 등장하는 장면을 지켜봐야 한다. 그러니 적어도 선수 소개 정도는 레전드를 위해 예우해주는게 맞지 않을까? 보통의 팀들이라면 그랬을 것이다.

클레이는 「시카고 선-타임즈」와의 인터뷰에서 "기자들이 제게 물어보더군요. 마이클 조던을 어떻게 소개할 거냐고요. 솔직히 말해 구단내 누구도 제게 어떻게 하라고 지침을 전달하지 않았어요. 다만 기자들도 그렇고, 팬들도 그렇고 다들 제가 예전에 그랬던 것처럼, 마이클 조던만큼은 활기차게 소개해주길 바라는 것 같았습니다"라고 회상했다.

그러나 클레이의 계획은 무산됐다. 그는 팬들 바람대로 데시벨을 높이고자 했지만, 경기 직전 마케팅팀으로부터 지령을 전달받았다. 보통의 원정팀 선수를 소개하듯 건조하게 하라고 한 것이다. 클레이는 처음에 저항했지만, 그 역시 어디까지나 고용된 입장이었기에 거절할 수 없었다. 2001-2002시즌 이후, 클레이는 불스에서 해고됐다. 「시카고 선-타임즈」의 제이 메리어티 기자는 클레이의 해고 소식을 전하며 불스 팬들의 추억을 지워가는 구단의 지침을 강력하게 비판했다.

클레이의 목소리 톤이 어쨌든, 불스 팬들은 조던에게 기립박수를 보냈다. 조던도 감격한 듯 고개를 들지 못했다. 드래프트 기념 저녁 식사로 맥도널드 햄버거가 더 좋았고, '에어 조던' 발매로 벌게 될 수백억의 보너스보다 자동차에 더 눈길이 갔던 20대 청년이 농구선수로서 모든 걸 이룬 대스타가 되어 팬들 앞에 섰다. 달라진 것이 있다면, 박수를 보내주는 팬들을 실망시켜야 하는 입장이 되었을 뿐.

승부는 냉정했다. NBC를 통해 전국으로, 아니 세계로 생중계 방송된 이 경기에서도 마지막에 웃은 쪽은 조던과 위저즈였다. 사실 경기력 자체는 그 정도 수준이 안됐다. 아니, 졸전이었다. 위저즈는 1쿼터에 16점에 그쳤다. 다행인 점은 불스도 12점밖에 넣지 못했다는 점인데, 전반을 마쳤을 때 양 팀 스코어는 겨우 35-27이었다. 전국 중계를 타기에 경기력이 안 좋았다. 불스는 3쿼터에도 11점을 넣었다. 최종 스코어도 77-69로 형편없었다. 위저즈의 야투성공률은 36.9%, 불스는 24.7%였다.

조던은 40분간 16득점 12리바운드 4어시스트를 기록했다. 그러나 실책도 무려 9개나 기록했다. 실책이 많이 나오고 조던의 득점도 쉽지 않았던 이유는 불스의 수비 때문이었다. 카트라이트 감독은 2-3 지역방어를 썼다. 이 때문인지 공격이 겉돌았고 단순해졌다. 템포를 무작정 끌어올리기에 조던의 몸 상태가 안 좋았다. 그러나 그 와중에도 유나이티드 센터 관중들은 조던이 펼치는 플레이 하나하나에 환호로 화답했다.

"이곳에는 너무나 많은 기억이 있습니다. 팬들을 마주해야 한다는 사실이 너무 힘들었습니다. 다음에 왔을 때는 더 좋은 경기를 보여드릴 수 있도록 노력하겠습니다." 조던의 말이다.

조던은 팬들의 기립박수 때문에 울뻔했다고 고백했다. 플레이가 어려울 정도로 벅차올랐다며 말이다.

"시카고를 상대로 플레이한다는 것 자체가 너무 힘들었습니다. 의도한 건 아니었지만 예전처럼 꼭 이겨야 한다는 마음가짐이 잘 안 생겼던 것도 사실입니다."

그가 또 해냈습니다!

불스 전 승리는 위저즈에게 가뭄의 단비와도 같았다. 덕분에 4연패를 끊으며 분위기를 수습할 수 있었다. 위저즈는 이후 2경기를 더 지면서 19승 20패가 되었는데 다행히 다음 9경기 중 8경기를 이기면서 분위기를 수습할 수 있었다. 26승 21패. 플레이오프도 진지하게 생각할 수 있었다.

위저즈가 그 단꿈을 꿀 수 있었던 결정적 계기는 바로 1월 말에 열린 홈 연전 덕분이었다. 1월 24일 클리블랜드 캐벌리어스 전과 1월 26일 피닉스 선즈 전에서 조던은 각각 40점, 41점씩을 기록하며 연승을 주도했다. 두 경기는 시즌 초반과 다른 특별한 면이 있었다. 바로 후반까지도 조던의 체력이 유지됐다는 점이다. 캐벌리어스와의 경기에서 조던은 후반에만 16점을 올리며 승리(94-85)를 이끌었다.

그런데 이 경기도 사연이 있었다. 조던과 워싱턴은 2001-2002시즌 캐벌리어스와의 첫 만남에서 94-75로 패했다. 당시 리키 데이비스(Ricky Davis)가 펄펄 날았다. 4쿼터에만 14점을 넣었다. 조던은 이 경기가 끝나고 선수들에게 "형편없는 경기였다"

라고 호통쳤다. 조던은 같은 팀에게 두 번 지는 것이 싫었던 것 같다. 실책 하나 없이 리바운드 8개를 더하며 펄펄 날았다. 트리플 팀이 붙었는데도 기어이 슈팅을 성공시켰다. 시원한 복수였다.

조던은 "이 팀과는 할 말이 많습니다. 그 친구(데이비스)가 그날 20점 차로 앞서고 있는데도 덩크를 꽂더군요? 다시는 그렇게 못하게 만들고 싶었어요. 가장 좋은 방법은 빨리 코트 밖으로 몰아내서 우리를 구경하게 만드는 것입니다"라고 돌아봤다. 데이비스는 22분간 7득점에 그쳤다. 그 이야기를 들은 캐벌리어스의 존 루카스(John Lucas) 감독은 이렇게 말했다. "거봐, 저 친구 기억력이 참 좋다니까."

홈 연전. 조던은 여유를 틈타 체력 보강 훈련에 돌입했다. 대개 여유가 있으면 쉬지만, 조던은 체력 강화에 도움이 되는 훈련을 택했다. 그 결과는 기록으로 나왔다.

선즈를 상대로 조던은 2쿼터에만 14점을 기록했다. 덕분에 위저즈는 두 자리 리드를 잡으며 달아났다. 누가 막아도 아랑곳하지 않았다. 절묘한 스텝으로 재빨리 공간을 만들어 경쾌한 리듬으로 점프슛을 성공시켰다. 몇 차례 아크로바틱한 레이업도 성공시켰다. 큰 선수가 막을 때면 절묘하게 스위치시켜 다른 수비를 공략했다. 185cm의 토니 델크(Tony Delk)가 희생양이 됐다.

선즈는 조던과 오랜 인연을 갖고 있었던 댄 말리를 투입했지만, 폭풍같이 파울을 범한 채 벤치로 향했다. 도움 수비가 오면 재빨리 빈 곳을 찾아 어시스트했다. 위저즈는 후반전에 18점 차까지 리드하면서 승리를 확정 지었다. "하고 싶은 걸 다하더군요. 우리는 저항조차 못했습니다." 선즈를 이끌던 스캇 스카일스 감독의 말이다.

그러나 두 팀은 그 진절머리 나는 경험을 한 번 더 하게 된다. 이번에도 캐벌리어스가 먼저 맞았다. 1월 31일, 클리블랜드 건드 아레나(Gund Arena)에서 열린 맞대결. 캐벌리어스는 여전히 조던의 볼 없는 움직임을 막지 못했다. 2대2 플레이에 대한 수비 대처도 미흡했다. 상대 빅맨이 스크린을 받고 나오는 조던을 살짝 견제하고 제 위치로 돌아가는 수비였는데, 조던은 잠시나마 생기는 그 틈을 놓치지 않고 빅맨에게 패스를 찔렀다.

조던은 무리하게 드리블을 하기보다는, 컬(curl)을 통해 안쪽에서 공을 잡고 득점을 올려갔다. 상대가 길목을 막아설 때면 가볍게 한 발을 빼는 스텝 쓰루(step through), 그 다음 가벼운 속임 동작으로 상대를 반응시킨 채 득점에 올라갔다.

그럼에도 불구, 홈팀 캐벌리어스는 4쿼터 1분 전까지 90-86으로 이기고 있었다. 위저즈는 크리스 위트니의 3점슛으로 1점 차(89-90)로 추격했다. 이어 조던이 23.9 초를 남기고 얻어낸 자유투 2개를 모두 넣어 91-90으로 경기를 뒤집었다. 캐벌리어스도 만만치 않았다. 센터 크리스 밈(Chris Mihm)의 풋백으로 92-91로 역전했다.

남은 시간은 1.6초. 캐벌리어스 건드 아레나 팬들은 승리를 예감한 듯 크게 환호했다. 그러나 아직 끝나지 않았다. 파파이 존스로부터 인바운드 패스를 받은 조던은 네일(nail) 지점에서 공을 잡기가 무섭게 바로 점프슛을 던졌다. 캐벌리어스 선수들은 조던의 움직임을 포착하지 못한 채 오픈을 내줬다. 안드레 밀러(Andre Miller)가 뒤늦게 손을 뻗었지만, 이미 조던은 조준을 마친 뒤였다. 그렇게 캐벌리어스 팬들은 또 조던에게 당했다.

그리고 2주 뒤, 피닉스 선즈 홈구장인 어메리카 웨스트 아레나(America West Arena)에서 조던은 이 장면을 재현한다. 종료 직전 위닝샷을 터트리며 역전승(97-96)을 주도한 것이다.

사실 이 경기도 천당과 지옥을 오갔다. 박빙 상황이 연속된 가운데, 위저즈는 16초 전, 네스비의 팁인으로 95-95 동점을 만들었다.

그러나 네스비가 다음 선즈의 공격 상황에서 스테판 마베리에게 파울을 범해 자유투를 내주고 만다. 남은 시간은 5.6초. 마베리는 2구 중 1구를 놓쳤지만 선즈는 96-95로 여전히 유리한 상황이었다.

위저즈는 익숙한 상황에서 익숙한 플레이를 펼쳤다. 타임아웃 직후, 파파이 존스로부터 패스를 건네받은 조던은 우측 엘보우 지역에서 한차례 속임 동작을 취한 이후 유유히 올라갔다. 이번 매치업 상대는 숀 메리언. 메리언은 열심히 쫓아갔지만, 조던의 페이크에 속아 그만 점프를 뜨고 말았고, 그 찰나의 순간을 이용한 조던은 다시 영웅이 됐다.

"누가 그 슛을 던질지는 모두 알고 있었을 겁니다. 모두가 필요로 하는 그 상황을 이겨내는 것은 우리 어린 선수들에게도 좋은 도움이 되었을 것입니다. 슛 페이크를 췄는데 덕분에 바스켓을 잘 볼 수 있었고 덕분에 성공시킬 수 있었습 니다." 이날 22득점 을 기록한 조던의 말이다.

그 슛을 넣은 뒤 세 컷이 화제가 됐다. 함께 주먹을 불끈 쥐며 기뻐하던 해밀턴과 동료들의 모습. 반대로 30득점으로 선전했음에도 역전패로 끝맺음하게 된 마베리의 망연자실한 표정. 그리고 의기양양한 조던을 보며 몇 번이고 'He did it again'을 외치던 중계진. 마베리는 "이런 상황을 만든 내 탓입니다"라며 아쉬워했고, 또 조던에게 당한 스카일스 감독은 "대다수 선수들은 이런 상황을 잘 다루지 못합니다. 그러나 조던은 그동안 이런 위닝샷을 수도 없이 성공시켜왔죠. 그의 강한 의지가 이런 상황에서 그런 플레이를 잘 해낼 수 있도록 이끌었습니다. 아주 오랫동안 그와 마주해온 입장에서 그런 슛을 넣는 조던의 모습은 전혀 놀랍지 않았습니다"라고 말했다.

갑자기 탁해진 공기

그러나 위저즈의 선전은 오래가지 않았다. 맑디맑은 하늘이 미세먼지 가득한 뿌연 서울의 하늘처럼 되고 말았다. 거짓말처럼 이어진 7연패, 5연패. 다시 4연패. 정신을 차렸을 때 위저즈의 시즌은 이미 끝나가고 있었다. 가장 큰 이유는 조던의 무릎이었다. 조던은 무릎 상태가 심상치 않음을 감지했다. 경기는 물론이고 훈련만 해도 무릎이 통통 부어 이동조차 쉽지 않았다.

2월 말 검사 결과, 조던의 오른쪽 무릎 연골조직이 찢어져 있었다. 수술이 불가피했다. 조던의 농구 인생에서 처음 있는 일이었다. 일반적으로 다시 코트에 서기까지 4~6주가 걸리는 수술이었지만, 조던의 경우 이미 불혹에 가까운 나이였기에 복귀조차 장담하기 힘든 상황이었다. 조던은 부상자 명단에 올라 2월 27일부터 3월 18일까지 공식적으로 결장했다. 팀 성적은 4승 8패.

콜린스 감독은 리처드 해밀턴, 커트니 알렉산더, 터란 루 등에게 고루 기회를 주며 분위기 반전을 노렸지만 누구도 조던의 존재감을 대신해주지 못했다. 콜린스 감독은 뒤늦게 후회했다. 조던이 40분을 우겼어도 젊은 선수들에 기회를 줬어야 했다. 그러나 콜린스 감독은 "시즌 초반, 젊은 선수들의 상대적 부진이 저로 하여금 조던의 유혹에 빠지게 했습니다"라고 고백했다.

팀워크도 무뎌졌다. 조던이 부상자 명단에 있는 동안, 선수들과의 거리가 더 멀어졌다. 한창 때는 조던이 주도하는 아침 훈련까지 다같이 동참했을 정도로 분위기가 좋았지만, 리더가 사라지자 다시 무너졌다.

조던은 놀랍게도 2002년 3월 20일에 복귀전을 가졌다. 그 당시 조던의 몸을 관리하던 팀 글로버는 스트레스가 극에 달했다. 콜린스 감독도 마찬가지였다. 출전 시간을 제한시키고자 했지만, 조던은 부상 전처럼 30분 이상을 원했기 때문이다.

그러나 놀랍게도 먼저 포기를 선언한 쪽은 조던이었다. 4월 3일 밀워키 원정 경기를 앞두고 콜린스 감독에게 면담을 요청, 더이상은 안 될 것 같다고 고백했다. 그렇게 조던의 시즌은 끝이 났다. 유일하게 아쉬운 점은 조던이 동료들에게는 누구에게도 직접 이 사실을 전달하지 않은 것이다. 다만 콜린스 감독과 조니 바크 코치의 설득에 따라 마지막 3번의 홈경기를 벤치에서 함께 하며 다사다난했던 시즌을 마무리했다.

위저즈의 시즌 성적은 37승 45패. 2000-2001시즌의 19승보다는 월등히 나아진 성적이었지만, 마이클 조던이 뛴 팀이 플레이오프조차 오르지 못한 것은 처음이었기에 실망이 클 수밖에 없었다. 캐나다의 한 매체는 '조던이 마침내 착륙했다'라는 다소 냉정한 헤드라인을 뽑았다.

무릎 치료를 받게 됐을 때, 조던은 시즌을 더 뛸 수 없다는 사실에 낙담하면서도 '회복할 수 있다', '계속 농구선수로 뛸 수 있다'는 말에 기뻐했다는 후문이다. 덕 콜린스 감독도 "조던은 23살 때보다는 회복이 많이 늦는다는 것을 잘 알고 있었습니다. 그러나 시간이 좀 걸릴 뿐, 문제가 무엇이며 고칠 수 있다는 이야기를 듣고는 기뻐하더군요"라고 전했다.

그렇게 막 내린 2001-2002시즌, 조던은 60경기에 출전해 30승 30패를 기록했다. 38살의 나이에 40분 이상을 20번이나 소화할 정도로 복귀는 성공적이었다. '붉은 유니폼' 시절의 활약을 기억하는 팬들 입장에서는 무뎌졌다고 볼 수 있겠지만, '젊은 세대'와의 경쟁은 그리 나쁘지 않았다. 22.9득점은 전체 8위에 해당하는 기록이기도 했다. 8위와 승차가 겨우 5게임이었기에 구단과 선수들은 새 시즌을 기약했다.

파파이 존스는 "조던은 살아있는 '교재'입니다. 앞으로도 옆에서 집중해서 보는 것만으로도 어린 선수들에게 큰 도움이 될 것입니다"라며 시끌벅적했던 첫 시즌을 정리했다. 자히디 화이트도 "모든 포제션 하나하나가 얼마나 중요한 건지 조던을 보며 깨달았습니다. 매분, 매초 집중하는 것에 감탄했습니다. 또, 조던은 연습을 경기처럼 치열하게 했습니다"라며 배운 점을 돌아보기도 했다.

마지막 추억여행을 위해 마련된 시간은 2시즌. 조던에게는, 그리고 미국과 전 세계의 농구팬들에게는 아직 1년이라는 시간이 더 남아 있었다.

🏀 주석

(1) 역대 최고령 50+득점 선수는 저말 크로포드다. 2019년 4월 9일, 댈러스 매버릭스 원정 경기에서 51득점을 기록했는데 39세 20일이었다. 38세 315일에 51점을 올린 조던은 역대 2위이다. 코비 브라이언트는 은퇴 경기였던 2016년 4월 13일, 유타 재즈를 상대로 60득점을 기록했다. 당시 그의 나이는 37세 234일이었다. 르브론 제임스는 37세 이후 50+득점을 두 번이나 기록한 유일한 선수다. 2022년 3월, 골든스테이트 워리어스와 워싱턴 위저즈를 상대로 각각 56점, 50점을 기록했다.

(2) 마이클 조던이 1998년 불스에서의 마지막 경기를 마쳤을 때 총 득점은 29,277점이었다.

(3) 3만 득점을 넘긴 선수는 총 7명이다. 조던이 3만 득점 고지를 밟은 이후 코비 브라이언트, 덕 노비츠키, 르브론 제임스가 추가로 달성했다. 르브론은 이에 그치지 않고 카림 압둘자바가 갖고 있던 38,387점을 넘어 2023-2024시즌에 NBA 최초로 4만 득점을 기록했다.

(4) 조던의 이혼은 곧바로 이뤄지지 않았다. 조던의 각별한 요청으로 이 이혼 소송은 철회되었다. 그러나 2006년 12월 30일, 주아니타는 다시 이혼을 요청했고 이때에는 조던도 합의했다. 두 사람의 이혼은 세계적으로도 화제가 됐다. 이혼, 그 자체보다는 위자료 때문이었다. 조던은 재산의 절반을 합의금으로 지불했는데 알려진 바에 따르면 1억 5,000만달러를 웃돌았다.

(5) '시리우스'는 WWF(현 WWE) 슈퍼스타 리키 '더 드래곤' 스팀보트(Ricky 'The Dragon' Steamboat)의 테마곡이기도 했다. 켄터키 대학도 릭 피티노(Rick Pitino) 감독 재임 시절에 이 곡을 오프닝 곡으로 사용했고, MLB 텍사스 레인저스(Texas Rangers)도 경기 대기 중에 이 음원을 재생했다. 한편 이 곡을 쓴 알란 파슨스는 나중에야 뒤늦게 미국에서 인기라는 것을 알게 되었다. 미국이 아닌 잉글랜드 거주자였기 때문에 농구에 그리 관심이 없었기 때문이다. 알란 파슨스의 음악이 궁금하다면 국내 영화 '비열한 거리'에 OST로 사용된 'Old & Wise'를 추천한다.

GAME INFO

날짜	2003년 4월 16일
장소	펜실베니아주 필라델피아 퍼스트 유니온 센터
시즌	2002-2003시즌 NBA
경기의 중요성	★★★★★
착용 농구화	나이키 에어 조던 18

SCORE

팀	1Q	2Q	3Q	4Q	최종
위저즈	20	26	18	23	87
식서스	31	25	33	18	107

MJ's STATS

출전시간	득점	야투	자유투	리바운드	어시스트	스틸	블록	실책	파울
28'10"	15	6-15	3-4	4	4	0	0	2	0

25. GOOD-BYE MICHAEL

2002-2003시즌 정규리그

VS

워싱턴 위저즈　　　　　　필라델피아 세븐티식서스

2002-2003시즌 성대한 결별식과 함께 올스타 휴식기를 마칠 무렵 위저즈의 성적은 25승 27패였다. 서부 컨퍼런스는 샌안토니오 스퍼스와 댈러스 매버릭스, 새크라멘토 킹스 등 세 팀이 역대급 선두 경쟁을 펼치고 있었다. 팀 던컨-마누 지노빌리-토니 파커가 중심을 이룬 스퍼스는 2월에 9연승, 3월에 11연승을 챙기며 60승 고지를 밟았다. '독일병정' 덕 노비츠키가 물오른 매버릭스는 14승 0패로 시즌을 시작해 긴 연패 없이 승수를 순조롭게 쌓아갔다. 이 팀에도 3인방이 있었는데 스티브 내쉬와 마이클 핀리가 노비츠키를 뒷받침해주면서 진지하게 우승에 도전했다.

'밀레니엄 팀' 킹스도 막강했다. 탄탄한 시스템(프린스턴 모션 오펜스)을 중심으로 크리스 웨버와 마이크 비비, 페자 스토야코비치, 블라디 디박 등 각 포지션의 스타들이 선전하다 보니 역시나 많은 팀들이 만나길 꺼렸다. 올스타는 안 됐지만, 덕 크리스티는 2001년부터 2004년까지 4시즌 연속 올디펜시브 팀에 이름을 올린 명 수비수였다.

서부에는 세 팀만 있는 것이 아니었다. 이 시즌에 50승 이상을 거둔 팀만 무려 6팀이었다. 휴스턴 로케츠는 43승을 거두고도 플레이오프에 오르지 못하는 설움을 겪었다. 반대로 동부는 디트로이트 피스톤스만 외로이 50승을 거두었다. 그래서 이 시기에 나온 말이 '서고동저' 현상이었다. 서부는 강세를 보인 반면, 동부는 5할만 챙겨도 플레이오프가 보였다.

그랬기에 위저즈의 부진이 더 두드러져 보였다. 한 걸음만 더 딛는다면, 한 번만 잘 달리면 경쟁자를 따라잡거나 추월할 수 있을 것만 같았다. 그래서 조던은 초조했다. 종종 콰미 브라운과 같은 어린 선수들이 실수할 때면 더 크게 다그친 이유다.

"내 경력은 이제 28경기 남았어."
"우리가 플레이오프만 갈 수 있다면, 난 뭐든 할 거라고!"

실제 조던이 라커룸에서 후배들에게 한 말이다. 사실, 위저즈에서 조던이 가장 달라진 점은 '인내'였다고 평가한다. 스카티 피펜만큼이나 조던 옆에서 오래 있었던 그로버는 조던의 리더십에 대해 이렇게 설명한다.

"재능이 빼어난 사람들은 동료들과의 간극을 좁히기 위해 일부러 실력 발휘를 덜 하는 경우가 더러 있다. 자신감을 더해주고 팀원으로서 제 역할을 하고 있다는 것, 경쟁력이 있다는 것을 느끼게 하기 위해서다. 코비 브라이언트가 동료들을 더 적극적으로 참여시키기 위해 그런 전략을 썼다. 그러나 조던은 달랐다. 난 너희를 돋보이게 하려고 내 실력을 떨어뜨릴 생각은 없어. 기회를 원한다면 스스로 실력을 높여!"(1)

그러나 이는 어디까지나 불스 시절의 이야기일 뿐. 위저즈에서는 달랐다. 어린 선수들을 끌어올려야 한다는 생각이 명확했다. 선수들이 제대로 된 위치에서 공격을 시작할 수 있도록, 혹은 제대로 된 타이밍에 스크린을 걸어올 수 있도록 경기 중에도 입을 쉬지 않았다.

수비할 때도 마찬가지다. 2002-2003시즌에 그는 82경기를 모두 뛰었는데, 오히려 2001-2002시즌보다도 안 좋아진 몸 상태에도 불구하고 경기는 물론, 훈련까지 참가한 것은 '솔선수범'과 '발전', '영감'을 위해서였다. 물론, 다정한 말은 없었다. 대신 더 노력하고 몸으로 보였다.

복귀는 성공이었는가

2002-2003시즌, 팬과 미디어에서 가장 자주 나온 이슈 중 하나는 바로 "과연 조던의 복귀가 성공적이었는가"였다. '농구황제'라는 그의 명예에 금이 가지 않았을지 걱정하는 이들도 있었다. 매 시즌 득점왕에 오르고, 매 시즌 우승을 했던 그가 고작 플레이오프 때문에 초조해하는 신세가 됐으니 말이다.

게다가 승부처에서 'AIR JORDAN' 답지 않은 실수를 한 적도 있었다. 대표적인 경기가 2002년 11월 30일 필라델피아 세븐티식서스 전이었다. 조던이 시즌 들어 처음으로 주전으로 나선 날이자, 94-95로 져서 6연패째를 기록한 날이기도 했다. 조던은 2002-2003시즌 개막 이래 가장 긴 시간(37분)을 뛰며 16득점을 기록했다. 종료 5.4초전에는 '득점 기계'의 자리를 물려받은 앨런 아이버슨의 슈팅도 저지했다.

이제 조던에게 가장 익숙한 시간이 돌아왔다. 한 골만 넣으면 역전이다. 하지만 어찌 된 일인지 조던은 직접 슛을 던지지 않았다. 브라이언 러셀에게 패스를 건넨 것이다. 식서스는 조던의 패스를 차단했고 결국 위저즈와 조던은 1점 차 패배로 고개를 떨어뜨렸다. 사실, 그 순간 조던이 마무리할 거라고 생각했다. 패스가 나올 거라고는 보지 못했던 것이다. 러셀뿐 아니라 덕 콜린스 감독과 수비수도 마찬가지였다.

그런데 실수가 나오다니! 물론, 이는 조던 혼자만의 실책은 아니었다. 패스는 어디까지나 상호작용이니 주는 사람이든, 받는 사람이든 어느 정도 과실이 있다. 그러나 매체의 눈길은 조던에게만 집중됐다. 조던은 자존심이 상했다.

그토록 고군분투했는데 결과가 좋지 않았으니 말이다. 조던은 "가끔은 던질 수 없는 상황도 있기 마련입니다. 브라이언(러셀)이 오픈됐길래 볼을 건네는 것이 좋겠다고 생각했습니다"라고 해명했다. 돌이켜보면 존 팩슨, 스티브 커가 파이널에서 터트린 기적과 같은 슛도 조던의 '양보'로 만들어진 '명작'이었다. 러셀에 대한 패스도 같은 맥락이라 볼 수 있다. 하지만 사람들은 클러치 타임의 '실수'에 주목했다.

이런 실수는 NBA 선수라면 누구나 다 겪는 부분이다. 그럼에도 불구하고, 조던의 실수 하나하나가 전국 신문과 뉴스의 스포츠 섹션 헤드라인으로 실린 것은 그만큼 그에 대한 기대치나 추억이 대단했기 때문이라고 볼 수 있다.

사실 2002-2003시즌의 조던은 우리의 생각보다 더 훌륭했다. 2003년 1월 16일, 조던은 올랜도 매직을 상대로 1쿼터에서만 20득점을 기록하는 기염을 토했다. 이는 12월 28일 멤피스를 상대로 기록했던 1쿼터 18점을 상회하는 팀 기록. 조던은 전반에만 28득점을 기록하는 등 32점, 8어시스트로 활약, 팀을 108-93 승리로 이끌었다.

조던의 득점을 떠나 이 경기가 대단했던, 그래서 짧게라도 소개해야 할 만한 이유가 몇 가지 있다.

먼저, '1옵션급' 스타였던 제리 스택하우스가 부상으로 빠진 경기였다. 이는 곧 조던에게 수비가 집중된다는 의미다. 트레이시 맥그레이디도 조던에 집중했다. 그런데도 조던은 초반 득점 공세를 펼치며 분위기를 잘 잡아주었다.

두 번째, 조던은 후반에 7개의 야투를 시도해 단 2개를 넣었지만 4쿼터에만 5개의 어시스트를 기록했다. 덕분에 젊은 선수들이 신바람을 낼 수 있었다. 심지어 콰미 브라운은 자신의 9득점 전부를 4쿼터에 쓸어 담았다.

세 번째로 맥그레이디가 31득점으로 활약하며 4쿼터 역전극을 주도했는데 이를 잘 막아냈다는 점이다. 조던은 본인이 득점하지 못했지만, 동료들을 살려주며 상대를 밀어냈다. 덕 콜린스 감독은 "조던의 도움 덕분에 팀으로서 승리한 경기였습니다"라며 기뻐했다.

횃불은 이제 코비에게

시즌 막판이 되면서 상대들은 조던에게 예우를 갖추기 시작했다. 몇 개월 뒤면 조던은 3번째 은퇴를 하게 될 것이고, 무릎을 10년 전으로 되돌려주는 '신약'이 개발되지 않는 이상 다시는 '23번 마이클 조던'을 보지 못할 것이 자명했기 때문이다.

3월 9일은 조던의 마지막 브로드웨이 침공이 있던 날이었다. 이날도 39득점을 맹폭하며 분전, 뉴욕 닉스 팬들로부터 기립박수를 끌어냈다. 39득점은 MSG에서 은퇴전 마지막 경기를 치른 선수 중 최다득점이었다. 조던은 MSG에서의 통산 31경기 동안 985득점, 평균 31.7점을 기록했다.

아쉽게도 팀은 96-97로 패했지만, 2분 30초를 남긴 시점까지도 88-95로 지고 있었던 팀이 막판 추격을 했다는 점은 인상적이었다. 조던은 이때도 상대 패싱 레인을 끊고 볼을 향해 다이빙을 했으며, 루즈볼을 살려내기 위해 뛰어드는 등 허슬 플레이를 아끼지 않아 박수를 받았다. 위저즈는 4.2초를 남기고 94-97로 지고 있었는데, 조던이 공을 잡은 순간 상대가 역으로 파울 작전을 하는 바람에 동점을 만들진 못했다.

3월 28일, LA 레이커스와의 맞대결도 비슷했다. 크립토닷컴 아레나(당시 스테이플스 센터)에서 열린 이 경기는 조던이 은사 필 잭슨 감독, 코비 브라이언트와 치른 마지막 경기였다.

조던은 팀의 첫 득점을 올리면서 분위기를 주도했는데 코비, 데릭 피셔, 릭 팍스 등 여러 매치업에도 물러서지 않으며 본인 페이스대로 득점을 올려갔다. 1쿼터 5분 3초 전에 나온 플레이가 백미였다. 레이커스는 샤킬 오닐을 중심으로 트라이앵글 오펜스를 시작하고 있었다. 이때 조던은 샤크가 코비에게 주는 패스 타이밍을 정확히 읽고선 가로채기에 성공, 코스트-투-코스트 투 덩크를 꽂았다. 원정 경기이지만 조던에게 박수갈채가 쏟아졌다.

그런데 이때부터 코비가 승부욕을 불태우기 시작했다. 전략상 제리 스택하우스와 매치됐던 코비는 연달아 점퍼를 꽂으며 경기 흐름을 바꿔놨다. 마치 은반 위에서 공연하는 피겨 스타처럼 현란한 스텝을 선보인 것이다. 코비는 1쿼터에만 19점을 올리며 경기를 뒤집었다. 스포트라이트가 옮겨갔다.

조던이 벤치로 들어간 사이 경기는 완전히 끝나버렸다. 중계 카메라는 쉴 틈 없이 득점을 퍼붓던 코비의 의기양양한 표정와 벤치에서 초조하게 바라보던 조던을 차례로 비추었다.

코비는 레이커스의 첫 37점 중 27점을 혼자 넣었다. 조던이 1쿼터 이후 10점만 추가한 것과 달리, 코비는 3점슛 9개와 함께 55득점을 기록하며 승리(108-94)를 주도했다. 사실 이 경기를 앞두고 필 잭슨과 코칭스태프는 걱정이 많았다. 코비가 괜한 경쟁심을 불태우다 경기를 망치지 않을까 생각했던 것이다.

오래전, 로스엔젤레스로 지도자 연수를 떠났던 김진 전 국가대표 감독을 통해 필 잭슨 감독에게 궁금했던 점을 대신 물었던 적이 있다. 코비에 대한 질문도 있었는데 잭슨 감독은 이렇게 회신을 주었다. 다음 내용은 김진 감독의 답변을 그대로 인용한 것이다.

"(필 잭슨 감독은) 코비도 포스트업 능력이 좋고, 수비가 포스트에 치중할 때 외곽에서 처리해주는 능력도 뛰어나 가치가 높다고 평가했습니다. 다만 간혹 코비에게 볼이 가게 되면 더이상 볼이 돌아가지 않을 때도 있다며 아쉬워하더군요. 분명히 능력이 대단한 선수임에 틀림이 없고, 팀 동료들도 전폭적으로 지지하고 의지하려는 모습도 보입니다. 그러나 잭슨 감독은 코비 본인에게 수비가 3명까지 몰리는 상황이나 팀 동료가 완벽한 오픈 찬스가 되어 있을 때, 혹은 몸의 밸런스가 무너진 상황에서도 무리하게 슛을 시도하는 부분이 종종 있어 아쉽다고 했습니다."

그러나 이날은 자신이 존경하고 닮고 싶어했던 선배를 위해 그 어느 때보다 몰입하는 모습을 보였고, 덕분에 레이커스는 수월하게 경기를 끝낼 수 있었다.

조던은 코비를 보며 "와, 나도 코비처럼 되고 싶네요"라고 농담을 던졌다. 그리고는 "횃불은 이제 그의 손에 넘어갔습니다"라며 가장 아끼는 후배이자 동생을 향해 덕담을 전했다.

「LA 타임스」의 대기자 J.A 아단데(J.A Adande)는 조던의 멘트를 인용해서 '조던에 의해 횃불은 넘겨졌고, 브라이언트는 그 불을 위저즈에 붙였다'는 제목을 붙였다. 이어 'Goodbye Michael... Hello Kobe 오늘 경기를 설명하는 데 있어서 이보다 더 좋은 표현이 있을까?'라며 기사를 풀어갔다. (2) 경기 후 잭슨 감독은 옛 제자에 대해 이렇게 평가했다.

"저는 우리 선수들에 '조던이 어떻게 플레이하는지 지켜봐야 한다'고 말했습니다. 예전처럼 빠르게 달리거나 높이 뛰지도 못하는 상황임에도 여전히 그는 양질의 슛 찬스를 만들어냅니다. 풋워크 덕분이죠. 그는 풋워크를 이용해 여전히 슈팅 찬스를 만들어냅니다. 그의 게임이 대단한 이유죠."(3)

이처럼 후배와의 맞대결에서 55점이나 내줬지만, 조던은 낙담하지 않았다. 오히려 추억 여행의 끝자락인 만큼, 후배들과의 경쟁을 마치면서 후련해진 듯한 표정이었다. 그의 2번째 복귀를 '망신'으로만 볼 수 없는 이유다. 게다가 그가 교체되어 벤치로 들어갈 때 레이커스 팬들도 기립박수를 보내며 그와의 오랜 추억을 정리하는 따뜻한 분위기였다.

진짜 마지막

시즌이 마지막 주에 이르면서 위저즈의 시즌 플랜은 흙빛이 됐다. 위저즈는 레이커스 전 패배로 34승 38패가 됐다. 그리고 그 패배를 시작으로 4연패 늪에 빠지는 등 7경기에서 2승 5패, 9경기에서 3승 6패에 그쳤다. 접전 상황에서 놓친 경기도 많았는데 이 때문에 사실상 플레이오프 탈락이 결정된 상태에서 마지막 주를 맞이했다. 위저즈는 마지막 홈 2연전의 마케팅 플랜을 '전설을 볼 수 있는 마지막 기회'로 바꾸었다. (4)

공교롭게도 워싱턴 위저즈 선수로 치른 마지막 홈경기는 4월 14일 뉴욕 닉스 전이었다. 조던은 이날도 37분 33초를 뛰며 21득점을 기록했지만, 팀을 구하진 못했다. 팀은 79점에 그친 반면에 93점이나 내줬다.

이날 MCI 센터에는 도널드 럼스펠드(Donald Rumsfeld) 제21대 미국 국방부 장관이 나와 성조기를 선물하기도 했다. 비록 플레이오프에는 오르지 못했지만, 조던은 충분히 MCI 센터에 잊지 못할 선물을 안겼다.

2002-2003시즌 초반 판매 실적이 좀 부진했지만 그럼에도 체육관은 2시즌 모두

매진이었다. 터란 루는 훗날 위저즈 시절을 돌아보면서 조던의 2시즌으로 인해 구단이 5년치 적자를 메울 수 있었다고 말했다.

2002-2003시즌에는 41번 차례 원정경기 중 무려 37차례나 매진이 되었다. 4월 11일 마이애미 히트의 아메리칸 에어라인스 센터는 역대 최다 관중 기록(20,152명)을 세우기도 했다. 알론조 모닝이 건재하던 시절에도 경기장 매진이 드물었던 것을 감안하면 조던의 영향력이 얼마나 대단했는지 짐작할 수 있다. (5), (6) 또한 덴버(3월 30일), 뉴올리언즈(2월 19일) 역시 홈구장 최다 관중을 새로 썼다.

2002-2003시즌 이후 조던의 커리어에 마침표를 찍는 것 외에도 위저즈는 많은 변화가 기다리고 있었다. 그중 하나가 바로 덕 콜린스 감독과의 동행이었는데, 선수들은 콜린스 감독에 대해서도 신뢰를 보내지 않고 있었다.

콜린스 감독의 인터뷰 탓이었다. 그는 기자들과의 인터뷰에서 본인이 선수단으로부터 충분히 존중받지 못했다고 토로했다. 그러자 브랜든 헤이우드는 "그렇다면 마음에 안 드는 선수가 누군지 언급했어야지, 막연하게 '선수단'이라고 표현하면 어떡합니까? 공평하지 않습니다"라며 서운해했고, 브라이언 러셀은 "아니요. 그런 적은 없었습니다. '아직까지는' 말입니다"라며 대놓고 불편한 심기를 드러냈다. 마지막 시즌을 앞두고 합류한 찰스 오클리도 "이럴 줄 알았으면 여기 안 왔을 거예요. 조던과 스택하우스를 데리고도 플레이오프에 못 간건 문제가 있습니다"라며 아쉬워했다.

에이브 폴린 구단주와 악수하며 마지막 홈경기를 치른 조던. 그는 농구 인생의 진짜 마지막 경기를 위해 필라델피아로 향했다. 조던은 마지막 경기를 앞두고 훈련에 참가하는 대신 골프장으로 향한 것으로 알려졌다. 아마도 마지막 경기에 대한 중압감을 벗고자 했던 것 같다.

마지막 경기는 내용만 봤을 때는 크게 재미가 있거나 내용이 좋진 않았다. 그러나 승패를 떠나 '조던을 위한 경기'였던 것만은 분명하다. 식서스 구단은 조던을 위해 아주 특별한 선물을 준비한다. 바로 일리노이 주에서 장내 아나운서 레이 클레이를 불러들인 것이다. 클레이는 조던 차례가 되자 특유의 보이스로 조던을 소개했다. 마치 불스 시절처럼 말이다. 어리둥절하던 조던도 이내 클레이를 발견하고선 미소를 지었다. 이내 둘은 진한 포옹을 나누었다. 조던의 첫 유나이티드 센터 방문 당시 조던을 거창하게 소개해주고 싶었지만, 구단의 반대로 끝내 목소리를 내지 못했던 클레이는 비로소 한풀이를 할 수 있었다.

경기는 일찌감치 기울었다. 식서스는 31-20으로 1쿼터를 시작한 후 리드를 뺏기지 않은 채 리드를 지켜갔다. 두 팀의 정규시즌은 이미 결정이 된 상황. 관중들은 승패를 떠나서 조던의 마지막 동작 하나하나를 눈에 넣고자 했다.

조던의 마지막 야투는 점프슛이었다. 3쿼터 9분 41초 전, 점프슛으로 15점째를 채웠다. 할일을 다했다고 생각한 조던은 벤치로 향했다. 그 사이 점수는 더 벌어졌다. 그러나 관중들은 여전히 조던을 보내줄 마음이 없어 보였다. 이례적으로, 적지임에도 불구하고 관중들은 조던을 향해 환호하고 이름을 외치기 시작했다.

"We want Mike!"
"We want Mike!"
"We want Mike!"

사실, 이때도 조던은 멋쩍어하며 어쩔 줄 몰라 했다. 벤치로 들어온 이상 다시 뛸 일은 없을 것이라 생각한 것이다. 환호가 그칠 줄 모르자 콜린스 감독이 말을 건넸다.

"네가 나가야 해."

콜린스 감독은 조던을 설득했다. 곧 타임아웃을 부를 거니, 나가서 몇 분이라도 뛰었으면 좋겠다고 말이다. 결국 종료 2분 35초를 남기고 조던이 다시 코트로 돌아왔다. 래리 브라운 감독은 에릭 스노우에게 파울을 하라고 지시했다. 이미 팀 파울에 걸린 상황이었기에 자유투를 주는 상황. 브라운 감독은 조던이 좀 더 박수를 받을 시간을 벌어준 것이다.

래리 브라운 감독은 '농구에 미친 사람' 혹은 '농구 과학자'라 불릴 정도로 뛰어난 전술가였다. 필라델피아 세븐티식서스에서는 아이버슨과 옥신각신하면서도 2000-2001시즌 NBA 파이널 무대를 밟았고, 이후 옮긴 디트로이트 피스톤스도 2년 연속 NBA 파이널에 올려놓았다. 그는 조던의 대학 선배이자, 여타 NBA 감독들처럼 조던을 막는 것 때문에 밤잠을 설쳤던 인물 중 하나였다. 그래서일까. 그는 '농구황제'라 불렸던 '경쟁자'가 빛날 시간을 마련해주었다.

"아버지가 언젠가 베이브 루스(Babe Ruth)와 루 게릭에 대해 말씀하셨던 것을 기억하고 있습니다. 또한 브루클린에서 자랄 때 재키 로빈슨을 얼마나 좋아했는지도 기억하고 있습니다. 저는 심지어 재키 로빈슨 걸음걸이를 따라 했죠. 제 아들도 마찬가지입니다. 제 아들 역시 언젠가는 제가 재키에 대해 말했던 것처럼 마이클에 대해 자랑스럽게 말할 것입니다." 브라운 감독의 말이다.

그렇게 환호 속에서 조던은 커리어의 마지막 득점을 자유투로 채웠다. 종료 1분 44초를 남기고 다시 벤치로 들어갈 때까지 관중들은 박수를 아끼지 않았다. 이때는 앨런 아이버슨을 비롯한 식서스 선수들도 함께 박수를 보냈다.

"마이클의 게임은 많은 것을 말해줍니다. 마이클은 오늘날 모두가 닮고 싶어 하는 사람 중 한 명이죠. 코트 안팎에서 그가 보여주는 행동들을 바라보며, 나 역시도 마이클 조던처럼 되고 싶다는 생각을 했었죠." 앨런 아이버슨의 말이다.

경기 후 조던은 덤덤한 표정으로 기자회견에 임했다.

"유니폼을 입는 것이 오늘이 마지막이라 생각하니 끔찍했어요. 최악이었죠. 그래도 예전과 비교하면 코트를 떠나야 한다는 사실을 더 쉽게 받아들일 수 있을 것 같습니다. 이제는 떠날 때가 됐습니다."

전설의 마지막 장은 그렇게 끝났다. 알려진 바에 따르면 기자회견 이후에도 조던은 바로 자리에서 일어나지 못했다고 한다. 평소 칼같이 인터뷰를 끊던 모습과는 달랐다. 모든 것을 쏟아낸 뒤에 찾아온 홀가분함 덕분일까. 아니면 그의 말처럼 그 '끔찍한 경험'을 앞둔 '예비 은퇴자'의 미련 때문이었을까.

조던은 농구공을 내려놓은 뒤, 「워싱턴 포스트」의 전면 광고를 통해 장문의 작별 인사를 보냈다. 농구와 팬들에게 전하는 고마움의 인사였다.

Dear Basketball (친애하는 농구에게)

우리가 처음 만난 지도 28년이 다 되어갑니다. 우리 집 주차장 뒤편에서 부모님의 소개로 당신을 처음 만난지 28년이 지났지요. 만일 누군가 그때 나에게 우리 사이가 어떻게 될지 말해줬다면 아마 믿지 못했을 겁니다. 당신의 이름조차 몰랐으니까요. 그 후 주위에서 당신을 보기 시작했고 TV에서도 당신을 봤습니다. 운동장에서 친구들과 함께 그저 지켜보기도 했지요. 우리는 짧은 시간에 친해졌습니다. 당신을 알게 되면 될수록 더 좋아졌어요.

그리고 대부분의 사람들이 그렇듯 대학 때 당신에게 정말 많은 관심을 가졌고 또 정말로 진지해지기도 했습니다. 당신은 그때 내게 아직 멀었다고 말했죠. 그때 나는 상처받았고 울기도 했습니다. 나는 그 어느 때보다도 당신을 원했습니다. 그래서 연습했습니다. 몸을 날려가며 임했습니다. 그리고 당신을 공부했습니다. 나는 사랑에 빠지기 시작했고, 당신은 나를 주목했죠.

그때 나는 무엇이 어떻게 진행되는지 잘 몰랐습니다. 그러나 지금은 알 것 같습니다. 딘 스미스 감독은 어떻게 당신을 사랑하는지, 어떻게 잘 들을지, 이해할지, 어떻게 존경하고 감사해야 하는지를 가르쳐주었습니다. 그리고 결국 일이 일어났죠. 루이지애나 슈퍼돔에서 조지타운 대학과의 NCAA 결승전 마지막 순간, 당신은 코너에 있던 나를 찾아냈고 우리는 춤을 추었습니다. 그 이후로 당신은 나에게 단순한 공, 단순한 코트 이상의 무엇이었습니다.

어떤 면에서 당신은 나의 인생이고 열정이고 삶의 동기를 부여해주는 존재였습니다. 당신은 나의 가장 훌륭한 팬이면서 또 가장 냉정한 비평가였습니다. 가장 친한 친구이기도 했지요. 또한 당신은 가장 훌륭한 스승이면서 또 가장 사랑스러운 학생입니다. 그리고 가장 거친 경쟁자이기도 합니다. 당신은 전세계에 통하는 나의 여권, 수백만 팬들의 가슴으로 통하는 비자이기도 합니다. 제 이전에 뛰었던 모든 선수들에게 감사합니다. 나와 경기했던 모든 선수들, 우승 반지, 올스타전과 플레이오프, 마지막 슛, 버저비터, 거친 파울, 승리와 패배에 감사합니다. 나의 등번호인 23번에도 감사합니다.

나를 믿어준 사람이나 의심했던 사람들 모두에게 감사합니다. 스미스, 로거리, 알벡, 콜린스, 잭슨 감독님 모두 감사합니다. 나의 이름을 불러주고, 격려해준 팬들에게 감사합니다. 당신이 우리 가족에게 준 모든 것에 감사합니다. 나는 나만이 당신을 사랑하는 것이 아니라는 것을 잘 알고 있습니다. 당신이 나 이전의 많은 이들로부터 사랑을 받아왔고 앞으로도 그럴 것이라는 사실을 알고 있지요. 그러나 나는 우리 관계가 무척 특별했다는 것도 알고 있습니다.

따라서 모든 관계가 그렇듯, 우리도 바꾸어 가야 하겠지만 확실한 것이 하나 있습니다. 나는 당신을 사랑합니다. 나는 당신과 관련된 모든 것을 사랑하며 앞으로 그럴 것입니다. NBA에서 뛰던 나의 날들은 분명 끝났지만, 우리의 관계는 끝나지 않을 것입니다.

🏀 주석

(1) 2013년 발간된 「Relentless: From Good to Great to Unstoppable」는 팀 그로버 트레이너의 자기계발서다. 마이클 조던, 코비 브라이언트, 드웨인 웨이드 등과 훈련하며 느꼈던 점들을 바탕으로 승리자에게 필요한 조언을 담았다. 국내에는 2022년, 「멘탈리티 - 재능을 뛰어넘는 악착같은 멘탈의 힘(푸른숲, 2022)」이란 제목으로 번역되어 나왔다. 흥미롭게도 같은 해에 그로버의 책이 한 권 더 출간됐다. 「위닝 - 인생이라는 무자비한 레이스에서 가차 없이 승리하는 법」이란 제목의 책이다. 오리지널 영문판 제목은 「Winning: The Unforgiving Race to Greatness」다.

(2) LA 지역에서 활동하는 아단데 기자는 "오늘 경기가 아마도 내가 조던의 플레이를 보는 마지막 날이라 생각하니 정말 슬펐다. 스포츠 기자로서 대단한 특권을 누린 것 같다"라고 썼다.

(3) 코비도 이 말을 새겼던 것일까. 코비 역시 이날은 덩크슛 하나 없이 55득점을 채웠다.

(4) 4월 12일, 위저즈는 애틀랜타 호크스에게 100-101로 예상치 못한 일격을 당하면서 공식적으로 플레이오프에 대한 희망을 접었다. 다빈 햄이 12득점으로 깜짝 활약을 펼치며 에너지 레벨을 끌어올렸다. 위저즈는 4월 3일 호크스 전에서도 샤리프 압둘라힘에게 버저비터를 맞고 89-91로 졌다.

(5) 마이애미 히트는 조던의 등번호 23번을 영구결번했다. 뜬금없는 결정이었다. 조던은 마이애미 히트에서 단 1초도 뛰지 않았기 때문이다. 그러나 농구단 사장을 맡고 있던 팻 라일리는 조던에 대한 존경심의 표시로 23번을 영구결번하며 이를 기념하고자 했다. 지금 생각해도 조금 뜬금없는 결정이긴 했지만, 라일리는 진심이었다. "제가 항상 (경기에서 패해) 고개를 떨굴 때면 그 원인의 중심에는 항상 마이클이 있었습니다. 한번도 그를 꺾을 기회를 갖지 못했어요. 그리고 앞으로 다시는 그런 기회가 없을 것이라는 사실이 무척 안타깝고 화가 납니다."

(6) 팬들은 영구결번보다 '득점 기록'에 더 관심을 가졌다. 조던은 이날 18득점을 기록했는데, 조던이 18득점을 기록함에 따라 통산 평균 기록도 30.0득점 유지가 확정됐다. 윌트 채임벌린(30.1득점)을 따돌리고 NBA 역사상 가장 높은 통산 평균 득점을 기록한 선수로 남게 된 것이다. 통산 평균 30득점 유지는 시즌 내내 팬들의 관심사 중 하나였으며, 그들의 우려와는 달리 MJ는 부상 없이 풀 시즌을 소화하며 기록을 지켜냈다.

승부사 조던, 그 후의 이야기

남은 시간 7초. 점수차는 1점 차.

마이클 조던이 공을 잡았을 때, 당신은 어떤 표정을 지을 것인가?

어떤 행동을 할 것인가? 당신이 시카고 불스와 조던의 팬이라면?

혹은 조던이 상대하고 있는 팀의 열렬한 팬이라면?

조던의 전기를 쓴 저널리스트 데이비드 할버스탐(David Halberstam)은 말한다. (1)

"그가 '그 슛'을 던질 때의 사진을 보라. 사진 속 델타센터의 관중들의 표정은 많은 것을 말해주고 있다."

입을 다물지 못하는 관중, 머리를 감싼 채 기겁하는 관중, '들어가선 안 돼'라고 기도하는 관중…. 모두가 2초 뒤에 어떤 일이 일어날지 알 것 같다는 표정이다.

그리고 그 나쁜 예상은 빗나가지 않는다.

시카고 불스의 빨간 유니폼을 입고 성공시킨 마지막 슛. 그 슛은 1997-1998시즌의 대미를 장식하는 슛이기도 했다. 조던은 그렇게 자신의 6번째 NBA 우승을 결정짓는다. 사람들은 그 슛을 'LAST SHOT'이라 명명했다. 벌써 30년이 다 되어간다.

그보다 9년 전인 1989년에는 'THE SHOT'이 있었다. 1989년 5월 7일, 플레이오프 1라운드 5차전에서 극적인 중거리슛을 성공시키면서 클리블랜드 캐벌리어스를 좌절시켰다. 그 슛으로 시카고는 2라운드에 진출시켰다. 한참 혈기 넘치는 나이였던 조던은 슛을 성공시킨 후 기뻐서 팔짝 뛰었고, 그 과정에서 크레익 이로가 발에 맞기도 했다. 이 장면은 세계 미디어를 통해 수만, 아니 수십만 번 방영됐을 것이다. 크레익 이로는 너무 자주 언급되다 보니 해탈의 경지에 이르렀다. 나중에는 "나도 로열티를 받아야 한다"라며 쓴웃음을 지었다.

승부처를 겁내지 않는 조던의 클러치슛은 1982년이 그 시작과 같았다. 1982년 미국대학농구(NCAA) 토너먼트 결승에서 조지타운 대학을 격침시키는 결정적인 슛으로 노스캐롤라이나 대학을 우승으로 이끌었다. 이때 조던은 겨우 신입생이었다.

1982년 대학 신입생에서 시작해 1998년, 아니 2002년 불혹의 나이로 코트를 떠날 때까지 조던이 터트린 모든 슛에 대한 비결을 물을 때면 조던은 말한다.

"나는 선수 생활을 하며 9,000개의 슛을 실패했고, 300번 가까이 패배했다. 들어갈 것이라 믿었던 위닝샷이 림을 외면한 적도 26번이나 있다. 난 실패에 실패를 거듭해왔다. 그게 바로 내가 성공한 이유다."

2015년 10월 12일, 나는 중국 상하이에서 마이클 조던으로부터 그 이야기를 직접 들을 수 있었다.

조던의 결정적인 역전골, 혹은 존 팩슨이 1993년 6차전에서 넣었던 그 슛이 농구선수로서 모두가 꿈꾸는 순간이라면, 농구가 좋아 평생을 농구전문기자로 살아온 내 입장에서는 조던을 마주하는 것이야말로 바로 오랫동안 꿈에 그려온 순간이었다.

당시 조던의 중국 방문은 11년 만에 전격적으로 성사됐다. 2004년, 조던은 에어조던의 20번째 시즌을 앞두고 아시아 4개국 투어(중국, 대만, 홍콩, 일본)를 다녀왔다. 자신의 이름이 새겨진 농구 코트를 기증하고, 아시아 미디어를 만나 '구단주가 되고 싶다'는 포부를 전했다. 아직 NBA 구단 경영에 참여하기 전이었다.

11년 동안 그의 이야기는 좀 더 진화됐다. NBA 선수 출신으로서는 최초로 구단을 소유한 사람이 됐다. 자신이 NBA 선수 꿈을 키웠던 노스캐롤라이나 주로 돌아와 샬럿 밥캐츠(현 호네츠)를 사들인 것이다. 그런 면에 있어 조던은 또 한 단계의 '도전'에 성공한 입장이었다.

그렇게 조던은 구단주 입장에서 중국을 찾았다. 코로나19가 급습하고 NBA와 중국의 관계가 틀어지기 전까지, 매년 NBA는 중국에서 차이나게임(China Games)라는 시범경기를 개최해왔다. (2) 글로벌 홍보, 마케팅 정책의 일환이다. 조던은 이 거대한 투자에 함께 이름을 올리고 싶어 했다. 자신과 샬럿 호네츠를 말이다. 마침 2015년은 자신의 농구화 에어조던이 시장에 첫 선을 보인 지 30년째 되는 해였다. 타이밍이 잘 맞았다. 자신이 키워온 '조던 브랜드'와, 자신이 키우고 있는 '샬럿 호네츠'라는 프랜차이즈를 알리기 위해 몸소 나섰다.

조던에 대한 반응은 예상대로 뜨거웠다. 1994년 「동아일보」 기사가 기억난다. 중국 내륙 지방의 섬서성의 어느 학교가 "생존여부를 불문하고 가장 위대한 사람이 누구냐"라고 설문조사를 했는데, 학생들이 저우언라이(周恩來)와 함께 마이클 조던을 꼽았다는 것이다. 저우언라이는 중국 장수 출신의 혁명가이자 정치가다. 평가는 엇갈리지만, 중국의 정치역사에 있어 빠질 수 없는 인물임은 분명하다. 그런 그와 조던이 함께 언급됐다는 것만으로도 그 영향력이 어땠는지 짐작할 수 있다.

그때 그 학생들이 지금은 에어조던을 수집하고, NBA 경기 관람을 위해 소비를 결정하는 주체가 됐다. 인기가 여전한 것은 어찌 보면 당연했다. 조던의 이야기를 들었던 그날 저녁, 그를 위해 마련된 무대 주변에는 100명이 넘는 기자들이 몰려 있었다. 중국을 대표하는 통신사 「신화통신」은 조던의 방중 소식을 전하며 그를 'King of Basketball'이라고도 표현했다.

이날 진행을 맡은 아마드 라샤드(Ahmad Rashard)가 말했다. 라샤드는 첫 은퇴식, 은퇴 후 첫 경기, 50번째 생일 등 조던이 '사건'을 만들 때마다 마이크를 나눴던 절친이었다.

"참 많은 것을 이루었습니다. NCAA 우승, NBA 우승 6번, 리그 MVP 5번, 올스타 선발 14번, 득점왕 10번…, 슬램덩크 우승도 2번 했군요. 올림픽 금메달도 2개나 갖고 있어요."

라샤드가 조던의 커리어를 정리하자, 주변에서 박수가 쏟아졌다. 하지만 시간이 한정되어 있기에 이 많은 성과를 읽는 시간조차도 아깝게 느껴졌다.

"자, 그렇다면 이 모든 것들을 가능하게 만든 원동력은 무엇입니까?"

조던은 뜸을 들이더니 'LOVE'라는 단어부터 꺼냈다. '농구에 대한 사랑'을 말하고 싶었던 것이다. 1986년 11월 발행된 「스포츠 일러스트레이티드」 잡지에는 실린 제리 크라우스 인터뷰에는 흥미로운 내용이 실려 있다. 크라우스는 1985년 시카고의 단장으로 취임해 6번의 우승을 함께 한 인물이다. 그는 취임 후 조던의 계약서를 재검토하다가 놀라운 조항을 발견했다고 한다.

바로 'Love of the Game' 조항이다. "오프시즌 중이라도 원한다면 언제든 농구를 할 수 있다"는 조항이다. 오늘날에는 다소 생소한 규정일지 모르나, 그때는 스폰서 행사나 자선경기 같은 부분이 보편적이지 않았던 시절이다. '록스타' 브루스 스프링스틴 (Bruce Springsteen)이 계약된 장소 외에서도 노래를 할 수 있다는 조항을 넣은 적은 있어도, 농구는 전례가 없었다. 훗날 많은 이들이 조던을 따라했다.

"경기에 대한 사랑이죠. 그것에서부터 시작된 것 같아요. 세대가 바뀌고, 농구가 바뀌었어도 변함없는 부분이라 생각합니다. 여러분도 누군가를, 뭔가를 사랑하잖아요? 그것에 대한 헌신을 하게 되죠. 경기에 대한 사랑, 농구에 대한 사랑이 저를 더 잘하게 만들어 준 것 같습니다."

농구 경기에 대한 사랑은 플레이로 나타났다. 더 잘하고 싶다는 마음을 갖게 되고, 그것이 플레이로 나타났다. "신이 조던으로 변장했다"라는 명언이 나온 1986년 NBA 플레이오프 1라운드 2차전에서의 63득점, 고열에 시달리면서도 기어이 경기에 나서서 38득점을 기록했던 1997년 파이널 5차전(Flu Game) 등 '해결사'의 상징적인 이미지를 남겼다. 그 이미지는 동경으로 이어져 에어조던을 세계에서 가장 잘 팔리는 농구화로 만들었다. 이는 이제 하나의 '문화'가 됐다.

"30년 전을 돌아보면 어떻습니까? 본인과 농구화가 이렇게 될 것이라고 생각했나요?"(3)
"처음 코트에 발을 들일 때만 해도, 제가 30년 뒤에 무엇을 이루게 될지 전혀 상상조차 하지 못했죠. 저는 단지 농구를 사랑하고, 이기는 것을 즐겼을 뿐입니다."

"그렇다면, 농구화를 통해서는 무엇을 표현하고 싶었나요?"

"저는 늘 제 열정을 표현하고 싶었어요. 경기를 대하는 열정, 승리를 원하는 그 마음 말이죠. 경기를 잘 하기 위해서는 위닝샷도 중요하고, 그 위닝샷을 블록하는 수비도 중요하겠죠. 감독의 전술도 좋아야하고요. 그렇지만 무엇보다 중요한 것은, 일단 이기겠다는 강렬한 의지 자체가 중요합니다. 저는 그것을 보여주고 말해주고 싶었어요."

우리는 조던이다

조던의 30주년을 기념하여 "나는 마이클이 아니라, 조던이다"라는 슬로건이 발표됐다. '조던'이라는 단어에는 상당히 많은 의미가 함축되어 있다(디안드레 조던은 예외). 그는 승리자이자 도전자였다. 상대의 작은 도발도 가만 넘기지 않았다. 1997년 우승 직후, "만약 홈코트 어드밴티지가 유타 재즈에게 있었다면, 유타가 우승했을 것"이라는 말에 발끈해 "1998년 파이널에서 다시 붙고 싶다"라며 칼 말론과 존 스탁턴을 기다리기도 했다. 조지 칼 감독부터 레지 밀러, 댄 말리 등 많은 선수들이 그 지독한 승부욕에 당한 일화를 증언해왔다. '조던'이란 단어 속에 함축된 의미도 여기서 찾을 수 있다.

"지기 싫다", "더 잘 하고 싶다" 그러기 위해서는 "미친 듯 헌신하고, 훈련하라."

다시 아마드 라샤드가 말을 이어갔다.

"1998년 파이널에서의 슛을 비롯해 농구선수로서 기억에 남을 만한 장면을 많이 만들어왔습니다. 그런데 마이클, 당신에게서는 직접 이야기를 들은 적이 없는 것 같아요. 지금 이 자리에서, 가장 애착이 가는 장면을 말해줄 수 있나요?"

"지금요? 참 힘드네요. 저는 농구선수로서 많은 노력을 해왔습니다. 제 게임의 약점을 없애고, 장점을 키우기 위해 노력하고 연구했습니다. 최고의 선수가 되기 위해 모든 것을 다했죠. 그래서 앞서 말한 그 상황마다 나름대로 모든 것을 쏟았다고 생각합니다. 매 순간을 도전으로 받아들였고, 성취했죠. 그때마다 모든 능력을 발휘했어요. 그게 중요하죠. 저는 항상 더 완전한 선수가 되고 싶었어요. 그러기 위해 연습했고요. 그래서 하나를 꼽기가 애매합니다."

다소 식상한 대답. 그렇지만 그의 지독한 승부욕을 감안하면 이해가 가는 대목이기도 하다. 조던은 유망주들에 대한 조언도 잊지 않았다.

"(더 좋은 농구선수가 되려면) 무엇에 집중해야 할까요?"
"연습을 열심히 해야겠죠(웃음). 목표를 정하고 하루하루 최선을 다해야 합니다. 그게 기본이에요. 저는 지는 걸 원치 않았어요. 리그에 온 첫날부터 저는 잘 할 수 있다, 잘 뛸 수 있다고 생각했어요. 숫, 패스, 수비 등 시즌을 치를 때마다 저는 뭔가 달라지고, 더 좋아지길 바랐습니다. 어제의 신발이 다르고, 오늘의 신발이 다르겠죠. 그렇게 저도 달라지길 원했습니다." 조던은 덧붙여 말했다. "탤런트(talent)는 경기를 이기게 해줄 것입니다. 하지만 단단한 팀워크는 챔피언십을 안겨줄 것입니다."

리그에 처음 왔을 때만 해도 조던은 야생마처럼 코트를 휘저었다. 덕 콜린스 감독의 지시 아래 볼 운반과 배급의 역할까지 맡았지만, 기본적으로 조던은 늘 '스코어러(scorer)'의 이미지였다. 필 잭슨 감독이 부임한 후 조던에게 트라이앵글 오펜스를 권유했을 때도 조던은 서로간의 볼 소유가 원활치 않고 정체될 것을 걱정했다. 차라리 자신이 풀어내는 것이 나을 지도 모른다며 말이다.

그런 조던이 비로소 웃은 것, 즉 NBA 트로피를 품에 안은 것은 트라이앵글 오펜스라는 거대한 틀에 자신을 녹여낸 뒤였다. 1992년의 맹렬한 추격전 뒤에는 식스맨들의 활약이 있었고, 1993년에는 '안경 선배'의 모티브가 된 존 팩슨이 있었다. 1996년에는 토니 쿠코치가, 1997년에는 스티브 커가 있었다. 그 과정에 이르기까지 동료들이 모두 같은 강도의 '경쟁심'을 갖도록 팀을 주도했다.

마지막 경쟁
승부욕과 경쟁심. 조던과는 떼려야 뗄 수 없는 관계다. 현역 시절 지독한 경쟁심을 발휘해온 그는 은퇴 후 그 마음을 어떻게 다스렸을까? 골프? 카드 게임?

"저는 아직도 경쟁하고 있어요. 여전히 현역으로 뛴다면 좋겠지만, 이제는 안 된다는 것을 잘 알고 있어요. 하지만 저는 제 본성을 해결할 다른 방법을 찾아냈어요."

조던이 찾아낸 다른 방법은 바로 비즈니스, 즉 구단 경영이었다. 조던의 목표는 샬럿 호네츠를 명문구단으로 키우는 것이었다. 호네츠가 그의 자존심이 되었던 것이다. 2010년 2월, 호네츠의 공식 구단주가 된 이래 조던은 바쁜 나날을 보내왔다.

선수 출신으로는 최초로 구단주. 이 사실은 훗날 거액을 벌게 된 르브론 제임스와 케빈 듀란트 등 슈퍼스타들에게 많은 영감을 주었다. (4) 그렇지만 조던이 '농구인'이자 비즈니스맨으로 마주했던 이 경쟁은 단순히 조던이 열심히 한다고 되는 일은 아니었다. 결국 농구는 코트 위 선수들이 하는 것이었기 때문이다.

팀은 2011-2012시즌에 7승 59패로 NBA 역대 최악의 성적을 썼다. 현역 시절 72승 10패 기록을 보유했던 조던 입장에서는 잠 못 이루는 날의 연속이었다. 플레이오프에 진출한 적도 있었다. 그러나 구단주로 있는 동안 5할 승률은 단 3번, 플레이오프 진출은 2번에 불과했고, 1라운드 돌파는 꿈만 같았다.

관중 동원도 고전했다. 티켓 가격이 저렴한 편이고, 시즌티켓 보유자를 위한 서비스가 엄청나기로 소문났음에도 불구하고 스펙트럼 센터(Spectrum Center)는 빈 자리가 많았다. 조던이 구단주가 된 뒤에도 마찬가지. 1층 좌석에 에어조던을 사은품으로 쫙 깔아보기도 했지만, 팬들은 외면했다. 2019년에는 NBA 올스타를 개최해 세계 농구계의 시선을 사로잡았으나, 코로나19로 인한 재정적 타격을 받으면서 탄력을 받지 못했다.

결국 성과를 내지 못하자 조던은 2023년에 구단주 자리를 포기했다. 2억 7,500만 달러(한화 4,003억 4,500만 원)에 사들였던 지분을 30억 달러(4조 3,674억 원)에 판매했으니 금전적으로는 전혀 손해가 아니었다. "구단주가 된 것은 엄청난 영광이었습니다"라고 말한 조던은 "커뮤니티에서 새로운 역할을 찾아가겠습니다"라고 성명을 발표했다.

그렇다면 조던이 꿈을 포기한 이유는 무엇일까. 구단이 구체적으로 이유를 설명하지 않았지만, 조던의 측근들은 빠르게 변화하는 NBA의 산업 구조에 한계를 느낀 것 같다고 추측했다. 갈수록 거대해지는 샐러리캡 구조와 구단 운영 환경이 변화하면서 불편함을 많이 느꼈다는 것이다.

다른 한편으로 호네츠 실패 원인으로 조던의 인사에 문제가 있었다는 지적도 있었다. '투자자'로서 대성공을 거둔 매직 존슨(Magic Johnson)은 대중에게 '스마일 맨'의 이미지가 강했지만 정작 업무적으로는 굉장히 냉철했던 인물로 평가되고 있는데, 조던은 그러지 못했던 부분이 있었다.

스티브 클리포드(Steve Clifford)는 성과에 비해서 너무 많은 기회를 얻었다. 로드 히긴스(Rod Higgins), 샘 빈센트(Sam Vincent) 등 조던이 농구단에 발을 들여놓은 이후 임명되었던 여러 인물들은 조던과 사적으로 가까운 사이였는데, 그런 부분에서 냉정하지 못했던 부분이 아쉬웠다. 드래프트도 마찬가지로, 라멜로 볼(Larmelo Ball)을 제외하면 조던이 있는 동안 지명한 신인들이 대부분 성공하지 못했다는 것도 결점이라 할 수 있겠다.

비록 구단주로서 성공을 거두진 못했지만, 조던의 행보는 충분히 역사적이고 의미 있었다. 선수로서 누구도 걷지 못한 길을 걸었기 때문이다. 또한 이런 발자취가 후배들에게 영향을 주어 새로운 투자로 선순환된다는 것도 NBA 산업 발전에는 영향을 줄 것이다.

(1) 2007년 작고한 할버스탐은 1999년, 마이클 조던의 전기 「Playing for Keeps」를 저술했다.

(2) '차이나 게임'은 야오밍의 NBA 진출에서부터 시작됐다. 2004년 새크라멘토 킹스와 휴스턴 로케츠의 시범경기를 시작으로 주기적으로 개최되었으며, 주로 상하이와 베이징, 광저우 등에서 열렸다. 마지막 차이나 게임은 2019년 10월이었다. LA 레이커스와 브루클린 네츠의 경기였는데, 당시 분위기는 굉장히 싸늘했다. 같은 시기 로케츠 단장이던 대릴 모리(Darryl Morey)가 홍콩을 옹호하는 트윗을 남겼기 때문인데, 이로 인해 NBA와 중국의 관계도 냉랭해졌다. 중국 CCTV는 한동안 로케츠 경기를 아예 방영조차 하지 않았다. 2025년 NBA는 마카오에서 브루클린 네츠와 피닉스 선즈 간의 경기를 개최할 예정인데, 6년 만에 '차이나 게임'이란 타이틀을 달게 됐다.

(3) 조던은 가족들과 나이키 미팅에 처음 참여할 때만 해도 굉장히 시큰둥한 입장이었다. 아디다스와 계약을 하고 싶어 했다. 어린 시절부터 친숙했던 신발이기 때문이다. 그러나 아디다스 독일 본사는 조던보다는 큰 선수를 원했다. 211cm의 빅맨들이 회사를 대표하는 데 더 적합하다고 봤다는 후문이다.

(4) 르브론 제임스는 2011년 잉글랜드 축구팀 리버풀(Liverpool)에 650만 달러를 투자해 지분 2%를 사들였다. 최근에는 펜웨이 스포츠 그룹에 투자한 덕분에, MLB 보스턴 레드삭스(Boston Red Sox)를 비롯한 여러 구단의 운영에 관여할 수 있게 됐다. 케빈 듀란트는 프랑스의 PSG와 미국프로축구(MLS) 필라델피아 유니언(Philadelphia Union)에 투자했으며, 야니스 아테토쿤보는 형제들과 MLS의 내쉬빌(Nashville) 지분을 사들였다. 토니 파커는 프랑스 프로농구 리그의 ASVEL 구단주가 됐다.

⦿ MICHAEL JORDAN TIMELINE

1963년 2월 17일 — 마이클 조던 출생(뉴욕 브룩클린)

1975년 — 노스캐롤라이나 윌밍턴 지역에서 치러진 여름 야구리그에서 'MR. 베이스볼' 수상

1978년 — 조던은 고교 2학년 시절, 레니 고교 농구팀에서 후보 명단에서도 제외되기도 했다.

1980년 — 조던이 다시 농구팀에 이름을 올린 것은 2년 뒤의 일이었다.

1981년 — 맥도널드 올 어메리컨 게임에 출전, 30득점을 기록하며 전미 최고의 고교생 가드 중 한 명으로 인정받
았다. 이 기록은 한동안 대회 한경기 최다득점 기록으로 남았다.

1982년 3월 29일 — 1학년이었던 1982년, 조던은 조지타운과의 NCAA 토너먼트 결승전에서 역전을 이끄는 버
저비터를 성공시켰다.

1982-1983시즌 — 올 어메리카 퍼스트팀에 이름을 올렸으며, NCAA '올해의 선수'상을 수상 했다.

1984년 3월 5일 — 4학년 시즌을 치르지 않고, NBA에 조기 진출하겠다고 기자회견을 가졌다.

1983-1984시즌 — AP 올 어메리카 퍼스트팀에 선정되었고, NCAA '올해의 선수'상, 네이스미스 어워드, 존 우든
어워드를 차례로 거머쥐었다.

1984년 8월 10일 — 1984년 LA 올림픽에 출전해 미국에 금메달을 선사했다.

1984년 9월 12일 — 시카고 불스가 84년 드래프트 전체 3순위 지명선수인 조던과 계약을 체결했다.

1985년 4월 1일 — 나이키에서 첫 에어 조던이 발매되었다. 이날은 대중에게 공개된 날이고 조던이 처음 신고 뛴
날은 1984년 11월 17일이었다.

1985년 5월 — 평균 28.2득점을 기록하면서 맹활약, NBA 신인상을 수상했다.

1986년 4월 20일 — 보스턴 셀틱스와의 플레이오프 1라운드 3차전에서 63득점을 퍼부으며 활약했다. 그러나 시
카고는 연장 접전 끝에 패하며 탈락했다.

1987년 4월 17일 — 애틀랜타 호크스와의 경기에서 혼자 23점을 연달아 득점하며 맹활약했다. 이는 NBA 기록
중 하나로, 이날 경기에서 조던은 61득점을 기록했다.

1986-1987시즌 — 조던은 3,041득점과 평균 37.1득점으로 생애 첫 NBA 득점왕을 차지했다. 그는 스틸 236개
와 블록 125개로 NBA 역사상 한 시즌에 200스틸-100블록을 기록한 첫 번째 선수가 되었다.
이 활약을 바탕으로 그는 올 NBA 퍼스트 팀에 이름을 올렸다.

1988년 2월 7일 — 연고지 시카고에서 치러진 NBA 올스타게임에서 MVP에 선정됐다. 전날 열린 슬램덩크 컴피
티션에서도 챔피언에 올랐다.

1987-1988시즌 — 정규시즌 MVP와 올해의 수비수, 올 NBA 퍼스트 팀 선정의 쾌거를 이루었다. 더불어 평균 35
득점으로 득점왕을 차지하는 동시에 3.2개의 스틸로 스틸왕과 올 디펜시브 팀에도 뽑혔다.

1988-1989시즌 — 올 NBA 퍼스트 팀과 올 디펜시브 퍼스트 팀에 선정되었다.

1990년 3월 28일 — 클리블랜드 캐벌리어스 전에서 69득점 18리바운드로 활약했다. 69점은 조던의 커리어하이다.

1990-1991시즌 — 31.5득점을 기록하며 정규시즌 MVP를 수상하고 올 NBA 퍼스트 팀에 이름을 올렸으며, AP
통신 선정 '올해의 남자 운동선수'가 되었다. NBA 파이널에서는 LA 레이커스를 맞아 4승1패
로 생애 첫 NBA 우승 트로피를 품에 안았다.

1991-1992시즌 — 2년 연속으로 정규시즌 MVP와 파이널 MVP를 차지했다. 올 NBA 퍼스트 팀, 디펜시브 퍼스
트 팀에 이름을 올렸고, 92년 여름에는 바르셀로나 올림픽에 미국 국가대표팀 멤버로 출전하
여 두 번째 금메달을 목에 걸었다.

1992-1993시즌 — 32.6득점을 기록하며 7시즌 연속으로 NBA 득점왕을 수상, 윌트 채임벌린과 함께 이 부문 동
률을 이루었다. 1992-1993시즌 중에 통산 2만 득점을 돌파했고, 역시 올 NBA 퍼스트 팀과
디펜시브 퍼스트 팀에 이름을 올렸다.

1993년 6월 20일 — NBA 파이널 역사상 최고 평균 득점(41.0점)을 기록하며 불스를 NBA 3연패로 이끌었다. 3
년 연속으로 NBA 파이널 MVP 트로피도 품에 안았다.

1993년 10월 6일 — 은퇴를 선언해 세계를 발칵 뒤집어놓았다.

1994년 2월 7일 — MLB 시카고 화이트삭스와 FA 계약을 체결했다.

1994년 3월 31일 — 화이트삭스는 조던을 클래스 AA산하의 버밍햄 배런스로 보냈다.

1994년 11월 1일 — 시카고 불스의 새 홈구장 유나이티드센터에서 백넘버 23번의 영구결번식을 치렀다.

1995년 3월 2일 — 메이저리그의 파업이 길어지자 조던은 화이트삭스의 스프링캠프를 이탈했다. 이즈음 언론에서는 조던의 복귀설이 나돌기 시작했다.

1995년 3월 18일 — 불스는 마이클 조던이 18개월 만에 컴백, 인디애나 페이서스 전에 출전할 것이라 발표했고, NBC는 급히 중계 일정을 변경했다.

1995년 3월 19일 — 조던이 45번을 입고 다시 코트에 올라섰다. 페이서스 전에 출전한 그는 38분을 뛰며 19득점 6리바운드 6어시스트를 기록했으나 불스는 연장전에서 패했다.

1996년 5월 20일 — 통산 8번째 득점왕 타이틀과 함께 시카고를 72승 10패로 이끌며 통산 네 번째 정규시즌 MVP를 수상했다.

1996년 6월 16일 — NBA 파이널에서 시애틀 슈퍼소닉스를 4승 2패로 꺾고 통산 네 번째 NBA 우승을 달성했다.

1996년 10월 29일 — NBA가 50주년을 맞아 발표한 'NBA를 빛낸 위대한 50인'중 한 명으로 선정되었다.

1996년 11월 11일 — 조던이 만화 캐릭터 벅스 버니와 함께 출연한 영화 '스페이스 잼'이 개봉했다.

1996년 11월 30일 — 통산 25,000득점을 돌파했다.

1997년 2월 9일 — NBA 올스타전에서 역대 최초로 트리플더블(14득점 11리바운드 11어시스트)을 기록했다.

1997년 6월 13일 — 시카고 불스가 유타 재즈를 꺾고 통산 다섯 번째 우승을 거머쥐었다. 조던은 2년 연속으로 득점왕 타이틀을 차지했고, NBA 파이널 MVP를 수상했으며, 올 NBA 퍼스트 팀과 디펜시브 퍼스트 팀의 영예도 안았다.

1998년 4월 3일 — 미네소타 팀버울브스 전에서 41득점을 기록하며 통산 29,000득점을 돌파했다. 윌트 체임벌린, 카림 압둘자바에 이어 역대 세 번째였다.

1998년 6월 14일 — 유타 재즈와의 98년 NBA 파이널 6차전에서 종료 직전 역전슛을 터뜨리며 팀의 통산 여섯 번째 우승을 이끌었다.

1999년 1월 13일 — 조던이 두 번째 은퇴를 발표했다.

2000년 1월 19일 — 워싱턴 위저즈의 지분을 사들이며 회장에 임명, 농구단 운영 전반을 책임지게 되었다.

2001년 9월 25일 — 임원에서 사임하고 선수로 복귀하겠다는 의사를 밝혔다. 리그 최저연봉에 위저즈와 2년 계약을 체결했다.

2001년 10월 30일 — 2001-2002시즌 개막전에서 뉴욕 닉스를 상대로 복귀전을 치렀다. 복귀전에서 19득점을 기록했지만 팀은 패했다.

2002년 1월 4일 — 시카고 불스를 상대로 통산 30,000득점을 돌파했다.

2002년 11월 28일 — 2002-2003시즌 후 은퇴할 것이라 발표했다.

2003년 2월 9일 — 자신의 통산 13번째 NBA 올스타게임에 출전했다. NBA는 하프타임에 조던을 위한 특별한 무대를 마련했다.

2003년 4월 16일 — 조던이 필라델피아 전에서 농구선수로서 자신의 마지막 경기를 치렀다. 그는 이날 15득점을 기록, 통산 32,292득점으로 커리어를 마감했다.

2006년 6월 15일 — 샬럿 밥캣츠(현 호네츠)의 주식을 매입했다. 동시에 농구단 운영에 대한 권한을 얻게 되었다.

2009년 9월 12일 — 마이클 조던이 명예의 전당에 입성하며 기념식을 가졌다.

2010년 2월 7일 — 조던이 프랜차이즈 주식을 매입하며 샬럿 호네츠의 공식적인 구단주 자리에 올랐다. NBA 선수 출신으로는 최초의 구단주가 탄생했다.

2021년 10월 21일 — NBA는 75주년을 맞아 '75주년 팀(NBA 75th Anniversary Team)'을 발표했다. 조던도 팀 동료 피펜, 로드맨 등과 이름을 올렸다.

2023년 8월 3일 — 샬럿 호네츠의 주식을 처분하며 구단주 자리에서 내려왔다.

- AWARDS
· NBA 우승 6회(91, 92, 93, 96, 97, 98)
· NBA 정규시즌 MVP 5회(87-88, 90-91, 91-92, 95-96, 97-98)
· NBA 파이널 MVP 6회(91, 92, 93, 96, 97, 98)
· NBA 득점왕 10회(그 중 7년 연속 득점왕 수상은 윌트 체임벌린에 이어 두 번째)
· 올 NBA 퍼스트팀 10회 선정(1987년부터 1993년까지 7회 연속 선정)
· 디펜시브 퍼스트팀 9회 선정(1988년부터 1993년까지 6회 연속 선정)
· NBA 신인상(1984-1985)
· NBA 올스타 14회(1985~1993, 1996~1998, 2002, 2003)
· NBA 슬램덩크 컴피티션 챔피언(1987, 1988)
· NBA 올스타게임 MVP 3회(1988, 1996, 1998)

- RECORDS
· 시카고 불스 역대 득점 리더
· 50+득점 38회(정규시즌+플레이오프, 역대 2위)
· 보스턴과의 86년 플레이오프 1라운드경기에서 63득점(최고기록) 기록
· 1987년 애틀란타 전에서 23점을 연속으로 득점
· 1986-1987시즌의 3,041득점은 NBA 역대 세 번째로 높은 기록
· 1986년 3월 25일부터 866경기 연속 두 자리 득점(2001년 종료, 역대 2위)
· 1990년 3월 28일, 클리블랜드와의 경기에서 커리어하이 69득점 기록
· 올스타게임 통산 평균 21.3득점
· NBA 파이널 역대 평균득점 1위(1993년 피닉스 시리즈에서 41.0점)
· 플레이오프 통산 평균 득점 1위(33.4득점)
· 한 경기 전반 최다득점 기록(평균 35득점)

- OTHER HONORS
· 1984년 LA올림픽, 1992년 바르셀로나 올림픽 미국 대표팀 멤버(금메달 획득 2회)
· 노스캐롤라이나대학교 NCAA 우승 1회(1982년)
· 1984년 드래프트에서 전체 3위로 시카고 불스에 지명

참고 자료

- 도서
Magic's Touch, 1989
rare AIR, Mark Vancil, 1993
The GOLDEN BOYS, Cameron Stauth, 1993
Hang Time: Days and Dreams With Michael Jordan, Bob Greene, 1994
Official NBA Basketball Encyclopedia , 1994
Bad As I Wanna Be, Dennis Rodman, 1996
LAST BANNER, Peter May, 1996
Sacred Hoops: SPIRITUAL LESSONS OF A HARDWOOD WARRIOR, Phil Jackson, 1996
Second Coming: The Strange Odyssey of Michael Jordan, Sam Smith, 1996
Sports Marketing, Phil Schaaf, 1996
MICHAEL JORDAN 〈An Illustrated Tribute to The World's Great Athlete〉, 1997

MICHAEL JORDAN, Bill Gutman, 1999
Dean Smith: A Coach's Life, 1999
PLAYING for KEEPS, David Halberstam, 1999
AT THE BUZZER! THE GREATEST MOMENTS IN NBA HISTORY, 2001
How To Be Like Mike - Pat Williams, 2001
Shaq Talks Back, Shaquille O'Neal, 2001
A Coach's Life, Dean Smith, 2002
Coaching Basketball, Jerry Krause, 2002
One Last Shot: The Story of Michael Jordan's Comeback, Mitchell Krugel, 2002
SPORTING NEWS - Highschool Hoops, 2004
STREET & SMTIH - Greatest College Basketball Players, 2004
Driven from Within: Michael Jordan, Mark Vancil, 2005
When Nothing Else Matters: Michael Jordan's Last Comeback, Michael Leahy, 2005
Tip Off: How the 1984 NBA Draft Changed Basketball Forever, 2008
THE BALD TRUTH, David Falk, 2009
American Hoops: U.S. Men's Olympic Basketball from Berlin to Beijing, Carson Cunningham, 2010
The Art of a Beautiful Game: The Thinking Fan's Tour of the NBA, Chris Ballard, 2010
Eleven Rings: The Soul of Success, Phil Jackson, 2013
Assisted: The Autobiography of John Stockton, John Stockton & Kerry L. Pickett, 2014
Facing Michael Jordan, Sean Deveney, 2014
MICHAEL JORDAN: The Life (Roland Lazenby), 2014
Relentless: From Good to Great to Unstoppable, Tim Grover, 2014
Rise and Fire, Shawn Fury, 2016
Showboat: The Life of Kobe Bryant, Roland Lazenby, 2016
Furious George, George Karl, 2017
The Mamba Mentality: How I Play, Kobe Bryant, 2018
Elevated: The Global Rise of the N.B.A, New York Times, 2019
Net Work: Training the NBA's Best and Finding the Keys to Greatness, Rob McClanaghan, 2019
Unguarded, Scottie Pippen, 2021 (언가디드: 스카티 피펜 자서전, 브레인스토어, 2023)
Steve Kerr: A Life, 2021

- 신문 · 잡지

Seattle Times, Raleigh News and Observer, Washington Post, New York Times, LA Times, Sports Pro, USA BASKETBALL, The Athletic, NY Daily News, New York Times, Chicago Tribune, Houston Chronicle, New York Post, Chicago Sun Times, Boston Globe, Washington Post, Detroit Free Press, LA Times, The New York Times, Desert News, Oregon Live, The Oregonian, The Arizona Republic, Associate Press, Toronto Sun, Seattle Times, The Wilson Times, SLAM Magazine, Cigar Aficionado, 점프볼(JUMPBALL), Sports Illustrated, Charlotte Observer, PLAYBOY Magazine, Basketball Digest, Newsweek, FIBA ASSIST MAGAZINE, Forbes, The Spokesman-Review, Chicago Magazine

- 인터넷 · 방송 및 기타

Yahoo Sports, NBA.com, IUHOOSIERS.com, ESPN, basketball-reference.com, Youtube - Lincoln Academy of Illinois, The Post Game, GQ Culture, Ric Bucher Column, Youtube ESPN 'The Jump', Youtube Jimmy Kimmel Live, basketballnetwork.net, Youtube - Club Shay Shay, Fox Sports Radio 'Chris Broussard & Rob Parker', Youtube - Dan Patrick Show, Youtube - The Rich Eisen Show, Youtube - Stephen A. Smith, TV SHOW 'The Rally', NBC Sports Boston, CBS news (Chicago)

마이클 조던 레전드 25

그를 농구황제로 만든 위대한 승부 25경기

초판 1쇄 펴낸 날 | 2025년 5월 16일

지은이 | 손대범
펴낸이 | 홍정우
펴낸곳 | 브레인스토어

책임편집 | 김다니엘
편집진행 | 홍주미, 이은수, 박혜림
디자인 | 이예슬
마케팅 | 방경희

주소 | (03908) 서울시 마포구 월드컵북로 375, DMC이안상암1단지 2303호
전화 | (02)3275-2915~7
팩스 | (02)3275-2918
이메일 | brainstore@publishing.by-works.com
블로그 | https://blog.naver.com/brain_store
인스타그램 | https://instagram.com/brainstore_publishing

등록 | 2007년 11월 30일(제313-2007-000238호)